김창훈 교수 강해설교 시리즈 ❶

마가복음

복음서의
하나님 중심적 이해와 적용

Mark –
Its Meaning
and Application

김창훈 교수 강해설교 시리즈 **1**

마가복음

**복음서의
하나님 중심적 이해와 적용**

발행자 • 2018. 9. 15.

저 자 • 김창훈
발행인자 • 김미정

펴낸곳자 • 호밀리아
출판등록자 • 25100-2011-000033호
서울 노원구 상계2동 1282 상계2차 중앙하이츠 201-2002
총판처 • CLC 영업부 031)942-8761

가격은 표지 뒤에 있습니다.
잘못 만들어진 책은 바꾸어 드립니다.
이 책은 저작권법의 보호를 받는 저작물이므로 무단전재 및 무단복제를 금합니다.

머리말

설교학을 가르치는 교수가 설교집을 낸다는 것은 대단한 용기와 결단이 필요한 일이라고 생각한다. 이론과 실제 사이에는 거리가 있을 수 있기 때문이다. 아마 여러 동역자들과 함께 공부하는 학생들의 격려와 요청이 없었더라면 감히 출판할 엄두도 내지 못했을 것이다.

이 설교집은 필자가 후배들을 가르치기 위해 학교로 옮겨오기 전 4년 여 동안 목회했던 광주 산수교회에서 주일 낮 시간에 성도들과 함께 나누었던 것을 정리한 것이다. 필자는 마가복음을 강해 설교하는 동안, 하나님께서 나 같은 사람도 참으로 존귀하고 영광스러운 직분인 설교자로 부르셨다는 사실에 늘 감사하며 벅찬 감격으로 말씀을 준비하고 전하였다. 한 편의 설교가 완성되기까지 힘들고 어려운 과정도 있었고, 말씀을 전하면서도 많은 좌절을 경험하였다. 그것은 산모가 고통을 감내하며 맞이하는 해산의 수고요, 성장하는 아이들을 키우면서 경험하는 좌절이었다. 그러나 돌아보면 언제나 그 자체가 기쁨이었음을 고백하지 않을 수 없다. 말씀을 연구하고 묵상할 때마다 그 속에서 주님의 말씀과 사역의 깊은 뜻을 깨닫고 말할 수 없는 희열을 느끼며 가장 먼저 나 자신이 결단하고 각오를 새롭게 하였던 일들이 떠오른다.

설교를 마치고 강단에서 내려오면 늘 아쉬움이 남는 것은 거의 모든 설교자가 경험하는 것일 터인데, 본 설교집을 내면서도 그러한 심정이다. 그럼에도 필자가 이렇게 설교집을 출판하게 된 것은 무엇보다도 이 시대에 복음의 본질이 왜곡되고 복음의 핵심이 제대로 선포되지 않는 안타까움이 컸기 때문이다. 말씀이 제대로 해석되지 않아 본래의 의도와 상관없는 인간중심적이거나 도덕적, 또는 영적인 의미로 왜곡된 채

설교될 뿐 아니라, 때로는 본문의 의미도 충분히 드러내지 못한 채 적용과 필요 중심으로 설교되기 일쑤이며, 또한 본문이 말씀하는 것 이상의 의미를 부여하여 설교되기도 한다. 이러한 모습들을 보면서 하나님의 말씀을 올바로 가르치는 설교를 하고 싶었고, 복음의 본질과 핵심을 바르게 전달하고 싶었다.

여러 복음서 가운데 마가복음을 택한 것은 단지 다른 복음서들보다 짧다는 이유이다. 솔직히 다른 복음서의 경우 전체를 다 설교하기 위해 더욱 긴 시간이 요구될 것이므로 강해설교에 익숙지 않은 성도들이 지루함을 느끼게 될 것이라고 판단되었기 때문이다.

특별히 원고를 정리하는 과정을 거치면서 설교의 적용 부분은 원칙적인 것만 남겨 놓았다. 따라서 이 설교집을 참고하여 설교한다면, 교회의 상황과 필요에 따라 좀 더 실제적이고 구체적인 적용을 제시하고 적절한 예화를 보충하기 바란다.

포사이드는 "기독교는 설교와 함께 일어서고 설교와 함께 쓰러진다."라고 했다. 오늘날까지 교회의 역사는 그의 판단이 옳았음을 증명하였다.

아무쪼록 이 설교집을 통해서 복음서가 제대로 설교되어지기를 원하고, 강단에서 복음의 본질과 핵심을 올바르게 선포하는데 격려와 도전이 되기를 간절히 바란다. 나아가 한국 교회의 강단 뿐 아니라 교회의 모습을 새롭게 하는데 조금이라도 도움이 되기를 바라는 마음이 간절하다.

늘 뒷자리에서 부족한 설교를 들어주며 용기를 주는 아내와 바쁜 사역 때문에 함께 하지 못한 아이들에게 감사와 사랑의 마음을 전한다. 늘 기도해 주시는 양가의 부모님께도 깊은 감사를 드린다. 함께 삶을 나누며 신앙 생활하였던 성도들과 같이 공부하는 학생들 그리고 주의 나라를 위해 함께 이모저모로 동고동락하는 모든 동역자들에게도 고마움을 전하고 싶다.

  무엇보다도 감당할 자격이 없는 부족하고 연약한 필자를 말씀의 사역자로 부르시고 지금까지 인도하신 하나님께 모든 영광과 감사와 찬양을 드린다.

김 창 훈

목 차

1. 복음의 시작(마가복음 1:1-8) ·················· 9
2. 예수님 공생애의 밑그림(마가복음 1:9-13) ·················· 19
3. 하나님의 복음(마가복음 1:14-15) ·················· 29
4. 예수님의 일하시는 원리(마가복음 1:16-20) ·················· 39
5. 권세(권위) 있는 가르침(마가복음 1:21-28) ·················· 49
6. 하나님 나라의 임하심(마가복음 1:29-39) ·················· 59
7. 새 시대의 도래와 믿음(마가복음 1:40-45) ·················· 69
8. 죄를 사하는 권세(마가복음 2:1-12) ·················· 77
9. 죄인을 위해 오신 예수님(세례식 설교)(마가복음 2:13-17) ·········· 87
10. 복음의 새로운 시대에 합당한 것(마가복음 2:18-22) ·················· 95
11. 기독교의 본질(마가복음 2:23-28) ·················· 105
12. 안식일의 진정한 의미(마가복음 3:1-6) ·················· 113
13. 주일을 어떻게 지킬 것인가?(마가복음 2:23-3:6) ·················· 121
14. 예수님이 오해되는 상황에서(마가복음 3:7-12) ·················· 137
15. 제자를 세우시는 예수님(마가복음 3:13-19) ·················· 145
16. 용서받지 못할 죄에 대한 경고(마가복음 3:20-30) ·················· 153
17. 새로운 하나님 백성의 공동체(마가복음 3:31-35) ·················· 163
18. 씨뿌리는 비유(마가복음 4:1-20) ·················· 173
19. 하나님 나라의 특성(마가복음 4:21-34) ·················· 181
20. 풍랑을 잠잠케 하신 예수님(마가복음 4:35-41) ·················· 189
21. 귀신을 몰아내시는 예수님(마가복음 5:1-21) ·················· 197
22. 병과 죽음에서 회복을 주시는 예수님(마가복음 5:21-43) ·········· 205

23. 고향에서 배척받으신 예수님(마가복음 6:1-6) ········· 215
24. 제자들의 파송(마가복음 6:7-13) ········· 225
25. 세례 요한의 삶과 죽음(마가복음 6:14-29) ········· 233
26. '목자 없는 양' 같음을 인하여(마가복음 6:30-44) ········· 241
27. 예수님에 대한 바른 이해(마가복음 6:45-56) ········· 249
28. 바른 신앙의 자세(마가복음 7:1-13) ········· 257
29. '고르반' 하면 그만입니까?(마가복음 7:9-13) ········· 265
30. 마음을 보시는 하나님(마가복음 7:14-23) ········· 273
31. 수로보니게 여인의 믿음(마가복음 7:24-30) ········· 281
32. 다양한 은혜의 통로(마가복음 7:31-37) ········· 289
33. 칠병이어의 기적-필요를 채우시는 예수님(마가복음 8:1-9) ········· 299
34. 표적이 필요합니까?(마가복음 8:10-13) ········· 307
35. 아직도 깨닫지 못하느냐!(마가복음 8:14-21) ········· 315
36. 치료의 근원을 명확히 하시는 예수님(마가복음 8:22-26) ········· 321
37. 너희는 나를 누구라 하느냐?(마가복음 8:27-30) ········· 331
38. 사도성의 원리(마태복음 16:13-20) ········· 341
39. 십자가로 가까이(마가복음 8:31-33) ········· 351
40. 십자가를 부인하고 자기 십자가를 지고(마가복음 8:34-9:1) ········· 359
41. 예수님의 신비스러운 변형(마가복음 9:2-13) ········· 367
42. 믿음이 요구됩니다!!(마가복음 9:14-29) ········· 379
43. 십자가의 진리가 요구하는 삶(I)(마가복음 9:30-41) ········· 387
44. 십자가의 진리가 요구하는 삶(II)(마가복음 9:42-50) ········· 397
45. 결혼에 대한 성경의 가르침(마가복음 10:1-12) ········· 405
46. 어린 아이에게서 얻는 교훈(마가복음 10:13-16) ········· 415
47. 부자 청년의 문제(마가복음 10:17-27) ········· 423
48. 주님을 섬기고 봉사하는 바른 자세(마가복음 10:28_31) ········· 435
49. 새로운 결단이 요구됩니다(마가복음 10:32-45) ········· 443
50. 새로운 삶(진정한 삶)을 위하여(마가복음 10:46-52) ········· 451

51. 주님이 기뻐하시는 신앙생활(마가복음 11:1-11) ·············· 461
52. 열매 맺는 신앙(마가복음 11:12-14, 20-25) ················ 469
53. 성전 정화 사건의 의미와 교훈(마가복음 11:15-18, 27-33) ······· 479
54. 악한 농부의 비유: 우리는 청지기입니다(마가복음 12:1-12) ······ 489
55. 기독교인의 국가에 대한 태도(마가복음 12:13-17) ··············· 499
56. 부활에 대한 믿음과 소망(마가복음 12:18-27) ················ 511
57. 첫째 되는 계명이 무엇입니까?(마가복음 12:28-34) ············ 521
58. 예수님은 어떤 분입니까?(마가복음 12:35-37) ················ 529
59. 하나님을 섬기는 바른 자세(마가복음 12:38-40) ··············· 537
60. 하나님께서 기뻐하시는 신앙생활(마가복음 12:41-44) ············ 547
61. 마지막 때에 대한 교훈(I) - 복음과 고난(마가복음 13:1-13) ······· 555
62. 마지막 때의 교훈(II)-미혹에 삼가 주의하라(마가복음 13:14-23) · 567
63. 마지막 때에 대한 교훈(III): 깨어 있어라(마가복음 13:24-37) ···· 577
64. 예수님이 기뻐하시는 헌신(마가복음 14:1-9) ·················· 587
65. 가룟 유다의 배신의 의미와 교훈(마가복음 14:10-11) ············ 597
66. 최후의 만찬(마가복음 14:12-26) ···························· 607
67. 시험을 이기는 신앙생활(마가복음 14:26-31, 66-72) ············ 617
68. 기도의 모범이 되신 예수님(마가복음 14:32-42) ··············· 627
69. 하나님의 뜻을 이루기 위해서(마가복음 14:43-52) ·············· 637
70. 애매히 고난을 당할 때(마가복음 14:53-65) ··················· 647
71. 성공으로부터의 자유(마가복음 15:1-15) ······················ 657
72. 수치와 모욕 속에 십자가를 지신 예수님(마가복음 15:16-32) ····· 667
73. 예수님 죽음의 의미(마가복음 15:33-41) ······················ 675
74. 진정한 신앙인의 모습(마가복음 15:42-47) ···················· 683
75. 부활하신 예수님을 만납시다(마가복음 16:1-13) ················ 693
76. 부활하신 예수님을 만난 사람들은(마가복음 16:14-20) ··········· 703
77. 마가복음을 마치면서(신앙의 본질)(마가복음 10:45) ············· 713

마가복음 1:1-8

복음의 시작

우리가 잘 아는 것처럼, 마태복음, 마가복음, 누가복음 그리고 요한복음을 일컬어 '사복음서'라고 합니다. 특히 그 가운데 마태복음, 마가복음, 누가복음은 같은 관점에서 쓰여 졌기 때문에 '공관(共觀)복음서'라고 합니다. 실제로 이 세 복음서는 전체 구조나 내용이 아주 유사합니다. 그렇지만 각 복음서는 쓰여 진 대상과 강조점들이 다르기 때문에 세부적이 순서나 내용 그리고 사용된 단어들에는 차이가 있습니다.

특별히 마가복음은 다른 복음서들에 비해 내용이 압축되어 있고 문체도 직설적이고 간결한 것이 특징입니다. 예를 들어, 다른 복음서들은 예수님의 족보라든지 예수님의 탄생과 관련된 약간의 기록들이 있는데, 마가복음은 그러한 설명 없이 단도직입적으로 예수님의 인격과 사역을 소개하고 있습니다. 이러한 복음서들 간의 차이점에도 불구하고 우리가 주지하여야 할 한 가지 분명한 사실이 있습니다. 그것은 모든 복음서들이 쓰여 진 궁극적 목적은 동일하다는 것입니다. 이는 요한복음 20:31에 명확하게 언급되어 있습니다.

> 오직 이것을 기록함은 너희로 예수께서 하나님의 아들 그리스도이심을 믿게 하려 함이요 또 너희로 믿고 그 이름을 힘입어 생명을 얻게 하려함이니라.

우리는 이것을 요한복음의 기록 목적일 뿐 아니라 전체 복음서의 기록 목적으로 이해해야 합니다. 다시 말해, 예수님께서 하나님이시요, 우리의 구원자이심을 믿게 하고 그 예수님을 통하여 진정한 생명을 얻게 하는 것이 복음서가 기록된 궁극적 목적입니다.

하나님의 아들 예수 그리스도 이것은 마가복음에도 분명하게 드러나 있습니다. 1절입니다.

하나님의 아들 예수 그리스도 복음의 시작이라.

원문에는 1절에 동사가 없습니다. 원문 그대로 번역하면, "하나님의 아들, 예수, 그리스도, 복음의 시작" 입니다. 그러니까 1절은 단순히 마가복음의 한 구절이라기보다는 마가복음의 주제 또는 제목이요 마가복음의 기록 목적이라고 하는 것이 옳습니다.

여기에서 하나님의 아들, 예수, 그리스도 그리고 복음이 동격으로 연결되어 있습니다. 그렇다면 '복된 소식' 또는 '기쁜 소식'을 의미하는 복음의 내용은 누구입니까? 예수님입니다. 그런데 이 예수님은 누구십니까?

먼저, 예수님은 '하나님의 아들' 입니다. 예수님께서 하나님의 아들이라는 것은 요한복음 5:18("하나님을 자기의 친아버지라 하여 자기를 하나님과 동등으로 삼으심 이러라")에서 보여주는 바와 같이 예수님 자신이 바로 하나님이심을 말씀하는 것입니다. 예수님께서는 비록 우리와 같은 사람의 몸을 입고 오셨지만 요한복음에서 분명하게 말씀하는 것처럼 '태초부터 계신 하나님' 이십니다.

다음으로 예수님은 '그리스도' 입니다. '그리스도'는 히브리어로 '메시야' 인데, 이 말은 '어떤 사명을 위해 기름 부음을 받는 자' 또는 '어떤 직분에 임명된 자'를 의미합니다. 사무엘하 7:12 이하를 보면, 하나님께서는 선지자 나단을 통해 다윗의 후손에게서 메시야가 태어날 것을 약속하셨습니다. 그리고 계속해서 선지자들을 보내어 미래에 한 이상적인 왕이 태어나 이상적인 나라를 이루실 것을 말씀하셨습니다. 그 약속들에 근거해서 이스라엘 민족은 소위 '메시야 대망 사상'을 가지게 되었습니다. 즉, 이스라엘은 다윗의 후손 가운데 한 이상적인 왕이 오셔서 그들을 직접 통치하실 것에 대한 간절한 소망이 있었던 것입니다. 예수님께서 그리스도라는 선포는 예수님께서 바로 다윗과 선지자들을 통하여 하나님께서 약속하신 메시야이심을 말씀합니다.

이렇듯 예수님께서 하나님의 아들 되심과 그리스도 되심을 증거하고 선포하고 믿게 하는 것이 바로 마가복음의 핵심 내용이요 목표입니다. 사실 예수님께서 실제로 사역하시며 가르치실 때에는 어느 누구도 예수님의 하나님의 아들 되심과 메시야 되심을 '온전히' 깨닫고 믿지 못했습니다. 3년 동안이나 숙식을 같이 하면서 직접 예수님께 배웠던 제자들조차도 가이사랴 빌립보 지방에서 신앙 고백은 했지만 나중에 엉뚱한 소리를 하고 다 도망하였습니다. 그러나 예수님께서 부활 승천하신 이후에 성령께서 그들에게 진리를 조명해 주심으로 그들은 예수님께서 하나님의 아들이고 메시야라는 사실을 분명히 깨달아 믿게 되었고, 그 기쁜 소식을 생명을 걸고 온 천하에 알렸습니다.

우리가 마가복음을 함께 살펴보려는 목적이 바로 여기에 있습니다. 제가 간절히 바라는 것은 마가복음을 통해서 우리 모두가 초대 교회 성도들이 만났던 것처럼 하나님으로서 그리스도로서 예수님을 만나기를 원합니다. 그들의 감격과 감사가 우리의 감격과 감사가 되길 원합니다. 그래서 예수님의 하나님 되심과 그리스도 되심을 땅 끝까지 모든 족속에게 알리고자 하는 열정으로 우리의 심령이 뜨거워지기를 바랍니다.

복음의 시작

1절에서 우리가 놓치지 말아야 될 또 하나의 중요한 표현은 '복음의 시작'입니다. 먼저 '복음의 시작'이라는 말씀에서 소유격은 소위 주격 소유격으로 '기원'을 나타냅니다. 다시 말해, '복음의 시작'은 '복음(예수님)으로부터 시작된 시작' 또는 '예수님을 통한 시작'을 의미합니다. 그리고 '시작'은 헬라어로 '$A\rho\chi\eta$'인데 창세기1:1의 "태초에"라는 말을 헬라어로 번역할 때 바로 이 단어가 쓰이고 있습니다(요한복음 1:1의 "태초에"라는 말도 역시 '$A\rho\chi\eta$'입니다). 이것은 무엇을 말씀합니까? 이것은 복음의 의미와 가치를 말씀합니다. 즉, 하나님께서 복음 되신 예수 그리스도를 통해서 우리에게 주신 시작은 하나님께서 천지를 창조하실 때와 같은 새로운 시작임을 의미합니다. 그래서 우리는 구원을 '새 창조'라고 하고, 구원받은 우리를 '새로운 피조물'이라고 하는 것입니다.

성도 여러분!

예수님은 우리 생애의 근본적인 전환점을 가져다주시고 우리로 하여금 이전과는 전혀 다른 의미 있는 삶을 살게 하십니다. 하나님께서는 예수님을 통해서 하나님과 우리의 관계가 온전히 회복되고, 그 결과로서 하나님께서 애초에 원하셨던 삶의 모습으로 우리의 인생이 완전히 변화되기를 원하시고 기대하십니다. 저는 우리 모두가 마가복음 강해를 통해서 복음의 진정한 의미를 깨닫기 원합니다. 그리하여 인생의 근본적인 변화를 경험하시고 이전과는 전혀 다른 인생의 새로운 장이 열리시기를 간절히 바랍니다.

예수님을 예비하는 자로서 세례 요한

그런데 복음을 통한 새로운 시대의 시작은 이미 구약에서 예언되었습니다. 어느 날 갑자기 하늘에서 뚝 떨어진 것이 아니고 예수님께서 오시기 전에 구약 전체를 통하여 예언되었고 준비되어 졌던 것입니다. 뿐만 아니라, 새로운 시작을 여는 예수님을 예비하고 그의 길을 평탄케 준비할 사람도 예언되었습니다. 2-3절입니다.

> 선지자 이사야 글에 보라 내가 내 사자를 네 앞에 보내노니 저가 네 길을 예비하리라. 광야에 외치는 자의 소리가 있어 가로되 너희는 주의 길을 예비하라 그의 첩경을 평탄케 하라.

예언된 바와 같이 우리 예수님을 위해서 한 사람이 나타났습니다. 그 사람이 바로 세례 요한입니다. 그래서 다른 복음서에서도 세례 요한의 출현이 복음서의 서론으로서 중요한 위치를 차지하고 있습니다. 누가복음에서는 그의 탄생 기사까지 실려 있습니다. 이와 같이 성경(구약)에서 약속하신 메시야의 길을 예비하는 자로서의 세례 요한의 등장과 사역은 예수님을 통한 구원 사역이 우연히 우발적으로 발생한 것이 아니고 예언의 성취임을 드러내기 때문에 그리고 그것이 예수님의 하나님의 아들 되심과 메시야 되심을 확인시켜 주고 확실하게 하기 때문에 복음서의 처음에 기록되었습니다.

세례 요한 사역의 의미

그러면 세례 요한이 무엇을 하였습니까? 4절입니다.

> 세례 요한이 이르러 광야에서 죄 사함을 받게 하는 회개의 세례를 전파하니

마가복음에는 언급되지 않았지만 세례 요한은 '회개하라! 천국이 가까웠느니라!' 라고 하면서 회개의 세례를 선포하였습니다. 우리 말 성경

에는 '죄 사함을 받게 하는 회개의 세례'라고 번역되었지만, '죄 사함을 위한 회개의 세례(a baptism of repentance for the forgiveness of sins)'라고 번역하는 것이 원문에 더욱 적합합니다. 실제로도 세례가 죄 사함을 베푸는 효능이 있는 것이 아니라 죄 사함을 상징하는 의식적 의미를 갖습니다. 그러니까 요한은 죄를 자복하고 회개한 표시로 세례를 주었던 것입니다.

그러면, 이러한 세례 요한의 외침과 사역의 의미는 무엇입니까? 당시에 세례는 유대인들에게는 정결예식으로 행해지고, 유대교로 개종하는 이방인들에게는 할례와 함께 개종예식으로 행해졌는데 요한은 그 회개의 세례를 유대인들에게 강하게 선포한 것입니다. 이것은 새롭게 도래하는 천국(하나님의 통치)에 들어가기 위해서는 이방인들이 개종한 것과 같은 마음과 자세가 필요함을 의미합니다. 다시 말하면, 세례 요한의 선포는 새롭게 시작되는 복음의 시대에는 이스라엘의 혈통적이고 민족적 특권이 유효하지 않고 그들에게도 회개에 합당한 열매와 철저한 삶의 변화가 요구된다는 말씀입니다. 그리고 그의 사역과 선포는 엄청난 반응을 불러 일으켰습니다. 오늘날로 말하면, '센세이션'을 일으킨 것입니다. 5절입니다.

> 온 유대 지방과 예루살렘 사람이 다 나아가 자기 죄를 자복하고 요단강에서 그에게 세례를 받더라.

마태복음을 보면 바리새인과 사두개인과 같은 이스라엘의 종교 지도자들도 몰려 왔다고 합니다. 사실 요단강에서 예루살렘까지의 거리는 40km 가까이 되는 가깝지 않는 거리이고 광야라는 지리적 위치는 찾아가서 세례 받기가 쉽지 않는 장소였음에도 불구하고 모든 이스라엘은 세례 요한을 찾아갔습니다. 물론 본문에는 명시되어 있지 않지만 그들이 세례 요한의 메시지를 갈급해 하고 몰려드는 이유가 있었습니다. 그것은 이스라엘이 말라기 선지자 이후 세례 요한이 나타날 때까지 약 400년 동안 소위 '암흑기'를 경험했기 때문입니다. 그 400년 동안 이스라엘은 하나님의 말씀을 듣지 못했기 때문에 말씀에 대한 갈급함이 있었습니다.

또한 그 기간 동안 이스라엘은 정치적 핍박과 사회적 혼란을 끊임없이 경험하면서 메시야에 대한 간절한 기대가 있었습니다. 그러니까 이스라엘이 칠흑 같은 어두운 시기를 경험하고 있을 때 세례 요한이 그들이 소망했던 메시야가 오시고 그들이 기대했던 이상적인 나라가 도래한다는 메시지를 선포한 것입니다. 그래서 사람들은 구름 떼처럼 광야로 세례 요한에게 몰려갔던 것입니다. 이렇게 그의 메시지가 능력 있게 선포됨으로 그는 모든 사람의 주목을 받게 되었고, 심지어 어떤 사람들은 그를 메시야로 착각하기도 하였습니다.

세례 요한의 자세 - 겸손함

그렇지만 이에 대한 그의 자세는 어떠했습니까? 6절을 보겠습니다.

> 요한은 약대 털을 입고 허리에 가죽 띠를 띠고 메뚜기와 석청을 먹더라.

광야에서 그러한 삶의 모습은 선지자의 전통에 속하는 것이었습니다 (왕하 1:8, 슥 13:4). 그것은 또한 그가 처음 부름을 받을 때의 모습이었습니다. 그는 삶에서 예언자의 위치를 지키고 있었고, 인기 절정의 상황에서도 변함없이 예수님의 길을 준비하는 자로서 자기의 자리를 잘 지켰습니다. 7절을 보겠습니다.

그가 전파하여 가로되 나보다 능력 많으신 이가 내 뒤에 오시나니
나는 굽혀 그의 신들메를 풀기도 감당치 못하겠노라.

이 말의 이해를 위해서 우리는 당시의 '신들메를 푼다'는 말의 의미를 알아야 합니다. 당시의 제자들은 스승을 위해 마치 종이 주인에게 해야 할 모든 의무를 다할 정도로 최선의 봉사를 해야 했습니다. 그러나 한 가지 하지 말아야 될 일이 있었는데, 그것은 신발 끈을 푸는 것이었습니다. 이것은 종이 주인에게 할 수 있는 가장 수치스러운 일이었습니다. 그러나 세례 요한은 예수님을 위해서 그러한 것조차도 감당할 자격이 없다고 고백하였습니다. 예수님 앞에서 철저히 낮아진 모습입니다. 또한 요한복음 3:30에 보면 '그는 흥하여야 하겠고 나는 쇠하여야 하리라'고 고백하고 있습니다. 모든 것을 예수님을 위해 송두리째 다 드리고도 어떠한 대가도 바라지 않는 세례 요한의 겸손한 모습입니다.

이것이 진정 예수님을 위해서 일하고 따르는 자의 모습입니다. 우리는 주의 일을 하면서도 얼마나 높아지려고 하고 얼마나 사람에게 대접받고 인정받기를 원합니까? 그리고 사람들이 나를 인정해 주지 않고 대접해 주지 않으면 얼마나 섭섭해 합니까? 결국 예수님을 위해서 열심히 일을 감당하고도 스스로 높아지려고 하다가 예수님께서 주실 상을 다 잃어버리는 경우를 우리 주변에서 많이 볼 수 있습니다. 또한 처음에는 잘하다가 나중에 스스로 높아져 어려움을 당하는 분들도 많이 있습니다. 이제 우리는 그러한 우를 범하지 말아야 합니다. 세례 요한의 겸손한 모습이 8절에도 언급되어 있습니다.

나는 너희에게 물로 세례를 주었거니와 그는 성령으로 너희에게
세례를 주시리라.

그는 자신이 할 일과 예수님께서 하실 일에 대한 분명한 구분이 있었던 사람입니다. 물 세례와 성령 세례는 여러 각도에서 비교할 수 있지만 가장 중요한 것은 물 세례는 죄 사함의 상징인데 반하여 성령 세례는 죄 사함을 받게 하는 능력이 있다는 것입니다. 그러니까 세례 요한은 죄 사함을 받고 복음의 새로운 시대에 들어가는 것이 오직 예수님으로만 가능하고 인생의 진정한 변화도 오직 예수님에 의해서만 이루어질 수 있음을 고백한 것입니다. 이렇듯 세례 요한의 낮아지고 자신의 위치를 지키는 삶의 자세는 그의 일생을 흠 없게 만드는 원동력이 되었습니다. 그렇기 때문에 예수님으로부터 '여자가 낳은 자 중 세례요한보다 큰 자가 없다' 고 하는 칭찬을 들었던 것입니다(눅 7:28).

그런데 우리는 어떻습니까? 자신을 통해 예수님의 능력이 나타나면 마치 자신이 그 능력을 행하는 것처럼 착각하고 교만할 때가 많습니다. 그러나 예수님께서 역사하시지 않으면 우리는 아무것도 할 수 없는 자임을 명심해야 합니다. 단지 우리는 그의 길을 예비하고 그 분에 의해 쓰임을 받는 자 일 뿐입니다. 우리에게는 자랑할 만한 아무 것도 없습니다. 우리 하나님께 오직 감사할 뿐입니다.

오늘날도 세례요한 같은 사람들이 필요합니다. 그들은 가장 낮은 자리에서 자신을 감추고 예수님께서 온전히 역사하시기 위해 길을 닦는 사람들입니다. 말없이 뒤에서 예수님을 위해 궂은일을 도맡아 감당하다가 모든 영광을 예수님께 돌려드리는 낮은 자세를 가지신 분들입니다. 이러한 사람들이 많이 있을 때 주의 복음은 효과적이고 능력 있게 확장될 수 있습니다.

말씀을 맺겠습니다.

하나님의 아들이시고 그리스도이신 예수님을 통해서 천지를 창조할 때와 같은 새로운 시대가 우리에게 열렸습니다. 우리는 예수 그리스도 안에서 삶의 진정한 의미를 발견하고 삶의 근본적인 변화를 경험할 수 있습니다. 저는 우리 모두가 그 은혜를 사모하며 누리게 되기를 소원합니다. 그리하여 세례요한과 같이 낮아지고 자신의 위치를 지키는 자세로 복음의 새로운 시대에 우리 모두가 하나님께 귀히 쓰임 받기를 간절히 바랍니다.

마가복음 1:9-13

예수님 공생애의 밑그림

하나님께서는 예수님을 통해서 태초에 천지를 창조하실 때와 같은 새로운 시작을 우리에게 주셨습니다. 이 새로운 시대를 여시는 예수님의 길을 준비시키기 위해서 세례 요한을 먼저 보내셨고, 세례 요한은 자신에게 맡겨진 사명을 잘 감당하였습니다. 특히 그는 회개를 선포하였고, 회개한 사람들에게 세례를 베풀었습니다. 이제 예수님께서는 세례 요한에게 나타나심으로 공생애를 시작하셨고, 그 후에 마귀에게 시험을 받으셨습니다.

저는 예수님께서 세례 요한에게 세례를 받으시고 마귀에게 시험을 받으셨던 내용을 기록한 오늘 본문의 제목을 '예수님 공생애의 밑그림'이라고 정했습니다. 왜냐하면, 밑그림을 통해서 앞으로 완성되어질 그림의 모습을 미리 예상할 수 있는 것처럼 이 두 사건을 통해서 앞으로 예수님의 공생애 전체에 드러날 그의 사역의 기본적인 모습과 방향을 알 수 있기 때문입니다.

세례를 받으신 예수님

이제 본문을 보겠습니다. 9절을 보면, "그 때에" 라고 말씀합니다. '그 때'는 언제 입니까? '세례 요한이 많은 사람들에게 세례를 줄 때에' 입니다. 5절에서 말씀하신 대로 '그 때에' 온 유대와 예루살렘이

다 나아가 세례 요한에게 세례를 받았습니다. 그래서 예수님께서도 세례 요한에게 세례를 받으셨는데, 따로 혼자 세례를 받으신 것이 아니고 군중의 한 사람으로서 - 다시 말해 당시 세례를 받았던 이스라엘 중 한 사람으로서 - 세례를 받으셨습니다(눅 3:21). 세례 요한의 세례는 죄 사함의 표시로 주었기 때문에, 죄도 없으시고 죄 사함의 필요가 없으신 예수님께서는 세례를 받으실 필요가 없었음에도 불구하고 세례를 받으셨습니다.

그러면 왜 예수님께서 세례 요한에게 세례를 받으셨습니까? 마태복음(3:15)에 보면, 예수님께서 세례를 받으러 나오시자 세례 요한이 "내가 당신에게 세례를 받아야 하는데 왜 당신이 내게로 오시나이까?" 라고 하면서 세례를 주지 않으려고 합니다. 그 때 예수님께서 무엇이라고 말씀하십니까? "우리가 이와 같이 하여 모든 의를 이루는 것이 합당하니라" 라고 말씀하십니다. 예수님께서 세례를 받으셨던 것은 자신의 죄 때문이 아니라 하나님의 의를 이루기 위함이었습니다. 즉, 하나님이신 그분은 우리를 죄에서 구원하시기 위한 그의 사역의 목적 때문에 그렇게 하신 것입니다. 예수님은 우리 인류의 죄를 짊어지셔야 했고, 우리의 죄 문제를 해결하시기 위해 죄인의 자리에 서셔야 했습니다. 그래서 예수님께서는 공생애 사역을 시작하는 시점에 세례 요한에게 세례를 받음으로 하나님이신 그분이 우리의 죄 때문에 죄인 된 인간의 자리에 들어오셨음을 분명히 보여주셨습니다.

그리고 세례 요한은 예수님께 세례를 베풀었습니다. 처음에는 그것이 너무 황송하고 자신의 분에 넘치는 일인 줄 알기에 거절하였지만 나중에 예수님께서 그가 예수님께 세례를 베푸는 것이 하나님의 의를 이루는 것이라고 말씀하셨을 때 그는 예수님의 명령에 순종하였습니다.

여기에서 우리는 이러한 세례 요한의 모습 속에서 진정 겸손한 자의 모습을 발견하게 됩니다. 때로는 나에게 맡겨진 일이 하나님과 사람 앞에서 너무 과분하게 여겨져도 그것이 하나님의 의를 이루는 것이라면 그것을 감당하는 것이 하나님 앞에서 겸손한 자의 모습입니다. 예수님의 일을 하면서 고개를 많이 숙이고 뒤로 빼는 것이 반드시 낮아지고 겸손한 모습이 아닙니다. 어떤 분들을 보면 자신의 기준에서 모든 것을 판단하고 결정해서 끝까지 우기시는 분들이 계시는데 그것은 바로 불신 앙일 수도 있습니다. 만약 세례 요한이 예수님께 세례를 베푸는 것이 자기의 분에 넘치는 것이라며 끝까지 고집을 부렸다면 하나님의 의는 이루어지지 않았을 것입니다. 때로는 나의 범위를 넘어서는 일이 주어질 때도 그것이 하나님의 의를 이루는 것이라면 받아들이는 것이 하나님 앞에서 진정한 겸손이고 믿음을 가진 자의 자세입니다.

하나님의 인정하심

예수님께서 세례를 받으신 후에는 어떠한 일이 일어났습니까? 10-11절입니다.

> 곧 물에서 올라오실 쌔 하늘이 갈라짐과 성령이 비둘기 같이 자기에게 내려오심을 보시더니 하늘로서 소리가 나기를 너는 내 사랑하는 아들이라 내가 너를 기뻐하노라 하시니라.

이 말씀은 세례 요한에게 세례를 받음으로 성령이 처음으로 예수님께 임한 것을 의미하거나 세례 요한의 세례로 예수님께서 하나님의 아들이 되신 것을 의미하지 않습니다. 예수님께서는 본래 성령과 함께 계셨고 본래 하나님이셨습니다. 그런데도 공생애를 시작하면서 세례를 받으신 후에 성령과 하나님의 말씀이 예수님께 임한 것은 하나님의 인정하심과 확인하심으로 예수님의 공생애가 시작되고 있음을 의미합니다. 본문을 보면, 당시에 세례를 받던 주위의 사람들이 성령께서 예수님께 임하시는 것을 보았다고 말씀하지 않습니다. 10절을 보면, '자기에게 내려오심을 보시더니' 라고 말씀하십니다. 그러니까 다른 사람들이 성령께서 예수님께 임한 것을 보신 것이 아니라 예수님 자신이 성령께서 자신에게 임한 것을 보았다는 것입니다. 그리고 11절을 보면 예수님을 인정하시는 말씀을 많은 사람들 앞에서 공포한 것도 아님을 알 수 있습니다. 이것은 하나님께서 예수님 자신에게 하신 말씀입니다. 다시 말해, 세례 후에 일어난 일들은 하나님께서 예수님을 사람들 앞에서 공개적으로 인정하신 것이라기보다는 하나님께서 원래 의도하신 길로 예수님께서 가고 있음을 예수님 자신에게 개인적으로 인정하신 것이라고 할 수 있습니다.

 이것은 예수님의 공생애 전체를 통해서도 드러나고 있습니다. 예수님의 공생애 동안에 많은 사람들이 예수님을 대적하였고 오해하였지만, 예수님께 있어서 가장 중요한 것은 하나님께 인정받는 것이었고, 하나님의 뜻을 이루는 것이었습니다(요 4:34). 그래서 예수님께서는 항상 하나님께서 인정하시고 원하시는 길로 갔고 하나님의 뜻을 이루는 길을 택하셨습니다.

 우리가 주의 일을 하면서 늘 신경 써야 될 것도 하나님의 인정하심과 확인하심입니다. 우리는 한 걸음 한 걸음을 내딛을 때마다 하나님께서 인정하시는 길인지 늘 확인해 보아야 합니다. 물론 개인적인 소신과 확신이 필요하고 또한 다른 사람의 인정을 받는 것도 무시할 수 없습니다. 그러나 그것은 하나님의 뜻을 이루는 길이 아닐 수도 있습니다. 우리에게 가장 중요한 것은 하나님의 인정하심과 확인하심 그리고 하나님의 기뻐하심이어야 합니다. 그래야만 우리도 예수님과 같이 우리의 생애 동안에 우리를 통하여 이루고자 하시는 하나님의 뜻을 이루어 가는 삶을 살 수 있습니다.

예수님의 시험 당하심과 그 의미

이제 예수님께 임하셨던 성령께서는 예수님을 광야로 인도하셨습니다. 12-13절입니다.

> 성령이 곧 예수를 광야로 몰아내신지라. 광야에서 사십 일을 계셔서 사탄에게 시험을 받으시며 들짐승과 함께 계시니 천사들이 수종들더라.

예수님은 광야에서 들짐승과 함께 계시면서 사탄에게 시험을 받으셨습니다. 그런데 성령께서 그곳으로 예수님을 인도하셨다고 했습니다. 사실 예수님께서 세례 요한에게 세례를 받으실 필요가 없었던 것처럼 예수님께서는 하나님이시기 때문에 사탄에게 시험을 받지 않으실 뿐 아니라 받으실 필요도 없었습니다. 그러면 왜 하나님께서 예수님을 광야로 보내셔서 시험받게 하셨겠습니까? 이것은 두 가지로 설명될 수 있습니다.

먼저 사탄과의 싸움은 예수님께서 하실 사역의 방향에 대한 밑그림을 보여줍니다. 복음서 전체를 통해 드러나는 것처럼 예수님의 전체 사역은 사탄과의 끊임없는 전쟁이었고 그 궁극적 목적은 사탄에 대한 승리였습니다. 그러한 예수님의 사역을 미리 보여주시기 위해서 예수님께서는 공생애를 시작하면서 사탄과 싸움을 하시고 승리하셨습니다.

다음으로, 요한에게 세례를 받으심으로 자신을 죄의 용서가 필요한 백성들과 동일시하신 것처럼, 마귀에게 시험을 받으심으로 마귀와 싸우고 시험 당할 수밖에 없는 우리의 모습을 보여 주고 계십니다. 본문에는 언급되지 않았지만, 마태복음과 누가복음을 보면 예수님께서 당하신 세 가지 시험의 내용은 인류 역사가 시작되면서부터 우리 모두가 늘 당하는 시험입니다. 이 세 가지 시험에 대한 다양한 해석이 있지만, 저는 이 세 가지 시험이 첫째로는 말씀의 순종에 대한 시험이고, 둘째로는 하나님을 시험하는 시험이며, 셋째로는 하나님만 경배하고 섬기는 것을 막는 시험이라고 생각합니다.

첫 번째 시험에서 사탄은 예수님께서 40일 금식하셨던 약점을 이용해서 먹을 것으로 예수님을 유혹하였는데, 그 때 예수님께서는 신명기 8:3을 인용하여 사탄의 시험을 물리치셨습니다. 신명기 8장을 보면, 하나님께서 이스라엘을 광야에서 굶기시고 어렵게 하신 이유가 그들이 어려운 상황에서도 하나님의 말씀에 순종하는 지를 알아보기 위함이었다고 말씀합니다. 그러니까 예수님께서 경험하신 첫 번째 시험은 물질적이고 육체적인 면에서 어렵고 힘들 때에도 얼마나 말씀대로 사는 가에 대한 시험이었습니다. 이러한 시험은 오늘날 우리도 늘 경험하는 시험입니다. 우리는 눈앞에 있는 어려움이나 물질적인 손해 때문에 하나님의 뜻을 거스를 때가 많습니다. 그러나 하나님께서는 당장 물질적이고 육체적인 필요에 대한 충족보다는 어떠한 극한 상황에서도 말씀에 순종할 것을 원하십니다. 물론 물질적이고 육체적인 것이 필요 없거나 그 자체에 대한 관심이 잘못된 것은 아니지만, 그것 때문에 하나님께 불순종해서는 안 될 것입니다.

두 번째 시험은 성전 꼭대기에서 뛰어내리면 천사들이 받아줄 것이기 때문에 뛰어내리라는 것이었습니다. 그 때 예수님께서 신명기 6:16을 인용하여 하나님을 시험치 말라고 하셨습니다. 신명기 6장에는 이스라엘이 맛사에서 하나님의 능력을 의심하여 모세에게 물을 달라고 요구했던 사건이 기록되어 있습니다. 그러니까 두 번째 시험은 하나님의 능력을 의심하는 시험이었습니다. 아무 이유 없이 성전 꼭대기에서 뛰어내리면서 하나님께서 천사를 통해 지켜주기를 바라는 것은 하나님의 능력을 시험하는 것이고 일종의 불신앙입니다. 이것도 오늘날 우리에게 늘 있는 시험입니다. 예를 들어 병원이나 약국에 가면 쉽게 고칠 수 있는 병을 믿음으로 낫는다고 약을 사먹지 않고 병원에 가지 않으면서 하나님을 시험하는 것입니다. 물론 하나님께서는 하나님의 필요에 의해서 우리에게 얼마든지 기적을 베푸실 수 있지만, 우리가 기적을 요구하는 목적이 자신을 극적으로 드러내려고 한다거나 기적이 필요 없는데도 기적을 요구하는 것은 하나님의 능력을 의심하는 시험입니다.

세 번째 시험은 무엇입니까? 사탄은 지극히 높은 산에 올라가서 자신에게 절을 하면 천하만국과 영광을 주겠다고 하였습니다. 이것은 예수님께서 인용하신 신명기 6:13에 기록 된 대로 하나님만 온전히 경배하고 섬기는 것에 대한 시험입니다. 이스라엘은 늘 하나님만 온전히 섬기지 못하고 하나님 자리에 하나님과 함께 다른 신들을 올려놓았습니다. 오늘날로 말하면, 하나님을 섬기면서도 하나님보다 위에 돈이나 명예 등을 올려놓는 것을 말합니다. 우리는 물질이나 명예 앞에 굴복하지 말고 온전히 하나님만 섬기고 경배해야 할 것입니다.

사랑하는 성도 여러분, 예수님께서 당하신 시험은 아담이 겪었던 것이고 이스라엘이 겪었던 것입니다. 그리고 그 시험은 우리에게도 계속해서 있는 시험들입니다. 사탄은 눈앞에 보이는 현실적인 이유 때문에 우리를 하나님의 말씀에서 벗어나도록 유혹합니다. 또한 사탄은 우리로 하여금 불필요하게 하나님의 능력을 시험하게 합니다. 그리고 사탄은 우리를 온전히 하나님만 섬기고 경배하는 데 방해하고 하나님의 자리에 다른 것을 올려놓으려고 합니다. 우리는 결코 사탄의 시험에 넘어가지 말아야 하고 예수님처럼 승리해야 할 것입니다.

사탄의 시험에서 승리하기 위해서

그런데, 오늘날 우리가 사탄의 시험에 승리하기 위해서 몇 가지 기억할 것이 있습니다. 먼저 사탄, 즉 악한 영의 세력이 실재하고 우는 사자처럼 우리를 늘 삼키려고 한다는 것을 인정해야 합니다. 이것을 인정하지 않으면 우리는 사탄의 시험에 빠지지 않을 수 없습니다.

또한 사탄은 교묘하게 우리를 유혹합니다. 우리가 어렸을 때에 간첩을 그리라고 하면 아주 험악한 인상을 가진 사람으로 그렸지만 실제로 간첩은 그런 모습이 아니었지 않습니까? 마귀도 마찬가지입니다. 마귀는 우리가 흔히 생각하는 것처럼 뿔 달린 괴물이 아닙니다. 예수님을 시험하는 내용을 통해서도 알 수 있는 것처럼 마귀는 교묘하게 천사의 모습으로 가장해서 우리를 시험하는 것입니다.

마지막으로 우리는 마귀와의 싸움에서 한 번 승리하였다고 해서 자만하거나 나태하지 않아야 합니다. 왜냐하면 마귀의 유혹은 끊임없이 계속되기 때문입니다. 오늘 본문의 세 가지 시험 이후에도 예수님과 사탄과의 싸움은 아직 끝나지 않았습니다. 누가복음을 보면 '마귀가 잠시 떠나니라'고 하였습니다. 이것은 사탄과의 싸움이 40일 동안 완전히 끝나지 않았고 예수님의 사역 속에서 계속될 것을 보여주는 것입니다. 이것은 우리에게도 마찬가지입니다. 우리도 우리의 생애가 다하는 날까지 계속해서 사탄과 싸울 수밖에 없습니다. 그러나 우리는 사탄과의 싸움을 두려워할 필요가 없습니다. 왜냐하면 우리가 싸우면 늘 패배할 수밖에 없지만 마귀와의 싸움에서 승리하신 예수님이 우리를 지키시기 때문입니다. 히브리서 4:15에서 예수님께서는 죄가 없으시되 시험과 고난을 친히 겪으심으로 우리의 연약함을 결코 내버려두시지 않는다고 말씀하셨습니다. 우리가 예수님을 의지하면 우리는 승리할 수 있습니다.

승리 후에 오는 행복

그 뿐만 아닙니다. 사탄과의 싸움에서 승리했을 때 오는 행복이 있습니다. 본문을 보면 천사가 예수님의 수종을 들었다고 말씀합니다. 여기에서 천사가 어떻게 수종을 들었는지에 대해서는 구체적으로 알 수 없지만 히브리서 11:4을 보면 천사의 사명 중에 하나는 성도를 돕는 일이고 또한 엘리야도 광야에서 천사에 의해서 수종 받을 때 먹을 것을 공급받은 것으로 보아서(왕상 19:5-7) 예수님께서도 시험을 이기신 후에 하나님으로부터 육체적 필요를 채워주심과 위로가 있었던 것으로 생각됩니다. 우리도 계속해서 오는 시험을 이기면 이렇게 천사가 수종을 드는 채우심과 위로가 있을 것입니다.

말씀을 정리하겠습니다.

오늘 말씀은 예수님께서 본격적으로 사역을 시작하기 전의 두 사건이 기록되어 있는데, 이것은 예수님 공생애의 모습에 대한 밑그림을 보여주고 있습니다. 먼저는 예수님께서는 요한에게 세례를 받으심으로 우리의 죄를 담당하시기 위해 우리 죄인의 자리에 오신 것을 보여 주셨고 다음으로 광야에서 사탄에게 시험받으심으로 앞으로의 그의 사역이 사탄과의 싸움이라는 것을 보여 주셨습니다. 여기서 우리가 명심해야 할 것은 예수님께서 싸우셨던 싸움은 우리에게도 늘 있다는 것입니다. 그렇지만 마귀와의 싸움에서 승리하신 예수님께서 우리와 함께 계시기 때문에 우리가 예수님을 의지하면 우리도 마귀와의 싸움에서 승리할 수 있음을 믿어야 합니다. 저는 우리 모든 성도들이 마귀와의 싸움에서 늘 승리하기를 바라며, 또한 마귀와의 싸움에서 승리함으로 하나님께서 모든 필요를 채워주시고 위로하시는 것을 경험하기를 바랍니다.

마가복음 1:14-15

하나님의 복음

예수님께서는 세례 요한에게 세례를 받으시고 광야에서 마귀에게 시험을 받으심으로 공생애를 시작하셨습니다. 우리는 이 두 가지 일을 통해서 예수님 공생애의 밑그림을 볼 수 있었습니다. 예수님께서는 공생애를 시작하는 시점에서 세례 요한에게 세례를 받으심으로 우리의 죄의 문제를 해결하시기 위해서 우리와 같은 죄인의 자리에 오신 것을 보여 주셨고, 광야에서 사탄에게 시험받으심으로 그의 앞으로의 사역이 사탄과의 싸움이라는 것을 미리 보여 주셨습니다.

하나님의 복음

이제 복음서 기자는 예수님께서 본격적으로 사역을 시작하는 모습을 우리에게 소개하고 있는데 오늘 본문은 예수님의 전체 사역을 핵심적으로 잘 요약하고 있습니다. 14절을 보시면, "요한이 잡힌 후 예수께서 갈릴리에 오셔서 하나님의 복음을 전파하여"라고 했습니다. 예수님께서 사역을 시작하신 상황을 설명하면서 예수님의 사역을 한마디로 '하나님의 복음'을 전파하는 것으로 요약하고 있습니다. 복음은 복음인데 하나님의 복음이라고 합니다. 헬라어 원어를 깊이 연구해보면, 여기에서 '하나님의 복음'이라는 것은 '하나님으로부터 온' 또는 '하나님께서 마련하신 복음'으로 해석될 수 있습니다(1절의 '복음의 시작'에서와 같이 소유격이 '기원'을 의미합니다). 이것은 예수 그리스도를 통하여 우리에게 구원을 주시는 복음의 시작이 하나님으로부터 나온 것이고 그 근거가 하나님께 있음을 말씀합니다. 즉 우리를 창조하신 하나님께서 우리를 사랑하셔서 우리를 위하여 주도적으로 구원의 길을 허락하셨습니다.

요한복음 3:16에 보시면 '하나님이 세상을 이처럼 사랑하사 독생자를 주셨으니' 라고 했는데 여기에서 '이처럼' 이라는 말은 '너무' 또는 '아주' 라는 말입니다. 그러니까 하나님께서 세상을 그리고 우리를 너무 사랑하셨기 때문에 독생자 즉 예수님을 주셨다는 것입니다. 왜 하나님께서 우리를 이렇게도 사랑하십니까? 그것은 우리를 만드셨기 때문입니다. 우리는 우리가 낳은 자녀들을 얼마나 끔찍이 아끼고 사랑한지 모릅니다. 마찬가지로 하나님은 우리를 만드신 분이기 때문에 우리를 너무 사랑하십니다. 그래서 우리가 멸망치 않고 영생을 얻도록 우리를 위해서 예수님을 보내주셨습니다.

정리하면, 우리를 창조하신 하나님께서 우리를 창조하셨으므로 우리를 너무 사랑하셔서 이 복음을 마련하셨습니다. 하나님께서 절대 주권으로 천지를 창조하신 것처럼 복음도 하나님께서 주도적으로 시작하신 것입니다. 이러한 이유로 복음서 기자는 복음은 복음인데 그 복음이 '하나님의 복음' 이라고 강조하고 있습니다. 이 '하나님의 복음' 이라는 표현은 복음을 이해하는데 놓치지 말아야 할 중요한 개념입니다.

'하나님의 복음'의 시간적 공간적 배경

이렇게 하나님께서 주도적으로 시작하시고 마련하신 하나님의 복음을 예수님께서 전파하셨습니다. 오늘 본문은 그 하나님의 복음의 시간적 공간적 배경과 하나님의 복음의 내용에 대해서, 그리고 하나님의 복음이 우리에게 요구하는 것이 무엇인지 말씀합니다.

먼저 이 하나님의 복음이 선포된 시간적 배경입니다. 15절을 보시면, "때가 찼고"라고 말씀했습니다. '때가 찼다'는 말은 하나님께서 그의 섭리와 예정 가운데서 지금까지 계획하시고 준비하셨던 하나님의 때가 다 되었음을 의미합니다. 하나님께서는 이미 창세기 3:15에서 하나님의 복음을 말씀하셨고 또한 구약 전체를 통해서 300번 이상 말씀하셨습니다. 그런데 이제 때가 되었습니다. 그래서 이제 역사의 한 결정적인 순간에 하나님께서 그것을 실현하셨습니다. 그러니까 하나님께서 우리를 위해서 마련하신 하나님의 복음은 갑자기 또는 우연히 이루어진 것이 아니고 하나님의 계획하심과 꾸준한 준비하심의 과정을 거쳐서 주신 것임을 우리는 다시 한 번 기억해야 합니다.

여러분, 하나님께서는 결코 우연히 어떤 것을 행하시지 않습니다. 이 우주를 향한 하나님의 계획과 때가 있습니다. 이 땅의 어떤 것도 우연히 발생하시 않고 모두가 하나님의 간섭과 섭리하심 가운데 이루어집니다. 그러므로 이 우주의 모든 것이 그냥 지나가는 것 같아도 모두 하나님께서 정하신 때를 향해 가고 있다는 것을 우리는 명심해야 합니다. 물론 어떤 사람들은 여러 가지 불의가 득세하고 죄악의 밤이 깊어진 비관적인 현실을 바라보면서 '하나님께서 살아 계시면 어찌 이런 일들이 일어날 수 있겠는가?'라고 반문하기도 합니다. 마치 하나님께서 침묵하시는 것과 같이 느껴질 때도 있기 때문입니다. 그러나 우리가 알아야 할 것은 하나님께서 잠잠한 것같이 느껴지고 이렇게 칠흑같이 캄캄한 시대에도 이 우주의 마지막 때를 위한 하나님의 경륜은 계속되고 있다는 것입니다. 그리고 때가 찰 때 하나님의 계획과 섭리는 완성됩니다.

하나님께서 마련하신 복음이 최종적으로 실현되기 바로 전 400년 동안에도 하나님께서는 침묵하셨고 이스라엘은 암흑의 시간을 경험했습니다. 그러나 인간이 볼 때 하나님께서는 잠잠하신 것 같았지만 그러한 침묵의 때에도 결코 하나님은 잠잠히 계신 것이 아니었습니다. 하나님께서는 그의 계획하신 때를 잊어버리시지 않고 계속해서 일하셨고, 때가 차매 이 하나님의 복음이 드러나게 되었습니다.

이 하나님의 복음을 선포하신 예수님의 사역의 시작만 보더라도 하나님께서 모든 것을 얼마나 주도면밀하게 이루어 가시는지를 우리는 알 수 있습니다. 14절을 보시면, "요한이 잡힌 후에" 라고 말씀합니다. 예수님께서 사역을 시작하신 시점이 '요한이 잡힌 후' 라는 것입니다. 또한 마태복음 4:12을 보면 예수께서 요한이 잡힘을 들으시고 사역을 시작하셨다고 말씀합니다. 여러분, 세례 요한의 사명은 무엇이었습니까? 그것은 예수님의 길을 예비하는 것이었습니다. 그 이상도 그 이하도 아니었습니다. 그래서 세례 요한이 그의 사명을 잘 감당하고 예수님께서 본격적 사역을 시작하셨을 때 하나님께서는 그를 역사의 전면에서 물러가게 하셨습니다. 또한 예수님께서도 세례 요한이 사역의 전면에서 물러갈 때가 그의 사역을 시작하는 시점으로 아셨습니다. 그래서 예수님께서는 하나님께서 허락하시는 때까지 30년을 잘 준비하고 기다리시다가 그 때에 하나님의 복음의 사역을 시작하셨습니다.

역사를 주관하시고 생사를 주관하시는 하나님께서 결코 우연히 기분 내키시는 대로 상황에 따라서 행동하시지 않고 우리 모두를 향해 가지고 계시는 하나님의 때에 우리에게 역사하십니다. 그러므로 믿음으로 살고 하나님의 뜻대로 산다는 것은 하나님의 때를 분별 할 줄 안다는 것과 일맥상통합니다. 우리는 그 때를 잘 파악해야 하고 민감해야 합니다. 너무 설치지 말고 하나님보다 내가 앞장서지 말아야 합니다. 왜냐하면 하나님께서는 의도하신 일들을 이루실 때 가장 적절한 환경 가운데서 이루어 가시기 때문입니다. 때로는 가장 적절한 때가 아닐 때 하나님께서는 우리의 길을 막으시기도 합니다. 그렇기 때문에 하나님을 믿는 우리는 너무 억지로 우리의 삶을 이끌지 말아야 합니다. 전도서 3:1

에서 말씀한 것처럼, 천하에 범사가 기한이 있고 모든 목적을 이룰 때가 있기 때문에 우리는 하나님의 때를 기다릴 줄 알아야 합니다. 주님의 때를 기다리면, 복음성가에 있는 것처럼 '주님의 시간에 우리들의 모든 것이 아름답게 변하게 하실 것'을 믿습니다.

그러면 이렇게 모든 것이 준비되고, 적당한 때에 하나님의 복음이 드러나며, 예수님의 사역이 시작된 그 장소적 배경이 어디입니까? 본문을 보시면 "갈릴리에 오셔서"라고 했습니다. 우리가 복음서를 자세히 보면 예수님의 사역의 대부분은 갈릴리에서 행한 것을 알 수 있습니다. 마가복음도 9장까지가 갈릴리 또는 갈릴리 주변에서 행하신 일들을 기록하고 있습니다. 예수님의 사역이 갈릴리 지방을 중심으로 이루어진 것은 이사야의 예언의 성취로서(마 4:14-16) 복음의 성격을 잘 보여주고 있습니다.

그러므로 우리는 당시의 갈릴리의 지리적 사회적 종교적 상황을 살펴볼 필요가 있습니다. 갈릴리는 이스라엘의 북쪽 변방에 위치해 있었습니다. 그래서 이방으로 둘러싸여 있었고 북쪽에서 다른 나라들이 침략할 때 첫 번째 목표이기도 했습니다. 특히 이사야서에서 말씀한대로 앗시리아 침범 이후 이 곳은 앗시리아 제국에 병합되기도 했던 곳입니다. 그래서 이스라엘의 어느 도시보다도 이방인들이 많이 살았고, 혼합 종교와 혼합 문화와 우상숭배가 성행했던 곳이었습니다. 그렇기 때문에 마태복음에서는 예수님의 갈릴리 사역을 소개하면서 갈릴리를 '흑암에 앉은 백성, 사망의 땅과 그늘에 앉은 자들'이라고 하였습니다.

한마디로 말하면, 이스라엘 지역 가운데 갈릴리는 정치적인 면과 종교적인 면에서 실패한 곳이었고, 당시의 유대 사회에서 천대받고 조롱받는 땅이었습니다. 그래서 요한복음을 보면 이 지역에서는 결코 선지자가 나지 못할 곳으로 여겨져 왔던 것입니다(요 7:41, 52). 그러나 이

곳은 하나님의 구원 계획을 드러내는데 핵심적인 장소가 되었습니다. 이러한 사실은 복음의 성격이 어떤 것인지 우리에게 분명히 드러내주고 있습니다. 복음은 인생의 의미와 삶의 진정한 가치를 모른 채 살고 있는 흑암에 있던 백성들을 위해서 하나님께서 마련하신 것입니다. 그러한 사람들에게 빛이 되어서 새로운 길을 안내하고 진정한 생명을 회복시켜 주는 것이 복음의 최우선적 목표입니다. 하나님께서 마련하신 복음은 어떤 제한이나 경계가 없습니다. 허물과 실수가 많은 사람도, 어두운 과거를 가진 사람도 문제가 되지 않습니다. 하나님의 복음은 바로 그런 사람을 위한 것입니다. 말 그대로 복된 소식입니다. 우리들 가운데 너무 죄가 많다고 생각하고 하나님께서 마련하신 복음을 받아들이기를 주저하시는 분이 계신지 모르겠습니다. 그러나 하나님은 그러한 분들을 사랑하십니다. 그리고 그러한 분들을 위해서 복음을 마련하셨습니다.

하나님의 복음의 내용 : 하나님 나라

그러면 때가 차도록 이렇게 오랫동안 준비되어 온 하나님의 복음의 내용은 무엇입니까? 15절을 보시면 "하나님의 나라가 가까웠으니" 라고 했습니다. 하나님의 나라가 임한다는 것입니다. 앞으로 마가복음을 계속 보면 알겠지만 이 하나님 나라의 선포는 예수님의 사역과 말씀의 핵심입니다. 누가복음 4:43을 보면 예수님께서 "하나님의 나라의 복음을 전하기 위해서 내가 보내심을 입었노라" 라고 말씀하셨습니다. 그렇기 때문에 예수님의 사역과 말씀을 잘 이해하려면 하나님 나라에 대해서 바로 아는 것이 무엇보다도 중요합니다. 많은 사람들이 하나님의 나라를 단순히 미래에 우리가 죽은 다음에 갈 곳으로만 알고 있는데 저는 오늘 하나님 나라의 이해를 위해서 가장 중요한 두 가지를 말씀드리겠습니다.

먼저, 하나님 나라는 장소적 개념이라기보다는 통치적 개념에서 이해해야 합니다. 하나님의 나라가 임한다는 것은 어떤 큰 장소가 임한다는 것이 아니고 하나님께서 왕으로 통치하시고 다스리는 것이 임한다는 것을 의미합니다. 구약 성경을 보면, '하나님의 나라' 라는 용어는 나타나지 않습니다. 대신에 미래의 메시야 시대를 약속하시면서 '하나님께서 영원히 통치하실 것이다(출 15:18)', '하나님께서 영원토록 왕으로 좌정하신다(시 29:10)' 라고 말씀하시는데 그것을 예수님께서는 '하나님 나라' 라고 말씀하셨습니다.

복음서를 보면 예수님을 통해서 하나님의 나라가 임함으로 크게 두 가지 결과가 나타납니다. 첫 번째로 하나님의 나라가 임함으로 사탄의 세력이 물러갔습니다. 예수님께서 공생애를 시작하시면서 마귀와 싸우셔서 승리하셨고 또한 그의 사역을 통해서 계속해서 마귀의 세력을 물리치셨습니다. 두 번째로 하나님의 나라가 임함으로 죄로 인해서 파괴되고 연약해진 것들이 회복되어시는 결과가 일어났습니다. 예수님의 사역을 통해서 소경이 보게 되고 앉은뱅이가 걷게 되며 귀머거리가 듣게 되어, 인간의 타락으로 인해 경험하게 되었던 것들이 회복되어졌던 것입니다. 그러니까 하나님의 나라가 임한다는 것은 하나님의 다스리심과 통치하심이 우리에게 임하서서 우리가 마귀의 지배에서 벗어나고 우리의 연약한 부분들이 회복되는 것을 의미합니다.

다음으로 하나님의 나라는 현재적 측면과 미래적 측면이 있습니다. 현재적 측면이라는 것은 이미 이루어졌다는 것이고 미래적 측면이라는 것은 이미 이루어졌지만 아직 완성되지 않았다는 것입니다. 예수님을 통해서 이미 사탄이 패배하였고 죄로 인하여 파괴되고 약해졌던 부분들도 많이 회복되어졌지만, 여전히 우리는 사탄의 영향권 아래에서 사탄과 싸워야하며 아픔과 괴로움과 죽음을 맛보아야 하는 육체의 한계를 경험하고 있습니다. 오직 예수님께서 재림하실 때 사탄이 완전히 파멸되고 우리의 모든 것이 완전히 회복될 수 있습니다. 이것이 하나님 나라의 현재적 측면과 미래적 측면입니다. 그렇기 때문에 우리가 이 땅에 사는 동안 완전하지는 않더라도 미래에 완전하게 임할 하나님의 나라를 미리 경험할 수 있습니다.

우리에게 요구되는 것: 회개와 믿음

이러한 하나님의 통치가 우리에게 임하기 위해서 우리에게 요구되는 것이 있습니다. 15절 마지막 부분을 보시면 "회개하고 복음을 믿어라"라고 말씀합니다. 예수님께서는 하나님 나라를 경험하기 위해서 회개와 믿음의 결단을 촉구하십니다.

회개하는 것은 무엇을 의미합니까? 회개는 눈물을 흘리면서 말로만 죄를 고백하는 것을 의미하지 않습니다. 물론 그러한 과정도 필요하지만 회개라는 것은 방향을 바꾸는 것을 말합니다. 여러분! 죄는 하나님과 포커스가 맞지 않는 것입니다. 그렇기 때문에 회개한다는 말은 하나님과 포커스가 맞지 않게 살았던 삶의 자세와 목표와 방향을 바꾸는 것을 말합니다. 아무리 입술로 나의 잘못을 하나님께 고백하여도 삶의 변화가 없으면 그것은 진정한 회개가 아닙니다. 회개한다는 것은 직장에서 가정에서 그리고 사회생활을 하면서 나의 삶 속에서 변화의 열매를 맺는 것을 말합니다.

그리고 복음을 믿는다는 것은 무엇입니까? 그것은 하나님께서 마련하신 복음을 받아들이는 것을 의미합니다. 그리하여 하나님의 통치를 받아들이고 내가 나의 주인 되는 것을 포기하는 것입니다. 우리의 싸움은 우리를 누가 지배하느냐의 싸움입니다. '내가 나를 지배하느냐' '하나님께서 나를 지배하느냐'의 싸움입니다. 또한 '사탄이 나를 지배하느냐' '하나님께서 나를 지배하느냐'의 싸움입니다. 그렇기 때문에 복음을 받아들인다는 것은 내가 나의 주인 됨을 포기하고 하나님을 나의 인생의 주인으로 받아들이는 것을 의미합니다.

'회개하라'와 '믿어라' 라는 말은 헬라어 원문을 보면 현재형입니다. 이는 끊임없이 우리의 삶의 방향과 목표를 바꾸어가고 끊임없이 하나님의 주인 되심을 인정하고 주님께 주인의 자리를 내어드리는 것이 필요함을 의미합니다.

사랑하는 성도 여러분! 하나님께서는 예수 그리스도를 통해 우리에게 하나님의 나라가 임하기를 원하십니다. 우리는 아직 완성되지는 않았지만 이미 시작된 하나님의 통치를 경험할 수 있습니다. 우리가 복음의 능력으로 무장하고 복음의 능력을 체험할 때 하나님의 통치가 우리에게 임합니다. 뿐만 아니라 하나님의 나라가 우리에게 임함으로 하나님께서 온전히 우리의 왕으로 우리를 다스리실 때 우리는 이 세상이 줄 수 없는 참된 평안과 기쁨을 누릴 수 있습니다. 그래서 저는 예수님께서 기르쳐주신 기도처럼 우리 모두에게 하나님의 나라가 임하셔서 하나님께서 왕으로 주인으로 우리를 다스림으로서 복음이 주는 능력과 은혜를 우리 모두가 경험하기를 바랍니다. 그렇게 되기 위해서 우리에게 요구되는 것이 있는데 그것은 먼저 우리의 삶의 자세와 방향과 목표를 하나님께 맞추어서 바꾸는 것입니다. 그리고 자신을 포기하고 하나님께서 내 주인이 되도록 나의 왕이 되도록 그 분을 받아들이는 것입니다.

말씀을 맺겠습니다.

복음은 하나님께서 주도적으로 마련하셨습니다. 이 하나님의 복음의 핵심적 내용은 하나님의 다스림과 통치가 우리에게 임하는 것입니다. 하나님의 다스림과 통치가 임할 때 우리는 온전히 복음의 능력과 은혜를 경험할 수 있습니다. 이제 이 복음의 능력과 은혜를 누리기 위해서 우리가 해야할 일은 우리의 삶의 방향을 바꾸는 것이고 내가 나의 주인 되는 것을 포기하는 것입니다. 우리 모두가 이 땅에 살면서 삶의 방향을 바꾸고 예수님을 나의 삶의 주인으로 인정함으로 복음의 능력과 은혜를 더욱 풍성하게 경험하기를 간절히 바랍니다.

마가복음 1:16-20

예수님의 일하시는 원리

하나님께서는 인간을 창조하실 때 인간이 하나님 안에서 살도록, 그리고 하나님께서 주시는 은혜를 누리며 살도록 만드셨습니다. 그런데 사탄이 죄를 짓게 함으로 그 죄로 인해 우리 인간은 하나님과 분리되었습니다. 우리 인간은 하나님과 분리됨으로 원래 하나님께서 우리를 창조하실 때 우리에게 은혜로 주셨던 많은 것들을 상실해 버렸습니다. 지금 우리가 겪고 있는 모든 육체적인 질병이나 여러 가지 죄악들, 육체적 죽음 등은 모두 하나님과의 분리로 인해 나타난 결과들입니다. 그러나 하나님께서는 우리를 창조하셨기 때문에 우리를 사랑하셔서 천지를 창조하실 때와 같은 새로운 시작을 열어 주시려고 예수 그리스도를 보내셨습니다. 그것을 우리는 '복음'이라고 합니다. 이 복음은 하나님께서 주도적으로 시작하시고 하나님께서 친히 마련하신 것이기 때문에 '하나님의 복음'이라고 합니다.

그렇다면 하나님의 복음의 핵심은 무엇입니까? 그것은 '하나님 나라의 임하심'입니다. 여기에서 하나님 나라가 임한다는 것은 하나님께서 우리를 다스리시며 하나님과 우리의 관계가 회복되는 것을 말합니다. 하나님께서는 예수 그리스도를 보내셔서 우리를 창조하실 때 의도하셨던 것들을 회복시키고자 하셨습니다. 그러므로 예수님께서 재림하실 때 그 구원이 완성되고 완전해지겠지만 이미 하나님의 새로운 통치는 시작되었습니다. 하나님의 새로운 통치에 들어가기 위해서 회개하고 복음을 믿는 것이 요구됩니다. 다시 말하면, 우리는 삶의 방향을 바꾸어 우리 자신을 포기하고 하나님의 새로운 통치를 믿음으로 받아들여야 합니다. 또한 하나님께서는 그 하나님의 복음을 혈통이나 부의 정도, 또는 지식의 정도 등을 따져서 어느 특수 계층의 사람들에게만 혜택을 주기 위해 마련하신 것이 아니고 누구나 그 은혜에 참여할 수 있도록 마련하셨습니다. 더구나 각 복음서의 결론 부분에서 말씀하신 바와 같이 그 하나님의 복음이 모든 민족과 땅 끝까지 선포되기를 원하셨습니다. 그 하나님의 복음이 땅 끝까지 모든 민족들에게 선포되기 위해 예수님께서 가장 먼저 하신 일 가운데 하나는 그 일을 위한 일꾼들을 부르는 것이었습니다.

사람을 통하여 일하심

오늘 본문은 예수님께서 갈릴리 지방에 다니시다가 4명의 제자들을 부르시는 장면이 기록되어 있습니다. 예수님께서는 하나님의 복음이 땅 끝까지 모든 족속에게 선포되고 하나님의 새로운 통치가 모든 사람에게 임하도록 하기 위해서 먼저 일꾼들을 부르셨습니다. 그리하여 공생애 3년 동안 그렇게 할 일이 많으심에도 불구하고 그 사람들을 키우는데 그의 시간의 대부분을 투자하셨습니다. 물론 대중들을 상대로 많은 사역을 하셨지만 예수님의 우선적 관심은 그 제자들에게 있었습니다. 그 과정에서 그들이 부족함을 드러내고 실수도 하기도 하고 심지어 배반하기도 하였지만 결국 하나님의 복음은 그들을 통해서 놀랍게 전파되었고 오늘날 우리에게까지 오게 되었습니다. 이것이 오늘날까지도 하나님의 복음을 위해서 하나님께서 일하시는 원리입니다.

성도 여러분! 우리 하나님께서는 사람들을 부르시고 사람들을 통해서 하나님의 일을 이루어 가시는 하나님이신 줄 믿습니다. 하나님께서는 좋은 건물이나 행정적으로 완벽한 제도나 재정적인 넉넉함으로 하나님의 일을 이루어 가시지 않습니다. 물론 그러한 것들도 필요하기는 하지만 하나님의 복음을 땅 끝까지 전파하는데 있어서 결정적인 열쇠는 사람에게 있습니다. 이것은 오늘날 선교지에서도 분명하게 드러나는 사실입니다. 많은 물질과 좋은 제도가 선교의 좋은 결과를 가져오는 것이 아니라 비록 환경이 열악하여도 잘 준비되고 헌신된 선교사들을 통하여 복음의 놀라운 확장이 나타나는 것은 우리가 자주 듣는 이야기입니다. 그렇기 때문에 하나님의 복음을 효과적이고 능력 있게 전하기 위해서 교회의 최우선적 관심은 성도들에게 있어야 하고 성도들을 키우는데 많은 시간과 물질을 투자해야 합니다.

　우리는 또한 사람을 키우는 데 많은 시간과 인내가 필요한 것을 기억해야 합니다. 예수님께서 제자들을 훈련시키실 때도 꼬박 3년의 시간을 투자하셨고 얼마나 많이 인내하셨습니까? 우리는 당장 교회에 많은 유익을 가져다주지 않거나 당장 어떤 결과들이 눈앞에 드러나지 않더라도 교회에 주신 하나님의 사명을 제대로 감당하기 위해서는 사람을 키우는 일에 관심을 가져야 합니다.

　저는 이 일이 크게 두 가지 방향으로 추진될 수 있다고 생각합니다. 먼저는 성도들을 훈련시키는 일입니다. 교회는 성도들을 철저히 그리고 다방면으로 훈련시켜서 온전한 그리스도의 군사로 세워가야 합니다. 이것을 위해서 교회는 2-3년 또는 4-5년 주기의 훈련 프로그램을 마련하고, 이 과정을 다 밟아야만 구역(소그룹) 인도자도 되고 교사도 되게 해야 합니다. 둘째는 인재를 양성하는데 물질을 투자하고 관심을 가져야 합니다. 교회에서 장래가 촉망되는 학생들, 그리고 외국에서 공부하는 유학생들을 물질로 돕는 일에 좀 더 비중을 두고 좀 더 적극적으로 후원해야 합니다. 제가 생각할 때 우리나라 사람들이 많은 좋은 점들을 가지고 있는 반면 고쳐야 될 것 중에 하나는 너무 서두른다는 것입니다. 외국 사람들이 한국에 와서 가장 빨리 배우는 단어 가운데 하나가 '빨리빨리' 라는 사실은 익히 알려져 있지 않습니까? 너무나 빨리 어떤 성과를 보려 하며 눈앞에 보이는 것들에 대한 위기의식과 눈앞에 보이는 문제에 대한 부담 때문에 좀더 멀리 바라보지 못하는 것 같습니다. 우리는 예수님께서 하나님의 일을 위해 제자들을 부르셨으며 그들이 실수하여도 인내하시고 그들을 오랫동안 훈련시키셨던 것을 기억해야 합니다.

열심히 일할 때 부르심

한편 주님은 언제 제자들을 불렀습니까? 16절과 19절을 보시면, 시몬과 안드레는 바다에 그물을 던지고 있을 때 야고보와 요한은 그물을 깁고 있을 때, 즉 고기를 잡으려고 준비하고 있을 때 예수님은 그들을 부르셨습니다. 할 일 없어 놀고 있거나 게으름 피우고 있는 자들을 부르신 것이 아니고 매일의 삶 속에서 열심히 일하고 있을 때 부르셨습니다. 누가복음 5장에는 예수님께서 베드로와 안드레를 부르시는 장면이 좀 더 구체적으로 설명되어 있는데, 밤이 맞도록 수고하였으나 수확이 없었던, 다시 말해 열심히 일을 했지만 수고의 대가를 얻지 못하는 고달픈 삶의 현장으로 예수님께서 찾아오셨다고 말씀합니다. 구약에도 하나님께서 주의 일꾼들을 부르실 때에는 비슷한 경우가 많이 있었습니다. 예를 들어 하나님께서 모세를 부르실 때도 모세가 양을 치고 있을 때였고, 엘리사가 엘리야의 후계자로 부르심을 받았을 때도 그가 밭을 갈고 있을 때였습니다.

바로 이것이 예수님께서 우리를 부르시는 일반적인 원리입니다. 일반적으로 예수님이 우리를 부르실 때는 우리의 삶 속에서 저마다 나름대로 최선을 다하고 있을 때입니다. 어떤 일을 하느냐가 중요하지 않습니다. 잘하고 못하고도 크게 중요하지 않습니다. 중요한 것은 비록 부족하여도 성실히 충성되게 자기에게 맡겨진 일에 열심을 다하고 있을 때입니다. 예수님께서는 자기 할 일을 모두 팽개쳐 버리고 외딴 곳에서 홀로 살 때 우리를 만나시지 않습니다. 오늘날의 이단들의 특징 가운데 하나는 무엇입니까? 그들은 모든 것을 다 싸서 짊어지고 가정과 사회를 팽개치고 어떤 곳에서 독립된 생활을 합니다. 그러나 예수님은 그것을 기뻐하지 않습니다. 직장에서 가정에서 자기가 해야 할 일을 소홀히 하면서 교회에서 날마다 엎드리고 열심히 봉사한다고 하나님께서 그 사람을 기뻐하시고 주의 일을 위해서 쓰시는 것이 아닙니다. 물론 때로는 특별히 시간을 내서 예수님과 조용한 시간을 갖는 것이 필요합니다. 그러나 그것은 특별한 때입니다. 우리 성도들은 일상생활에서 사회에서도 이웃에게도 성실한 자로, 신실한 자로 인정을 받아야 합니다. 그러한 사람들에게 하나님께서는 찾아오십니다. 이것이 하나님께서 일꾼을 찾으시는 원리입니다.

분명한 목표를 가지고 부르심

뿐만 아니라 예수님께서는 그렇게 부르신 자들을 위한 분명한 목표를 가지고 그들을 부르셨습니다. 17절입니다.

> 예수께서 가라사대 나를 따라 오너라 내가 너희로 사람을 낚는 어부가 되게 하리라 하시니

예수님께서는 그들에게 익숙한 용어를 사용하셔서 그들에게 새로운 삶의 목표를 제시하고 있습니다. 막연히 아무 의도 없이 부르신 것이 아니고 하나님의 복음을 위한 한 축을 담당하도록 그들을 부르셨습니

다. 그러니까 예수님께서는 그들의 장래에 대한 뚜렷한 목표를 가지고 그들을 부르신 것입니다.

이것은 오늘날도 하나님께서 일하시는 원리입니다. 우리 가운데 하나님께서 아무 계획이나 목표 없이 부르신 사람은 아무도 없습니다. 직장이나 교회나 가정이나 이 사회에서 하나님께서 우리를 통하여 이루시기 원하시는 구체적인 계획과 목표를 가지고 우리를 부르셨습니다. 우리가 그 하나님의 계획과 목적을 깨닫는 것이 무엇보다도 중요합니다. 필요하다면 그 계획과 목표를 위해서 구체적으로 계획하고 준비해야 합니다. 그리고 열심히 최선을 다해 주님의 뜻을 이루어 가야 할 것입니다. 그 때 우리의 신앙과 삶이 좀 더 의미 있고 활력이 있을 것입니다.

제자들의 즉각적인 응답

예수님의 부르심에 대한 그들의 응답은 즉각적이고 신속하게 이루어졌습니다. 18절을 보면, 그들이 예수님의 부르심에 응답하였는데 "곧"이란 단어가 강조되어 있습니다. 이어지는 20절을 보면, 그들이 지체 없이 예수님의 부르심에 응답하고 있습니다. 물론 예수님께서도 우연히 지나가시다가 그들을 잠깐 보신 후 부르신 것은 아닙니다. 누가복음 5장을 보면 그들을 부르시기 전에 예수님께서 여러 곳에서 많은 사람들에게 말씀을 전파하셨고 부르시기 바로 전에도 군중들에게 둘러싸여서 말씀을 가르치셨는데 시몬의 배에 올라가서 말씀을 가르치셨다고 합니다. 더구나 요한복음에 보면 안드레는 세례 요한의 소개에 의해서 이미 예수님을 알고 있었고 이를 베드로에게 소개한 사실도 기록되어 있습니다(요 1:35-42). 뿐만 아니라 예수님께서는 그물을 씻는 그들을 찾아오셔서 기적도 베푸셨습니다. 이러한 사실들을 볼 때 예수님은 그들의 여러 가지 면을 주의 깊게 살펴보시고 신중을 기해서 제자들을 부르신 것이 분명합니다. 이는 예수님께서 12제자들을 부르실 때 철야하며 기도하신 다음에야 최종적으로 부르신 것을 보아도 드러나는 사실입니다. 이렇게 분명한 목표를 가지고 신중히 고려해서 예수님께서 부르셨을 때에 그들은 신속하게 그 부르심에 응답하였습니다. 베드로와 안드레는 그물을 버려두고 좇았다고 했고, 야고보와 요한은 그 아비를 삯꾼들과 함께 배에 버려두고 예수님을 따랐다고 했습니다. 그들은 마가복음 10:28에서 베드로가 고백했던 것처럼 그들이 가진 모든 것을 버리고 예수님을 따랐습니다. 이것은 지금까지 누려왔던 삶의 방식에서의 극적인 전환이고 자신이 자신의 주인 됨을 철저히 포기하는 것입니다.

전후 문맥으로 볼 때 이것은 15절에서 예수님께서 하나님의 나라가 임하기 위해 요구하셨던 '회개하고 복음을 믿으라' 라는 명령의 한 구체적인 예로서 이해될 수 있습니다. 회개한다는 것은 방향을 바꾸는 것이고 믿는다는 것은 자기가 자기의 주인 됨을 포기한 것이라고 말씀 드렸는데 그것이 구체적으로 어떠한 것인지 예수님께서 첫 번째 제자들을 부르시는 과정에서 보여 주고 있습니다. 사실 그들이 지금까지 가졌던 생업을 버리고 예수님께서 주신 사명을 좇아가는 것은 엄청난 결단이었습니다. 그것은 그들이 사랑하는 것, 그리고 이 땅에 살면서 안전한 것을 포기하는 것이었고 어찌 보면 불확실한 장래에 대해 믿음으로 그들의 인생을 걸었던 것입니다. 한편 예수님께서는 그들을 예수님의 일을 하는데 핵심적인 그룹으로 만드시고 그들을 통하여 놀라운 하나님의 일을 이루셨습니다. 이렇게 삶의 방향과 목표를 예수님께 맞추고 철저히 자신을 포기하는 사람들을 통하여 하나님의 뜻을 이루시는 것이 하나님께서 일하시는 원리입니다.

최근 기독신문에 광주 OO교회 박 OO 집사라는 분의 기사가 실렸습니다. 그분의 어머니가 OO시장에 있는 떡집을 운영하면서 아주 어렵게 돈을 벌어서 그 분을 공부를 시켰고, 그 분은 의대를 졸업해서 오랫동안 기독 병원에서 외과 의사로 있었다고 합니다. 그러나 그 분의 마음 속에는 선교사로서의 하나님의 강력한 부르심이 있었습니다. 그래서 그는 모든 것을 다 버려두고 예수님의 부르심에 응답하기 위해 지금 영국에서 연수를 받고 있고 앞으로 레바논이나 예멘에서 의료 선교사로 최소한 10년 이상 사역하기로 했다고 합니다. 우리 주위에 이런 분들이 많이 있습니다.

물론 모든 사람들에게 이러한 결단을 요구하시는 것은 아닙니다. 마가복음 5장에 보면 거라사 지방의 귀신들린 사람에게는 오히려 그 요청을 거절하고 집으로 돌아가라고 명령하셨습니다. 그러나 분명한 것은 하나님께서 부르신 계획과 목표에 응답하기 위해 우리의 삶의 방향과 목표를 철저히 바꾸는 것이 필요하고, 자신의 주인 됨을 포기하는 것이 필요하다는 사실입니다. 복음서에 보면 부자 청년이 예수님께 와서 어떻게 하여야 영생을 얻을 수 있는지 질문을 합니다. 그러면서 자기는 십계명에 있는 모든 것들을 다 지켰다고 합니다. 그 때 예수님께서 어떻게 말씀하십니까? '네가 가진 것을 모두 다 팔아 가난한 자들을 도와주어라'고 명령하셨습니다. 그러나 그는 근심하고 물러갔다고 했습니다. 자기의 것을 포기하지 못했습니다. 예수님께서는 그렇게 삶의 목표를 바꾸지 않고 자기의 것을 포기하지 못하는 사람들을 통해서는 결코 일하시지 않습니다.

사랑하는 성도 여러분! 우리는 예수를 믿으면서도 절대로 놓지 않으려고 하는 것이 있습니다. 지금 여러분에게는 예수님의 부르심에 응답하기 위해서 버려야 될 것이 무엇입니까? 아직도 미련을 두고 있는 것이 무엇입니까? 그것이 자녀입니까? 물질입니까? 세상의 쾌락입니까? 누가복음에서 말씀하신 것처럼 우리는 두 주인을 섬길 수 없습니다(눅 16:13). 하나님과 세상을 겸하여 섬길 수 없다는 말입니다. 예수님을 믿는다는 것은 하나님께 합당치 않은 과거와의 철저한 단절을 의미합니다. 하나님보다 더 관심을 갖게 하는 모든 것들을 포기하고 버려야 합니다. 그리고 그것은 즉각적으로 이루어져야 합니다. 설교를 통하여 성경을 읽다가 하나님께서 깨닫게 하시면 우리는 즉시 실행에 옮겨야 합니다. 그리고 그것은 때로 나에게 엄청난 결단이 필요하고 손해를 가져오는 것처럼 보일 수 있으며, 실제로 손해를 가져 올 수도 있습니다. 그러나 하나님께 합당치 않았던 과거의 삶을 포기하고 자신의 주인 됨을 포기하면서 예수님께 순종하는 사람들을 통해서야 비로소 하나님은 일하시고 하나님의 나라가 확장되며 하나님의 뜻이 이루어질 것입니다.

말씀을 맺겠습니다.

오늘 우리는 예수님께서 제자들을 부르시는 장면을 함께 살펴보면서 하나님께서 일하시는 원리에 대해서 생각해 보았습니다. 먼저 하나님은 사람들을 부르시고 훈련시키서서 그 사람들을 통해 하나님의 일을 하십니다. 또한 하나님께서 사람들을 부르실 때는 삶의 한가운데서 열심히 최선을 다하고 있을 때 부르십니다. 그리고 하나님께서 사람들을 부르실 때는 분명한 목표를 가지고 부르시는데 그 목표를 이루기 위해서는 철저한 방향 전환과 자기 포기가 필요합니다. 이것이 신구약 전체를 통하여 일관되게 보여주시는 하나님께서 일하시는 기본 원리입니다.

마가복음 1:21-28

권세(권위) 있는 가르침

　복음서들을 서로 비교해 보면 각 복음서가 조금씩 다르게 기록되어 있음을 알 수 있습니다. 한 복음서에 기록된 어떤 사건이나 기사가 다른 복음서에는 빠지기도 하고, 어떤 사건들은 순서가 바뀌기도 합니다. 이러한 부분에 대해서 여러 가지 방향에서 설명될 수 있지만 우리가 기본적으로 알아야 할 것은 복음서는 단순히 예수님의 생애를 어떤 시간적 순서를 따라서 기록한 것이 아니고 각 복음서가 가지는 목적과 강조점에 따라서 예수님의 생애를 신덕적으로 기록했다는 것입니다. 물론 모든 복음서들이 기록된 목적은 동일합니다. 예수님께서 하나님이시고 예수님께서 우리의 구원자 되시기 때문에 우리가 예수님을 믿고 생명을 얻도록 하는 것이 모든 복음서가 기록된 목적입니다. 그러나 서로 약간씩 다른 각도에서 예수님의 생애와 사역을 기록함으로써 만약 어느 한 복음서만 있었더라면 놓쳐버렸을 지도 모르는 부분들을 서로 비교하면서 더 자세히 알 수 있게 되었습니다.

　그 가운데 마가복음은 다른 복음서들에 비해 전체적인 내용을 압축하면서 예수님의 행적도 단순하고 명확하게 기록한 것이 특징이라고 할 수 있습니다. 이것은 오늘 본문에서도 드러납니다. 다른 복음서들을 보면 오늘 본문에서 말씀하고 있는 안식일에 가버나움에 있는 회당에서 가르치시고 귀신들린 사람을 자유케 하신 사건 전에 여러 가지 다른 사건들이 기록되어 있습니다. 누가복음에 보면 예수님께서 나사렛에서 말씀을 가르치신 것이 기록되어 있고 요한복음을 보면 가나의 혼인 잔치에서 기적을 베푸신 사건이 나오는데 마가복음은 거두절미하고 오늘 본문에 있는 사건을 예수님의 첫 번째 사역으로 기록하면서 그 전에 있었던 여러 사건들의 핵심을 우리에게 알려주고 있습니다.

회당에서 가르치시는 예수님

이제 본문을 보겠습니다. 21절을 보시면, "저희가 가버나움에 들어가니라"라고 말씀합니다. 예수님께서는 제자들을 부르신 다음, 그들을 데리고 가버나움으로 가셨습니다. 가버나움은 갈릴리 지방에 속해 있는 곳으로 갈릴리 호수의 바로 위쪽에 위치해 있고 예수님께서 여러 중요한 일들을 하셨던 곳이었습니다. 21절은 계속해서 "예수께서 곧 안식일에 회당에 들어가 가르치시매"라고 말씀합니다. 사복음서를 보면 예수님께서 자주 말씀을 전하셨던 장소가 회당이었음을 쉽게 알 수 있습니다. 예수님 사역의 이해를 위해서 우리는 회당에 대해서 먼저 알 필요가 있습니다. 당시 성전은 예루살렘 한 곳에만 있었지만 회당은 유대인이 사는 동네마다 있었습니다. 회당의 기원이 언제인지는 확실치 않지만 아마도 바벨론이 이스라엘을 침범하였을 때 솔로몬의 성전이 파괴되었는데, 그 때 포로로 잡혀갔던 사람들이 그 곳에서 하나님께 예배도 드리며 신앙을 지키기 위해서 지어졌다는 것이 일반적으로 알려진 견해입니다. 그래서 회당은 이스라엘 안에 여러 곳에서 세워졌을 뿐 아니라 유대인들이 모여 있는 곳이라면 어느 곳에나 세워졌습니다. 이후 이스라엘이 포로에서 귀환되고 예루살렘 성전이 복구된 후에도 이 회당의 전통은 계속 유지되었다고 합니다. 사도행전에 바울이 아시아에서 복음을 전할 때 회당이 자주 사용되어졌던 것도 바로 그러한 이유입니다.

그러나 하나님께 제사만 드렸던 예루살렘 성전과는 달리 회당에서는 단순히 예배만 드리지 않고 다양한 용도로 사용되었습니다. 회당은 유대인들을 위한 초등학교였고 젊은이를 교육시키기 위한 장소이기도 하였습니다. 뿐만 아니라 가끔 이곳은 백성들의 문제를 재판하는 장소였고 랍비들이나 은신처를 찾는 이방인들의 숙박 장소로도 사용되었습니다. 그러니까 회당은 이스라엘 백성들이 하나님의 백성으로 교육받고 서로 교제하고 이웃에게 선을 베푸는 그들의 신앙과 삶의 중심지였습니다. 최근에 여러 곳에서 이 회당 터가 발견되어 이러한 사실들을 확인해 주고 있습니다.

회당에서 예배를 드릴 때는 회당장이 있어서 예배를 주관하였는데 서기관들이나 바리새인들이 주로 말씀을 가르쳤고 때로는 회당장이 적당하다고 인정되는 사람에게 말씀을 강론할 수 있는 기회를 주었다고 합니다. 예수님께서 회당에서 말씀을 가르칠 수 있었던 것은 바로 회당장이 예수님께 말씀을 가르칠 수 있도록 허락하였기 때문이었습니다.

오늘날 많은 분들이 교회가 예루살렘에 있는 성전의 전통을 물려받은 것으로 생각하고 있는데 사실 오늘날 교회는 당시의 여기 저기 흩어져서 이스라엘 백성들의 삶과 신앙의 터전이 되었던 회당의 성격을 더 많이 가지고 있습니다. 다시 말하면, 교회는 단순히 예배만 드리는 곳이 아니고 당시의 회당과 같이 교육의 장소일 뿐 아니라 우리의 삶을 회복시키며 삶에 진정한 안식과 활력을 주는 곳이 되어야 한다는 것입니다. 따라서 교회당을 지을 때 예배 위주로 예배당만 그럴듯하게 짓는 것을 종종 보게 되는데, 회당의 개념에서 본다면 예배 위주의 건물을 지을 것이 아니라 성도들의 다양한 필요를 채워줄 수 있도록 지어야 할 것입니다. 이렇게 교회가 삶 전체를 회복시켜 주는 역할을 감당하는 교회로 만들어지는 것은 오늘날 교회가 가지고 있는 또 하나의 과제라고 생각합니다.

사람들의 반응

예수님께서 신앙과 삶의 터전인 회당에서 가르치실 때 사람들의 반응이 어떠했습니까? 22절을 보시면, 사람들이 그의 가르침에 깜짝 놀랐습니다. 여기에서 놀랐다는 것은 충격을 받았다는 말입니다. 그리고 예수님의 가르침이 서기관과는 다르게 권세 있는 자와 같았다고 합니다. 당시 서기관들은 전문적으로 교육을 받은 율법의 교사들이었습니다. 그들이 가르치는 방법은 전통적으로 내려오는 것을 설명하는 정도였고, 유명한 랍비들의 말을 인용하는 정도였습니다. 얼마나 훌륭한 사람들의 말을 많이 인용하느냐가 그들의 권위를 대변하였습니다. 그러나 예수님의 가르침은 그들의 가르침과 전혀 다른 것이었고 권위가 있었다고 합니다. 그러면 그들이 예수님의 어떤 말씀을 듣고 충격을 받고 서기관들과는 전혀 다른 권위를 느꼈습니까?

가르침의 내용

오늘 본문에는 예수님의 가르침이 무엇인지 구체적으로 명시되지는 않았지만 마태복음 5-7장에 있는 산상수훈과 같은 맥락으로 이해해도 될 것입니다. 왜냐하면, 마태복음 7:27-28을 보면 산상수훈이 끝난 뒤에 사람들이 예수님의 가르침을 서기관과 같지 않고 권세 있는 자와 같았다고 하는 똑같은 반응을 보였기 때문입니다.

그러면 산상수훈에 비추어 볼 때 예수님의 가르침은 어떤 특징이 있습니까? 무엇보다도 먼저 예수님의 교훈은 기존의 잘못된 가르침을 바로 잡는 교훈이었습니다. 마태복음 5장을 보면 서기관들이나 바리새인들은 왜곡되게 하나님의 말씀을 해석하고 신앙생활에 필요 없는 것을 첨가시켜 이스라엘 백성이 잘못되게 하나님을 섬기게 하였고 무거운 짐을 지고 신앙생활 하도록 하였던 것을 알 수 있습니다. 그래서 예수님께서는 "너희가 … 라고 들었으나"라고 말씀하시며 하나님의 말씀의 원래 의도를 그들에게 알려주셨습니다. 이렇게 단지 전임자들의 말을 인용하는 차원을 넘어서 하나님 말씀의 진정한 의도와 뜻을 설명하는 예수님의 가르침을 듣고 그들은 무엇으로 한 대 얻어맞은 것 같은 충격을 받았던 것입니다.

다음으로 예수님의 교훈은 기존의 상식을 뛰어 넘는 파격적인 교훈이었습니다. 산상수훈에 보면 예수님께서는 "오리를 가자고 하면 십리를 가라"고 하셨고 "속옷을 달라고 하면 겉옷까지 주라"고 말씀하셨습니다. 그리고 "우리를 사랑하는 사람만 사랑하면 무슨 상급이 있겠느냐"고 말씀하시면서 "하나님의 온전하심과 같이 온전하라"고 말씀하셨습니다. 이것은 구별된 하나님의 백성으로서 세상 사람들과 구별된 삶의 원리를 제시하신 것이었습니다. 이러한 파격적인 말씀을 들었을 때 백성들은 서기관들과는 전혀 다른 권위를 예수님으로부터 발견했습니다.

물론 이러한 예수님의 가르침은 구약의 말씀과 결코 다르지 않습니다. 구약에서 말씀하신 것과 본질적으로 같습니다. 이것은 예수님께서 잘못된 것을 바로 잡고 파격적인 삶의 기준을 제시하기 전에 하신 말씀에서 분명히 드러납니다. 예수님께서는 "내가 율법이나 선지자를 폐하러 온 것이 아니고 완성하러 왔다"고 하셨습니다. 여기에서 '완성하다'는 말은 원어적으로 볼 때 '본질을 회복시킨다'는 의미가 있습니다. 예수님께서 하나님의 말씀의 본질을 회복시켜 주고 원래의 의미를 가르쳐 주시기 위해서 오셨다는 것입니다. 그러므로 하나님의 말씀의 본질을 회복시켜 주고 원래의 의미를 가르쳐 주심으로 예수님은 권위 있는 자의 모습을 보여주셨습니다.

요즈음도 진정한 권위가 요구되는 때입니다. 권위주의는 나쁜 것이지만 부모의 권위, 어른의 권위, 스승의 권위, 목회자의 권위는 존중되어야 합니다. 그리고 교회와 성도의 진정한 권위가 회복되어야 합니다.

그러면 땅에 떨어진 교회의 권위를 어떻게 회복시킬 수 있을까요? 그것은 말씀의 회복입니다. 다시 말해, 성경이 원래 의도하였던 교회의 모습을 보여주어야만 교회의 권위가 회복될 수 있습니다. 교회는 세상의 모든 기관과 차원이 다르다는 것을 보여주어야 합니다. 무조건 자기 교회로 성도들을 끌어 모으는 것을 최고의 목표로 하는 물량주의와 개 교회주의를 탈피하고 교회의 구별된 모습을 보여 주어야만 교회의 권위가 회복될 수 있습니다.

우리 성도들도 마찬가지입니다. 예수를 믿는다는 것의 바른 의미를 깨달아야 합니다. 그리고 세상에서 진정 예수님을 믿고 신앙 생활하는 바른 모습이 무엇인지 보여 주어야 합니다. 이 세상 사람의 기준에서 볼 때 파격적이고 수준 높은 삶의 모습을 보여주어야 합니다. 그래야만 예수 믿는 자의 권위가 회복될 수 있습니다.

우리가 마가복음을 함께 살펴보는 중요한 목적 가운데 하나는 우리가 복음의 본질을 바로 깨달음으로 교회가 바로 세워지고 우리 성도들이 바른 신앙인의 모습을 갖추도록 돕기 위함입니다.

귀신을 쫓아내심

한편 예수님은 권위 있는 말씀을 가르치는 데만 머무르지 않았습니다. 23-24절을 보면, 예수님께서 말씀을 가르치고 있는데 더러운 귀신 들린 사람이 소리를 지릅니다. 여기에서 더럽다는 것은 외모적으로 더럽다는 것을 말하기보다는 하나님의 거룩하심에 대조되는 개념으로 이해할 수 있습니다. 그렇기 때문에 어떤 영어 성경에서는 '악한 영'으로 번역하기도 합니다. 그 악한 영이 외칩니다.

나사렛 예수여 우리가 당신과 무슨 상관이 있나이까? 나는 당신을 아오니 당신은 하나님의 거룩한 자니이다.

이것은 신앙 고백이 아니라 일종의 자기 방어입니다. 사탄은 예수님의 사역 중 하나가 마귀를 멸하는 것임을 알았기 때문에 자신을 방어하고 있습니다. 구약에 보면 전쟁할 때 강한 나라가 공격하면 자기를 방어하기 위해 하는 대표적인 말이 '당신이 우리와 무슨 상관이 있나이까?' 라는 말입니다. 또한 당시에 '나는 당신을 아오니 당신은 하나님의 거룩한 자입니다' 와 같이 상대방을 인정하는 것이 자기를 방어하는 대표적인 수단이었다고 합니다. 그러니까 공생애를 시작하면서 예수님을 시험하여 넘어뜨리려고 했던 사탄은 모든 것을 다 동원해서 예수님의 역사를 방해하려고 했던 것입니다.

귀신을 쫓아냄의 의미

그러나 예수님께서는 어떻게 하십니까? 25-26절을 보면, 예수님께서 꾸짖어 가로되 "잠잠하라"고 하십니다. 그리고 그들의 대꾸를 아예 차단시키시고 "그 사람에게서 나오라"고 하십니다. 그 때 귀신은 경련을 일으키고 소리를 지르면서 그 사람에게서 나오게 되었습니다. 여기에서 마귀가 쫓겨나는 것은 무엇을 의미합니까? 누가복음 4:18-19을 보면, 예수님사역의 핵심이 설명되어있는데, 그것은 '포로 된 자와 눌린 자에게 자유를 선포하는 것' 이라고 말씀합니다. 오늘 본문의 마귀가 쫓겨나는 사건은 그 말씀과 연결되어 있습니다. 다시 말하면, 오늘 본문에서 악한 귀신 들린 사람이 그 귀신에게서 해방되는 것은 지금까지 억눌려 있었던 것에서 해방되는 것을 의미합니다. 또한 그를 얽매이게 하고 그를 구속했던 것에서 자유를 누리는 것을 의미합니다. 이것이 성경에서 말씀하는 마귀가 쫓겨난다는 것의 일차적이고 가장 중요한 의미입니다.

많은 사람들이 사탄에 대해서 잘못이해 하고 있는 것 중에 하나는 마귀의 주 역할을 육체적 질병과 연관시키는 것입니다. 그래서 마귀가 병을 가져다주기 때문에 마귀에게서 해방되어야만 그 병에서 회복되는 것으로 잘못 알고 사회적 물의를 일으키고 있는 경우가 종종 있습니다. 물론 마귀와 육체적 질병과 전혀 상관없는 것은 아니지만, 마귀가 하는 가장 기본적인 역할은 하나님께서 원하시지 않는 어떤 것에 우리를 얽매이게 하는 것입니다. 그리고 마귀에게서 해방되는 것은 우리를 얽매이게 하는 것에서 해방됨을 의미합니다.

그러면 우리를 얽매이게 하는 것에서 어떻게 해방될 수 있습니까? 27절입니다.

> 다 놀라 서로 물어 가로되 이는 어찜이뇨 권세 있는 새 교훈으로
> 다 더러운 귀신들을 명한즉 순종하는도다 하더라.

귀신들린 사람이 회복되는 과정을 보면서 사람들이 반응하는데 무엇이라고 합니까? "권세 있는 새로운 교훈" 이라고 말씀합니다. 22절의 반응과 같습니다. 잘못된 것을 바로 잡아주고 파격적인 가르침을 하실 때와 같은 반응입니다. 권위 있는 그리고 회복된 말씀의 능력이 귀신들린 사람을 해방시켰습니다.

성도 여러분, 언제 우리가 얽매였던 것에서 해방되고 자유를 누릴 수 있습니까? 그것은 하나님의 말씀의 진정한 의도와 뜻을 깨닫게 되고 그 말씀이 내게 부딪치게 될 때입니다. 그 때 우리는 지금까지 얽매였던 것에서 해방되고 회복될 수 있습니다. 우리가 아직 예수 안에서 진

정한 자유를 느끼지 못하고 예수를 믿는 것이 짐이 되고 부담이 되는 것은 아직 하나님의 말씀에 진정한 의미를 깨닫지 못하고 그 말씀이 아직 나에게 부딪치지 못했기 때문입니다. 하나님의 말씀은 능력입니다! 그 말씀은 우리를 삶의 구체적인 상황에서 우리를 억누르고 얽매이게 하는 모든 것에서 우리를 해방시키시는 능력인 것입니다.

말씀을 맺겠습니다.

오늘 사건은 단순히 어느 안식일에 일어난 한 사건이 아닙니다. 오늘 본문의 사건은 예수님의 전체 사역을 대변하고 있습니다. 예수님의 사역은 한마디로 권위가 있는 교훈(가르침)으로 요약되고 있습니다. 그래서 그의 가르침에 많은 사람들이 충격을 받았습니다. 왜냐하면, 그의 가르침은 잘못된 것을 바로 잡아주는 가르침이었고, 또한 세상의 가르침과는 구별되는 파격적인 가르침이었기 때문입니다. 그의 가르침은 또한 능력이 동반되었습니다. 예수님의 가르침을 통해 지금까지 얽매였던 것에서 해방되고 진정한 삶의 자유를 얻게 되었습니다. 그리고 그러한 가르침과 그 가르침에 동반한 능력은 그에게 권위를 부여하였습니다. 오늘날 우리도 하나님 말씀의 본질과 능력을 회복하여서 권위 있는 교회의 모습, 권위 있는 성도의 모습을 보여 주기 원합니다.

마가복음 1:29-39

하나님 나라의 임하심

마가복음 1:14-15에서 볼 수 있는 것처럼, 예수님께서 공생애를 시작하시면서 가장 먼저 선포하신 말씀은 '하나님 나라의 임하심'에 관한 것이었습니다. 뿐만 아니라, 예수님께서 공생애를 사시는 동안의 핵심 메시지는 '하나님의 나라'에 대한 것이었고, 부활하신 다음에 제자들에게 집중적으로 가르치신 것도 '하나님 나라'에 대한 것이었습니다. 그렇기 때문에 하나님 나라에 대한 바른 이해는 예수님의 사역과 말씀을 이해하는데도 아주 중요할 뿐만 아니라 오늘날 우리의 신앙생활의 실질적인 면을 위해서도 매우 중요합니다. 그래서 그 하나님의 나라는 일반적으로 우리가 알고 있는 것처럼 단순히 죽은 다음에 가는 미래의 어떤 장소를 의미하기보다는 크게 두 가지 방향에서 이해해야 된다고 말씀드렸습니다.

먼저 하나님의 나라는 일차적으로 '하나님의 통치' 또는 '하나님의 다스림'의 개념으로 이해되어야 합니다. 또한 하나님의 나라는 예수님께서 재림하실 때 완전히 이루어지겠지만 지금도 우리가 하나님 나라의 임하심을 경험할 수 있습니다. 그리고 그 하나님의 나라가 임하기 위해서 우리에게 요구되는 것은 회개하고 복음을 믿는 것인데, 그것이 무엇을 의미하는지에 대한 실제적인 예가 예수님께서 제자들을 부르시는 과정에서 드러났습니다. 제자들은 예수님께서 목적을 가지고 그들을 부르실 때 지체 없이 그들의 삶의 방향과 목표를 바꾸고 자신의 주인 됨을 포기하고 예수님을 따라 갔습니다.

　복음서 기자는 계속해서 하나님의 나라가 어떻게 우리 가운데 임할 수 있는지, 그리고 하나님의 통치가 우리에게 임한다는 것은 실제로 어떤 것인지 말씀합니다. 지난주에 말씀드린 대로 하나님의 나라는 무엇보다도 '예수님의 권세 있는 또는 권위 있는 말씀'을 통하여 우리에게 임하게 됩니다. 여기에서 '권위 있는 말씀'이라는 것은 하나님 말씀의 본질과 원래의 의미가 드러나는 말씀을 의미합니다. 하나님의 말씀의 진정한 의미를 깨닫고 그 말씀이 우리에게 부딪쳐 올 때, 우리 삶의 방향과 목표는 바꾸어지지 않을 수 없으며, 기꺼이 우리의 주인 됨을 예수님께 양보하지 않을 수 없습니다. 그래서 예수님께서 하나님의 나라를 선포하면서 가장 먼저 기존의 잘못된 가르침을 바로 잡고 하나님의 말씀의 원래 의도와 뜻을 설명하셨던 것입니다.

하나님 나라의 임하심의 결과

　권위 있는 말씀을 통하여 임하게 되는 하나님의 나라는 크게 두 가지로 나타납니다. 먼저 그것은 귀신의 쫓겨남으로 나타납니다. 지난주에 본대로 예수님께서 회당에서 권위 있는 말씀을 선포하신 후에 가장 먼저 하신 일은 성전에서 귀신들린 사람을 자유케 하시는 것이었습니다. 귀신에게서 자유케 되는 것은 일차적으로 지금까지 우리를 얽매이게 했던 것에서 해방이나 자유를 의미한다고 말씀 드렸습니다.

　대부분의 사람들은 우리가 어떤 것에 얽매여 살고 있거나 어떤 것에 눌려 살고 있음에도 불구하고 그것을 알지 못하는 경우가 많습니다. 로마서 7장에 보면 사도 바울이 "오호라 나는 곤고한 사람이로다. 이 사망의 늪에서 누가 나를 건져내랴!"라고 탄식합니다. 그가 그렇게 탄식한 이유는 자신은 선을 행하고자 하는데 선을 행하고자 하는 자신의 원대로 살지 못하고 자신이 원치 아니하는 악을 행하고 사는 자신을 보았기 때문이었습니다. 그리고 그는 자신이 원치 않는 방향으로 자신을 끌고 가고 자신을 억누르고 있는 어떤 큰 세력이 있는 것을 발견하였습니다. 그러면서 그는 그것을 죄의 세력이라고 결론을 내립니다.

이렇게 자신이 원치 않는 방향으로 어떤 것에 얽매여서 자신이 이끌려가면서 사는 것은 바울 뿐 아니라 우리 모두가 삶 속에서 실제로 경험하고 있습니다. 그런데 하나님의 말씀이 나에게 임하고 그 말씀이 나를 사로잡을 때 우리를 얽매고 우리를 끌고 가는 사탄의 세력에서 해방되어, 요한복음에서 말씀하는 것처럼, 진리 안에서 진정한 자유를 누릴 수 있습니다. 물론 예수님이 재림하시기 전까지 우리는 이 땅에 살면서 사탄의 세력에서 완전히 자유 할 수 없고 계속해서 사탄의 세력과 싸워야 하지만 하나님의 권위 있는 말씀을 통해서 우리를 얽매고 있는 것에서 해방되는 기쁨과 환희를 누릴 수 있습니다.

다른 한 가지는 권위 있는 말씀을 통하여 임하는 하나님의 나라는 병의 치유로 나타납니다. 그것이 오늘 본문에 나와 있습니다. 회당에서 권위 있는 말씀으로 귀신을 쫓아내신 예수님께서 이제 회당에서 나와서 시몬과 안드레의 집에 들어갑니다(29절). 그리고 시몬의 장모가 열병으로 앓아 누워 있었는데 의사였던 누가가 그것을 중한 열병이라고 한 것으로 보아서 아마 그 병의 정도가 상당히 심각했던 것 같습니다. 요즈음의 말라리아가 아닌가 하는 것이 성경학자들의 견해이기도 합니다. 그런데 예수님께서 그의 손을 잡고 일으키시니까 그 열병이 떠나고 시몬의 장모가 함께 방문한 모든 사람들을 대접했다고 합니다(31절). 누가복음에 보면 회당에서 귀신을 물러가게 할 때와 같이 예수님께서 열병을 꾸짖었다고 말씀합니다.

결론적으로 말씀드리면, 예수님과의 접촉을 통하여 말씀이 그에게 임했을 때 그에게 고통을 주었던 병에서 회복되어지는 역사가 일어났습니다. 우리는 왜 예수님께서 시몬의 집에 가셨는지에 대해서는 잘 모릅니다. 심방을 가셨는지 아니면 하루 밤을 쉬시려고 가셨는지 잘 모르지만, 예수님께서 무작정 거기에 가신 것이 아니라 베드로의 장모가 아픈 것을 알고 계셨고 그 병을 치료하시기 위해 가셨던 것이 분명합니다.

시몬의 장모의 병을 고치신 사건의 의미

여기에서 중요한 것은 예수님께서 시몬의 장모의 병을 고치신 사건의 의미입니다. 왜 복음서 기자가 이 사건을 예수님의 사역의 첫 번째 날의 사건으로 복음서의 맨 처음 부분에 기록하고 있느냐는 것입니다. 그것은 예수님의 첫 번째 능력으로 마귀를 쫓아내는 것과 같이 예수님 사역의 대표성을 띠기 때문입니다. 마태복음 8:17에 보면 베드로의 장모가 치료되는 사건을 두고 이사야의 말씀을 인용하여 그 의미를 설명하고 있는데 거기에 보면 이 사건은 예수님께서 우리의 연약한 것을 친히 담당하시고 병을 짊어지시는 메시야이심을 나타내기 위함이었다고 말씀하고 있습니다. 또한 구약 성경에 보면 새롭게 임할 하나님의 통치의 시대에는 모든 고통과 슬픔과 아픔이 끝나는 시대로 말씀하고 있는데, 그것이 예수님을 통하여 이루어지고 있음을 이 사건을 통하여 가시적으로 보여주고 계십니다. 그렇기 때문에 예수님께서 시몬의 장모의 병을 고치신 것은 단순히 어떤 개인의 육체적인 질병의 치료로만 이해해서는 안 됩니다. 사탄이 물러간 것은 우리를 얽매이고 있는 것에서 해방과 자유를 의미한다면, 병에서의 치유는 우리의 연약함에서의 회복을 의미합니다. 하나님의 나라가 임하게 될 때 우리가 경험할 수 있는 것을 예수님께서는 그의 사역의 초기에 베드로의 장모를 치유하는 사역을 통하여 대표적으로 보여주셨습니다.

우리 모두는 죄의 결과로 이 땅에 살면서 육체의 한계를 경험하고 있습니다. 우리의 연약함으로 오는 것은 단순히 육체적 질병만이 아닙니다. 우리가 실제로 보고 경험하는 것처럼, 우리의 마음도 우리의 가정도 그리고 우리가 살고 있는 이 사회도 병들었습니다. 또한 우리는 남이 모르는 슬픔과 외로움과 괴로움과 불안함과 삶의 허무도 경험하면서 살고 있습니다. 이러한 것들이 돈이나 지식으로 해결될 수 없다는 것을 우리 모두는 경험하고 있습니다. 그런데 우리가 그러한 연약함으로 오는 모든 것에서 회복되는 길이 있습니다. 그것은 예수님의 말씀이 우리와 우리의 가정에 그리고 우리의 사회에 권세 있게 임할 때 가능합니다. 즉 하나님의 나라가 우리에게 임하여서 우리가 우리의 주인 됨을 포기하고 하나님을 우리의 주인으로 모시면 힘으로도 능으로도 할 수 없는 것들에서 회복되어질 것입니다.

이제 안식일에 회당에서 귀신을 쫓아내고 시몬의 장모의 병을 고치심으로 대표적으로 나타났던 하나님의 나라의 임함이 많은 사람들에게 확산되고 있습니다. 해가 지자 병든 사람들과 귀신 들린 사람들을 예수님께 데리고 나왔고 온 동네 사람들이 시몬의 집 문 앞에 모였습니다(32-33절). 그들이 해가 진 다음에 귀신들린 사람을 데리고 온 것은 안식일을 지키기 위함이었습니다. 유대 사람들은 해가 질 때부터 다음 날로 여기기 때문에 안식일은 해가 질 때 끝납니다. 그래서 사람들이 안식일이 끝날 때까지 기다렸다가 왔던 것입니다. 그리고 예수님께서 병든 사람을 고치시고 귀신들을 쫓아 내셨습니다. 누가복음에 보면 예수님께서 일일이 손을 얹어 치료하셨다고 합니다(눅 4:40). 하나님의 나라의 임함으로 나타나는 귀신의 쫓겨남과 병의 치유는 모든 사람들에게 확대되었고, 이제 많은 사람들이 예수님을 통하여 임하게 된 하나님 나라의 능력을 경험하게 되었습니다.

실제적이고 구체적으로 임하는 하나님 나라

하나님의 말씀을 통해서 하나님의 통치와 다스림이 임한다는 것은 결코 하늘의 뜬구름을 잡는 것과 같이 막연한 것이 아닙니다. 이것은 우리의 삶 속에서 실제로 체험될 수 있고, 모든 사람의 눈에 확연히 드러나게 되어 있습니다. 오늘날 많은 사람들은 너무 피상적으로 그리고 고상하게 예수를 믿으려고 합니다. 이것은 전통적인 장로교가 가지는 맹점 가운데 하나입니다. 거룩한 외적인 모습은 있지만 실제적인 복음의 능력은 경험하지 못한 채, 때로는 오히려 부인하면서 살고 있습니다. 그러나 우리는 오늘날도 예수님은 역사하시며 우리의 삶의 근본적인 문제를 결코 외면하시지 않는다는 것을 명심해야 합니다. 그러므로 우리는 오늘 본문 34절과 지난주에 보았던 24절에 마귀가 하는 것처럼 입술로만 고백해서는 안 됩니다. 야고보서 2:19을 보면 '귀신들도 믿고 떠느니라' 고 하였습니다. 입으로만 믿는 것은 마귀도 합니다. 고린도전서에서 고린도 교회가 구변에는 능하면서도 전혀 하나님 나라가 임하신 능력이 나타나지 않는 것을 보며 사도 바울이 무엇이라고 합니까? '하나님의 나라는 말에 있지 않고 능력에 있다' 고 했습니다.

저는 우리 성도들이 삶 속에서 실제로 하나님의 다스림이 임하는 것을 개인적으로, 또한 가정적으로 경험하고 그것이 외적으로 드러나기를 바랍니다. 또한 세상의 의술이 포기하는 난치병들도 하나님의 다스림으로 고침을 받는 일들이 교회 안에서 일어나기를 원합니다. 그리하여 하나님의 임하심이 어떤 것인지 매일 우리가 섬기는 교회에서 확연히 드러나기를 바랍니다.

하나님 나라의 본질

그러나 여기에서 우리가 알아야 할 중요한 것이 있습니다. 36-37절을 보면, 예수님께서 귀신을 쫓으시고 병을 고치시는 능력을 본 많은 사람들이 새벽부터 예수님께 몰려왔습니다. 그들의 반응은 참으로 열광적이었습니다. 그러나 복음서 전체를 통해서 알 수 있는 것처럼 그들은 이러한 병 고침과 귀신이 쫓겨남의 본질을 알지 못했습니다. 그들은 예수님의 병 고치는 것과 마귀 쫓아내는 것 자체에 관심이 있었고 예수님을 단지 기적을 일으키는 자로 인식하였습니다. 그래서 예수님은 그들의 요청을 거절하고 그들의 기대와는 전혀 다른 반응을 보이셨습니다. 예수님께서는 그 사람들을 만나시지 않고 전도하기 위해서 다른 마을로 가자고 하셨습니다(38절). 누가복음에 보면 '하나님 나라의 복음을 전하러 가자'고 했습니다. 예수님께서는 당신과 하나님 나라의 메시지가 오해받는 상황에서 당신의 오심의 목표를 분명히 제시하셨습니다.

우리도 마찬가지입니다. 예수님을 믿고 하나님의 나라가 임하게 되면 우리의 삶에 놀라운 것들을 경험하게 되지만 순서가 바뀌어서는 안 됩니다. 병 고치는 것, 귀신이 물러나는 것 자체가 목적이 되어서는 안 된다는 것입니다. 그것은 하나님의 나라가 임하는 과정이요, 결과일 뿐입니다. 좀 더 쉽게 이야기하면, 우리가 예수를 믿는다는 것은 돈 많이 벌기 위해서거나 건강해지기 위해서가 아닙니다. 그러나 당시와 같이 오늘날도 이러한 것에 최우선적인 관심이 있기 때문에 교회와 사회에 문제가 발생하는 것이 아닙니까? 우리는 하나님 나라의 임하심의 본질을 분명히 알아야 합니다.

하나님 나라가 임하는 통로: 기도

이렇게 하나님 나라의 복음을 전하시고 하나님 나라의 임하심의 실제적 예를 보여주시는 와중에서 예수님께서 무엇을 하셨습니까? 35절입니다.

> 새벽 오히려 미명에 예수께서 일어나 나가 한적한 곳으로 가사 거기서 기도하시더니

예수님께서는 하나님과 조용한 시간을 가졌습니다. 기도하셨습니다. 학자들은 '이 기도 시간에 예수님께서 무엇을 기도하셨을까?', '이 기도의 의미는 무엇인가?'에 대해서 다양한 견해들을 제시합니다. 그러나 한 가지 분명한 것은 예수님께서는 그의 공생애를 사시는 동안 계속해서, 그리고 중요한 일이 있을 때마다 그와 같은 기도의 시간을 가지셨다는 것입니다. 오늘 본문에서 예수님께서 기도하셨다는 기록은 헬라어 원문에서 미완료 시제로 되어 있는데, 이것은 예수님께서 이렇게 혼자 하나님과 조용한 시간을 갖는 것이 그의 사역 동안 계속되었음을 의미합니다. 또한 마가복음에 보면 예수님께서 홀로 조용한 곳에서 기도하신 것이 두 번 더 나오는데 그것은 오병이어로 오천 명을 먹이신 후에 그리고 죽으심을 앞둔 상황이었습니다. 그러니까 예수님께서는 그 바쁘신 와중에도 습관을 쫓아 규칙적으로 기도하셨고 중요한 일이 있을 때마다 기도하셨습니다. 사실 예수님은 기도가 필요 없으신 분이셨지만 기도의 본을 보이신 것입니다.

오늘날 최고의 기적 가운데 하나는 기도하지 않고 신앙생활 하는 것입니다. 예수님께서 하나님의 나라가 온전히 임하도록 하기 위해서 규칙적으로, 때로는 철야로, 그리고 피와 땀을 흘리시면서 기도하신 것처럼, 하나님 나라가 우리 개인과 가정과 교회와 우리의 사회에 가장 효과적으로 능력 있게 임함을 경험하기 위해 우리는 생명을 거는 기도를 해야 합니다. 여러분은 하루에 얼마나 기도하시는지 모르겠습니다. 우리는 예수님과 같이 규칙적으로 시간을 정하고 최선을 다해서 기도해야 할 것입니다.

말씀을 맺겠습니다.

오늘은 하나님 나라의 임하심에 대해서 살펴보았습니다. 무엇보다도 먼저 하나님 나라는 권위 있는 말씀을 통하여 임하게 됩니다. 그리고 하나님 나라의 임하심은 이론적이고 피상적인 것이 아니라 실제로 우리의 삶 속에서 능력으로 모든 사람들이 볼 수 있도록 나타납니다. 그러나 기적 자체가 우리의 신앙생활의 목표가 되어서는 안 되며, 그것은 단지 하나님 나라의 임하심의 결과이자 과정입니다. 더불어 하나님 나라의 임하심이 효과적이고 능력 있게 임하기 위해 우리에게 필요한 것은 기도라고 말씀드렸습니다. 이제 우리 성도들 개개인과 가정과 교회와 이 사회에 하나님 나라가 능력 있게 임하기를 간절히 소원합니다.

마가복음 1:40-45

새 시대의 도래와 믿음

오늘 본문은 마가복음에 나오는 예수님의 세 번째 사역으로서 문둥병자를 치유하는 사건에 관한 것입니다. 마가복음에 기록된 예수님의 첫 번째 사역은 회당에서 말씀으로 귀신을 쫓아내는 것이었고, 두 번째는 시몬 베드로의 장모의 병을 고치는 것이었습니다. 그런데 이러한 것들은 단순히 귀신을 쫓아내고 병을 치유한 것 이상의 의미가 있습니다. 귀신이 쫓겨나고 병이 치유된 것은 예수님을 통하여 하나님의 나라가 임하실 때 나타나는 대표적인 현상입니다. 하나님의 나라가 임하게 되면 우리는 우리를 얽매이고 있는 것에서 해방되어 자유 함을 누리게 되고 또한 우리의 온갖 연약함에서 회복됩니다.

마찬가지로 예수님께서 문둥병을 고치신 사건도 문둥병이 걸린 사람이 예수님의 능력으로 고침을 받았기 때문에 단순히 '예수님은 참으로 능력 있는 분이구나' 또는 예수님께 자신의 문제를 가지고 나온 문둥병자의 믿음이 여러모로 본 받을 만 하기 때문에 '문둥병자의 믿음을 본 받자'라고만 한다면 그것은 오늘 본문이 의도하는 바를 온전히 설명하는 것이 아닙니다. 오늘 본문의 문둥병이 치유되는 사건은 예수님을 통하여 임하게 된 새로운 시대의 도래와 그 새로운 시대의 특징을 상징적으로 보여주고 있습니다.

문둥병자가 예수님께 나아옴

먼저 오늘 본문의 진정한 의도를 알기 위해서 당시의 문둥병에 대해서 알 필요가 있습니다. 당시 문둥병은 인간이 경험하는 질병 중 최악의 고통을 안겨다 주는 가장 저주스러운 병으로 간주되었습니다. 그래서 이스라엘에서는 어떤 사람이 문둥병에 걸리면 레위기 13장과 14장에 근거하여 사회로부터 그를 격리시켰고, 그가 혹시 사람들이 있는 곳을 지날 때면 자신이 문둥병자인 것을 알리기 위해 '부정하다, 부정하다' 라고 반복하여 외침으로써 사람들이 접근하지 못하도록 했습니다. 또한 문둥병에 걸린 사람은 모든 사회적 특권을 상실 당하였기 때문에 살았다고 하나 실상은 죽은 자와 다름없는 존재였습니다(민 11:12).

오늘 본문은 이렇게 사회로부터 격리되었던 문둥병자가 예수님께 나아왔고 예수님께서는 손을 내밀어 그에게 안수하셔서 그 문둥병자를 고치셨다고 말씀합니다. 이것은 당시에 어느 누구도 생각할 수 없는 깜짝 놀랄만한 파격적인 행동이었습니다.

그렇다면 왜 예수님께서 당시의 관습상 매우 파격적으로 문둥병자를 고치셨으며, 복음서 기자는 복음서의 제일 앞부분에 이 사건을 기록했겠습니까? 다시 말해 예수님께서 이 문둥병자를 고치신 진정한 의미가 무엇이었겠습니까? 이를 알기 위해 우리는 먼저 왜 구약의 레위기에서 문둥병 걸린 사람을 그렇게 취급하도록 했는지 살펴보아야 합니다. 레위기 10:10에 보면 하나님께서는 거룩한 것과 속된 것, 정결한 것과 부정한 것을 구분하라고 하시고, 11장에서 우리가 많이 들어왔던 것처럼 짐승이나 생선, 새들 가운데 먹어도 되는 정결한 것들과 먹지 말아야 할 부정한 것들에 대해서 말씀합니다. 그리고 12장은 해산한 여인의 정결에 대해서, 13-14장은 문둥병 또는 심한 피부병에 대해서, 15장은 남녀의 유출병에 대해서 말씀합니다. 이러한 문맥에서 보면 13-14장에 있는 문둥병에 대한 규례는 11장에 있는 정결한 음식과 부정한 음식에 대한 규례와 같은 차원에서 이해되어야 한다는 것을 알 수 있습니다.

정결한 음식과 부정한 음식에 대한 규례

율법에서 명령하는 정결한 음식과 부정한 음식에 대한 규례는 여러 가지 면에서 계속 논란이 되어왔으며, 오늘 본문에 있는 문둥병 걸린 사람의 취급과도 연결되기 때문에 음식에 대한 규례의 신학적인 의미에 대해서 먼저 살펴보겠습니다. 어떤 종파에서는 레위기 11장과 신명기 14장에 있는 음식에 대한 규례를 문자적으로 이해하고 오늘날도 그대로 지키고 있는데 사실 이것은 성경의 의도와는 다릅니다. 왜냐하면 음식에 대한 규례는 문자적인 의미보다는 상징적인 의미를 갖기 때문입니다. 이 음식에 대한 법의 가장 기본적이고 우선적인 취지는 이스라엘 백성들이 하나님의 구별된 백성임을 알게 하고 또한 그들에게 하나님의 구별된 백성으로서 구별된 삶을 장려하기 위함이었습니다. 그렇게 결론을 내린 이유는 두 가지로 설명될 수 있습니다.

먼저, 이 음식에 대한 법을 기록한 레위기 11장과 신명기 14장을 보면 이 법의 서론과 결론이 있는데 이를 보면 그 이유를 잘 알 수 있습니다. 특별히 레위기 11장보다도 신명기 14장에 더 잘 나타나 있는데 신명기 14:2은 음식법의 서론으로서 "너는 너의 하나님 여호와의 성민이라 여호와께서 지상 만민 중에서 너를 택하여 자기의 기업의 백성을 삼으셨느니라"고 합니다. 그리고 결론을 보면 "너희는 하나님의 성민이라(21절, 참고 레 11:45)"고 말씀합니다. 이렇게 음식법의 서론과 결론에서는 음식을 구별하는 것, 그 자체보다도 음식의 구별이 이스라엘에게 주는 의미, 즉 하나님의 구별된 백성으로서 이스라엘의 모습을 강조하고 있습니다.

두 번째, 성경 전체의 내용을 보아서 그렇습니다. 창세기 9:4을 보면 노아 홍수 이 후에 하나님께서 살아 있고 움직이는 모든 것은 우리의 음식이 된다고 하셨고, 신약 성경에도 예수님께서 입에서 나오는 것이 더러운 것이지 들어가는 것이 더러운 것이 아니라고 하시면서 모든 음식을 먹을 수 있다고 말씀하셨습니다(마 15:10-20, 막 7:14-23). 또한 사도행전 15장에 보면 예루살렘 공의회에서 모든 음식을 먹어도 된다고 결론짓고 있습니다. 그러므로 이 음식에 대한 규례는 어느 한정된 때에만 일시적으로 주셨던 것임을 알 수 있습니다. 뿐만 아니라 신명기 14:21에서는 이스라엘에게 부정하게 보이는 음식도 이방인들과 외국 사람들에게는 팔 수 있음을 말씀합니다. 따라서 정한 것과 부정한 것에 대한 규례는 처음부터 이스라엘에게만 명령되었으며 이방인들에게는 상관없었던 것을 알 수 있습니다.

이와 같이 레위기에 있는 음식에 관한 법은 어떤 종파가 주장하는 것처럼 위생이나 건강 때문에 주어진 것이 아니라 하나님의 백성으로서 이스라엘의 구별됨을 인식시키고 또한 그들에게 구별된 삶을 살도록 계속 독려하기 위해서 주신 것입니다. 그러니까 구원사적으로 일정한 기간 동안 특별한 상황에서 구원 받은 이스라엘 백성에게만 준 것이지 전 우주적으로 영원히 지키라고 주셨던 법이 아닙니다.

문둥병자의 치료의 의미

문둥병에 대한 언급도 같은 차원에서 이해되어야 합니다. 문둥병이 걸린 사람을 이스라엘 공동체 밖으로 쫓아냈던 것도 문둥병이 단지 전염성이 있다거나 죽을병이어서가 아니라, 하나님의 백성으로서 이스라엘이 그들 자신의 순전함과 온전함이 얼마나 중요한지 깨달을 수 있도록 일시적으로 주셨던 명령이었습니다. 그러므로 예수님께서 문둥병 걸린 사람을 치료하신 사건을 단순히 어떤 병을 치료하는 것으로만 설명해서는 안 되며, 이 사건 속에 예수님께서 오신 목적과 본질이 나타나 있다는 것을 깨달아야 합니다. 즉, 문둥병 걸린 사람의 치유는 예수님을 통해서 하나님의 구원 역사에서 이스라엘의 특권적인 위치가 없어지고, 새로운 언약 공동체 또는 새로운 하나님의 백성의 시대가 도래하였음을 드러내고 있습니다. 이렇게 예수님께서 문둥병을 고치신 사건이 구원사적으로 큰 의미가 있기 때문에 마태복음에서는 산상수훈 바로 다음에 그리고 누가복음에는 베드로와 안드레를 부르신 사건 바로 다음에 언급하고 있습니다.

그런데 예수님께서는 문둥병자를 깨끗케 하신 후 그에게 무엇을 말씀하셨습니까? 먼저, 아무에게도 말하지 말라고 하셨습니다(43절 상). 그 이유는 무엇입니까? 그것은 문둥병자를 고치신 사건이 구원사에 한 획을 그을 만큼 엄청난 사건으로서 예수님께서 메시야이심을 보여주신 사건인데, 사람들은 오히려 그 의미를 제대로 모른 채 예수님을 단순히 기적을 행하는 자나 병을 고치는 자로 인식할 수 있었기 때문이었습니다. 그리고 당시의 사람들은 현실적인 문제 해결과 관련된 정치적인 메시야관을 가지고 있었기 때문에 예수님의 그러한 사역을 현실적이고 정치적으로 취급할 수도 있었습니다. 그러한 오해를 방지하기 위해서 예수님은 그것을 아무에게도 알리지 말라고 하셨던 것입니다.

그러나 오늘날 교회의 모습은 어떻습니까? 얼마나 많은 교회와 사역자들이 육체의 병이 치유되는 것을 무분별하게 자랑하는지 모릅니다. 오늘 말씀에 비추어 본다면 이는 분명히 하나님께서 기뻐하지 않는 일입니다. 그것은 복음의 본질을 왜곡시킬 가능성이 있기 때문입니다. 예수를 믿으면 죽을병에서 회복될 수도 있고 과학이나 의술로 설명될 수 없는 많은 기적적인 일들이 일어나는 것은 분명합니다. 저 역시도 그런 체험을 하였고, 주위에도 그런 체험을 한 사람들은 너무나 많이 있습니다. 특히 우리 기독교는 체험의 종교이기 때문에 기적 자체를 부인해서는 안 됩니다. 그러나 그 자체가 자랑이 되어서도 결코 안 됩니다. 예수님께서 단순히 병 고치는 자나 기적을 행하는 자로만 알려지고 인식되어져서는 안 되기 때문입니다.

다음으로 예수님께서는 모세의 명한 것을 드리라고 합니다(44절 하). 그러면서 그것이 '저희에게 증거가 되기 위해서' 라고 말씀합니다. 즉, 제사장에게 보이라고 명하였던 것은 당시에 그 사람이 온전히 사회적으로 회복하기 위해서 반드시 필요한 조치였기 때문입니다.

이처럼 예수님께서는 문둥병자를 치유하심으로 당시 모든 사람들이 깜짝 놀랄 만한 파격적인 사역을 통해 하나님의 구원 역사상 새로운 시대가 도래하였음을 알려 주셨고 자신이 메시야이심을 보여주셨습니다.

우리에게 요구되는 믿음의 모습

이제 이렇게 예수님께서 여신 새로운 시대에 우리에게 요구되는 것이 있습니다. 그것은 문둥병자의 모습에서 찾을 수 있습니다. 본문 속에 나타난 그의 모습을 자세히 살펴보면 그에게 여러 가지 바람직한 믿음의 모습이 보입니다.

먼저 문둥병자는 예수님께 나왔습니다(40절). 당시에 이것은 매우 대단한 일이었습니다. 당시의 규례를 보면 그는 절대로 사람들 앞에 나아올 수 없었습니다. 그러나 그는 예수님께 나아 왔습니다. 그가 예수님께 나아오기 위해서 엄청난 용기와 절대적인 믿음이 필요했습니다. 그는 수많은 사람들의 저주와 돌 매질을 받을 각오가 되어있었습니다.

다음으로 꿇어 엎드렸다고 했습니다. 이것은 경배했다는 것을 의미합니다. 그러니까 이 문둥병자는 무릎을 꿇고 진정 겸손함으로 예수님께 머리를 숙였던 것입니다.

그리고 간구했습니다. 그가 어떤 이야기를 했는지 본문에는 구체적인 내용이 나와 있지 않지만, 아마 그는 그의 간절한 사정, 인간으로서는 도저히 어찌할 수 없는 사정을 예수님께 내 놓았을 것입니다.

그리고 마지막으로 "원하시면 저를 깨끗케 하실 수 있나이다!" 라고 믿음의 고백을 합니다. 여기에서 '원하시면' 하는 것은 의심의 표현이 아니라 자신의 욕심과 소원보다도 예수님의 뜻에 자신의 뜻을 일치시키겠다는 고백입니다. 그는 예수님께서 원하시면 자신의 병을 고치실 줄로 믿었습니다. 그러나 마치 예수님께서 겟세마네 동산에서 기도하신 것처럼 하나님의 뜻이라면 언제든지 자기의 소원을 포기할 수 있다는 것입니다. 사실 이 사람에게 이러한 기도는 쉽지 않은 것이었습니다. 이 문둥병자는 생명을 내어놓고 예수님께 나아왔고 병의 치유는 그의 절대적인 소원이었습니다. 이러한 상황에서 하나님의 뜻을 우선으로 여기는 이 사람의 기도는 참으로 대단한 것이었습니다.

이렇게 문둥병자가 고침 받을 때 그 믿음의 모습이 자세히 기록된 것은 이 문둥병자의 믿음이 새로운 예수님의 시대에 동참하는데 요구되는 성도의 자세이기 때문입니다.

성도 여러분! 믿음은 바로 하나님께 나아오는 것입니다. 우리는 주일 낮뿐 아니라 주일 밤에도 나와야 하고, 수요일 밤에도 나와야 하며 가능하면 새벽에도 나와야 합니다. 또한 우리는 나올 수 있는 상황에만 나오는 것이 아니라 문둥병자와 같이 나올 수 없는 상황에도 하나님 앞에 나와야 합니다. 다른 사람들의 눈치를 살필 필요가 없습니다.

또한 우리는 나올 때마다 가장 낮고 겸손한 자세로 나와야 합니다. 왜냐하면, 우리의 사회적 지위와 위치는 천지를 창조하시고 역사와 생사화복을 주관하시는 하나님 앞에서 아무 것도 아니기 때문입니다. 하나님께서는 낮고 겸손한 자세로 하나님께 나아오는 사람의 예배와 기도를 결코 외면하시지 않습니다.

더불어 주님께 나올 때는 형식적으로 나오는 것이 아니라 항상 은혜를 사모하는 마음으로 나와야 하고, 간절하고 갈급한 심령으로 우리의 필요를 간구해야 합니다.

또한 하나님께서 원하시면 모든 것을 가능할 것으로 믿으며 조금도 의심치 않고 신뢰하는 믿음 가운데 하나님께 나와야 합니다. 그리고 모든 것을 전적으로 하나님의 뜻에 맡겨야 합니다. 그 때 우리는 우리가 생각할 수 없는 놀라운 은혜와 능력을 경험할 수 있을 것입니다.

말씀을 맺겠습니다.

오늘 본문에서 예수님께서 문둥병자를 치유하신 것은 당시의 사람들이 상상할 수 없었던 파격적인 사건이었습니다. 예수님께서는 이 사건을 통하여 예수님의 메시야 되심과 예수님을 통해 복음의 새로운 시대의 도래하였음을 보여주기 원하셨습니다. 그리고 문둥병자의 믿음의 행동을 통하여 복음의 새로운 시대에 요구되는 것이 무엇인지 교훈하고 있습니다.

여러분, 예수님께서는 오늘날 우리들도 복음의 능력이 임하기를 원하십니다. 문둥병자를 고치신 것처럼 우리 자신이나 우리 주위의 사람들이 상상할 수 없는 놀라운 능력을 우리에게 보여 주시기를 원하십니다. 이것을 위해서 우리에게 필요한 것은 한마디로 문둥병자와 같은 믿음입니다. 무엇보다 우리는 우리의 문제를 가지고 모든 상황과 환경을 극복하고 어찌든지 주님께 나아와야 합니다. 그리고 하나님의 하나님 되심을 인정하고 하나님을 전적으로 신뢰하는 겸손함이 있어야 합니다. 뿐만 아니라 하나님께서 온전히 자신을 완전히 맡기는 믿음이 필요합니다. 그러면 문둥병자를 고쳐주신 것 같은 놀라운 일들이 우리에게 일어날 것을 믿습니다. 그 은혜가 우리 모두에게 임하기를 기원합니다.

마가복음 2:1-12

죄를 사하는 권세

　예수님께서 이 땅에 오셔서 공생애를 사시는 동안 예수님의 말씀과 행동 하나 하나는 당시의 사람들에게 엄청난 충격과 놀라움을 주었습니다. 왜냐하면 예수님의 말씀과 행동 하나 하나는 당시의 종교 지도자들에게서는 보고 들을 수 없었던 파격적인 것이었고, 항상 어떤 사람들도 따를 수 없는 권위가 있었기 때문입니다. 지난 몇 주간 우리가 살펴 본 대로 예수님께서는 하나님의 말씀을 바로 가르치심으로, 귀신을 내어쫓으시고 많은 병자들을 치유하심으로 사람들의 주목을 받게 되었습니다. 그런데 예수님의 그러한 사역들은 그 자체로서 의미와 목적이 있었던 것이 아니고 그러한 극적인 사역을 통해서 좀 더 효과적으로 예수님의 메시야 되심을 드러내고 예수님을 통하여 천지를 창조하실 때와 같은 새로운 시대가 시작되었음을 보여주고자 했던 것입니다. 그리고 그러한 사역들을 통해서 예수님께서는 회개하고 믿는 자에게 하나님의 다스림과 역사하심이 얼마나 능력 있게 임하는가를 보여주시기 원했습니다. 그래서 많은 사람들이 예수님께 믿음으로 나아와서 하나님의 나라가 참으로 능력 있게 임하시는 것을 직접 경험하였지만, 예수님의 말씀과 사역을 늘 못마땅하게 생각하고 그것에 제동을 거는 무리들도 있었습니다. 그 대표적인 사람들이 당시 종교 지도자들인 서기관들과 바리새인들이었습니다. 그들은 예수님의 공생애 동안 내내 계속해서 예수님의 말씀과 사역에서 꼬투리를 잡고자 했습니다.

마가복음 2:1-3:6은 예수님과 그들 사이의 갈등과 대립이 잘 드러나 있습니다. 죄를 사하는 문제, 죄인들과 어울리는 문제, 금식 문제, 안식일 문제로 예수님과 당시의 종교 지도자들이 어떻게 대립하고 있는지 보여주고 있습니다. 그런데 예수님께서는 그들과의 갈등과 대립을 통해서 다시 한 번 예수님께서 이 땅에 오신 목적과 의도를 보여 주시며 하나님께서 새로운 시대에 원하시는 것이 무엇인지 분명하게 말씀하셨습니다.

중풍병자를 고치시는 주님

이제 본문을 보겠습니다. 오늘 본문은 여러 가지 면에서 쉽게 볼 수 있는 장면은 아니고 아주 극적인 요소들을 포함하고 있습니다. 1절입니다.

> 수일 후에 예수께서 다시 가버나움에 들어가시니 집에 계신 소문이 들린지라.

가버나움은 예수님께서 처음 안식일에 복음을 전하고 귀신을 내어쫓고 병자를 치료하였던 곳입니다. 그 곳에서 예수님의 인기는 절정에 이르렀던 것 같습니다. 그래서 많은 사람들이 몰려왔습니다. 2절입니다.

> 많은 사람이 모여서 문 앞에라도 용신할 수 없게 되었는데 예수께서 저희에게 도를 말씀하시더니

요즈음에 유명한 가수들이 공연을 하면 공연장 입구까지 사람들이 장사진을 이루는 것처럼 참으로 많은 사람들이 예수님께 몰려왔습니다.

이 사람들이 무엇 때문에 예수님께 나왔는지 본문은 말씀하지 않지만 아마 또 기적을 보기 위해서 몰려왔던 것 같습니다. 1장에서도 말씀하는 것처럼(38절), 그들은 기적 그 자체에 관심이 있었지만 예수님께서는 무엇보다도 먼저 그들에게 하나님의 말씀을 가르치셨습니다. 그리고 누가복음에 보면 말씀을 가르치신 것과 함께 병도 고치셨다고 말씀합니다.

그런데 뜻밖의 일이 벌어졌습니다. 중풍병에 들린 사람을 그의 친구들로 추측되는 네 사람이 들것 같은 것에 싣고 예수님을 만나기 위해서 왔는데, 사람들이 너무 많아서 예수님께 나아갈 수 없게 되었습니다. 그러자 그들은 지붕으로 올라가서 구멍을 내고 병자를 지붕 위에서 달아내려서 예수님 앞에 데려다 놓았습니다. 당시 이스라엘의 집의 구조는 대개가 옥상으로 올라가는 계단이 있었는데 그들은 아마 그 계단을 통해 옥상으로 올라가서 짚과 나무로 되어 있는 지붕을 뜯고 구멍을 내서 예수님께 나아온 것 같습니다. 예수님께서는 그들의 믿음 있는 모습을 보시고 중풍병자에게 "네 죄 사함을 받았느니라!" 라고 선포하셨습니다(5절). 그러자 옆에 있던 서기관들과 바리새인들이 무엇이라고 합니까? 6-7절입니다.

> 이 사람이 어찌 이렇게 말하는가 참람하도다 오직 하나님 한 분 외에는 누가 능히 죄를 사하겠느냐?

누가복음에 보면 그들이 갈릴리 각 촌과 유대와 예루살렘에서 왔다고 했습니다. 아마 예수님으로부터 어떤 꼬투리를 잡기 위해서 사방 각지에서 몰려온 것 같습니다. 그리고 예수님께서 죄의 용서를 선포하자 그들은 '죄를 사하실 수 있는 분은 오직 하나님 한 분밖에 없는데 이 사람이 감히 어떻게 죄의 용서를 선포할 수 있느냐?'고 하면서 마음속에 분노가 가득했습니다. 그 때 예수님께서 그들의 마음을 아시고 '네 죄 사함을 받으라 하는 말과 일어나 걸어라 하는 말 중 어느 것이 쉽겠느냐?'고 반문하셨습니다. 왜냐하면 병 고치는 것의 실패는 단지 사람들에게 창피를 당하고 부끄러움을 당하면 되는 정도였지만 당시에 죄 사함에 대한 선언은 엄청난 것이었기 때문입니다. 이것은 죽여도 아무 말을 하지 못할 정도의 신성모독죄 또는 불경죄에 해당하는 것이었습니다. 그러니까 죄 사함의 선언은 목숨을 건 선포였습니다. 그리고 예수님께서는 '내가 죄를 사하는 권세가 있는 것을 너희에게 알게 하겠다'고 하시면서 '네 상을 들고 일어나 걸어라'고 문둥병자에게 선포하셨습니다. 그 때 그가 일어나 걸었고 모든 사람들이 놀라지 않을 수 없었습니다.

죄를 사하심으로 메시야이심을 드러내신 주님

무엇보다도 먼저 우리가 생각해야 할 것은 오늘 본문에서 예수님께서 중풍병자를 고치신 사건을 행하신 주된 이유에 대한 것입니다. 지난 주에 문둥병자를 고치신 사건과 관련해서 말씀드린 대로 오늘 중풍병자를 고치신 사건도 중풍병을 고치는 것 자체에 예수님의 우선적 관심이 있지 않습니다. 이 사건을 통하여 예수님께서 드러내시고자 하신 궁극적 목적은 본문 10절에서 명확하게 말씀한대로 예수님께서 죄를 사하는 권세가 있음을 알려주는 것이었습니다. 잘못된 메시야관을 가지고 예수님을 받아들이지 않았던 서기관들과 바리새인들 앞에서 죄의 문제로 중풍병을 앓았던 자를 극적인 방법으로 고치심으로 예수님께서 죄를 사하는 권세를 가지신 것을 확인시켜 주셨습니다. 그들이 가장 이해하기 쉽고, 그들에게 가장 접근하기 쉬운 방법으로 예수님께서 죄를 사하는 권세를 가지고 계시다는 것을 보여 주셨습니다. 그것을 본 사람들은 모두 하나님께 영광을 돌리며 우리가 도무지 이런 일을 보지 못했었다고 고백하고 있습니다. 이렇듯 예수님께서는 중풍병자가 예수님께 나아왔을 때 그의 병의 원인이 죄라는 것을 아심으로 죄의 용서를 먼저 선포하셨고, 이어 중풍병자의 병을 고쳐 주심으로 자신이 죄를 사하는 권세가 있는 메시야이심을 보여 드러내셨습니다.

오늘 본문에서 우리에게 주는 교훈이 몇 가지 있습니다.

1. 문제의 핵심을 아시는 주님

예수님께서는 그 중풍병자의 문제의 핵심을 아셨습니다. 사실 오늘 본문은 이 사람의 병이 그가 지은 죄 때문인지에 대해서 분명하게 말씀하지 않았지만 그들의 믿음을 보시고 예수님께서 그 사람에게 '너의 죄가 용서함을 받았다'고 말씀하시는 것을 보아 아마 그 사람의 병의 원인은 죄 때문이었던 것 같습니다. 성경은 질병이 죄 때문일 수도 있고 그렇지 않을 수도 있다고 말씀합니다. 요한복음 5:14을 보면 예수님께서 어떤 병든 사람을 고치신 후에 더 심한 것이 생기지 않도록 다시는 죄를 범치 말라고 하신 것을 보면 그 사람의 병이 죄와 직접적인 관련이 있었던 것이 분명합니다. 물론 요한복음 9장에서는 죄 때문이 아니라 하나님의 영광을 위해서 육체적 어려움이 있을 수 있다고도 말씀합니다. 뿐만 아니라 어떤 특별한 이유 없이도 우리의 병과 어려움은 우리 인간이 가지는 한계 때문에 오는 자연스런 현상입니다.

지난 금요일에는 우리 교회에서 정신병에 관한 세미나를 하였는데 정신병도 이와 마찬가지라고 합니다. 정신병도 뇌신경의 이상으로만 해석하거나 죄의 결과나 마귀의 역사로만 해석해서는 안 된다고 합니다. 그러면서 예수님을 믿는 정신과 의사들이 병의 원인을 분별할 수 있는 여러 가지 현상들을 제시하는 것을 보았습니다. 그러나 한 가지 분명한 것은 우리의 질병과 어려움이 죄 때문에 올 수도 있다는 사실입니다. 아마 오늘 본문의 중풍병자도 역시 죄가 그 질병의 원인이었던 것 같습니다. 그래서 예수님께서 그 문제의 핵심을 아시고 정확하게 진단하셔서 그 사람의 문제를 해결해 주셨던 것입니다. 예수님께서는 우리 문제의 핵심을 아시는 분입니다. 사람들이 계속 어렵게 살며 고통당하는 이유 가운데 하나는 자신들이 가지고 있는 문제의 핵심을 모르기 때문입니다. 그러나 실이 엉켜 있을 때 그 실의 엉켜있는 부분을 찾아서 풀어주면 그 실 전체가 풀리는 것과 마찬가지로 예수님께서는 얼키설키 얽혀있는 우리의 문제의 핵심을 아시고 그 문제를 해결해 주시는 분이십니다.

우리도 주의 일을 하면서, 그리고 매일 매일 살아가면서 여러 가지 불가능한 상황을 만납니다. 이 중풍병자와 같이 앞뒤가 꽉 막히고 도저히 어찌할 수 없는 상황에 이를 수도 있습니다. 그 때 어떻게 해야 합니까? 우리는 혼자서 끙끙거리지 말고 문제를 예수님께 가지고 나와야 합니다. 한 걸음 더 나아가 중풍병자처럼 모든 여건이 예수님 앞에 나올 수 없는 상황에서도 우리는 절대로 포기하지 말고 또한 하나님을 향한 믿음과 신뢰를 잃지 말고 모든 수단을 다 동원하여서 예수님 앞에 나와야 합니다. 그 때 주님께서 우리 삶의 문제의 핵심을 아시고 그 문제를 해결해 주실 것입니다.

2. 바리세인들과 서기관들의 문제

이렇게 예수님을 통해서 하나님의 나라가 임하였는데도 그 은혜를 경험하지 못하는 무리들이 있었습니다. 그들은 당시의 이스라엘의 종교 지도자들인 서기관들과 바리새인들이었습니다. 그러면 왜 그들이 예수님에 대해서 비판적이었고 예수님을 메시야로 받아들이지 못했는지 그 이유를 살펴볼 필요가 있습니다.

당시에 서기관들과 바리새인들은 구약의 율법을 절대로 깨뜨리지 않기 위해 발버둥을 치던 사람들이었습니다. 예를 들면, 그들은 '하나님의 이름을 헛되이 부르지 말라'고 했기 때문에 그들은 하나님의 이름을 아예 부르지 않았습니다. 성경을 읽을 때도 하나님의 이름이 나오면 읽지 않고 잠시 멈추었다가 다음을 계속 읽었습니다. 그래서 우리말로 '여호와'라고 부르는 히브리말로 '야웨'는 원래 어떻게 발음했는지 정확히 모릅니다. 그리고 서기관들은 성경을 필사하는 것이 주 업무였는데 그들은 성경을 필사하다가 하나님의 이름이 나오면 손을 씻고 다시 와서 하나님의 이름을 썼다고 합니다. 이와 같이 그들의 하나님에 대한 경외심은 대단한 것이었습니다. 그러나 문제는 그들의 신앙이 이렇게 외형적인 것에만 관심이 있었지 본질적인 것에는 관심을 두지 않았고, 또한 하나님의 말씀의 진정한 의도를 잘 몰랐다는 데 있습니다. 그 중에 하나가 그들의 '메시야관'이었습니다. 그들은 당시의 누구보다도 메시야를 기다리고 있었지만 그들의 메시야관은 잘못되었습니다. 구약 성경에서 그렇게 자주 메시야 시대에 대해서 말씀하였지만 그들은 메시야 시대의 본질을 바로 알지 못했습니다. 그래서 정작 세상에 오신 메시야를 보고도 깨닫지 못한 채 예수님을 통한 새로운 시대에 주시는 하나님의 놀라운 은혜를 경험하지 못했던 것입니다. 그러나 그들에게도 기회는 계속 주어져 있었습니다. 마태복음 3장에 보면 그들은 세례 요한이 선풍적인 인기를 끌고 있을 때에 요한을 찾아갔었는데 세례 요한이 그들을 독사의 자식들이라고 책망하면서 메시야 시대의 본질에 대해서 말씀하였고, 예수님께서도 말씀을 통하여 메시야에 대해서 가르치신 것입니다. 그럼에도 불구하고 그들은 여전히 자기 생각의 틀에서 벗어나지 못하였습니다. 그렇기 때문에 예수님께서 죄사함을 선포하였을 때 그들이 그것을 신성 모독이라 생각했던 것은 어쩌면 당연한 일이었습니다.

오늘날도 교회를 다니면서 당시의 바리새인이나 서기관들과 같이 외형적으로는 열심히 기도도 하고 헌금도 하면서 하나님을 잘 섬기는 것 같은데 전혀 기독교의 복음이 주는 놀라운 은혜들을 경험하지 못하는 분들이 많이 있습니다. 더구나 그런 분들 가운데는 당시의 바리새인들과 같이 자신이 하나님을 가장 잘 믿고 섬기는 것처럼 착각하는 분들도 있습니다.

한편 우리는 당시의 바리새인들과 서기관들을 보면서 성경의 바른 이해와 신앙의 본질에 대한 바른 지식이 얼마나 중요한지, 신앙관이 잘못될 때 오는 피해가 얼마나 큰 지 쉽게 알 수 있는데, 이는 요즈음에도 나타나는 현상입니다. 예를 들어 종말론적 신앙을 가지고 사는 것은 참으로 중요합니다. 그런데 잘못되고 바르지 못한 종말론의 신앙으로 개인과 가정에 파탄을 가져오고 사회에 물의를 일으키는 경우를 우리는 너무나 많이 봅니다. 그렇기 때문에 우리는 진지하게 복음이 무엇인지 그리고 기독교 신앙의 본질이 무엇인지 늘 배우고 점검해 볼 필요가 있습니다.

3. 친구들의 도움과 믿음

여기서 우리가 그냥 넘어가지 말아야 할 것이 있습니다. 그것은 오늘 본문에서 중풍병자의 문제를 해결하는 데에 주위 사람들의 도움이 절대적으로 작용했다는 것입니다. 만약 그의 친구들이 도와주지 않았더라면 그는 계속 어려움 가운데 있었을 것입니다. 이것은 교회 안에서 믿음의 교제가 얼마나 중요한지를 우리에게 보여주고 있습니다. 우리는 주위 사람들의 신앙적인 도움과 협력이 우리의 문제를 해결하는데 절대적인 경우를 종종 경험합니다. 그렇기 때문에 교회 안에서 구역으로 모이고 남, 여 전도회로 모여서 교제하는 것은 참으로 중요합니다.

또한 오늘 본문에서 우리가 교훈 받아야 할 것은 중풍병자와 그를 데리고 왔던 사람들의 믿음입니다. 본문 5절을 보면 '저희의 믿음을 보시고' 라고 하였습니다. 여기에서 저희라는 것은 중풍병자와 그의 친구들을 모두 함께 가리키는 것인데, 예수님께서는 그들의 믿음을 보시고 중풍병자를 치료하셨던 것입니다. 즉, 그들의 믿음에서 우러난 행동이 중풍병자의 문제가 해결 받는 계기가 된 것입니다.

그렇다면 그들의 믿음은 어떤 믿음이었습니까? 먼저 그들은 예수님께 나아가면 그들의 문제가 해결될 수 있다는 확신이 있었습니다. 그렇지 않고는 그들이 지붕을 뚫을 수 없었습니다. 또한 도저히 불가능한 상황에서도 다음으로 미루거나 포기하지 않는 끈기가 있었습니다. 예수님께 나아가는 것이 불가능한 상황에서도 그들은 낙심하지 않고 지붕에 올라가서 기와를 뜯는 수고를 하였던 것입니다.

말씀을 맺겠습니다.

오늘 본문에서 예수님께서는 자신이 죄를 사하는 권세가 있는 것을 보여 주셨습니다. 그것은 우리 예수님이 이 땅에 오신 목적입니다. 왜냐하면 원래 우리 인간이 하나님의 통치에서 벗어나고 하나님과 우리를 분리시켜 버린 것이 바로 죄 문제였기 때문입니다. 결국 죄는 우리가 가진 모든 문제의 시발점이었습니다. 그래서 죄 문제가 해결된다는 것은 하나님과의 관계가 회복된다는 것을 의미하고, 하나님께서 우리를 창조하실 때 의도하셨던 행복한 삶의 회복을 의미합니다.

예수님께서는 지금 우리에게도 예수님을 통해서 우리 죄의 문제가 해결됨으로써 하나님과의 관계가 회복되고 우리의 삶의 문제도 해결되어지기를 원하십니다. 그리고 이를 위해서 중풍병자와 같이 포기하거나 좌절하지 않고 믿음의 식구들의 도움을 받으며 확신 속에서 예수님께 나아오기를 원하십니다. 이 때 우리의 죄의 문제가 해결되고 우리의 삶도 역시 회복되는 놀라운 일들이 일어날 것입니다.

마가복음 2:13-17

죄인을 위해 오신 예수님
(세례식 설교)

마가복음 2:1-3:6은 예수님과 당시 종교 지도자들인 서기관들과 바리새인들과의 갈등과 논쟁이 기록되어 있습니다. 예수님께서는 당시에 파격적인 말씀과 행동을 보여 주셨고, 그들과의 의도적인 대립을 통해서 예수님의 오신 목적과 새로운 복음의 시대에 요구되는 것이 무엇인지를 말씀하셨습니다. 오늘 본문은 예수님과 당시 이스라엘의 종교 지도자들의 두 번째 갈등을 기록하고 있습니다. 예수님께서는 세리였던 레위를 제자로 부르시고 죄인들과 식탁의 교제를 나눔으로서 이 땅에 오신 목적이 죄인을 구하러 오신 것임을 보여주고 있습니다.

레위를 부르시는 주님

먼저 예수님께서 레위를 부르신 사건을 보겠습니다. 13-14절입니다.

예수께서 다시 바닷가에 나가시매 무리가 다 나아왔거늘 예수께서 저희를 가르치시니라. 또 지나가시다가 알패오의 아들 레위가 세관에 앉아 있는 것을 보시고 저에게 이르시되 나를 좇으라 하시니 일어나 좇으니라.

여기에서 알패오의 아들 레위는 마태복음을 기록한 마태를 지칭합니다. 그의 이름이 두 개였는지 아니면 제자로 부르심을 받은 다음에 그 이름이 마태로 바뀌었는지 명확하게 알 수는 없습니다. 그리고 그의 직업은 세관원이었다고 말씀합니다. 예수님께서 레위를 제자로 부르신 사건의 의미를 알기 위해서 먼저 당시에 세리가 어떤 사람이었는지 알 필요가 있습니다. 당시의 이스라엘 사회에서 세리는 배반자 또는 반역자로 인식되었던 자들이었습니다. 왜냐하면 당시 이스라엘은 로마의 속국이었는데 이들은 로마를 위해 일하는 자들이었고 마치 일제 강점기에 친일파들이 일본에 붙어서 같은 민족을 착취하였던 것처럼 그들은 부당한 방법으로 자신들의 부를 챙기는 자들이었기 때문입니다. 그래서 당시 유대법에 의하면 세리는 회당에 들어오지도 못했고 재판 때 증인으로 서지도 못하였습니다. 탈무드에도 그들을 도둑으로 지칭하고 있습니다. 이와 같이 당시의 세리는 창녀와 같이 사람들에게 멸시와 천대를 받았고 문둥병자와 같이 사회에서 소외된 자들이었습니다.

 이렇게 부도덕하고 사회에서 지탄을 받던 레위를 예수님께서 부르셨습니다. 오늘 본문은 예수님께서 그를 부르셨을 때 그가 예수님을 좇았다고 했는데 누가복음에 보면 예수님께서 그를 부르셨을 때에 그가 모든 것을 버려두고 예수님을 따랐다고 합니다. 사실 레위가 모든 것을 버리고 예수님을 따르는 것은 결코 쉽지 않았습니다. 어부들과는 달리 세관원이라는 직업은 부가 보장된 직업이었고 한번 잃으면 다시 잡기 힘든 직업이었으므로, 그가 모든 것을 버려두고 예수님을 따르기로 한 것은 대단히 용기 있는 결단이 아닐 수 없습니다.

죄인들과 함께 식사하시는 주님

 그는 이에서 더 나아가 예수님께서 자신을 부르신 사실에 매우 기뻐하며 자기의 친구들을 초청하여 잔치를 배설하였습니다. 15절입니다.

그의 집에 앉아 잡수실 때에 많은 세리와 죄인들이 예수와 그의 제자들과 함께 앉았으니 이는 저희가 많이 있어서 예수를 좇음이러라.

여기에서 세리와 죄인들이라고 했는데 당시의 죄인들이라는 것은 문자 그대로 죄인이라기보다는 모세의 율법에 대하여 바리새인들의 해석대로 따르지 않는 자를 의미하였습니다. 그러니까 본문에 나와 있는 세리와 죄인들은 당시 유대 사회에서 죄인으로 취급받고 바리새인들과 서기관들의 정죄의 대상이 되었던 사람들을 통칭하는 것으로 이해될 수 있습니다. 그런데 예수님께서는 전혀 거리낌 없이 그 자리에 참석하셨고 그들과 함께 식사하며 교제를 나누셨습니다. 이렇게 예수님께서 세리와 죄인들과 함께 식사하시는 것을 본 바리새인들이 예수님의 제자들에게 '어찌하여 예수님께서 세리와 죄인들과 함께 먹는가?(16절)'라고 물었습니다. 바리새인들이 이러한 질문을 한 것은 어쩌면 당연하였습니다. 왜냐하면 경건하신 예수님께서 세리와 죄인들과 함께 식사하시는 것은 바리새인들에게 감히 상상할 수도 없는 일이었기 때문입니다. 당시 바리새인들은 자신들이 죄인으로 규정한 사람들과 접촉하는 것만도 불경하고 더러움이 되는 일이었는데 예수님께서는 그들을 접촉하는 단계를 넘어서 그들과 식사하고 교제하셨던 것입니다. 그러나 바리새인들의 말을 들으신 예수님께서 복음서의 말씀 중에 가장 중요한 말 가운데 하나를 말씀하십니다. 17절입니다.

예수께서 들으시고 저희에게 이르시되 건강한 자에게는 의원이 쓸데없고 병든 자에게라야 쓸데 있느니라. 내가 의인을 부르러 온 것이 아니요 죄인을 부르러 왔느니라.

예수님께서는 본론을 말씀하시기 전에 먼저 '건강한 자에게는 의원이 쓸데없고 병든 자에게라야 쓸데 있느니라'고 하셨습니다. 이 말씀은 당시에도 상식적인 사람이라면 누구나 이해할 수 있는 말입니다. 의사가 존재하는 목적이 환자를 낫게 하고 건강을 회복시키는 일임은 누구나 다 아는 사실입니다. 그 상식적인 말씀에 근거해서 예수님께서는 오신 동기와 목적이 죄인을 부르러 오신 것임을 말씀하셨습니다. 결론적으로 예수님께서 세리를 제자로 부르시고 죄인들과 함께 식사하시며 교제하신 일은 당시에 경건한 사람들이 생각할 수 없는 파격적인 일이었습니다. 그런데 예수님께서는 당신이 죄인을 구원하기 위해서 이 땅에 오셨음을 분명히 보여주기 위해 의도적으로 그렇게 행하신 것입니다.

'죄인을 부르러 오셨다'는 말씀의 의미와 교훈

이제 오늘 본문의 사건들을 통하여 예수님께서 죄인을 부르러 오셨다는 말씀이 무엇을 의미하는지 그리고 우리가 교훈 받을 것이 무엇인지 함께 생각해 보겠습니다. 하나님께서는 우리 인간을 만드실 때 하나님 안에서 그리고 하나님의 은혜를 누리며 복된 삶을 살도록 만드셨습니다. 그러나 우리의 죄로 인해서 우리는 하나님과 분리되어 버렸고 또한 하나님께서 우리를 창조하실 때 의도하신 복된 삶의 많은 부분을 잃어버렸습니다. 오늘날 우리가 경험하는 슬픔, 고통, 질병, 죽음 등은 하나님께서 우리를 창조하실 때 결코 의도하신 것들이 아니었습니다. 이러한 것들은 모두 죄로 인해 하나님과 분리됨으로 생겨난 결과들입니다. 그러니까 예수님께서 죄인을 부르러 오셨다는 것은 죄로 인해 분리되었던 우리와 하나님과의 관계를 회복시키고 또한 하나님의 원래 인간을 창조하실 때 의도하셨던 복되고 행복한 삶을 우리 인생들이 다시 누리도록 하기 위해 오셨음을 말씀합니다. 그리고 죄인을 위해 오신 예수님께서 파격적으로 당시 모든 사람들에게 배척받던 세리를 제자로 삼으시고 죄인들과 식사의 교제를 하신 것은 만인에게 지탄받는 사람이라도 구원의 자리에 들어와서 하나님의 은혜를 누릴 수 있고, 하나님께 얼마든지 소중한 존재가 될 수 있다는 것을 보여줍니다. 또한 이것은 예수님께서 주시기 위한 구원과 새로운 행복한 삶은 어느 누구에게도 제한이 없고 우리 모두가 누릴 수 있다는 것을 말씀합니다.

누가 구원의 자리에 이를 수 있는가?

하지만 모든 사람이 예수님을 통하여 구원의 자리에 이르게 되고 새로운 삶을 누릴 수 있는 것은 아닙니다. 17절에서 예수님께서는 '의인을 부르러 온 것이 아니요' 라고 말씀하셨습니다. 물론 이 말씀은 세상에 의인이 있다는 것을 말씀하시는 것이 아니라 당시 바리새인들이 자신들을 의롭다고 생각했기 때문에 그들의 모습을 풍자적으로 말씀하신 것입니다. 말씀의 의미를 좀 더 온전히 알기 위해서 우리는 누가복음 18장을 음미할 필요가 있습니다. 거기에 보면, 예수님께서 비유로 말씀하시면서 바리새인들과 세리의 기도를 비교한 것이 기록되어 있습니다. 바리새인들은 어떻게 기도했습니까? 그들은 "나는 저 죄인들과 같지 않음을 감사합니다. 나는 토색, 불의, 간음을 하지 아니 하였고 일주일에 두 번씩 금식하였고 십일조를 드리고 있습니다." 라고 기도했습니다. 그와는 반대로 죄인들은 가슴을 치며 이렇게 기도합니다. '하나님 나는 죄인입니다. 나를 불쌍히 여겨주시옵소서!' 이 두 사람을 두고 예수님은 세리가 바리새인보다 의롭다 함을 받았다고 말씀합니다. 세리와 같이 자신을 낮추는 사람을 예수님께서 받으시고 높이신다는 것입니다. 따라서 오늘 본문이 말씀하는 바는 우리 모두는 죄인인데 바리새인들과 같이 스스로 잘났고 깨끗하다고 생각하는 사람은 예수님을 통한 새로운 삶을 누릴 수 없고, 자신이 스스로 죄인이라고 고백하는 사람만이 예수님을 통한 새로운 삶을 누릴 수 있다는 것입니다.

오늘날도 어떤 사람들은 자신이 도덕적으로 깨끗한 삶을 살고 있기 때문에 스스로 의인으로 생각하고 예수님이 필요 없다고 강변합니다. 그러나 우리 모두는 죄인이며 예수님이 필요합니다. 우리 모두는 누구도 예외 없이 우리의 죄 때문에 하나님과 분리되었고, 지금 이 자리에도 어떤 분들은 예수님을 믿지 않음으로 하나님과 분리되어 있습니다. 그런데 하나님과의 관계를 회복되기 위해서는 예수님 이외의 다른 방법이 없습니다. 이것은 객관적인 사실입니다. 그리고 이 세상에 가장 큰 죄는 하나님을 모르는 죄입니다. 우리를 창조하신 하나님을 섬기고 경외하지 않는 죄보다도 큰 죄가 없습니다. 이 세상에서 상대적으로 남들보다 도덕적으로 바른 삶을 살았다고 하더라도 하나님을 모르고 섬기지 않는다면 그 사람은 죄인입니다. 여기 계신 분 중에 동의하지 않으신 분이 있다 할지라도 우리 모두는 죄인이거나 의인된 죄인입니다.

그러므로 예수님을 믿음으로 구원의 자리에 이르게 되고 새로운 삶을 누릴 수 있는 사람은 스스로 죄인임을 인정하고 고백하는 사람입니다. 이것은 예수님을 믿기 위해서도 필요하고 믿은 후에 더 큰 은혜에 들어가기 위해서도 필요합니다. 우리가 갈급함을 가지고 '하나님 나는 죄인입니다. 나는 연약합니다. 나는 부족합니다' 라고 고백할 때 하나님의 은혜는 우리에게 임합니다. 그리고 실제로도 하나님의 은혜를 경험하고 그 은혜 안에 들어가면 우리는 우리의 연약함과 죄인 됨을 고백하지 않을 수 없습니다. 바울을 보십시오. 그전에는 몰랐는데 은혜를 받고 보니까 자신이 정말 죄인인 것을 부족한 것을 알게 되었습니다. 그래서 바울은 자신이 죄인 중에 가장 나쁜 놈이라고 고백했던 것입니다.

온전한 세례를 위해서

오늘 학습과 세례를 받는 분들도 세례를 받기 위해서 여러 가지 요건이 필요한데 그 중 꼭 필요한 것은 스스로 죄인임을 인정하고 고백하는 것입니다. 요즈음 교회에서는 너무 형식적으로 세례를 주는 경향이 있습니다. 그러나 내가 죄인임을 고백하고 나의 죄를 모두 예수님께 고백하며, 예수님께서 나의 주님 되심을 고백하는 일 없이 세례 받는 것은 무의미합니다. 그래서 초대 교회에서는 세례를 받기 위해서 며칠씩 금식하면서 준비했다고 합니다. 우리 교회에서도 오늘부터 전 교인 앞에서 신앙 고백과 다짐을 하도록 한 다음에 세례를 줄 것입니다. 이것이 교회가 순수함을 지키는 최소한의 자세라고 생각합니다.

말씀을 맺겠습니다.

오늘 본문은 예수님께서 낭시에 파격적으로 그리고 의도적으로 세리를 제자로 부르시고 죄인들과 함께 어울리신 것이 기록되어 있습니다. 이 사건은 두 가지를 말씀합니다. 먼저, 예수님께서 오신 근본적인 동기와 목적이 죄인을 불러서 새로운 삶을 주시기 위한 것이었음을 말씀합니다. 다음으로, 예수님께서 주시는 구원과 새로운 삶은 어느 누구에게도 제한이 없음을 말씀합니다. 물론 하나님께서 예수님을 통해 주시기 원하는 구원과 새로운 삶은 바리새인처럼 도덕적인 자신의 모습 때문에 그리고 껍데기만 있는 종교적 행위 때문에 자기착각에 빠져 있는 사람들이 누리는 것이 아니라 스스로 자세를 낮추어 하나님 앞에서 죄인임을 알고 겸손히 낮은 자세로 예수님을 사모하고 갈급해 하는 자들에게 주어지는 것입니다. 저는 오늘 레위와 그에게 초대받은 사람들에게 임하였던 하나님의 은혜가 우리 모두에게 임하기를 바랍니다.

마가복음 2:18-22

복음의 새로운 시대에 합당한 것

오늘은 올해의 마지막 주일입니다. 그래서 오늘은 한 해를 마감하면서 신앙 생활하는 우리가 점검하고 다짐해야 할 것이 무엇인지 본문을 통해서 함께 생각해 보고자 합니다. 지난번에 말씀드린 대로 마가복음 2:1-3:6은 예수님과 당시의 종교 지도자들과의 갈등과 대립을 기록하고 있습니다. 예수님께서는 당시의 사람들이 상상할 수 없었던 파격적인 말씀과 행동을 보여주심으로 예수님께서 오신 목적과 그의 메시야 되심, 그리고 예수님 자신을 통해 임하게 된 새로운 복음의 시대에 합당한 삶이 무엇인지 보여주셨습니다. 먼저, 2:1-12에서 예수님께서는 죄의 문제로 어려움 가운데 있었던 중풍병자가 예수님께 나아왔을 때 그의 문제의 원인이 죄였던 것을 아시고 죄의 용서를 선포하셨고, 실제로 병을 고치심으로 자신이 죄를 사하는 권세가 있음을 보여 주셨습니다. 그리고 2:13-17에서는 당시 사회적으로 지탄을 받던 세관원인 레위를 부르시고 정죄의 대상이 되었던 사람들과 함께 식사하시고 교제하심으로 예수님께서 오신 동기와 목적이 죄인을 부르러 오신 것임을 보여주셨습니다.

금식의 문제로 인한 논쟁

오늘 본문은 예수님과 당시의 종교 지도자들과의 세 번째 갈등을 기록하고 있는데 그 당시의 이스라엘 백성들에게 당연시 되었던 금식의 문제가 갈등의 주제로 등장합니다. 먼저 오늘 본문의 이해를 위해서 당시의 금식에 대해서 알아 볼 필요가 있습니다. 모세 오경에 보면 모든 이스라엘 백성들은 일 년에 한 번씩 속죄일에 반드시 의무적으로 금식하도록 되어있습니다(레 16:29-34, 민 29:7-11). 그리고 이스라엘 백성들은 1년에 한 번씩 의무적으로 금식한 것 외에도 회개가 필요할 때, 개인적으로나 국가적으로 어려움을 당했을 때 금식하며 기도한 것이 기록되어 있습니다. 예를 들면, 다윗이 죄를 지어서 그 죄의 결과로 자신의 자식이 죽게 되었을 때 금식을 했고(삼하 12:16-23), 아합이 나봇의 포도원을 강탈한 후에 하나님의 책망을 들었을 때 금식을 했습니다(왕상 21:27). 에스더서에 보면 이스라엘 백성들이 몰살당할 어려움에 있을 때에 금식하면서 기도했다고 했습니다. 스가랴서(7:5, 8:19)에 보면 선지자 시대가 끝나 갈 무렵 이스라엘은 율법에서 명령한 것 외에 1년에 네 번씩 의무적으로 금식해야 했는데 이것이 신약시대까지 계속 되었다고 합니다. 그리고 예수님 시대에 이르러서는 한 걸음 더 나아가서 바리새인들은 일주일에 두 번씩 월요일과 목요일에 금식하며 기도했다고 합니다(눅 18:12). 이러한 기록들을 보면 예수님 당시 이스라엘에서는 바리새인들과 서기관들, 그리고 경건한 유대인들에게 금식이 보편화되어 있었던 것을 알 수 있습니다. 그리고 어떤 특별한 목적이 있어서 금식하기도 하였지만, 그들에게 있어서 금식은 자신들의 신앙과 헌신 그리고 경건함을 표현하는 수단이었습니다.

이와 같이 당시 금식은 일반화되어 있었고, 특별히 경건하다고 생각되는 사람들에게 있어서 그들이 정해 놓은 특정한 때에 금식하는 것은 너무 당연한 것이었습니다. 그렇지만 예수님의 제자들은 금식하지 않았습니다. 그렇기 때문에 18절에서 사람들이 예수님께 나아와 "바리새인의 제자들과 요한의 제자들은 금식하는데 당신의 제자들은 왜 금식하지 않느냐?"고 물었던 것입니다. 18절입니다.

> 요한의 제자들과 바리새인들이 금식하고 있는지라. 혹이 예수께 와서 말하되 요한의 제자들과 바리새인의 제자들은 금식하는데 어찌하여 당신의 제자들은 금식하지 아니하나이까?

여기에서 바리새인의 제자 그리고 요한의 제자라는 것은 반드시 스승과 제자를 말하는 것이 아니고 포괄적인 측면에서 바리새인의 사상을 따르는 자들과 요한의 사상을 따르는 자들로 이해할 수 있습니다. 본문에서 어떤 구체적인 때가 언급되지 않았지만 아마 당시 이스라엘 백성이라면 당연히 금식해야 할 때였던 같습니다. 그래서 바리새인의 사상을 따르는 사람들과 요한의 사상을 따르는 사람들이 금식하고 있었는데 정작 그들이 경건하다고 간주하였던 예수님의 제자들은 금식하지 않았던 것입니다. 이렇게 하나님의 경건한 백성으로서 당연히 금식해야 할 때에 금식하지 않는 것은 예수님께서 죄 용서를 선포했던 것이나 죄인들과 함께 어울렸던 것과 같이 파격적인 일이었습니다. 그래서 그들이 그렇게 묻는 것은 지극히 당연한 일이었습니다.

이에 예수님께서는 먼저 금식과 대조되는 혼인 잔치의 비유를 통해 새롭게 임하는 복음의 시대에 합당한 삶이 무엇인지 말씀하고 있습니다. 19절입니다.

> 예수께서 저희에게 이르시되 혼인집 식구들이 신랑과 함께 있을 때 금식할 수 있느냐? 신랑과 함께 있을 동안에는 금식할 수 없나니.

새로운 복음의 시대에 합당한 삶은 기본적으로 고통스럽게 극기하는 금식의 삶이 아니라 결혼식에 초대된 손님들의 삶이라는 것입니다. 물론 오늘 본문은 금식 자체가 복음의 시대에 합당치 않다는 것을 말하고 있지 않습니다. 마태복음 6장에서도 예수님께서 금식 자체를 금하지는 않았습니다. 오늘 본문에도 금식할 때가 있다고 말씀하고 있습니다. 그러므로 예수님께서 말씀하시는 것은 그들의 금식하는 동기나 목적이 복음에 합당치 않다는 것입니다. 복음의 새로운 시대에 합당한 삶이 결코 금식하는 삶이 아니라는 것은 여러 가지를 내포하고 있습니다.

잘못된 금식: 바리새인의 금식과 요한의 제자들의 금식

이를 알기 위해서 바리새인들의 제자들과 요한의 제자들이 금식하는 이유와 목적을 나누어 생각해 볼 필요가 있습니다. 왜냐하면 오늘 본문에서는 구체적으로 말씀하지 않았지만 복음서 전체를 볼 때 바리새인들과 요한의 제자들이 금식하는 동기와 목적은 서로 달랐기 때문입니다.

먼저 바리새인들은 왜 금식하였습니까? 우리가 잘 아는 대로 바리새인들의 금식은 금식을 통해서 그들의 신앙의 깊이를 인정받으려고 했던 외식적인 행동이었습니다. 그리고 그들의 금식은 실제적인 마음보다는 어떤 규범(틀) 안에서 종교적인 행위를 함으로 신앙을 유지하고자 하는 금식이었고 또한 그렇게 하는 것으로 자신이 신앙생활을 잘하는 것처럼 착각하게 하는 금식이었습니다. 오늘날도 정도의 차이는 있지만 바리새인들과 같은 차원에서 신앙생활 하는 사람들이 많이 있습니다. 그들은 외적인 것을 강조하고 어떤 틀에 얽매여서 신앙생활 하는 사람들입니다. 교회에서 규범적으로 정해놓은 것을 다하는 것으로 하나님 앞에서 의무를 다하는 것으로 생각하는 사람들입니다. 믿음이 없어도 단정하게 옷을 입고 열심히 교회에 출석하며 헌금하는 것만으로 자신이 온전한 신앙생활을 하는 것처럼 생각하는 사람들입니다. 물론 신앙생활에 있어서 외형적인 부분을 전혀 무시할 수는 없습니다. 그러나 신앙의 외형적인 모습은 바른 마음으로 드려지는 신앙의 결과로서 자연스럽게 나타나야 합니다. 순서가 잘못되어서는 안 된다는 것입니다. 문제가 되는 것은 사도 바울이 말씀한 것처럼 경건의 모양만 있고 경건의 능력이 없는 삶입니다.

오늘 본문에서 더 중요한 것은 요한의 제자들의 금식입니다. 예수님과 대립하고 갈등하는 장면에서 금식의 문제에서만 요한의 제자들이 언급된 것은 나름대로의 의미가 있습니다. 그러면 요한의 제자들의 금식은 어떠했습니까? 요한의 제자들의 금식 동기와 목적은 바리새인들과는 달랐습니다. 그들은 바리새인들과 같이 외식적인 차원에서 금식한 것이 아니라 하나님의 경건한 백성의 바른 삶으로 생각했던 것입니다. 마태복음 11장에 보면 예수님께서는 요한의 제자들은 먹지고 않고 마시지도 않았다고 말씀합니다. 이것은 그들의 절제와 금욕적인 삶의 모습을 보여주고 있습니다. 이와 같이 그들은 금욕하며 절제하며 사는 것이 바른 하나님의 백성으로서 가져야 할 자세인 것으로 생각하였습니다(마 11:18-19). 그러므로 바리새인들의 동기나 목적은 불순한 것이었던 반면, 요한의 제자들의 동기나 목적은 어떤 면에서 순수하였습니다. 그러나 그것조차도 바리새인들의 금식처럼 복음의 새로운 시대에는 합당치 않는다는 것입니다.

오늘날에도 요한의 제자들과 같은 사람들이 있습니다. 그들의 동기나 목적은 그다지 불순하지 않지만 복음의 시대에 합당치 않는 신앙생활을 하고 있습니다. 좀 더 구체적으로 말하면 오늘날도 금욕주의적인 자세로 신앙 생활하는 사람들이 있는데, 금욕주의 자체가 나쁜 것은 아니지만 그것이 신앙생활의 핵심은 아니라는 것입니다. 바로 마틴 루터가 그것을 깨달았습니다. 그는 금욕과 수행을 하는 것만이 하나님 앞에 바른 것으로 생각하고 열심히 하였습니다만, 그것은 그에게 더 큰 고민과 좌절을 주었습니다. 그러다가 그는 로마서 1:17을 통하여 비로소 진정 복음에 합당한 삶이 무엇인지 깨달았던 것입니다. 이처럼 우리의 신앙생활에서 절제가 필요한 것은 사실이지만 절제를 통하여 예수님을 만나는 것은 아닙니다. 절제는 예수를 믿고 난 다음에 성령께서 주시는 열매입니다. 열심히 말씀을 읽고 기도하고 신앙생활하면 저절로 생기는 것이지 그것이 우리 신앙의 동기나 목적은 아닌 것입니다.

성도 여러분! 복음 되신 예수님 안에 있는 삶은 틀에 얽매여서 어떤 것을 억지로 하는 삶이 아닙니다. 그리고 금욕주의적 삶도 아닙니다. 복음 안에서 합당한 삶은 기쁨의 삶입니다. 오늘 본문에서 말씀하는 것처럼 마치 결혼식에 초대받은 손님들처럼 기뻐하고 축제의 분위기에 있는 삶이라는 것입니다. 당시는 결혼의 축하를 일주일 동안 하는 경우도 있었는데, 그러한 기쁨의 때에 금식을 한다는 것은 생각할 수도 없는 일이었습니다. 예수님께서는 아직도 자신의 오심에 대한 진정한 의미를 모르는 사람들에게 자신의 오심이 마치 결혼식과 같이 기뻐해야 할 기쁨의 사건임을 말씀하신 것입니다. 이렇듯 예수를 믿는 삶은 마치 최고로 기쁜 일이 일어났을 때와 같이 기뻐하는 삶입니다. 그러므로 아직도 예수를 믿는 기쁨과 즐거움이 없다면 그것은 문제가 있습니다.

복음의 새로운 시대에 합당한 삶

계속해서 예수님께서는 그러한 기쁨의 삶과 더불어 자신의 죽음에 대해서 말씀하셨습니다. 20절입니다.

그러나 신랑을 빼앗길 날이 이르리니 그 날에는 금식할 것이니라.

요한복음 16장에서 말씀한대로 예수님의 죽음이 그들에게 근심을 가져다 줄 것입니다. 그러나 요한복음은 그것도 역시 기쁨이 될 것을 말씀합니다. 그리고 예수님께서는 단순한 금식의 문제를 넘어 종합적인 측면에서 복음의 새로운 시대에 합당한 삶이 무엇인지 말씀합니다. 21절과 22절입니다.

> 생베 조각을 낡은 옷에 붙이는 자가 없나니 만일 그렇게 하면 기운 새것이 낡은 그것을 당기어 해어짐이 더하게 되느니라. 새 포도주를 낡은 가죽 부대에 넣는 자가 없나니 만일 그렇게 하면 새 포도주를 터뜨려 포도주와 부대를 버리게 되리라 오직 새 포도주는 새 부대에 넣느니라 하시니

이 두 비유에서 생베와 새 포도주는 예수님으로부터 시작되는 복음의 새로운 시대를 말씀하고 낡은 옷과 낡은 가죽부대는 당시의 바리새인들을 포함한 종교 지도자들의 외식적인 종교행위 또는 왜곡된 유대주의를 말합니다. 결국 이 둘은 결코 조화되지 않는다는 말씀입니다. 결혼식 때 슬퍼하는 것도 적당치 않는 섯처럼 생베조각을 낡은 옷에 붙이는 것도 적당치 않고, 새 포도주를 낡은 부대에 붓는 것도 적당치 않습니다. 본문을 보면 이중부정으로 되어 있는데, 이는 강한 긍정을 의미합니다.

1. 생베를 낡은 옷에 붙여서는 안 된다

먼저 생베를 낡은 옷에 붙이지 말라는 것은 무엇을 의미합니까? 누가복음의 병행구를 보면 그 의미가 좀 더 분명해 집니다. 누가복음 5:36을 보면, "새 옷에서 한 조각을 떼어내서 헌 옷에 붙이면 새 옷을 찢을 뿐이요 또한 합하지 않다"고 말씀합니다. 그러니까 새 옷의 일부분을 떼어서 낡은 옷을 수선하는데 쓰지 말라는 것입니다. 대신에 새 옷 전체를 입으라고 합니다. 이 비유는 오늘날 우리에게 복음의 합당한 삶이 무엇인지 말씀하는데, 특히 이 말씀은 나의 어떤 필요한 부분을

위해서 복음의 한 부분을 떼어오지 말라는 것을 교훈합니다. 예수님은 낡은 것을 어느 정도 고치기 위해서 오시지 않았습니다. 예수님은 우리의 부족한 어떤 일부분을 채우기 위해서 오신 것도 아닙니다. 예수님께서는 우리를 완전히 고치기 위해서 그리고 우리의 모든 부분을 채우기 위해서 오셨습니다. 그러니까 우리의 어느 한 부분만 채우기 위해서 복음을 이용한다는 것은 참으로 어리석은 일입니다.

우리는 주변에서 종종 단지 병 고침을 받기 위해서, 남편이나 자녀 문제의 해결을 위해서, 또는 사업의 성공을 위해서 예수님을 믿는 경우가 있는 것을 봅니다. 물론 처음에는 그럴 수 있습니다. 그런데 우리가 알아야 할 것은 그것이 오히려 더 어려운 결과를 가져 올 수 있음을 오늘 본문은 말씀합니다. 예수님께서는 우리의 가정생활, 사회생활, 직장생활을 위해서 복음을 떼어오는 것이 아니라 우리의 모든 삶이 복음의 지배 아래 완전히 들어와서 복음 안에 완전히 잠기기를 원하십니다. 그리하여 복음이 주는 온전함을 누리기를 원하시는 것입니다.

2. 새 포도주를 새 부대에

마지막으로 새 포도주는 새 부대에 담아야 된다는 비유는 무엇을 의미합니까? 당시 포도주는 대부분 염소 가죽으로 만든 부대에 보관하였다고 합니다. 그런데 새 부대와 낡은 부대의 가장 큰 차이는 유연성입니다. 새 부대는 신축성이 있게 늘어나는데 비해 낡은 부대는 유연성이 없어서 늘어나지 않는다는 것입니다. 만약 낡은 부대에 새 포도주를 넣게 되면, 새 포도주가 발효되고 팽창되면서 유연성이 없어서 늘어나지 못하는 낡은 부대는 터져 버리고 맙니다. 그러므로 새 포도주는 새 부대에 담아야 한다는 것입니다. 여기에서 비유의 핵심은 무엇입니까? 많은 사람들이 이 비유를 복음을 담을 수 있는 형식의 변화로 이야기하지만 사실 이 비유의 핵심은 부대의 질에 대한 것입니다. 낡은 부대와 새 부대의 차이는 외형적인 것에 있는 것이 아니고 질적인 것에 있습니다. 그러므로 복음이 값어치 있고 능력이 나타나기 위해서는 그에 합당한 부대의 질이 필요하다는 것입니다. 여기에서 부대는 개인일 수도 있고 교회 전체가 될 수도 있습니다. 개인적으로 교회 전체적으로 복음이 제대로 보관되고 제 맛을 내기 위해서 부대가 복음을 담기에 합당한 부대의 질을 갖추어야 한다는 것입니다. 좀 더 구체적으로 말씀드리면 우리가 개인적으로 예수 믿기 전의 가치관, 삶의 모습을 가지고 있어서는 복음이 능력을 나타낼 수 없고 복음에 합당한 삶의 모습을 갖출 때에야 비로소 복음이 제대로 보관되고 제 맛을 보여준다는 것입니다. 물론 교회도 역시 세상의 기관과 똑같은 수준에 머무르는 것이 아니라, 세상과 구별된 복음에 합당한 질적 갱신이 일어나야만 교회도 보존되고 복음도 능력 있게 빛을 발한다는 것입니다.

말씀을 맺겠습니다.

이제 올 한해도 다 지나갔습니다. 올 한해 나의 신앙생활을 어떠했는지 살펴보시기 바랍니다. 무엇보다도 먼저 나의 신앙생활이 어떤 틀에 얽매여서 억지로 한 것인지, 아니면 나의 신앙생활에 진정한 기쁨이 있었는지 살펴보시기 바랍니다. 그리고 내가 나의 필요에 의해서 복음을 이용했는지, 아니면 진정으로 복음을 위해서 살았는지 살펴보시기 바랍니다. 또한 내가 삶 속에서 복음의 제 맛을 보여주며 복음의 능력이 나타나는 삶을 살았는지, 아니면 그렇지 않았는지 살펴보시기 바랍니다.

마가복음 2:23-28

기독교의 본질

마가복음 2:1-3:6은 예수님과 당시 종교 지도자들과의 갈등을 기록하고 있습니다. 예수님께서는 어쩌면 일부러 당시에 사람들이 보기에 파격적인 말씀을 하셨고 파격적인 행동을 보이셨습니다. 죄 용서를 선포하셨고, 죄인들과 어울리셨고, 당시에 경건한 사람들에게 당연시되었던 금식도 안 하셨습니다. 예수님께서 이렇게 파격적으로 사역하셨던 이유는 크게 두 가지 입니다. 먼저, 예수님께서는 구약에서 약속한 메시야가 자신임을 분명하게 보여주기 원했습니다. 그리고 그들의 잘못된 신앙생활을 고쳐주기 원했습니다.

오늘 말씀은 예수님과 당시의 종교의 지도자들과의 네 번째 갈등을 기록하고 있습니다. 오늘 본문의 갈등과 다음 주에 볼 다섯 번째 갈등은 안식일에 관한 것입니다. 그래서 이번 주와 다음 주는 안식일의 문제에 대해서 말씀드리겠습니다. 이번 주에는 원론적인 것을 말씀드리고, 다음 주에는 좀 더 구체적이고 실제적인 것을 말씀드리겠습니다.

안식일 논쟁

안식일 논쟁은 금식 논쟁보다도 당시에는 더 큰 문제였습니다. 초대교회에서 가장 큰 논쟁 가운데 하나는 할례에 관한 것이었는데 안식일의 문제는 할례와 비슷한 성격을 갖습니다. 안식일을 지키는 것은 할례와 마찬가지로 이스라엘의 특권의식과 선민의식의 상징이었고, 또한 그들과 하나님과의 언약 관계의 표시였던 것입니다. 그것이 출애굽기 31:12-17에 잘 나타나 있습니다.

> 여호와께서 모세에게 일러 가라사대 너는 이스라엘 자손에게 고하여 이르기를 너희는 나의 안식일을 지키라 이는 나와 너희 사이에 너희 대대의 표징이니 나는 너희를 거룩하게 하는 여호와인줄 너희로 알게 함이라 너희는 안식일을 지킬찌니 이는 너희에게 성일이 됨이라 무릇 그 날을 더럽히는 자는 죽일찌며 무릇 그 날에 일 하는 자는 그 백성 중에서 그 생명이 끊쳐 지리라 엿새 동안은 일할 것이나 제 칠일은 큰 안식일이니 여호와께 거룩한 것이라 무릇 안식일에 일하는 자를 반드시 죽일찌니라 이같이 이스라엘 자손이 안식일을 지켜서 그것으로 대대로 영원한 언약을 삼을 것이니 이는 나와 이스라엘 자손 사이에 영원한 표징이며 나 여호와가 엿새 동안에 천지를 창조하고 제 칠일에 쉬어 평안하였음이니라 하라.

안식일에 일하면 죽는다고까지 하였습니다. 그래서 유대인들은 안식일에 자신들도 일을 하지 않았을 뿐 아니라 손님이나 종이나 가축들도 일을 못하게 했습니다. 그러니까 구약 시대 유대인들에게는 안식일을 지키는 것이 생명과도 같이 중요한 일이었습니다. 예수님 당시에도 바리새인들은 그 전통을 이어받았습니다. 그런데 성경은 안식일을 지키고 일 하지 말라고 말씀하였지만 구체적이고 세세한 규례는 말씀하지 않았기 때문에 그들은 안식일에 해야 될 일과 하지 말아야 될 39개 조항을 만들어 지키기도 했습니다. 왜냐하면 그것이 안식일을 좀 더 잘 지키는 방편이라고 생각했기 때문입니다. 지금도 그 전통을 이어받은 유대인들은 안식일을 철저하게 지키고 있습니다. 그들의 안식일은 금요일 저녁 6시부터 토요일 저녁 6시까지인데 그들은 안식일에는 돈도 일정한 액수 이상 지니지 않고 옷도 무게를 달아서 얼마 정도까지의 옷만 입어야 된다고 할 정도로 까다롭게 지키고 있습니다.

이와 같이 그들은 안식일 준수를 하나님의 택한 백성의 표시와 언약의 상징으로 생각하고 엄격하게 지켰는데, 그러한 그들이 보기에 예수님께서는 안식일을 제대로 지키지 않았던 것입니다. 뿐만 아니라 그들은 예수님의 제자들이 구체적으로 안식일을 범한 것을 목격하였습니다. 23절입니다.

> 안식일에 예수께서 밀밭 사이로 지나가실 쌔 그 제자들이 길을 열며 이삭을 자르니

예수님의 제자들이 안식일에 이삭을 잘라 비벼서 먹었기 때문에 바리새인들이 그것을 지적한 것입니다(24절). 그들은 이삭을 따는 것을 추수행위로 여겼고 이삭을 비비는 것을 타작하는 행위로 이해했습니다. 그러니까 제자들의 행농은 수확에 해당하는 것으로 당시 안식일에 하지 말아야 할 39가지의 일의 항목에 포함되는 것이었습니다. 그러나 제자들이 이삭을 잘라서 비벼서 먹었던 것은 농부로서 그 일을 한 것이 아니었고 지나가면서 잠깐 한 것이었음에도 불구하고 그들은 그것을 문제를 삼은 것입니다.

안식일의 진정한 의도

그러자 예수님께서 사무엘상 21:1-6에 기록된 다윗의 사건을 언급합니다. 25-26절입니다.

> 예수께서 가라사대 다윗이 자기와 및 함께 한 자들이 핍절 되어 시장할 때에 한 일을 읽지 못하였느냐? 그가 아비아달 대제사장 때에 하나님의 전에 들어가서 제사장 외에는 먹지 못하는 진설병

을 먹고 함께 한 자들에게도 주지 아니하였느냐?

구약에 보면 성전 안의 금상 위에 촛대와 함께 열 두 지파를 상징하는 12개의 떡이 있었는데 그것을 '진설병(the bread of Presence)'이라고 합니다. 그것은 안식일에 갖다놓았고 안식일이 지난 후에 제사장들만 먹을 수 있었습니다(출 25:30, 레 24:5-9). 그런데 다윗은 사울에게 쫓길 때에 제사장이 아니었음에도 불구하고 배가 고파서 그것을 먹었습니다. 이것은 분명히 율법에 어긋난 것이었지만, 성경은 다윗이 잘못한 것으로 평가하지 않았습니다. 그래서 예수님은 여기에서 그 다윗의 사건을 예로 들었습니다.

물론 예수님께서 다윗의 사건을 예로 말씀하셨어도 이것은 사실 제자들이 안식일에 이삭을 따서 먹은 사건과 직접적인 연관은 없습니다. 왜냐하면 제자들의 행동이 그들의 생명의 유지와는 관계없었기 때문입니다. 그럼에도 예수님께서 다윗의 사건을 말씀하신 것은 하나님께서 이스라엘에게 주셨던 율법의 중요한 기본 원리를 설명하기 위함이었습니다. 말하자면 다윗의 사건은 율법의 중요하고 예외적인 사건으로서 이 사건의 핵심은 율법을 지킨다는 명목으로 죽어 가는 사람을 방치하는 것이 오히려 율법의 정신에 어긋난다는 것입니다. 즉, 하나님께서 세우신 제도도 중요하지만 그보다 더 중요한 것은 하나님께서 창조하신 우리 인간이라는 것입니다. 왜냐하면, 모든 제도가 인간을 위해 세워졌기 때문입니다.

성경을 보면, 하나님께서 율법을 구원의 조건이나 짐이 되도록 주신 것이 아님을 쉽게 알 수 있습니다. 하나님께서 율법을 주신 것은 율법을 통해서 이스라엘에게 생명을 주고, 그 안에서 그들과 하나님과 계속적인 교제가 이루어짐으로 그들에게 진정한 기쁨과 즐거움을 주기 위함이었습니다. 그러므로 하나님께서 중요하게 여기신 것은 문자적으로 율법의 어떤 조항을 지키고 안 지키는 것보다 마음이었습니다. 신명기를 읽어보면 그것이 너무도 분명하게 드러납니다(참고, 신 10:12-22).

그렇지만 바리새인들은 어떠했습니까? 먼저, 바리새인들은 율법의 원래의 의도를 상실한 채 율법을 제도화시켜 사람을 속박하는 것으로 만들어 버렸습니다. 그리고 그들은 율법의 본질보다 형식을 더욱 소중하게 여겼습니다. 그래서 마태복음 병행구를 보면 예수님께서 '나는 인애를 원하고 제사를 원치 않는다는 말을 너희가 알았으면 이렇게 하지 않았다'고 말씀하신 것입니다.

사랑하는 성도 여러분! 신앙생활에서 형식과 제도가 필요한 것은 분명하지만 형식과 제도가 우리의 신앙생활에서 우선되는 것은 옳지 않습니다. 그러한 현상은 항상 종교가 타락할 때 나타납니다. 선지자 시대의 이스라엘이 그랬고, 종교 개혁 당시가 그랬습니다. 우리의 신앙생활에서 중요한 것은 어떤 계명 하나를 지키고 안 지키는 것에 있지 않습니다. 형식적으로 그럴 듯하게 신앙생활 힌다고 반드시 하나님께서 기뻐하시지 않습니다. 우리의 신앙생활에서 가장 중요한 것은 '예수님과 온전한 인격적인 만남과 교제가 있느냐' 또는 '예수님을 얼마나 사랑하느냐'에 있는 것입니다. 물론 저의 말에 오해가 없기를 바랍니다. 이것은 내가 예수님을 사랑하기 때문에 내 마음대로 해도 된다는 것을 의미하지는 않습니다. 당연히 좋은 내용은 좋은 그릇에 담겨질 때 더 품위가 있고 가치가 있는 법입니다. 그러나 진정 중요한 것은 형식이 아니라 내용입니다.

사람을 위한 안식일

이제 예수님께서는 안식일의 본질적인 문제를 언급하십니다. 27절입니다.

> 또 가라사대 안식일은 사람을 위하여 있는 것이요 사람이 안식일
> 을 위하여 있는 것이 아니니

　사람이 안식일을 위해서 있는 것이 아니고 안식일이 사람을 위해서 있다는 말씀은 안식일의 본질을 말씀하는 것입니다. 예수님께서는 이와 같이 근본적인 측면에서 안식일 문제를 언급하고 있는데 이것은 구약에서 더욱 분명합니다.
　구약을 보면 하나님의 백성이 안식일을 지켜야 될 중요한 두 가지 원리가 언급되어 있습니다. 먼저 안식일은 하나님께서 천지 창조를 완성하신 것을 기념하는 날이었습니다(창 1-2장, 출 20:8-11). 다음으로 안식일은 하나님께서 이스라엘을 선택하시고 그늘을 구원한 것을 기념하는 날이었습니다(신 5:12-15). 즉, 안식일은 우리가 천지를 창조하시고, 자기 백성을 구원하신 하나님을 기억하고 감사하게 하면서 우리의 진정한 쉼을 위해서 제정되었습니다. 그러므로 이 날은 구원받은 우리 인간이 하나님 안에서 진정한 안식을 누리면서, 진정으로 기뻐하고 감사하며 지내야 하는 것입니다. 이와 같이 안식일은 하나님께서 우리 인간에게 선물로 허락하신 날이고 우리 인간의 구원과 자유를 위한 생명의 날이었습니다. 그러나 바리새인들은 안식일을 우리 인간에게 족쇄를 채우는 날로 만들어 버렸습니다. 한마디로 사람이 안식일을 위해서 존재하는 것처럼 안식일을 지켰습니다. 따라서 그들은 신앙생활을 통해서 기쁨을 누리는 것이 아니라 신앙생활이 그들에게 짐이 되고 부담이 되었습니다.
　오늘날도 당시의 바리새인들처럼 신앙생활이 짐이 되고 부담이 되는 분들이 있습니다. 그러나 우리는 예수님께서 우리를 부르신 것은 신앙생활을 통해 우리를 사랑하신 하나님께서 우리를 위해 주시는 놀라운

은혜를 경험하고, 또한 우리의 삶에 진정한 의미와 기쁨을 얻게 하기 위함이라는 사실을 늘 명심해야 할 것입니다.

주님이 안식일의 주인

이어서 예수님께서는 자신에 대한 것을 언급하십니다. 28절입니다.

이러므로 인자는 안식일에도 주인이니라.

바리새인들은 안식일에 대한 율법의 해석도 잘못했지만 예수님께서 누구신지도 잘 몰랐습니다. 그래서 예수님은 자신이 안식일의 주인이심을 말씀합니다. 바로 예수님께서 창조를 기념하며 구원을 기념하는 날의 주인이라는 것입니다. 이것은 예수님께서 단순히 인간이 아니라 창조주이심과 동시에 우리의 구원자(메시야)이심을 의미합니다.

말씀을 맺겠습니다.

오늘 본문은 안식일 문제를 통해서 예수님의 메시야 되심을 말씀하심과 동시에 신앙의 본질이 무엇인지 교훈합니다. 하나님께서 기뻐하시는 신앙생활은 어떤 규정 하나를 지키는 것이나 교회에서 제정한 어떤 제도를 잘 따르는 것에 있지 않습니다. 물론 그것을 전혀 무시할 수는 없지만 하나님께서 기뻐하시는 신앙생활이란 하나님을 인격적으로 만나며 마음으로 하나님을 사랑하는 것입니다. 온전한 신앙생활은 어떤 조항에 얽매이고 부담을 갖는 것이 아니라, 우리에게 허락하신 놀라운 하나님의 은혜를 마음껏 누리는 것입니다. 저는 우리 모든 성도들이 예수님을 인격적으로 만나서 예수님을 마음 깊이 사랑하기 원하며, 또한 하나님께서 우리를 위해서 예비하신 놀라운 은혜를 누리기를 간절히 원합니다.

마가복음 3:1-6

안식일의 진정한 의미

　오늘 본문은 예수님과 바리새인들과의 다섯 번째 갈등과 대립을 기록하였습니다. 그런데 2:1부터 오늘 본문인 3:6까지 기록된 갈등들은 시간적인 순서에 따라 일어난 사건들이 아닙니다. 단지 복음서 저자가 예수님과 당시 종교지도자들 간의 갈등이 어떠했는지 좀 더 분명하게 보여주시기 위해서 이렇게 시리즈 형식으로 한꺼번에 모아 두었습니다.
　네 번째 갈등에 이어서 다섯 번째 갈등도 안식일을 지키는 문제에 관한 것입니다. 다른 것이 있다면 2:23-28에 기록된 사건은 제사들의 행위를 비난하는 바리새인들에게 예수님께서 방어하는 측면이 강한 반면 오늘 본문은 그들이 예수님을 송사하려고 엿보고 있는 상황에서 예수님께서 적극적으로 안식일의 진정한 의미를 가르치셨다는 것입니다. 그러므로 지난주에는 안식일과 관련하여서 우리 신앙생활의 원론적인 면을 말씀드렸고, 오늘은 좀 더 구체적인 면에서 안식일에 대해서 말씀드리겠습니다.

안식일 논쟁

이제 본문을 보겠습니다. 1절입니다.

예수께서 다시 회당에 들어가시니 한편 손 마른 사람이 거기 있는

지라.

여기에서 한 편 손 마른 사람을 누가복음에서는 오른 손이 마른 사람으로 묘사하고 있습니다. 안식일에 오른손 불구가 되어 못쓰게 된 사람이 회당에 있었던 것입니다. 그런데 지난번과는 달리 바리새인들은 예수님에게서 어떤 꼬투리를 잡기 위해 의도적으로 접근하였습니다. 2절입니다.

> 사람들이 예수를 송사하려 하여 안식일에 그 사람을 고치시는가 엿보거늘

마태복음을 보면 좀 더 자세하게 설명되어 있는데, 그들은 예수님께 안식일에 병을 고치는 것이 옳은지 그른지 먼저 물었습니다(마 12:10-11). 이렇게 예수님을 죽일만한 꼬투리를 잡기 위해서 의도적으로 질문을 하자 예수님께서는 그들이 이미 알고 있었던 사실을 가지고 답변하십니다. "안식일에 양이 구덩이에 빠지면 너희들이 어떻게 하겠느냐?"고 물으신 것입니다. 당시 그들의 규율에 의하면, 만약 양이 안식일에 구덩이에 빠졌을 때 그 상황이 급할 경우에는 동물을 건져내고 그렇지 않을 때는 식물을 갖다주어 다음 날까지 놔두었다가 건져내게 되어 있었습니다. 비록 안식일이더라도 양이 구덩이에 빠지면 결코 죽도록 내버려두지 않고 살린 것입니다. 그래서 예수님께서는 너희들이 안식일에 양도 살리는데 사람은 어떻겠느냐고 하면서 그 사람을 한 가운데로 부르시고 안식일에 선을 행하는 것이 옳지 않느냐고 말씀하시면서 그 병자를 고치셨습니다. 그래서 그들은 아무 말도 못하였습니다.

하지만 예수님 당시에 이미 유대인들은 안식일에 병 고치는 문제에 대해서 아주 자세하게 정해 놓고 있었습니다. 그들은 안식일에 죽을 위

험에 있는 사람 외에는 치료하지 못하도록 하였습니다. 물론 그것도 가족이나 의사를 통해서 가능한 것이었지 기적에 의해서는 할 수 없었습니다. 손이 불편한 것은 죽을병이 아니었고 다음 날에도 얼마든지 치료할 수 있는 것이었습니다. 또한 병자가 고쳐달라고 요청했다는 말씀도 없습니다. 그러나 예수님은 안식일의 진정한 의미를 알려주기 위해서 의도적으로 병자를 고치셨습니다. 그것도 그들의 완악함을 보시고 노하시면서 그 사람을 고치셨습니다. 5-6절입니다.

> 저희 마음의 완악함을 근심하사 노하심으로 저희를 둘러보시고 그 사람에게 이르시되 네 손을 내밀라 하시니 그가 내밀매 그 손이 회복되었더라 바리새인들이 나가서 곧 헤롯당과 함께 어떻게 하여 예수를 죽일꼬 의논하니라.

바리새인들이 예수님을 죽이려고 헤롯당과 음모를 꾸몄는데 사실 헤롯당은 바리새인들과는 전혀 상관없는 사람들이었습니다. 오히려 적대시되던 사람들이었습니다. 헤롯당은 헤롯 왕가를 지지하던 철저히 불신앙적이며 세속적인 정치집단이었고, 자기들의 신분과 지위를 위해 로마를 지지하는 무리들로서 바리새인들과는 사상이나 종교에 있어서 전혀 다른 길을 걷고 있었습니다. 그런데도 그들은 예수님을 대적하기 위해서 동맹관계를 맺은 것입니다. 이것은 바리새인들이 얼마나 모순된 신앙생활을 했었는지 보여주는 한 단면입니다. 이것은 거짓 종교가들의 대표적인 특징입니다. 하나님 앞에 바로 선 사람들은 진리가 선포될 때 그것을 받아들이고 회개하는 것이 특징입니다. 그러나 거짓 종교가들은 받아들이고 회개하는 것이 아니라 분노와 적개심으로 가득 차게 되어 있습니다.

안식일을 지키는 원리

오늘은 좀 더 포괄적이고 구체적인 면에서 안식일에 대해서 말씀드리려고 합니다. 오늘날 우리는 안식일을 지키지 않고 주일을 지키고 있습니다. 안식일은 한 주간의 마지막이지만 주일은 안식일 다음 날로 한 주간의 첫 번째 날입니다. 오늘날 안식교 같은 데서는 오늘날도 계속해서 안식일을 지켜야 된다고 하는데 그것은 성경을 바로 알지 못하는 자기 합리화에 불과합니다. 먼저, 오늘날 우리가 주일을 지켜야 되는 이유는 여러 가지로 설명될 수 있으나 가장 기본적인 면에서 설명하겠습니다.

구약시대에 이스라엘은 할례를 행함과 같이 자신들이 하나님께서 특별히 택하신 백성임을 드러내고 언약의 표로서 안식일을 지켰습니다. 물론 예수님께서 오신 이후에는 할례와 마찬가지로 그러한 면에서 안식일의 구별됨은 없어졌습니다. 그러나 구약의 율법에 있는 많은 명령이나 제사법이 예수님께서 오심으로 폐기되었어도 하나님께서 이스라엘에게 그러한 것들을 주셨던 근본원리나 기본정신은 오늘날에도 그대로 유지되고 적용될 수 있습니다. 다시 말해 구약의 이스라엘 백성들이 안식일을 창조와 구원을 기억하며 구별하여 지켰던 것처럼 우리도 창조와 구원을 기억하여 한 날을 구별되게 지킬 필요가 있습니다. 복음의 새로운 시대에는 주일이 바로 그러한 날입니다. 예수님께서 오신 목적은 우리에게 창조 때와 같은 새로운 시대를 허락하시기 위함이었고, 우리를 구원하기 위함이었으며, 예수님께서 부활하신 날이 재창조의 새로운 시대를 완성하신 날이요 구원을 완성하신 날이기 때문입니다. 그렇기 때문에 우리가 예수님께서 부활하신 날을 기념하고 지키는 것이 복음의 새로운 시대에 매우 합당하고 당연한 것입니다.

그렇다면 안식일을 어떻게 지켜야 하는가에 대해서 같이 생각해 보겠습니다. 과거의 한국교회는 이 문제에 대해서 아주 엄격하였습니다. 주일에 무엇을 사먹어서도 안 되고, 오락을 해서도 안 되고, 돈을 써도 안 되고, 학생들은 공부해서도 안 되었습니다. 또한 특별한 경우가 아니면 차를 타고 멀리 가는 것도 허락되지 않았습니다. 그리고 주일을 철저히 준비하면서 지켜왔습니다. 헌금도 가장 새 돈으로 준비하였고 옷도 가장 좋은 옷으로 입었습니다. 물론 그러한 것들이 나쁘다고는 할 수 없지만, 반드시 옳다고도 할 수 없습니다.

사실 안식일에 대한 것을 말씀드리는 지금 저는 두려운 마음이 있습니다. 저의 설교를 통해 칼로 두부를 자르듯 어떤 분명한 선을 기대해서는 안 되기 때문입니다. 또한 당시의 바리새인들처럼 어떤 것을 하거나 어떤 것을 하지 않는 것보다 우리의 마음의 자세가 더욱 중요하기 때문입니다. 그래서 저는 오늘 근본적인 원리를 말씀드리려고 합니다.

1. 주일을 구별되게 하라

먼저, 구약의 안식일이 구별된 날이었던 것처럼 주일은 무엇보다도 구별된 날입니다. 물론 일주일이 다 하나님의 날이고 우리의 모든 일이 다 하나님의 일이지만 하나님께서는 한 날을 구별하셨습니다. 그러니까 오늘날도 주일은 구별되어야 합니다. 그리고 일주일 중 다른 날과는 기본적으로 다르게 보내야 합니다. 이것은 6일 동안은 자기 마음대로 살다가 주일날만 바르게 살라는 이야기가 아닙니다.

그러면 왜 그리고 무엇을 위해 구별해야 합니까?

1) 쉼을 위한 구별

무엇보다도 이 날은 우리의 쉼을 위해 구별해야 합니다. 육체적으로 칠일 중 하루를 쉬는 것은 창조의 질서입니다. 구약에 보면 땅도 6년 동안 경작하고 7년 째 되는 해는 쉬게 하였습니다. 그런데 요즈음의 사람들은 일 중독증에 걸려서 일주일 가운데 하루도 쉬지 않으려고 합니다. 그러나 우리 육체가 일주일에 하루 쉬는 것이 우리가 일을 하는데 가장 능률적으로 일할 수 있다는 것은 너무도 잘 알려진 사실입니다. 이처럼 우리는 주일을 쉼을 위해서 구별해야 합니다.

그러나 쉰다는 것은 단지 육체적인 쉼만을 의미하지 않습니다. 쉰다는 것을 적극적인 의미에서 회복을 의미합니다. 이 날은 회복의 날입니다. 회복은 하나님께서 처음 창조하셨을 때 의도했던 상태로 되돌아가는 것을 의미합니다. 예수님께서는 병을 치유하시고 귀신을 쫓으시고 죄의 용서를 선포하심으로 우리를 회복시키셨습니다. 그러므로 우리는 이 날 예수님 안에서 우리 삶의 참된 회복을 경험해야 합니다. 다시 말하면, 주일에 예수님 안에서 우리의 삶의 문제가 해결되고 죄의 문제가 해결되어서 우리의 진정한 회복이 경험되어야 합니다. 그렇기 때문에 하나님께서는 이 날을 복을 주시는 날이라고 하였던 것입니다. 그리고 주일에 참된 쉼과 회복을 경험하는 사람만이 나머지 6일 동안 예수님의 제자로서 바른 삶을 살 수 있습니다.

그러나 우리는 소극적인 태도로 우리 자신이 쉬는 날로만, 개인적인 차원에서 회복하는 날로만 이 날을 지내서는 안 됩니다. 더 적극적인 태도로서 우리는 다른 사람의 쉼과 회복을 위해서 일해야 합니다. 그러므로 교회 안에서 여러 가지 봉사를 함으로 우리는 다른 사람들을 회복시키는 일에 참여해야 합니다. 나의 도움을 필요로 하고 하나님께 영광을 돌리는 일을 위해서 내가 섬기고 봉사하는 것은 오늘 본문에서 예수님께서 말씀하신 생명을 구하는 일이고 선을 행하는 일입니다. 뿐만 아니라 생명을 구하고 선을 행하기 위해 다른 사람들을 찾아보고 방문하는 일도 할 수 있을 것입니다.

2) 예배를 위한 구별

한편 주일은 창조와 구원을 기뻐하고 감사하기 위해 구별된 날입니다. 창조와 구원을 감사하며 기뻐하는 것은 예배를 통해서 가장 잘 표현될 수 있습니다. 그렇기 때문에 다른 모든 것을 접어두고서라도 우리는 예배하는 일에 전념해야 합니다. 주일에 하나님께 예배드리는 것보다 귀하고 우선되는 일은 없습니다. 뿐만 아니라 우리는 예배를 통해서 우리가 회복되는 것을 경험할 수 있습니다. 예배를 드림으로 죄의 얽매임에서 자유케 되는 것을 경험할 수 있고, 예배를 드림으로 무거운 모든 짐을 예수님께 내려놓는 쉼을 경험할 수 있고, 예배를 드림으로 예수님과의 진정한 만남을 통한 우리 삶의 회복을 경험할 수 있는 것입니다.

2. 주일을 기억하라

이렇듯, 주일을 구별되게 지키기 위해서 우리는 주일을 기억해야 합니다. 구약에서는 '안식일을 기억하여 지키라'고 했습니다. 주일을 기억한다는 것은 단지 주일을 의례적이고 형식적으로 지키는 것이 아니라 주일을 지키기 위해서 준비한다는 것을 의미합니다. 주일을 지키기 위해서 우리는 삶으로 준비해야 합니다. 하나님께 예배를 드릴 때 한 주간 살았던 삶의 모습을 가지고 나와야 되는 것입니다. 하나님께서는 삶이 없는 예배를 받지 않으신다고 말씀하신 것을 기억해야 합니다. 또한 마음의 준비가 필요합니다. 주일 날 몸만 교회에 나오고 마음이 다른 곳에 가 있는 경우가 많이 있습니다. 우리의 몸과 마음이 함께 나와야 합니다. 그리고 우리의 외모도 최선을 다해서 단정하게 준비해야 합니다. 우리에게 가장 중요한 사람들을 만나러 가는 마음의 자세가 필요합니다. 그렇기 때문에 주일을 기억하는 사람들은 예배에 늦지 않습니다. 대통령을 만나러 갈 때 우리가 늦을 수 있겠습니까? 주일을 기억하여 지키는 자에게는 예수님께서 예비하신 은혜를 허락하실 것입니다.

3. 주일을 함께 지켜라

더불어 주일은 함께 지키는 날입니다. 구약 성경에 보면 안식일을 지킬 때 그 집안의 손님이나 가축까지 함께 지키라고 했습니다. 우리는 주일에 우리의 가족과 함께 좋은 시간들을 갖는 것이 필요합니다. 또한 성도들과 함께 교제하면서 우리의 기쁨과 감사를 나누는 것도 좋은 일입니다.

이제 말씀을 맺겠습니다.

오늘은 주일을 어떻게 지킬 것인가를 말씀드렸습니다. 일차적으로 주일은 안식일과 같이 가능한 한 다른 날과 구별되게 물건을 사고 파는 상행위나 오락 같은 것을 하지 않는 것이 좋습니다. 그러나 그것 자체가 목적이 되어서는 안 되고 '하지 말라'에 너무 강조를 두어서도 안 됩니다. 사실 '주일에 무엇을 하느냐 안 하느냐'의 외적인 것보다 우리의 자세가 더 중요합니다. 만약 외적이고 규율적인 것을 너무 강조하면 그것은 예수님 당시의 바리새인들과 같은 과오를 범하는 것입니다. 중요한 것은 오늘 말씀대로 우리는 주일을 수동적이고 소극적인 차원에서 지키는 것이 아니라 적극적 차원에서 지켜야 한다는 것입니다.

이날은 예수님으로부터 진정한 쉼과 회복을 경험하는 날입니다. 기뻐하며 감사하면서 예배하는 날입니다. 이렇게 예수님으로부터 진정한 쉼과 회복을 경험하며, 하나님께 기뻐하고 감사하면서 온전한 예배를 드리기 위해 우리는 이 날을 기억하며 잘 준비해야 하겠습니다. 저는 우리 모든 성도들이 예수님께서 기뻐하시는 주일을 보내기를 바랍니다.

마가복음 2:23-3:6[1]

주일을 어떻게 지킬 것인가?

지난여름 목사님 안식월 기간 중에 제가 주일 낮 설교를 한 적이 있습니다. 그 때 설교하면서 아주 간단하게 두 세 문장 정도로 오늘날 성도들은 주일에 대한 개념이 너무 부족한 것 같다고 말씀드렸습니다. 설교가 끝나고 막 비전 하우스로 내려가는데 성도님 한 분이 제게 오셔서 단도직입적으로 물었습니다. 자신은 주일 저녁에 가족들과 함께 외식을 하는데 그것이 잘못되었느냐는 것이었습니다. 그 분은 아마 평소에 그 부분에 대해서 늘 마음에 부담이 있었던 것 같습니다. 제가 무엇이라고 대답했겠습니까? 조금 있다가 말씀드리겠습니다.

아마 지난 이삼 십 년 사이에 한국 교회 안에서 가장 많이 바뀐 문화 가운데 하나가 주일을 지키는 것과 관련된 것이 아닌가 생각합니다. 70년대 후반 또는 80년대 초반까지만 해도 대부분의 교회가 주일 성수를 강조했습니다. 오락은 말할 것도 없고, 주일에 공부하는 것, 매식하는 것, 장사하는 것 등이 일절 금지되었습니다. 주일을 범하면 징계가 내려지기도 했습니다. 그런데 요즈음은 많은 교회가 주일에 그러한 일들을 하는 것을 크게 문제 삼지 않습니다. 그렇죠? 그래서 주일을 지키는 것과 관련하여 육 칠 십대 나이 드신 성도님들과 이 삼 십대 젊은 분들 사이에 많은 생각의 차이가 있는 것 같습니다. 또한 주일을 지키

---

[1] 주일에 대한 종합적인 이해를 위해 최근에 설교한 것을 첨부하였다.

는 것과 관련한 이단도 있습니다. 물론 우리 성도님들 가운데 주일을 지키는 것에 대해 나름대로 신앙과 생각이 정리된 분들도 계시겠지만, 저에게 찾아왔던 성도님처럼 주일을 지키는 것에 대해 궁금해 하시는 분들도 많이 있으리라 생각됩니다. 그래서 오늘 본문을 중심으로 '주일을 어떻게 지킬 것인가?' 에 대해서 말씀드리고자 합니다.

오늘 본문은 안식일과 관련하여 예수님과 당시 종교 지도자들과의 갈등을 기록하고 있습니다. 우리가 잘 아는 대로 구약 시대에서부터 지금까지 이스라엘이 자기들의 민족적 정체성을 유지하기 위해서 절대적으로 중요하게 지키는 것 세 가지가 있는데, 그것은 할례, 음식법, 그리고 안식일입니다. 그만큼 안식일을 지키는 문제는 그들에게 중요하였습니다.

실세로 율법을 보면, 하나님께서 안식일 지키는 문제에 대해 아주 중요하고 단호하게 말씀하십니다. 십계명 가운데 제 4계명이 안식일에 대한 말씀입니다. 하나님께서는 안식일을 지키는 것이 하나님의 구별된 백성의 표징이라고 하시면서, 거룩하게 지키라고 하십니다. 그리고 자신들 뿐 아니라 손님이나 종이나 가축들도 일을 해서는 안 된다고 하셨습니다. 심지어 안식일을 범하면 죽이라고까지 말씀하십니다(출 31:12-17). 그 만큼 안식일에 대한 계명은 중요하였습니다.

그런데 안식일을 지키고 일 하지 말라고 명령하였지만 구체적이고 세세한 규례는 말씀하지 않았기 때문에 이스라엘은 안식일을 더 잘 지키기 위해서 안식일에 해야 될 일과 하지 말아야 될 39개 조항을 만들기도 했습니다. 지금도 그 전통을 이어받은 유대인들은 안식일을 철저하게 지킵니다. 그래서 이스라엘을 방문해 보면 안식일과 관련하여 재미있는 에피소드들이 많이 있습니다. 여러분들이 많이 들어보셨을텐데요, 안식일에는 엘리베이터도 자기들이 타는 엘리베이터는 매 층마다 자동으로 열리고 닫힙니다. 층수를 누르는 것도 일이 되기 때문입니다.

식당에서도 손님들이 주문 용지에 직접 써서 주문합니다. 왜냐하면 자기들이 쓰는 것은 일이 되기 때문입니다. 참으로 재미있습니다.

이와 같이 이스라엘 백성들은 안식일 성수를 하나님의 택한 백성의 중요한 의무로 생각하였는데, 그들이 보기에 예수님의 제자들이 안식일을 제대로 지키지 않았던 것입니다. 23절입니다.

> 안식일에 예수께서 밀밭 사이로 지나가실 새 그의 제자들이 길을 열며 이삭을 자르니

예수님의 제자들이 안식일에 이삭을 잘라서 먹었기 때문에 바리새인들이 그것을 지적하였습니다(24절). 그들은 이삭을 잘라서 먹는 것을 추수 행위로 이해했습니다. 그것은 당시 안식일에 하지 말아야 할 39가지 항목에 포함되는 것이었습니다. 그러자 예수님께서 삼상 21장에 기록된 다윗의 사건을 언급합니다. 25-26절입니다.

> 예수께서 이르시되 다윗이 자기와 및 함께 한 자들이 먹을 것이 없어 시장할 때에 한 일을 읽지 못하였느냐? 그가 아비아달 대제사장 때에 하나님의 전에 들어가서 제사장 외에는 먹어서는 안 되는 진설병을 먹고 함께 한 자들에게도 주지 아니하였느냐?

구약에 보면 성막 안의 금상 위에 촛대와 함께 열 두 지파를 상징하는 12개의 떡이 있었는데, 그것을 '진설병(the bread of Presence)'이라고 합니다. 그것은 안식일에 갖다 놓았는데, 안식일이 지난 후에 제사장들만 먹을 수 있었습니다(출 25:30, 레 24:5-9). 그런데 다윗은 사울에게 쫓길 때에 제사장이 아니었음에도 불구하고 배가 고파서 그것을 먹었습니다. 이것은 분명히 율법에 어긋난 것이었지만 하나님께서는 다윗이 죄를 지은 것으로 평가하지 않았습니다. 왜냐하면, 율법을 지킨다는 명

목으로 사람이 죽어 가는 것을 방치하는 것이 오히려 율법의 정신에 어긋나는 것이기 때문이었습니다. 그 사건을 통해 하나님께서는 제도보다 사람을 더욱 중요하게 여기심을 보여주셨습니다.

그러나 다윗의 사건은 사실 제자들이 안식일에 이삭을 따서 먹은 사건과 직접적인 연관은 없습니다. 왜냐하면 당시 제자들은 생명이 위급한 상황이 아니었기 때문입니다. 그럼에도 예수님께서 다윗의 사건을 말씀하신 것은 율법의 본질을 설명하기 위함이었습니다. 그러면서 예수님께서는 안식일의 중요한 본질을 말씀하십니다. 27-28절입니다.

> 또 이르시되 안식일이 사람을 위하여 있는 것이요 사람이 안식일을 위하여 있는 것이 아니니 이러므로 인자는 안식일에도 주인이니라.

먼저 안식일은 사람을 위한 날이라고 말씀합니다. 하나님께서 원래 안식일을 주실 때에는 우리 사람들을 위해(우리가 안식일에 은혜와 복을 누리도록) 주셨는데 이스라엘은 사람이 안식일을 위해 존재하는 것처럼 안식일을 지킨 것입니다.

다음으로 안식일의 주인은 주님이라고 말씀합니다. 이 말씀 속에는 여러 가지가 포함되어 있습니다. 무엇보다도 이 말씀은 예수님께서 단순한 인간이 아니라 안식일을 만드신 하나님 되심을 선포하는 말씀입니다. 또한 안식일과 관련하여 이 말씀은 안식일은 우리를 위한 날이지만, 근본적으로 우리의 날이 아니고 주님이 주인 되시는 주의 날이요, 주님을 기쁘시게 하고 주님께 영광 돌리는 날임을 말씀합니다.

실제로 구약을 보면 두 가지 원리가 잘 설명되어 있습니다. 먼저 하나님께서는 안식일을 복 되게 하셨다고 말씀합니다. 또한 안식일을 지켜야 할 두 가지 이유가 있는데, 하나는 천지 창조를 완성하신 것을 기념하는 것이었고(출 20:8-11). 다른 하나는 이스라엘을 선택하시고 구원한 것을 기념하는 것이었습니다(신 5:12-15). 그러니까 안식일은 천지를 창조하시고, 자기 백성을 구원하신 하나님을 기억하고 감사하면서 안식일을 통해 하나님의 은혜와 복을 누리도록 제정되었던 것입니다. 그러나 이스라엘은 그 의도와 본질을 다 놓쳐 버리고 형식과 모양만 유지하고 있었습니다.

또 한 사건이 본문에 기록되어 있습니다. 그것은 손 마른 사람을 고치는 사건입니다. 이번에는 앞 사건과 달리 바리새인들은 예수님에게서 어떤 꼬투리를 잡기 위해 의도적으로 접근하였습니다. 2절입니다.

> 사람들이 예수를 고발하려 하여 안식일에 그 사람을 고치시는가 주시하고 있거늘

마태복음을 보면 좀 더 자세하게 설명되어 있는데, 그들은 예수님께 안식일에 병을 고치는 것이 옳은지 그른지 먼저 물었습니다(마 12:10-11). 이렇게 예수님을 죽일만한 꼬투리를 잡기 위해서 의도적으로 질문을 하자 예수님께서는 "안식일에 양이 구덩이에 빠지면 너희들이 그 양을 구하는 것이 당연하지 않느냐?"고 답변하셨습니다. 당시 그들의 규율에 의하면, 만약 양이 안식일에 구덩이에 빠졌을 때 그 상황이 급할 경우에는 동물을 건져내고 그렇지 않을 때는 식물을 갖다 주어 다음 날까지 놔두었다가 건져내게 되어 있었습니다. 비록 안식일이더라도 양이 구덩이에 빠지면 죽도록 내버려두지 않고 살린다는 것입니다. 그리고 예수님께서는 그 사람을 한 가운데로 부르시고 안식일에 선을 행하는 것이 옳지 않느냐고 말씀하시면서 그 병자를 고치셨습니다.

그런데 예수님 당시에 이미 유대인들은 안식일에 병 고치는 문제에 대해서도 아주 자세하게 정해 놓고 있었습니다. 그들은 안식일에 사람

이 죽을 위험에 있지 않으면 치료하지 못하도록 하였습니다. 물론 그것도 가족이나 의사를 통해서 가능한 것이었지 기적에 의해서는 할 수 없었습니다. 그런데 손이 불편한 것은 죽을병이 아니었고 다음 날에도 얼마든지 치료할 수 있는 병이었습니다. 또한 병자가 고쳐달라고 요청했다는 말씀도 없습니다. 그러나 예수님은 오해와 미움을 예상하시면서도 안식일의 진정한 의미를 알려주기 위해서 의도적으로 병자를 고치셨습니다. 안식일은 본질적으로 선을 행하고, 생명을 살리는 날이라는 것입니다.

정리하면, 오늘 본문에서 주님께서는 당시 안식일의 의도와 본질을 잃어버리고 형식만 남아 있고 또한 형식에 집착했던 당시 종교 지도자들에게 안식일의 의도와 본질을 바로 잡아 주셨습니다. 뿐만 아니라 오늘 본문은 오늘날 주일을 지키는데 있어서도 우리가 꼭 기억해야 할 중요한 원리와 핵심을 가르쳐줍니다.

오늘 본문에서 말씀하는 안식일의 의도와 본질은 크게 세 가지입니다. 하나는 사람이 안식일을 위해 있지 않고 안식일이 사람을 위해 있다는 것입니다. 두 번째는 안식일의 주인은 주님이라는 것입니다. 그러니까 우리를 위한 날이지만 우리의 날이 아니고, 주님께서 주인되시는 주의 날이고 주님을 기쁘시게 하고 영광을 돌리는 날이라는 것입니다. 세 번째는 안식일은 선을 행하고 생명을 살리는 날이라는 것입니다.

물론 오늘날 우리는 안식일을 지키지 않고 주일을 지키고 있습니다. 안식일은 한 주간의 마지막 날이지만 주일은 안식일 다음 날로 한 주간의 첫 번째 날입니다. 그런데 안식교 같은 데서는 오늘날도 안식일을 지켜야 된다고 하는데 그것은 안식일의 의미와 본질을 제대로 알지 못하기 때문에 하는 말입니다. 그 이유를 간단하게 말씀드리면, 조금 전에 말씀드린 대로 우리가 안식일을 지켜야 하는 가장 이유는 하나님의 창조와 구원을 기억하기 위함입니다. 그런데 예수님께서 오셔서 십자가에 못박히시고 부활하심으로 우리에게 구원을 주시고 또한 우리가 창조 때에 의도하셨던 은혜와 복을 누리게 하셨습니다. 그러니까 예수님께서 부활하신 오늘의 주일은 재창조의 날이요 구원을 완성하신 날입니다. 그렇기 때문에 복음의 새로운 시대에 예수님께서 부활하신 날을 기념하고 지키는 것이 매우 합당하고 당연한 것입니다. 그러나 우리가 기억할 것은 구약의 안식일과 오늘날의 주일은 지키는 날은 다르지만 본질과 핵심은 같습니다. 그러니까 오늘 본문의 안식일에 대한 예수님의 가르침은 오늘날 주일을 지키는 것에도 그대로 적용됩니다. 뿐만 아니라 오늘 본문은 제가 조금 있다가 말씀드리겠지만 구약의 안식일에 대한 말씀과 오늘 본문의 예수님의 말씀이 기가 막히게 연결되어 있습니다.

주일을 지키는 원리

그러면 오늘날 우리는 주일을 어떻게 지켜야 합니까? 저는 주일을 제대로 지키기 위해 무엇보다도 중요한 것은 안식일 또는 주일의 기본적인 의도와 본질을 아는 것이라고 생각합니다. 사실 주일의 의도와 본질을 알면 주일을 어떻게 지켜야 할 지 쉽게 알 수 있습니다. 그러면 주일은 어떤 날입니까?

1. 주일은 구별된 날이다.

무엇보다도 먼저, 주일은 구별된 날입니다. 하나님께서 안식일과 관련하여 거듭 거듭 강조한 것 가운데 하나는 '안식일을 거룩하게 하셨다' 또는 '거룩하게 지키라' 는 것입니다(출 20:10-11). 거룩하게 하셨다는 것은 추상적인 개념이 아니고 기본적으로 구별되었다는 것을 의미합니다. 그러니까 구약의 안식일은 기본적으로 구별된 날로 다른 날들과는 구별되게 지켜야 했습니다. 마찬가지로 오늘날 주일도 기본적으로 구별된 날입니다.

종종 어떤 분들은 지금은 신약시대이기 때문에 주일도 일주일 가운데 한 날에 불과하다고 이야기하기도 합니다. 물론 일주일이 다 하나님 날이고 우리의 모든 일이 다 하나님 일이지만 성경은 분명하게 하나님께서 일주일에 한 날을 창조와 구원을 기억하고 기념하기 위해 구별하셨다고 말씀합니다. 신약 시대는 주일이 바로 그 날입니다. 이 말은 주일은 일주일 중 다른 날과는 기본적으로 다르게 보내야 한다는 것을 의미합니다.

1) 육체적 쉼을 위한 구별

그러면 무엇을 위해 어떻게 주일을 구별해야 합니까? 무엇보다도 이 날은 육체적 쉼을 위해 구별해야 합니다. 성경은 너무도 분명하게 주일에 육체적 쉼을 가져야 한다고 말씀합니다. 사실 하나님께서 우리에게 일주일 가운데 하루를 구별하여 육체적으로 쉬도록 하신 것은 큰 은혜요 복입니다. 그렇지 않습니까? 만약 그렇지 않고 일주일 내내 쉬지 않고 일하라고 했으면 우리의 생활은 많이 고달플 것입니다. 그러니까 일주일 가운데 하루를 구별하여 육체적으로 쉬라고 명령하신 것은 오늘 본문에서 말씀하신 것처럼 진정 우리를 위해서 그렇게 명령하신 것입니다.

뿐만 아니라 일주일에 하루를 육체적으로 쉴 때 우리는 가장 효과적이고 능률적으로 살아갈 수 있습니다. 그것은 역사적으로 그리고 과학적으로 너무도 분명하게 증명된 사실입니다. 그 결과가 당연한 것은 그것이 우리를 만드신 하나님의 창조질서이기 때문입니다. 그러니까 일주일에 하루를 구별하여 육체적으로 편안하게 쉬는 것은 결코 낭비가 아니고 우리의 삶을 훨씬 효과적이고 지혜롭게 사는 것입니다.

그런데 요즈음의 많은 사람들은 창조 질서를 거슬려 일주일 가운데 하루도 쉬지 않으려고 합니다. 하루 쉬는 것을 불안해하고 초조해 하는 것 같습니다. 그래서 요즈음에는 사업이나 장사를 하는 많은 성도들이 주일에도 쉬지 않습니다. 또한 저는 어른들도 문제지만 더 큰 문제는 우리의 아이들이라고 생각합니다. 학원에서 주일에도 아이들을 불러내고 있고 또한 많은 부모들도 불안해하면서 아이들에게 주일에도 공부하도록 강요합니다. 우리 교회는 어떤지 잘 모르겠지만 중간이나 기말 시험 볼 때는 주일 출석인원이 반 토막 난다고 합니다. 이것은 하나님을 거역하는 것이고 창조질서에 어긋나는 것입니다.

그래서 그런지 과거에는 자주 주일에 가게 문을 닫고 쉬어서 하나님의 은혜와 복을 경험했던 간증들이 많았습니다. 또한 학생들 가운데도 주일을 구별되게 지켜서 성적이 올랐다는 간증들도 많았습니다. 저도 그런 간증이 있습니다. 저는 고등학교 때 예수를 믿기 시작했는데요, 그 때부터 대학 때까지 주일을 구별하여 지킬 때도 있었고 조바심으로 그렇지 않을 때도 있었습니다.

그런데 주일을 구별하여 지킬 때 훨씬 성적이 좋았던 것을 기억합니다. 그것은 너무 자연스럽고 당연한 결과입니다. 왜 그럴까요? 주일을 구별하여 육체적으로 하루 쉬는 것은 창조주 하나님을 인정하는 것이고 주님에 명령에 순종하는 것이기 때문입니다. 그런데 요즈음에는 그런 간증들을 잘 들어볼 수가 없습니다. 혹시 장사나 사업을 하시는 분들 가운데 하나님께서 그리 아니 하실지라도의 믿음을 주시면 주일을 구별하여 안식하시기 바랍니다.

또한 아이들도 믿음이 없는데 억지로 강요하면 시험에 들 수 있기 때문에 강요해서는 안 되지만, 그들에게 믿음을 심어주고 본인들이 믿음으로 결정한다면 주일을 구별하여 육체적으로 쉬도록 하기 바랍니다.

저는 불안해하거나 초조해 하지 않고 창조주 하나님을 인정하고 신뢰함으로 주일을 구별하여 쉼으로 하나님의 은혜를 체험하는 간증들이 우리 가운데서 많이 나오기를 간절히 바랍니다.

주일의 육체적 쉼과 관련하여 또 하나의 문제는 종종 주일에 교회에서 육체적으로 아주 힘들게 보내는 분들이 있는 것입니다. 우리 교회는 이 부분에 대해서 어느 정도 잘 되고 있다고 생각합니다. 실제로 주일에 소수의 사람들에게 너무 많은 부담을 지우는 교회도 많습니다. 그래서는 안 되고, 할 수 있는 대로 많은 사람들이 적절하게 나누어서 봉사해야 합니다. 또한 목회자들처럼 혹시 월요일이나 주중에 다른 하루를 쉴 수 있다면 주일에 최선을 다해 봉사 할 수 있지만, 만약 그렇지 않다면 주일에 육체적 쉼을 갖기 위한 충분한 시간을 확보하는 것이 창조 질서에 합당한 삶이라고 믿습니다.

2) 예배를 위한 구별

다음으로 주일은 예배를 위해 구별해야 합니다. 계속해서 안식일 또는 주일을 주신 우선적인 목적은 창조와 구원을 기억하도록 하기 위함이라고 말씀드렸습니다. 또한 주일은 우리를 위한 날이지만 우리의 날이 아니고, 주님께서 주인이신 주님의 날이고 또한 주님을 기쁘시게 하는 날이라고 했습니다. 그런데 창조와 구원을 기억하고 감사하며, 하나님을 기쁘시게 하는 가장 좋고 바람직한 방법은 무엇이죠? 그것은 당연히 예배입니다. 그렇기 때문에 우리는 주일에 육체적 쉼과 함께 다른 어떤 것보다도 하나님께 예배하는 일을 중요하고 귀하게 여겨야 합니다. 예배는 주일의 다른 일을 위한 지나가는 과정이 아니라 모든 일정의 중심이 되어야 합니다. 또한 형식적이고 의무적으로 그냥 교회에 왔다가 가는 것이 아니라 마음과 정성을 다해 창조와 구원의 하나님께 감사하며 찬양을 돌려야 합니다.

그런데 주일에 예배드리는 일은 하나님을 기쁘시게 하는 일이기도 하지만 또한 우리를 위한 것입니다. 왜 그렇습니까? 그것은 예배를 통해서 우리가 하나님께서 예비하신 놀라운 은혜와 복을 경험할 수 있기 때문에 그렇습니다. 조금 전에 주일은 주일에 육체적 쉼을 위해 구별해야 한다고 말씀드렸는데 쉰다는 것은 적극적인 의미에서 '회복'을 의미합니다.

사실 오늘날 많은 사람들이 정신적 스트레스에 시달리고 있습니다. 우리에게 진정 문제되는 것은 육체적인 피로보다도 정신적이고 영적인 피로입니다. 육체적으로 피곤하면 하루만 푹 쉬면 괜찮을 때가 많습니다. 그러나 정신적인 피로와 스트레스는 쉽게 해결되지 않고, 그것이 쌓이면 큰 병이 됩니다. 또한 아무리 육체적으로 휴식을 취해도 정신적으로 영적으로 안정을 누리지 못하면 그것은 우리에게 진정한 회복을 줄 수 없습니다.

그런데 우리는 진정한 회복을 하나님께 예배를 드림으로 경험할 수 있습니다. 예배를 드림으로 우리는 죄의 용서와 죄의 얽매임에서 자유케 되는 것을 경험할 수 있습니다. 예배를 드림으로 세상의 무거운 모든 짐을 예수님께 내려놓는 진정한 쉼을 경험할 수 있습니다. 또한 예배를 드림으로 예수님과의 진정한 만남을 통한 이 세상에서 경험할 수 없는 진정한 평안과 기쁨을 경험할 수 있습니다. 뿐만 아니라 주일에 예배를 드림으로 한 주 동안 세상을 살아갈 수 있는 힘과 에너지를 공급받습니다. 그렇기 때문에 하나님께서는 이 날을 복을 주시는 날이라고 말씀하였던 것입니다.

저는 종종 '예배에 성공하자'는 이야기를 듣곤 하는데, 그 말의 의미를 잘 이해를 못하겠습니다(물론 전혀 이해 못하는 것은 아닙니다). 가장 바람직한 예배는 한 마디로 하면, 창조와 구원에 대한 감사하고 감격하면서 하나님을 찬양하고, 또한 예배를 통해 진정한 회복과 영적 에너지를 공급받는 것입니다. 저는 우리 모든 성도들이 주일 예배 가장 귀한 일로 여기시기 바랍니다. 그리고 예배를 통해서 주실 은혜를 사모하시기 바랍니다. 그래서 마음을 다해 예배드리고, 또한 예배를 통해서 참된 쉼과 회복을 항상 경험할 수 있기를 바랍니다.

2. 주일을 기억하라.

그런데 성경은 주일을 쉼과 예배를 위해 구별되게 지키기 위해서 우리에게 필요한 것이 있음을 말씀합니다. 그것은 주일을 기억하는 것입니다. 하나님께서는 거듭 거듭 "안식일을 기억하여 거룩하게 지키라' 고 했습니다(출 20:8). 주일을 기억한다는 것은 주일을 지키기 위해서 준비해야 한다는 것을 의미합니다. 그러면 주일을 온전히 지키고 주일에 주님께서 예비하신 복과 은혜를 경험하기 위해서 우리가 무엇을 준비해야 합니까?

먼저, 주일을 지키기 위해 우리는 6일 동안 최선을 다하는 삶을 살아야 합니다. 출애굽기와 신명기에 있는 안식일 계명을 보면 엿새 동안은 네 모든 일에 힘써서 일하라고 하셨습니다. 우리는 주일에 진정한 쉼을 위해서 육일 동안 열심히 일해야 하고 또한 쉰 다음에는 다음 육일 동안 열심히 일해야 합니다. 장사를 하는 분들은 육일 동안 열심히 장사해야 하고, 학생들은 6일 동안 어느 누구보다도 열심히 공부해야 한다는 것입니다. 그것이 주일을 기억하며 준비하는 삶입니다. 육일 동안 충분히 최선을 다해서 일할 때 주일에 주시는 복과 은혜를 더 풍성하게 경험할 줄 믿습니다.

다음으로, 우리는 6일 동안의 삶으로 준비해야 합니다. 주일에 하나님께 예배를 드릴 때 하나님께서 우리에게 요구하시는 가장 중요한 것은 무엇이라고 생각합니까? 헌금입니까? 아니면 깨끗하게 차려 입은 옷입니까? 과거에 우리 선배들은 주일에 헌금을 위해서 미리 준비하였고 주일에 가장 깨끗하고 단정한 옷으로 준비하여 예배를 드렸습니다. 저는 그것이 결코 나쁘지 않다고 생각합니다. 오늘날 너무 함부로 헌금하고 아무렇게나 옷을 입고 나오는 것 같습니다. 그러나 우리가 하나님께 가지고 나와야 할 가장 중요한 것은 한 주간 살았던 삶의 열매입니다. 성경을 보면 하나님께서는 삶의 열매가 없는 예배를 결코 받지 않으신다고 말씀하셨습니다(참고. 사 1:10-20).

또한 마음의 준비가 필요합니다. 주일 날 몸만 교회에 나오고 마음이 다른 곳에 가 있는 경우가 많이 있습니다. 우리의 몸과 마음이 함께 나와야 합니다. 조금 전에 말씀드린 것처럼 우리의 외모도 최선을 다해서 단정하게 준비해야 합니다. 우리에게 가장 중요한 사람들을 만나러 가는 마음의 자세가 필요합니다. 그렇기 때문에 주일을 기억하는 사람들은 예배에 늦지 않습니다. 중요한 사람을 만나러 갈 때 우리가 늦을 수 있겠습니까? 이와 같이 주일을 기억하여 지키는 자에게는 예수님께서 예비하신 은혜와 복이 더욱 풍성하게 임할 줄 믿습니다.

3. 주일은 함께 지키는 날이다.

마지막으로 주일은 함께 지키는 날입니다. 하나님께서는 안식일을 지킬 때 가족 뿐 아니라 손님이나 종이나 가축까지 함께 지키라고 했습니다. 이것은 무엇을 말씀하죠? 당시 구약에 안식일에 아무 일도 안하고 집에 가족들이 함께 있으면서 무엇을 했겠습니까? 가족 간에 사랑을 나누고 대화하면서 가족들이 행복한 시간을 보냈을 것입니다.

저는 오늘날도 함께 보내는 것이 필요하다고 생각합니다. 저는 유학 시절에 자주 주일에 예배를 드리고 아이들이 좋아하는 햄버거를 함께 먹었습니다. 그리고 가볍게 드라이브도 했습니다. 왜냐하면 그 때 외에는 가족들과 여유 있는 시간을 보낼 수 있는 시간이 없었기 때문입니다. 오늘날도 우리는 너무 바쁘게 살아가고 있습니다. 그렇기 때문에 우리는 주일에 가족과 함께 좋은 시간들을 갖는 것이 필요합니다. 그래서 처음에 이야기했던 그 성도님에게 저녁에 가족들이 함께 식사하면서 얼마든지 좋은 시간을 가져라고 했습니다. 또한 성도들과 함께 교제하면서 우리의 기쁨과 감사를 나누는 것도 좋은 일입니다.

또한 함께 지킨다는 것은 주일을 소극적이고 개인적인 차원에서 우리 자신만 쉬고 회복을 경험하는 날로만 지내서는 안 된다는 것을 의미합니다. 다시 말해, 적극적인 자세로 우리 공동체 또는 주변 사람들의 쉼과 회복을 도와주어야 함을 말씀합니다. 그러니까 교회 안에서 적절하게 자신이 할 수 있는 봉사를 통하여 우리는 다른 사람들을 회복시키는 일에 참여해야 합니다. 뿐만 아니라 주일에 어려움 가운데 있는 주변의 형제자매들을 돌아보거나 방문하는 일도 할 수 있는 대로 해야 합니다. 왜냐하면 나의 도움을 필요로 하는 사람들을 위해서 섬기고 봉사하는 것은 오늘 본문에서 예수님께서 말씀하신 생명을 구하는 일이고 선을 행하는 일이기 때문입니다.

지금까지 저는 주일을 온전히 지키기 위해서 필요한 세 가지를 말씀드렸습니다. 그런데 구약의 말씀과 오늘 본문의 예수님의 말씀이 기가 막히게 연결되어 있는 것을 알 수 있습니다. 또한 우리가 주일을 제대로 지키기 위해 필요한 세 가지는 오버랩이 됩니다. 다시 말해, 하나님께서 안식일에 주신 명령들은 우리를 위한 것임과 동시에 주님을 기쁘시게 하는 것입니다. 또한 주님의 날로 인정하고 주님을 기쁘시게 하기 위해 예배를 드리는 것은 또한 우리를 위한 것입니다. 그리고 선을 행하고 생명을 살리는 것도 역시 우리를 위한 것임과 동시에 주님을 기쁘시게 하는 것입니다. 그렇기 때문에 우리는 주일을 지킬 때에도 이 세 가지를 함께 고려해서 지켜야 합니다. 다시 말해, 쉼과 예배와 봉사가 균형을 이루어야 합니다. 한 쪽으로 치우쳐서는 안 될 것입니다.

뿐만 아니라 주일을 지킬 때 중요한 것은 외적인 모습보다는 마음과 태도가 중요하다는 것입니다. 칼로 두부 자르는 것처럼 어떤 것을 하거나 어떤 것을 하지 않는 것보다 우리의 마음의 자세가 더욱 중요하다는 것입니다. 물론 이 말은 내 중심이 합당하기 때문에 내 마음대로 아무렇게나 해도 된다는 것을 의미하지는 않습니다. 당연히 좋은 내용은 좋은 그릇에 담겨질 때 더 품위가 있고 가치가 있는 법입니다. 또한 그 때 내용도 유지될 수 있습니다. 그러나 진정 중요한 것은 형식이 아니라 내용입니다. 주일을 지키는 것도 그렇습니다.

말씀을 맺겠습니다.

오늘 본문은 주일을 어떻게 지켜야 될 것인가에 대한 중요한 지침을 제시하고 있습니다. 주일은 우리를 위한 날입니다. 그래서 하나님으로부터 진정한 쉼과 회복을 경험하는 날입니다. 또한 주님께서 주인이 되시는 주님의 날입니다. 그렇기 때문에 구원과 창조를 기억하면서 기뻐하고 감격하며 예배하는 날입니다. 그런데 진정한 쉼과 회복을 경험하며, 하나님께 기뻐하고 감사하면서 온전한 예배를 드리기 위해 우리는 이 날을 기억하며 우리는 삶으로 마음으로 잘 준비해야 합니다. 뿐만 아니라 이 날은 선을 행하며 함께 지키는 날입니다. 이 날에 내가 속해 있는 공동체 안에 아름다운 사랑의 교제가 있기를 바랍니다. 이 은혜가 우리 모두에게 임하기를 간절히 축원합니다.

마가복음 3:7-12

예수님이 오해되는 상황에서

우리는 지난주까지 예수님과 당시 종교지도자들이 어떤 문제로 어떻게 대립되었는지를 살펴보았습니다. 예수님과 그들의 갈등은 갈수록 심화되어서 급기야는 그들이 예수님을 죽이려고 모의하는 상황까지 이르렀습니다.

오늘 본문은 시기적으로 그 이후의 일이라고 할 수 있는데 어떤 특별한 사선을 기록한 것이 아니라 예수님 사역의 한 전환점에서 당시의 상황을 요약해서 설명하고 있습니다. 본문의 의미와 우리에게 주는 교훈을 좀 더 명확하게 알기 위해서는 마가복음에 대한 개괄적인 것들을 알 필요가 있습니다. 성경을 읽을 때 가장 염두에 두어야 할 것은 전체 안에서 부분을 보아야 한다는 것입니다. 전체적인 조망을 가지고 각 부분을 접근해야 각 부분의 의미를 제대로 파악할 뿐 아니라 각 부분이 더욱 돋보이게 됩니다. 그래서 오늘은 마가복음의 전체를 먼저 개괄적으로 살펴보려고 합니다. 이것이 어떤 분들에게는 지루할지 모르겠으나 앞으로 마가복음을 바로 이해하는데 중요하다고 생각합니다.

마가복음의 구조

마가복음 전체의 내용을 개괄적으로 살펴보는 데는 학자들마다 다양한 의견들이 있지만 크게 두 가지 방향에서 접근할 수 있습니다. 하나는 예수님께서 사역하신 내용 또는 방향에 따라서 마가복음을 구분하는 것이고 다른 하나는 예수님께서 사역하신 장소에 따라서 마가복음을 구분하는 것입니다.

먼저, 예수님께서 사역하신 내용 또는 방향에 따라 마가복음을 구분한다면 처음부터 8:26까지를 전반부, 8:27부터 마지막까지를 후반부라고 할 수 있습니다. 전반부에서 예수님께서는 자신을 통하여 도래한 복음의 새로운 시대의 특징에 대해서 가르치시며 그 예수님을 받아들이는 자들에게 얼마나 놀라운 능력이 나타나는 지 보여주셨습니다. 후반부에서는 예수님의 고난 또는 십자가가 강조되었습니다.

다음으로, 장소를 기준으로 하여 마가복음을 구분하면 처음부터 9장까지가 전반부라고 할 수 있습니다. 9장까지는 주로 갈릴리와 그 주변이 예수님의 활동 장소였습니다. 10장은 예루살렘으로 올라가는 과정을 기록하였고 11장 이 후에는 예루살렘이 예수님의 활동의 중심지였습니다.

예수님의 갈릴리 사역의 구분

그 중 예수님의 갈릴리 사역은 크게 세 단계로 나누어집니다. 물론 다양한 분류가 있지만 제자들을 기준으로 나누는 것이 무난하리라고 생각합니다.

1) 1차: 네 명의 제자들을 부르심 (1:16-20)

2) 2차: 12명의 제자들을 부르심 (3:13-19)

3) 3차: 제자들을 파송함 (6:7)

갈릴리 사역의 첫 번째 단계는 네 명의 제자들을 부르신 단계이고, 두 번째 단계는 열 두 제자들을 부르신 단계이며, 세 번째 단계는 제자들을 파송하는 단계입니다. 오늘 본문은 갈릴리 1차 사역과 2차 사역을 연결해 주고 있습니다. 그래서 어떤 사람들은 1:14-3:6에 있는 예수님의 갈릴리 1차 사역의 결론이라고 말하기도 하고, 어떤 사람들은 12제자들을 부르심으로 새롭게 시작되는 예수님의 갈릴리 2차 사역의 서론이라고 하기도 합니다. 그러나 저는 오늘 본문을 어떤 부분의 서론이나 결론이라고 명명하는 것보다는 예수님 사역이 진행되고 전환되는 과정의 설명이라고 하는 것이 바람직하다고 생각합니다.

예수님께서는 1차 사역을 통하여 센세이션(sensation)을 일으키셨습니다. 예수님의 말씀과 사역은 당시 사람들의 기준으로 볼 때 상상할 수 없는 파격적인 것이었고 이제까지 보거나 경험하지 못한 것이었습니다. 예수님께서는 당시의 종교 지도자들로부터는 들을 수 없었던 권위 있는 말씀을 하실 뿐 아니라 놀라운 능력으로 귀신을 내어 쫓으시고 병자들을 고치셨습니다. 좀 더 구체적으로 보면, 예수님께서는 당시에 사람들과 상종할 수 없었던 문둥병자를 고치셨고, 경건한 사람이라면 생각할 수조차 없었던 죄인들과 어울리시면서 식사의 교제를 하셨고, 당연시되었던 금식도 하지 않으셨습니다. 그리고 하나님만 하실 수 있었던 죄의 용서를 선포하셨습니다. 이러한 일들을 통하여 예수님께서는 자신으로 인해 천지를 창조하실 때와 같은 새로운 시대가 도래한 것을 보여주셨고, 자신이 구약에서 예언하셨던 메시야인 것을 드러내셨습니다.

두 상반된 반응

이와 같은 예수님의 말씀과 사역에 대해서 크게 두 가지 반응이 나타났습니다. 하나는 이러한 새로운 가르침과 놀라운 능력을 보고 예수님을 따르는 무리들이 생겼습니다. 다른 하나는 예수님의 사역과 말씀에 거부 반응을 보인 사람들의 등장입니다. 그들은 당시의 종교 지도자들인 바리새인과 서기관들이었습니다. 예수님께서 율법의 바른 원리를 가르치시면서 그들을 꾸짖으셨기 때문에 그들에게 예수님은 늘 부담이 되었습니다. 그래서 계속적으로 예수님의 말씀과 사역에 시비를 걸었고 급기야 예수님을 죽이려고 모의하게 되었습니다.

이처럼 오늘 본문의 상황은 한편으로는 많은 사람들이 예수님을 따라 다니면서도 다른 한편으로는 예수님과 바리새인들의 대립이 점점 고조되고 있을 때였습니다. 7절입니다.

> 예수께서 제자들과 함께 바다로 물러가시니 갈릴리에서 큰 무리가 좇으며

예수님과 바리새인들의 대립이 극에 달하고 있을 때에 예수님께서는 물러나셨다고 합니다. 병행구인 마태복음 12장(15절)을 보면 "예수님께서 (저희들이 악한 마음을 품은 것을) 아시고 저희를 떠나시니"라고 하였습니다. 8-10절입니다.

> 유대와 예루살렘과 이두매와 요단 강 건너편과 또 두로와 시돈 근처에서 허다한 무리가 그의 하신 큰 일을 듣고 나아오는지라. 예수께서 무리의 에워싸 미는 것을 면키 위하여 작은 배를 등대하도록 제자들에게 명하셨으니 이는 많은 사람을 고치셨으므로 병에 고생하는 자들이 예수를 만지고자 하여 핍근히 함이더라.

예수님께서 행하신 일들을 듣고 사방 각지에서 사람들이 몰려왔습니다. 그들은 자신의 병을 고치기 위해 체면도 차리지 않고 예수님께 무질서하게 달려들었습니다.

사탄을 향한 경고

뿐 만 아니라 더러운 귀신들도 그 앞에서 두려워서 떨었습니다(11절). 특이하게도 더러운 귀신들이 예수님을 보고서 예수님을 하나님의 아들이라고 부르짖습니다. 그런데 예수님께서는 사탄에게 자신이 하나님의 아들인 것을 알리지 말라고 경고하셨습니다. 예수님께서는 사탄에게 하나님의 아들인 것을 알리지 말라고 하신 이유에 대해서는 여러 가지 견해들이 있습니다. 혹자는 사탄이 예수님을 하나님의 아들이라고 고백하지 말라고 했던 것은 사탄에 의해서 자신이 언급되어지는 것은 사탄의 우두머리로 자신이 오해받을 가능성이 때문이라고 합니다. 마가복음 3:20-30을 보면 사람들이 예수님께서 병을 고치시는 것을 보고 사탄의 능력을 힘입은 것으로 모함하는 것이 언급되어 있는데 예수님께서는 그러한 오해를 받지 않기 위해서 사탄들에게 그러한 고백을 하지 말라고 했다는 것입니다. 그러나 그것은 본질적인 이유가 아닌 것 같습니다. 여기에서 예수님께서 사탄에게 하나님의 아들이라고 고백하지 말라고 했던 본질적인 문제는 예수님의 진정한 모습에 대한 오해였습니다. 오늘 본문에서는 예수님께서 단지 사탄에게만 예수님의 하나님의 아들 됨을 고백하지 말라고 하셨지만 마태복음 12장(16절)에 있는 병행구를 보면, 이 때 병을 고침 받은 사람들에게도 자신을 알리지 말라고 하신 것을 알 수 있습니다. 예수님께서는 자신이 단지 병을 고치고 사탄을 물러가게 하는 능력 있는 분으로만 오해받기를 원치 않았던 것입니다. 물론 병을 고치고 사탄을 물러가게 하심으로 예수님을 통한 새로운 시대에 하나님의 나라가 임하는 것을 가시적으로 보여주는 것도 예수님께서 오신 목적 중의 하나였지만 그것은 예수님의 모습 가운데 지엽적인 부분일 뿐 진정한 목적이 아니었습니다.

예수님 사역의 핵심-십자가

예수님께서 이 땅에 오신 최고의 목적은 우리의 죄의 문제를 해결하시기 위해, 다시 말하면 십자가를 지시기 위해 오셨습니다. 그러므로 십자가를 지시는 것이 예수님의 진정한 모습이었는데 그들은 아직까지 그것을 알지 못하였습니다. 그렇게 자신의 진정한 모습이 오해되는 상황이므로 예수님께서는 자신을 알리지 말라고 하셨습니다. 그리고 나중에 때가 무르익었을 때 예수님께서는 자신의 진정한 모습을 제자들에게 가르쳐 주셨습니다. 그것이 마가복음 8:27-33에 나옵니다. 거기에 보면 제자들의 신앙고백이 있은 다음에야 비로소 예수님께서 이 땅에 오신 진정한 목적을 처음으로 말씀하고 있습니다. 그 후에는 계속해서 예수님의 십자가에 죽으심을 강조하고 있습니다. 다시 말해, 마가복음의 전체 내용 중 클라이맥스는 능력을 행하신 예수님이라기보다는 십자가에 달리신 예수님입니다. 마가복음 전체 내용이 그것을 향하여 달려가고 있습니다. 마가복음 뿐 아니라 사복음서가 모두 마찬가지입니다.

예수님의 진정한 모습– 고난 받는 종

뿐만 아니라, 복음서가 강조하는 예수님의 진정한 모습은 고난 받는 종으로서의 예수님의 모습입니다. 마태복음의 병행구(12:17-21)을 보면, 예수님께서는 병을 고치신 후에 아무에게도 말하지 말라고 하시면서 이사야 42장을 인용하십니다. 이사야 42장은 이사야 40-56장 사이에 예수님을 예언한 소위 '4개의 종의 노래' 가운데 하나인데(42:1-7, 49:1-6, 50:4-9, 52:13-53:12), 그것의 극치는 이사야 53장입니다. 이사야 53장을 보면, "그가 찔림은 우리의 허물이고 그가 상함은 우리의 죄악을 인함이라"고 했습니다. 그것은 십자가 사건을 의미합니다. 그런데 이사야 42장(1-3절)이 강조하는 것은 예수님께서 십자가를 통한 구원을 종과 같이 겸손함과 온유함으로 이루신다는 것입니다. 즉 예수님께서 깜짝 놀랄만한 어떤 이상한 일을 행하시거나 모든 사람에게 그럴 사하게 보이는 혁명적인 방법으로는 그 사명을 이루시지 않는다는 것입니다. 그래서 예수님께서는 빌라도의 재판과정에서 사형선고를 받을 때도 조용히 침묵하셨습니다. 예수님께서 십자가에 잡히시던 밤에도 마찬가지였습니다. 베드로가 검을 들었을 때 예수님께서는 천사들을 동원해서 그들을 없앨 수도 있으나 그렇게 하지 않는다고 말씀하셨습니다. 왜냐하면 십자가에 못 박히시는 것이 그분의 사명이었기 때문입니다. 그리고 그것을 통하여서만이 하나님의 보내신 뜻을 이룰 수 있었기 때문이었습니다.

십자가의 진리를 온전히 깨닫고 전하자

갈릴리 1차 사역을 마칠 즈음에는 아직 사람들이 예수님의 진정한 모습과 예수님께서 오신 최고의 목적을 이해하지 못했습니다. 예수님께서도 자신의 모습과 오신 목적이 그늘에게 단순히 삶의 문제를 해결하고 병을 고치고 귀신을 쫓아내는 정도로 오해되는 것을 원치 않으셨습니다. 그래서 예수님께서는 그들에게 예수님을 나타내지 말라고 경고하셨습니다.

사랑하는 성도 여러분! 사실 요즈음도 예수님께서 오해되는 상황에 있습니다. 당시와 마찬가지로 요즈음도 예수님께서 단순히 병을 고치고, 문제를 해결하는 분으로 오해되는 경우가 많습니다. 또한 우리를 구원하시기 위해 십자가에 못 박히신 예수님을 만나지 못한 채 신앙생활 하는 분들도 아주 많습니다. 그러나 우리가 기억해야 할 것은 십자가에 계신 예수님을 만나기 전까지는 우리의 신앙은 온전한 신앙이 아니라는 것입니다. 단순히 '하나님께서 살아 계신다' 또는 '하나님께서 나의 문제를 해결해 주셨다'에 머무르고 그 정도의 고백만 하고 있다면, 온전한 신앙이 아닙니다. 왜냐하면 예수님의 진정한 모습은 십자가에 못 박히신 모습이기 때문입니다.

뿐만 아니라, 전도할 때도 예수님께서 단순히 병을 고치고, 우리의 문제를 해결하는 분 정도로만 소개하는 경우가 많습니다. 만약 그렇다면 주님께서 오늘 본문에서 말씀하는 바와 같이 자기를 나타내지 말라고 경고하실 것입니다. 고린도전서 1장을 보면 바울은 십자가의 도를 전하는 것으로 하나님께서 믿는 사람을 구원하시기를 기뻐하신다고 말씀합니다. 십자가의 도를 전하는 것이 사람들이 보이기에는 미련한 방법으로 보이지만 하나님은 그것을 통하여 이루신다는 것입니다. 예수님의 사역의 모든 관심과 초점은 십자가입니다. 그것은 구약에서 예언된 것이고 예수님께서 친히 그것을 보여주셨습니다.

말씀을 맺겠습니다.

오늘날도 오늘 본문의 상황처럼 예수님께서 오해되는 상황에 있습니다. 당시의 사람들처럼 우리는 단지 '하나님께서 살아계신다', '하나님께서 나의 문제를 해결하셨다' 또는 '하나님께서 나의 병을 고치셨다'의 신앙에 머물러서는 안 됩니다. 예수님의 진정한 모습은 십자가에 달리신 모습입니다. 그렇기 때문에 우리는 십자가에 못 박히신 예수님을 인격적으로 만나며 거기에서 뜨거운 기쁨과 감사와 감격을 느껴야 합니다. 그렇지 않고는 우리의 신앙은 완전한 신앙이 아닙니다. 저는 우리 모든 성도들이 십자가에 달리신 예수님을 만남으로 더욱 온전하고 성숙한 신앙생활을 이루기를 바랍니다.

마가복음 3:13-19

제자를 세우시는 예수님

오늘 본문은 예수님께서 12 제자들을 세우시는 것을 기록하고 있습니다. 예수님께서는 공생애를 시작하시면서 베드로, 안드레, 야고보, 요한을 부르셔서 제자로 삼으셨고, 그의 사역이 지속되는 동안 적당한 때에 계속해서 제자들을 부르셨습니다. 그래서 복음서에 보면 세리 마태와 빌립 그리고 나다나엘 등이 예수님의 제자로 부르심을 받는 과정과 상황이 기록되어 있습니다. 그 중에서도 오늘 본문은 예수님께서 제자들을 세우시는 이유와 과정 그리고 목적들을 종합적으로 잘 설명해 주고 있습니다. 오늘은 종합적인 면에서 예수님께서 제자들을 세우셨던 이유와 과정, 그리고 목적 등을 살펴보면서 함께 교훈 받고자 합니다.

제자들을 세우신 이유

먼저, 예수님께서 제자들을 세우시는 현실적인 이유를 생각해 보겠습니다. 지난주에 말씀드린 대로 예수님께서 복음을 전하셨을 때 두 가지 반응이 나타났습니다. 한 가지는 예수님의 능력을 보면서 자신의 문제 해결을 위해서 예수님께 몰려오는 자들이 생긴 것이고, 다른 한 가지는 예수님을 대적하고 죽이려 하는 무리들이 생긴 것이었습니다. 그리고 이 두 부류의 숫자와 정도는 갈수록 늘어나고 있었습니다. 이러한 상황이 예수님께서 제자들을 세우셨던 현실적인 이유였습니다.

마태복음 9장에 보면 예수님께서 제자들을 택하시는 상황에서 많은 무리들이 몰려오는 것이 강조되어 있습니다. 마태복음 9:35-38입니다.

> 예수께서 모든 성과 촌에 두루 다니사 저희 회당에서 가르치시며 천국 복음을 전파하시며 모든 병과 모든 약한 것을 고치시니라. 무리를 보시고 민망히 여기시니 이는 저희가 목자 없는 양과 같이 고생하며 유리함이라. 이에 제자들에게 이르시되 추수할 것은 많되 일군은 적으니 그러므로 추수하는 주인에게 청하여 추수할 일군들을 보내어 주소서 하라 하시니라.

많은 사람들이 몰려왔는데 그들은 목자 없는 양과 같았습니다. 예수님께서는 그들에게 동정심을 가지고 계셨으나 그들을 돌보고 인도해 줄 일꾼이 없었습니다. 그래서 10장에 보면 제자들을 부르시는 것이 언급되어 있습니다. 이렇듯 일할 것은 많은데 일꾼이 없는 것이 예수님께서 제자들을 부르신 한 상황이었습니다. 또한 누가복음 6장을 보면 예수님께서 제자들을 세우시는 상황에 적대하는 무리가 많았던 것이 강조되고 있습니다. 누가복음 6:11-13입니다.

> 저희는 분기가 가득하여 예수를 어떻게 처치할 것을 서로 의논하니라. 이 때에 예수께서 기도하시러 산으로 가사 밤이 맞도록 하나님께 기도하시고 밝으매 그 제자들을 부르사 그 중에서 열둘을 택하여 사도라 칭하셨으니

예수님을 대적하는 정도가 점점 더해갔는데 이것은 예수님께서 죽으실 때가 점점 다가온다는 것을 의미합니다. 이제 예수님께서는 죽으심에 대한 준비가 필요하였습니다. 제가 지난주에 말씀드린 대로 예수님께서 이 땅에 오신 최고의 목적은 십자가에서 죽으시는 것이었습니다. 그래서 죽음 이후에 예수님께서 이루신 구원 사역을 전하기 위해서 제

자를 세우는 것보다 중요한 일이 없었던 것입니다. 이것이 예수님께서 제자들을 세우신 또 다른 상황이었습니다.

마가복음에서는 이 두 상황이 같이 나옵니다. 마가복음 3:6까지는 예수님을 대적하는 상황이고, 마가복음 3:7-12은 많은 무리들이 몰려오는 상황입니다. 이 두 상황은 분리되어 있는 것이 아니라 연결되어 있습니다. 다시 말해, 한편으로는 예수님께서 살아 계실 때 예수님의 사역을 돕고 다른 한편으로는 예수님께서 죽으신 다음에 예수님의 구원 사역을 전하기 위해서 사람들이 필요했던 것입니다.

물론 하나님께서 모든 일을 혼자서 하실 수도 있겠지만, 하나님께서 일하시는 기본 원리는 바로 사람들을 부르시고 사람을 통하여 일하시는 것입니다. 이는 구약에서도 잘 드러나고 있습니다. 하나님께서는 하나님의 백성을 이루시기 위해 아브라함을 부르셨습니다. 이스라엘을 애굽에서 구원하기 위해 모세를 부르셨습니다. 하나님의 구원 계획을 이루어가시고 능력을 보여주시기 위해 다윗을 부르셨습니다. 그리고 그들을 통하여 일하셨습니다.

제자들을 부르시는 과정

제자들을 부르신 이유가 그러하다면 그 과정은 어떠합니까? 예수님께서는 어떻게 제자들을 부르시고 확정하셨습니까? 13절입니다.

또 산에 오르사 자기의 원하는 자들을 부르시니 나아온지라.

예수님께서는 산에 올라가셨습니다. 성경에서 산은 대개 주님의 계시를 받는 장소입니다. 누가복음에서는 예수님께서 밤새 기도하셨다고 합니다. 이것은 예수님께서 제자들을 부르실 때 얼마나 신중을 기해서 부르셨는지 보여주고 있습니다. 예수님께서는 원하는 자들을 부르셨습니다. 예수님을 따르는 많은 무리가 있었지만 오직 12명만을 선발하였습니다. 여기에서 12는 구약의 이스라엘의 지파의 수로서, 12 제자는 구약의 이스라엘의 열 두 지파를 대신할 새로운 이스라엘을 상징합니다. 그래서 가룟 유다가 자살한 후에 제자들이 그 숫자를 다시 채웠던 것입니다. 마치 구약에서 이스라엘의 12지파를 통해 하나님의 백성을 이루셨던 것처럼 12 제자를 세우신 것도 하나님께서 새로운 복음의 시대에 그들을 통하여 하나님의 백성을 이루시고자 하시는 상징적인 의도가 있습니다. 또한 예수님께서 부르실 때 제자들의 반응은 늘 즉각적이었습니다. 예수님께서 그들을 부르셨을 때 그들은 항상 그들의 모든 것을 버려두고 예수님을 좇았던 것입니다.

제자들을 부르신 목적

이제 예수님께서 제자들을 부르신 궁극적인 목적이 무엇이라고 하십니까? 그것이 14-15절에 나타나 있습니다.

> 이에 열둘을 세우셨으니 이는 자기와 함께 있게 하시고 또 보내사 전도도 하며 귀신을 내어 쫓는 권세도 있게 하려 하심이러라.

제자를 부르신 첫 번째 목적은 그와 함께 있도록 하기 위함이었습니다. 여기에서 '함께 있다'는 것은 우선적으로 배운다는 것을 의미합니다. 제자들은 먼저 배워야 할 필요가 있었습니다. 그래서 예수님께서는 3년 동안 그들을 데리고 다니면서 함께 숙식하며 그들을 가르치셨습니다. 예수님께서는 사역의 많은 시간들을 그들을 훈련시키는데 보냈던 것을 알 수 있습니다(막 4:34). 하지만 훈련 그 자체가 최종적인 목적은 아니었습니다.

두 번째 목적은 복음을 전하기 위해서였습니다. 이는 예수님께서 제자들을 부르신 최종적인 목적은 그들을 복음의 사역자로 삼기 위한 것이었습니다. 제자들은 예수님과 함께 있을 때도 예수님의 일을 도와줄 뿐 아니라 예수님께서 승천하신 이후에도 그들을 통하여 복음이 확장되도록 하기위해 부르심 받았습니다. 실제로 그들을 통하여 복음이 놀랍게 확장되었고 지금 우리에게까지 이 복음이 전해진 것입니다.

이렇게 그들이 복음의 사역자로 일하기 위해서 필요한 것이 있었는데 그것은 능력이었습니다. 그래서 예수님께서 그들에게 귀신을 내어 쫓는 권세를 주셨습니다. 마태복음에 보면, 예수님께서 귀신을 내어 쫓는 능력 뿐 아니라 모든 병과 약한 것들을 고치는 능력도 주셨다고 했습니다. 그러니까 제자들을 복음의 사역자로 삼으시면서 무작정 그들을 보내신 것이 아니고 그들이 사명을 감당하도록 그들에게 능력들을 주셨다는 것입니다. 그것은 실제로 제자들의 사역 속에서 나타납니다. 제자들의 본래 모습을 보면 그들은 참으로 부족한 자들이었습니다. 예수님께서는 그들이 훌륭하고 똑똑해서 부르시지 않았습니다. 베드로를 보십시오. 그는 예수님을 부인할 수밖에 없는 연약한 자였습니다. 사도행전 4:13을 보면 그는 본래 학문이 없는 범인이라고 했습니다. 그러나 하나님께서 그에게 능력을 주셔서 과거의 그와는 전혀 다른 사람이 된 것입니다. 그리하여 그의 한 번 설교에도 삼천 명, 오천 명이 회개하였고 그가 안수할 때 앉은뱅이가 걸었으며 죽은 자가 살아나는 기적이 일어났던 것입니다. 또한 야고보와 요한을 보십시오. 그들의 별명은 우뢰의 아들들이었습니다. 그것은 그들의 성격이 급함을 말합니다. 누가복음 9:51 이하를 보면 예수님께서 사마리아 지방에서 전도하실 때에 사마리아인들이 전도를 받지 않으니까 야고보와 요한이 화가 나서 '주여 불을 명하여 하늘로 쫓아내려 저희를 멸하소서' 라고 했던 자들이었습니다. 그런데다 그들은 자기의 어머니와 함께 예수님께 와서 '주의 나라에서 한 사람은 좌편에 한 사람은 우편에 앉게 하소서' 라고 부탁했던 사람들이었습니다. 하지만 나중에 이들이 어떻게 됩니까? 사도행전 12장에 보면 야고보는 제자들 중에 첫 번째 순교자가 되었습니다. 사도 요한은 요한복음과 요한 1,2,3서 그리고 요한 계시록을 기록하였고, 그가 가장 강조했던 단어는 '사랑' 이었습니다. 다시 말하면 불같은 성격을 가졌고 으뜸 되기를 좋아했던 사람들이 예수님의 능력을 힘입어 첫 번째 순교자가 되었고 사랑의 사도가 되었던 것입니다.

　이렇듯 예수님께서는 평범한 사람들을 제자로 부르시고 그들이 사명을 잘 감당하도록 능력을 주셔서 위대한 복음의 사역자로 만드신 것입니다. 이상이 예수님께서 제자들을 부르신 이유요 과정이요 목적입니다.

　오늘날의 상황도 이와 비슷합니다. 한 편으로는 많은 사람들이 유리하고 방황하고 있는 상황이고, 나른 한 편으로는 예수님을 대적하는 부리들이 많은 상황, 즉 복음이 들려지고 변화를 받아야 할 사람이 많은 상황입니다. 다른 말로 전도대상자가 많은 상황입니다. 이러한 상황은 예수님께서 다시 오실 때까지 계속될 것입니다. 그렇기 때문에 오늘날도 예수님의 일을 위해서 일군이 절대적으로 필요합니다. 하지만 정말 예수님을 위해서 헌신적으로 일하는 사람은 극히 드문 것이 오늘의 우리 교회 뿐 아니라 전체 한국 교회의 상황입니다.

　저는 오늘날 교회 안에 크게 세 종류의 사람들이 있다고 생각합니다. 먼저는 '교인' 입니다. 이들은 예수님과는 상관없이 단순히 교회에 출석하는 사람들입니다. 그리고 '신자' 들이 있습니다. 이들은 예수님을 믿는 사람들입니다. 그러나 단지 자신만 믿지 복음을 위해서, 다른 사람을 위해서 전혀 활동이 없는 사람들입니다. 마지막으로 제자들이 있습니다. 제자들은 복음을 위해 쓰임을 받는 사람들입니다. 예수님께서는 우리 모두가 제자의 부류에 속하고 제자의 삶을 살기를 원하십니다. 마태복음 28장에 보면 예수님께서는 제자들에게 '모든 족속으로 제자를 삼아' 라고 했습니다. 이와 같이 예수님께서는 우리 모두가 제자가 되기를 원하십니다. 제자로의 부르심과 제자의 삶은 12 제자에게만 국한되지 않고 우리 모두에게 적용되는 것입니다.

참된 제자로 쓰임 받기 위해서

그렇다면 우리가 제자가 되어서 예수님께 쓰임 받기 위해서는 무엇이 필요합니까? 먼저, 우리에게 부르심의 확신이 있어야 하고, 복음을 위해 살고자 하는 결단이 필요합니다. 제자들도 예수님께서 부르셨을 때 삶의 결단을 하고 예수님을 따랐습니다. 우리가 제자로서의 삶을 살기 위해서 그리고 하나님께 쓰임 받는 삶을 살기 위해서 먼저 하나님의 부르심의 확신이 필요하고 그 부르심에 대한 자신의 결단이 필요합니다. 저는 우리 모든 성도들이 부르심의 확신을 가지고 주님을 위해 살고자 하는 결단이 있기를 소원합니다.

부르심의 확신을 가지고 그 부르심에 대해서 결단하는 사람들은 교회 안에서와 사회에서의 삶이 달라지지 않을 수 없습니다. 좀 더 쉽게 말하면 교회에서 일하는 것이 하나님의 부르심이라고 생각하는 사람들은 먼저 사람을 보고 봉사하지 않습니다. 사람들이 이해해 주는지 그렇지 않든지 크게 상관하지 않습니다. 왜냐하면 내가 부름 받은 것이 하나님으로부터 기인한 것임을 확신하기에 어떠한 상황에서도 시험에 들지 않습니다. 그리고 원망과 불평이 없습니다. 이렇게 사명감을 가지고 교회 일을 하는 사람이 바로 제자들입니다. 그리고 부르심의 확신을 가지고 결단하는 사람들은 사회에서도 다른 삶을 삽니다. 세상 사람들과 같은 삶을 사는 것이 아니라 하나님의 구별된 백성으로서 자부심을 갖고 빛과 소금의 삶을 살지 않을 수 없습니다.

둘째로 잘 준비되고 훈련받는 것이 필요합니다. 예수님의 제자들이 훌륭한 일군으로 쓰임 받기 위해서 3년 동안이나 예수님과 늘 함께 있으면서 준비되고 훈련받았습니다. 마찬가지로, 우리도 제자의 삶을 살기 위해서 잘 준비되고 훈련받는 것이 필요합니다. 무엇보다도 성경을 많이 배워야 합니다. 사실 우리가 교회는 다니고 봉사하지만 하나님에 대해서 성경에 대해서 너무 무지합니다. 또한 각자에게 주어진 일을 감당하기 위한 구체적인 지식과 방법도 필요합니다.

셋째로 제자의 삶을 살기 위해서 능력이 필요합니다. 제자들은 원래 탁월한 인물들이 아니었습니다. 그러나 예수님께서 그들에게 병을 고치고 귀신을 쫓아내는 능력을 주었습니다. 제자의 요건은 단순히 세상의 지식이나 재력이 아니라 사명을 감당할 수 있는 영적인 능력입니다. 귀신을 쫓아내고 병을 고친다는 것은 단순히 문자적인 의미보다는 복음이 능력 있게 전달하는 과정에서 나타나는 능력이라고 할 수 있습니다. 이것을 위해 기도가 필요합니다. 제자들도 기도에 실패할 때 사명을 제대로 감당하지 못했고, 생명을 걸고 전혀 기도에 힘쓸 때 그들을 통하여 놀라운 일들이 일어났습니다. 예수님께서도 맡겨주신 사명을 감당하도록 새벽마다 규칙적으로 기도하셨고 때때로 밤이 맞도록 기도하심으로 우리에게 본을 보여주셨던 것입니다.

말씀을 맺겠습니다.

저는 우리 모든 성도들이 예수님의 제자로서 살기를 바랍니다. 제자의 삶을 위해서는 부르심의 확신이 필요합니다. 예수님과의 교제와 훈련이 필요합니다. 또한 능력을 필요로 합니다. 그 능력은 오직 예수님께서 주십니다. 저는 우리 모든 성도들이 복음이 확장되는데 귀하고 능력 있게 쓰임 받는 제자의 삶을 살기 바랍니다.

마가복음 3:20-30

용서받지 못할 죄에 대한 경고

예수님께서는 공생애를 사시는 동안 여러 가지 놀라운 능력을 행하시면서 전도도 하시고 가르치기도 하셨습니다. 하지만 예수님의 말씀과 사역은 늘 올바로 이해되지 못했습니다. 다시 말해, 예수님께서는 파격적으로 가르치시고 파격적으로 놀라운 능력들을 행하심으로 그것을 통하여 예수님께서 메시야가 되시며, 또한 예수님을 통해 복음의 새로운 시대가 도래하였음을 보여 주시려고 했는데, 여러 가지 이유로 예수님 자신과 예수님의 사역의 본질이 늘 오해되었던 것입니다.

마가복음 3:7-12을 통해서 살펴본 것처럼, 예수님을 오해하는 모습은 먼저 예수님을 적극적으로 쫓아 다녔던 무리 속에서 발견됩니다. 그들은 예수님께서 많은 능력을 행하시는 것을 보면서 예수님을 단지 능력을 행하시는 분으로 이해하고 쫓아다녔던 것입니다. 그렇지만 예수님의 진정한 모습은 십자가를 지시는 것이었습니다.

예수님에 대한 오해의 극치

예수님께서 능력을 행하실 때에 나타난 또 다른 오해가 오늘 본문에 기록되어 있습니다. 오늘 본문은 예수님께서 귀신을 쫓아내는 사건과 관련이 되어 있는데, 이 사건을 통해 우리는 예수님께서 얼마나 극한 오해를 받으셨는지 알 수 있습니다. 첫 번째 오해는 예수님께서 미친 사람으로 소문이 난 것입니다. 20절입니다.

집에 들어가시니 무리가 다시 모이므로 식사할 겨를도 없는지라.

예수님께서 많은 사역을 하신 후에 아마 식사도 하시고 쉬기도 하시려고 집에 가셨는데 또 다시 많은 무리들이 예수님께 몰려왔습니다. 그래서 예수님께서는 식사하실 겨를도 없이 또 다시 말씀을 가르치시고, 병을 고치시고, 귀신을 쫓아내는 능력들을 행하셨습니다. 이러한 상황에서 예수님의 가족들이 예수님께 왔습니다(21절). 왜냐하면 예수님께서 '미쳤다' 또는 '제정신이 아니라'는 소문이 퍼졌었고, 그것이 예수님의 가족들에게까지 전해졌기 때문입니다. 예수님의 가족들은 아마 예수님을 고향으로 다시 데리고 가서 쉬게 하고 긴장을 회복시키기 원했던 것 같습니다.

여기에서 우리는 그러한 소문이 '왜 퍼졌을까?' 그리고 '어떻게 퍼졌을까?'를 한 번 생각해 볼 필요가 있습니다. 오늘 본문에서는 명확하게 언급되어 있지 않지만 아마 그 당시에 서기관들과 바리새인들이 그러한 소문을 퍼뜨리지 않았을까 하는 추측을 할 수 있습니다. 왜냐하면 오늘 본문의 말씀이 그들과 관련된 말씀이고 또한 예수님의 전체 사역을 보면 늘 예수님에 대한 꼬투리를 잡으려고 했던 사람은 서기관과 바리새인들이었기 때문입니다. 뿐만 아니라, 예수님께서 나중에 십자가에 못 박혀 돌아가실 때에도 무리를 선동하고 동원한 사람들이 바로 그들이었기 그런 추측은 결코 억지가 아니라고 생각됩니다.

물론 상식적이고 일반적인 관점에서 보면 당시에 예수님께서 제 정신이 아니라는 소문은 그럴듯할 수도 있습니다. 당시 예수님께서는 그들이 이해할 수 없는 파격적인 말씀과 행동을 보이셨고 또한 오늘 본문에서 언급된 것처럼 무리들의 열광적인 반응 속에서 식사도 거르시면서 사역을 하시는 것은 얼마든지 제 정신이 아닌 사람처럼 보일 수도 있었던 것입니다. 그래서 서기관들과 바리새인들이 일견 비정상적으로 보이는 모습을 악용해서 예수님에 대한 소문을 퍼뜨리지 않았을까 생각하는 것입니다.

그리고 예수님의 능력 행함과 관련하여서 또 한 가지의 오해가 있었습니다. 그것은 당시 종교지도자들인 서기관들과 바리새인들의 직접적인 모함이었습니다. 22절입니다.

> 예루살렘에서 내려온 서기관들은 저가 바알세불을 지폈다 하며 또 귀신의 왕을 힘입어 귀신을 쫓아낸다 하니

아마 이 때쯤 예수님께서 하신 일과 예수님의 소문이 당시의 이스라엘의 전 지역에 퍼졌던 것 같습니다. 그래서 서기관들이 예루살렘에서 그 소문을 듣고 올라왔습니다. 그들이 가지고 있었던 입장은 두 가지입니다. 먼저는 예수님께서 귀신들렸다는 것이고, 두 번째는 예수님께서 귀신의 능력을 힘입어서 그와 같은 능력을 행하신다는 것이었습니다.

이 둘은 밀접하게 연관되어 있습니다. 사실 그들이 그러한 말을 한 것은 이 번만이 아니었습니다. 조금 있다가 살펴보겠지만 복음서에 보면 그들은 여러 가지 상황에서 그런 말을 한 것을 알 수 있습니다. 그들이 이렇게 말한 직접적인 배경이 마태복음(12:22이하)과 누가복음(11:14절 이하)에 나와 있는데, 그것은 예수님께서 귀신들려 눈 멀고 벙어리 된 자를 고쳐주신 사건입니다. 그들은 예수님의 능력은 부인할 수 없었으므로 예수님의 능력과 권세를 마귀로부터 온 것이라고 함으로서 예수님을 따르는 무리들을 예수님으로부터 분리시키고자 했던 것입니다.

당시에 이들의 주장은 충분히 설득력을 가질 수 있었습니다. 왜냐하

면, 이미 예수님이 제정신이 아니라는 소문이 있었을 뿐 아니라 당시에도 오늘날의 무당이나 점과 같이 주술이나 부적 제사행위를 통하여 귀신의 왕을 위로하거나 귀신을 다스리려는 여러 가지 시도들이 있었기 때문입니다.

예수님의 설명

이와 같이 예수님은 제정신이 아니라 귀신이 들린 분으로 그리고 귀신의 권세에 의해서 능력을 행하시는 분으로 오해되었습니다. 그리고 그것은 일반적이고 상식적인 관점에서 볼 때나 당시의 사회 상황에서 볼 때 설득력을 지녔습니다. 그렇기 때문에 예수님께서는 당시의 사람들이 오해하는 것처럼 귀신이 들려서 제정신이 아니거나, 귀신의 힘을 빌어서 귀신을 쫓아내는 것이 아님을 분명하게 말씀하시며, 그들 주장의 불합리성을 그들이 알아들을 수 있는 비유로서 설명하셨습니다.

먼저 나라에 대한 비유로 설명하십니다. 24절입니다.

또 만일 나라가 스스로 분쟁하면 그 나라가 스스로 설 수 없고

이것은 당시의 사람들에게 너무도 분명히 와 닿았던 비유였습니다. 왜냐하면 당시의 이스라엘은 로마의 지배를 받고 있었는데, 그렇게 된 근본적인 이유는 서로 정권을 잡으려고 하는 내부의 분열이 있었기 때문이었습니다. 그래서 예수님께서 이러한 비유를 말씀하셨을 때에 그들은 그들의 현재 상황에 대한 뼈저린 반성이 있었기 때문에 예수님의 말씀을 매우 타당하게 여겼을 것입니다.

그리고 집에 대한 비유로 설명하셨습니다. 25절입니다.

> 만일 집이 스스로 분쟁하면 그 집이 설 수 없고

여기서는 집은 건물을 말하는 것이 아니라 가족 공동체를 말합니다. 가족들이 분쟁을 하면 가정이 설 수 없다는 것은 영구불변의 진리이고 우리의 일상에서 너무도 분명히 경험할 수 있는 것입니다. 설령 나라의 역사적 상황에 대해서 무관심한 사람이라도 가정에 대한 언급은 그들의 주장이 얼마나 불합리한지 쉽게 깨달을 수 있었습니다.

이제 예수님께서는 나라와 집의 비유를 들어서 그들 논리의 어수룩함을 지적하신 다음에 26절에서 사탄이 사탄을 대적한다는 것은 말도 안 되는 소리임을 지적하셨습니다.

> 만일 사탄이 자기를 거스려 일어나 분쟁하면 설 수 없고 이에 망하느니라.

이렇게 예수님께서는 그늘이 예수님을 보함하는 날의 불합리성을 실명하신 후에, 귀신을 쫓아내신 사역을 자신의 사역의 본질과 연결하여 설명합니다. 27절입니다.

> 사람이 먼저 강한 자를 결박지 않고는 그 강한 자의 집에 들어가 세간을 늑탈치 못하리니 결박한 후에야 그 집을 늑탈하리라.

예수님께서는 귀신을 쫓아내는 사역이 자신의 사역 가운데 반드시 있어야 할 당연성을 말씀하십니다. 마귀에 사로잡혀 있는 우리를 해방시키고 구원하기 위해서 먼저 마귀를 결박해야 한다는 것입니다. 결국 예수님께서는 귀신을 쫓아내는 사역이 우리의 구원을 위한 예수님 사역의 본질임을 말씀하셨습니다. 이것은 또한 실제적으로도 그대로 적용됩니다. 예수님을 믿음으로 임하는 구원은 다른 말로 하면, 마귀의 얽매임에서 자유와 해방을 얻는 것을 의미합니다. 또한 다른 사람을 구원의 자리에 이르게 하는 것도 그 사람을 마귀의 사로잡힘에서 해방시키는 것을 의미합니다.

소위 '성령 훼방 죄'의 의미와 교훈

그리고 우리가 잘 알고 있는 28-29절을 말씀하고 있습니다.

> 내가 진실로 너희에게 이르노니 사람의 모든 죄와 무릇 훼방하는 훼방은 사하심을 얻되 누구든지 성령을 훼방하는 자는 사하심을 영원히 얻지 못하고 영원한 죄에 처하느니라 하시니

이 구절은 우리가 많이 들었던 말씀인데, 성경의 난해 구절 가운데 하나입니다. 또한 많이 오해되고 있기도 합니다. 그런데 일반적으로 생각하는 것처럼 해석과 적용에서 있어서 그렇게 복잡하거나 어려운 말씀은 아닌 것 같습니다.

먼저, 이 말씀은 문맥과 당시의 상황에 의해서 설명되어져야 바르게 이해될 수 있습니다. 오늘 바리새인과 서기관들이 예수님을 모함하고 죽이려 했던 것은 이때까지 예수님께 대한 그들의 비난과는 차원이 좀 다릅니다. 이것은 지금까지와는 달리 예수님 사역의 뿌리를 흔들어 놓으려고 하는 모함이었습니다. 조금 전에 말씀드린 대로 예수님께서 마귀를 쫓아내는 것은 예수님 사역의 핵심 사역 가운데 하나였습니다. 그리고 예수님의 사역의 근원은 성령이었습니다. 그것은 예수님께서 공생애 사역을 시작하실 때 하나님께서는 성령을 보내서서 예수님의 사역이 하나님께서 기뻐하시는 사역임을 확인시켜 주심을 통해서도 알 수 있습니다. 그런데 그들이 그것을 부인하고 예수님을 모함하는 것은 이때까지 비난이나 도전과는 달리 그들의 상태가 극한 상황에 이르렀음을 보

여 줍니다. 그래서 예수님께서 이렇게 극한 말씀을 하신 것입니다.

다음으로, 그들의 모함에는 다분히 의도성이 있었습니다. 그들은 자신이 가지고 있는 종교적인 위치를 이용해서 당시에 예수님께 몰려드는 많은 사람들을 예수님으로부터 분리시키려고 했습니다. 그러한 상황에서 오늘 말씀이 선포되고 있는 것입니다. 그렇기 때문에 오늘 본문의 소위 '성령 훼방 죄'에 대한 말씀은 원칙적으로 하나님을 잘 믿는 사람들에게 했던 말씀이 아니고 예수님 사역의 뿌리를 흔들며 다른 사람에게 복음이 선포되는 것을 막는 무리들을 향한 말씀이었습니다. 그러니까 소위 '성령 훼방 죄'는 다른 사람에게 복음이 전파되는 것을 방해하는 죄를 의미합니다.

여기에서 우리는 예수님께서 성령 훼방 죄를 언급한 다른 복음서 본문들을 살펴볼 필요가 있습니다. 그런데 복음서에서 성령 훼방 죄에 대한 언급이 있는 본문들을 살펴보면, 성령 훼방 죄는 예수님을 통해 임한 구원을 거부하는 죄라는 것을 알 수 있습니다. 이러한 결론은 누가복음 12:9-10에서 쉽게 확인 될 수가 있습니다.

> 사람 앞에서 나를 부인하는 자는 하나님의 사자들 앞에서 부인함을 받으리라 누구든지 말로 인자를 거역하면 사하심을 받으려니와 성령을 모독하는 자는 사하심을 받지 못하리라.

여기에서 예수님을 부인하는 것과 소위 성령 훼방 죄가 함께 언급되어 있습니다. 쉽게 이야기하면, 예수님을 믿지 않는 것이 성령을 훼방하는 죄이고 성령을 모독하는 죄라는 것입니다. ("말로 인자를 거역하면 사하심을 받는다"는 말씀은 예수님을 부인해도 용서받는다는 문자적인 의미로 받아들여서는 안됩니다. 이 말씀은 예수님께서 예수님을 부인하는 사람들에게 예수님 자신은 부인한다고 할지라도 예수님 자신을 통해서 임하게 되는 하나님 나라[하나님의 새로운 통치 또는 구원]는 받아들이라는 것을 의미합니다. 또는 예수님의 말씀과 능력을 보면서 예수님을 인정하라는 것을 촉구하는 말씀입니다.)

그리고 오늘 본문의 말씀은 당시의 서기관들이나 바리새인들이 영원히 구원받을 수 없다는 것을 의미하기보다는 일종의 경고의 말씀으로 이해 될 수가 있습니다. 이것은 이 말씀이 언급되는 다른 문맥인 누가복음 11:20과 마태복음 12:28을 통해서 확인될 수 있습니다. 거기를 보면, 예수님께서는 성령의 사역과 하나님의 나라가 연결됨을 말씀하시면서 '무리들에게' 자신을 통하여 임하게 되는 하나님 나라(하나님의 새로운 통치) 또는 구원을 인정하고 받아들이라는 결단을 촉구하고 있습니다.

이제 정리하겠습니다. 오늘 본문에서 예수님께서 말씀하신 소위 '성령을 훼방하는 죄' 또는 '성령을 모욕하는 죄'에 대한 말씀의 적용의 대상은 오늘날 교회 안에서 예수를 믿는 사람들이 아니고 예수를 믿지 않는 사람들입니다.

그리고 '성령 해방 죄'는 큰 범위에서 성령을 통해서 나타나는 하나님의 구원의 은혜를 방해하거나 스스로 거부하는 죄를 의미합니다. 또한 이 말씀은 확정적인 선포라기보다는 경고의 말씀으로 이해되어야 합니다. 그렇기 때문에 예수를 믿는 우리는 오늘 본문의 예수님의 말씀에 대해서 크게 걱정할 필요가 없습니다. 왜냐하면 이 말씀은 예수님을 통하여 임하는 구원을 방해하는 사람들을 향한 또는 예수님을 믿지 않는 사람들을 향한 경고의 말씀이기 때문입니다.

사랑하는 성도 여러분! 이 세상의 모든 죄는 다 용서 받을 수 있습니다. 그러나 용서받지 못할 죄가 하나 있습니다. 그것은 예수님을 믿지 않는 죄입니다. 이 세상에 가장 큰 죄는 거짓말하는 것도 아니고 도둑질하는 것도 아니고 살인하는 것도 아닙니다. 물론 이것도 큰 죄이지만 이 세상의 가장 큰 죄는 그리고 이 세상과 오는 세상에서 결코 용서받지 못할 가장 큰 죄는 예수님을 믿지 않는 죄임을 우리는 명심해야 할 것입니다.

나아가 이 말씀은 예수님께서 앞으로 이루어질 성령의 시대에 성령께서 역사하실 것을 바라보면서 하신 경고의 말씀이기도 합니다. 오늘날 예수님께서 부활, 승천하신 다음에 2000년 동안 참으로 많은 성령의 역사들이 일어났던 것을 우리는 알고 있습니다. 오늘 이 시대에도 성령은 우리 가운데 놀랍게 역사하고 있습니다. 그럼에도 불구하고 오늘날 이 성령의 역사를 거부하는 사람들이 있습니다. 이 사람들에게 이 말씀은 선포되어져야 합니다.

말씀을 맺겠습니다.

오늘 본문에서 예수님께서는 예수님 사역의 근본적인 뿌리를 흔들면서 예수님을 받아들이지 않는 자들을 향하여 경고의 말씀을 하셨습니다. 그들이 결코 용서받지 못한다는 것입니다. 하지만 오늘 본문의 소위 '성령 훼방 죄'는 예수님을 믿는 사람에게 적용되는 말씀이 아니라 예수님을 부인하는 사람들과 관련 있음을 기억해야 합니다. 그러므로 예수님을 믿는 우리는 이 말씀에 너무 겁먹을 필요가 없습니다. 단지 우리가 할 일은 지금도 우리 가운데서 역사하시는 성령께 민감하고 성령을 소멸치 않도록 해야 할 것입니다. 우리 모두에게 성령 충만의 은혜가 있기를 간절히 바랍니다.

마가복음 3:31-35

새로운 하나님 백성의 공동체

하나님께서 인간을 창조하실 때 우리 인간은 하나님께서 주시는 은혜 안에서 살도록, 그리고 하나님께서 주시는 복을 누리며 살도록 의도되었습니다. 그러나 죄로 인해 우리 인간은 하나님과 분리되어서 하나님께서 누리도록 주셨던 많은 것들을 상실해 버렸습니다. 그러한 상황을 하나님께서는 그냥 내버려 두시지 않았습니다. 하나님께서는 우리를 사랑하시기 때문에 우리를 회복시키시고 천지를 창조할 때와 같은 새로운 시작을 주시기 위해 예수님을 보내셨습니다. 그리고 예수님께서는 이 땅에 오셔서 예수님을 통하여 임하게 되는 새로운 복음의 시대의 본질이 무엇이고, 그 특성들이 무엇인지를 여러 각도에서 행동으로 보여 주셨고 말씀으로 가르치셨습니다.

그러나 당시의 사람들은 예수님과 예수님을 통하여 임하게 되는 새 시대 도래를 받아들이지 못했을 뿐 아니라 깨닫지도 못했습니다. 여러 가지 이유가 있었겠지만 가장 중요한 것은 잘못된 메시야 관과 메시야 시대에 대한 오해와 편견이었습니다.

이것은 먼저 예수님을 적극적으로 따랐던 무리들 속에서 발견됩니다. 그들은 예수님을 통하여 임하게 되는 새 시대의 본질보다는 그들의 삶의 실제적인 문제의 해결에 우선적인 관심이 있었고, 또한 그것 때문에 예수님을 따랐습니다. 예수님에 대한 오해는 당시에 예수님을 배척하는데 주도적인 입장에 있었던 서기관들과 바리새인들에게서도 발견됩니다. 특별히 그들은 하나님의 말씀을 연구하고 가르치는 자리에 있었지만 하나님 말씀에 대한 바른 이해가 없었기 때문에 사사건건 예수님께 시비를 걸고 예수님을 배척했습니다.

새로운 하나님 백성의 공동체

오늘 말씀도 역시 예수님과 새로운 시대의 도래를 바로 이해하지 못한 상황에 대한 교훈입니다. 오늘 본문의 상황은 마가복음 3:21에서 이어집니다. 마가복음 3:21을 보면 예수님의 가족들이 예수님께서 제 정신이 아니라는 소문을 듣고 나사렛에서 가버나움까지 왔습니다. 물론 이 때는 예수님의 가족들도 요한복음 7:5에서 말씀한 것처럼 예수님에 대해서 바로 알지 못했습니다. 그래서 지난주에 말씀드린 대로 그들은 가족이 갖는 자연스런 사랑으로 예수님을 대중들로부터 떨어뜨려서 쉬게 하면서 예수님의 건강을 회복시키기 원했습니다. 그런데 예수님을 찾아왔을 때, 그들은 소문으로 알고 있는 것보다 더 심한 이야기를 서기관들과 바리새인들을 통해서 듣게 되었습니다. 그러나 예수님께서는 단호하고 분명하게 자신에 대한 잘못된 소문과 억지의 주장이 타당성이 없다는 것을 말씀하시고, 성령을 부인하고 모욕하면 영원히 용서받지 못한다는 충격적인 경고를 선포하셨습니다.

그러한 이야기들이 오가는 가운데 예수님의 가족들은 예수님을 만나기를 원했습니다. 누가복음에 보면, 사람들이 너무 많아서 집 안에 들어갈 수 없었기 때문에 예수님을 만나기 위해서 사람들에게 부탁했습니다. 31-32절입니다.

때에 예수의 모친과 동생들이 와서 밖에 서서 사람을 보내어 예수를 부르니 무리가 예수를 둘러앉았다가 여짜오되 보소서 당신의 모친과 동생들과 누이들이 밖에서 찾나이다.

아마 그들은 일반적이고 상식적인 차원에서 예수님께서 가족들이 자신을 찾는다는 말을 들었을 때 가르치시는 것을 중지하거나, 또는 가르치기를 마칠 때까지 기다리도록 하고 가족들을 만나실 것으로 생각하였을 것입니다. 그러나 예수님은 그들의 기대와는 전혀 다른 또 한 번의 충격적인 말씀을 33-35절에서 하신 것입니다. 33절입니다.

대답하시되 누가 내 모친이며 동생들이냐 하시고

예수님께서는 본론을 말씀하시기 전에 먼저 주위의 사람들에게 질문을 하셨습니다. 이어서 34-35절에서 새로운 시대의 공동체에 대한 중요한 말씀을 하십니다. 34절입니다.

둘러앉은 자들을 둘러보시며 가라사대 내 모친과 내 동생들을 보라.

마태복음에 보면 예수님께서 제자들을 손으로 가리켰다고 말씀하고 있습니다. 따라서 여기에서 '둘러앉은 자들'은 제자들을 말합니다. 35절입니다.

누구든지 하나님의 뜻대로 하는 자는 내 형제요 자매요 모친이니라.

예수님을 찾으며 기다리고 있는 가족을 밖에 두고, 둘러앉아서 예수님의 말씀을 듣고 그 말씀대로 사는 사람들이 자신의 형제요 자매라는 것입니다. 이 말씀은 예수님의 가족들 뿐 아니라 주위에서 예수님의 말씀을 들었던 사람들에게 아주 깜짝 놀랄만한 충격을 주는 말씀이었을 것입니다. 왜냐하면 오늘날과 마찬가지로 당시에도 가족 관계가 중요했는데 예수님께서 상식을 초월한 가족에 대한 정의를 내렸기 때문입니다. 그러면 예수님께서 이렇게 충격적인 말씀을 하신 예수님의 의도는 무엇이겠습니까? 그것은 예수님을 통해서 시작되는 새로운 시대에는 그 전과는 다른 새로운 공동체가 세워지는 것을 인식시키기 위함이었습니다.

물론 예수님께서 이 말씀을 하셨을 때에도 새로운 시대의 도래를 알지 못한 채 계속해서 예수님의 말씀과 사역을 오해하고 예수님을 대항하며 모함했던 서기관들과 바리새인들이 거기에 있었을 것이 분명합니다. 그들은 구약시대의 개념을 그대로 가지고 예수님의 사역과 말씀을 이해하려고 했고 혈통적이고 민족적인 이스라엘이 하나님의 백성이요 자녀라는 생각에 사로잡혀 있었습니다. 그러나 예수님께서는 그들을 향하여 그들이 이해하고 있었던 것과는 다른 '새로운 공동체', 신약 시대의 '교회'에 관하여 선포하신 것입니다.

새로운 공동체의 요구 조건

뿐만 아니라 예수님께서는 그 새로운 공동체에 들어갈 수 있는 요구 조건을 말씀하고 있습니다. 그 요구 조건은 무엇입니까? '하나님의 뜻대로 하는 자'라고 말씀합니다. 그것은 이 새로운 공동체가 혈통적, 또는 민족적으로 제한되어 있는 것이 아니라 모든 사람에게 개방되었음을 말씀합니다. 본문을 보면 '누구나'를 강조하고 있습니다. 단지 혈통적인 이스라엘에게만 제한되어 있는 것이 아니라 누구나 하나님의 뜻대로 행하면 그 공동체의 가족이 될 수 있다는 것입니다.

여기에서 하나님의 뜻대로 하는 것이 무엇을 의미하는가를 살펴볼 필요가 있습니다. 이것은 예수님께서 이 말씀을 하시면서 실제로 가르치시고 예를 드셨던 제자들의 모습을 통해서 이해하는 것이 바람직합니다.

먼저, 그들은 무엇보다도 하나님의 나라가 임하는 것을 받아들이는 자들이었고 하나님의 구원계획에 참여하는 자들이었습니다. 이것은 오늘 본문의 문맥을 통해서도 확인되어집니다. 오늘 본문은 마가복음 3:20-30과 함께 이해되어야 하는데 거기에 보면 '예수님께서 제 정신이 아니다' 또는 '예수님께서 귀신이 들렸다'고 하면서 예수님께서 귀신의 능력을 힘입어 사탄을 내어 쫓는다고 비방하는 자들에게 용서받지 못할 죄를 선포하셨습니다. 그러니까 오늘 본문에서 하나님의 뜻을 행하는 자는 용서받지 못할 자와 반대되는 개념으로서 하나님 나라의 도래를 받아들이고 참여하는 자로 이해될 수 있는 것입니다.

또한 하나님의 뜻대로 행한다는 것은 제자들이 하였던 것처럼 새 시대에 요구하는 것에 맞추어 삶을 바꾸고 순종하는 것을 의미합니다. 그들은 모든 것을 버려두고 예수님을 따랐습니다. 그러므로 오늘 본문에서 우리가 관심을 가져야 할 것은 하나님의 뜻에 따라 삶을 바꾸고 순종하는 것과 가족 공동체와의 관계입니다. 복음서를 보면 예수님께서는 하나님 나라의 요구와 가족 공동체의 관계에 대해서 여러 번 말씀하셨습니다. 마태복음 10:34-37을 보면 예수님께서는 "세상에 화평을 주러 온 것이 아니고 검을 주러 왔다"고 하셨고, "가족 사이에 불화를 주려고 왔다"고 말씀하셨습니다. 그리고 "자기의 원수는 자기의 식구"라고 말씀하셨고, "아비나 어미 그리고 아들이나 딸을 나보다 더 사랑하는 것은 합당치 않다"고 말씀하셨습니다. 마태복음 8:21-22를 보면 "부모의 장례조차도 뒤로하고 예수님을 좇으라"고 했고 마가복음 10:29(눅 18:29-30)을 보면 "복음을 위하여 집이나 형제, 자매, 어미, 아비를 버리라"고 명령했습니다.

이런 말씀들은 언뜻 보기에 잘 이해되지 않습니다. 그리고 많은 이단들이 이 구절들을 이용하여 가정들을 파괴시키고 있습니다. 하지만 우리는 예수님께서 이 말씀을 통해서 가정이나 식구나 부모를 무시하거나 적대시하라는 것이 아님을 기억해야 합니다. 예수님은 누구보다도 어머니를 사랑하셨습니다. 그래서 십자가에서 돌아가시면서 사랑하는 제자에게 자신의 육신의 어머니를 부탁하셨습니다. 또한 마가복음 7장에 보면 '고르반'이라고 하면서 하나님께 대한 의무만 다하고 부모에게 소홀히 하는 바리새인들을 향하여 부모님께 대한 의무도 다하라고 말씀하셨습니다. 바울도 부모를 공경하는 것이 이 땅에서 잘되고 장수하는 비결이라고 말씀하셨습니다. 성경은 가정이 참으로 귀한 공동체이며, 가정적인 책임도 참으로 중요하다고 말씀합니다.

예수님 말씀의 의도

그럼에도 예수님께서 가족들 앞에서 하나님의 뜻대로 행한 자가 자신의 형제요 자매요 모친이라고 한 것은, 예수님께서 오심으로 혈연적인 가족 공동체를 넘어선 새로운 공동체 설립의 의도를 말씀하신 것입니다. 또한 복음서에서 가정을 무시하는 듯한 말씀을 한 것은 오히려 가족의 중요성을 반증하는 것이라고 할 수 있습니다. 우리 인간에게 가장 소중하고 귀한 공동체는 가정인데 하나님의 나라의 요구는 가족 관계의 요구보다 앞서고 그것보다 더 소중하다는 것입니다.

뿐만 아니라 이것은 가족 공동체의 요구가 하나님의 나라의 요구와 충돌될 수 있음을 말씀하는 것입니다. 실제로 우리에게 하나님의 뜻을 저버리게 하는 것이 가족일 때가 있습니다. 가정이 하나님의 가장 큰 선물임에는 분명하지만 가족을 통해서도 사탄은 매우 교활하게 우리를 하나님으로부터 멀어지게 하는 것입니다. 왜냐하면 가정은 우리가 가장 애착을 갖는 공동체이기 때문입니다. 오늘의 말씀은 그러한 차원에서 이해해야 될 것입니다.

그러하기에 이러한 말씀은 오늘날 우리 개개인과 우리의 가정, 우리의 교회를 돌아보고 점검하게 합니다. 먼저 예수님은 우리가 개인적으로 하나님의 뜻을 행하고 하나님께 순종하기를 원하십니다. 우리는 흔히 기도와 말씀으로 하나님께 가장 가깝게 나아갈 수 있다고 생각합니다. 물론 그것도 중요합니다. 그러나 순종이 뒷받침되지 않으면 그것은 크게 유익하지 않습니다. 순종은 하나님께 가장 가까이 나아갈 수 있는 지름길이고 하나님을 경험할 수 있는 최우선의 방법이라고 해도 결코 과언이 아닙니다. 저는 우리 모두가 때로는 손해보고 이해되지 않더라도 순종함으로 하나님을 경험하고 하나님의 놀라운 은혜를 체험하기를 바랍니다. 하나님께서는 하나님의 뜻에 따라 말씀에 순종하는 자들을 결코 실망시키지 않을 줄 믿습니다.

다음으로, 예수님은 우리 성도들의 가정도 하나님의 뜻을 최우선시하는 가정이 되기를 원하십니다. 오늘날 사회는 가정이 우상화되고 있습니다. 모든 것의 우선순위가 가정이고 가정의 유익은 모든 것을 결정하는 기준이 되고 있습니다. 그러나 어느 때보다도 가족에 대한 관심이 많은 시대인데 가정은 가장 많이 파괴되는 기현상이 일어나고 있습니다. 결혼한 가정의 1/3이 이혼하고 있는데다 청소년 문제는 얼마나 심각합니까? 우리가 가정을 지켜보려고 최선을 다해 노력하지만 그것만으로 가족을 지킬 수 없습니다. 가정은 하나님께서 지켜주셔야만 온전히 유지될 수 있는 것입니다. 그러므로 진정으로 우리의 가정이 온전히 그리고 바르게 유지되는 길은 하나님의 뜻을 최우선적으로 복종하는 것입니다. 또한 우리의 자녀들을 나의 욕심대로가 아니라 하나님의 뜻대로 양육하는 것이 중요합니다. 그 때 하나님께서 우리의 자녀들을 지켜주실 것입니다.

오늘날 교회도 마찬가지입니다. 교회의 성도들은 곧 가족입니다. 우리가 가족들을 사랑하는 것처럼 우리는 서로 사랑해야 합니다. 가족의 행사가 있으면 빠지지 않아야 되는 것처럼 교회의 행사에도 적극 참여해야 합니다. 서로 사랑하고 격려하며 세워주는 교회여야 합니다. 또한 교회는 하나님의 뜻을 행하는 공동체라는 사실을 다시 한 번 명심해야 합니다.

하나님의 뜻을 행하는 공동체가 교회를 이루는 필수 조건이라는 것은 너무나 당연하고 상식적인 말씀인데 오히려 그렇지 못하는 경우가 많습니다. 많은 교회가 하나님의 뜻을 저버리고 인간적인 방법으로 운영하는 것은 부인할 수 없는 사실입니다. 그렇기에 제가 늘 다짐하고 긱오하고 기도하는 것 중에 하나가 우리 교회를 하나님께서 원하시는 뜻을 행하고 말씀 위에 세워지는 바른 교회를 이루는 것입니다.

물론 개인적으로, 가정적으로, 교회적으로 하나님의 뜻을 온전히 행하며 산다는 것이 쉽지 않습니다. 예수님께서도 겟세마네 동산에서 기도하시면서 "아버지여 내 원대로 마시고 하나님의 원대로 하옵소서!"라고 하셨던 것처럼 우리도 하나님의 원하시는 뜻을 행하기 위해서 하나님께 매달리고 발버둥치는 노력이 필요할 줄 믿습니다.

이제 말씀을 맺겠습니다.

오늘 본문은 예수님께서 오심으로 혈연과 지연 그리고 민족을 초월한 공동체가 세워질 것을 말씀하고 있습니다. 그것은 하나님의 뜻을 따라 행하는 공동체입니다. 그리고 이 공동체는 우리 모두에게 열려있습니다. 저는 우리 모든 성도들이 이 공동체에 속하기 원합니다. 물론 그 공동체의 요구는 이 세상의 다른 어느 것보다, 특히 우리에게 가장 소중한 가족 공동체보다도 우선할 것을 말씀합니다. 그러므로 저는 우리 모든 성도들이 개인적으로 하나님의 뜻을 행하여서 하나님을 더 깊이 체험하기를 바랍니다. 우리 성도들의 가정이 하나님의 뜻을 이루는데 최선을 다하여 행복한 가정이 되기를 바랍니다. 우리 교회도 하나님의 뜻을 행함으로 바르고 견고하게 서기를 바랍니다.

마가복음 4:1-20

씨 뿌리는 비유
열매 맺는 신앙

　예수님께서 공생애를 시작하시면서 가장 먼저 외치셨던 말씀은 '하나님의 나라가 가까왔다'는 것입니다. 그리고 누가복음 4:43에서도 예수님께서 오신 목적이 하나님 나라의 복음을 전하는 것이라고 하였습니다. 또한 사도행전 1:3을 보아도 부활하신 다음에 예수님께서 40일 동안 사시면서 제자들에게 하나님의 나라에 대해서 기르치셨다고 말씀합니다. 이러한 말씀들을 보면 예수님께서 공생애를 사시면서 전파하시고 가르치셨던 메시지의 핵심적인 내용 또는 주제는 '하나님 나라'에 관한 것임을 쉽게 알 수 있습니다.

　그렇지만 우리는 하나님의 나라에 대한 바른 이해를 위해서 두 가지를 기억해야 합니다. 먼저, 하나님의 나라는 장소적인 개념보다는 통치적인 개념으로 이해해야 합니다. 다시 말해, 하나님의 나라는 하나님께서 왕이 되셔서 통치하시고 다스리시는 나라를 의미합니다. 다음으로, 하나님의 나라는 현재성과 미래성이 있습니다. 여기에서 현재성이라는 것은 이미 이루어졌다는 것을 의미하고 미래성이라는 것은 이미 이루어졌지만 아직 완성되지 않았다는 것을 의미합니다. 다시 말해, 하나님의 나라는 예수님의 초림을 통해서 이미 우리에게 임하였고 예수님의 재림을 통해 완성되는 것입니다. 그래서 예수님께서는 공생애 동안에 말씀과 사역을 통해서 하나님의 나라가 얼마나 능력 있게 임하는가를 보여주셨습니다. 그 대표적인 사역이 병자를 고치고 귀신을 내어 쫓는 것이었습니다. 병자가 치유되는 것은 연약한 부분이 회복되는 것을 의미하고 귀신을 쫓아내는 것은 얽매여 있던 것에서 해방되는 것을 상징합니다. 하나님의 나라가 임하면 우리의 연약한 부분들이 회복되고 우리를 사로잡고 있었던 것에서 해방된다는 것을 보여주셨습니다.

비유로 설명되는 하나님 나라

이렇게 예수님을 통해서 하나님의 나라가 능력 있게 임하게 되자 두 반응이 일어났습니다. 먼저는 열렬히 예수님을 따르는 무리가 있었습니다. 그리고 예수님을 정면으로 대적하고 예수님을 모함하는 무리가 있었습니다. 그러나 두 부류 모두 예수님을 통해서 임하게 되었던 하나님의 나라의 본질을 바로 알지 못했습니다. 그래서 그 전까지 부분적으로, 또는 기적을 행함으로 하나님의 나라의 본질을 가르치셨던 예수님께서는 이제 좀 더 근본적인 면에서 하나님의 나라를 가르치시기 시작하였습니다. 하지만 예수님께서는 하나님의 나라의 본질을 논리적으로 설명한 것이 아니라 비유를 통해서 가르치셨습니다. 마가복음 4:33-34입니다.

> 예수께서 이러한 많은 비유로 저희가 알아들을 수 있는 대로 말씀을 가르치시되 비유가 아니면 말씀하지 아니하시고 다만 혼자 계실 때에 그 제자들에게 모든 것을 해석하시더라.

비유로 설명하신 이유

물론 비유로 가르치신 목적이 있습니다. 그것이 오늘 본문 10-12절에 설명이 되어있습니다. 10절입니다.

> 예수께서 홀로 계실 때에 함께한 사람들이 열두 제자로 더불어 그 비유들을 묻자오니

마태복음 13장에서는 제자들이 왜 비유로 가르치셨는지를 물었다고 말씀합니다. 제자들은 하나님의 나라에 대해서 왜 비유로 가르치시는지, 그리고 씨뿌리는 비유의 의미가 무엇인지 예수님께 물었던 것 같습니다. 11절과 12절에서 그것을 설명하고 있습니다. 11절입니다.

> 이르시되 하나님 나라의 비밀을 너희에게는 주었으나 외인에게는 모든 것을 비유로 하나니

먼저 비유는 일종의 '비밀'이라는 것입니다. 비밀이라는 것은 크게 두 가지 의미를 내포하고 있는데, 그것은 스스로는 알 수 없고 이미 알고 있는 자가 가르쳐 주어야 알 수 있다는 것과 누구나 다 알 수 있도록 의도되지 않았다는 것입니다. 어떤 사람에게는 드러내고 어떤 사람에게는 감추어진 것입니다. 결국, 하나님의 나라의 본질을 비유로 말씀하신 것은 하나님 나라의 본질이 모든 사람에게 드러나는 것이 아니라 하나님께서 알려주신 자만이 알 수 있도록 의도되었음을 보여주고 있습니다. 그리고 '너희'는 10절에 언급되어 있는 대로 제자들을 포함해서 예수님을 따라 다녔던 사람들입니다. 그들에게는 알려주신다는 것입니다. '외인'은 일차적으로 당시에 예수님을 배척하고 사사건건 시비를 걸었던 서기관들과 바리새인들을 가리킵니다.

이어서 12절에서는 비유로써 하나님 나라를 설명한 것이 그들이 깨닫지 못하도록 하시기 위함이었다고 말씀합니다. 12절은 이사야 6:9절

을 인용한 것인데 번역과 해석에 있어서 난해 구절 가운데 속합니다. 저는 이 말씀이 가지고 있는 신학적인 논쟁은 뒤로하고 이 말이 우리에게 주는 의미에 대해서 말씀드리고자 합니다.

저는 이 말씀이 크게 두 가지를 의미한다고 생각합니다. 먼저, 이 말씀은 하나님의 섭리 또는 선택의 교리를 말합니다. 성경에 보면 하나님께서 특별한 목적을 위해서 사람의 마음을 강퍅케 하는 경우가 있습니다. 그 대표적인 예가 바로 왕입니다. 하나님께서 이스라엘을 구원하고 하나님의 백성을 삼고자 하는 구원의 목적을 위해서 바로의 마음을 강퍅케 하셨습니다. 왜냐하면, 그렇게 할 때 하나님의 섭리하심과 구원의 역사를 가장 잘 드러낼 수 있었기 때문이었습니다. 예수님께서 하나님 나라의 본질을 비유로 말씀하신 것은 그러한 목적이 있었던 것입니다. 그러니까 구약에서 이스라엘을 통한 하나님의 구원 계획을 이루기 위해서 마치 바로의 마음을 강퍅케 하셨던 것처럼 예수님을 통한 하나님의 구원 계획을 위해서 어떤 부류의 사람들의 마음을 강퍅케 하실 필요가 있었던 것입니다.

그러나 예수님께서 아무 이유 없이 단지 어떤 부류의 사람들을 정죄하기 위해서 비유로 말씀하셨다고 결론을 내려서는 안 됩니다. 만약 정죄만을 목적으로 했다면 예수님께서 결코 이 말씀을 하지 않았을 것입니다. 그것은 먼저 이사야의 말씀을 인용한 것을 보아서 알 수 있습니다. 이사야의 말씀은 당시에 완고하였던 유다 사람들에 대한 심판을 선포하는 과정에서 하신 말씀이었는데 그들은 하나님께서 선지자를 통하여 아무리 경고의 말씀을 하여도 듣지 않았던 자들이었습니다. 그런 면에서 볼 때 예수님 시대의 서기관들과 바리새인들은 그러한 사람들과 같은 부류였습니다. 예수님께서 아무리 그들에게 하나님 나라가 예수 그리스도를 통해서 임하게 된 것을 말씀하시고 능력으로 보여주셨어도 그들은 선지자 시대의 이스라엘 백성들처럼 스스로 자신들의 눈을 가리고 귀를 막았던 것입니다. 그러니까 이 말씀은 하나님의 섭리와 주권을 말씀한 것은 분명하지만, 다른 한편으로는 예수님의 말씀을 듣는 사람들의 자세와 책임을 강조하고 있습니다. 그래서 바리새인들과 서기관들처럼 마음을 강퍅케 하지 말라고 말씀하신 것입니다. 오늘 본문에서도 3절에서 '들으라'고 하시고 9절에서도 '들을 귀 있는 자는 들으라'라고 하면서 계속 경고의 말씀을 하셨습니다. 이것은 단순히 듣는 행위를 말하는 것이 아니고 '이 말씀을 듣고 너희 자세를 바꾸라'는 경고요 도전의 말씀입니다. 그리고 이어지는 씨 뿌리는 비유를 보면 신앙생활에 있어서 우리 인간의 자세와 상태가 얼마나 중요한지 다시 한 번 확인할 수 있습니다.

씨 뿌리는 비유

그렇다면 이제 씨 뿌리는 비유에 대해서 살펴보겠습니다. 여기에서 씨 뿌리는 자는 예수님을 말씀하고, 씨는 예수님의 말씀 즉 하나님 나라에 대한 말씀을 의미합니다. 또한 씨를 뿌렸다는 것은 하나님의 나라가 선포되었다는 것을 말씀합니다. 씨들이 뿌려졌는데 그것이 네 곳에 떨어졌습니다. 어떤 씨는 길가에 떨어졌고, 어떤 씨는 돌밭에 떨어졌으며, 어떤 씨는 가시떨기에 떨어졌고, 어떤 씨는 좋은 땅에 떨어졌습니다. 그러나 길가에 떨어진 씨는 새들이 와서 먹었고(4절), 돌밭에 뿌려진 씨는 싹은 나왔으나 해가 돋은 후에 뿌리가 없으므로 말라버렸습니다(5-6절). 가시떨기에 떨어진 것은 가시가 자라 기운을 막아버려서 결실치 못하게 되었습니다. 하지만 옥토에 심겨진 것은 삼십 배, 육십 배, 백배의 결실을 맺게 되었습니다.

이 비유는 당시의 농사법을 반영한 것입니다. 오늘날과 달리 당시는 먼저 씨를 뿌리고 나중에 땅을 갈았다고 합니다. 이러한 농사에 대한 비유는 당시 보통 사람이라면 잘 알고 쉽게 이해할 수 있는 관습이었습니다. 그러나 그들은 이것을 하나님의 나라의 본질과는 쉽게 연결하지 못하고 예수님께 그 말의 의미를 물어보았던 것입니다. 그래서 예수님께서 14-20절에서 그 비유의 의미를 설명하였습니다.

먼저 길가에 뿌려져서 새들이 와서 먹었다는 것은 말씀을 들었으나 사탄의 방해로 말씀에 전혀 감동이 없었음을 의미합니다(15절). 돌밭에 뿌려져서 싹이 나왔으나 해가 돋은 후에 뿌리가 없어져 말라버렸다는 것은 기쁨으로 말씀을 받았으나 환란이나 핍박이 일어나므로 곧 신앙생활을 포기했음을 의미합니다(16-17절). 가시떨기에 떨어져서 가시가 자라 기운을 막아버려서 결실치 못했다는 것은 세상의 염려와 재리의 유혹과 욕심 때문에 믿음의 결실이 없음을 의미합니다(18-19절). 옥토에 뿌려져서 열매를 맺었다는 것은 말씀을 듣고 잘 받아들여서 놀라운 은혜와 능력을 체험함을 의미합니다.

이 비유가 말씀하는 결론은 두 가지입니다. 먼저 이 비유는 마치 씨가 땅에 뿌려진 것과 같이 예수님을 통해서 하나님의 나라는 임하였고 놀라운 능력으로 이 하나님의 나라가 확장된다는 것을 말씀합니다. 다음으로, 이 비유는 하나님 나라에 대한 말씀 또는 하나님 나라의 능력은 우리에게 똑같이 임하였는데 우리의 마음 상태에 따라, 그리고 우리가 어떻게 반응하느냐에 따라 그 결과가 달라진다는 것을 말씀합니다. 같은 사람이 같은 씨를 뿌렸지만 다른 결과가 나온다는 것입니다.

옥토와 같은 심령

이 말씀은 오늘날 교회에 다니는 우리들에게도 잘 적용되는 말씀입니다. 먼저 지금 우리에게도 하나님의 나라가 계속해서 임하고 있고 하나님의 말씀이 선포되고 있는데 우리 가운데 길가와 같은 사람들이 있습니다. 당시에 길가는 사람들과 동물들과 마차들이 다녀서 딱딱해진 땅을 말합니다. 오늘날도 교회 안에서 예배를 참석하고 말씀을 듣지만 길가와 같은 마음을 가지고 있는 사람들이 있습니다. 그들은 마음을 닫고 말씀에 전혀 관심이 없습니다. 그들은 예배를 드리러 온 것이 아니라 마치 연극이나 공연을 관람하고 온 사람들처럼 예배를 '보기 위해서' 옵니다. 이런 분들은 설교를 들을 때도 '설교자가 왜 저렇게 흥분하지', '설교자가 왜 저렇게 악을 쓰지' 하면서 말씀에 대한 사모함이 전혀 없습니다. 한편 돌밭과 같은 사람이 있습니다. 이 사람들은 말씀에 감동이 있고 사모함은 있습니다. 그러나 기초가 튼튼하지 못해서 늘 왔다 갔다 하는 사람들입니다. 특히 시련이 오면 그것을 견디어내지 못하는 것입니다. 우리 교회에도 이러한 사람들이 많이 있습니다. 그리고 가시떨기와 같은 사람이 있습니다. 이들도 역시 말씀에 감동이 있고 사모함은 있습니다. 그러나 하나님을 온전히 신뢰하지 못하고 세상의 염려가 가득합니다. 세상의 유혹과 재미 또는 세상의 욕심을 이기지 못하고 늘 거기에 늘 끌려 다닙니다. 돈, 명예 앞에서 신앙을 지키지 못합니다. 이렇게 돌밭과 같은 마음을 가진 사람들과 가시떨기와 같은 마음을 가진 사람들에게는 결실이 없습니다. 하나님 나라의 능력이 나타나지 않는 것입니다. 마지막으로 좋은 땅은 말씀을 듣고 받는 사람인데 그들에게 놀라운 결실이 맺힌다는 것입니다.

 그렇다면 좋은 땅을 가진 사람이라는 것은 좀 더 구체적으로 어떤 사람을 말합니까? 먼저 길가와 같은 사람과는 달리 말씀에 대한 사모함과 갈급함이 있는 사람들입니다. 그리고 돌밭과 같은 사람과는 달리 신앙의 기초가 잘 되어 있는 사람들입니다. 그래서 어려움이 와도 흔들리지 않는 사람들입니다. 그리고 가시떨기와 같은 사람과는 달리 모든 염려를 하나님께 맡기고 세상의 유혹과 욕심을 신앙 안에서 극복한 사람들입니다. 지난주에 말씀드린 대로 하나님의 뜻을 따르고 행하는 것을 최고의 가치와 목표로 삼는 사람들입니다. 이런 사람들에게 놀라운 하나님 다스리심과 통치하심의 능력이 나타나는 것입니다.

사랑하는 성도 여러분! 여러분의 지금 상태는 어떠합니까? 길가나 돌밭이나 가시떨기와 같은 사람입니까? 아니면 좋은 땅과 같이 열매를 맺는 사람입니까? 저는 우리 모든 성도들의 심령이 옥토와 같기를 원합니다. 그리고 우리 교회 전체적으로도 옥토가 되기를 원합니다. 그래서 개인적으로, 교회적으로 하나님 나라의 능력을 경험하고 하나님의 나라가 확장되기를 원합니다. 우리 교회에서 계속해서 성경을 공부하는 목적은 개인적으로, 교회 전체적으로 좋은 땅이 되기 위함입니다. 단순히 신앙의 지식을 축적하기 위함이 아닙니다. 진리를 통하여 마음이 열리고, 기초가 든든해지고, 어떠한 유혹에도 흔들리지 않는 건고한 신앙의 자세를 갖게 하기 위함입니다. 쉽게 이야기하면, 길가와 같은 사람, 돌밭과 같은 사람, 가시떨기와 같은 사람이 좋은 땅의 사람이 되게 하는데 목적이 있습니다.

말씀을 맺겠습니다.

예수님께서 오심으로 하나님의 나라가 임하였고 또한 놀라운 능력으로 확장되고 있습니다. 그러나 사람들의 태도에 따라 그 결과는 전혀 다릅니다. 우리 모두에게 동등하게 하나님의 나라가 임했고 말씀이 동등하게 선포되었지만 우리의 태도에 따라서 결과는 전혀 다르게 나타난다는 것입니다. 결국 우리들 가운데 어떤 사람은 열매있는 신앙생활을 하지만 어떤 사람은 전혀 열매 없는 신앙생활을 하고 있습니다. 우리 모든 성도들과 우리 교회가 좋은 땅이 되어서 하나님 나라의 능력을 경험하게 되며 우리를 통하여 하나님의 나라가 확장되기를 바랍니다.

마가복음 4:21-34

하나님 나라의 특성

'하나님 나라'라는 말과 '복음'이라는 말은 근본적으로 같은 의미를 갖는다고 할 수 있습니다. 왜냐하면 우리가 '복음을 믿는다' 또는 '예수님을 믿는다'는 것은 예수님을 통하여 하나님의 통치가 임하는 것을 믿는 것이고, 예수님을 나의 왕으로 나의 주인으로 받아들이는 것을 의미하기 때문입니다. 그래서 예수님께서는 복음의 특징, 즉 예수님을 통하여 임하게 되는 복음의 새로운 시내의 특징을 하나님 나라의 개념으로 설명하셨습니다.

하지만 예수님께서는 그 하나님 나라의 특성들을 직접적으로 가르쳐 주시지 않고 여러 가지 비유를 통해서 가르쳐주셨습니다. 그 비유들을 보면 당시의 사람들이 쉽게 접근할 수 있는 일상생활과 연관되어 있거나, 우리가 잘 아는 자연의 순리와 연관되어 있음을 알 수 있습니다. 이렇게 예수님께서 일상생활이나 자연의 순리와 연관시켜서 하나님 나라를 설명하셨던 이유는 그것이 좀 더 효과적이고 분명하게 하나님의 나라를 설명할 수 있었기 때문이었습니다. 그 중의 일부가 마가복음 4장에 기록되어 있습니다. 만약 하나님의 나라에 대한 비유를 좀 더 보시려면 마태복음 13장을 보시기 바랍니다.

13절에서 "또 가라사대 너희가 이 비유를 알지 못할진대 어떻게 모든 비유를 알겠느뇨?"라고 하신 것으로 보아 예수님은 아마 항상 씨 뿌리는 비유를 통해서 가장 먼저 하나님 나라의 본질을 설명하셨던 것 같습니다. 그러니까 씨 뿌리는 비유는 모든 비유의 기초와 기본을 이루는 비유라고 할 수 있습니다.

지난주에 살펴본 대로 씨 뿌리는 비유의 핵심은 하나님의 나라는 모든 사람에게 똑같이 임하지만 우리의 자세와 태도에 따라 그 결과가 달라진다는 것입니다. 그러나 하나님 나라는 단지 그 정도의 특성만을 지니고 있지 않습니다. 그래서 예수님께서는 또 다른 비유들로 하나님 나라의 특성을 가르쳐 주십니다. 이제 본문을 보겠습니다. 오늘 본문은 크게 4단락으로 나누어지는데, 그것은 21, 24, 26, 30절에서 "또 가라사대"라고 말씀한 것에 근거합니다. 마지막 33-34절은 비유의 결론입니다.

등불의 비유

먼저 21-23절에서는 소위 '등불의 비유'로 하나님의 나라를 설명합니다. 21절을 보겠습니다.

> 또 저희에게 이르시되 사람이 등불을 가져오는 것은 말 아래나 평상 아래나 두려함이냐? 등경 위에 두려 함이 아니냐?

사람이 등불을 방에 둘 때는 말(곡식을 담거나 되는 도량형 기구, 누가복음 8:16에서는 그릇으로 표현하였다)이나 평상(침대)에 두지 않고 등불이 가장 효과적으로 빛을 발하도록 등경 위에 둔다는 것입니다. 여기에서 등불은 예수님 또는 예수님을 통해 지금 임하고 있는 하나님의 나라를 말하고 있습니다. 따라서 예수님을 통하여 임하게 되는 하나님의 나라는 모든 사람이 볼 수 있도록 임한다는 것입니다. 22절입니다.

> 드러내려 하지 않고는 숨긴 것이 없고 나타내려 하지 않고는 감추인

것이 없느니라.

이중부정으로 표현되어 있기 때문에 의미를 파악하기 위해서는 좀 깊이 생각해 보아야 되지만 이 말을 간단히 이야기하면 숨겨진 모든 것은 드러나고 감추어진 모든 것은 나타난다는 것입니다. 숨겨지고 감추어진 상황은 일시적이라는 것입니다.

이 두 말을 종합해 보면 11-12절에 말씀하는 것처럼 예수님을 통해서 임하게 되는 하나님의 나라는 어떤 사람들에게는 완전히 감추어져 있고 어떤 사람들에게는 부분적으로 드러나 있지만 그것은 하나님의 진정한 의도가 아닙니다. 하나님의 진정한 의도는 앞으로 이 하나님 나라가 모든 사람들에게 완전히 드러나고 나타나는 것입니다. 물론 예수님을 통하여 임하게 된 하나님의 나라가 아직은 완전히 드러나지 않고 있지만, 그것은 일시적인 것일 뿐 적당한 때에 이 하나님의 나라는 궁극적으로 모든 사람들에게 완전하게 드러나고 보여 질 것입니다. 그래서 마치 등불이 방을 환하게 비추는 것처럼 모든 사람들에게 영향을 줄 것입니다.

하나님 나라에 대한 우리의 자세

이어지는 24절과 25절은 하나님 나라의 비유는 아니지만 하나님 나라를 이해하는데 아주 중요한 말씀입니다. 이 말은 아마 당시의 사람들에게 잘 알려진 격언인 것 같습니다. 그래서 24절과 25절의 말씀은 복음서의 다른 문맥에서도 자주 발견됩니다. 그러나 어떤 격언이 다른 상황에 쓰여 질 수는 있지만 격언의 핵심적인 교훈은 같은 것처럼 이 말씀의 의도하는 내용은 같다고 할 수 있습니다. 먼저 24절을 보겠습니다.

> 또 가라사대 너희가 무엇을 듣는가 스스로 삼가라. 너희의 헤아리는 그 헤아림으로 너희가 헤아림을 받을 것이요 또 더 받으리니

이 말씀은 마태복음 7:2와 누가복음 6:38에도 나오는데 마태복음에서는 이 말은 비난을 하면 비난을 받는다는 것을 설명할 때 언급되고 있고, 누가복음에서는 남에게 주면 도로 받을 것이라는 문맥에서 언급되고 있습니다. 모든 경우에 핵심적인 것은 '자신의 하는 것에 따라 결과를 거둔다' 는 것입니다. 그리고 25절입니다.

있는 자는 받을 것이요 없는 자는 그 있는 것까지 빼앗기리라.

이 말씀은 마태복음 25:29과 누가복음 19:26에서 발견됩니다. 거기에 보면 달란트 비유와 연결되어 있습니다. 이 말씀의 핵심은 '현재의 상황에서 최선을 다하라' 는 것입니다. 결국 이 두 말은 씨 뿌리는 비유와 마찬가지로 하나님의 나라도 우리가 하는 행위와 자세에 따라 그 결과가 다르다는 것을 말씀합니다. 이 말은 듣는 자의 마음과 자세에 따라서 어떤 사람들은 천국의 비밀을 더욱 풍성하게 깨닫고 또한 하나님의 능력을 풍성히 경험하기도 하지만 어떤 사람들은 그렇지 못하기도 한다는 것입니다. 그러므로 24-25절은 지금 듣고 있는 청중들에게 더욱 신중하고 주의 깊게 이 하나님의 나라의 비유의 말씀을 듣고 사모하기를 권면하고 있습니다. 이 말씀이 바로 오늘 본문 전체에서 아주 중요한 위치를 차지하고 있습니다.

곡식이 자라는 비유

26-29절은 소위 '곡식이 자라는' 비유입니다.

또 가라사대 하나님의 나라는 사람이 씨를 땅에 뿌림과 같으니 저가 밤낮 자고 깨고 하는 중에 씨가 나서 자라되 그 어떻게 된 것을 알지 못하느니라. 땅이 스스로 열매를 맺되 처음에는 싹이요 다음에는 이삭이요 그 다음에는 이삭에 충실한 곡식이라. 열매가 익으면 곧 낫을 대나니 이는 추수 때가 이르렀음이니라.

혹자는 29절이 마지막 심판을 언급하고 있다고 하지만 문맥으로 볼 때 이 말씀은 종말론적인 심판을 말하기보다는 뿌려진 씨앗의 결실을 말합니다. 그러니까 이 구절은 현재 예수님을 통해 임하게 된 하나님의 나라가 감추어져 있고 불분명하지만 뿌려진 씨가 결실을 맺듯이 언젠가 적당한 때에 완성되고 열매를 맺게 될 것을 의미합니다.

종합해 보면 이 비유는 씨 뿌리는 자나 땅의 종류에 대한 것이 아니라 씨의 성장, 즉 하나님 나라의 성장에 대한 것입니다. 또한 하나님 나라의 성장과 드러남이 비밀스럽게 이루어짐을 말씀합니다. 그러니까 예수님을 통하여 임하게 된 하나님의 나라는 지금은 확연하게 드러나지는 않지만 지금도 비밀스럽게 신행되고 있다는 것입니다. 더구나 그 씨는 생명력이 있어서 스스로 자라나는데, 해충이나 가뭄이나 홍수나 햇볕 그리고 씨 뿌리는 자의 노력을 초월해서 땅에서 자라게 되어 있다는 것입니다. 다시 말하면, 하나님 나라는 그 자체가 생명과 능력을 가졌기 때문에 아무리 많은 세력들이 반대하고 모략하며 방해하려 할지라도 하나님의 나라는 꾸준히 성장하여왔고, 또한 제자들을 포함한 예수님을 따르는 사람들이 다 이해하지 못하고 제 역할을 감당하지 못한다고 할지라도 하나님의 나라는 확장되고 완성된다는 것입니다.

겨자씨 비유

30-32절은 유명한 '겨자씨' 비유입니다. 30-31절입니다.

겨자씨 한 알과 같으니 땅에 심길 때에는 땅 위의 모든 씨보다 작은 것이로되 심긴 후에는 자라서 모든 나물보다 커지며 큰 가지를 내니 공중의 새들이 그 그늘에 깃들일 만큼 되느니라.

겨자씨는 가장 작은 것의 상징이었습니다. 그래서 성경은 자주 아주 작은 것을 이야기 할 때 겨자씨를 비유로 들고 있습니다(참고. 마 17:20). 그러나 이 작은 겨자씨도 나중에는 2-5미터까지 크게 자랍니다. 결국 예수님을 통한 하나님의 나라는 지금 보기에는 작게 보여도 나중에는 크게 된다는 말씀입니다. 또한 그 결과는 어떻습니까? 32절의 공중의 새는 하나님 나라에 참여하는 모든 사람을 의미한다고 할 수 있습니다. 결국 이 말씀은 나중에 모든 사람에게 영향을 준다는 것을 의미합니다.

이렇듯 하나님의 나라는 반드시 드러나게 되어있고, 지금 당장은 아무도 느끼지 못한다 할지라도 그 자체에 생명력이 있기 때문에 결실을 맺게 되어 있으며, 또한 지금은 조그마하게 보인다 할지라도 나중에는 커서 모든 사람에게 영향을 미친다는 것입니다. 그러나 이러한 하나님 나라는 모든 사람에게 자동적으로 실현되는 것이 아니라 하나님 나라의 비밀을 신중히 그리고 주의 깊게 듣고 사모하는 사람들에게는 놀랍게 임할 것이고 그렇지 않으면 결코 하나님 나라의 임함을 맛보지 못한다는 것입니다.

비유의 적용

이 비유들은 지금 우리에게도 똑같이 적용될 수 있습니다. 첫째, 하나님의 나라는 분명히 모든 사람에게 드러나게 임합니다. 하나님 나라는 결코 어떤 특별한 사람에게만 주어지는 배타적인 것이 아닙니다. 방에 있는 모든 사람이 등불의 혜택을 누릴 수 있는 것처럼 남녀노소, 빈부와 지위고하에 상관없이 우리 모두가 누릴 수 있는 것입니다.

둘째, 하나님 나라는 그 자체에 생명력(또는 능력)이 있기 때문에 자라고 열매 맺게 되어있습니다. 예수님 시대에 아무리 반항하고 도전하는 세력이 있었다 하더라도 결국은 열매를 맺었습니다. 기독교 역사를 보더라도 예수님께서 승천하신 이후에 때로는 어두움에 의해서 그 빛이 가려질 때도 있었고 때로는 큰 세력들에 의해서 하나님 나라의 확장이 방해를 받았지만 하나님 나라는 끊임없이 자라왔습니다. 왜냐하면 복음 자체에 생명과 능력이 있기 때문입니다. 단, 우리가 명심할 것이 있는데 그것은 하나님 나라의 열매는 가라지와 함께 자라간다는 것입니다(참조, 마 13:24 이하). 교회 역사를 보면 얼마나 많은 이단 사상들과 이단자들이 등장했고 교회를 좀 먹었는지 모릅니다. 지금도 마찬가지입니다. 많은 교회들 가운데 가라지 교회도 있고 많은 교인들 가운데 가라지 교인들도 있어서 우리가 실망과 좌절을 경험하기도 합니다. 하지만 그러한 가라지와는 상관없이 하나님의 나라는 자라고 열매를 맺게 되어있습니다.

셋째, 우리가 알아야 할 것은 씨를 뿌린다고 해서 금방 열매가 맺혀지지는 않는다는 것입니다. 물론 금방 자라는 경우도 있지만 일반적으로 정상적인 단계를 거쳐야 하고 세월이 필요합니다. 그러니까 눈에 띄는 변화가 없고 한꺼번에 많은 열매가 없더라도 실망하지 마시기 바랍니다. 이것은 자기 자신 뿐 아니라 상대방에게도 적용될 수 있습니다. 목회자가 가장 큰 실망을 하는 것은 성도들이 자라지 않는다는 것인데 이 비유를 보니까 그것이 어쩌면 정상적인 것인지 모르겠습니다. 우리가 자주 실패하는 이유 가운데 하나는 너무 조급하기 때문입니다.

넷째, 자라게 하시는 분이 하나님이라는 것입니다. 비록 성도들이 복음을 전파하고 하나님 나라의 확장을 위해 수고하였다 할지라도 결국 완성은 하나님의 손에 달려 있다는 것입니다. 그러니까 하나님 나라의 확장을 위해서 하나님의 은혜에 의지할 수밖에 없습니다.

다섯째, 하나님 나라는 그 시작이 작게 보여도 나중에는 크게 확장되고 영향을 미치지 않을 수 없습니다. 하나님의 나라가 임하면 자신만 성장하는 것이 아니라 남에게 영향과 유익을 준다는 것입니다. 이것은 하나님 나라의 비유의 결론입니다. 같은 의미의 비유가 마태복음 13:33에 나오는 누룩의 비유입니다.

천국의 시작은 미약했습니다. 그렇게 뛰어나지 못한 12명의 제자들이 중심이 되었습니다. 그리고 초대교회는 120명으로 시작되었습니다. 소수에 의해서 그리고 유대 조그마한 나라에서 시작된 하나님 나라는 지금 전 세계에 영향을 미치고 있습니다. 또한 바울을 통해서 유럽에 전파된 기독교는 당시에는 겨자씨와 같이 작았지만 지금은 놀라운 결실을 맺었습니다. 뿐만 아니라 청교도 120명을 통해 시작된 미국의 기독교는 지금 얼마나 놀라운 영향력을 미치고 있습니까?

그러나 여기에서 놓치지 말아야 할 중요한 사실이 있습니다. 24-25절에서 말씀한대로 하나님의 나라가 임하고 확장되는데 우리의 노력과 의지와 태도가 중요합니다. 우리는 하나님 나라의 교훈과 능력을 귀중히 여기고 사모해야 합니다. 그리고 하나님의 나라가 더욱 풍성하게 임하도록 최선을 다해야 합니다. 그 때 하나님 나라가 더욱 풍성히 자라고 열매 맺고 영향력을 발휘할 수 있을 줄 믿습니다.

말씀을 맺겠습니다.

하나님의 나라는 우리 모두에게 임했습니다. 저는 여기 계신 모든 분들이 하나님의 나라를 받아들이기를 원합니다. 이미 하나님 나라를 받아들은 분들은 더욱 풍성하게 하나님의 나라를 경험하고 더욱 많은 열매를 맺기 원합니다. 또한 우리에게 임한 하나님의 나라가 우리의 가정과 이웃과 사회에 확산되고 영향을 미치기를 원합니다. 그리고 그것을 위해서 최선의 수고와 노력을 다하시기 바랍니다.

마가복음 4:35-41

풍랑을 잠잠케 하신 예수님

오늘 본문은 마가복음의 소위 '네 기적 시리즈' 가운데 첫 번째 사건에 대한 말씀입니다. 본문에는 예수님께서 풍랑을 잠잠케 하신 사건이 기록되어 있고, 5:1-20에서는 거라사인 지방에서 귀신들린 자에게서 귀신을 쫓아내는 사건이, 21절부터 마지막까지는 혈루병을 앓는 여인을 고치시는 사건과 죽은 야이로의 딸을 고치시는 사건이 함께 기록되어 있습니다.

풍랑을 잠잠케 하시는 주님

마태복음과 누가복음에서는 본문의 사건이 다른 문맥에서 언급되지만 마가복음에서는 시간적으로, 지역적으로, 그리고 논리적으로 4:1-34에 언급된 하나님 나라 비유의 가르침과 연결하여 기록하고 있습니다. 4:1-2을 보면, 예수님께서 배에 앉으셔서 그에게 몰려온 무리들에게 하나님 나라에 대해서 가르쳤습니다. 그리고 저녁이 되어서 피곤하셨는지 건너편으로 가서 쉬기 원했습니다. 35-36절입니다.

> 그 날 저물 때에 제자들에게 이르시되 우리가 저편으로 건너가자 하시니 저희가 무리를 떠나 예수를 배에 계신 그대로 모시고 가매 다른 배들도 함께 하더니

아마 예수님을 따랐던 사람들도 헤어지기 아쉬운 마음에 다른 배들을 타고 예수님을 따라갔던 것 같습니다. 그런데 갑자기 큰 광풍이 일어나서 물이 배에 가득하게 되었습니다(37절). 이렇게 갑작스럽게 광풍이 부는 것은 당시 갈릴리 호수에서 흔히 발생하는 것이고, 지금도 그렇다고 합니다. 갈릴리 호수는 해면보다 약 200m정도 낮은 위치에 있고 지형적으로 상당히 높은 산으로 둘러싸인 분지이기 때문에 이렇게 예고 없이 갑작스럽고 거센 폭풍이 자주 일어나는데, 그렇게 광풍이 불어서 배가 파선 지경에 이르렀는데도 예수님께서는 주무시고 계셨습니다. 제자들 가운데는 어부들도 있었기 때문에 그들은 나름대로 최선을 다해 그 상황을 극복하고자 했을 것입니다. 그러나 그들은 도저히 그 상황을 극복할 수 없었고 거의 죽을 지경까지 이르렀습니다. 결국 그들은 예수님을 깨웠습니다. 어떤 사람들은 제자들이 예수님께 믿음으로 도움을 구하기 위해서 깨웠다고 주장하는데 본문의 문맥을 보면 그렇지는 않았던 것 같습니다. 40절을 보면 그들은 믿음이 없음을 책망 받았고, 41절에서도 그들이 놀랐다고 한 것을 보아 그들에게는 믿음이 없었던 것이 분명합니다. 제자들은 자신들이 고생스럽게 광풍과 싸우면서 죽을지도 모르는 상황에서, 그러한 자신들의 사정에는 전혀 관심을 갖지 않는 것으로 보이는 예수님께 대한 실망과 분노의 마음을 가지고 예수님을 깨웠던 것 같습니다. 즉, 예수님을 통하여 일어날 기적을 확신하고 기대하면서 예수님을 깨웠다기보다는 '우리가 죽어 가는데 왜 당신은 잠만 자고 있습니까?', '스승으로서 어쩌면 그렇게 무관심하실 수 있습니까?' 라는 생각으로 예수님을 깨웠던 것 같습니다. 39절입니다.

예수께서 깨어 바람을 꾸짖으시며 바다더러 이르시되 잠잠하라 고 요하라 하시니 바람이 그치고 아주 잔잔하여지더라.

예수님께서는 일어나셔서 마치 마가복음 1:25에서 귀신을 내어 쫓을 때 것처럼 바람을 꾸짖으셨습니다. 그 때 바다는 순식간에 잠잠해 졌습니다. 구약에 보면 풍랑은 무질서와 혼돈을 상징하기도 하는데 예수님께서는 이 풍랑의 배후에 무질서와 혼돈의 사탄의 세력이 있음을 보신 것입니다(시 65:5-7).

이 사건의 의미

이렇게 예수님께서 바람을 잠잠케 하신 기적이 의미하는 것은 무엇입니까? 우리가 계속해서 살펴본 것처럼 이것도 역시 예수님께서 단순히 기적을 보여 주기 위함이 아닙니다. 구약에서는 자연을 다스리시는 분은 오직 하나님이심을 말씀하는데(창 8:1, 욥 38:8-11, 시 29:3-4, 10-11, 74:13 14, 104:4-9, 107:25-30) 예수님께서 자연을 다스리시는 기적을 통해 자신이 하나님이심을 보여주시고, 또한 하나님의 나라(하나님의 다스림과 통치)가 그를 통하여 임하고 있음을 보여주고자 했던 것입니다. 그리고 이제 예수님께서는 두 질책성의 질문을 하십니다. 40절입니다.

> 이에 제자들에게 이르시되 어찌하여 이렇게 무서워하느냐 너희가
> 어찌 믿음이 없느냐 하시니

예수님께서는 그들이 광풍 가운데서 두려워하였던 것과 그들의 믿음의 없음을 책망하셨습니다. 그들의 믿음의 부족은 두려움으로 나타났던 것입니다. 그러면 여기에서 우리는 믿음이 무엇을 의미하는지 점검할 필요가 있습니다.

앞에서 설명한 것과 마찬가지로 여기에서 믿음의 부족은 단순히 기

적을 행하는 사람으로서의 예수님에 대한 믿음의 부족을 말씀하지 않습니다. 여기에서 믿음의 부족은 예수님의 메시야 되심과 예수 그리스도를 통해 임하는 하나님의 다스리심과 통치하심에 대한 깨달음의 부족을 말씀합니다. 40절의 "너희가 어찌 믿음이 없느냐?"를 원문을 그대로 번역하면 '아직 믿음이 없느냐?' 라고 할 수 있습니다. 다시 말해, '아직도 깨닫지 못하느냐?' 라는 의미입니다(막 6:52, 8:17,21). 오늘 본문이 하나님 나라의 비유와 밀접하게 연결되어있음을 보아서 그 때까지 제자들은 예수님께서 그들을 개인적으로 가르치셨음에도 불구하고(4:34) 여전히 하나님 나라의 본질을 깨닫지 못하였습니다. 그래서 예수님께서는 하나님 나라의 임하심에 대한 그들의 깨닫지 못함을 책망하신 것입니다.

뒤이어 예수님께서 놀라운 능력을 행하실 때에 그들의 나타나는 반응은 어떠했습니까? 41절입니다.

> 저희가 심히 두려워하여 서로 말하되 저가 뉘기에 바람과 바다라도 순종하는고 하였더라.

여기에서 '두려움'은 40절의 '두려움'과 원어 상으로 다릅니다. 40절의 두려움은 무서워서 나타난 두려움이고, 41절의 두려움은 기적을 본 후에 나타나는 경외심으로 인한 두려움입니다. 또한 '저가 뉘기에' 라는 말은 그들이 아직 '예수님이 누구신지' 명확하게 이해하지 못했음을 드러내고 있습니다.

오늘 본문은 크게 두 가지를 말씀하고 있습니다. 먼저 제자들의 마음의 둔함 또는 깨닫지 못함입니다. 예수님께서는 공생애를 사시면서 제자들을 가르치시고 훈련시키는 것에 가장 큰 관심을 가졌습니다. 그래서 12 제자들을 부르셔서 그들과 숙식을 같이 하셨습니다. 자신의 어머니와 가족들을 외면하시면서 까지 그들을 자신의 형제요 자매요 모친이라고 했습니다. 또한 그들에게 가장 가까이에서 예수님을 통하여 임하게 되는 하나님 나라의 특성을 배울 수 있는 특별한 권리를 부여하였습니다(4:10-11, 23-24, 34). 그러나 그렇게 열심히 그들에게 가르쳤음에도 제자들은 여전히 예수님에 대해서, 그리고 예수님을 통해서 임하는 하나님 나라에 대해서 제대로 알지 못했습니다(4:10, 13, 33-34). 그것이 오늘 본문에서 명확하게 드러나고 있습니다. 저는 이러한 제자들의 모습은 오늘날 우리의 모습이 아닐까 하는 생각이 듭니다. 오늘날도 그렇게 교회도 오래 다니고 그렇게 말씀을 많이 들었지만 여전히 믿음의 본질을 모르면서 교회에 다니는 사람들이 있습니다. 안타까운 일이 아닐 수 없습니다.

다음으로, 논리적으로 하나님 나라의 비유를 가르치시고 이어서 5장 마지막까지 네 가지 기적을 기록하고 있는 것은 예수님의 권위 있는 가르침을 기적 시리즈와 연결시킴으로써 하나님 나라의 가르침이 단순히 말로 끝나는 것이 아니라 능력을 동반함을 보여주고 있습니다. 이러한 구조는 1장에서도 드러납니다. 예수님께서는 회당에서 권세 있는 가르침을 하신 이 후에 귀신을 몰아내고 병을 고치셨습니다. 마태복음에도 이러한 전개가 잘 나타나 있습니다. 마태복음을 보면, 5-7장에서 산상수훈을 기록하고 그것에 이어서 8-9장에서 예수님의 이적을 기록함으로 예수님의 가르침이 단순히 탁상공론이 아니라 능력을 동반하는 가르침인 것을 보여줍니다. 복음서 전체가 의도적으로 이렇게 예수님을 통해 임하게 되는 하나님 나라는 능력을 동반하는 것임을 보여주고 있습니다.

목사님들 가운데 복음을 어떤 제도로 귀착시키려는 분들이 있습니다. 그러한 분들과 이야기해 보면 대개가 메말라있고 강팍합니다. 그러나 우리 기독교는 말만하고 원칙만을 내세우는 교조주의와는 다릅니다.

복음에는 생명이 있고 능력이 있습니다. 복음은 우리의 삶을 변화시키고 우리의 삶의 한 가운데서 놀라운 능력을 드러냅니다. 그래서 우리 교회의 비전 가운데 하나는 복음의 현재적 능력을 체험하는 교회입니다. 저는 우리 모든 성도들이 삶 속에서 복음의 실제적인 능력을 체험하기를 소원합니다.

이 사건의 교훈

오늘 본문은 늘 광풍이 몰아치는 우리의 신앙생활과 삶에 대한 여러 가지 교훈을 줍니다. 먼저, 오늘 본문에서 배를 타고 갈릴리 호수를 건너는 제자들에게 그들의 의도와 상관없이 광풍이 몰아친 것처럼 우리의 인생에서도 전혀 우리가 예상지 못하고 우리 인간의 힘으로는 막을 수 없는 환란이 우리에게 닥쳐올 수 있다는 것입니다. 교회를 다니면 만사가 다 잘될 것으로 생각할 수 있습니다. 그러나 우리는 예수를 믿어도 우리가 원하고 생각한대로 안 될 때도 있는 것을 경험합니다.

다음으로, 예수님께서 주무셨던 것처럼 우리의 어려운 상황에서도 예수님께서 마치 잠잠하시고 모른 체 하고 계신다고 느껴지는 경우도 있습니다. 제자들처럼 어려움 속에서 최선을 다하고 있는데 예수님께서 마치 주무시는 것 같습니다. 그렇지만 우리가 알아야 할 것은 이러한 것은 우리만 당하는 경험이 아니라는 것입니다. 이는 성경에 나오는 성도들이 자주 경험했던 사실입니다. 시편 기자는 자주 이런 고백을 합니다.

> 여호와여 어찌하여 멀리 계시며 어찌하여 환난 때에 숨으시나이까?
> (시 10:1, 참고 시 13:1)

그러나 예수님께서는 결코 졸거나 주무시지 않으시고 우리의 머리털을 세실 정도로 우리를 알고 계십니다. 단지 모르는 체 하시는 것 뿐 입니다. 왜 그렇게 하십니까? 그것은 예수님의 하나님 되심을 철저히 인정하도록 하기 위해서입니다.

세 번째로, 이런 고난이 닥칠 때 믿음이 있는 사람과 믿음이 없는 사람의 구별이 확연히 드러납니다. 믿음이 없는 사람은 제자들처럼 두려워하면서 호들갑을 떠는 것입니다. 또한 원망하고 불평을 합니다. 그러나 믿음이 있는 사람들은 어려움 속에서도 하나님을 신뢰합니다. 물론 순간적으로 낙심하고 좌절할 수는 있지만 그렇게 오래가지 않습니다. 또한 시편에 나오는 모든 신앙의 사람들처럼 위대한 믿음의 고백을 할 것입니다(참고, 시10:17-18, 13:6).

사랑하는 성도 여러분! 믿음과 두려움은 상관관계에 있습니다. 믿음이 없으면 환경이 두려워지고 사람들이 무서워집니다. 그러므로 어려움을 당할 때 두려워하는 것은 믿음의 부족입니다. 환경에 따라 움직이는 신앙은 온전한 신앙이 아닙니다. 우리가 온진히 예수님을 신뢰한다면, 그리고 예수님을 통한 하나님의 다스리심과 통치하심을 믿는다면 우리는 어떠한 상황과 환경에서도 두려워하지 않을 것입니다. 고난은 우리의 믿음을 가장 분명하게 드러내고, 또한 우리의 믿음의 모습을 가장 객관적으로 볼 수 있는 기회입니다.

마지막으로, 하나님께서는 믿음이 있는 사람에게만 역사하시는 것이 아니라, 믿음을 성장시켜주시고 주님을 더욱 많이 알게 하여주시기 위해서 제자들과 같이 믿음이 부족한 사람에게도 역사하십니다. 그렇기 때문에 고난을 당할 때에 그 때가 우리의 믿음이 성장하고 주님을 더 깊이 경험할 수 있는 때임을 믿고, 우리는 믿음이 부족하여도 주님께 나아와야 합니다.

종합해 보면, 어느 누구도 고난 없는 인생을 살 수 없음을 우리는 알고 있습니다. 그런데 고난은 과연 내가 하나님 앞에서 바른 믿음을 소유하고 있는지 우리의 신앙 상태를 점검할 수 있는 좋은 기회입니다. 뿐만 아니라 고난은 믿음이 있는 자나 믿음이 부족한 자 모두가 놀라우신 하나님의 능력을 경험할 수 있는 특별한 때입니다.

말씀을 맺겠습니다.

갈릴리 호수에서 갑자기 불어 닥친 광풍으로 인해 제자들의 믿음 없음이 드러났습니다. 그럼에도 불구하고 예수님께서는 그러한 역경을 통해서 예수님을 바로 알려주시고 예수님을 통하여 임하게 되는 하나님 나라의 본질을 보여주셨습니다. 하나님의 나라는 단순히 말이나 교훈으로 끝나는 것이 아니고 능력이 동반하는 것임을 보여주신 것입니다. 혹시 우리 가운데 고난당하신 분들이 계십니까? 그 고난이 우리에게 예수님을 더욱 분명히 알게 하고 예수님의 놀라운 능력의 역사를 경험하게 할 것임을 믿고, 낙심하거나 좌절하지 말고 더욱 예수님을 의지하시기 바랍니다. 그리하면 예수님의 놀라운 은혜가 우리 가운데 임하게 될 것을 분명히 믿습니다.

마가복음 5:1-20

귀신을 몰아내시는 예수님

오늘 본문은 하나님 나라를 비유로 가르친 이후의 두 번째 기적을 기록하고 있습니다. 먼저 예수님께서는 풍랑을 잠잠케 하심으로 하나님의 나라가 단순히 말로만 그치는 것이 아니라 능력과 함께 임하는 것임을 보여주셨고, 또한 예수님 자신을 통하여 하나님의 나라가 임하는 것을 보여주셨습니다. 다시 말해, 예수님께서는 오직 하나님만 하실 수 있었던 자연을 통치하시는 능력을 보여주심으로 자신이 바로 하나님이심을 보여주신 것입니다.

귀신을 몰아내시는 주님

이어서 본문은 하나님의 나라와 사탄과의 관계를 우리에게 말씀하고 있습니다. 1절입니다.

예수께서 바다 건너편 거라사인의 지방에 이르러

여기에서 거라사인 지방의 위치에 대해서 학자들 사이에 논란이 있지만 큰 범위에서 데가볼리(20절: 10개의 도시로 구성된 갈릴리 호수 남쪽과 동쪽에 있는 지방)에 속한 지역인데, 주로 이방 민족이 살았고 이방의 문화가 지배하였던 도시였습니다. 갈릴리 호수를 건너 이 지방에 오신 예수님께서 배에서 내리자 더러운 귀신 들린 사람이 멀리서 예수님을 보고 달려와 절하였습니다(마태복음에 보면 두 사람이 있다고 했는데, 마가복음은 보다 귀신들린 상태가 심한 한 사람에 초점을 맞춘 듯합니다). 3-5절에 언급되어 있는 그 귀신의 특징적인 모습은 이러합니다. 첫째, 귀신들린 사람은 무덤 사이에 거처하였습니다(3절 상). 당시에 무덤은 자연 동굴이나 인공 굴이었는데 때때로 사람이 피신할 장소로 이용되기도 하였습니다. 귀신들린 사람이 무덤 사이에 거처하였다는 것은 그 사람이 사회적으로 분리되었다는 것을 보여줍니다. 또한 누가복음에 보면 옷을 입지 않았다고 하였는데, 그것은 그 사람의 삶이 참으로 처절하였음을 보여줍니다. 둘째, 귀신들린 사람은 아무도 그를 제어할 수 없을 만큼 힘이 대단하였고, 또한 그 사람의 행동은 아주 거칠었습니다(3절 하-4절). 그래서 오랫동안 그 사람을 향한 통제와 치유가 있었음에도 불구하고 모든 노력이 허사였습니다. 셋째, 그 사람은 돌아다니면서 소리를 지르고 자기 몸을 상케 하고 있었습니다(5절). 그의 괴로움과 고통은 그런 자학적인 행동에서 극치를 보여주고 있습니다. 이렇듯 그 사람은 그 지방 사람들에게 천대와 무시를 당하며 한 인간으로서의 존엄성이 완전히 파괴된 삶을 살고 있었습니다.

　이 때 신기한 것은 그 더러운 귀신들린 사람이 예수님께 달려 나왔을 뿐 아니라, 그가 예수님을 인정한 것입니다(6-7절, 1장과 3장을 보면 거기에도 같은 장면이 나옵니다). 물론 이것은 귀신이 예수님을 믿었거나 신앙고백을 했다는 증거가 아닙니다. 하지만 분명한 것은 예수님의 제자들조차 아직까지 예수님이 누구신지 잘 몰랐을 때였는데 그들은 알고 있었던 것입니다. 그것은 아마 사탄이 영적인 존재이고 예수님의 오신 목적 중에 하나가 자신을 멸하는 것인 줄 알았기 때문이라고 생각됩니다.

　하지만 귀신들은 자신들을 그대로 두시기를 간구합니다. 왜냐하면 예수님께서 먼저 그 귀신의 축출을 명령하셨기 때문입니다(8절). 그 때 예수님은 이름을 물어봅니다. 예수님께서 단순히 이름을 몰라서 물어본 것이 아닙니다. 이름은 본성(본질)을 나타내는 것이고, 자신의 이름을 말하는 것은 자신의 현 상태를 고백시키는 것입니다. 그는 '내 이름은 군대니 우리가 많음이니이다' 라고 고백하였습니다. 그는 엄청난 수의 마귀들에 의해 사로잡혀 있었습니다. 이것은 그 귀신들린 사람이 왜 그렇게 힘이 셌는지를 보여줍니다. 그러면서 귀신은 자신들을 그 지방에서 내어보내지 말기를 구하였습니다. 자신을 그대로 놔두라는 것입니다. 그러나 자기의 사정이 통하지 않으니까 돼지 떼에게 들어가기를 구합니다(11-12절, 누가복음에 보면 그 사람은 무저갱에 들어가지 말기를 구했다고 했습니다. 그러니까 귀신들은 영원한 멸망을 원치 않고 순간적인 쫓겨남을 원했던 것 같습니다).

예수님께서는 그것을 허락합니다. 왜 예수님께서는 마귀들이 돼지 떼에 들어가는 것을 허락하였습니까? 그것은 이미 그곳에서 있는 사람들에게 이러한 분명한 외적인 표시가 필요했기 때문이거나 사람들에게 마귀가 멸망한 것을 확실하게 보여주기 위해서 그렇게 하였을 것으로 생각됩니다. 그러자 돼지를 치던 자들이 동네에 이 일을 소문내었고 그들이 와 보았을 때 그 귀신들렸던 자는 정신이 온전하여져서 옷을 입고 단정히 앉아 있었습니다. 그들은 돼지 떼가 일순간에 죽어버린 것과 그렇게 완악하던 사람이 제 정신이 된 것에 두려워하지 않을 수 없었습니다. 능력이 드러난 결과는 두려움이었습니다.

그래서 그들은 예수님께 그 곳을 떠나기를 간구하였습니다. 아마 예수님으로 인해 그들의 재산 피해가 더 생길지 모른다는 불안감 때문에 그렇게 간구한 것이 아닌가 생각합니다. 한편 그 귀신들렸던 사람은 예수님을 따르기를 원했습니다. 하지만 예수님은 그것을 허락지 않으시고 그 곳에 머무르라고 하고 그에게 일어난 놀라운 일들을 친족들에게 고

하라고 하셨습니다. 전에는 그러한 능력을 행할 때 비밀로 하라고 하였는데, 여기에서는 그렇게 말씀하신 것은 이방인들은 유대인들 같은 오해가 없었기 때문입니다. 더구나 그에게는 가족과 친족들이 있었고 그들에게 자신이 받은 은혜를 전해야만 했습니다. 그래서 그 사람은 예수님의 명령대로 그것을 전파하였습니다.

이 사건의 의미

오늘 본문의 핵심은 크게 두 가지입니다. 먼저는 하나님 나라의 본질에 대한 것이고, 다른 하나는 예수님이 어떤 분이냐는 것입니다.

지난주의 말씀과 마찬가지로 오늘 본문도 하나님 나라가 임하게 될 때 놀라운 능력이 동반되는 것을 보여주고 있습니다. 지난주는 폭풍을 잠잠케 하셨던 사건을 통해서 하나님의 나라가 임하면 우리의 삶에서 외적인 무질서 또는 혼돈으로 인한 어려움이 해결된다는 것을 보여주셨다면, 오늘 말씀은 하나님의 나라가 임하게 되면 악한 영의 세력 때문에 하나님께서 의도하셨던 삶이 파괴되어 비정상적으로 바뀌어 버린 삶이 정상화 된다는 것을 보여주고 있습니다. 다시 말해, 하나님 나라가 임하면 인간의 정상적인 삶을 방해하는 모든 세력들(그것이 자연의 힘이든 귀신이든 상관없이)이 멸망을 당하고, 무질서한 삶에 질서가 잡히고 하나님께서 원래 의도하셨던 삶으로 회복되는 것입니다.

하지만 우리는 예수님께서 기적을 행하신 것은 기적 그 자체에 목적이 있었던 것이 아니고, 기적을 통하여 예수님 자신에 대한 바른 인식을 심어주기 위한 것임을 기억해야 합니다. 다시 말해, 예수님께서 자연을 통제하시고 악한 영의 세력을 쫓아내신 것은 예수님 자신이 메시야이시고 하나님이신 것을 보여주시는데 우선적 목적이 있다는 것입니다.

사랑하는 성도 여러분! 지금 우리에게도 하나님은 놀랍게 역사하십니다. 의학에서 설명할 수 없는 불치의 병에서 회복되기도 하고, 인간의 이성과 상식으로는 도저히 불가능하게 생각되는 일들이 해결되기도 합니다. 그런데 그러한 기적들도 역시 그 자체에 목적이 있는 것이 아니라 그것을 통하여 예수님을 더 바로 알도록 하기 위함입니다. 그러나 사람들은 그 목적도 모르고 기적 그 자체에 빠져버리는 경우가 많습니다.

본문의 사건이 주는 교훈

그러면 본문의 사건이 주는 교훈은 무엇입니까? 지난주의 말씀이 고난에 대한 교훈을 담고 있다면, 오늘 본문은 우리의 신앙생활이나 삶과 사탄과의 관계에 대해서 교훈합니다.

먼저, 본문은 육안으로는 보이지 않지만 악한 영적인 세력, 즉 사탄의 세력이 있음을 다시 한 번 말씀하고 있습니다. 사실 오늘날 사람들은 사탄에 대해 두 가지 잘못된 견해를 가지고 있습니다. 하나는 사탄의 세력이 있음을 부인하는 것입니다. 교회를 안 다니는 사람들 뿐 아니라 교회를 다니면서도 마귀나 사탄에 대해서 이야기하면 무식하게 생각하는 사람들이 있습니다. 다른 하나는 이와 반대로 모든 것을 사탄의 일로 간주하는 것입니다. 병이 걸려도 어려움이 와도 가정에 문제가 생겨도 모든 것을 마귀로부터 기인한 것으로 판단합니다. 물론 마귀가 원인이 될 수도 있지만 반드시 그렇지 않습니다. 우리의 잘못된 판단이나 행동 때문에 그러한 일들이 일어날 수도 있고, 하나님께서 우리의 유익을 위해서 일부러 어려움이나 병을 주실 수 있습니다. 특히 정신병의 문제는 우리가 조심스럽게 접근해야 합니다. 어떤 분들은 정신병을 무조건 마귀에게 기인된 것으로 생각하여 병을 악화시키거나 문제를 일으키는 경우가 많습니다. 정신의학자들에 의하면 대부분이 정신 신경 계통의 문제이기 때문에 약물로 치료해야 합니다. 항상 극단적인 것은 문제입니다. 그렇지만 한 가지 분명한 사실은 악한 영의 세력(사탄)이 우리의 신앙생활과 삶을 방해한다는 것입니다. 하나님께서 살아 계시고 역사하시는 것처럼 사탄도 영향력을 행사합니다. 사탄은 우리가 원하는 대로 그리고 하나님께서 원래 의도하신 대로의 삶을 살지 못하게 합니다. 오늘 본문과 같이 귀신들린 자의 모습은 원래의 그의 모습이 아니었고 자기가 원해서 그러한 삶을 산 것도 아니었습니다. 사탄의 세력이 그 사람으로 하여금 그러한 삶을 살게 한 것입니다.

심하지는 않지만 사도 바울도 같은 고백을 하고 있습니다. 로마서 7장에서 바울은 자기 속의 죄악의 세력이 자신이 원하는 선을 행하지 못하게 한다고 고백합니다. 또한 우리가 잘 아는 것처럼, 베드로가 예수님의 십자가 지심을 반대했을 때 예수님께서 "사탄아! 내 뒤로 물러나라"고 하셨습니다. 뿐만 아니라 고린도후서 4:3-4를 보면 복음을 받지 못하는 것도 공중의 악한 영이 그렇게 한 것이라고 말씀합니다. 이처럼 사탄은 우리가 예수님을 믿고 싶어도 믿지 못하게 하고, 하나님께서 기뻐하시는 삶을 살고 싶은데 살지 못하게 하며, 우리에게 죄를 짓게 하거나 못된 습관에 빠져서 헤어나지 못하게 할 뿐 아니라, 우리의 삶을 무질서하게 만드는 것입니다. 그러므로 우리는 우리가 경험하는 악한 일의 배후에 있는 사탄의 세력을 볼 수 있어야 합니다.

다음으로, 본문은 예수님을 통하여 사탄의 세력이 물러나는 것을 보여줍니다. 예수님의 오신 목적 중에 하나가 마귀의 일을 멸하는 것이었습니다. 마태복음 12:28을 보면 하나님 나라가 임하면 사탄이 쫓겨난다고 말씀하고 있고, 요한일서 3:8을 보면 하나님 아들의 나타나신 것은 마귀의 일을 멸하려 하심이라고 말씀합니다. 따라서 하나님 나라가 임하면 우리는 우리를 얽매고 죄를 짓게 하는 사탄의 세력에서 해방되는 것입니다.

그러나 예수님께서 다시 오시기 전까지 우리는 마귀에게서 완전히 자유하지는 않습니다. 예수님께서 재림하실 때 온전히 마귀가 멸망당하는데. 그 때서야 비로소 우리는 마귀에게서 완전히 자유하게 됩니다. 그래서 우리의 신앙생활과 삶은 사탄과의 싸움이라고 할 수 있습니다. 베드로전서 5:8에서 '마귀가 우는 사자와 같이 삼킬 자를 찾는다'고 했고, 에베소서 6:12에서 '우리의 싸움은 혈과 육의 싸움이 아니고 공중의 권세 잡은 자와의 싸움'이라고 했습니다. 그러므로 '깨어 근신하라'고 하며 '마귀의 궤계를 능히 대적하기 위해서 하나님의 전신갑주를 입으라'고 합니다. 우리는 주님께서 다시 오실 때까지 이 땅에 살면서 말씀과 기도의 전신 갑주를 입어야 합니다. 그러할 때 마귀와의 싸움에서, 그리고 우리로 하여금 더 많은 죄를 짓게 하는 마귀의 유혹에서 승리할 수 있는 것입니다.

말씀을 맺겠습니다.

오늘 본문은 귀신들린 사람의 모습이 얼마나 처절한가를 보여 주고 있습니다. 그러나 예수님께서 귀신을 쫓아냄으로 말미암아 하나님의 나라가 능력 있게 임함을 보여주고, 또한 예수님께서 메시아 되심과 하나님의 아들 되심을 보여 주고 있습니다. 뿐만 아니라, 사탄은 지금도 우리로 하여금 정상적인 생활을 하지 못하도록, 또한 하나님께서 기뻐하는 삶을 살지 못하도록 늘 유혹하고 방해하고 있습니다. 저는 우리 모든 성도들이 사탄의 실체를 분명히 알고 깨어 근신하며 예수님을 의지함으로 죄의 유혹을 극복하고 하나님께서 기뻐하시는 삶과 승리하는 삶을 살기를 간절히 소원합니다.

마가복음 5:21-43

병과 죽음에서 회복을 주시는 예수님

오늘 본문은 기적 시리즈의 세 번째와 네 번째 기적이 기록되어 있습니다. 이 두 사건은 여러 가지 면에서 서로 연결되어 있기 때문에 같이 살펴보는 것이 유익하리라 생각됩니다. 지금까지 예수님께서는 하나님 나라를 비유로 설명하신 후에 자연 현상과 마귀의 세력을 통제하심으로 예수님을 통하여 임하게 될 하나님 나라가 단지 말로만 끝나는 것이 아니라 능력을 동반한다는 것을 보여주었습니다. 그리고 그것을 통하여 예수님께서 어떤 분인가를 보여주셨습니다. 오늘 본문도 같은 차원에서 이해될 수 있습니다.

회당장 야이로가 주님께 나아옴

본문을 보겠습니다. 예수님께서 다시 반대편으로 건너 왔습니다(1절). 본문에는 구체적인 지명이 없지만 아마 가버나움 근처가 아니겠는가 하는 것이 학자들의 일반적인 견해입니다. 언제나 그랬던 것처럼 예수님께 많은 사람들이 몰려왔습니다. 누가복음에서는 사람들이 예수님을 기다리고 있었다고 말씀합니다. 그런데 예수님께서 가르치시고 계실 때 회당장 가운데 하나인 야이로가 예수님께 나아왔습니다. 전에 말씀드린 대로 당시의 회당은 일정한 지역의 이스라엘 백성들이 예배하고 교육하고 교제하는 신앙과 삶의 중심지였는데 한 회당에 대개 여러 명의 회당장들이 있었습니다. 회당장은 건물을 돌보고 예배를 주관하는 등 회당의 행정적인 감독의 일을 하였으며, 그 지역에 상당한 영향력을 발휘했는데, 그러한 회당장 가운데 한 사람이 예수님께 나온 것입니다. 그의 딸의 상태가 위급하였기 때문입니다. 22-23절입니다.

> 회당장 중 하나인 야이로 하는 이가 와서 예수를 보고 발아래 엎드리어 많이 간구하여 가로되 내 어린 딸이 죽게 되었사오니 오셔서 그 위에 손을 얹으사 그로 구원을 얻어 살게 하소서 하거늘

그는 딸 때문에 예수님께 나와 엎드리고 간절히 간구하였습니다('많이 간구하였다'는 것은 간절히 기도한 것을 의미합니다). 그가 이렇게 간절히 딸을 위해서 구하는 것을 보면 딸을 매우 사랑했던 것 같습니다. 그는 재력도 있었기 때문에 사랑하는 외동딸을(누가복음에 보면 외동딸이라고 하였습니다) 치료하려고 여러 가지로 최선을 다해 노력했음이 분명합니다. 그러나 그의 노력이나 열성에도 불구하고 딸의 병은 그다지 차도가 없이 이제 거의 죽어 가는 상태에 있었던 것 같습니다. 그래서 그는 군중을 헤치고 예수님께 나아왔고 자기 딸을 살려달라고 간절히 간구했던 것입니다.

하지만 당시 회당장이 예수님께 나아와서 예수님께 엎드리고 간절히 구하는 것은 결코 쉽지 않은 일이었습니다. 대단한 용기와 결단이 필요했습니다. 그것은 두 가지 이유 때문입니다. 먼저, 당시 예수님은 회당에서 말씀을 가르치는 서기관들과 바리새인들에 의해서 지탄받고 있었는데, 그 역시 회당장이었기에 서기관들이나 바리새인들과 같은 종교적인 입장을 가지고 있었을 것입니다. 그러한 그가 예수님께 나아오는 것

은 자신의 종교적인 입장을 포기하는 것이었습니다. 다음으로, 그는 사회적으로 저명한 인사였고 예수님은 세리와 죄인들과 함께 어울리던 분이었기에 그가 예수님께 나아오는 것은 자존심을 버리고 낮아지는 결단이 필요한 일이었습니다. 그러나 그는 딸의 죽음이 임박하자 자신의 자존심과 종교적 입장마저 버리고 예수님 앞에 와서 엎드리고 간절히 간구하였던 것입니다.

혈루병 걸린 여인이 주님께 나아옴

그런데 이 이야기 속에는 혈루병 걸린 여인의 이야기가 삽입되어 있습니다. 혈루병은 일종의 부인들에게 나타나는 하혈병으로서 탈무드에는 혈루병에 대한 처방이 11가지나 나와 있을 정도로 아주 심각한 병이었습니다. 또한 혈루병은 레위기 15장에서 문둥병과 같이 취급되었던 불결한 병으로 사람의 접촉이 금지되었고 사회적으로 분리되어 살아야 했습니다. 그렇기 때문에 그 여자는 이제껏 12년 동안 여러 가지로 노력을 하였고 많은 의사를 찾아보았지만 전혀 효험이 없고 오히려 악화되었습니다. 이제 더 이상 소망도 없던 상태였습니다. 26절을 보겠습니다.

> 많은 의원에게 많은 괴로움을 받았고 있던 것도 다 허비하였으되 아무 효험이 없고 도리어 더 중하여졌던 차에

그러다가 예수님의 소문을 들었던 그녀는 그 옷에 손만 대어도 나을 줄 알고 예수님께 나아온 것입니다(참고, 행 5:15, 19:12).

두 사람의 공통점

우리는 여기서 회당장 야이로와 혈루병 걸린 여인의 두 가지 공통점을 발견합니다. 하나는 둘 다 결코 인간의 힘으로는 해결할 수 없는 어찌할 수 없는 상황에서 예수님의 소문을 듣고 나아왔던 것입니다. 회당장의 딸도 혈루병 걸린 여자도 모든 것을 다 동원해서 병을 고치고자 했지만 상태는 전혀 호전되지 않았던 것입니다. 다른 하나는 회당장 야이로나 혈루병 걸린 여자나 예수님께 나아오는 것이 결코 쉽지 않았다는 사실입니다. 물론 혈루병 걸린 여인은 사회적으로 회당장과는 전혀 다른 위치에 있었습니다. 회당장이 사회적으로 인정받은 사람이라면, 이 여인은 사회적으로 버림받은 사람이었습니다. 그 여인은 문둥병자와 같이 사회적으로 분리되었기 때문에 만약에 사람들에게 발각되면 사람들의 돌팔매질을 당할 수도 있었습니다. 그러나 회당장 야이로가 자신의 자존심과 주위 시선의 따가움을 감내하며 예수님께 나아온 것처럼, 이 여자도 어찌 할 수 없는 상황에서 목숨을 내어놓는 용기와 결단을 가지고 예수님께 나아왔던 것입니다. 그것이 바로 믿음의 결단이었습니다. 28절입니다.

이는 내가 그의 옷에만 손을 대어도 구원을 얻으리라 함일러라.

그 여인은 어찌할 수 없는 상황에서 용기 있는 믿음을 가지고 예수님께 나아와서 아무도 모르게 예수님의 옷자락을 만졌습니다. 신기하게도 예수님의 옷을 만지자 병 나음이 느껴졌습니다. 그 때 예수님께서는 능력이 나간 것을 아시고 물어보십니다. 몰래 피하려고 했던 그 여인은 예수님께서 아신 것을 보고 두려워하면서 자초지종을 모든 사람 앞에서 고하게 되었습니다(33절). 예수님께서는 그녀를 결코 나무라지 않고 그것이 그녀의 믿음으로 말미암은 결과임을 선포하셨습니다. 34절을 보겠습니다.

예수께서 가라사대 딸아 네 믿음이 너를 구원하였으니 평안히 가
라. 네 병에서 놓여 건강할지어다.

예수님은 먼저 그녀가 구원받았음을 선포합니다. 그리고 '평안히 가
라'고 하셨습니다. 여기에서 평안이라는 것은 헬라어로 'ειρηνη'인데
히브리어의 '샬롬'과 같은 말입니다. 즉 이 말은 단순히 걱정으로부터
해방됨을 의미하기보다 하나님과의 바른 관계에서 오는 삶의 회복을 의
미합니다. 마지막으로 '건강할지어다'라고 하시면서 육체적 회복을 선
언하십니다. 이제 그 여인은 예수님께 나아와 그 옷을 만짐으로 드러난
믿음을 통하여 영적이고 사회적이며 육체적인 회복, 즉 전인적인 회복
을 경험하게 되었습니다.

야이로 딸의 회복

이러던 중에 회당장의 집에서 사람이 와서 그의 딸이 죽었기 때문에
예수님께서 오실 필요가 없음을 전합니다. 그러나 예수님께서는 그들의
말을 무시하고 '두려워 말고 믿기만 하라'고 하셨습니다(36절). 그리고
다른 모든 사람들을 물리치시고 베드로와 야고보와 요한 만을 데리고
그 집으로 가셨습니다. 사람들이 웅성거리고 있었는데 당시 이스라엘의
풍속에 따르면, 장례식 때 피리 부는 사람을 고용하고 일부러 우는 사
람들을 고용해서 슬픔을 표시했다고 합니다(38절). 또한 영향력이 있는
사람의 외동딸이 죽게 되었으니까 많은 사람들이 몰려와서 어수선하였
던 것이 분명합니다. 그러한 상황에서 예수님께서 그 아이가 죽은 것이
아니고 잔다고 하시자 사람들이 비웃었습니다(40절). 여기에서 비웃음
은 곧 불신의 표시입니다(9:22, 요 11:39, 왕하 5:11). 예수님께서는 이
를 개의치 않고 제자들과 그 부모만 데리고 들어가셔서 그 딸의 손을

잡고 '달리다굼'이라고 말씀하시며 일으키셨고 그 딸이 살아났습니다. 예수님께서는 두 가지를 명령합니다(43절). '아무에게도 알리지 말고 먹을 것을 주라'는 것입니다. 여기에서 먹을 것을 준다는 것은 완전한 회복을 말합니다.

두 사건의 차이점

이 이야기 속에서 주목할 것이 있습니다. 혈루병 걸린 여자의 경우는 예수님께서 그 여자의 믿음과 관련한 대화를 함으로서 어느 정도 공개적인 관심을 보여주셨습니다. 그러나 야이로의 딸의 경우는 1) 처음부터(37절) 모든 사람들을 물리치셨을 뿐 아니라 2) 세 사람의 제자만 데리고 가고 3) 죽은 것을 살려내신 후에도 다른 사람에게 말하지 말라고 했습니다. 물론 이렇게 죽은 자를 살리신 것을 알리지 못하게 하셨던 것은 단순히 예수님께서 능력을 행하는 사람으로 오해될 것을 방지하기 위함이었습니다. 이와 달리 혈루병의 치료는 공개적으로 이루어졌습니다. 이것은 마가복음 1:40-45에 있는 문둥병의 치료와 같은 차원에게 이해되어야 합니다. 다시 말해, 예수님께서는 다른 병을 치료했을 때에는 비밀로 하라고 했지만 문둥병자를 치료하신 후에는 제사장에게 보이라고 명하셨는데, 그것은 지금까지와는 다른 복음의 새 시대의 도래를 알려주기를 원했기 때문입니다. 마찬가지로 예수님께서는 당시에 금기시 되었던 혈루병에 걸린 여인과 접촉하시고 치료하심으로도 지금까지와는 다른 복음의 새 시대가 도래하였음을 알려주기를 원했던 것입니다.

주님께서 요구하시는 것- 나아오는 믿음

이제 정리합니다. 풍랑을 물리치시고 마귀를 쫓아내시는 것과 같이 오늘 본문에서도 예수님께서는 불치의 병을 고치시고 죽은 자를 살리심으로 하나님 나라의 본질에 대해서 가르쳐 주시기를 원하셨고, 그것을 통해서 예수님이 어떤 분인가를 보여주셨습니다.

오늘 살펴본 두 사건은 하나님의 나라는 놀라운 능력이 나타나며 하나님 나라가 임하게 되면 인간의 힘으로는 어찌할 수 없는 불가능했던 상황도 해결될 수 있음을 보여줍니다. 다시 말해, 예수님께서 도저히 치료 불가능하였던 혈루병을 치료하시고 인간의 손길이 미치지 못하는 죽음조차도 해결하신 것과 같이 우리가 예수님께 나아오면 우리 인간이 경험하는 어찌 할 수 없는 문제들이 해결될 수 있음을 보여주셨습니다.

그렇지만 오늘 본문에서 우리에게 요구하는 것이 있습니다. 그것은 믿음입니다. 예수님께서는 우리의 자존심과 가치관과 선입견을 버리며 겸손하게 예수님께 나아오는 믿음을 요구하십니다. 때로는 돌팔매질을 당할 결단을 하고 용기 있게 나아오는 믿음을 요구하시는 것입니다. 우리의 사회적 신분이 어떠하여도 그것은 문제되지 않습니다. 회당장과 같은 높은 사람이라도, 혈루병 걸린 여인과 같이 사회적으로 무시당하는 사람이라도 상관없습니다. 물론 믿음이 온전하지 못하여도 좋습니다. 사실 오늘 본문에 나오는 회당장 야이로와 혈루병 걸린 여인은 결코 성숙된 믿음의 사람은 아니었습니다. 그러나 인간이 가진 한계 상황에서 예수님께 소망을 두고 나아오는 것을 예수님께서는 기쁘게 보시고 스스로 해결할 수 없는 문제를 해결하시며 삶에 새로움과 회복을 주신 것입니다.

사랑하는 성도 여러분! 혹시 사람으로는 도저히 어찌할 수 없는 어려움이 있습니까? 우리의 자존심을 내려놓고 주님께 나아오시기 바랍니다. 주님께 나아오는 우리의 모습이 때로는 주위 사람들에게 비웃음거리가 될 수도 있습니다. 하지만 주위의 시선을 의식하지 마십시오. 뿐만 아니라 아직 믿음이 부족하고 성숙하지 못하여도 좋습니다. 오직 예수님을 의지하고 예수님께 소망을 두고 나아오면 됩니다. 사람들이 절망적으로 이야기하는 것도 결코 문제되지 않습니다. 예수님께서는 회당장 야이로에게 말씀하신 것처럼 두려워 말고 믿기만 하라고 하실 것입니다. 그리고는 놀라운 능력으로 함께 하실 것입니다.

주님의 진정한 관심

물론 예수님의 관심은 문제 해결 자체에 있지 않았습니다. 혈루병 걸린 여인의 병을 고쳐주신 예수님께서는 먼저 그의 영혼의 구원과 하나님과의 관계 회복을 선포하셨습니다. 예수님께서는 그 여인의 문제의 해결을 통해서 그 여인이 먼저 영적으로 회복되고 하나님과 온전한 관계에 이르기를 원하셨습니다. 또한 죽은 자를 살리신 놀라운 능력을 행하시고도 그것을 알리지 말라고 하셨습니다. 예수님은 단지 능력을 행하는 분으로만 그들에게 알려지는 것을 원치 않으셨기 때문입니다.

사랑하는 성도 여러분! 우리 가운데 어떤 분들은 예수님께 나아온 동기가 삶의 문제 때문일 수도 있습니다. 질병이나 가정과 사업의 문제 때문일 수도 있습니다. 어느 것이라도 좋습니다. 예수님께서는 우리가 힘들어하는 모든 문제를 해결하시길 원하시고 또한 해결해 주십니다. 하지만 예수님께서는 단지 문제의 해결자로만 알려지기를 원치 않으시고, 그 문제의 해결을 통하여 우리에게 복음의 본질과 예수님 자신이 누구신지 알려주시기 원하십니다. 뿐만 아니라 우리가 문제를 해결 되었을 때 그 일을 자랑하기보다는 그것을 통해서 알게 되는 복음의 본질과 주님을 자랑하기를 원하십니다.

그러면, 복음의 본질은 무엇입니까? 그것은 바로 예수님의 십자가와 부활입니다. 그리고 그 십자가와 부활을 믿음으로 얻어지는 영생의 선물입니다. 예수님께서는 우리의 삶의 문제와 어려움을 통하여 십자가와 부활의 진리를 알기를 원하시고 영생의 소망을 갖기를 원하십니다. 뿐만 아니라 그 십자가와 부활의 주님을 만난 감격과 영생의 소망을 다른 사람에게 전하기를 원하십니다.

말씀을 맺겠습니다.

예수님께서는 인간적으로 볼 때 치료 불가능하였던 혈루병 걸린 여인을 치료하고, 죽은 야이로의 딸을 살리심으로 하나님 나라의 본질이 무엇인지 그리고 예수님께서 어떤 분인지 보여주셨습니다. 또한 이 기적들을 통해 예수님께 나아오면 예수님께서는 놀라운 능력으로 우리 삶의 어찌할 수 없는 불가능한 문제들을 해결하여 주심을 말씀하고 있습니다. 그렇지만 우리가 늘 명심할 것은 문제나 병 해결 그 자체에 목적이 있는 것이 아니라 그러한 것들을 통해서 주님을 바르고 더 깊이 알기를 원하신다는 것입니다. 저는 우리 모든 성도들이 인간적으로 불가능한 상황에서 모든 자존심을 버리고 결단하는 각오로 주님께 나아오기를 바랍니다. 그리고 주님의 역사하심을 경험하고 주님을 더 깊이 만나기를 간절히 바랍니다.

마가복음 6:1-6

고향에서 배척받으신 예수님

　복음서를 읽다 보면 예수님의 말씀이나 사역의 순서가 뒤바뀐 경우가 있습니다. 예를 들어, 마가복음은 중풍병자를 고치신 사건이 2장에, 귀신에 얽매였던 자가 해방되는 사건이 5장에 기록되었는데, 마태복음에는 귀신에게 얽매였던 자가 해방되는 사건이 중풍병자가 고침을 받은 사건보다 앞에 기록되어 있습니다. 이는 복음서가 단순히 시간적인 순서에 따라서 기록된 것이 아니라 각 복음서의 저술 목적과 강조점에 따라 예수님의 생애가 재구성되었기 때문입니다. 그래서 어떤 분들은 복음서에 있는 예수님의 말씀과 사역들을 시간의 순서에 따라 재구성해 보기도 합니다. 그렇지만 복음서에 있는 예수님의 말씀과 사역을 시간의 순서에 따라서 100% 확실하게 재구성할 수는 없습니다. 더구나 복음서가 단순히 예수님의 생애를 기록한 전기물이 아니기 때문에 그 부분에 너무 치우쳐서도 안 됩니다. 복음서들이 기록된 목적은 요한복음 20:31에 기록된 대로 2000년 전에 이 땅에 오신 예수님께서 구원자 되시고 하나님이심을 드러내는데 있습니다. 그렇기 때문에 복음서를 읽을 때 우리의 우선적 관심은 예수님의 모든 말씀과 행하신 기적들을 통하여 어떻게 예수님의 메시야 되심과 하나님의 아들 되심을 드러내는가에 있어야 합니다.

고향을 방문하신 주님

오늘 말씀도 같은 관점에서 살펴볼 수 있습니다. 우선 예수님께서 고향인 나사렛을 찾은 사건은 학자들 사이에 논란이 되고 있는 부분인데, 누가복음 4:16-30을 보면 예수님께서 나사렛을 방문한 사건이 오늘 본문과는 약간 다르게 기록되었습니다. 그래서 오늘 본문과 누가복음에서 기록된 사건은 같은 사건인데 다른 각도에서 기록한 것이라고 주장하는 사람들이 있는가 하면, 누가복음에서 언급된 것은 예수님의 1차 방문이고 오늘 본문과 병행구인 마태복음 13:48-54에 언급한 것은 2차 방문이라고 주장하는 사람들도 있습니다. 여러 가지 면에서 볼 때 누가복음은 예수님 사역의 초기에 방문한 것으로, 마가복음과 마태복음에 언급된 것은 사역의 중기에 방문한 것으로 생각되지만 그것이 그렇게 크게 중요한 문제는 아닙니다. 예수님께서는 제자들과 함께 고향에 가셨습니다. 6:1절입니다.

예수께서 거기를 떠나사 고향으로 가시니 제자들도 좇으니라.

여기에서 고향은 나사렛을 의미합니다. 물론 예수님께서 태어나신 곳은 베들레헴이지만 자라신 곳이 나사렛이었기에 복음서의 기자들은 그 곳을 예수님의 고향이라고 하였습니다. 그래서 종종 예수님을 나사렛 예수라고 부르기도 하였습니다. 그리고 안식일에 예수님께서는 회당에 가셔서 말씀을 가르치셨습니다.

안식일이 되어 회당에서 가르치시니(2절 상)

당시에는 말씀을 가르칠 자격이 있는 사람이 회당을 방문할 때 회당장이 허락하면 방문교사의 자격으로 회당에서 가르칠 수 있었는데, 예수님께서도 그러한 자격으로 회당에서 말씀을 가르쳤던 것 같습니다. 그러나 오늘 본문 이 후에는 예수님께서 회당에서 가르치신 기록이 나타나지 않습니다. 그것은 오늘 본문에도 언급되었듯이 지금까지 계속해서 당시의 종교 지도자들인 서기관들과 바리새인들이 예수님의 가르침과 사역에 시비를 걸었기 때문에 그런 기회가 더 이상 주어지지 않았던 것 같습니다. 예수님께서 말씀을 가르치시자 사람들은 깜짝 놀랐습니다.

> 많은 사람이 듣고 놀라 가로되 이 사람이 어디서 이런 것을 얻었느뇨?(2절 중)

복음서에서 자주 말씀하는 것처럼 예수님의 가르침을 들었을 때 사람들은 예수님께서 당시의 교사들과는 전혀 다른 내용을 가르치시며, 또한 그들과는 다른 권위 있는 모습을 보았기 때문에 놀랐을 것입니다(1:23). 예수님께서는 아마 예수님을 통한 새로운 시대의 도래를 가르치셨을 것이고, 당시의 사람들의 잘못된 신앙을 지적하고 꾸짖었을 것입니다. 또한 언제나 그러셨던 것처럼 거기에서도 안식일에 놀라운 능력들을 행하셨을 것입니다.

고향에서 배척받으신 주님

그런데 고향 사람들은 예수님께서 가르치신 말씀의 권위와 행한 기적들은 의심할 수 없었음에도 그것이 믿음으로 연결되지 않았습니다. 오히려 그러한 놀라운 가르침과 사역들은 그들에게 회의적인 불신만 낳았던 것입니다. 그들은 크게 두 가지 면에서 예수님을 문제시하였습니다. 먼저 예수님의 말씀과 능력의 출처에 대한 것이었습니다. 2절 하(下)입니다.

이 사람의 받은 지혜와 그 손으로 이루어지는 이런 권능이 어찌됨이뇨?

그들은 예수님의 가르침과 능력의 출처에 대해서 의문을 가진 것입니다. 그것은 그들이 그것을 몰랐거나 궁금해서 의문을 제기한 것이라기보다는 예수님의 말씀과 능력을 무시하려는 의도가 우선적으로 작용하였던 것 같습니다. 두 번째는 예수님께서 누구인지에 대한 것이었습니다. 3절입니다.

이 사람이 마리아의 아들 목수가 아니냐? 야고보와 요셉과 유다와 시몬의 형제가 아니냐? 그 누이들이 우리와 함께 여기 있지 아니하냐? 하고 예수를 배척한지라.

예수님을 마리아의 아들이라고 합니다. 사실 이것은 아주 경멸적인 표현이었습니다. 당시 예수님의 아버지 요셉이 죽었는지 살았는지 확실치 않지만 설령 죽었다고 하더라도 어머니의 아들로서 불리어지는 것은 예수님을 사생아로 취급하는 일종의 욕이었습니다. 그리고 '목수가 아니냐? 그리고 그의 형제들과 누이들이 우리와 함께 있는 사람이 아니냐?' (이것은 예수님의 직업을 말해주는 유일한 본문입니다)는 것은 '그가 우리들과 같이 일해서 먹고 살았던 보통 사람이 아니냐?' 는 말입니다(물론 예수님의 형제들이 처음에는 예수님을 믿지 않았지만 나중에 야고보는 초대 교회의 지도자였고[행 12:17, 15:13, 21:18, 고전 15:17, 갈 1:19, 2:9,12] 야고보서의 저자로 여겨지고 있습니다. 그리고 유다는 아마 유다서의 저자로 생각되며 요셉과 시몬은 성경에 언급되지 않습니다).

결국 그들은 예수님께서 말씀과 놀라운 능력으로 자신을 통해서 하나님 나라가 임할 것과 자신이 구약에서 예언하신 메시야이심을 가르치시고 보여주셨지만 그것을 인정하지 않고 오히려 멸시하였던 것입니다. 그래서 예수님께서는 이러한 고향 사람들이 예수님을 거부하는 이유에 대해서 말씀하십니다. 4절입니다.

> 예수께서 저희에게 이르시되 선지자가 자기 고향과 자기 친척과 자기 집 외에서는 존경을 받지 않음이 없느니라 하시며

이 말씀은 당시의 사람들에게 잘 알려져 있던 격언으로서, 예수님께서는 자신의 사역과 가르침에 대한 거부를 당시 그들에게 잘 알려진 격언을 통해 평가하신 것입니다. 이 말씀은 간단하지만 정곡을 찌르는 말씀이었습니다. 그 후에 예수님께서 어떻게 하셨습니까? 그들이 예수님을 인정하지 않고 받아들이지 않았기 때문에 더 이상 기적을 행하지 않았습니다. 5-6절입니다.

> 거기서는 아무 권능도 행하실 수 없어 다만 소수의 병인에게 안수하여 고치실 뿐 이었고 저희의 믿지 않음을 이상히 여기셨더라. 이에 모든 촌에 두루 다니시며 가르치시더라.

너무도 확연하게 드러나는 하나님 나라의 역사를 거부하는 그들을 이상하게 여기시고 거기를 떠나 다른 지방으로 다니시면서 복음을 전하셨던 것입니다.

배척받으신 이유

오늘 본문에서 우리에게 말씀하고자 하는 것은 크게 두 가지입니다. 먼저는 나사렛 사람들이 예수님을 배척하고 불신한 이유와 관련되어 있습니다. 예수님의 고향 사람들이 예수님을 배척한 이유는 4절의 말씀에

서 잘 요약되어 있는데, 이 말씀의 핵심에 대해서는 여러 가지 의견이 제시됩니다. 어떤 사람은 시기 때문이라고 하고, 어떤 사람들은 예수님에 대한 친숙함이 그들로 하여금 예수님을 배척하게 했다고도 합니다. 제가 생각할 때 그들의 가장 큰 문제는 예수님에 대한 그들의 선입관 또는 고정관념이라고 생각합니다. 그들은 현재 나타나고 있는 상황을 심사숙고하는 것이 아니라 단순히 과거에 자기들이 알았던 것을 가지고 현재의 상황을 평가하였습니다. 그들은 아마도 여러 소문을 통해서 이미 예수님에 대해서 알았을 것이 분명하고 또한 직접적으로 예수님의 말씀과 능력 행하심을 듣고 보았습니다. 그럼에도 불구하고 그들은 이전에 예수님에 대해서 가졌던 선입관과 고정관념을 버리지 않았기 때문에 예수님과 예수님을 통하여 임하게 되는 하나님 나라를 인정하지 않았고 받아들이지 않았던 것입니다.

이것은 당시의 서기관들과 바리새인들에게도 발견됩니다. 당시 종교 지도자들인 서기관들과 바리새인들이 예수님을 받아들이지 못한 이유는 여러 가지지만 가장 중요한 이유 하나는 그들이 가지고 있던 잘못된 선입관 또는 고정관념이었습니다. 이것은 바울이 복음을 전했을 때에도 마찬가지였습니다. 고린도전서 1:18-25를 보면, 유대인들이 예수님을 받아들이지 않았던 핵심적인 이유가 그들이 가지고 있었던 메시야에 대한 잘못된 고정관념이었음을 말씀합니다. 그들은 놀라운 정치적 능력을 가진 메시야를 기대했는데 예수님께서 십자가에 못 박혀 죽었기 때문에 예수님을 메시야로 받아들일 수 없었던 것입니다.

오늘날도 마찬가지입니다. 많은 사람들이 기독교 또는 복음에 대한 오해와 편견, 그리고 신앙생활의 본질에 대한 잘못된 고정관념 때문에 예수님을 믿고 온전한 신앙생활을 하는데 어려움을 겪습니다. 복음을 전하다 보면 많은 사람들이 자기 자신만의 잣대나 고정관념을 가지고 복음과 예수님, 그리고 기독교 신앙의 본질에 대해서 평가하는 것을 볼 수 있습니다. 이것은 마치 부모님께서 우리를 위해 어떤 일을 하셨는데 그 본심을 알지 못한 채 자기 자신이 가진 잣대와 선입견으로 그 일을 잘못 평가하는 것과 같이 어리석은 일입니다. 하나님 아버지께서 이 기쁜 복음을 우리에게 주셨는데 지금 여기에도 당시의 나사렛 사람들처럼 복음 또는 기독교에 대한 잘못된 선입관과 고정관념으로 인해 복음을 받아들이지 못한 분이 계신지 모르겠습니다. 혹시 이 가운데 그런 분이 있다면 손해 보는 셈치고 선입관이나 고정관념을 버리고 가장 겸손하게 복음과 신앙의 본질에 대해서 알려고 시도해 보시기 바랍니다.

그러면 기독교에 대해서, 신앙의 본질에 대해서 어떻게 알 수 있습니까? 무엇보다도 그것은 성경을 통해 알 수 있습니다. 그렇기 때문에 가지고 있는 선입견을 버리고 성경을 보시고 성경을 배우시기 바랍니다. 그런 다음에 결정하시기 바랍니다. 뿐만 아니라 오래 믿은 사람도 신앙생활에 잘못된 고정관념을 버려야 하나님께서 기뻐하시는 바른 신앙생활을 할 수가 있습니다. 제가 생각할 때 한국 교회에 가장 필요한 것 중에 하나는 성경에 근거한 신앙의 회복입니다. 교회의 직분과 교회 생활의 연조(年條)가 반드시 하나님께서 기뻐하시고 바른 신앙으로 이끌어 주는 것이 아닙니다. 비록 교회의 직분이 없고 교회에 나온 지 얼마 되지 않아도 정말 하나님께서 기뻐하시는 신앙생활을 할 수 있습니다.

사랑하는 성도 여러분! 우리 신앙의 유일한 근거와 표준은 하나님의 말씀입니다. 그래서 우리는 반드시 성경을 많이 읽어야 하고, 성경을 읽을 때에도 가능하면 고정관념을 버리고 백지 상태에서 성경을 읽어야 합니다. 저는 지금도 개인적으로 성경을 읽을 때나 말씀을 준비할 때 백지 상태로 성경을 대하려고 합니다. 그리고 가장 겸손하게 예수님을 발견하려고 하고 제 자신과 우리 교회와 이 시대를 향하신 예수님의 뜻을 발견하려고 합니다. 우리의 잘못된 생각과 믿음의 본질에 대한 선입관 그리고 잘못된 고정관념을 버릴 때 예수님도 만날 수 있고 바람직한 신앙생활도 할 수 있을 줄 믿습니다.

배척한 결과

한편 불신앙의 결과는 어떠합니까? 더 이상 기적을 경험하지 못합니다(5절). 예수님께서는 풍랑을 잠잠케 하셨고, 귀신들린 사람을 완전히 다른 사람으로 변화시키셨습니다. 또한 인간적인 힘으로 불가능한 병을 고치시고 죽은 자를 살리셨습니다. 그러나 그들의 배척과 믿음 없음을 보시고는 예수님께서는 더 이상 기적을 행치 않으셨습니다. 예수님께서는 그들에게 놀라운 능력으로 역사하기를 원하시는데, 그들의 불신앙이 더 이상 예수님께서 기적을 행하지 못하도록 했습니다. 그것을 부각시키기 위해서 네 기적 시리즈 다음에 그것과 대조되는 오늘 본문이 언급되어 있는 것입니다.

기적과 믿음은 상관관계가 있습니다. 하나님께서는 지금도 예수님을 통하여 우리에게 놀라운 일들을 행하기를 원하십니다. 그러나 누구에게나 아무 때나 행하시는 것이 아닙니다. 오늘 본문에 나온 것처럼 그러한 것을 무시하고 배척하는 사람들에게는 역사하시지 않고 그러한 능력을 사모하며 비록 완전하지는 않지만 믿음이 있는 사람에게 역사하시는 것입니다.

사랑하는 여러분, 하나님의 놀라운 능력을 경험하기를 원하십니까? 그러면 우리의 잘못된 고정관념을 버리고 예수님의 능력을 사모하고 믿음으로 예수님께 나아와야 합니다. 그럴 때에 놀라운 능력으로 하나님은 우리에게 자신을 드러내 보이실 것을 저는 분명히 믿습니다.

그런데요, 우리에게는 기적에 대한 두 가지 잘못된 견해가 있습니다. 하나는 기적을 무시하고 그것을 바라는 것을 성숙하지 못하다고 결론을 내리는 것입니다. 이것도 일종의 고정관념입니다. 기독교는 보통 사람들이 이야기하는 것처럼 말만 잘하고 이론만 앞세우는 종교가 아닙니다. 우리가 그동안 살펴본 것처럼 복음은 놀라운 능력을 동반합니다. 예수님께서는 광풍을 잠잠케 하신 것처럼 지금도 우리의 의지와 상상을 초월하여 우리에게 발생하는 일들을 해결해 주시기를 원하십니다. 귀신들린 사람을 변화시킨 것처럼 우리의 삶을 전혀 다른 사람으로 변화시키고자 하십니다. 또한 혈루병 걸린 여인을 고치시고 죽은 자를 살리신 것처럼 우리가 아무리 노력해도 해결할 수 없는 불가능한 일들을 해결해 주시기를 원하십니다. 하나님께서 지금 우리에게 역사하시기를 원하시는데 그것을 무시하고 바라지 않는 것은 하나님을 바로 섬기는 것이 아닙니다. 그것은 일종의 교만입니다.

또 한 가지 문제는 기적 자체에 목숨을 거는 것입니다. 마치 기적이 전부인 것처럼 생각합니다. 그러나 기적은 예수님을 바로 알게 하고 복음의 본질을 알리실 필요가 있을 때 주시는 것이지 아무 때나 무조건 주시는 것이 아님을 명심해야 합니다. 그러므로 우리가 예수님께 나아와서 기도해도 때로는 늦게 응답하시거나 때로는 응답되지 않을 때가 있습니다. 왜 그렇습니까? 그것은 그렇게 하는 것이 우리에게 유익하기 때문입니다.

말씀을 맺겠습니다.

예수님께서 가버나움에서 놀라운 능력을 행하셨지만 나사렛에 가셔서는 고향 사람들이 편견과 잘못된 고정관념으로 예수님을 배척하고 불신하자 능력을 별로 행하지 않으셨습니다. 오늘 말씀은 잘못된 신앙관과 고정관념이 우리의 신앙을 방해하고 하나님의 능력을 경험할 수 없게 한다는 것을 가르쳐 줍니다. 그러므로 저는 우리 모든 성도들이 하나님의 말씀에 기초한 바른 신앙을 소유하기를 바랍니다. 또한 신앙생활을 하면서 하나님의 놀라운 은혜를 경험하고 하나님을 더 잘 섬기기를 바랍니다.

마가복음 6:7-13

제자들의 파송

마가복음 1-9장은 예수님께서 갈릴리에서 사역하신 것을 주로 기록하고 있는데, 예수님의 갈릴리 사역은 크게 세 단계로 나눌 수 있습니다. 그런데 자세히 보면 갈릴리 사역의 각 부분들이 비슷한 구조를 가지고 있음을 알 수 있습니다. 1차 사역의 마지막 부분인 3:6을 보면 예수님을 죽이려고 하는 상황이 기록되어 있고, 3:7-12에서는 예수님 사역이 종합적으로 요약되어 있습니다. 또한 6:1-6에서는 예수님께서 고향 사람들로부터 배척받는 것이 기록되어 있고, 6:6 하반 절에서 또 다시 예수님 사역이 종합적으로 요약되어 있습니다. 그리고 3차 사역이 끝나는 8장 마지막 부분을 보면 제자들조차도 아직 예수님을 바로 이해하지 못하고 있음이 기록되어 있습니다. 이것은 예수님께서 가르치시고 사역하실 때 많은 사람들이 예수님을 따랐지만 예수님의 생애는 궁극적으로 사람들에게 오해받고 배척받은 생애였음을 보여줍니다. 그러한 상황에서 예수님의 최고의 관심은 제자들을 훈련시키는 것이었습니다.

제자들의 파송: 훈련을 위해

오늘 본문은 3차 사역의 시작으로서 예수님께서 제자들을 파송하신 것을 기록하고 있습니다. 물론 오늘 본문에서 예수님께서 제자들을 파송하신 것은 본격적인 사역을 위한 파송이 아니라 훈련 과정으로서의 파송이었습니다. 예수님께서는 지금까지 제자들을 여러모로 훈련시키셨습니다. 그들과 함께 하시고, 그들을 데리고 다니시면서 하나님 나라의 진리를 가르치셨고, 그들 앞에서 놀라운 능력을 행하셨습니다. 그러면서 많은 반대와 배척과 오해를 경험하게 하셨습니다. 그러나 훈련 자체가 그들을 부르신 최종적인 목적은 아니었습니다. 그들을 부르신 목적은 그들을 복음의 사역자로 삼기 위함이었습니다. 그래서 처음 4명의 제자를 선택할 때 예수님께서는 그들에게 '너희들이 사람 낚는 어부가 되도록 하겠다'고 하셨습니다(막 1:17). 열 두 제자를 선발할 때도 '그들을 자기와 함께 있게 하고 보내사 전도도 하고 귀신을 내어 쫓는 권세도 있게 하기 위함이었다'고 말씀합니다(막 3:14-15). 즉 그들을 부르신 목적은 그들을 통하여 복음을 전하고 병자를 고치며 귀신을 쫓아내면서 하나님 나라를 확장하는 것이었습니다. 그래서 적당한 때가 되었을 때 제자들을 실제로 훈련시키고자 파송하신 것입니다. 그들은 예수님께서 하신 그대로 행하였습니다. 12-13절입니다.

> 제자들이 나가서 회개하라 전파하고 많은 귀신을 쫓아내며 많은 병인에게 기름을 발라 고치더라.

회개(복음 또는 하나님 나라)를 전파하고 귀신을 쫓아내고 병을 고치는 것은 예수님의 3대 사역이었는데 제자들도 예수님께서 하신 그대로 하였습니다. 이 때 예수님께서는 그들을 보낼 때 그냥 보내지 않고 능력과 권세를 주셔서 보냈습니다(7절 하). 이것을 통해 예수님께서는 나중에 실제적인 사역을 위해서 보낼 때에도 그들을 그냥 보내시지 않고 그들에게 감당할 수 있는 능력을 주셔서 보내실 것임을 미리 보여주셨습니다. 실제로 예수님께서는 오순절 성령 강림을 통하여 그들에게 능력을 주셨고, 그들은 그 능력으로 복음 전파의 사명을 감당케 되었습니다다.

둘씩 짝지어 파송하심

예수님께서는 그들을 한 명씩 따로따로 보내시지 않고 둘씩 짝을 지어서 보내었습니다. 그것은 두 가지 이유 때문인 것 같습니다. 먼저 그것은 유대의 관습에 의한 것이었습니다. 당시의 유대 관습에 의하면, 어떤 것을 확정하기 위해서 두 사람 이상의 증인이 요구되었는데 복음을 효과적으로 증거하기 위해서도 기본적으로 두 사람이 필요하였던 것입니다(신 17:6). 또한 두 사람이 함께 다니면 실질적인 유익이 있습니다. 두 사람이 함께 다니면 서로에게 힘이 되고 위로와 격려가 되는 것은 당연한 사실입니다(막 11:1, 14:13). 그래서 사도행전에 보면 꼭 두 사람씩 짝을 지어서 선교지에 파송하는 것을 볼 수 있습니다(행 13:2,4; 16:40). 결국 예수님께서는 사역의 효율과 협력을 위해서 두 사람씩 짝을 지어 파송했던 것입니다.

파송 시의 당부

한편 그들이 보냄을 받을 때 예수님의 당부가 있었습니다. 먼저, 선교 여행을 위한 준비물에 대한 것입니다. 8-9절입니다.

> 명하시되 여행을 위하여 지팡이 외에는 양식이나 주머니나 전대의 돈이나 아무것도 가지지 말며 신만 신고 두 벌 옷도 입지 말라 하시고

어떤 것도 몸에 지녀서는 안 되었습니다. 양식이나 주머니(여행자 가방)나 전대(허리에 당시의 돈에 해당하는 금, 은, 동과 같은 것은 넣는

물건)의 돈을 가지지 말아야 했고, 여분의 신발이나 옷도 가지지 말아야 했습니다. 이러한 것들은 모두 당시 이스라엘을 여행할 때 절대적으로 필요한 것들이었는데 예수님께서는 그들에게 그러한 모든 것을 지녀서는 안 된다고 하신 것입니다. 누가복음 10:1이하에 보면, 나중에 70명의 제자들을 보낼 때도 거의 같은 명령을 하신 것을 알 수 있습니다.

그러면 왜 예수님께서 그렇게 명령하셨을까요? 물론 그것은 준비 없이 사역을 하거나 금욕의 정신으로 사역을 하라는 취지는 아니었습니다. 그것은 주님의 일을 할 때 인간의 수단이나 방법보다는 철저하게 하나님만을 신뢰하며 의지하도록 하고, 또한 적시 적소에 사역의 필요한 부분을 채워주시는 하나님을 경험토록 하는데 목적이 있었습니다.

둘째, 사람들을 만났을 때의 행동원칙입니다. 10-11절에 언급되어 있는데 '영접하면 머물고 거절하면 떠나라'는 것입니다. 여기에서 영접한다는 것은 그들이 전한 복음을 수용하고 그들을 반갑게 맞이하는 태도를 말합니다. 그리고 어느 곳에 가든지 그들을 환영하고 복음의 메시지를 받아들이는 사람 집에서 떠날 때까지 머무르라고 했습니다. 이는 처음 주신 조건에 만족하고 혹시 더 좋은 환경에서 초청한다 할지라도 더 편하고 더 좋은 것에 눈을 돌리지 말며 사역에만 전념하라는 의미입니다. 또한 그들이 명심해야 할 것은 복음을 전할 때 그들이 항상 환대만을 받지는 않는다는 것이었습니다. 예수님께서 배척을 받고 어려움을 당하신 것같이 그들도 반대를 경험하고 어려움을 당할 수 있다는 것입니다. 그 때 어떻게 하라고 하십니까? '발에서 먼지를 털어라'고 합니다. 이것은 일종의 상징적인 행동으로서 유대인들이 이방 나라에 갔다가 유대 영토로 되돌아 올 때 했던 행동이었으며 그것은 증거를 삼기 위함이었습니다. 다시 말해, 복음을 받아들이지 않는 사람들에게 하나님의 심판이 임한다는 것을 상징적인 행동으로 보여주라는 것입니다.

본문이 주는 교훈

오늘 본문이 우리에게 주는 교훈은 많습니다. 먼저 예수님께서 제자들을 부르실 때 목적을 가지고 부르셨던 것처럼, 예수님께서 우리를 부르실 때도 어느 누구하나 예외 없이 목적을 가지고 부르셨음을 다시 한 번 기억하게 합니다. 물론 우리 각자 각자를 부르신 구체적인 계획과 목적은 다릅니다. 그렇지만 분명한 것은 하나님께서 우리 모두에게 가지고 계시는 하나님의 원하심이 있다는 것입니다. 그러므로 우리는 결코 혼자 신앙생활 잘하는 것으로만 만족하지 말아야 합니다. 세계 선교를 위해서, 나라와 민족을 위해서, 교회를 위해서, 지역 사회를 위해서 내가 할 일이 무엇인가를 고민하고 깊이 묵상해야 합니다. 그리고 두렵고 떨림으로 하나님께서 우리를 통하여 이루시고자 하는 일을 잘 감당해야 할 것입니다.

이렇게 우리에게 주신 사명을 감당하기 위해서는 반드시 우리가 명심해야 할 것들이 있습니다. 먼저, 예수님께서 제자들을 두 사람씩 보내어서 서로 협력하고 도와주며 격려하고 세워주기를 바랬던 것처럼 우리도 맡기신 사명을 감당하기 위해서 반드시 서로 협력하고 도와주며 격려하고 세워주어야 합니다. 서로 협력할 때 우리는 효과적으로 사역을 감당할 수 있습니다. 우리 한국 사람들은 개인적으로는 일을 참 잘하는데 협력하는 부분에 있어서 많이 부족하다는 평가를 받곤 합니다. 교회와 성도들이 먼저 이 부분에 있어서 본을 보여야 할 것입니다.

다음으로 주님의 일을 내 힘으로만 감당하는 것이 아니라 주님이 주시는 힘으로 하고, 또한 철저하게 주님만 의지함으로 감당해야 합니다. 오늘 본문을 보면, 제자들은 파송 받을 때 아무 것도 몸에 지니지 못했습니다. 철저하게 하나님을 의지하라는 것입니다. 이렇게 하나님만을 의지케 하는 훈련은 하나님의 사람이면 누구나 겪어야 하는 필수코스입니다. 성경에 나오는 위대한 하나님의 사람들은 모두 다 철저하게 자기를 포기하고 주님만을 의지하도록 훈련을 받은 다음에 쓰임 받았습니다. 구약에서 이스라엘 사람들이 가장 좋아하는 3대 신앙의 위인은 아브라함과 모세와 다윗입니다. 그들의 생애를 보십시오. 하나님께서 그들을 얼마나 철저하게 훈련시켰습니까? 철저하게 하나님을 의지하는 훈련을 받은 다음에야 그들은 위대한 믿음의 사람이 되었던 것입니다. 우리도 마찬가지입니다. 내 힘으로 주의 일을 감당하려고 하지말고 주님께서 주시는 힘으로 해야 합니다. 또한 사람을 바라보거나 사람을 의지하지 말고 주님만 철저히 의지해야 합니다. 내 힘으로 감당하려고 하면 우리는 실패를 경험하지 않을 수 없습니다. 그렇기 때문에 주님께서는 우리가 스스로를 철저히 포기할 때까지 훈련시키시는 것입니다.

    마지막으로, 우리가 주의 일을 할 때에 기억해야 될 것이 있습니다. 그것은 오늘 본문에서 예수님께서 제자들에게 당부하셨던 것처럼 우리에게 맡겨진 사명을 감당할 때에 어려움도 당연히 따라온다는 것입니다. 주의 일을 할 때 '하나님께서 우리를 보내셨으니까', '하나님께서 우리와 함께 하시니까' 모든 것이 다 형통하리라고 생각하면 안 됩니다. 어디에서 무엇을 하든지 우리를 반대하거나 우리를 오해하고 우리를 배척하는 세력이 항상 있다는 것을 명심해야 합니다. 마가복음을 통해 계속 보아왔던 대로 예수님께서도 그것을 경험하셨습니다. 사도행전을 보아도 초대교회의 성도들에게 항상 그들을 배척하고 모함하는 사람들이 있었습니다. 복음을 전파하는 것이 결코 쉽지 않았습니다. 마찬가지로 우리도 주의 일을 하면서 우리를 반대하거나 모함하고 오해하는 세력이 있을 때, 오히려 그것을 당연하게 생각하면서 결코 낙심하거나 좌절하지 말고 맡기신 일에 계속 최선을 다해야 할 것입니다.

    말씀을 맺겠습니다.

오늘 본문은 예수님께서 제자들을 실제로 훈련시키시기 위해서 파송하신 것을 기록하고 있습니다. 그러면서 사역자의 자세에 대해서 말씀하셨습니다. 이와 같이 우리도 주님께서 우리에게 맡기신 사명을 감당하기 전에 철저히 훈련받는 것이 필요합니다. 덧붙여 사역할 때 서로 협력하는 자세가 필요하고 철저하게 예수님만 의지해야 합니다. 뿐만 아니라 어려움과 오해와 반대가 있다 할지라도 그것 때문에 낙심하거나 좌절하지 말고 그러한 어려움을 당연한 것으로 여기며 어려움을 잘 극복해야 합니다. 아무쪼록 우리 모든 성도들은 하나님께서 우리를 부르신 특별한 목적이 있음을 명심하고 최선을 다해서 하나님의 뜻을 이루시기를 바랍니다.

마가복음 6:14-29

세례 요한의 삶과 죽음

　예수님의 공생애 사역이 진행되어 갈수록 예수님을 추종하는 사람들도 많아졌지만 예수님에 대한 반대와 오해도 점점 확산되고 심화되어 갔습니다. 반대와 오해가 심해질수록 예수님께서는 자신의 죽음이 가까워 온 것을 아시고 제자들을 훈련시키는 강도를 높이셨습니다. 6:7-13에서 보는 대로, 예수님께서는 자신의 죽음 이후의 본격적인 사역을 위한 훈련의 과정으로서 제자들을 둘씩 짝지어 보내셨습니다. 그래서 하나님만 의지하면서 서로 협력하고 사역하고, 반대하는 세력이 있더라도 그것을 당연한 것으로 여기고 맡겨진 일에 계속 최선을 다하도록 하는 훈련을 받게 하셨습니다. 그리하여 그들이 돌아다니면서 복음을 전파하고 귀신들을 쫓아내고 병자들을 고치자 그들의 사역을 통해서도 예수님의 명성은 더욱 퍼져 나갔습니다. 결국 그 명성과 소문이 헤롯 왕에게까지 이르게 되었습니다(여기에서 헤롯왕은 예수님 출생 시 예수님을 죽이려고 했던 헤롯 대왕의 아들로서 당시 예수님께서 사역하시던 갈릴리와 베레아의 분봉왕이었습니다. 헤롯 대왕의 사후에 유대지역이 그의 세 아들에 의해서 분할 통치되었는데 오늘 본문의 헤롯왕도 그들 중에 한 사람이었습니다).

　그러한 상황 속에 예수님에 대한 사람들의 평가는 다양하게 나누어집니다. 15-16절입니다.

어떤 이는 이가 엘리야라 하고 또 어떤 이는 이가 선지자니 옛 선지자 중의 하나와 같다 하되 헤롯은 듣고 가로되 내가 목 베인 요한 그가 살아났다 하더라.

복음서 기자는 헤롯이 예수님을 세례 요한이 다시 살아나서 놀라운 능력을 행하는 줄로 생각하는 이유를 설명하는 과정에서 세례 요한의 죽음에 대해서 기록하고 있습니다(당시에는 사람이 죽으면 그의 영혼이 다른 사람으로 다시 태어난다는 미신적인 생각이 널리 유포되었는데 헤롯도 그렇게 생각한 것입니다). 물론 본문의 핵심은 세례 요한의 죽음 자체에 있지 않습니다. 복음서 기자가 예수님의 삶과 사역의 중심에 세례 요한의 죽음을 기록한 것은 세례 요한의 죽음이 예수님 죽음의 예표적인 성격을 띠기 때문입니다(참고, 막 9:13, 마 11:14). 다시 말해, 예수님의 또 다른 대적자인 헤롯 왕을 등장시킴으로 예수님의 죽음이 임박했음을 보여주고, 한 걸음 더 나아가 예수님께서 어떻게 죽임을 당할 것인지 미리 보여주는 것입니다. 이렇게 오늘 본문의 핵심이 세례 요한에게 있지 않고 예수님께 있기는 하지만, 오늘은 세례 요한의 삶과 죽음이 주는 교훈을 포괄적으로 살펴보려고 합니다.

세례 요한의 삶

먼저 세례 요한의 삶에 대해서 살펴볼 필요가 있습니다. 1장에서 보았던 대로 세례 요한은 철저하게 예수님을 위해 살았고 예수님의 길을 예비하는데 최선을 다했습니다. 결코 그는 그 이상의 선을 넘지 않았습니다. 그는 자신의 위치를 지키면서 자신에게 맡겨진 사명을 위해서 모든 열정을 다했습니다. 뿐만 아니라 그는 나실인의 전통에 어긋나지 않는 바르고 검소하며 금욕적인 삶을 살았습니다. 그는 예수님의 길을 예비하기 위한 자신의 사명을 위해서 자신의 삶을 포기한 것입니다. 바울이 고백으로 본다면, 주님의 상을 바라고 정과 욕심을 모두 뒤로 한 채 푯대를 향하여 달려간 것입니다.

오늘 본문에서는 그의 또 다른 모습을 보여주고 있습니다. 그것은 사회적 불의에 대한 정의감입니다. 그는 권력이 부패되는 것을 보면서 결코 가만히 있지 않았습니다. 17-18절입니다.

> 전에 헤롯이 자기가 동생 빌립의 아내 헤로디아에게 장가든 고로 이 여자를 위하여 사람을 보내어 요한을 잡아 옥에 가두었으니 이는 요한이 헤롯에게 말하되 동생의 아내를 취한 것이 옳지 않다 하였음이라.

지역을 통치하는 분봉왕이었던 헤롯이 자기 부인을 쫓아내고 이복동생의 부인을 아내로 맞아들였는데 그것은 율법을 벗어나는 악한 행위였습니다. 율법에 의하면 형제의 아내를 취하는 경우는 형제가 죽었을 때에만 가능합니다(레 18:16, 20:21, 출 20:14, 17). 그러므로 자신의 아내를 버리고 동생의 아내를 취한 것은 엄연히 잘못된 것이었습니다. 세례 요한은 그것을 보고 가만히 있지 않고 헤롯 왕의 잘못을 지적하였습니다. 사실 요한이 그것을 모른 체 하고 침묵할 수도 있었지만 그는 결코 불의에 침묵하지 않았습니다. 요한의 신앙은 철저히 하나님 중심의 신앙이었고, 그의 메시지는 하나님 중심의 메시지였습니다. 그렇지만 그는 사회와 정치에 무관심하지 않았고 오늘 본문에서 본 바와 같이 왕의 불의를 계속해서 지적하면서 그가 속한 사회와 국가에 대한 책임을 잘 감당했던 것입니다(18절의 '말하되'는 한 번만 한 것이 아니고 계속적으로 한 것임을 의미합니다).

오늘날 우리는 기독교 신앙을 개인적인 것으로만 좁혀서 생각하거나 신앙생활을 단순히 교회 생활로 한정하는 경우를 자주 발견하게 됩니다. '교회 생활만 잘하면 된다'거나 '성경보고 기도하고 열심히 전도만 하면 된다'는 차원으로 기독교 신앙을 생각하는 것입니다. 그러나 성경은 그렇게 말씀하지 않습니다. 성경은 이웃과 사회 전체에 대한 책임이 있음을 분명히 말씀하고 있습니다. 우리가 잘 아는 대로 성경은 세상의 빛과 소금이 되라고 명령하고 있습니다. 어두운 곳에 빛을 비춰야 하고 썩어가고 부패되어 가는 이 세상에 소금의 역할을 잘 감당해야 합니다. 나쁜 짓을 하는 것만이 죄가 아니고, 사회에서 우리의 책임을 감당하지 못하는 것도 적극적인 의미에서는 죄가 되는 것입니다. 구약의 선지자들을 보십시오. 그들은 하나님의 백성들이 하나님이 요구하는 사회적 삶을 살지 못하고 그 책임을 감당하지 못했을 때, 다시 말하면 가난한 사람들을 착취하거나 뇌물을 먹으면서 불의한 재판을 하였을 때 결코 가만히 있지 않았습니다. 선지자들은 정의를 선포하면서 그들을 책망했던 것입니다.

여러분, 우리의 신앙도 개인적인 면이나 교회 생활에만 국한 시켜서는 안 됩니다. 하나님께서 우리에게 맡기신 이웃과 사회를 향한 책임을 잘 감당해야 합니다. 우리는 우리가 속해 있는 사회와 직장에서 바른 삶을 살아야 하고 그 가운데 불의가 행해질 때 결코 침묵해서도 안 됩니다. 그것을 지적하고 그것에 대항해서 바른 도리를 선포해야 합니다. 물론 이것은 정치적이고 폭력적인 저항운동을 해야 함을 의미하지는 않습니다. 다만 하나님의 백성으로서 우리는 이 부패되고 썩어가는 사회에서 바른 삶의 모습을 보임으로써 본을 보여야 하고, 때로는 우리에게 손해가 있거나 어려움이 닥치고 불이익이 생긴다 할지라도 불의에 대하여는 반드시 꾸짖고 책망해야 하는 것입니다.

세례 요한과 헤롯 왕의 삶의 비교

세례 요한과 헤롯은 삶의 여러 가지 면에서 극한 대립을 이루고 있습니다. 오늘 본문을 보면 헤롯은 아주 심한 죄책감에 빠졌던 것 같습니다. 우리 속담에 '도둑이 제 발 저린다' 라는 말이 있듯이 헤롯은 당시에 의인이었던 요한을 잔인하게 죽였기 때문에 자신의 죄에 대한 양심의 가책과 그 죄로 말미암은 두려움이 있었던 것 같습니다. 그래서 당시에 하층민들이나 알고 있었던 미신에도 그의 마음이 흔들렸던 것입니다. 이것은 죄가 우리를 얼마나 초라하게 만드는 가를 보여줍니다. 죄는 우리에게 평안을 뺏어가고 조그마한 것에도 두려움에 떨며 살도록 만드는 것입니다.

여러분, 진정한 평안은 어디에서 옵니까? 남에게 손해를 주고 거짓말하는 나쁜 짓을 통해 재산을 모은다고 해서 참 평안을 누릴 수가 있겠습니까? 아니면 사람들에게 자기 위상이 높아져가고 인기를 얻는다고 해서 참 평안이 찾아옵니까? 결코 그렇지 않습니다. 많은 연예인들이 이구동성으로 고백하는 것이 그들이 인기를 누리고 많은 돈을 벌지만 진정한 평안을 누리지 못한다고 합니다. 다른 사람을 즐겁게 해준 다음에 오는 고독감과 외로움과 허탈감이 이루 말할 수 없다고 합니다. 우리가 진정한 평안을 누릴 수 있는 것은 세례 요한과 같이 양심의 소리에 순종할 때이고, 또한 하나님의 뜻에 순종하여 살아갈 때임을 명심해야 합니다.

한편 헤롯이 이렇게 죄를 짓고 괴로워하며 죄책감에 빠졌던 이유가 있습니다. 그것은 헤롯은 자기 소신대로 살지 못했기 때문입니다. 그는 아내의 눈치를 보고 군중들의 눈치를 살피던 사람이었습니다. 뿐만 아니라 그는 자기의 위상을 드러내기 위해 허세를 부렸으며, 인간적인 체면 때문에 자기가 하고 싶은 일조차 하지도 못하고 살았습니다. 26절을 보면 '왕이 심히 근심하나' 라고 말씀합니다. 그는 세례 요한을 죽이면서도 소신 있게 하지 못하고 근심 가운데서 그 일을 했던 것입니다.

이와 관련하여 크게 두 종류의 사람이 있습니다. 한 부류의 사람은 살아가면서 다른 사람들의 눈치를 살피며 인기에 영합하고 과시적으로 자기 자신을 드러내려고 하는 사람입니다. 다른 한 부류의 사람은 사람의 눈치를 살피거나 사람의 체면을 생각지 않고 하나님을 두려워하는 사람입니다. 당연히 이 두 부류의 사람은 전혀 다른 길을 걸을 수밖에 없습니다. 사람을 의식하고 사람의 눈치를 보고 자기체면을 생각하는 사람은 하나님 앞에 죄를 짓지 않을 수 없으며, 자기가 지은 죄 때문에 괴로움을 당할 수밖에 없습니다. 그러나 하나님을 두려워하는 사람은 하나님 뜻대로 살지 않을 수 없고 하나님의 뜻을 행하면서 진정한 평안을 경험할 수 있는 것입니다.

세례 요한의 죽음의 또 다른 의미

세례 요한의 죽음은 예수님의 죽음을 예표 하는 것 외에도 또 한 가지 중요한 의미가 있는데 그것은 세례 요한의 죽음이 예수님의 공생애 길을 열어 주었다는 것입니다. 마태복음 4:12입니다.

> 예수께서 요한의 잡힘을 들으시고 갈릴리로 물러가셨다가(참고, 막 1:14)

이 말씀 앞부분에는 예수님께서 사역을 준비하는 과정이 나옵니다. 그리고 13절 이하에는 예수님께서 본격적으로 사역하시는 것이 기록되어 있습니다. 마태복음 14장을 보면 세례 요한이 죽은 다음에 세례 요한의 제자들이 그 사실을 예수님께 이야기합니다. 이러한 기록들은 예수님의 사역과 세례 요한의 죽음은 아주 밀접하게 연결되어 있음을 보여줍니다. 그리고 그 속에 하나님의 섭리가 있음을 말씀합니다.

이 부분에 대해서 좀 더 구체적으로 살펴보겠습니다. 우선 세례 요한을 죽이려 하는 여러 사람들이 등장합니다. 먼저 헤롯이 악하고 우유부단했기 때문에 그것이 원인이 되어서 세례 요한이 죽은 것으로 기록되어 있습니다. 뿐만 아니라 19절, 21절을 보면 헤로디아가 호시탐탐 세례 요한을 죽일 기회를 찾고 있었습니다. 사정이 여의치 않아서 세례 요한을 죽이지 못하였는데 마침 헤롯왕의 생일이 되었고, 헤로디아의 딸이 친히 들어와 춤을 추었습니다. 물론 이것은 상식 밖의 일이었습니다. 왕이 잔치를 하는데 무녀나 시녀들이 춤을 추는 것이지 왕의 딸이 춤을 춘다는 것은 결코 상상할 수 없는 일입니다. 간교한 헤로디아가 자기 딸까지 이용하면서 세례 요한을 죽이려고 한 것입니다. 이러한 사실들을 놓고 보면 일견 사람들이 모의하고 계획해서 세례 요한을 죽인 것 같습니다.

그러나 우리가 알아야 할 것은 비록 사람들의 모략에 의해서 세례 요한이 죽었지만 그 속에도 여전히 하나님의 섭리와 간섭이 있었다는 사실입니다. 예수님의 사역이 온전히 드러나기 위해서 세례 요한은 역사의 뒷부분으로 물러가야 했습니다. 만약 세례 요한이 예수님과 같이 활동했다면 예수님의 사역이 온전히 드러날 수 없기 때문입니다. 하나님께서는 때가 되자 사람들을 통해서 세례 요한을 역사의 뒤편으로 물러나게 하심으로 예수님의 본격적인 사역을 더욱 확연하게 드러내신 것입니다.

마치 가룟 유다로 인해서 예수님께서 십자가에 돌아가셨던 것처럼 이 헤로디아로 인해서 세례 요한이 죽었지만, 그 속에 하나님의 간섭과 섭리가 있었습니다. 물론 사람이 자기의 죄에 대한 책임은 면할 수 없습니다. 그렇지만 세례 요한의 죽음은 하나님의 뜻을 이루는 과정이기도 했던 것입니다. 이처럼 세례 요한은 그 삶의 전체를 그의 죽음을 통해서까지 철저하게 예수님을 위해서 쓰여 졌음을 알 수가 있습니다. 그의 말대로 예수님은 흥하여야겠다는 고백이 그의 삶의 전체를 통해서 드러날 뿐 아니라 그의 죽음에서조차 나타나는 것을 볼 수가 있습니다.

말씀을 맺겠습니다.

오늘 본문은 세례 요한의 삶과 죽음에 대해서 기록하고 있습니다. 그는 결코 개인적인 신앙에 머무르지 않고 사회적 책임을 감당하는 삶을 살았습니다. 또한 헤롯과는 달리 하나님을 두려워하고 하나님의 뜻을 이루어 드리는 삶을 살았습니다. 뿐만 아니라 그는 자신의 죽음마저도 주님의 일을 열어주며 주님의 나라를 위한 것으로 쓰임 받았습니다. 이러한 세례요한의 삶과 죽음을 보면 그가 얼마나 귀하고 본받을만한 삶을 살았는지 알 수 있습니다. 그래서 예수님께서도 여자가 낳은 자 중에서 세례 요한보다도 더 나은 자가 없다고 말씀하셨습니다. 저는 우리 모든 성도들에게도 세례 요한과 같이 생애 전체가 예수님을 위해서 귀하게 쓰여 지는 삶이 되길 간절히 바랍니다.

마가복음 6:30-44

'목자 없는 양' 같음을 인하여

예수님께서는 자신이 이루실 구원사역의 선포가 승천하신 이후에도 계속될 수 있도록 제자들을 부르시고 그들과 함께 숙식하시면서 그들을 가르치셨습니다. 그리고 실제적인 훈련을 위해 제자들을 파송하셨습니다. 제자들 사역 역시 놀라운 반향을 일으켰고, 예수님의 명성은 더욱 퍼졌습니다. 마침내는 헤롯에게 까지 그의 이름이 들려지게 되었습니다.

헤롯은 예수님에 대한 소문이 들리자 자신이 세례 요한을 무고히 죽인 죄책감이 있었기 때문에 세례 요한이 되살아났다고 생각하였습니다. 헤롯이 이렇게 오해한 것은 바리새인들이나 고향 사람들이 한 오해와는 차원이 다릅니다. 당시의 분봉왕이었던 헤롯왕의 오해는 예수님의 죽음이 가까움을 의미합니다. 또한 복음서 한복판에 언급된 세례 요한의 죽음은 좀 더 분명하고 구체적으로 예수님의 죽음과 예수님의 죽음의 성격에 대해서 보여줍니다.

'목자 없는 양'과 같은 이스라엘

오늘 말씀은 논리적으로 6:7-13에 있는 제자들의 파송과 연결되어 있습니다. 30절을 보면, 이제 제자들은 돌아와서 자신들이 가르치고 행한 것을 예수님께 자세히 보고합니다. 예수님께서는 그들에게 휴식이 필요한 줄로 아시고 그들을 쉬게 하셨습니다(31절). 예수님의 바쁜 사역으로 말미암아 제자들도 식사할 겨를 없이 바빴기 때문이었습니다. 예수님께서 늘 사역의 고비마다 한적한 곳에서 쉬시고 기도하시면서 재충전하셨던 것처럼(막 1:35, 45), 제자들에게도 역시 기도하고 재충전 할 수 있는 기회를 주셨습니다.

그래서 함께 배를 타고 한적한 곳(누가복음 9:10에는 '벳새다' 라고 했고 요한복음 6:23에서는 디베랴 근처라고 했습니다)으로 갔는데 사람들이 예수님의 소문을 듣고 예수님보다 먼저 그 곳에 도착해서 예수님께 몰려온 것입니다. 그렇지만 예수님께서는 조용한 쉼을 방해하는 그들에게 따라다닌다고 화를 내시지 않고 오히려 불쌍히 여기셨습니다. 왜 그렇습니까? 34절에 보듯이 그들이 '목자 없는 양' 과 같았기 때문입니다. '목자 없는 양' 은 예수님께서 자주 쓰시던 표현이며, 구약에도 자주 나오는 말씀입니다.

예를 들어, 민수기 27:17에서 이 말은 지도자가 백성들을 잘 이끌어주지 못한 것을 언급할 때 사용되었습니다. 열왕기상 22:17에서는 이스라엘이 타락하고 하나님의 말씀이 제대로 선포되지 못한 상태를 표현하였습니다.

에스겔 34:5에서는 하나님의 백성들이 극히 위험한 상태에 있을 때를 말씀합니다. 그러니까 '목자 없는 양' 이란 첫째, 하나님의 백성들이 어느 길이 바른 길인지 알지 못하고 방황하는 것을 의미합니다. 그리고 극히 위험한 길을 가고 있음에도 그것을 알지 못하는 것을 말씀합니다. 마지막으로 자기들의 필요한 것을 제대로 채움 받지 못한 상태를 의미하기도 합니다.

말하자면 예수님 당시의 이스라엘에는 말씀을 가르치던 서기관들과 바리새인들이 있었지만 껍데기 밖에 없는 종교 행위를 강조하고 왜곡된 말씀을 가르쳤기 때문에 이스라엘 백성들은 목자 없는 양과 같은 상태였습니다. 더구나 그들은 아주 갈급한 상태였습니다. 그러한 목자 없는 양과 같은 그들의 모습을 보신 예수님께서는 피곤하심에도 불구하고 화를 내거나 귀찮아하지 않으시고 오히려 그들을 불쌍히 여기셨습니다.

오늘날도 당시의 이스라엘처럼 목자 없는 양과 같아 갈 길을 찾지 못하는 사람들이 많은 시대입니다. 우리는 주위에서 목자 없는 양같이 이리 저리 방황하는 사람들을 쉽게 찾아 볼 수 있습니다. 예수님을 알지 못한 채 돈이나, 명예나, 사회적 지위가 전부인 것처럼 정신없이 쫓아다니는 사람들이 얼마나 많습니까? 그들은 인생이 진정 가야 할 길이 어딘지 모르고 있습니다.

뿐만 아니라 신앙생활을 한다고 하면서도 왜곡되게 신앙생활을 하는 사람들 역시 얼마나 많습니까? 특별히 사교 집단에 끌려서 가정을 파탄으로 몰아가거나 가산을 탕진해서 사회적 물의를 일으키는 경우들도 우리는 자주 목격하게 됩니다. 최근에는 우간다에서 이단적인 종말론 때문에 천여 명이 집난자살 했다고 합니다. 모두 목자 없는 양 같은 사람들입니다.

먼저 말씀을 가르치시는 주님

이렇듯 목자 없는 양 같은 사람들을 위해서 예수님께서는 무엇을 하셨습니까? 마태복음 9:36-38에서는 예수님께서 주위에 몰려오는 사람들을 보시곤 그들이 목자 없는 양과 같다고 하시며 제자들을 택하셨습니다. 예수님께서는 제자들을 훈련시키셔서 그들을 바른 길로 인도하기를 원하셨습니다. 또한 예수님께서는 목자 없는 양과 같은 그들을 직접 가르치셨습니다. 그들에게 가장 우선적으로 필요한 것은 바른 가르침이었기 때문에, 피곤하고 힘드셨지만 그들이 오는 것을 보고 불쌍히 여기시며 그들에게 생명의 말씀을 가르치신 것입니다.

이와 같이 많은 성도들이 목자 없는 양과 같이 방향을 찾지 못하는 오늘날에도 말씀을 바로 가르치는 것이 무엇보다도 중요합니다. 그래서 우리 교회도 하나님의 말씀을 바르게 가르쳐서 바른 신앙의 길을 제시하는 교회가 되기를 원합니다. 이번에 전교인 기초 성경 공부가 끝났습니다.

매주 250-300명 정도가 참석하였는데, 약 200명 정도가 수료하였습니다. 앞으로도 계속 하나님의 말씀을 바로 교육하는 교회가 되기를 원합니다. 하반기에는 성경 전체의 뼈대와 흐름이 무엇인지 공부하여 포괄적인 안목으로 성경을 볼 수 있는 눈을 키워주고자 합니다. 기초 성경 공부가 집의 기초를 세워주는 일이라면 성경 전체의 흐름을 공부하는 것은 집의 뼈대를 세워주는 일이기 때문입니다. 나아가 내년부터는 소그룹 제자 훈련을 시키려고 하는데, 이것은 집 내부의 정밀한 공사와 비유될 수 있을 것입니다.

그러나 우리는 먼저 이렇게 성경을 배우려는 목적을 분명히 해야 합니다. 단지 배우는데 만족하고 배운 것을 자랑하기 위해 하는 것이 아닙니다. 성경을 배우는 목적은 우리 주위에 목자 없는 양 같은 사람들이 너무 많이 있기 때문에, 그들의 필요를 채우는 자가 되기 위함인 것입니다. 그래서 기초성경공부 수료증에는 '나는 세상의 빛과 소금입니다. 나는 그리스도의 대사요 증인입니다' 라고 쓰여 있습니다. 수료하는 것 자체에는 아무런 목적도 의미도 있지 않다는 것입니다.

사랑하는 성도 여러분! 저와 여러분은 하나님께서 목자 없는 양 같은 사람들을 위해 먼저 부르신 하나님의 일꾼들이요 함께 그 일을 이루어 가는 동역자입니다. 제가 가지고 있는 꿈 가운데 하나도 앞으로 3-4년 후에는 우리 교회 안에서 목자 없는 양과 같은 사람들을 위해 헌신하는 많은 평신도 지도자들이 배출되는 것입니다.

불쌍하게 여기는 마음

하지만 이 시대에 목자 없는 양과 같은 사람들을 위해 쓰임 받으려면 먼저 우리에게 필요한 것이 있습니다. 그것은 예수님의 마음과 예수님의 시각을 갖는 것입니다. 이 시대를 바라보며, 우리 주위를 바라보며, 목자 없는 양과 같은 시대와 사람들을 바라보면서 예수님이 가진 안타까움과 불쌍히 여기는 마음이 우리에게 있어야 합니다. 그러나 우리는 우리 주위의 일들에 대해 너무 무관심합니다. 모든 관심이 나에게 있고 나만 잘 믿으면 된다고 생각합니다.

하지만 우리는 예수님을 닮아간다는 것은 주님의 성품을 닮는다는 의미도 있지만 주님의 시각을 닮는다는 것도 포함한다는 것을 유념해야 합니다. 우리는 주님의 눈으로 이 시대와 주위를 살펴보아야 합니다. 우리에게 방황하는 대중들의 영적 상태가 목자 없는 양들처럼 불쌍하게 느껴지지 않는다면 분명 우리의 신앙은 어딘가 잘못된 것이고, 어쩌면 우리들 자신도 목자 없는 양과 같은 사람들일지도 모릅니다.

실제적인 필요를 채우시는 주님-오병이어의 기적

예수님께 나아온 사람들은 말씀에 대한 갈급함 때문에 해가 지고 식사시간이 지난 줄도 모르고 말씀에 심취되었던 것 같습니다. 그 때 제자들이 예수님께 나아와서 시간이 지났다고 말씀합니다. 그들을 동네로 보내어 먹게 하자고 제안합니다. 예수님께서는 그들의 질문에 대답하는 대신 '너희가'(원문에는 이 말이 강조되어 있습니다) 먹이라고 합니다. 사실 예수님께서 기적을 일으킬 긴급성이나 필요는 없었습니다. 그러나 요한복음은 '그들을 시험하기 위해서'라고 합니다. 그러니까 제자들이 얼마나 예수님을 의지하는지 그리고 제자들이 얼마나 예수님의 능력을 신뢰하는지 테스트하기 위한 것이었습니다.

하지만 그들은 무엇이라고 합니까? 200 데나리온이 필요하다고 합니다(37절). 한 데나리온은 당시 하루 품삯이었기 때문에 200 데나리온은 약 8개월분의 수입이었습니다. 그들이 200 데나리온을 언급하는 것은 불가능하다는 것을 의미입니다. 그 때 예수님께서는 떡이 몇 개나 되는 지 알아보라고 하십니다. 제자들이 보리 떡 다섯 개와 물고기 두 마리를 가지고 옵니다.

요한복음에 보면, 안드레가 아이에게서 보리 떡 다섯 개와 물고기 두 마리를 받아오면서 이것으로 어떻게 하겠느냐고 묻습니다. 사실 그들은 얼마 전에 빵 한 쪽 전혀 없고 돈 한 푼 없는 상황에서도 하나님께서 채워주시는 훈련을 받았습니다. 또한 하나님께서 놀라운 능력으로 역사하신 것을 경험하였습니다. 그런데도 여전히 믿음이 부족한 것입니다. 그런 가운데 예수님께서 그것을 축사하시고 나누어주시니 놀라운 일들이 일어났습니다. 오천 명이 먹고도 열두 바구니가 남은 것입니다.

소위 '오병이어의 기적'은 사복음서가 모두 기록하고 있습니다. 이 사건은 단순히 사람들의 배고픔을 없애주기 위해 떡을 준 사건이 아닙니다. 이 사건은 선한 목자로서의 예수님의 모습을 보여주고 있습니다. 에스겔 34:23을 보면 이스라엘이 목자 없는 양과 같다고 하면서 목자로서 메시야를 예언한 말씀이 나오는데 오늘 본문에서 예수님은 그 메시야가 당신인 것을 보여주고 있습니다. 실제로 요한복음 10장을 보면 구체적으로 자신이 선한 목자라고 말씀하셨습니다.

여러분, 예수님은 선한 목자입니다. 우리의 필요를 채워주시는 분입니다. 그렇다면 목자 없는 양과 같은 사람들의 필요를 채워주시는 하나님의 방법은 무엇입니까? 예수님께서는 어린 아이의 손이 드린 보리 떡 다섯 개와 물고기 두 마리를 사용하셨습니다. 사실 예수님께서 그들의 필요를 채우기 위해서 아무 것도 필요가 없었습니다. 하나님께서는 무에서 천지를 창조하신 분입니다.

또한 이스라엘이 사 십 년 동안 광야 생활을 할 때에도 하늘로부터 만나를 내리셨습니다. 그러나 이때는 어린 아이의 손에서 나왔던 보리떡 다섯 개와 물고기 두 마리를 사용하셨습니다. 아마 당시 거기에 있던 사람들 가운데는 이 아이 외에도 먹을 것을 가진 사람들이 많이 있었을 것입니다. 그럼에도 순수한 어린 아이가 드린 오병이어가 목자 없는 양 같은 사람들을 위해 쓰임을 받았습니다. 이것이 하나님의 법칙입니다.

물론 우리가 예수님처럼 목자 없는 양 같은 사람들을 모두 먹일 수는 없습니다. 그러나 우리가 가진 조그마한 것이라도 그것을 예수님께 드린다면 오병이어를 드린 어린 아이처럼 쓰임 받을 수는 있습니다. 우리는 종종 위대한 하나님의 일을 위해서 비범한 힘과 능력이 필요하다고 생각하여 망설이기도 하는데 결코 그렇지 않습니다. 하나님께서는 부족한 자, 약한 자, 천한 자를 쓰시기를 기뻐하십니다. 이제 주님께서 우리의 오병이어를 손에 드시고 하늘을 우러러 축사하시기를 원합니다.

말씀을 맺겠습니다.

우리는 주님의 시각을 회복해야 합니다. 목자 없는 양과 같은 사람들이 우리 주위에 있는 것을 보고 불쌍히 여기는 마음을 가져야 합니다. 그리고 그들을 위해서 우리를 부르셨음을 명심해야 합니다. 우리가 할 일은 우리의 조그마한 것이라도 먼저 희생하며 주님께 드리는 것입니다. 저는 우리의 보잘 것 없는 것이라도 예수님의 손에 붙들려서 목자 없는 양과 같은 사람들을 위해서 크게 쓰임 받는 은혜가 있기를 바랍니다.

마가복음 6:45-56

예수님에 대한 바른 이해
(극한 위기의 상황에서….)

우리는 마가복음 6:30-44의 말씀을 통해서 당시 이스라엘의 상태가 어떠했는지 살펴보았습니다. 그들은 목자 없는 양과 같이 어느 길로 가야할 지 방향 감각을 상실하였고, 진정한 필요도 제대로 채움 받지 못했습니다. 그래서 예수님께서는 목자 없는 양과 같은 많은 무리들이 자신에게 몰려오는 것을 보시고 피곤하였음에도 불구하고 불쌍히 여기시고 말씀을 가르침으로 바른 길을 제시하셨고, 오병이어로 먹이심으로 그들의 필요를 채워주셨습니다. 그렇게 하심으로 선한 목자로서의 자신의 모습을 보여주셨습니다.

제자들을 먼저 보내시는 예수님

그러나 오늘 본문을 보면, 그 사건 이후에 예수님께서 모였던 무리를 흩으시고 제자들을 다른 곳으로 보내셨습니다(45절). 흩으셨던 이유에 대해서 오늘 본문은 기록하지 않았지만, 요한복음 6:14-15을 보면, 그들이 예수님께서 선지자이신 줄 알고 왕으로 삼고자 했기 때문입니다. 그들은 목자 없는 양과 같은 자신들을 바른 길로 인도하는 선한 목자로서의 예수님을 보지 못하고, 정치적인 측면에서 예수님을 판단했던 것입니다.

물론 그럴만한 이유가 있었습니다. 그 당시의 이스라엘은 약 칠, 팔백 년 동안 외세의 침략을 받았기 때문에 이스라엘의 모든 사람들에게는 소위 '메시야 대망 사상'이 있었습니다. 다윗 왕과 같은 위대한 왕이 나타나서 이방의 압제에서 이스라엘을 회복시켜 주시기를 기대한 것입니다. 그리하여 예수님께서 놀라운 능력을 행하자 그들은 예수님을 왕으로 삼으려고 했습니다. 이것은 당시에 예수님을 대적하고 죽이려 했던 무리들과는 또 다른 극단에서 예수님을 오해하는 것이었습니다. 이러한 오해는 예수님의 제자들에게도 있었습니다. 우리가 잘 아는 대로 마가복음 10장을 보면, 제자들도 예수님께서 왕이 되시면 자신들이 높은 자리를 차지할 수 있으리라는 야망이 가득하였음을 알 수 있습니다. 그들은 진정으로 예수님께서 세우시기를 원하시는 하나님 나라의 본질에 대해서는 제대로 이해하지 못한 채 그들의 현실적인 필요와 연관시켜서 예수님을 이해하고 따랐던 것입니다.

예수님을 왕으로 세우고자하는 의도가 눈에 띄게 드러나자 예수님께서는 그들을 보내셨습니다. 그것도 급히 보내셨습니다. 본문을 보면(45절) '재촉하사'라고 말씀합니다. 왜냐하면 그러한 상황을 빨리 벗어나는 것이 지혜로운 일이었기 때문입니다. 그 후 예수님은 기도하러 산으로 가셨습니다(46절). 아마 예수님을 오해하는 문제와 관련하여 군중들과 제자들을 위해서 기도하셨고, 자신의 사역을 위해서도 기도하였을 것입니다. 기도하신 후에 홀로 육지에 계시다가, 바다 바람 가운데서 고생하는 제자들을 보시고 밤 사경(새벽 3-6시: 당시 로마의 시간 계산법은 밤을 4등분하여서 1경을 6-9시, 2경을 9-12시, 3경을 12-3시 4경을 3-6시로 구분하였습니다) 즈음에 그들에게 다가가셨습니다.

제자들에게 다가가시는 주님

이 때 제자들은 아마 지칠 대로 지쳐있었을 것입니다. 왜냐하면, 그들이 예수님을 떠날 때가 초저녁이었는데 밤 사경까지 최소한 6시간 이상 바다에서 바람과 싸웠기 때문입니다. 뿐만 아니라, 제자들은 자신들을 그 곳에 두지 않고 이렇게 배를 태워 보낸 것에 대해서도 불평과 원망으로 가득하였을 것입니다. 그 때 예수님께서 그들에게 다가가셨습니다. 그들은 예수님을 보고 깜짝 놀라면서 '유령인가' 하고 소리를 지릅니다(49절). 예수님께서는 그들을 안심시키시고 '두려워 말라'고 하시면서 배에 올라가니 바람이 그치게 되었습니다. '두려워 말라'는 예수님의 말씀은 그 때까지도 여전히 믿음이 없는 제자들의 모습을 잘 드러내고 있습니다. 마태복음에 보면 이 일이 있은 후에 그들은 비로소 '진실로 하나님의 아들'이라고 고백하였다고 했습니다. 물론 오천 명을 먹이셨던 일과 마찬가지로 이 기적을 행하신 것도 단순히 예수님의 능력을 드러내기 위함은 아니었습니다. 예수님께서는 이 일을 통하여 자신이 하나님의 아들이시고 메시야이심을 보여주시기를 원하였던 것입니다.

오늘 본문은 제자들이 바람 속에서 그렇게 두려워했던 이유를 기록하고 있습니다. 52절을 보면, 그들이 두려워하였던 이유가 그들이 떡을 떼시던 사건을 깨닫지 못하고 마음이 둔하여졌기 때문이라고 말씀합니다. 그들도 군중들과 같이 기적의 의미를 제대로 이해하지 못하였고 마음마저 둔해졌던 것입니다(여기에서 '마음의 둔함'은 '마음의 완악함'을 의미합니다. 마가복음 3:5에 보면 바리새인들의 마음이 완악하였다고 하였는데 오늘 본문의 '둔함'과 원어의 어근이 같습니다).

이 사건은 4장에서 풍랑이 이는 바다를 잠잠케 하신 사건과 좋은 대조를 이룹니다. 당시 제자들은 '예수님께서 과연 누구시길래 이러한 능력을 행하는 것인가?'라고 의문을 품었지만 이 사건에서는 예수님을 '하나님의 아들'이라고 고백하였습니다. 이렇게 계속되는 사건들을 통하여 제자들의 예수님에 대한 이해가 조금씩 나아지고 있음을 보여줍니다. 이윽고 예수님께서 배에서 내리자 또 다시 많은 사람들이 몰려들었습니다. 예수님께서는 그들을 또한 고쳐주셨습니다(53-56절).

예수님의 삶-오해받는 삶

오늘 본문에서 우리가 다시 한 번 확인 할 수 있는 것은 예수님의 삶의 가장 대표적인 특징 가운데 하나인 '오해받는 삶' 입니다. 예수님께서는 공생애 사역을 시작할 때부터 십자가에 못 박혀 돌아가신 그때까지 계속해서 오해받는 삶을 사셨습니다. 먼저 예수님을 반대하는 당시의 지도자들이 예수님을 오해했습니다. 그들의 오해는 자기들의 위치가 위협받는 것 때문에 생겼던 질투로 인한 오해였습니다. 또한 예수님을 쫓아다니던 무리들도 예수님을 오해했고 한 걸음 더 나아가서 예수님께 가장 가까이 있었던 제자들조차도 예수님을 오해했습니다. 그들은 예수님을 단지 현실적인 문제의 해결자로만 생각하였습니다. 그렇게 놀라운 능력을 많이 경험하였음에도 불구하고 여전히 제자들이 예수님을 오해한 것은 그들의 마음이 둔감하였기 때문입니다.

그렇지만 예수님을 따르던 제자들과 무리의 모습은 비단 그들뿐만 아니라 우리들에게도 있습니다. 우리 가운데도 예수님을 단지 현실 문제의 해결자로만 생각하는 분들이 많기 때문입니다. 물론 우리가 이 세상을 살아가다 보면 믿음 안에서 삶의 문제가 해결되는 것은 당연합니다. 그러나 그것이 신앙의 본질은 아닙니다. 그것은 한 과정입니다. 예수님께서는 믿음 안에서 우리의 삶의 문제와 어려움이 해결되고 극복되는 것을 통해서 예수님을 더 바르고 온전히 알기를 원하십니다. 또한 제자들처럼 우리도 얼마나 영적으로 둔하고 강퍅한지 모릅니다. 살아가는 동안 예수님께서는 우리에게 많은 능력들을 행하시고 많은 말씀을 주시지만 항상 우리의 신앙이 발전하지 않고 제자리걸음을 하는 것을 볼 수 있습니다.

바른 신앙생활을 위해서…

그러면 우리가 예수님을 바로 알고 바른 신앙생활을 하는데 필요한 것들은 무엇입니까? 그것은 예수님의 하시는 일 가운데서 발견할 수가 있습니다. 예수님께서는 먼저 사람들을 흩으셔서 그들이 예수님을 오해하는 자리에 계속 남아 있지 못하게 하셨습니다. 그런 자리에 함께 오래 있는 것은 그 만큼 손해였기 때문입니다. 이는 우리도 마찬가지입니다. 오늘날도 예수님을 온전히 섬기기에 방해되는 자리가 있습니다. 그렇다면 우리는 그 자리를 빠져나와야 합니다. 빨리 빠져나올수록 우리에게 유익합니다. 왜냐하면, 우리가 주위의 영향을 쉽게 받기 때문입니다.

그 자리를 재촉하시고 빠져나오신 후에 예수님께서 먼저 하셨던 일은 그들을 위해서 하나님께 기도하는 것이었습니다. 이처럼 우리가 범사에 기도해야 하지만 예수님을 올바로 이해하고 믿는 일을 위해서 기도하는 것은 무엇보다도 중요합니다. 그렇게 기도하면 진리를 들을 때 바로 깨달을 수 있습니다. 또 그렇게 기도하면 주위에 일어나는 모든 일들 가운데 하나님의 섭리와 의도를 올바로 발견할 수 있습니다. 뿐만 아니라, 예수님을 오해하는 사람들을 위해서 우리가 할 수 있는 최고의 일도 역시 기도입니다. 제가 많은 분들을 상대하면서 갈수록 더욱 깊이 경험하는 것은 사람들을 변화시키기 위해서 우리가 해야 하는 가장 중요한 일이 기도라는 사실입니다. 물론 우리가 최선을 다해서 말씀을 전하고 가르쳐야 합니다. 그러나 그것만 가지고 되지 않습니다. 기도할 때 전혀 불가능하게 보이는 사람들이 변하게 되는 것을 저는 너무도 많이 보았습니다. 기도의 필요성과 능력은 아무리 이야기해도 다함이 없을 것입니다.

　예수님께서 하신 또 한 가지의 일은 그들이 한계상황을 경험하도록 내버려두셨던 것입니다. 그 때 그들은 주님의 역사하심을 경험함으로 예수님에 대해서 좀 더 성숙한 고백을 하게 되었습니다. 예수님께서는 때때로 우리가 주님을 더 바르고 깊이 알도록 하시기 위해서 우리를 가장 극한 상황에까지 이르도록 내버려두십니다. 그러나 분명한 것은 예수님께서 결코 우리를 완전히 버리시지는 않습니다. 지금까지의 저의 삶을 돌아보면, 예수님께서는 자주 저를 아주 극한 상황에까지 몰아가셨습니다. 그리고 극한 상황가운데서 저에게 역사하시고 놀라운 은혜를 베푸셨습니다. 그 일을 계기로 저는 예수님을 더욱 많이 그리고 깊이 알게 되었습니다. 우리 성도들 가운데도 지금 극한 어려움 가운데 있는 분들이 있을 것입니다. 그러나 어떠한 경우라도 결코 낙심하지 마시기 바랍니다. 왜냐하면, 그 때가 예수님께서 놀라운 능력으로 역사하시는 때이고, 그 때가 예수님을 좀 더 깊이 그리고 바르게 알 수 있는 참으로 좋은 기회이기 때문입니다.

　이제 말씀을 맺겠습니다.

　오늘 본문은 여전히 예수님을 오해하는 군중들과 제자들의 모습이 기록되어 있습니다. 현재 여러분들의 모습은 어떠합니까? 혹시 예수님을 바로 알지 못하고 오해하며 신앙생활을 하고 있지는 않습니까? 그렇다면 그 자리를 빨리 빠져 나오시기 바랍니다. 예수님께서 말씀하시고 늘 깨닫게 하시는데 매우 둔감하지는 않습니까? 그러면 예수님께 기도하시기 바랍니다. 또는 혹시 원하지 않는 극한 어려움 가운데 있는 분들이 계십니까? 그러면 낙심하거나 좌절하지 말고 예수님께서 역사하시기를 기대하시기 바랍니다. 저는 우리 모든 성도들이 예수님을 좀 더 바르고 온전히 알아서 하나님께서 기뻐하시는 신앙생활을 하시기를 간절히 바랍니다.

마가복음 7:1-13

바른 신앙의 자세

　이스라엘의 종교적인 관습으로 볼 때 예수님의 행동은 파격적이셨습니다. 예수님과 제자들은 안식일에 병자들을 고치고 시장기를 이기기 위하여 이삭을 잘라먹었습니다. 당시에 당연하게 여기던 금식도 하지 않았습니다. 사람들에게 천대받고 버림받았던 문둥병자와 혈루병 걸린 여인을 치료하셨습니다. 세리들과 죄인으로 취급되었던 자들과 함께 식사하시며 교제하셨습니다. 예수님께서 이렇게 당시의 관습으로 볼 때 파격적으로 행동하신 것은 크게 두 가지 이유가 있었습니다. 하나는 예수님을 통해서 구약 시대와는 다른 복음의 새로운 시대가 도래한 것을 알리기 위함이었고, 다른 하나는 당시에 왜곡된 신앙생활을 하던 이스라엘 백성들에게 하나님을 섬기는 바른 도리를 알려주기 위함이었습니다.

　이러한 예수님의 말씀과 사역 속에서 우리는 크게 두 가지를 교훈받을 수 있습니다. 먼저 예수님의 말씀과 사역을 통해서 기독교 신앙의 본질(예수님을 통해서 시작된 복음의 새로운 시대의 본질)이 무엇인지를 아는 것입니다. 두 번째는 예수님의 말씀과 사역을 통해서 복음의 새로운 시대에 예수님께서 우리에게 요구하는 삶이 무엇인지 깨닫는 것입니다. 그렇기 때문에 복음서를 읽을 때 막연하게 읽어서는 안 되고 이 두 가지에 초점을 맞추어 읽어야 됩니다. 과연 내가 복음을 바로 이해하고 있는지 그리고 나의 삶이 복음에 합당한지 점검해야 할 것입니다.

손 씻는 규례

오늘 본문도 같은 차원에서 해석하고 접근하려고 합니다. 특별히 오늘 말씀을 근거로 바른 신앙의 자세가 무엇인지 살펴보고자 합니다. 1절을 보면, 예수님의 소문이 점점 퍼져가니까 또 다시 예루살렘에서 종교지도자들을 예수님께 파송한 것 같습니다. 그러나 예수님의 여러 가지 파격적인 모습을 당시의 종교 지도자들이 곱게 보고 용납해 줄 수가 없었습니다. 2절입니다.

> 그의 제자 중 몇 사람의 부정한 손 곧 씻지 아니한 손으로 떡 먹는 것을 보았더라.

팔레스타인은 바람과 먼지가 많기 때문에 고대로부터 식사하기 전에 손을 씻거나 목욕을 하는 것은 관례였습니다. 특히 이스라엘이나 고대 근동 국가들은 대부분 포크나 스푼이 없었기 때문에 손 씻는 일이 꼭 필요했습니다. 그러나 오늘 본문의 장로들의 전통에 근거한 손 씻는 일은 실제적인 필요에 의해서 손 씻는 일을 말하지 않습니다. 이것은 선민으로서 이스라엘을 드러내고자 하는 종교적인 규례로서 손 씻는 것을 의미합니다. 그리고 여기에서 부정하다는 말은 더러운 것이 묻었는데 깨끗하게 하지 않았다거나 비위생적이라기보다는 종교적인 의미에서 부정하고 불결하다는 것을 의미합니다. 3-4절에서 그것을 보충 설명해 주고 있습니다.

바리새인들과 모든 유대인들이 장로들의 유전을 지키어 손을 부지

런히 씻지 않으면 먹지 아니하며 또 시장에서 돌아와서는 물을 뿌리지 않으면 먹지 아니하며 그 외에도 여러 가지를 지키어 오는 것이 있으니 잔과 주발과 놋그릇을 씻음이러라.

당시의 이스라엘 사람들은 수많은 장로들의 유전을 지키면서 신앙생활을 하였는데, 그 가운데 하나가 오늘 본문에 나오는 손 씻는 규례였습니다. 고대 문서에 의하면, 당시에 이스라엘은 자신들이 이방 사람들과 다르고 죄인들과는 다른 표시로서 독특하게 손을 씻었는데 주먹을 쥐지 않고 손을 둥그렇게 하고 팔꿈치를 내려서 손에 물을 부었다고 합니다. 이것은 지금 우리에게는 별로 중요하게 보이지 않지만 미쉬나(2세기에 구전들을 종합한 책)에는 이것에 대해서 소책자 한 권의 분량이 될 만큼 자세히 쓰여 있을 정도로 중요했다고 합니다. 즉 이스라엘은 이러한 규례를 의식적으로 지킴으로 자신들이 하나님의 구별된 백성임을 드러내려고 했었고, 이러한 규례를 지키지 않는 것을 부정하게 여겼던 것입니다.

그러나 예수님과 제자들은 일부러 금식도 안 하고 안식일에 병을 고쳤으며, 일부러 죄인들과 친구로 교제하신 것처럼, 그러한 의식도 일부러 행치 않으셨던 것 같습니다. 아니나 다를까 그들이 예수님께 따져서 묻습니다. 5절입니다.

> 이에 바리새인들과 서기관들이 예수께 묻되 어찌하여 당신의 제자들은 장로들의 유전을 준행치 아니하고 부정한 손으로 떡을 먹나이까?

예수님의 책망

그러자 예수님께서는 이사야서의 말씀을 인용하여 그들이 가지고 있었던 문제의 핵심을 지적하십니다. 6-8절입니다.

> 가라사대 이사야가 너희 외식하는 자에 대하여 잘 예언하였도다 기록하였으되 이 백성이 입술로는 나를 존경하되 마음은 내게서 멀도다. 사람의 계명으로 교훈을 삼아 가르치니 나를 헛되이 경배하는도다 하였느니라. 너희가 하나님의 계명은 버리고 사람의 유전을 지키느니라.

겉모양은 그럴 듯하지만 실제로는 하나님과 멀어져 있다는 것입니다. 그러한 것은 하나님을 헛되게 섬기는 것이며, 하나님의 계명은 버린 채 사람의 계명을 지키는 것이라고 그들을 책망하셨습니다. 그러면서 9절부터 구체적인 예를 제시하십니다.

물론 당시 장로들의 유전이 처음부터 잘못된 의도로 시작한 것은 아니었습니다. 구약의 율법을 보면, 대부분 세세한 것들은 기록되지 않았고 원칙적인 것만을 기록되었습니다. 그래서 언제부터인지 정확하게 알 수는 없지만, 이스라엘은 율법을 자세하게 해설하거나 율법을 기초로 각 상황마다 적합한 규례나 행동 지침들을 만들어서 구체적으로 실생활에서 율법을 실행하는데 도움이 되게 하였습니다. 그리고 그러한 것들을 통해서 하나님의 백성으로서 더욱 경건한 삶을 살고자 했습니다. 이렇게 장로들의 유전은 율법을 보호하고 그것을 잘 지키도록 도우려는 목적에서 비롯되었기 때문에, 율법이라는 집을 지키는 '율법의 울타리'라고 명명되기도 하였습니다.

그러나 율법에 있어서 외형적인 어떤 규례나 지침을 지키고 안 지키는 것은 중요한 것이 아니었습니다. 하나님께서 이스라엘에게 진정으로 요구한 것은 그들의 마음(중심)이었고 하나님과 이웃에 대한 사랑이었습니다. 하나님께서는 이스라엘이 그렇게 귀하게 여기게 된 할례에 대해서조차 육적인 할례보다도 마음의 할례가 더욱 중요하다고 말씀하셨습니다(참고, 신 10:16). 그런데 시간이 흐르면서 그들은 율법의 가장 중요하고 핵심적인 요구에는 큰 관심이 없고 그들이 만든 전통을 지키는 것에만 - 다른 말로 제도와 형식에만 - 관심이 있었던 것입니다. 그래서 예수님께서는 그들에게 바른 신앙의 도리를 보여주시기 위해서 그들과 다른 행동을 일부러 취하시면서 까지 그들을 책망한 것입니다.

전통주의에 대한 책망

오늘날 우리에게도 신앙생활을 잘하기 위해 만들어지고 정착된 많은 전통과 형식과 제도들이 있습니다. 예를 들어, 지금 우리가 모여서 예배를 드리는 순서도 일종의 전통이요 형식이요 제도입니다. 저는 신앙생활에 있어서 전통과 형식이 귀중하고 중요하다고 생각합니다. 여러 가지 제도도 필요하다고 생각합니다. 전통이나 형식이나 제도가 결코 무시되어서는 안 됩니다. 그러나 전통이나 제도나 형식에 얽매여서는 안 될 것입니다. 우리의 신앙은 전통이 지배하는 전통주의가 되거나 제도가 지배하는 형식주의 또는 제도주의가 되어서도 안 된다는 것입니다. 왜냐하면 신앙생활에서 진정으로 중요한 것은 하나님을 인격적으로 만나는 것이고 또한 하나님과 이웃을 진정으로 사랑하는 것이기 때문입니다. 그것이 바로 신앙생활의 본질이고 하나님께서도 그것을 최고로 귀하게 여기시는 것입니다.

제가 신앙생활을 하고 목회를 하면서 답답하게 여기는 것은 많은 분들이 보수주의 전통 또는 칼빈주의 전통 또는 교단의 전통에 목을 매는 것입니다. 교회를 바로 세운다는 것은 우리가 가진 어떤 전통과 제도와 형식을 고수하는 것이 아닙니다. 우리가 가진 모든 전통과 형식과 제도는 시대의 형편에 따라 얼마든지 바뀔 수 있습니다. 우리는 늘 전통과 제도와 형식이 하나님 말씀에 합당한지, 그리고 우리 시대에 적절한지 점검해야 합니다. 이런 의미에서 개혁 교회는 말씀에 비추어 계속해서 갱신되어야 개혁되어야 합니다.

개인적으로도 마찬가지입니다. 우리의 신앙도 개인적으로 꾸준히 해 오던 것을 지금 계속하고 있다고 해서 만족해서는 안 됩니다. 타성에 젖어서는 안 된다는 것입니다. 예수님 당시의 이스라엘의 종교 지도자들이 마음은 전혀 없으면서 외형적으로 규례를 지키는 것만으로 그들이 온전한 신앙생활을 한 것으로 착각했던 것처럼, 오늘날도 많은 성도들이 주일 예배에 참석하는 것으로 주일에 해야 할 일을 다 했다고 생각하고, 찬양대나 교사로 봉사하는 것으로 우리의 신앙의 의무를 다한 것으로 생각하며, 십일조만으로 물질에 대한 의무를 다한 것으로 생각하기도 합니다. 그러나 그렇지 않습니다. 하나님께 대한 그리고 이웃에 대한 사랑의 마음이 있지 않거나, 봉사하면서 기쁨과 감사와 감격을 누리지 못한 채 형식적으로 봉사하고 있다면 우리는 오늘 본문의 바리새인처럼 헛되이 하나님을 섬기고 있는 것입니다.

비본질적인 것의 집착에 대한 책망

또 하나 당시의 이스라엘이 전통을 고수하는 것과 연관해서 그들이 가지고 있었던 문제점은 비본질적인 것에 생명을 거는 것이었습니다. 그들은 율법의 가장 중요하고 핵심적이며 기본적인 요구에는 큰 관심이 없고 그들이 만든 전통에만 관심이 있었는데, 그것은 비본질적인 것이었습니다. 그들이 만든 전통이란 하나님 편에서 보면 해도 되고 안 해도 되는 것이었습니다.

오늘날 교회에서도 역시 이럴 수도 있고 저럴 수도 있는 일을 가지고 어느 한 쪽만 고집해서는 안 됩니다. 이럴 수도 저럴 수도 있는 일은 상황에 따라서 자유스럽게 결정할 수 있어야 합니다. 바울의 삶을 보십시오. 그는 헬라인과 같이 되기도 하고 유대인과 같이 되기도 하였습니다. 약한 자와 같이 되기도 하고 강한 자와 같이 되기도 하였습니다. 그는 본질적인 부분에 있어서는 절대로 양보하지 않으면서 마치 군인이 생명을 걸고 진지를 사수하는 것처럼 지켰지만, 비본질적인 것에 대해서는 자유함이 있었습니다.

그에 반해 오늘날 많은 교회들은 해야 할 것과 하지 말아야 할 것을 너무도 분명하게 구분합니다. 성도들 가운데서도 교회나 목회자가 모든 부분에 있어서 그렇게 해주기를 바라는 분들이 많습니다. 그러나 그것은 바람직하지 않습니다.

교육학에서 아이들을 바람직하게 교육시키는 것과 관련하여 여러 가지 이론들이 있는데요, 저는 아이들을 교육할 때 반드시 필요한 것은 아이들에게 핵심적이고 중요한 원리를 가르쳐 주면서 그 원리 안에서 스스로 생각하여 스스로 결정하게 하며, 그것에 대해 스스로 책임지도록 하는 것이라고 생각합니다. 그래서 저는 신앙생활에 대해서 상담할 때도 원리를 가르쳐주면서 스스로 판단하고 결정하도록 도와줍니다. 구체적인 것까지 세세히 가르쳐 주면, 그 때는 좋은 것 같지만 그 사람의 신앙이 성장하지 못하고 평생 어린 아이의 수준에 머무를 가능성이 많습니다. 실수도 하고 잘못도 하지만 스스로 판단하고 스스로 결정하고 그것에 대해 스스로 책임지게 하면 훨씬 더 빠르고 바람직하게 신앙이 성장할 줄 믿습니다.

구체적인 예를 들자면 주일에 관한 것입니다. 성도들 가운데 주일을 어떻게 지켜야 하는지 구체적인 답을 요구할 때가 많습니다. 주일은 크게 두 가지의 기본적인 원칙이 있습니다. 하나는 주일의 주인이 예수님이시라는 것입니다. 그러므로 주일은 구별하여 하나님께 예배하는 일에 우리의 최우선 순위를 두어야 합니다. 다른 하나는 사람이 주일을 위해서 있는 것이 아니라 주일이 사람을 위해 있으며, 또한 선을 행하고 생명을 구하는 날이라는 것입니다. 그렇기 때문에 우리가 주일에 무엇을 하고 안 하는 것에 초점을 두어서는 안 됩니다. 그동안 우리는 무엇을 하고 안 하는 것에 너무 강조를 두었습니다. 그러나 주일은 우리 자신과 이웃의 생명이 살아나고 선을 행하는 적극적인 차원에 초점이 있어야 합니다. 적극적인 차원에서 생각한다면 주일은 단순히 쉬는 날을 넘어서 삶의 회복을 경험하고 새 힘을 공급받는 날입니다. 따라서 주일에는 가족들과 함께 좋은 시간을 갖는 것도 매우 바람직합니다. 현대 사회는 너무 바쁘기 때문에 주일은 가족들이 사랑을 나눌 수 있는 좋은 기회입니다. 또한 성도들과 함께 교제하면서 기쁨을 나누는 것도 바람직합니다. 이것도 역시 주일이 아니면 시간을 내기가 힘들기 때문입니다. 그러므로 우리는 칼로 두부를 자르듯이 어떤 것은 하고 어떤 것은 하지 말아야 된다는 식으로 주일을 지킬 것이 아니라, 지금 말씀드린 기본적인 원칙 아래 자유롭게 주일을 지키는 것이 필요합니다.

말씀을 맺겠습니다.

　오늘 본문에서 바리새인들의 잘못은 전통과 형식과 제도에 얽매이는 것이었습니다. 그들은 본질적인 것에 관심이 없고 비본질적인 것을 최고의 가치로 생각하고 그것이 모든 것인 양 하나님을 섬겼습니다. 그래서 예수님께서는 그들을 책망하면서 헛되이 하나님을 섬긴다고 하였고 사람의 계명을 지키기 위해서 하나님의 계명을 버렸다고 까지 말씀하셨습니다. 우리의 신앙생활에 있어서도 전통과 형식과 제도는 무시할 수 없지만, 하나님을 인격적으로 만나는 것과 하나님과 이웃을 사랑하는 마음을 가지는 것이 더욱 중요합니다. 저는 우리 모든 성도들이 본질적인 것에 최고의 관심을 가지고 기쁨으로 신앙생활 하는 성숙한 그리스도인들이 되기를 바랍니다.

마가복음 7:9-13

'고르반' 하면 그만입니까?

　하나님께서는 이스라엘을 애굽에서 구원하신 후에 그들이 하나님의 백성으로서 어떻게 살아야 할 것인지를 알려주시기 위해서 율법을 주셨습니다. 하나님께서 율법에서 진정으로 요구하셨던 것은 외형적으로 어떤 것을 지키고 안 지키는 것이 아니었습니다. 물론 형식적이고 제도적인 부분을 진혀 무시할 수는 없지만 하나님께서 율법에서 진정으로 요구하셨던 것은 이스라엘의 하나님을 사랑하고 이웃을 사랑하는 마음이었습니다.
　예수님 당시의 이스라엘은 그러한 율법의 본질적인 요구는 소홀히 한 채 그들이 제정한 여러 가지 전통과 관습에만 집착하였습니다. 물론 그들이 제정한 여러 가지 전통과 관습들도 처음에는 좋은 의도로 만들어졌고, 율법을 보호하는 울타리 역할을 하였습니다. 하지만 시간이 지나감에 따라 이스라엘은 율법의 진정한 요구에는 별로 관심을 갖지 않고 그들이 만든 전통과 제도에 얽매인 신앙생활을 하였습니다. 또한 형식적인 것에만 관심을 두는 외식적인 신앙생활을 하였습니다. 그래서 예수님께서는 '화있을진저 외식하는 자들아'라고 하시면서 그들을 책망했습니다. 그러면서 예수님께서는 일부러 그들의 전통과 관습에 어긋나는 행동을 하셨습니다. 그럴 때마다 당시의 종교 지도자들인 서기관들과 바리새인들은 그들이 가지고 있었던 전통과 제도라는 잣대로 예수님을 평가하고 시비를 걸었습니다. 마가복음 7장에 언급되어있는 손 씻는 규례에 대한 논란도 같은 맥락에 있습니다. 예수님의 제자들은 당시에 아주 중요한 전통 가운데 하나인 음식을 먹기 전에 손을 씻는 규례를 지키지 않고 음식을 먹었습니다. 그것을 본 서기관들과 바리새인들은 예수님께 '왜 당신들은 전통을 지키지 않느냐?'고 따져 물었습니다. 그러자 예수님께서는 이사야서의 말씀을 인용하여 그들이 가진 문제점을 지적하였습니다. 그들이 겉으로는 그럴듯하게 신앙생활을 한 것 같지만 실제로는 헛되이 하나님을 섬기고 있고, 하나님의 계명을 버리고 오히려 사람의 계명을 지킨다고 책망하신 것입니다.

'고르반' 제도

이어서 9절부터는 그들이 가지고 있는 문제점이 잘 드러나는 한 구체적인 예를 말씀합니다. '고르반'은 히브리말인데 레위기(2:1,4,12)를 보면 원래는 단순히 하나님께 드리는 '예물'이나 '제물'을 뜻하던 말이었습니다. 그런데 바벨론 포로 시대 이후에 이 '고르반'이라는 말은 어떤 사람이 어떤 물건을 하나님께 드리거나 성전에서 사용하도록 맹세할 때 쓰였습니다. 그래서 어떤 물건을 '고르반'이라고 하면 그 물건은 종교적 목적 이외에 절대로 다른 용도로 사용될 수 없었고, 절대로 다른 사람들이 그 물건에 손댈 수 없었습니다. 그리고 이 맹세는 절대로 취소되거나 변경될 수 없었습니다. 물론 이 제도도 처음에는 하나님께 대한 맹세를 반드시 지키도록 하기 위한 좋은 의도가 있었습니다. 민수기 30장을 보면 맹세에 대한 규례가 나옵니다. 거기에 보면, 하나님께 맹세를 했으면 반드시 지켜야 한다고 말씀하고 있는데 이스라엘은 그것을 강화하기 위해서 그 규례를 만들었던 것입니다.

고르반 제도의 문제

　그러나 엄격히 보면 그것도 율법에 맞지 않는 것이었습니다. 민수기 30장에 보면 하나님께 한 맹세는 반드시 지켜야 하지만 모든 맹세를 반드시 지켜야 하는 것은 아니었습니다. 자녀들이 순간적인 감정에 의해서 맹세를 하였어도 부모가 자녀의 맹세에 동의하지 않으면 그 맹세를 취소할 수 있도록 하였고, 그 때에는 하나님 앞에서 죄가 되지 않았습니다. 아내가 순간적인 감정에 의해서 맹세를 했어도 남편이 그 맹세에 동의하지 않으면 그 맹세는 취소할 수 있도록 하였고, 그 때도 역시 죄가 되지 않았으며 형벌도 주어지지 않았습니다. 또한 자녀와 아내의 도리나 의무와 그 맹세가 맞물려 있을 때 그 맹세는 취소되거나 변경될 수 있었습니다. 그러므로 당시의 종교 지도자들이 어떠한 맹세도 취소하거나 변경할 수 없도록 한 것은 율법의 기본정신에도 어긋난 것이었습니다. 실제로도 예수님 당시에 고르반이라고 하는 제도는 하나님 백성으로 온전한 삶을 살게 하는데 방해가 되었습니다. 왜냐하면, 고르반에 관한 그들의 전통은 하나님의 백성으로서 가장 중요한 계명 가운데 하나인 부모를 공경하는 것과 연결되어 있기 때문입니다(10절 이하). 다시 말해, 이 고르반 제도는 부모님께 대한 의무를 소홀히 하는데 악용되어졌던 것입니다. 이 고르반 제도는 부모와 사이가 나쁜 자녀들이 부모님께 대한 의무와 공경을 회피할 수 있는 구실을 제공하였습니다. 즉 부모님을 공경해야 할 물질을 고르반이라고만 하면 종교적인 면책을 주게 되어서 부모 공경에 대한 의무를 벗게 되었던 것입니다.
　그런데 11-12절을 자세히 보면 예수님의 책망의 대상은 당시에 고르반 하면서 맹세를 하였던 일반 사람들이 아니라 이스라엘의 신앙을 지도하던 종교 지도자들이었음을 알 수 있습니다. 그들은 지도자로서 백성들의 잘못된 신앙생활을 바로 고쳐줄 의무가 있었습니다. 사람들이 순간적인 감정에 의해서 맹세한 후에 나중에 자기의 생각이 잘못된 줄로 알고 부모님께 대한 도리를 다하기 위하여 그 맹세를 취소하겠다고 하면 그 사정을 잘 살펴보고 율법의 정신에 의해서 그 맹세와 서원을 풀어주어야 했습니다. 또한 불의한 의도로 맹세하거나 고르반 제도를 악용한 사람들을 불러다가 꾸짖고 바로 잡아 주어서 부모에 대한 의무를 다하도록 해야 했습니다. 그러나 그들은 그렇게 하지 않았습니다. 결국, 당시의 종교 지도자들은 고르반 제도가 율법의 정신과 요구에 위배되고 실제로 문제가 있었음에도 불구하고 그 제도에 집착하여서 하나님의 명령을 저버렸던 것입니다. 그래서 예수님께서는 9절에서 그들이 사람의 유전을 지키려고 하나님 말씀을 저버렸다고 했고 13절에서는 더욱 심각하게 그들이 하나님이 말씀을 폐하였나고 엄히 꾸짖었던 것입니다. 구약의 율법은 융통성도 있고 합리성도 있는 가르침이요 명령이었는데 그들은 오히려 율법에서 융통성과 합리성을 제거해 버렸습니다.

맹세에 대한 성경의 교훈

그러면 오늘 본문이 우리에게 주는 교훈은 무엇입니까? 먼저, '맹세' 또는 '서원'에 대한 것입니다. 오늘 본문의 고르반 제도에서 볼 수 있는 것처럼 당시의 종교지도자들은 한 번 맹세하거나 서원하면 그 맹세나 서원을 반드시 지켜야 한다고 했습니다. 그러나 예수님께서는 그들을 책망하면서 마태복음의 산상수훈(5:33-37)을 통하여 도무지 맹세하지 말라고 하셨습니다. 하지만 오늘날 우리도 신앙생활을 하다가 특별한 일을 계기로 우리의 삶이나 물질에 관한 새로운 결단이나 서원을 할 때가 있는데 이것은 잘못된 것입니까? 그것은 그렇지 않습니다. 맹세나 서원과 관련하여 우리가 먼저 알아야 할 것은 예수님께서 결코 순수한 맹세나 다짐을 부정하시지는 않았다는 것입니다. 마태복음의 산상수훈(마 5:33-37)에서 예수님께서 맹세하지 말라고 말씀하신 것을 문자적으로 해석하여서 맹세를 절대적으로 금한 것으로 받아들여서는 안 됩니다. 이 말씀은 경솔하고 무책임한 맹세를 하지 말라는 경고입니다. 다시 말해, 예수님께서는 당시의 사람들이 자기의 진실을 드러내거나 자기를 변호하기 위해서 불필요하게 맹세의 말을 하던 잘못된 관행을 꾸짖은 것입니다. 실제로 하나님께 서원한 예가 누가복음 19장의 삭개오 이야기에서 나옵니다. 삭개오는 예수님을 만난 이 후에 자기 소유의 절반을 가난한 자에게 주고 남의 것을 토색한 것이 있으면 네 배나 갚겠다고 예수님 앞에 결단하고 서원했었습니다.

이러한 맹세와 관련하여서 오늘날에 드러나는 문제점은 교회에서 순간적인 감정에 의해서 삶을 결단시키거나 헌금을 작정시키는 것입니다. 어떤 선교 집회에 가면 순간적인 감정에 의해 선교사 헌신을 작정시키기도 합니다. 그리고 그 작정을 지키지 않으면 큰 일이 날 것처럼 이야기합니다. 그렇게 해서는 안 됩니다. 하나님 앞에서 맹세나 서원이나 다짐을 할 때에는 단순히 감정적인 차원이 아니라 오래 동안 기도한 후에 신중을 기해서 해야 하고, 교회의 특별한 일을 위해 헌금을 작정하거나 헌신을 다짐할 때도 부모나 가족의 동의가 필요하다면 부모나 가족의 동의를 한 후에 맹세나 서원이나 다짐을 하는 것이 원칙입니다.

균형 잡힌 신앙

다음으로, 하나님에 대한 의무와 부모와 이웃과 사회에 대한 의무의 균형에 대한 것입니다. 당시의 사람들은 잘못된 고르반 제도로 인해 하나님께 드리는 것만을 강조하고 부모와 이웃과 사회에 대한 사랑과 책임은 소홀히 하였습니다. 이것은 신앙의 불균형입니다. 이러한 현상은 오늘날 한국 교회에서도 발견됩니다. 대체적으로 한국 교회가 바르게 가르치지 못한 것 중의 하나는 하나님께 드려지는 것에만 강조를 하고 삶에 있어서 가족과 이웃에 대한 의무를 크게 강조하지 않는 것입니다. 많은 경우 하나님께 드려지는 외형적인 것만을 잘하면 일등 신자인 것처럼 간주됩니다. 또한 새벽기도에 열심히 참여하고 예배에 한 번도 빠지지 않으며 교회봉사에도 열심이 있으면 최고의 신앙인으로 간주합니다. 물론 저는 새벽기도, 모든 공 예배, 교회 봉사 등이 참으로 중요하고 귀한 것이라고 생각합니다. 하나님 앞에 장성한 신앙을 가진 사람은 그러한 일들을 결코 소홀히 하거나 무시할 수 없습니다. 그러나 이러한 일들을 다하는 것으로만 훌륭한 신앙인이라고 할 수 없습니다. 하나님의 백성의 삶은 교회생활, 가정생활 그리고 사회생활에 균형을 이루어야 합니다. 아주 쉽게 이야기하면, 매일같이 교회에 나와 살면서도 가정과 직장에 소홀히 해서는 안 된다는 말입니다. 학생들 역시 교회 봉사를 한다고 해서 공부를 소홀히 해서는 안 됩니다. 이단들의 특징도 신앙생활의 불균형인데, 그들은 때로는 가정을 무시하라고 하기도 하고 때로는 국가를 무시하라고 권면합니다. 이와는 반대로 하나님에 대한 의무를 다하지 않고 가정을 최고로 생각하며 가정에만 신경을 쓰는 경우도 있습니다. 이것 역시 불균형적인 신앙입니다. 우리의 신앙생활은 언제나 균형이 필요합니다.

특별히 고르반 제도와 관련하여 한 가지 더 말씀드리기 원하는 것은 물질의 의무에 대한 것입니다. 당시의 사람들은 고르반 하여서 하나님께 드림이 되었다고 하면 물질에 대한 자기의 의무를 다했다고 생각하였습니다. 오늘날도 그런 성도가 많습니다. 많은 사람들이 십일조하는 것으로 하나님 앞에서 물질에 대한 자기의 의무를 다 했다고 생각합니다. 물론 십일조하는 것은 하나님 앞에 당연한 의무입니다. 그러나 그것만 가지고 하나님께 대한 의무를 다했다고 생각한다면 예수님 당시의 사람들이 '고르반' 하고 다른 모든 의무를 소홀히 하는 것과 마찬가지입니다. 우리가 십일조를 하는 것은 단지 나에게 주어진 물질이 하나님의 은혜로 주어진 것이고, 내가 가지고 있는 모든 물질이 내 것이 아니며, 하나님의 것이라는 사실을 고백하는 수단입니다. 그러므로 십일조를 했다고 해서 우리의 의무를 다 했다고 생각한다면 그것은 분명히 잘못입니다. 하나님께서 우리에게 주신 물질을 먼저 하나님께 드릴 수 있어야 되고, 또한 그 물질이 필요한 우리의 이웃을 위해서 사용되어져야 합니다. 그러므로 삭개오는 예수를 믿은 다음에 자기 재산의 반을 떼어서 가난한 사람에게 주겠다고 했습니다. 또한 부자 청년에게 예수님께서 무엇을 말씀하셨습니까? '네 물질의 모든 것을 하나님께 드린 다음에 와서 나를 따라 나서라' 라고 명령하지 않았습니다. '네가 가지고 있는 모든 물질을 네 이웃에게 다 주고 나를 따르라' 고 했습니다. 그만큼 이웃을 위해서 물질을 사용하는 것이 중요합니다. 다른 한편으로, 하나님께 드려야 할 물질을 하나님께 드리지 않고 이웃만을 위해서 사용된다면 그것도 역시 잘못입니다. 우리 주위에는 하나님께 헌금하고 하나님께 물질 봉사를 많이 하면서도 이웃에게 하지 않는 분들이 있는가 하면, 이웃을 위해서는 물질을 많이 사용하는데 정작 하나님 앞에 드려야 할 부분들을 소홀히 하는 분들도 있습니다. 이것은 모두 불균형적인 신앙입니다. 우리는 물질에 있어서도 균형 잡힌 신앙을 가져야 할 것입니다.

이제 말씀을 맺겠습니다.

예수님께서는 당시의 서기관들과 바리새인들이 형식적인 부분을 강조하고 그것을 최고로 가치로 여기는 것을 책망했습니다. 또한 그것만으로 그들의 신앙에 의무를 다한 것으로 생각하는 것을 하나님의 말씀을 저버리고 하나님의 말씀을 폐하는 것이라고 말씀하셨습니다. 우리의 신앙도 마찬가지입니다. 하나님의 대한 우리의 의무를 다해야 합니다. 그러나 또 중요한 것은 하나님께 대한 의무와 함께 이웃과 가정과 사회를 향한 우리의 책임과 의무를 다 하는 것입니다. 저는 우리 모든 성도들이 균형 잡힌 신앙생활을 하기를 간절히 바랍니다.

마가복음 7:14-23

마음을 보시는 하나님

예수님 당시에 이스라엘에는 식사를 하기 전에 특별히 손을 씻는 규례가 있었습니다. 그 규례는 위생적인 차원에서 행해졌던 것이 아니라 이스라엘이 하나님의 선택된 백성인 것을 드러내고자 하는 의식적인 차원에서 행해졌습니다. 그리고 그것은 하나님께서 특별히 선택한 민족이라고 자부하는 이스라엘에게 아주 중요한 규례 가운데 하나였습니다.

그런데 예수님의 제자 중 몇 사람이 그 규례를 지키지 않았습니다. 예루살렘에서 예수님을 감시하기 위해서 올라 온 당시의 종교 지도자들인 서기관들과 바리새인들은 그 문제로 예수님께 시비를 걸었습니다. 예수님께서는 단순히 그 문제만을 말씀하시지 않고, 당시 이스라엘 지도자들이 가지고 있었던 근본적인 문제들을 지적하셨습니다.

그들이 가지고 있었던 근본적인 문제는 크게 두 가지였습니다. 먼저, 그들은 외식적으로 하나님을 섬겼습니다. 겉으로는 그럴 듯하게 보였지만 마음은 하나님과 멀어져 있었으며, 그들의 관심은 본질적인 것에 있지 않고 비본질적인 것에 있었습니다. 또한 그들은 그들에게 전해 내려오던 유전을 지키기 위해서 하나님 명령의 중요한 부분까지도 저버렸습니다. 그러한 그들의 모습이 잘 드러나는 한 예가 '고르반 제도'였습니다. 그들은 어떤 물건을 고르반이라고 함으로써 하나님께 드리기로 맹세하면 절대로 그 맹세를 바꿀 수 없었고, 그것은 나중에 부모님께 당연히 행해야 할 의무까지도 합법적으로 면제시켜주는 통로가 되었습니다. 하지만 그들이 지켰던 고르반 제도는 율법의 근본원리와 배치되었고, 실제로 하나님의 명령의 중요한 부분을 거역하게 되는 결과를 초래했습니다.

정결과 부정의 진정한 원리

이제 예수님께서는 그러한 그들의 문제를 지적하시고 책망하신 것에 그치지 않고 처음에 그들이 시비를 걸었던 정결과 부정의 진정한 원리가 무엇인지 전체 무리를 향하여 말씀하고 있습니다. 14절입니다.

> 무리를 다시 불러 이르시되 너희는 다 내 말을 듣고 깨달으라.

이 때까지는 바리새인들을 대상으로 말씀하셨지만 이제는 전체 무리를 향하여 말씀하십니다. 듣고 깨달으라고 하십니다. 이것은 그들에게 바른 진리를 가르치시고자 하는 의도를 말씀하신 것입니다. 단지 좁은 의미에서의 음식 먹는 문제를 넘어서 좀 더 포괄적인 차원에서 하나님 앞에서 진정 정결한 것이 무엇인지에 대해 말씀하십니다. 그것이 15-16절에 기록되어 있습니다.

> 무엇이든지 밖에서 사람에게로 들어가는 것은 능히 사람을 더럽게 하지 못하되 사람 안에서 나오는 것이 사람을 더럽게 하는 것이니라 하시고

사람이 무엇을 먹느냐에 따라 하나님 앞에서 정결한가, 부정한가를 결정하는 것이 아니라 사람의 마음이 하나님 앞에서 '정결'과 '부정'을 판단하는 근거라는 것입니다. 그런데 그들은 이 말씀을 잘 이해하지 못

하였습니다. 또한 17절을 보면, 제자들조차도 이 말씀을 잘 이해하지 못하고 있습니다. 그것은 당시의 상황으로 보아 당연하였습니다. 왜냐하면 당시의 음식과 관련된 정결의 문제는 이스라엘에게 있어서 너무 깊이 뿌리 박혀있는 전통이었기 때문입니다. 레위기 11장과 신명기 14장을 보면 하나님께서 먹기를 금하신 음식이 있고 먹도록 허용하신 음식이 있습니다. 예를 들어, 짐승 중에는 굽이 갈라지고 새김질하는 것을 먹을 수 있었고, 물고기 가운데는 지느러미와 비늘이 있는 것을 먹을 수 있었습니다. 그리고 먹지 말라는 것을 먹은 사람은 부정하다고 취급되었습니다. 그들은 그것을 철저히 지켰습니다.

음식법의 해체

이스라엘이 이 규례에 얼마나 철저하게 지배되어 왔는지는 초대 교회의 모습을 보면 금방 알 수 있습니다. 사도행전 10장을 보면 베드로가 기도하고 있는데 레위기에서 부정하다고 하는 짐승이 내려 왔을 때 그는 부정해서 먹지 않겠다고 합니다. 그 때 예수님께서 내가 정결하다고 하는데 네가 왜 더럽다고 하느냐고 말씀하셨습니다. 그리고 사도행전 15장을 보면 초대 교회 내에 그것은 심각한 문제가 되어서 첫 번째 예루살렘 공의회에서 그 문제에 대한 입장이 정리되었던 것을 볼 수 있습니다. 그 만큼 음식으로 인한 규례는 이스라엘에게 깊이 뿌리 박혀 있었던 전통이었습니다.

이 음식에 대한 규례는 오늘날도 여전히 논란이 되고 있습니다. 많은 사람들이 저에게 자주 구약에서 금지한 음식들을 먹어도 되는지 질문합니다. 어떤 사람들은 하나님께서 금하신 음식은 건강에 좋지 않기 때문에 먹지 않는 것이 좋다고 주장하기도 합니다. 그러나 이러한 견해는 성경에 비추어 볼 때 옳지 않습니다.

음식과 관련된 율법의 명령을 바르게 이해하기 위해서 우리는 먼저 하나님께서 왜 이 규범을 주셨는지에 대해서 알아야 합니다. 언젠가 한 번 이 문제에 대해서 말씀을 드렸는데 간단하게 다시 말씀드리면 레위기 11장과 신명기 14장에 있는 음식에 대한 규례는 모든 민족이 지키라고 준 것이 아니었습니다. 이스라엘에게 금했던 음식들을 다른 민족들에게는 금하지 않았습니다(신 14:21). 혹자가 주장하는 것처럼, 그 규례는 위생이나 건강 때문에 주신 것도 아니었습니다. 성경 어디에도 그러한 말씀이 없습니다. 이 법을 이스라엘에게 주신 목적은 음식의 구별된 섭취를 통하여 하나님의 백성으로 특별히 선택된 이스라엘의 구별됨을 인식시키고, 그들이 계속해서 구별된 삶을 살도록 다짐시키기 위해서 주셨습니다. 따라서 이 음식에 대한 규례는 구원사적으로 특별한 상황에서 이스라엘에게 일시적으로 주신 것이지 영원한 우주적 계명으로 주신 것이 아닙니다.

이제 복음의 새 시대를 여신 예수님께서 이 법의 해체를 선언하셨습니다. 먹는 음식이 사람의 정하고 부정하고를 결정하지 않는다는 것입니다. 또한 모든 음식이 깨끗하다고 선포하셨습니다. 그렇기 때문에 지금도 그 법을 지켜야 된다고 주장하거나 그것이 건강과 관련되어 있다고 주장하는 것은 성경을 바로 이해하지 못한 결과입니다. 이러한 음식에 관한 법의 해체는 하나님의 구원 역사에서 이스라엘의 특권적인 위치가 없어지고 새로운 언약 공동체 또는 새로운 하나님의 백성의 시대가 도래하였음을 보여주는 것입니다. 이것은 예수님께서 문둥병자를 고치고 혈루병 걸린 여인을 고쳐준 것과 같은 원리 위에 있습니다. 레위기 11-15장을 보면 세 가지 불결한 것에 대해서 말씀합니다. 음식과 함께 문둥병, 유출병이 언급되어 있는데 문둥병 걸린 사람이나 유출병이 걸린 사람을 만지면 그 사람은 불결하고 부정한 사람이 되었습니다. 그런데 예수님께서 그러한 사람들을 만지고 치료해주셨습니다. 예수님께서는 그러한 사건들을 통하여 혈통적이고 민족적인 구분은 없어지고 구원의 새로운 시대가 도래하였음을 보여주신 것입니다.

마음의 깨끗함이 중요하다

하지만 당시의 사람들은 예수님의 그러한 충격적인 선언을 깨닫지 못하였고, 제자들조차 그것을 온전히 이해하지 못하였습니다. 그래서 제자들은 그 말씀의 의미를 예수님께 물었고 예수님께서 설명해 주신 것입니다. 18-19절입니다.

> 예수께서 이르시되 너희도 이렇게 깨달음이 없느냐? 무엇이든지 밖에서 들어가는 것이 능히 사람을 더럽게 하지 못함을 알지 못하느냐? 이는 마음에 들어가지 아니하고 배에 들어가 뒤로 나감이니라 하심으로 모든 식물을 깨끗하다 하셨느니라.

모든 음식이 깨끗하기 때문에 어떤 음식을 먹고 마시는 것에 의해서 사람의 정결함이 결정되지 않는다는 것입니다. 계속해서 20-22절에서 하나님 앞에서 사람을 부정하게 만드는 것이 무엇인지를 말씀하고 있습니다.

> 또 가라사대 사람에게서 나오는 그것이 사람을 더럽게 하느니라 속에서 곧 사람의 마음에서 나오는 것은 악한 생각 곧 음란과 도적질과 살인과 간음과 탐욕과 악독과 속임과 음탕과 흘기는 눈과 훼방과 교만과 광패니

사람에게서 나오는 것들이 사람을 더럽게 한다는 것입니다. 결론으로 23절에서 사람이 하나님 앞에서 불결하게 되는 것은 사람의 악한 마음에서 나오는 여러 가지라고 말씀합니다. 23절입니다.

이 모든 악한 것이 다 속에서 나와서 사람을 더럽게 하느니라.

이 말씀은 7:1-23 전체의 결론입니다. 반대로 말하면, 하나님께서 깨끗하다고 인정하는 사람은 의식적으로 손을 씻고 깨끗한 음식을 먹는 사람이 아니라 깨끗한 마음을 가진 사람이라는 것입니다. 하나님께서 가장 중요하게 여기는 것은 마음의 깨끗함임을 강조하고 있습니다. 디모데후서 2장을 보면 같은 맥락에서 하나님께서 쓰시는 사람에 대해서 말씀하고 있습니다. 금, 은, 나무, 질그릇이 있는데 하나님께서 쓰시는 그릇은 금, 은그릇이 아니고 깨끗한 그릇임을 말씀합니다. 하나님께는 외적으로 어떤 가치가 있느냐를 중요하게 보시지 않고, 얼마나 깨끗하느냐를 중요하게 보신다는 것입니다.

사랑하는 성도 여러분! 하나님께서 우리의 신앙생활에서 가장 중요하게 여기시는 것이 무엇입니까? 그것은 하나님께 합당한 마음의 자세, 즉 우리의 중심입니다. 그리고 마음의 깨끗함입니다. 하나님의 은혜를 체험하기를 원하십니까? 하나님께 쓰임받기를 원하십니까? 그러면 먼저 우리의 마음을 점검해야 합니다. 왜냐하면, 하나님께서는 우리 모두에게 은혜를 주시기를 원하시고 우리 모두를 귀하게 쓰시기 원하시지만, 우리 그릇이 너무 더러워서(우리의 심령이 너무 지저분해서) 은혜를 주실 수도 없고 쓰실 수도 없기 때문입니다. 그런데 우리는 어떻습니까? 자꾸 지저분한 생각들이 우리에게 들어옵니다. 인간적이고 세상적인 것들이 자꾸 우리를 유혹합니다. 어느 누구도 예외가 될 수 없습니다. 어느 누구도 늘 기도하고 발버둥치며 지키지 않으면 자신도 모르는 사이에 세상적이고 인간적인 것들이 심령에 덕지덕지 붙어 버려 심령이 지저분해지는 것을 경험할 수 있습니다. 그렇기 때문에 우리는 무엇보다도 우리의 중심이 하나님께 합당하기를 사모해야 하고 갈급해 해야 하고, 또한 마음의 깨끗함을 위해서 성령의 도우심을 받아 최선을 다해 수고하고 노력해야 합니다.

마음의 자세가 중요하다

또 한 가지 우리는 무엇을 하고 안하고의 문제보다 어떤 마음의 자세로 하느냐는 것이 중요함을 기억해야 합니다. 지난주에 말씀드린 대로 교회에서 여러 가지 봉사를 하는 것은 귀한 것이지만 더욱 중요한 것은 우리의 마음입니다. 만약 성가대라면 주님을 향한 뜨거운 사랑의 마음이 있어야 합니다. 외모와 목소리와 음정과 박자에만 신경 쓰고 예수님을 향한 뜨거운 사랑의 마음이 없다면 그것은 의미가 없습니다. 또한 주일학교 교사와 구역장, 인도자들은 맡겨주신 영혼에 대한 뜨거운 사랑의 마음이 있어야 합니다. 맡겨진 영혼을 위해서 간절히 기도하지 않는다면 단지 삯꾼일 뿐입니다.

더불어 말씀드리기 원하는 것은 여러분들이 지금 어떠한 마음으로 예배드리고 있는지 점검하시기 바랍니다. 우리는 늘 예배를 드리기 때문에 나도 모르는 사이에 하나의 습관이 되지는 않았는지 점검해야 합니다. 저에게 간절한 소원 가운데 하나는 우리 모든 성도들이 아무 의미 없이 왔다 갔다 하는 예배가 아니라 마음의 준비가 되고 또한 마음으로 드려지는 영감 있는 예배를 드리는 것입니다. 그래서 예배 시간을 통하여 하나님의 임재를 경험하기 원합니다. 영감 있는 예배를 통하여 하나님의 임재를 경험하면 우리의 삶에 놀라운 힘을 얻게 되고 우리의 삶이 바꾸어지지 않을 수 없습니다.

이제 말씀을 맺겠습니다.

마가복음 7:1-23은 우리에게 여러 가지 교훈을 줍니다. 그 모든 교훈의 핵심은 하나님께서는 우리의 마음과 중심을 원하신다는 것입니다. 하나님 앞에서 마음의 자세가 바로 되어 있으면 비본질적인 것에 시비를 걸지 않고 항상 본질적인 것에 관심을 갖게 됩니다. 하나님 앞에 마음이 바로 되어 있으면 하나님께 드려지는 것뿐 아니라 가족과 이웃과 사회에 대한 책임도 잘 감당하게 되어 있습니다. 저는 우리 모든 성도들의 마음이 깨끗하여지기를 원합니다. 또한 바른 마음의 자세로 하나님을 섬기기를 바랍니다. 그래서 하나님의 풍성한 은혜를 경험하고 하나님께 귀하게 쓰임 받기를 간절히 바랍니다.

마가복음 7:24-30

수로보니게 여인의 믿음

　우리는 지난 삼 주 동안 예수님 당시 종교지도자들인 서기관들과 바리새인들의 문제점을 살펴보면서 하나님께서 기뻐하시는 신앙생활이 무엇인지 함께 생각해 보았습니다. 그들에게 있었던 문제는 비단 그들만의 문제가 아니라 오늘날 우리들의 문제이고 우리 한국 교회가 직면하고 있는 문제입니다. 오늘날 많은 교회들이 바리새인들처럼 비본질적인 것에 목숨을 거는 일이 많고, 이럴 수도 있고 저럴 수도 있는 일에 규례와 지침들을 정하여 반드시 그렇게 하지 않으면 잘못된 것으로 판단하는 경우도 많습니다. 그러므로 오늘날 한국 교회의 가장 시급하고 중요한 문제는 복음의 본질을 바로 깨닫고 신앙의 본질을 회복하는 것이라고 생각합니다. 뿐만 아니라 우리는 신앙생활에 있어서 단지 교회에서 정한 어떤 제도와 전통에 잘 따르는 것만으로 만족을 느끼고 있지는 않는지 점검해야 합니다. 왜냐하면 하나님께서는 우리가 어떤 것을 행하는 것보다 우리가 마음과 중심으로 하나님과 이웃을 얼마나 사랑하느냐를 중요하게 여기시기 때문입니다. 우리는 항상 마음을 다해 그리고 중심으로 주님을 섬기고 이웃을 섬겨야 할 줄 믿습니다.
　예수님께서는 이와 같이 단순히 문제만을 지적한 것이 아니라, 그러한 일들을 통해 예수님으로 인해 복음의 새로운 시대가 도래하였음을 선포하셨습니다. 복음의 새로운 시대는 하나님의 백성이 더 이상 혈통과 민족에 의해서 제한되는 것이 아니라, 모든 민족에게 개방되어 있음을 드러내셨습니다.

수로보니게 여인이 주님께 나아옴

오늘 본문도 7:1-23과 연결해서 이해해야 합니다. 본문을 따로 떼어서 이 사건의 의미를 찾으려 하지 말고 문맥 안에서 이 사건의 의미와 교훈을 찾아야 한다는 것입니다. 이제 본문을 보겠습니다. 24절입니다.

> 예수께서 일어나사 거기를 떠나 두로 지경으로 가서 한 집에 들어가 아무도 모르게 하시려 하나 숨길 수 없더라.

두로는 이스라엘에 속한 한 지방이 아니라 이스라엘 북쪽 변방에 있는 이방 나라입니다. 예수님께서 이스라엘 지역을 넘어 이방 나라로 가셔서 능력을 행하심을 기록한 것은 오늘 본문의 사건이 유일합니다. 물론 예수님께서는 사역을 위해서가 아니라 휴식하기 위해서 거기에 가셨습니다. 그러나 그곳에서도 예수님을 쉬시도록 그냥 놔두지 않았습니다. 왜냐하면 예수님에 대한 소문이 이미 그 곳까지 퍼져있었기 때문입니다. 마가복음 3:8에는 두로와 시돈 지방에 이미 예수님에 대한 소문이 퍼져서 많은 사람들이 예수님께 몰려와서 예수님의 말씀을 듣고 예수님께서 능력 행하시는 것을 경험하였다고 하였습니다. 그렇기 때문에 예수님께서 그곳에 가셨을 때 많은 사람들이 예수님께 몰려온 것은 당연한 일이었습니다. 아마 예수님께서는 그들을 가르치시며 여러 가지 능력들을 행하셨을 것입니다. 하지만 오늘 본문에는 오직 귀신들린 어린 딸을 둔 한 여자에 대한 이야기만을 기록하고 있습니다. 그것은 아마 그 일이 그 곳에서 일어난 많은 사건들 가운데 가장 중요하고 의미 있는 사건이었기 때문이라고 생각합니다.

오늘 본문을 보면 그 여인은 예수님의 발아래 엎드렸다고 합니다(25절 하). 이것은 절대적인 굴복과 간절한 애청을 의미합니다. 마가복음에는 자세하게 나와 있지 않지만 마태복음(15:22-23)을 보면 엎드리기 전에 먼저 소리를 지르며 '주 다윗의 자손이여 나를 불쌍히 여기소서 내 딸이 흉악한 귀신이 들렸나이다' 라고 하였다고 합니다. 그것도 한 번이 아니고 계속해서 외쳤습니다. 또한 그 여인은 헬라인이었습니다(26절). 혹자는 그 여인이 헬라인이라는 것은 단지 그 여인이 헬라 말을 하고 헬라 문화에 익숙함을 의미한다고 주장하기도 합니다. 그러나 그것은 확실치 않습니다. 본문에서 그 여인이 헬라인이라는 것은 그 여인이 이방인임을 강조하는 말입니다. 왜냐하면 성경에서 헬라인은 유대인과 구별된 의미에서의 이방인을 가리키기 때문입니다(참고, 롬 1:16). 그리고 그녀가 '수로 보니게 족속' 이라고 말씀합니다. 이 말은 수로(시리아) 지방에 사는 뵈니게(지금의 레바논) 사람이라는 말입니다. 한편 마태에 따르면 그 여인은 가나안 사람이있습니다. 기니안 사람들은 이스라엘이 가나안을 정복할 때 내쫓은 민족이기 때문에 이스라엘과 적대관계에 있었습니다. 정리하면, 그 여인은 이스라엘 사람들에게 있어서 천대받고, 부정하게 여겨졌을 뿐만 아니라 적대 관계에 있었던 이방 여인이었던 것입니다.

예수님의 반응

바로 그 여인에게 예수님께서는 충격적인 말씀을 하십니다. 27절입니다.

> 예수께서 이르시되 자녀로 먼저 배불리 먹게 할지니 자녀의 떡을 취하여 개들에게 던짐이 마땅치 아니하니라.

여기에서 자녀들은 이스라엘 백성들을 의미하고, 개는 이 여인을 포함한 이방인들을 의미한다는 것은 쉽게 짐작할 수 있습니다. 그렇다면 이 말은 무엇을 의미합니까? 먼저, 이것은 하나님의 구원 역사에 있어서 이스라엘의 특권적 위치를 말씀합니다. 하나님께서는 이스라엘을 택하셔서 그들의 역사 속에서 메시야를 예언하였고 예수님을 그 가운데서 태어나게 하셨습니다. 또한 예수님의 사역의 대부분도 유대 땅에서 이루어졌습니다. 뿐만 아니라 나중에 성령께서 임하셔서 교회가 시작되고 복음이 전파되기 시작한 곳도 예루살렘이었습니다. 즉, 하나님의 구원 계획에서 복음의 특권을 누릴 수 있는 첫 번째 대상은 유대인이었습니다. 그러나 예수님을 통한 구원은 유대인에게만 머물지 않습니다. 본문을 보면 '먼저 배부르게 한다' 라고 하였습니다. 이스라엘이 먼저이고 그 나음이 이방인이라는 것입니다. 로마서 1:16에 보면 이것은 바울의 선교의 원리이기도 하였습니다. 따라서 이 말씀은 한 편으로는 거절을 의미하지만, 다른 한편으로는 완전한 거절이 아니라 아직 이방인들의 구원을 위한 때가 이르지 않았음을 의미하기도 합니다.

한 걸음 더 나아가서 문맥을 통해서 오늘 본문의 예수님 말씀의 의도를 살펴보아야 합니다. 물론 아직까지 이방인들에게 본격적으로 복음의 은혜가 임할 때는 되지 않았지만, 예수님께서 자신에게 간청하는 사람을 그렇게 박대할 분이 아니셨습니다. 예수님께서는 이 전에도 이방 사람들을 고치셨습니다. 그 대표적인 예가 백부장의 하인을 고치신 사건입니다. 그렇게 볼 때 예수님께서 이렇게 말씀하신 또 다른 이유는 이 본문 앞에 등장하는 바리새인들과 대조된 그 여인의 믿음을 더욱 극적으로 드러내기 위함이었습니다. 다시 말해, 이 여인의 믿음을 통해서 복음의 새로운 시대에 요구되는 믿음이 어떤 것인지를 보여주시기를 원하신 것입니다.

하나님의 주권과 섭리를 인정함

그것은 그녀의 반응에서 분명하게 드러납니다. 28절입니다.

여자가 대답하여 가로되 주여 옳소이다마는 상아래 개들도 아이들의 먹던 부스러기를 먹나이다.

이것은 여인의 자기 비하가 아닙니다. 이 말은 이 여인이 비록 이방인이었지만 하나님의 주권적인 구원 계획의 순서와 섭리를 인정한 것을 의미합니다. 그래서 '옳소이다'라고 한 것입니다. 물론 아직 때가 되지 않고 자신은 자격이 되지 않지만, 부스러기라도 주실 수 있지 않느냐고 간청한 것입니다. 이것은 당시의 바리새인들과는 전혀 다른 모습입니다. 당시 종교 지도자들은 위선적으로 하나님을 섬기고 있었고 형식을 최고로 생각하며 신앙생활을 하였습니다. 그들은 하나님께서 진정 요구하시는 것에는 관심이 없었습니다. 하나님의 섭리니 주권에는 관심 없이 오직 스스로 하나님 앞에서 최고라는 교만한 마음만 있었습니다. 반면 그 여인은 비록 이방인이었지만 하나님의 섭리와 주권을 인정하였습니다. 자기가 최고라는 자기 의나 교만한 마음으로 예수님께 나온 것이 아니라 하나님의 자비와 사랑에 근거해서 겸손하게 예수님 앞에 나왔던 것입니다.

예수님께서 인정하시는 믿음

그러자 예수님께서 무엇이라고 하셨습니까? 29절입니다.

예수께서 가라사대 이 말을 하였으니 돌아가라 귀신이 네 딸에게서 나갔느니라.

그 여인의 믿음을 인정해 주신 것입니다. 그리고 돌아가라고 하셨습니다. 마태복음을 보면 '네 믿음이 크도다 네 소원대로 되라' 고 하면서 그 여인의 믿음에 대한 강조가 있습니다. 그 여인이 집에 가니 예수님의 말씀대로 딸이 귀신에게서 해방되었습니다(30절). 귀신에게 해방되었다는 것은 지금까지 얽매여 있던 모든 것에서 해방된 새로운 삶의 시작을 의미합니다. 이제 그 여인과 딸은 믿음으로 인해 예수님을 통해서 임하게 되는 복음의 특권과 은혜를 누리게 된 것입니다.

그렇다면 복음서 기자가 오늘 본문의 사건을 통해서 핵심적으로 드러내고자 하는 것은 무엇입니까? 그것은 7:1-23에서 등장하는 바리새인과 이 이방 여인의 믿음을 대조시켜서 하나님께서 인정하는 사람은 어떤 사람이고, 새로운 복음의 시대에 요구되는 것이 무엇인가 하는 것입니다. 바리새인과 대조되는 이 여인의 믿음은 어떠했습니까? 무엇보다도 그 여인에게는 하나님의 섭리를 조금도 불평 없이 받아들이는 믿음이 있었습니다. 그 여인은 하나님의 구원의 섭리를 믿고 받아들였으며, 또한 하나님의 섭리가 불공평하다고 하면서 원망하거나 불평하지 않았습니다. 하지만 바리새인들은 하나님의 섭리를 생각하고 그것을 받아들이는 믿음이 전혀 없었습니다. 오직 자기들의 생각만 가득하였기 때문입니다.

사랑하는 성도 여러분! 하나님께서 인정하고 요구하는 믿음은 어떤 것입니다. 그것은 하나님의 섭리와 주권을 믿고 받아들이는 믿음입니다. 좀 더 구체적으로 말씀드리면, 먼저 구원의 도리에 대해서 하나님의 섭리를 인정하는 믿음입니다. 그리스도의 십자가가 하나님께서 우리를 구원하시는 유일한 구원방법을 임을 믿고 받아들이는 믿음입니다. 다음으로, 실제 삶에서 하나님의 섭리와 주권을 인정하는 믿음입니다. 믿음이 있는 사람은 '다른 사람들은 건강한데 왜 나는 병에 걸렸는가?', '다른 사람에 비해 나는 왜 가난하고 뛰어나지 못한가?'라고 불평하거나 원망하지 않습니다. 오늘 본문에 있는 수로보니게 여인은 자신이 이방인이라고 해서 비관하거나 원망하지 않았습니다. 단지 있는 그대로 받아들였습니다. 이것이 하나님께서 우리에게 요구하는 믿음입니다. 말하자면, 하나님의 섭리를 인정하는 사람은 불가항력적으로 다가오는 모든 일들도 원망하거나 불평하지 않고 있는 그대로 받아들입니다. 물론 하나님의 섭리를 인정한다는 것은 운명론이나 숙명론과는 다릅니다. 운명론과 숙명론이 자포자기하고 노력하지 않는 것이라면, 하나님의 섭리를 인정하는 믿음은 자기의 주어진 여건에서 최선을 다하는 것입니다. 오늘 본문을 보면, 그 여인은 처음에 예수님의 무관심을 느꼈을 것입니다. 어떻게 보면 그것은 예수님의 거부였습니다. 그러나 그녀는 포기하지 않았습니다. 이렇듯 하나님의 섭리를 믿는 사람의 믿음은 포기하지 않습니다. 하나님의 섭리를 인정하는 사람은 이 여인과 같이 예수님께서 무관심한 것같이 보여도, 때로는 자신을 거절하는 것같이 보여도, 결코 낙심하거나 물러가는 것이 아니라 부스러기라도 사모하는 심정으로 최선을 다해 예수님께 나가는 것입니다.

그러면 그 여인에게서 드러나는 믿음은 어떤 믿음이었습니까? 겸손하고 낮은 자세로 하나님의 자비와 사랑에 근거해서 하나님께 나아가는 믿음이었습니다. 이것도 역시 바리새인들과는 대조적인 모습입니다. 바리새인들은 자기들의 의를 가지고 하나님께 나아갔습니다. 그들은 자신들이 충분히 하나님께 인정받을 만하다고 생각하였고 자신들이 특별한 사람들이라고 생각하였습니다. 그러나 그 여인은 자신이 뛰어나지도 않고 하나님 앞에서 내세울 조건도 없다고 생각하였고, 다만 하나님의 자비와 사랑에 근거해서 하나님께 나왔던 것입니다.

하나님 앞에 이만하면 되었다고 생각하는 사람은 문제가 있는 사람입니다. 이 땅에서 아무리 발버둥치고 살아도 우리는 하나님 앞에서 언제나 부족함을 느끼지 않을 수 없습니다. 하나님의 긍휼과 은혜가 아니면 하나님 앞에 설 수 없다고 고백하지 않을 수 없습니다. 하나님은 바로 그러한 믿음의 자세를 원하십니다. 또한 그러한 사람이 하나님의 은혜를 누릴 수 있습니다.

말씀을 맺겠습니다.

오늘 본문은 특별히 하나님께서 기뻐하시는 믿음에 대해서 바리새인들과 대조하여 말씀하고 있습니다. 하나님께서 기뻐하시는 믿음은 곧 하나님의 주권과 섭리를 신뢰하고 받아들이는 믿음입니다. 또한 하나님께서 기뻐하시는 믿음은 가장 겸손한 자세를 가지고 하나님의 사랑과 신실하심에 근거해서 하나님 앞에 나아가는 믿음입니다. 그러한 믿음을 가진 사람들을 우리 하나님께서는 받아주시고 놀라운 은혜를 주실 것입니다.

마가복음 7:31-37

다양한 은혜의 통로

7:1-23에서 예수님께서 당시 종교지도자들과의 논쟁하신 후에 말씀하신 최종적인 결론은 이제 더 이상 외적인 것으로 하나님의 백성인 것을 구분하는 시대는 지났다는 것입니다. 무슨 음식을 먹고 안 먹고, 할례를 받고 안 받고, 그리고 혈통적으로 이스라엘 사람이냐 아니냐가 중요하지 않다는 것입니다. 하나님께서 진정으로 중요하게 여기시는 것은 하나님을 향한 마음과 중심이고, 하나님의 섭리를 받아들이는 믿음이라는 것입니다.

계속되는 이방인을 위한 사역

복음서 기자는 그 말씀이 실제로 적용되는 것을 보여주기 위해 예수님께서 이방 지역에서 행하신 기적을 기록하고 있습니다. 먼저 예수님께서는 이스라엘과 적대 관계에 있었던 이방 여인인 수로보니게 여인의 믿음을 보시고 그녀의 딸을 치료하셨습니다. 이 사건을 통하여 예수님께서는 비록 이방인을 위한 때가 온전히 시작되지는 않았지만 복음의 새로운 시대는 모든 민족에게 개방되었다는 것을 가시적으로 보여주셨습니다. 그리고 계속해서 이방지역을 다니셨습니다. 31절입니다.

예수께서 다시 두로 지경에서 나와 시돈을 지나고 데가볼리 지경

을 통과하여 갈릴리 호수에 이르시매

여기에서 두로는 갈릴리 호수의 북 서쪽에 있는 이스라엘의 접경지역에 있었고 시돈은 두로에서 북쪽으로 약 20km 지점에 위치에 있습니다. 그리고 데가볼리는 5장에서 한 번 언급된 적이 있는데 갈릴리 호수의 남동쪽에 있습니다(그곳은 유대인들이 어느 정도 살고는 있었지만 이방 문화가 지배하였던 곳이었는데, 예수님께서 그 곳에서 귀신을 돼지 떼에 들어가게 해서 바다에 빠뜨리는 놀라운 능력을 행하였습니다).

이러한 여정을 보면 예수님께서 아마 오랫동안 이방 지역을 여행하신 후에 갈릴리 호수에 도착하신 것 같습니다. 오늘 사건은 갈릴리 호수 근처에서 일어난 일인데 이스라엘 안에 있는 곳이 아니고 이방 사람들이 주로 살고 있었던 데가볼리 지역에서 일어난 일이라고 생각됩니다. 그렇게 생각하는 두 가지 이유가 있습니다.

먼저 데가볼리의 접경지역이 갈릴리 호수와 연결되어 있고, 다음으로 마태복음의 병행구를 보면 그들이 예수님께서 능력을 행하신 것을 보고 이스라엘의 하나님께 영광을 돌렸다고 한 것을 보아서 그들이 이방인들이었다는 것을 추측할 수 있는 것입니다. 그러므로 오늘 본문의 사건이 데가볼리에 있는 갈릴리 호수 근처에서 일어난 것으로 보면 크게 틀리지 않을 것입니다. 마태복음(15:29-31)에 보면, 예수님께서 데가볼리에 오셨을 때 많은 병자들이(절뚝발이, 불구자, 소경, 벙어리 등등) 예수님께 몰려왔다고 합니다. 예수님께서 이미 그 곳에서 놀라운 능력을 행하셨기 때문에 그 소문이 퍼져 있었던 것 같습니다. 이렇게 몰려온 사람들을 예수님께서 치료하셨습니다.

귀먹고 말이 어눌한 자를 치료하심

그런데 복음서 기자는 오늘 본문에서, 예수님께서 행하신 많은 기적 가운데 귀먹고 말이 어눌한 사람에 관한 이야기를 집중적으로 다루고 있습니다. 32절입니다.

> 사람들이 귀먹고 어눌한 자를 데리고 예수께 나아와 안수하여 주시기를 간구하거늘

친구인지 가족인지 모르지만 사람들이 귀먹고 말이 어눌한 자를 데리고 왔습니다. 그리고 예수님께 안수하여 병을 고쳐 주기를 간구 하였습니다. 그들의 간구를 들으신 예수님께서는 어떻게 하셨습니까? 예수님께서는 그를 대중들로부터 분리시켜 따로 데리고 가셨습니다. 손가락을 그의 양 귀에 넣고 손에 침을 뱉어 그의 혀에 대셨습니다. 하늘을 향해서 우러러 탄식하시고 그에게 '에바다' 라고 하셨습니다.

여기에서 '에바다' 는 아람어입니다. 일반적으로 학자들은 예수님께서 사역하실 때 아람어를 사용하신 것으로 추측하는데 복음서를 보면 복음서 기자들은 종종 아주 특징적인 아람어 단어를 쓰고 있는 것을 알 수 있습니다. 예를 들면, 회당장 야이로의 딸을 살리실 때 예수님께서 말씀하신 '달리다굼' 이라는 말도 아람어입니다. 이렇게 복음서 기자들이 아람어를 쓰는 것은 아마 복음서를 기록할 당시까지 예수님께서 그들을 치유하실 때 쓰셨던 말씀이 너무 생생하게 기억되었기 때문인 것 같습니다.

이제 그 환자가 치유되었습니다. 예수님께서는 다른 때와 마찬가지로 다른 사람들에게 알리지 않기를 명령하셨습니다. 우리가 복음서에서 자주 볼 수 있는 대로 예수님께서는 단순히 기적을 행하는 사람으로 오해를 받기를 원치 않으셨던 것입니다. 아마 이 환자에게만 말씀하신 것이 아니고 당시에 고침을 받은 모든 사람에게 말씀하셨을 것입니다.

복음서 기자가 다른 기적들을 제쳐놓고 이 사건을 기록한 것도 다른 사건들과 마찬가지로 예수님께서 구약에서 말씀하는 메시야이심을 드러내기 위함입니다. 특히 이사야 35:5에서 메시야의 시대에 소경의 눈이 밝을 것이며 귀머거리의 귀가 열릴 것이라 말씀하는데 그것이 예수님을 통해 이루어짐을 보여주고 있습니다.

독특한 방법으로 치료하심

오늘 본문에서는 병자를 고치는데 있어서 몇 가지 특징이 발견됩니다. 먼저, 다른 사람들과는 달리 그 사람을 은밀한 곳으로 데리고 가셨습니다. 그리고 그 사람을 독특한 방법으로 치유하셨습니다. 보통 말씀으로 병자를 고치셨는데 오늘 본문에서는 손가락을 양 귀에 넣고 침을 뱉어 그의 혀에 손을 대시는 독특한 행동으로 그 사람을 치료하셨습니다.

학자들은 '왜 예수님께서 그 사람을 대중 앞에서 치료하시지 않고 따로 떼어서 그를 데리고 갔을까?'에 대한 많은 가능성들을 이야기합니다. 그리고 '왜 그냥 치료하시지 않고 손가락을 그의 양 귀에 넣고 침을 뱉어 그의 혀에 손을 대시면서 그를 치료하셨을까?'에 대해서도 여러 가지 이유들을 이야기합니다. 이에 대해서 분명하게 말씀드릴 수 있는 한 가지 이유는 그 사람의 상태를 고려해서 이런 복잡한 과정을 택하셨다는 것입니다. 즉 오늘 본문에서 예수님께 나아온 사람은 말하는 것과 듣는 것에 신체적인 장애가 있어서 그렇게 하는 것이 그에게는 복음의 능력을 가장 확실하게 경험할 수 있는 방법이었던 것입니다.

복음서를 보면, 예수님께서는 능력을 행하시고 은혜를 베푸실 때 모든 사람에게 똑같은 방법으로 능력을 행하시거나 은혜를 베풀지 않았음을 알 수 있습니다. 1장에 나오는 문둥병자는 안수하셔서 낫게 하셨고,

2장에 나오는 중풍병자는 병에 대해서는 언급하지 않으시고 '네 죄 사함을 받았느니라'고 말씀하심으로 치료하셨으며, 5장에 나오는 야이로의 딸은 손을 잡아 일으키시면서 낫게 하셨습니다. 그리고 바로 앞에 나오는 수로보니게 여인에게는 공개적으로 무안을 주시기도 하면서 그녀의 문제를 해결해 주셨습니다. 사람들이 예수님께 은혜를 받기 위해 나아오는 방법도 다양하였지만 예수님께서 문제를 해결하여 주실 때에도 다양한 방법으로 은혜를 베푸셨습니다.

예수님께서는 자신에게 나아오는 사람들이 가장 효과적으로 예수님을 경험하도록 그들의 사정과 형편을 고려해서 그들의 필요를 채우셨고 문제를 해결하신 것입니다. 그렇기에 귀먹고 말이 어눌한 자를 고치시면서 하늘을 우러러 탄식하신 것도 그의 능력이 하나님으로부터 온 것임을 그 사람에게 보여주시기 위함이었습니다. 따라서 예수님께서 아주 특이한 방법으로 그 사람을 치유한 것은 예수님 자신을 통해서 하나님의 능력이 전달된 것을 그 사람에게 가장 분명하게 보여주시기 위한 것으로 이해할 수 있습니다.

다양한 은혜의 통로

우리는 하나님께서 어제나 오늘이나 영원토록 변함이 없는 분이심을 믿습니다. 그러나 하나님의 은혜와 능력은 개개인의 사정에 따라서 다양하게 나타난다는 것을 우리는 기억해야 합니다. 때로는 공개적으로 모든 사람에게 드러나도록 역사하시고, 때로는 은밀한 가운데 개인적으로 역사하십니다. 때로는 직접적으로 역사하시고, 때로는 간접적으로 다른 사람을 통해서 역사하십니다.

때로는 예수님께서 은혜주실 자를 직접 찾아가심으로 역사하시고, 때로는 본인의 간절한 간구로 역사하시고, 때로는 다른 사람의 중보기도를 통해서 역사하십니다. 또한 예수님을 믿게 된 과정을 보더라도 그 경로가 다양한 것을 알 수 있습니다. 어떤 사람은 말씀을 읽다가, 어떤 사람은 설교를 듣다가, 어떤 사람은 질병이나 고난을 통해서, 어떤 사람은 다른 사람의 전도를 통하여 믿기도 합니다.

그렇기 때문에 우리는 신앙의 다양성을 인정해야 하고 또한 하나님께서 우리에게 주시는 은혜의 통로가 다양하다는 것을 인정하면서 신앙생활 해야 합니다. 자신의 신앙만 무조건 옳다고 주장하거나 다른 사람에게 있는 것이 자신에게 없다고 자신의 신앙을 너무 과소평가해서도 안 됩니다. 예를 들면 이렇습니다. 어떤 분들은 다른 사람들은 하나님의 기적적인 것을 경험하고 놀라운 능력을 경험하는데 자기는 그렇지 못하기 때문에 '하나님께서 자신을 덜 사랑하는 것이 아닌가?' 또는 '나의 신앙에 무언가 문제가 있는 것이 아닌가?'라고 생각하기도 합니다.

물론 믿음이 부족해서 그러한 체험을 하지 못하는 경우도 없지는 않지만 놀라운 체험이 없다고 그것 하나 때문에 자기의 신앙이 부족하거나 다른 사람보다 하나님의 사랑을 덜 받은 사람이라고 결론을 내려서는 안 됩니다. 오히려 그러한 체험 없는 사람이 더 귀한 신앙을 소유할 수도 있습니다. 또한 어떤 분들은 자신이 그런 체험을 하지 못했기 때문에 성경에 나오는 능력과 기적들을 무시하고 경홀히 여기기도 합니다. 기적 자체에만 집착하는 신앙이 바람직하지 않은 것처럼 기적 자체를 필요 없다고 하면서 무시하는 것도 결코 바람직하지 않습니다. 우리가 성경 말씀을 믿는다면, 그리고 하나님께서 영원히 동일하신 분임을 믿는다면 성경에서 말씀하는 여러 가지 놀라운 일들에 대해 비록 내가 경험하지 못하였을지라도 귀하게 여기는 믿음이 필요합니다.

반면에 어떤 사람들은 자신이 가지고 있는 놀라운 경험을 다른 사람이 경험하지 못했다고 자기가 으뜸인 것으로 생각하고 그러한 체험이 없는 사람들을 무시하기도 합니다. 그러나 우리는 하나님 앞에서 신앙이 좋기 때문에 그럴 수도 있지만 오히려 신앙이 연약하기 때문에 하나님께서 그런 체험을 주실 수도 있다는 것을 명심해야 합니다.

우리는 자신의 개인적인 신앙을 일반화시키지 않아야 합니다. 자기와 신앙의 색깔이 같지 않는 사람을 모두 반대하거나 '모' 아니면 '도' 식의 신앙생활을 해서는 안 될 것입니다. 하나님의 은혜는 다양하게 사람마다 다르게 나타나기 때문입니다.

그러므로 우리는 자기가 하나님을 만난 방법만이 옳다고 생각하거나 자기가 믿는 방식만을 고집해서는 안 됩니다. 저는 교회 안에서의 신앙생활이 획일적이어서는 안 된다고 생각합니다. 그럴 때 교회는 한 쪽으로 치우치게 됩니다. 다양성 가운데 통일성이 있어야 합니다. 물론 이것이 신앙의 본질적인 부분과 성경의 핵심 내용에서 벗어나는 것까지 이해하고 받아 주라는 것은 아닙니다.

그러한 것을 발견하면 고쳐주고 그러한 것은 철저히 배격해야 합니다. 단지 하나님의 은혜의 다양한 통로를 인정하고 우리의 신앙의 범위를 너무 좁게 잡지말고 좀 더 크게 잡으라는 이야기입니다. 신앙생활에서 우리가 결코 양보하지 못할 부분들이 있지만 신앙의 범위를 크게 잡아 비본질적인 부분에서 신앙의 색깔이 다르더라도 무시하거나 배척하지 말고 인정해주어야 합니다. 오히려 하나님의 은혜의 통로가 사람마다 다르기 때문에 우리는 하나님 은혜의 풍성하심을 볼 수 있고 그것이 우리에게 도전이 될 수 있는 것입니다.

가장 적절한 방법으로 역사하시는 하나님

또 한 가지 우리가 명심해야 할 것은 하나님께서는 우리가 요구하는 대로만 역사하지 않으신다는 것입니다. 오늘 본문에도 친구들은 안수하여 주시기를 바랐습니다. 그러나 예수님은 안수하여 치료하시지 않고 다른 독특한 방법으로 치료해 주셨습니다. 예수님께서는 우리가 문제를 가지고 하나님께 나아갈 때 그 사람에게 가장 합당한 방법으로 역사하십니다. 어떤 사람들은 하나님께 나아갈 때 하나님의 은혜와 능력이 역사하는 방법까지 정해놓고 하나님께 나아가기도 합니다.

"하나님! 이렇게 해 주셔야 됩니다. 그렇지 않으면 안 됩니다" 라고 하는 분들이 있습니다. 자기가 정한 방법대로 일이 이루어지지 않고 정해 놓은 결과가 나타나지 않으면 실망하고 낙심하고 좌절합니다. 그러나 우리는 주님을 우리의 목적 달성을 위한 수단으로 생각하고 신앙생활해서는 안 됩니다. 주님은 로봇이 아닙니다. 주님께 나아갈 때 우리의 소원을 간절히 이야기하고 우리가 할 수 있는 대로 최선을 다해야 하지만 우리가 생각지 못하는 은혜의 다양한 통로를 인정해야 합니다. 우리에게 가장 합당한 방법으로 역사하시는 하나님께 모든 것을 믿고 맡겨야 합니다. 그것이 하나님의 주권과 섭리를 인정하는 믿음이고 성숙한 믿음입니다.

또한 오늘 본문에서는 그 사람이 고침을 받은 것이 다른 사람의 도움으로 가능하였음을 알 수 있습니다. 복음서를 보면 이러한 경우를 자주 접하게 됩니다. 2장에 나오는 중풍병자가 치유함을 받은 것이 그러하고, 5장에 나오는 회당장 야이로의 딸이 살아난 것도 그러하며, 수로보니게 여인의 딸이 고침을 받은 것도 그러합니다. 문제의 해결이 다른 사람의 도움으로 인해서 시작된 경우가 많습니다.

사랑하는 성도 여러분! 우리 주위를 보면 참으로 힘들고 어려워하는 분들이 많습니다. 우리는 오늘 본문의 사람들처럼 그들을 예수님께로 데리고 나와야 하고 예수님의 은혜가 그들에게 임하기 위해 최선을 다해야 합니다. 그러나 우리가 그들에게 접근할 때 중요한 것은 그 사람에게 가장 합당한 방법으로 접근하는 것입니다.

우리가 영적인 필요를 가진 한 사람을 만나 그를 도와주려고 할 때 이미 내가 그를 도와주고 접근하는 방법을 정하고 접근한다면 실제로 도움이 되지 못할 경우가 많습니다. 바울을 보십시오. 그에게는 절대로 양보할 수 없는 원칙과 신앙과 신념이 있었습니다. 그러나 헬라인에게는 헬라인에게 맞게, 유대인에게는 유대인에게 맞게 접근하였습니다. 자신의 분명한 것이 있는 사람은 융통성이 있습니다.

이번에 우리 교회에서 전도 대상자들을 선정하였습니다. 우리가 그들에게 접근할 때 우리가 기억해야 할 것은 바울처럼 그 사람에게 가장 효과적이고 합리적인 방법으로 접근하는 것입니다. 그런데 그들에게 접근할 때 가장 중요한 것은 예수님께서 가졌던 탄식과 안타까움 입니다. 우리에게 예수님의 탄식과 안타까움이 있으면 그들의 입장에서 그들을 효과적으로 도와줄 수 있을 것입니다.

이제 말씀을 맺겠습니다.

오늘 본문에서 예수님께서는 귀먹고 말에 어눌한 사람을 고집으로 자신이 메시야이심을 보여주시기를 원하셨습니다. 그런데 아주 독특한 방법으로 그에게 은혜를 베풀었습니다. 왜냐하면, 그것이 그가 하나님의 은혜를 확실하게 느낄 수 있는 가장 효과적인 방법이었기 때문입니다. 우리도 하나님 은혜의 다양한 통로를 인정하고 자기 독단에 빠져서는 안 될 것입니다.

하나님의 주권과 섭리를 인정하되, 우리가 미리 방법을 정해놓고 하나님께 나아가지는 말아야 합니다. 그리고 다른 사람에게 하나님의 은혜가 임하기 위해 노력할 때도 그 사람의 상황을 생각하면서 다양한 방법으로 접근해야 할 것입니다. 저는 우리 모든 성도들이 다양한 하나님의 은혜의 통로를 인정하는 성숙한 신앙인이 되기를 바랍니다.

마가복음 8:1-9

칠병이어의 기적
필요를 채우시는 예수님

오늘 본문은 예수님께서 떡 일곱 개와 물고기 두 마리로 사천 명을 먹이신 기적의 사건을 기록하고 있습니다. 예수님께서는 당시의 종교 지도자들과의 논쟁 이 후에 이방 지역을 다니시면서 이방인들에게 많은 능력을 행하셨습니다. 그러한 기적들을 통하여 아직 이방인들을 위한 온전한 때가 되지는 않았지만 예수님을 통해 임하는 복음의 능력과 은혜가 이제 혈통적이고 민족적인 의미의 이스라엘을 넘어서 믿음이 있는 모든 사람들에게 임하는 것임을 미리 보여주셨습니다.

칠병이어의 기적

오늘 본문도 역시 이방 지역에서 행한 기적 가운데 하나입니다. 1-2절입니다.

> 그 즈음에 또 큰 무리가 있어 먹을 것이 없는지라 예수께서 제자들을 불러 이르시되 내가 무리를 불쌍히 여기노라 저희가 나와 함께 있은 지 이미 사흘이매 먹을 것이 없도다.

오늘 본문의 시간적 배경은 '그 즈음에' 입니다. 이것은 지난주에 살펴보았던 예수님께서 귀가 멀고 말이 어눌한 사람을 고치신 사건과 오늘 본문의 사건이 시간적으로, 장소적으로 연결되어 있음을 말씀합니다. 마태복음에서 말씀하는 것처럼, 예수님께서 갈릴리 호수 근처의 데가볼리 지역에 이르렀을 때 많은 병자들이 찾아왔습니다. 예수님께서는 그들을 치료하셨고, 언제나 그러셨던 것처럼 그들에게 말씀을 가르치셨을 것입니다.

그들은 제대로 먹지도 못하였지만, 예수님께서 행하신 놀라운 기적들을 보고 예수님의 말씀을 들으면서 예수님께 매료되어 3일 동안이나 예수님을 따라 다녔습니다. 이제 집으로 돌아갈 때가 되었습니다. 이 때 예수님께서는 자기를 따라 다니는 무리에게 불쌍한 마음이 있었습니다. 왜냐하면 그들을 그 상태로 집에 보내면 도중에 기진맥진할 것 같았기 때문입니다. 3절입니다.

> 만일 내가 저희를 굶겨 집으로 보내면 길에서 기진하리라 그 중에는 멀리서 온 사람도 있느니라.

아무리 놀라운 능력으로 기적을 체험하고 말씀을 통하여 하나님의 놀라운 진리를 깨달아도 먹지 않고는 살수 없는 것이 창조의 법칙입니다. 그런데 제자들의 반응은 어떠합니까? 4절입니다.

> 제자들이 대답하되 이 광야에서 어디서 떡을 얻어 이 사람들로 배부르게 할 수 있으리이까?

제자들은 그들을 먹이는 것에 대해서 아주 회의적인 반응을 보였습니다. 그렇지만 예수님께서는 제자들에게 '너희들에게 있는 것이 무엇이냐?"고 다시 물으셨습니다. 그들이 떡 일곱 개와 물고기 두 마리를 내어놓자 그것을 가지고 하나님께 기도하셨습니다. 그리하여 사천 명이나 되는 사람들을 먹이시고, 일곱 광주리에 가득하게 남기셨습니다.

이러한 기적의 사건들을 보면서 '과연 이러한 일들이 일어날 수 있을까' 하고 의아해 하거나 이 사건을 단순히 꾸며낸 이야기로 생각하는 사람들이 있을지도 모르겠습니다. 그러나 하나님께서 무(無)에서 하늘과 땅, 그리고 모든 우주를 창조했다는 것을 믿는다면 칠병이어나 오병이어로 사, 오천 명을 먹이는 것은 별로 어려운 일이 아니라는 것은 쉽게 확신할 수 있습니다. 뿐만 아니라 그러한 믿음을 가지고 이 사건을 본다면, 우리는 이 사건 속에 놀라운 진리가 담겨 있는 것을 깨달을 수 있을 것이며, 이 말씀을 통해서 새로운 힘을 얻게 될 것입니다. 그러나 만약 그러한 믿음이 없다면 이 본문은 우리에게 아무 의미가 없을 것입니다. 그러므로 저는 무엇보다도 먼저 우리 모두에게 성령께서 역사하셔서 성경의 모든 기적들을 믿음으로 받아들이는 은혜가 있기를 간절히 바랍니다.

오병이어의 기적과의 차이점

여기에서 우리가 짚고 넘어가야 할 것은, 마가복음 6:35-44의 오병이어로 오천 명을 먹이신 사건과 오늘 본문의 사건이 같은 사건이 아니라는 것입니다. 오늘 본문과 6장에 있는 사건이 서로 다른 사건임을 여러 가지로 확인할 수 있습니다.

물론 숫자상으로도 다르지만(오병이어와 칠병이어 그리고 오천 명과 사천 명), 6장에 있는 사건은 이스라엘에게 행하신 기적이고 오늘 본문의 사건은 이방인들에게 행하신 기적입니다. 시간상으로도 6장의 사건은 하루 동안에 일어난 일이었는데, 오늘 본문은 사흘 동안 무리들이 예수님과 함께 광야에서 보냈음을 서술하고 있습니다. 더구나 이 두 사건의 시작과 핵심도 역시 다릅니다. 6장의 오병이어의 기적에서 예수님께서는 이스라엘 백성들이 목자 없는 양과 같은 모습을 불쌍히 여기셨습니다(참고, 6:34). 예수님께서 불쌍하게 여기신 것은 영적인 부분이었습니다. 그래서 예수님께서는 그들의 영적인 필요를 채우기 위해서 말씀으로 가르치셨습니다. 그런데 날이 어두워지니까 그들의 사정을 아시고 기적을 행하셔서 그들의 필요를 채워주신 것입니다. 즉 6장에 있는 오병이어의 사건에서 예수님께서 불쌍히 여기신 것은 그들의 영적인 부분이고 기적을 통해 먹이신 것은 영적인 교훈을 위한 보조 수단이었습니다. 하지만 오늘 본문에서는 예수님께서 그들이 먹지 못해 기진하였으므로 불쌍히 여기셨고, 그들의 육체적인 필요 그 자체를 위해서 기적을 행하셨습니다.

필요를 채우시는 주님

이렇게 두 사건이 서로 다른 사건임은 분명하지만, 두 사건이 공통적으로 가지는 교훈이 있습니다. 그것은 예수님께서 어려움 가운데 있는 무리들의 형편을 결코 외면치 않으시고 그들을 불쌍히 여기시며, 놀라운 능력과 기적으로 그들의 삶의 문제와 어려움을 해결하셨다는 것입니다. 우리가 믿는 예수님은 우리의 먹을 것을 채우시는 분인 줄 믿습니다. 물론 여기에서 먹는다는 것은 단순히 음식만을 말하는 것이 아니라 먹을 것으로 대표되는 우리의 삶에 필요한 모든 것을 의미합니다. 우리가 믿는 예수님은 구름 속에 막연하게 계시는 분이 아닙니다. 또한 이론이나 지식적으로만 알 수 있는 분도 아닙니다. 우리가 믿는 예수님은 매일의 삶 속에서 우리와 함께 하시고 우리의 필요를 채워주시며 우리의 문제를 해결하시는 분이십니다. 그렇기 때문에 우리는 비록 우리 눈에는 보이지는 않지만 어려움 속에서 예수님의 도우심을 경험함으로 예수님을 만날 수 있는 것입니다.

1. 불가능한 상황에서…

그러면 오늘 본문에 나타난 기적은 어떤 상황에서 일어났습니까? 그것은 한 마디로 '불가능'이라고 밖에는 말할 수 없는 상황이었습니다. 오직 예수님의 능력이 아니고서는 결코 해결될 수 없었던 상황입니다. 4절을 보면 그 능력을 행하신 장소가 광야였다고 합니다. 광야는 먹을 곡식을 전혀 구할 수 없는 상황임을 말해줍니다. 그리고 5절에서 그들에게 있는 것이 단지 떡 몇 개와 고기 몇 마리뿐이었다는 것은 그들이 가지고 있는 것으로는 도무지 해결될 수 없는 상황이었음을 말씀합니다. 한 마디로 예수님께서 능력을 행하실 때의 상황은 주위의 여건을 보나 자신들이 가지고 있는 능력을 보나 문제 해결의 가능성이 전혀 없었던 불가능의 상황이었습니다. 따라서 오직 예수님의 초자연적인 능력만이 그 문제를 해결하는네 유효한 상황이었던 것입니다.

2. 믿음이 부족한 상황에서…

그렇다면 그러한 불가능한 상황 속에서 기적을 체험한 사람들은 어떤 사람들이었고 그들의 믿음의 상태는 어떠하였습니까? 오늘 본문을 보면, 그들은 예수님께 그러한 기적을 베풀기를 요청하지 않았습니다. 기적의 필요를 못 느꼈는지 아니면 기적을 기대할 만한 믿음이 없었는지 분명하게 알 수는 없습니다. 그러나 복음서 전체의 배경으로 보아 분명한 것은 그들이 호기심과 여러 가지 능력을 보았기 때문에 예수님을 따랐던 것이지 큰 믿음이 있어서 예수님을 따르는 것이 아니었다는 것입니다. 물론 믿음이 없는 것은 제자들도 마찬가지입니다. 그들은 이미 비슷한 상황에서 예수님의 능력을 경험하였음에도 불구하고 무리를 먹이는데 여전히 회의적인 태도를 보이고 있습니다. 이렇듯 예수님께서 능력을 행하시던 때의 상황은 인간의 힘으로는 도저히 헤쳐 나갈 수 없는 불가능의 상황이었을 뿐 아니라 제자들을 비롯한 사람들의 믿음도 부족하여 능동적이고 적극적으로 예수님께 어떤 요구도 하지 않는 상황이었습니다.

3. 우리의 모든 사정을 아시는 주님

그럼에도 불구하고 예수님께서는 왜 그러한 기적을 행하셨습니까? 그것은 예수님께서 그들의 사정과 상황을 잘 아셨기 때문이었습니다. 본문을 보면 무리들을 그냥 집으로 돌려보내기에는 그들이 너무 힘들어 하는 상태였던 것을 예수님께서 아셨습니다. 특히 멀리서 온 사람들이 있음도 알고 계셨는데, 이것은 예수님께서 그들의 상황을 참으로 잘 알고 있었다는 것을 보여줍니다. 또한 예수님께서는 그들을 긍휼히 여기셨습니다(2절 상). 복음서에는 예수님께서 무리를 불쌍히 여기셨다는 표현이 자주 나오는데(막 6:34 , 마 9:36, 14:14, 15:32), 이는 단지 일시적인 동정심이나 감상적인 연민을 뜻하는 것이 아닙니다. 오히려 그들의 삶 가운데 절실한 필요에 대한 깊은 소명감을 뜻합니다. 또한 그 문제를 해결하시고자 하는 예수님의 주도적이고 적극적인 의도와 사랑을 뜻합니다. 그러한 이유들로 인해 예수님께서는 무리를 향하여 긍휼히 여기는 마음을 가지셨고, 또한 주도적으로 그 기적을 행하셨습니다.

이 말씀을 통해서 우리가 배울 수 있는 것은 예수님께서는 자기를 따르는 사람들의 사정을 결코 모른 체하거나 무관심하게 놓아두시는 분이 아니라는 것입니다. 예수님께서는 자기를 따르는 사람들의 사정을 알고 계시며 그들을 불쌍히 여기시는 분이십니다. 또한 예수님께는 그 문제를 해결하실 수 있는 능력이 있으신 분이십니다. 그것도 겨우 무리를 먹일 정도의 능력을 행하시는 것이 아니라 남은 부스러기가 일곱 광주리나 될 정도로 풍성하게 채워주시는 분이십니다. 믿습니까?

물론 이 말씀을 듣고 '아! 하나님은 가만히 있어도 우리의 문제를 알고 해결하시는 분이시구나' 라고 생각하면 안 됩니다. 오늘 본문에서 강조하는 것은 내가 아무 것도 안 하는 것에 있는 것이 아니라 예수님께서 자신을 따르는 사람들의 사정을 아시며 그들이 어려움을 당할 때 긍휼과 은혜를 베푸신다는 사실에 있습니다. 그런데 분명한 것은 예수님께서 무리를 먹이는데 전혀 도움이 될 것 같지 않은 떡 일곱 개와 물고기 두 마리를 사용하신 것처럼, 우리가 가진 것과 우리의 능력이 많이 부족하더라도 하나님께서는 그것을 통해 놀라운 기적으로 역사하신다는 것입니다.

사랑하는 성도 여러분! 예수님을 따르던 무리들이 광야에서 기진하여 어찌 할 수 없는 상황에 처했던 것처럼 오늘날 우리에게도 해결할 수 없는 한계 상황을 만날 수 있습니다. 매일의 일상생활에서나 직장생활에서, 그리고 자녀들을 키우면서, 또 한편으로는 육체의 질병과 물질의 문제로 인한 어려움을 만날 수 있습니다. 이러한 상황은 사천 명의 어른들을 먹여야 하는데 우리의 능력이 떡 일곱 개와 물고기 두 마리밖에 되지 않아 도저히 해결할 수 없는 것과 같아서 절대적인 절망감에 사로잡힐 수 있습니다. 그러나 바로 그러한 때 예수님께서는 전능하신 능력으로 우리의 필요를 채우는 분이십니다.

한편 어떤 경우에는 본문의 무리들처럼 우리에게 심각한 문제가 올 것이 분명함에도 그것을 미처 알지 못하는 경우가 있습니다. 예를 들어 우리 주위에 그렇게 건강하던 사람이 갑작스럽게 암에 걸려 죽는 경우도 많이 볼 수 있는데, 우리는 그러한 상황이 올 것을 전혀 알지 못하는 경우가 많지 않습니까? 바로 그러한 문제들도 예수님께서는 미리 아시고 해결해 주시는 분이심을 본문은 교훈하고 있습니다.

요즈음 큰 이슈 가운데 하나는 인간의 염색체인 게놈에 대한 것입니다. 그것에 대한 연구가 완전히 이루어진다면 사람에게 언제 무슨 병이 발병할 지 알 수 있다고 합니다. 그러나 게놈의 연구를 통해 우리 질병에 대해서 어느 정도 알 수는 있겠지만, 그 연구가 우리의 건강과 질병에 대한 모든 것을 해결해 줄 수 있을 것이라고 생각지 않습니다. 하나님께서 그 모든 것을 알도록 내버려두시지 않을 것입니다.

또한 오늘날 인기를 끄는 학문 가운데 하나는 미래학입니다. 그래서 짧게는 몇 년, 길게는 백년 후까지 무엇이 어떻게 될 것인가에 대해서 예측하려 합니다. 하지만 우리는 우리의 미래를 제대로 알 수 없을 뿐만 아니라, 그것으로 우리의 문제를 모두 해결할 수도 없습니다. 우리가 아무리 확신을 가지고 이야기한다고 하더라도 그것은 단지 예측일 뿐이고, 설령 그 예측이 맞았다고 하더라도 문제를 해결할 능력이 우리에게는 없습니다. 우리는 단 한 치의 앞날도 내다볼 수 없는 인생을 살고 있습니다.

그렇다면 이러한 우리의 한계 상황에서 우리가 늘 기억해야 할 것이 무엇입니까? 그것은 바로 예수님께서 우리의 필요를 채우신다는 것입니다. 예수님은 결코 자신을 따르는 사람들의 어려움을 외면하시는 분이 아닙니다. 비록 우리가 부족하고 주위의 상황이 전혀 불가능하게 보일지라도 놀라운 능력으로 역사하셔서 우리의 어려움을 해결하시는 분이십니다. 물론 우리의 인간적인 시각에서 볼 때 때로는 우리의 필요를 채워주시지 않고 내버려두시는 경우도 있지만, 이것도 역시 우리의 진정한 필요를 아시는 하나님께서 그러한 필요를 채우시는 과정이라는 사실을 믿어야 할 것입니다.

이와 같이 범사에 하나님께서 우리의 필요를 채우신다는 믿음이 있다면, 우리는 어떠한 환경에서도 낙심하지 않고 좌절하지 않을 것입니다. 이 믿음이 있으면 우리의 앞날에 대해서 두려워하지 않으며 기쁘고 즐겁게 살 수 있을 것입니다. 이러한 믿음이 우리 모두에게 있기를 간절히 바랍니다.

마가복음 8:10-13

표적이 필요합니까?

(참고, 마 15:39-16:4)

우리는 지난 3주 동안 예수님께서 이방 지역에서 행하셨던 기적들을 살펴보았습니다. 물론 예수님께서는 성경에 기록된 사건 외에도 많은 기적들과 능력들을 행하셨지만, 복음서 기자는 그 가운데 수로보니게 여인의 딸을 치유하신 사건, 귀 먹고 말이 어눌한 사람을 회복시키신 사건, 그리고 칠병이어로 사천 명을 먹이신 사건을 대표적으로 기록하였습니다.

바리세인과 사두개인의 연합

이 후에 예수님께서는 제자들과 함께 배를 타고 달마누다 지방으로 옮기셨습니다. 10절입니다.

곧 제자들과 함께 배에 오르사 달마누다 지방으로 가시니라.

달마누다 지방을 마태복음에서는 마가단이라고 하였는데 이 곳은 우리가 흔히 알고 있는 막달라 마리아의 고향인 '막달라'가 아닐까 추측을 하기도 합니다. 왜냐하면 마가단이 히브리어로 '망대'라는 뜻인데 막달라도 역시 아람어로 망대라는 뜻이기 때문입니다. 이제 예수님께서 이방 지역에서 다시 이스라엘 지역으로 들어오셨습니다.

예수님께서 이스라엘 안으로 들어오시자 또 다시 바리새인들이 예수님께 나아 왔습니다. 마태복음에는 사두개인들도 함께 나아왔다고 합니다. 우리가 잘 알고 있는 대로 바리새인들과 사두개인들은 모두 당시 유대 사회에서 중요한 영향력을 행사하던 세력들입니다. 그러나 그들은 서로 전혀 다른 사상을 갖고 있었으며, 서로 적대적인 관계에 있었습니다. 사두개인들은 정치적으로 여당의 극우 세력이었고 신앙적으로는 부활이나 내세에 관심이 없었는데 반하여 바리새인들은 율법의 준수를 그들의 최고의 목표로 삼고 있었던 부류로서 오늘날로 말하면 신앙적인 보수주의자들이었습니다. 그러므로 그들은 당시 서로 도저히 융합할 수 없었는데, 예수님을 비난하고 적대하는 데에는 하나가 되었던 것입니다. 우리는 이와 같은 상황이 이미 마가복음 3장에서 보았습니다. 안식일 논쟁 이후에 바리새인들은 헤롯당과 더불어 예수님을 죽이려고 모의하는데 하나가 되었습니다. 바리새인들과 헤롯당도 적대 세력이었지만 예수님을 대적하여 죽이려고 모의하는 데는 하나가 되었던 것입니다.

예수님 권위에 대한 도전 - 표적을 요구함

이러한 사실은 당시 예수님으로 인한 파장이 얼마나 컸었는지 말해 줍니다. 복음서를 보면, 그들이 예수님께 도전하고 문제 삼았던 것은 크게 두 가지였습니다. 하나는 예수님의 권위에 관한 것이고, 다른 하나는 율법의 문제에 관한 것이었습니다. 오늘 본문에서도 마찬가지로 그들이 문제삼았던 것은 예수님의 권위에 관한 것입니다. 11절입니다.

> 바리새인들이 나와서 예수께 힐난하며 그를 시험하여 하늘로서 오는 표적을 구하거늘

여기에서 표적은 헬라어로 'σημειον'이라고 하는데, 이 말은 단순히 어떤 기적이나 능력을 행하는 것을 의미하지 않습니다. 이미 그들은 예수님께서 병을 고치고 귀신을 쫓아내면서 여러 가지 놀라운 기적과 능력을 행한 것을 보았습니다. 그들은 결코 그러한 것들 요구하지 않았습니다. 여기에서 표적은 우리말로 '증거'라고 표현하는 것이 더욱 적절한 것 같습니다. 그들은 예수님의 신적 권위가 더욱 확연히 드러날 수 있는 다른 증거를 보여 달라는 것이었습니다.

그렇지만 그러한 증거를 요구하는 그들의 의도는 순수하지 못하였습니다. 그들은 이제까지 계속 예수님을 강하게 비난했던 사람들이었으며, 표적을 보여 달라는 것도 예수님에게서 꼬투리를 잡기 위한 것이었습니다. 그들은 예수님을 메시야로 받아들이기 위해서가 아니라 무리들 앞에서 예수님에 대한 트집을 잡아 어려움을 주려는 악한 의도를 가지고 있었습니다. 이미 그들은 예수님께서 많은 사역을 통해 보여 주셨던 증거들을 거부하고, 그것을 마귀의 힘을 입어 행한 것으로 판단한 자들이었기 때문에 다른 어떠한 기적을 보여주더라도 그들이 믿지 않을 것이 분명하였습니다.

표적을 거부하시는 예수님

예수님은 이러한 그들의 완악함과 강퍅함을 보시고 한숨을 쉬셨습니다. 12절입니다.

> 예수께서 마음속에 깊이 탄식하시며 가라사대 어찌하여 이 세대가 표적을 구하느냐 내가 진실로 너희에게 이르노니 이 세대에게 표적을 주시지 아니하리라 하시고

예수님은 그들을 '이 세대'라고 하셨습니다. 이렇게 말씀하신 것은

단순히 바리새인들만이 예수님께 대적한 것이 아니라 당시의 지도자들인 사두개인과 친 로마 세력인 헤롯당 등을 포함한 대부분의 사람들이 예수님께 대적하고 거부하였기 때문이었습니다. 그래서 예수님께서는 그 시대 전체를 보고 탄식하신 것입니다. 물론 그 자리에서는 아무 표적(증거)도 보여주지 않으셨습니다.

사랑하는 성도 여러분! 하나님께서는 사람들이 원한다고 해서 아무 때나 무의미하게 기적을 행하시진 않습니다. 하나님께서 필요하시다고 판단하실 때 놀라운 역사를 보여주시는 것이지 결코 도깨비 방망이 같은 값싼 능력을 행하시지 않는 것입니다. 마태복음(16:4)에서는 요나의 표적 밖에는 보여줄 표적이 없다고 말씀하셨습니다. 예수님께서는 그들에게 보여줄 수 있는 최고의 표적은 십자가와 부활임을 말씀하신 것입니다.

그렇다면 당시 예수님을 힐난하고 시험하기 위해서 표적을 보여 달라고 했던 바리새인들과 유대인들이 가지고 있는 가장 큰 문제는 무엇이었습니까? 예수님께서 이미 여러 가지 증거들을 보여주셨음에도 그들에게 그러한 증거들을 밝히 분별하고 받아들이는 영적인 눈과 마음이 없는 것이었습니다. 세례 요한이 옥중에서 제자들을 예수님께 보내어서 '오실 그이가 당신이니이까?'라고 물었을 때 예수님께서 그들에게 무엇을 말씀하셨습니까? '소경이 보고 귀머거리가 듣고 벙어리가 말하고 절뚝발이가 걷고 문둥이가 깨끗해지고 죽은 자가 살아나고 가난한 자에게 복음이 전파되어진다'고 전하라고 하셨습니다. 예수님께서 이렇게 말씀을 하신 것은 이러한 표적들이 예수님의 메시야 되심을 충분히 증거한다는 것을 의미합니다. 그러나 그들은 영적인 눈과 마음이 닫혀 있었기 때문에 예수님께서 행하신 여러 기적 속에서 예수님의 신성과 메시야 되심을 깨닫지 못한 채 오히려 그러한 것이 마귀로부터 온 것이라고 주장하였습니다. 그러면서 그들은 또 다른 증거를 보여 달라고 한 것입니다.

하나님의 살아 계신 증거들

오늘날에도 역시 많은 사람들이 하나님이 살아 계신 증거를 보여 달라고 요구합니다. 분명한 증거를 보여 주어야만 믿겠다고 합니다. 이와 관련하여 저는 크게 세 가지 관점에서 증거를 보여 줄 수 있다고 생각합니다.

먼저 우리는 하나님께서 창조하신 사람과 자연을 통하여 창조주 하나님을 발견할 수 있습니다. 물론 자연 계시만을 통하여 성경에 나타난 하나님을 완전히 발견할 수는 없습니다. 또한 십자가의 진리를 발견할 수도 없습니다. 그러나 자연에 나타난 증거들은 사람들로 하여금 하나님의 존재하심을 부인할 수 없게 할 뿐만 아니라, 하나님을 조금이나마 이해하는데 도움을 줄 수 있습니다. 하나님께서 창조하신 우주나 생물계가 얼마나 세밀하고 정확하게 완벽한 조화를 이루고 있습니까? 일례로 지구와 달과 태양이 공전하고 자전하면서 모든 것이 한 치의 오차도 없이 배열되고 운동을 하면서 완벽한 조화를 이루고 있는 것을 보면서 우연히 또는 저절로 발생했다고 말하는 것은 참으로 억지가 아닐 수 없습니다. 이러한 자연의 완전한 조화 속에서 우리는 창조주 하나님의 지혜와 능력을 깨닫고 신성을 증거할 수 있습니다. 또한 우리 인간의 신체의 구조만 보더라도 얼마나 오묘하고 신묘막측하게 창조되었는지 전문적인 지식이 없이도 쉽게 알 수 있습니다. 그러므로 솔직하고 객관적인 안목을 가진 사람이라면 결코 우리 인간이 진화된 생물일 뿐이라고 말할 수 없습니다. 그래서 많은 사람들이 이번 게놈 연구를 통해 하나님을 믿게 되었고, 믿을 수밖에 없었다는 사실은 너무도 잘 알려진 이야기입니다.

다음으로 우리는 역사를 통해서 하나님의 살아 계심을 인정하지 않을 수 없습니다. 무엇보다도 세계의 역사는 예수님께서 이 땅에 오셨던 사실을 기준으로 기원전과 기원후로 구분됩니다. 또한 2000년 전에 120명의 신도로 시작되었던 기독교가 지금까지 인류의 역사와 문화, 사회에 끼친 영향과 업적은 어느 누구도 무시할 수 없습니다. 오늘날 세계를 주도하고 있는 유럽과 미국이 존재 기반이 기독교라는 사실을 우리는 너무도 잘 알고 있지 않습니까? 나아가 오늘날 그들을 선진국으로 유지시키고 지탱하게 하는 근본적인 힘도 기독교라는 것을 모든 사람이 인정합니다. 그러므로 예수님께서 탄생하신 이후 기독교의 역사는 서양의 역사라고 해도 조금도 과장됨이 없을 것입니다. 이렇게 지금까지 지나온 역사의 발자취를 객관적인 시각으로 더듬어 볼 때 역사의 과정을 통해서 드러나는 하나님의 개입과 간섭, 그리고 섭리하심과 주관하심을 느끼지 않을 수 없습니다. 이와 같이 역사적인 관점에서도 우리는 하나님의 살아 계심을 부인할 수 없습니다.

마지막으로 지금 이 순간에도 일어나고 있는 기적적인 일들을 통해서 우리는 하나님의 살아 계심을 인정하지 않을 수 없습니다. 지금도 우리 주위에는 예수님으로 인해 불치의 병에서 치유되거나 도저히 해결될 수 없을 것 같았던 문제들이 해결되기도 합니다. 바로 이러한 것들이 하나님의 살아 계심과 역사하심을 증거하는 것입니다.

이처럼 오늘날까지도 하나님께서는 피조물들과 역사의 과정, 그리고 기적적인 일들을 통해서 살아 계시는 증거를 보여주고 계십니다. 그러나 당시의 바리새인들을 비롯한 많은 유대인들이 예수님의 말씀과 사역을 보면서도 예수님을 배반하고 거역하며 대적했던 것처럼, 오늘날도 많은 사람들이 이러한 증거들을 보면서도 하나님의 존재를 부인하고 있습니다. 왜 그런 줄 아십니까? 그것은 영적인 눈과 영적인 마음이 열리지 않은 채 닫혀 있기 때문입니다. 바리새인들처럼 아무리 놀라운 일들이 일어난다 하여도 영적인 눈이 밝히 열리지 않으면 하나님과 하나님의 섭리에 대해서 알 수도 없고 깨달을 수도 없습니다. 영적으로 닫혀 있는 사람에게 필요한 것은 능력이나 기적이 아닙니다. 설령 죽은 사람이 살아났다고 하여도 그들은 믿지 않기 때문입니다. 단지 '신기하다', '우연이겠지', '이상하다' 라고 생각할 뿐입니다. 그들에게 진정으로 필요한 것은 오직 성령의 역사입니다. 성령의 능력과 역사 외에는 우리가 하나님의 손길을 느끼고 인정할 수 있는 방법이 없습니다.

최고의 표적 - 십자가와 부활

오늘 본문과 병행구인 마태복음에서 말씀하는 것처럼 어떠한 다른 것보다도 중요한 표적은 십자가와 부활입니다. 구약에서 계속 예언하였던 대로 하나님이신 예수님께서 우리의 죄 때문에 십자가를 지신 것보다 더욱 큰 증거는 없습니다. 그리고 그 십자가가 하나님의 구원방법이라는 것을 확인시켜 주는 예수님의 부활보다 더 큰 표적은 없습니다. 예수님을 믿는 사람들에게 놀라운 기적들이 일어나는 것은 너무나 당연한 것이지만 그러한 기적이나 표적에 의존하는 신앙이라면 늘 흔들릴 수밖에 없습니다. 오직 십자가와 부활에 의존하는 신앙만이 결코 흔들리지 않을 줄 믿습니다.

말씀을 맺겠습니다.

바리새인들은 이미 여러 증거들을 보았음에도 불구하고 예수님께 또 다른 증거를 요구하였습니다. 그러나 그들에게 필요한 것은 증거가 아니라 자신들의 영적인 눈과 마음이 열리는 일이었습니다. 오늘날 우리에게도 진정으로 필요한 것은 기적이 아닙니다. 성령의 역사하심입니다. 저는 우리 성도들이 그 당시의 사람들과 같이 영적으로 무감각하고 강팍하지 않으며, 성령의 역사하심으로 말미암아 자연과 역사, 그리고 우리 주위에서 일어나는 모든 일들 가운데 섭리하시는 하나님의 손길을 느낄 수 있기를 바랍니다. 그리고 무엇보다도 십자가와 부활을 믿음으로 언제나 이에 감격하고 감사하는 삶을 사시기를 바랍니다.

마가복음 8:14-21

아직도 깨닫지 못하느냐!

마가복음을 함께 살펴보면서 늘 깨닫는 것은 예수님께 도전하고 대항하면서 예수님의 사역을 방해하던 무리들이 있었다는 사실입니다. 그 대표적인 사람들이 바리새인과 사두개인, 그리고 헤롯당이었습니다. 바리새인들은 종교지도자들이었고, 헤롯당은 정치지도자들이었으며, 사두개인들은 종교와 정치에 모두 관여했던 사람들이었습니다. 그러나 영적인 눈이 어두웠고 마음이 닫혀 있었던 그들은 예수님께서 놀라운 능력을 행하시고 하나님의 말씀의 바른 도리를 가르치셨지만 예수 그리스노안에 있는 하나님의 섭리와 역사를 깨닫지 못했습니다. 그리하여 지난 주에 보았던 것처럼 그들은 예수님을 시험하기 위해서 또 다른 표적을 요구하기도 하였습니다.

여전히 마음이 둔한 제자들

예수님에 대한 온전한 깨달음이 없었던 것은 제자들도 마찬가지였습니다. 물론 그들은 예수님을 대적하거나 모함하지 않았고, 예수님의 사역을 방해하지도 않았습니다. 그렇지만 그들은 예수님에 대해 온전히 깨닫지 못한 채 예수님을 따라 다녔습니다. 오늘 본문에서도 그들이 또 다시 예수님의 말씀을 제대로 깨닫지 못하여 엉뚱한 반응을 보이는 모습을 보여주고 있습니다. 14절은 오늘 본문의 배경을 설명하고 있습니다.

> 제자들이 떡 가져오기를 잊었으매 배에 떡 한 개밖에 저희에게 없더라.

제자들은 칠병이어로 사천 명을 먹이신 기적을 체험한 후에 급하게 그 자리를 떠나는 바람에 일곱 광주리나 남았던 떡을 챙기지 못한 것 같습니다. 그러한 상황에서 예수님께서 '바리새인과 헤롯의 누룩을 주의하라(15절)'고 말씀하셨습니다(마태복음에는 사두개인도 언급되어 있습니다). 그러자 제자들은 자기들이 떡을 가져오지 않았기 때문에 예수님께서 그 말씀을 하신 것으로 생각하고 그것 때문에 서로 의논하였습니다. 그 때 예수님께서는 자신이 하신 말씀을 제대로 깨닫지 못하고 떡 문제로 논의하고 있는 제자들을 책망하셨습니다. 17-21절입니다.

> 예수께서 아시고 이르시되 너희가 어찌 떡이 없음으로 의논하느냐? 아직도 알지 못하며 깨닫지 못하느냐? 너희 마음이 둔하냐? … 가라사대 아직도 깨닫지 못하느냐? 하시니라.

오늘 본문에서는 그들의 마음이 둔함을 책망하셨다고 말씀하지만, 마태복음에는 '믿음이 적은 자들아!'라고 말씀하시며 제자들의 믿음 적음을 책망하셨습니다. 말하자면 예수님의 말씀과 사역의 바른 의미를 깨닫지 못하는 것은 마음이 둔하고 믿음이 없는 결과라는 말씀입니다. 마태복음에 보면 예수님께서 제자들에게 이 말씀의 의미를 설명해 주실 때에야 제자들이 예수님께서 떡에 관해 말씀하는 것이 아니고 바리새인들과 사두개인들의 잘못된 교훈을 주의하고 경계하라는 것이었음을 깨닫게 되었다고 말씀합니다.

바리새인과 사두개인과 헤롯당의 누룩을 경계하라

그러면 이들의 문제는 무엇이었습니까? 먼저 바리새인들은 형식(외식)주의자들이었고 전통에 얽매인 자들로서 고정관념에 사로잡혀 있던 자들이었습니다. 그들은 하나님을 섬기는 것이 아니라 형식과 전통과 고정관념을 신봉하였다고 해도 과언이 아닙니다. 그러나 그들은 자신들이 최고의 신앙을 소유한 것처럼 생각하였습니다. 반면 헤롯당은 자신의 권력을 유지하기 위해서 사람들의 눈치를 보며 소신이 없이 살았습니다. 세례 요한을 죽인 것도 사람들의 눈치를 보던 까닭이었고, 같은 차원에서 예수님을 생각하였습니다. 즉 헤롯당은 자신들의 권력의 유지를 위한 지극히 현실적인 차원에서 예수님을 이해한 것입니다. 따라서 그들도 예수님을 적대시하지 않을 수 없었습니다. 또한 사두개인들의 문제는 합리주의 또는 세속주의였습니다. 그들은 신앙의 초월성을 생각지 않고 합리적인 생각으로 신앙을 평가하였습니다. 그래서 부활과 내세가 없다고 주장했습니다. 그리고 그늘은 자기들의 편함과 육신의 안락을 위해서 세상의 권세와 야합하였습니다. 신앙의 본질을 잊어버린 채 눈앞에 보이는 화려함을 얻기 위해서 쫓아간 것입니다. 결국 하나님을 믿는 목적이 지극히 현실적이라는 점에서 헤롯당과 사두개인들은 서로 유사합니다.

당시 이들은 모두 종교적 지도자요 정치적 지도자였기 때문에 수는 그렇게 많지 않았지만 조그마한 누룩이 빵 전체에 퍼지며 영향을 미치는 것처럼 다른 사람들의 신앙에 많은 영향을 주었습니다. 그러므로 예수님께서는 그들의 바르지 못한 신앙이 제자들에게 나쁜 영향을 줄 것을 염려하시면서 그들의 교훈을 주의하라고 하셨던 것입니다. 이는 오늘날 우리의 상황과 많이 비슷합니다. 저는 예수님께서 오늘날 한국 교회와 성도에게 하실 말씀도 '바리새인들과 사두개인들과 헤롯당의 누룩을 경계하라'는 말씀이 아닐까 생각합니다. 왜냐하면, 오늘날도 지도자들을 통한 잘못된 교훈이 범람하는 시대이기 때문입니다.

그런데 더 큰 문제는 제자들 역시 예수님의 말씀을 이해하지 못하였고, 그들이 가지고 있었던 문제의 심각성 역시 깨닫지 못했다는 것입니다. 제자들의 이러한 모습은 역시 오늘날 한국 교회가 안고 있는 심각한 문제 가운데 하나이기도 합니다. 한국 교회가 외형주의, 세속주의, 물량주의, 기복주의로 인해서 심각한 위기에 있다는 것은 한국 교회를 사랑하고 염려하는 분이라면 누구나 공감하는 사실입니다. 그러나 아직도 많은 성도들과 교회들은 한국 교회 안에 있는 문제들이 얼마나 심각한 지 깨닫지 못하고 있습니다. 문제를 극복하기 위한 출발점은 문제가 문제인 것을 아는 것입니다. 지금 우리 교회가 '바른 교회'를 우리의 표어(Catch-phrase)로 내걸고 그것을 위해 발버둥 치며 나아가는 것은 한국 교회가 처한 이러한 문제의 심각함을 인식하였기 때문입니다.

제대로 깨닫지 못하는 이유

여기서 생각해 보아야 할 것은 '제자들이 문제를 제대로 깨닫지 못하고 예수님을 바르게 이해하지 못한 이유가 무엇이냐'는 것입니다. 바로 그것은 그들의 관심과 목표가 엉뚱하였기 때문입니다. 본문을 보면 떡으로 상징되는 삶의 문제가 그들의 관심이었습니다. 또한 복음서 전체를 살펴보면 그들은 다른 사람보다 높아지는 것에 늘 관심이 있었던 것도 알 수 있습니다. 이처럼 그들의 신앙은 다분히 '기복주의적'이었다고 말할 수 있습니다.

물론 모든 시대를 통하여 떡으로 상징되는 삶의 문제는 우리 모두에게 결코 무시될 수 없는 중요한 문제입니다. 그리고 하나님께서도 우리의 삶의 필요를 채워주시기 원하십니다. 그러나 삶의 문제 자체가 신앙생활의 최대 관심과 목적이 되어서는 안 됩니다. 그렇게 되면 우리도 제자들처럼 마음이 둔해지지 않을 수 없습니다. 바로 이러한 모습이 한국교회의 심각한 문제입니다. 많은 성도들이 가진 최고의 관심이 단지 눈앞에 닥친 삶의 문제를 해결하는 것일 뿐이고, 많은 교회들도 현실적이고 인간적인 관점에서 잘되는 것에 초점을 맞추고 있습니다.

깨닫지 못함의 결과

그렇다면 이렇게 잘못된 신앙의 결과는 무엇이겠습니까? 복음서를 보면, 예수님께서는 바리새인들과 헤롯당의 바르지 못한 이해로 인해 그들에게 어떠한 표적도 행하지 않으셨음을 알 수 있습니다. 그들의 잘못된 신앙이 은혜의 통로를 막아버린 것입니다. 교회사를 살펴보아도 그러한 부분을 극복하지 못할 때, 교회는 항상 타락하였고 하나님의 은혜가 떠나 버린 것을 알 수 있습니다. 지금의 유럽교회도 마찬가지로 역사적 유물로만 남아 관광지가 되어버린 형편입니다. 그들이 세속주의와 현실주의를 극복하지 못함으로 말미암아 하나님의 은혜가 그들에게서 떠나버렸고 결국 그들은 실패와 쇠퇴를 경험하게 된 것입니다. 벌써 오래전부터 마이너스 성장을 하고 있는 한국 교회 역시 같은 위험과 위기 상황에 놓여 있습니다. 당장이라도 한국 교회와 성도들이 새롭게 변화되지 않는다면, 유럽의 교회와 같은 현상이 생겨나지 않는다고 보장할 수 없습니다.

그렇다면 이러한 위기의 상황에서 우리가 할 일은 무엇입니까? 마태복음 6:33이 그 해답을 제시합니다.

> 너희는 먼저 그의 나라와 그의 의를 구하라 그리하면 이 모든 것을 너희에게 더하시리라.

여기에서 하나님의 나라는 하나님의 통치 또는 다스림을 의미합니다. 또한 하나님의 의는 하나님과의 관계를 의미합니다. 그러므로 우리는 세속주의와 기복주의 그리고 물량주의에 사로잡히지 말고, 하나님의 통치와 다스림이 우리에게 임할 것과 하나님과의 온전하고 바른 관계를 우리의 최고의 관심과 목표로 삼아 최선을 다해야 합니다. 그리하면 더불어 우리에게 필요한 모든 것들까지도 채워주실 것입니다.

말씀을 맺겠습니다.

오늘 본문은 여전히 예수님의 말씀과 의도를 제대로 깨닫지 못한 제자들의 모습을 보여주고 있습니다. 그것은 그들의 관심과 목적이 잘못되어 있었기 때문입니다. 오늘날 우리도 그들과 같은 우를 범치 않도록 우리의 신앙의 관심과 목표가 바로 되어 있는지 점검해야 하겠습니다. 그리하여 예수님께 칭찬받으며, 예수님이 주시는 놀라운 은혜를 경험할 수 있기를 간절히 소원합니다.

마가복음 8:22-26

치료의 근원을
명확히 하시는 예수님

　복음서를 읽으면서 계속해서 안타깝게 느끼는 것은 예수님의 말씀과 사역이 늘 오해받았다는 사실입니다. 우리를 더욱 안타깝게 하는 것은 예수님을 가장 가까이 따라 다니며 직접 말씀을 배웠던 제자들조차도 예수님을 바로 이해하지 못했던 것입니다. 그들은 예수님의 말씀에 늘 동문서답하곤 하였습니다. 이렇게 예수님을 대적하는 사람들뿐만 아니라 예수님을 항상 따라 다녔던 제자들조차 예수님을 바로 이해하지 못하고 있는 상황에서 예수님께서는 소경을 고치시는 기적을 행하셨습니다. 그 후 가이샤랴 빌립보 지방에서 공공연하게 자신이 이 땅에 오신 진정한 목적을 처음으로 가르치셨습니다. 즉 예수님을 온전히 이해하지 못하고 있는 제자들의 모습과 그러한 제자들에게 예수님께서 오신 진정한 목적을 가르치시는 상황을 연결하는 징검다리로서 오늘 본문은 위치해 있습니다. 이러한 전후 문맥으로 미루어보아 오늘 본문의 소경을 치료하신 사건도 예수님에 대한 바른 깨달음과 관련지어 해석하고 적용해야 할 것입니다.

소경을 치료하시는 예수님

예수님께서는 제자들과 말씀을 나누시는 중에 제자들의 깨닫지 못하심을 책망하시면서 벳새다에 도착하셨습니다. 22절입니다.

> 벳새다에 이르매 사람들이 소경 하나를 데리고 예수께 나아와 손대시기를 구하거늘

벳새다는 빌립과 베드로와 안드레의 고향입니다(요 1:44, 12:21). 또한 그 근처에서 오병이어의 기적이 행해지기도 했습니다. 하지만 이 지역은 예수님께서 가장 많이 기적을 행하셨으나 회개치 않은 마을로도 유명합니다. 마태복음 11:21와 누가복음 10:13를 보면, 예수님께서 그들에게 다음과 같이 심판을 선포하고 있습니다.

> 화 있을진저 고라신아, 화 있을진저 벳새다야, 너희에게서 행한 모든 권능을 두로와 시돈에서 행하였다면 저희가 벌써 베옷을 입고 재에 앉아 회개하였으리라. 심판 날에 두로와 시돈이 너희보다 견디기 쉬우리라.

어떤 학자들은 여러 가지 이유를 들어 벳새다가 동일한 지명을 가진 두 장소였을 가능성이 있다고 주장하기도 하지만, 오늘 본문의 벳새다는 마태복음과 누가복음에서 저주와 심판이 선포되었던 벳새다와 동일 지역으로 보입니다. 다시 말해, 복음서에는 자세하게 기록되지 않았지만 이미 예수님께서 여러 가지 놀라운 능력을 행하셨음에도 불구하고 사람들의 반응은 냉랭했던 곳이었습니다. 이렇게 예수님의 말씀과 사역을 불신하는 분위기가 팽배한 지역에서 몇몇 사람들이 소경 한 사람을 예수님께 데려왔습니다. 물론 오늘 본문에는 소경을 데리고 온 사람들

이나 소경 자신의 믿음이 어떠한지에 대한 자세한 설명은 없습니다. 그들이 물에 빠졌을 때 지푸라기를 잡는 심정으로 예수님께 나왔는지 아니면 진정으로 예수님을 믿어서 나왔는지 우리는 알지 못합니다. 하지만 그 지역의 대체적인 분위기가 예수님을 제대로 인정하지 않았던 상황이었음을 고려해 보면, 그들은 분명 용기가 있는 사람들이었습니다.

독특한 방법으로 치료하심

예수님께서는 여러 가지 점에서 다른 사건에서 볼 수 없는 독특한 방법으로 소경의 눈을 치료하셨습니다. 먼저 예수님은 그 사람을 따로 마을 밖으로 데리고 가셨습니다. 예수님께서는 대부분 공개적으로 능력을 행하시고 가르치셨습니다. 이렇게 그 사람을 따로 데리고 가신 것은 예외적인 경우에 속합니다. 물론 마가복음에는 오늘 본문의 사건 외에도 두 곳에서 예수님께서 비밀리에 능력을 행하셨던 사실을 기록하고 있습니다. 한번은 회당장 야이로의 딸을 살리실 때였고(5:21-43), 다른 한번은 귀먹고 말이 어눌한 사람을 고치실 때였습니다(7:31-37). 그렇다면 왜 예수님께서 그 소경 된 사람을 밖으로 데리고 나가서 치료하셨겠습니까? 크게 두 가지 이유가 있습니다.

먼저 그것은 벳새다 사람들에게 소경을 치료하신 것을 비밀로 하기 위함이었습니다. 26절에서 예수님께서는 그에게 마을로 들어가지 말라고 말씀하셨습니다. 그것은 마을 사람들에게 그가 고침 받은 사실을 이야기하지 말라는 것으로 이해됩니다. 이미 그 마을에 심판과 저주를 선포하셨던 예수님께서는 자신을 계속 거부하는 분위기에서 그러한 기적이 그들에게 특별한 의미가 없을 뿐만 아니라 오히려 더 큰 오해를 낳을 것이라고 판단하신 것입니다.

사랑하는 성도 여러분! 예수님은 불필요하게 능력을 행하는 분이 아니십니다. 그래서 예수님은 고향에서도 자신을 배척하는 사람들에게는 그다지 능력을 행하지 않으셨습니다. 더구나 지금까지 계속 보아왔던 것처럼 예수님께서는 꼭 필요할 때 외에는 자신의 능력 행함을 다른 사람들에게 알리지 말기를 명하셨습니다. 그것은 예수님의 진정한 모습이 병을 고치고 능력을 행하시는 것에 있지 않음에도 그로 인해 사람들이 예수님을 오해할 수 있기 때문입니다. 그러나 오늘날 우리의 모습은 어떠합니까? 많은 경우 우리는 그러한 예수님의 의도대로 행하지 못하고 있는 것을 봅니다. 누군가에게 예수님의 능력이 나타나서 병자가 고쳐지면, 그 일을 행하신 예수님의 진정한 의도를 외면한 채 자기 자신을 자랑하거나 교회의 양적 확장을 위해 분별없이 간증하며 확대, 과장하는 경우가 너무 많습니다. 물론 아무리 예수님께서 비밀로 하라고 하셨어도 예수님의 놀라운 능력을 경험한 사람들이 감사와 감격으로 그 일에 대해서 말하지 않을 수 없었던 것처럼, 우리에게 놀라운 일이 일어날 때 그것을 말하지 않을 수는 없을 것입니다. 예를 들어, 우리가 오늘날 의학으로는 치유될 수 없는 불치의 병에 걸렸다가 예수님의 은혜로 치유하심을 받았다면 그것을 어떻게 말하지 않을 수 있겠습니까? 뿐만 아니라 예수님의 역사하심을 드러내는 것이 반드시 필요한 경우도 있습니다. 그러나 우리는 필요 이상으로 그러한 것들을 드러내고 자랑하여 본인은 물론이고 다른 사람들에게도 기독교의 본질을 잘못 이해시켜 오해하게 만드는 경우가 많다는 것을 염두에 두어야 합니다. 그러므로 교회의 지도자들이라면 그런 부분에 대해서 잘 조절하고 통제할 필요가 있습니다.

한편 예수님께서 소경을 마을 밖으로 데리고 나가신 다른 이유는 그 사람을 귀하게 여기셨고 또한 그것이 그 사람에게 가장 합당한 방법이었기 때문입니다. 이것은 그 사람을 치유하시는 과정을 통해서 알 수 있습니다. 예수님께서는 그 사람을 데리고 나가셔서 침을 바르고 안수하셨습니다. 이러한 치유의 과정은 마가복음 7:31-37에서 귀먹고 말이 어눌한 사람을 치유하신 일과 많은 유사점이 있습니다. 먼저 병자는 사람들에 의해 예수님께 나아왔습니다. 그리고 예수님께서 그를 한적한 곳으로 데려가셨고, 침을 사용하여 치료하시고 안수하셨습니다. 이렇게 그 사람을 많은 사람이 보는 앞에서 치료하실 수도 있는데, 시간이 지체되고 번거로운 중에도 그의 손을 잡고 마을 밖으로 데리고 나가셨던 것은 그 한 사람을 매우 귀하게 여기셨음을 의미합니다. 오늘날도 그렇지만, 당시 소경이나 육체적으로 온전치 못했던 사람들은 사회적으로 매우 천대받는 처지였습니다. 그러나 예수님께서는 그 사람을 귀하게 대하신 것입니다. 또한 침을 바르고 안수하신 것도 앞을 못 보는 그 사람에게 능력의 근원이 예수님이라는 사실을 가장 분명하게 알릴 수 있는 방법이었기 때문입니다. 예수님께서 소경을 고치신 일들은 복음서에 여러 번 나오는데(마 9:27-31, 막 10:46-52, 요 9장) 매번 다른 방법을 사용하셔서 소경들을 고치셨음을 볼 수 있습니다. 그것도 역시 그 사람들이 처한 상황을 고려해서 가장 합당한 방법으로 치료하기 위함이었습니다.

이와 같이 예수님께서 소경을 따로 마을 밖으로 데리고 나가셔서 침을 바르고 안수하심으로 그 사람을 치료하신 것은 예수님께 나아온 그 사람을 귀하게 여기셨기 때문이며, 그렇게 하는 것이 그 사람에게 가장 합당하다고 생각하셨기 때문입니다. 더구나 소경의 눈을 회복시키는 과정도 독특합니다. 23-25절입니다.

> 예수께서 소경의 손을 붙드시고 마을 밖으로 데리고 나가사 눈에 침을 뱉으시며 그에게 안수하시고 무엇이 보이느냐 물으시니 우러러 보며 가로되 사람들이 보이나이다 나무 같은 것들의 걸어가는 것을 보나이다 하거늘 이에 그 눈에 다시 안수하시매 저가 주목하

여 보더니 나아서 만물을 밝히 보는지라.

예수님께서는 한 번 안수하셔서 그 사람을 낫게 하신 것이 아니고 두 번 안수하심으로 그 사람의 눈을 밝게 해 주셨습니다. 그렇다면 예수님의 능력이 부족하기 때문에 두 번이나 안수하셔야만 했겠습니까? 결코 그렇지 않습니다. 그렇다면 이렇게 두 단계를 거치시며 소경을 치유하신 이유가 무엇이겠습니까? 바로 그런 과정을 통하여 그 사람이 자신을 치료하신 분이 예수님이시라는 사실을 더욱 분명하고 확실하게 알도록 하기 위함이었습니다. 좀 더 이해를 돕자면 다음과 같은 경우입니다. 어떤 사람이 문제를 가지고 예수님께 나아왔다가 그 문제가 해결되었습니다. 그런데 문제가 해결되고 나니까 그 사람의 마음속에서 예수님을 전적으로 인정하지 않고 '우연이겠지' 또는 '내가 잘해서 그랬지'라는 생각이 들 수 있습니다. 그렇다면 예수님께서는 그것이 우연히 이루어지거나 우리 자신의 능력으로 이루어진 것이 아니라는 사실을 바로 깨닫고 인정할 때까지 문제의 완전한 해결을 미루실 수 있다는 것입니다. 결국 예수님께서는 두 번에 걸쳐서 그를 치료하심으로 그가 더욱 철저하게 예수님을 믿고 인정하기 원하셨던 것입니다. 그럼으로 말미암아 구약에서 소경이 보게 되고 귀머거리가 듣게 되는 것이 메시야 시대의 중요한 특징이라 말씀하신 것처럼, 예수님께서 이 사건을 통해서도 자신이 메시야 되심을 알려주시기 원하셨습니다.

예수님을 인정하고 더욱 잘 섬기도록

오늘 본문을 통해 우리는 다시 한 번 예수님께서 우리 한 사람 한 사람에 대한 배려가 있으신 분임을 알 수 있습니다. 예수님께서 우리의 개인적인 필요를 채우시고 도우시며 인도하실 때 예수님께서는 다양한 방법과 과정을 통해 역사하십니다. 다시 말해, 예수님께서는 우리가 가장 잘 깨달을 수 있는 효과적이고 합당한 방법으로 우리에게 역사하신다는 것입니다. 하지만 각 개인에게 역사하시는 방법은 다양할지라도 예수님께서 우리에게 역사하시는 궁극적인 이유와 목적은 같습니다. 그것은 그 일들을 통해서 우리가 예수님을 온전히 인정하고 예수님을 더 잘 섬기도록 하는 것입니다. 특히 오늘 본문의 문맥이 제자들조차 제대로 예수님을 이해하지 못하였던 상황임을 고려하면, 예수님께서 이렇게 독특한 방법으로 치료하신 것은 이 사건을 통하여 자신을 바로 이해시키고자 하는 바람이 참으로 크셨다는 것을 알 수 있습니다. 다시 말해 소경의 눈을 뜨게 하는 일 자체에 예수님의 최종적 관심과 목적이 있지 않았다는 것입니다.

저는 이번 휴가 중에 한 친구를 만났습니다. 그런데 그 친구의 딸이 지난 6월 달에 갑자기 얼굴이 노래지고 눈이 이상해져서 병원에 가보니 급성 간염이라는 진단을 받았다고 합니다. 정상적인 수치가 40정도인데 2000까지 올라갔을 뿐더러 대개 1-2주면 치료가 될 수 있는데 5주나 병이 계속되었습니다. 그 친구는 그동안에도 물론 계속 기도하였지만 5주가 지날 즈음에야 기도원에서 기도하고 돌아오는 길에 깊은 깨달음이 왔답니다. 자신이 목사임에도 불구하고 예수님을 온전히 의탁하지 못했다는 사실을 깨달은 것입니다. 그래서 그것을 회개하면서 죽든지 살든지 예수님께 모든 것을 맡기기로 결정하였는데 바로 그 순간부터 이전에 알지 못했던 놀라운 평강이 그를 사로잡았다고 합니다. 또한 그 순간부터 그 아이의 혈색이 돌아오면서 수치가 급격하게 떨어졌다는 것입니다.

이 일을 통해서도 우리는 예수님께서 그 친구의 딸의 병을 바로 고쳐주시지 않았던 것은 그 아이의 병을 고치는 것 자체가 예수님의 우선적 관심이 아니었기 때문임을 알 수 있습니다. 예수님께서는 딸을 치료하는 능력이 하나님께 있는 것을 부인할 수 없도록 하고, 또한 그것을 통하여 예수님을 더 잘 섬기도록 하는데 진정한 관심이 있으신 것입니다.

　사랑하는 성도 여러분! 우리에게 문제가 있을 때 그 문제의 해결 자체에 예수님의 진정한 관심이 있지 않음을 늘 기억해야 합니다. 물론 예수님께서는 우리가 문제를 가지고 나올 때, 그러한 우리의 모습을 귀히 여기시고, 우리의 문제를 해결해 주십니다. 그러나 예수님께서는 문제 해결 자체에 우선적 관심이 있지 않으십니다. 예수님께서는 우리 각자 각자에게 가장 적절하고 효과적인 방법들과 과정들을 통하여 우리에게 역사하심으로 예수님이 자신을 바르게 알려주시기를 원하시며, 또한 그러한 것을 통하여 우리가 예수님을 더욱 바르게 잘 섬기기를 것이 예수님의 최고의 관심이요 목표인 줄 믿습니다.

　성경에 보면 그러한 일들이 얼마나 많은 모릅니다. 사사기 7장에서 기드온의 삼백 용사를 통해서 말씀하시는 교훈은 무엇입니까? 하나님께서는 먼저 철저히 하나님을 인정하지 않을 수 없는 상황에 이르게 하신 후에 놀라운 능력으로 역사하셨습니다. 하나님께서는 이스라엘이 전투력이 강해서 미디안과의 전쟁에서 승리한 것이 아니라 하나님께서 역사하심으로 그들이 승리한 것을 그들에게 알려주시기 위해서 삼만 이천 명 가운데서 단지 삼백 명만 선발하여 전쟁을 치르게 하셨던 것입니다. 아브라함에게 역사하실 때에도 마찬가지였습니다. 인간의 힘으로는 전혀 가능성이 없다고 인정될 때까지 놓아두셨다가 역사하셨습니다. 왜 그러하셨습니까? 그 일이 자연적으로 일어난 것이 아니고 전능하신 하나님께서 역사하셔서 그 일이 이루어졌음을 깨닫고 인정하도록 그렇게 하신 것입니다. 이와 같이 하나님은 우리에게 자신을 알려주시며 우리가 그 하나님과 하나님의 능력을 온전히 인정하기를 원하십니다. 왜냐하면, 그것이 우리에게 가장 유익하고 귀한 것이며 최고의 복이기 때문입니다.

말씀을 맺겠습니다.

오늘 본문은 소경이 치유된 사건을 기록하고 있는데, 예수님께서는 아주 특이한 과정과 방법을 통해서 그 사람을 치유하셨습니다. 그것은 그렇게 하는 것이 그 사람에게는 예수님을 깨닫게 하는 가장 좋은 방법이었기 때문입니다. 그러므로 저는 우리 성도의 삶 문제들이 예수님으로부터 해결되기를 원하는 한편, 그러한 문제가 해결되는 상황 자체에 빠지지 말고, 오직 그것을 통하여 예수님을 인정하고 예수님을 더욱 깊이 알아가며 예수님을 더욱 바르게 섬기시기를 간절히 바랍니다.

마가복음 8:27-30

너희는 나를 누구라 하느냐?

성경을 바르게 이해하기 위해서 어떤 본문이 속해 있는 책의 전체적인 구조나 흐름을 아는 것은 매우 중요합니다. 우리가 매 주일 차례대로 살펴보고 있는 마가복음도 전체적인 내용이 어떻게 구성되어 있으며 그 흐름이 어떠한지를 알 때, 각 부분들의 의미가 보다 더 바르고 명확하게 이해되는 경우가 많았습니다. 오늘 본문도 바로 그러한 경우에 속하기 때문에 본문을 보기에 앞서서 마가복음 전체의 구조를 살펴보려 합니다.

마가복음의 구조

많은 학자들은 복음서 가운데 마가복음이 전체적인 구조를 분석하고 개요를 잡아가기에 가장 어렵다고 합니다. 실제로 마가복음의 구조를 분석하고 개요를 잡는 데 여러 가지 다양한 의견들이 제시되고 있습니다. 지난번에 말씀드렸던 것과 마찬가지로 저는 마가복음을 크게 두 가지 관점에서 전체를 분석할 수 있다고 생각합니다. 하나는 예수님 사역의 내용이나 방향에 따라 마가복음 전체를 구분하는 것이고, 다른 하나는 예수님께서 사역하신 장소에 따라 마가복음 전체를 구분하는 것입니다.

먼저 예수님의 사역의 내용과 방향에 따라 마가복음을 살펴본다면,

마가복음 1:1-8:26이 전반부이고 8:27부터 마지막까지가 후반부에 속한 다고 할 수 있습니다. 전반부에서는 예수님을 통해서 복음의 새로운 시 대가 임한 것과 그 복음의 새로운 시대의 특징이 무엇인지 알려주셨습 니다. 후반부에서는 복음의 새로운 시대가 임하기 위해 반드시 필요한 예수님의 고난과 십자가가 집중적으로 기록되어 있습니다. 반면 장소를 기준으로 해서 마가복음의 구조를 나눈다면 1-9장이 전반부이고 10장 부터 마지막까지가 후반부입니다. 1-9장에서 예수님 사역의 중심지는 갈릴리이고, 10장부터는 예루살렘이 예수님 사역의 중심지로 나타납니 다.

예수님 사역의 전환점

이렇게 볼 때 오늘 본문은 예수님 사역에 있어서 중요한 전환점을 이루고 있음을 보여줍니다. 즉 오늘 본문의 말씀은 지금까지 진행되어 온 말씀과 사역의 결론 또는 목표요, 앞으로 진행되어질 예수님의 말씀 과 사역의 기초가 된다고 할 수 있습니다. 그런 의미에서 그동안 예수 님께서는 바로 오늘 본문과 같은 고백을 이끌어 내기 위해서 제자들을 가르치시고 놀라운 능력을 행하셨던 것입니다. 이제껏 예수님께서는 병 을 고치시고, 귀신을 쫓아내시며, 자연을 통제하시고, 배고픈 사람들의 먹을 것을 채워주시며, 죽은 자를 살리시는 놀라운 능력을 행하시고, 많 은 오해와 저항을 받으면서까지 하나님의 말씀을 가르치셨는데, 결국 그러한 것들은 그 자체에 목적이 있지 않고 그리스도시요 하나님이신 예수님을 바로 이해시키기 위함이었습니다. 그리하여 이후로는 오늘 본 문의 말씀을 기초로 예수님의 말씀과 사역이 진행되어지는 것입니다.

또한 이제 예수님 생애의 마지막이 가까이 왔음을 알 수 있습니다. 지금까지는 우회적이고 간접적으로 십자가 사건에 대해서 말씀하셨지만 이제 공개적이고 본격적으로 그것을 가르치시는 것은 예수님께서 십자가를 지실 날이 얼마 남지 않았음을 말씀하는 것입니다. 사실 당시에 예수님께서 하나님의 아들이라고 말씀하신 것은 즉시 사형 당할 수도 있는 신성 모독에 해당하는 것이었기 때문에 주님께서는 지금까지 자신의 신분을 암암리에 드러내셨지만 공개적으로는 감추고 계셨습니다. 그런데 이제 자신의 때가 가까운 것을 아시고 적극적이고 주도적으로 제자들에게 자신이 하나님의 아들이심을 말씀하셨습니다. 실제로 10장 이후에 나타나는 예루살렘에서의 예수님 삶과 사역의 기간은 극히 짧습니다.

너희는 나를 누구라 하느냐?

이제 본문을 보겠습니다. 오늘 본문의 배경은 가이샤랴 빌립보 지방입니다. 이곳은 벳새다 북쪽 약 40Km 지점의 헬몬산 기슭에 위치하였습니다. 주님께서 왜 이 곳까지 제자들을 데리고 오셨겠습니까? 이에 대해서는 여러 가지 주장이 있지만, 오늘 본문에 있는 대화 내용의 중요성 때문에 주님께서 제자들을 이렇게 먼 곳까지 데리고 오지 않았을까 하는 것이 일반적인 견해입니다. 우리가 중요한 이야기를 할 때 특별한 장소를 선택하는 것처럼 주님께서도 오늘 본문 말씀의 중요성 때문에 그리고 오늘 본문의 말씀을 더욱 깊이 간직할 수 있도록 평상시 활동하신 곳에서 멀리 장소를 옮기셔서 제자들과 대화를 하셨다고 생각됩니다.

예수님께서는 제자들에게 사람들이 자신을 누구라 하느냐고 물어보았습니다. 여기서 사람들이라는 말이 예수님을 대적했던 당시의 정치와 종교 지도자들을 의미하지는 않습니다. 그들은 예수님께서 귀신에 들렸다고 평가했지만 본문에는 그런 말이 없는 것으로 보아 아마 예수님의 기적을 체험하고 예수님을 따랐던 사람들인 것 같습니다. 제자들이 예수님께 대답합니다. 28절입니다.

> 여짜와 가로되 세례 요한이라 하고 더러는 엘리야, 더러는 선지자 중의 하나라 하나이다.

사람들은 예수님의 말씀과 사역을 통해서 보통 사람들과는 다른 권위를 보았습니다. 그래서 예수님을 그들이 알고 있는 유명한 사람들과 연결시킨 것입니다. 물론 예수님께 그러한 사람들의 모습이 있는 것은 사실이었습니다. 세례 요한은 어떤 사람이었습니까? 세례 요한은 금욕주의자였고 바른 도리를 가르치는 사람이었습니다. 그래서 많은 사람들이 그에게 몰려들었고, 당시 그의 영향력은 매우 대단하였습니다. 그런 면에서 예수님에게 세례 요한과 같은 특징이 있는 것이 분명합니다. 엘리야는 어떤 사람입니까? 그가 기도하니까 삼 년 육 개월 동안 비가 오지 않았고 다시 기도하니까 하늘 문이 열려서 비가 내렸습니다. 그는 참으로 놀라운 능력의 사람이었습니다. 그런 면에서 예수님에게 엘리야와 같은 특징이 있는 것이 분명합니다. 그리고 선지자들은 누구입니까? 그들은 하나님께서 보내신 사람 또는 하나님께서 쓰시는 사람들입니다. 마찬가지로 예수님의 사역을 보면 예수님도 역시 하나님께서 귀히 쓰시는 사람이 분명하였습니다. 이와 같이 그들은 예수님을 자신들의 구원자 또는 메시야로 여기기보다는 단지 사람일 뿐이요, 구원을 준비하는 자로 생각한 것입니다. 그러자 주님은 제자들에게 세상 사람들은 그러한데 너희는 나를 누구라고 하느냐고 물으셨습니다. 원어에 보면 '너희는'이라는 말이 강조되고 있습니다.

주는 그리스도시오 살아계신 하나님의 아들입니다

그 때 베드로가 대답합니다. 29절입니다.

베드로가 대답하여 가로되 주는 그리스도시니이다 하매

성경을 보면 자주 베드로는 제자들의 대표로서 예수님께 질문을 하고 답변도 하는 경우를 볼 수 있습니다(막 9:5, 10:28, 11:21, 14:29). 그렇기 때문에 이 고백은 베드로 자신의 고백이라기보다는 제자들 전체의 고백이라고 할 수 있습니다. 베드로가 열 두 제자의 대표자로서 예수님의 질문에 대답하였습니다(마 15:15, 19:27). 여기서 마태복음을 보면 '살아 계신 하나님의 아들'이라는 고백이 더 추가되어 있습니다. 그러므로 제자들은 예수님께서 그리스도시요 하나님의 아들이라고 고백한 것입니다.

여기서 '그리스도'는 히브리어의 '메시야'라는 말로서 '기름 부음을 받은 자'를 의미합니다. 또한 '기름부음을 받은 자'는 특별한 임무를 위해서 하나님께서 선택하고 임명하였을 뿐 아니라 그 임무를 수행하도록 특별한 능력을 부어준 자를 의미합니다. 구약에서는 왕, 제사장, 선지자를 임명할 때 기름을 부었습니다. 그러므로 예수님을 그리스도라고 한 것은 예수님께서 우리의 구원을 위해서 특별히 보내신 분임을 의미합니다. 성경 원문을 보면 그리스도라는 단어에 '그것'을 뜻하는 정관사가 붙어있습니다. 바로 '그' 그리스도라는 것입니다. 즉 하나님께서 우리를 구원할 메시야를 보내실 것을 구약에서 최소 300번 이상 예언하셨는데, 예수님께서 바로 '그' 구원자라는 것입니다.

또한 '하나님의 아들'은 예수님께서 바로 하나님이심을 의미합니다. 비록 예수님께서 우리와 같이 사람의 몸을 입으셨지만, 요한복음에서 말씀하시는 것과 같이 태초부터 계신 하나님이심을 고백하였습니다. 다시 말해, 예수님은 단지 인간이 아니라 신성을 소유한 분이심을 고백한 것입니다.

마태복음에서는 주님께서 이 고백을 들으시자 "바요나 시몬아 네가 복이 있도다"라고 칭찬하시며 기뻐하셨다고 말씀합니다. 예수님께서는 지금까지 이 고백을 이끌어내기 위해서 가르치시고 사역하셨는데, 그들이 이렇게 바른 신앙 고백을 하는 것을 보시고 참으로 기뻐하셨습니다. 예수님의 일차적인 목적은 달성된 것입니다.

바른 신앙 고백은 신앙의 기초

이렇게 예수님께서 그 말씀과 사역을 통해서 제자들의 바른 고백을 이끌어 내시는 것이 일차적인 목적이었던 것과 마찬가지로 오늘날도 주님께서는 우리가 제자들처럼 "주는 그리스도시요 하나님의 아들입니다!" 라는 고백을 드리기를 가장 중요하게 원하십니다(참고. 요 20:30-31). 예수님에 대한 바른 신앙 고백은 오늘날 모든 성도들에게 가장 우선적으로 질문해야 하고 점검해야 할 문제입니다. 또한 모든 성도들이 가장 분명하게 대답해야 할 가장 중요한 문제입니다. 뿐만 아니라 오늘날 교회가 최우선적인 관심을 가지고 가르치고 다져야 할 신앙의 기초임과 동시에 교회가 세워져야할 기초입니다.

하지만 실제로는 어떠합니까? 예수님께서 오늘날 우리에게 어떻게 이해되고 있습니까? 사실 교회 밖에서 뿐 아니라 교회 안에서도 예수님은 바로 이해되지 못하고 있습니다. 당시의 사람들과 마찬가지로 교회 안에서도 예수님은 인류 역사에 위대한 발자취를 남긴 사람으로만 인식되고 있습니다. 어떤 사람들은 예수님을 단지 4대 성인 가운데 한 사람으로 이해하고, 어떤 사람들은 예수님을 우리의 삶의 문제를 해결하시는 분으로만 이해하며, 또한 어떤 사람들은 예수님을 사회 개혁가로 생각하기도 합니다. 물론 그러한 부분들은 모두 사실입니다. 예수님만큼

이 인류에 지대한 영향을 끼친 사람이 누가 있으며, 예수님만큼 놀라운 능력으로 역사하시는 분이 누가 있었습니까? 또한 예수 그리스도를 통하여 얼마나 많은 사회 개혁이 일어났습니까? 복음이 들어감으로 노예제도가 폐지되었고, 복음이 들어감으로 여성에 대한 인식이 변화하여 여성의 권리와 선거권이 인정되고 신분이 상승되었으며, 올바른 결혼 제도가 정착되었습니다. 이외에도 예수님으로 말미암아 많은 사회적 변화가 일어났고 인류의 복지가 증진되었습니다. 하지만 그들의 평가에서 가장 큰 문제는 이러한 역사를 일으킨 예수님을 하나님이 아닌 단순한 인간으로만 생각하고 있다는 것입니다. 사람들은 역사적으로 이 땅에 오신 예수님을 인정하지만 예수님께서 그리스도이시고 신성을 소유하신 분으로는 믿지 않고 있습니다. 이와 같이 예수님을 바르게 이해하지 못한 채 교회를 다니고 예배를 드리는 사람이 많은 것을 부인할 수 없습니다. 정확한 통계는 알 수 없으나, 수련회와 여러 집회를 통해서나 간증하는 사람들을 통하여 우리는 교회에서 앞장서서 일하는 분들 가운데에도 예수님에 대한 바른 신앙 고백이 없는 사람들이 많다는 것을 확인할 수 있습니다.

여러분께서는 어떠하십니까? 깊이 생각해 보시기 바랍니다. 신앙생활의 획기적인 전환점은 예수님께서 구원자 되심과 하나님 되심을 믿을 때부터 일어납니다. 물론 이러한 고백이 있어도 미지근하게 신앙 생활하는 사람이 있습니다. 대개 모태 신앙과 오래 신앙생활 하시는 분 가운데 그런 분들이 많습니다. 또한 엉뚱한 방향으로 신앙 생활하는 사람들도 있습니다. 입술로는 이러한 고백을 하지만 자기의 야망 또는 인간적인 목표를 가지고 신앙생활을 할 수도 있다는 것입니다. 이처럼 바른 신앙 고백이 있다고 반드시 온전한 신앙생활을 하는 것만은 아닙니다. 그럼에도 불구하고 바른 신앙 고백은 우리의 신앙이 세워지는 기초입니다. 기초가 제대로 되지 않은 건물과 마찬가지로 바른 신앙 고백의 기초에 근거되지 않은 신앙생활은 늘 왔다갔다하고 쉽게 무너지지 않을 수 없습니다. 바른 신앙 고백이 없는 봉사는 온전한 봉사가 될 수 없고, 바른 신앙 고백이 없는 헌금은 온전한 헌금이 될 수 없으며, 바른 신앙 고백이 없는 예배와 찬양은 온전한 예배와 찬양이 될 수 없는 것입니다. 우리에게 온전한 신앙의 고백이 없이 어떻게 온전한 예배와 찬양을 드릴 수 있겠습니까? 그러므로 예수님께서 하셨던 것처럼 우리가 교회적인 차원이나 개인적인 차원을 무론하고 일차적으로 노력해야 할 것은 바른 신앙고백을 통하여 기초를 튼튼히 하는 것입니다. 시간이 걸리더라도 기초를 튼튼히 한다면 앞으로 얼마든지 그 위에 훌륭한 건물을 지을 수 있습니다.

그렇다면 우리가 그러한 든든한 기초를 가지고 바른 신앙의 고백을 드릴 수 있는 예수님의 신성의 근거, 또는 증거는 무엇입니까? 그것은 바로 예수님의 부활입니다. 유명한 역사학자인 토마스 아놀드가 이야기한 것처럼 부활은 역사상 가장 확실히 증명된 사실인데, 그 부활을 통하여 예수님의 신성은 가장 확실히 드러나는 것입니다. 주님의 부활에 관해 객관적으로 연구한 사람은 누구나 예수님의 부활의 역사적 사실을 인정하지 않을 수 없습니다. 그리고 그 부활은 예수님께서 구원자이시고 하나님이심을 분명하게 보여줍니다.

예수님께서는 공생애 사역 때 자신이 하나님이라고 하셨습니다. "나를 본 자는 아버지를 보았다"라고 하시고, "나는 태초부터 있었고 하나님과 하나"라고 하셨습니다. 그러므로 부활은 그러한 그의 주장이 맞다는 것을 하나님께서 인정하신 것이고(롬 1:4) 그의 십자가가 구원의 방법이라는 것을 확증시키신 것입니다. 만약 주님의 부활이 없었다면 예수님은 미치광이 정도로 판명되었을 것이고, 십자가에 달린 주님은 인류 최악의 신성모독죄로 죽은 사람에 불과했을 것입니다. 그러나 예수님은 부활하셔서 자신이 하나님이라는 말씀이 참이었음을 보여주었고 그의 십자가가 하나님의 구원 방법임을 확인시켜준 것입니다.

말씀을 맺겠습니다.

예수님의 신성에 회의를 품고 고민하였던 C.S. 루이스라는 유명한 기독교 변증학자는 이렇게 말했습니다.

> 예수님은 미치광이가 아니면 하나님이시다. 정상적인 사람은 예수님을 위대한 도덕적 스승으로서 여기고 따를 수 없다. 예수님은 그런 선택의 여지가 없도록 하셨다.

이 말에 일리가 있습니다. 예수님의 말씀과 사역의 독특성은 우리에게 단지 인간으로서의 예수님을 인정하고 따르는 것을 불가능하게 합니다. 그러나 우리 가운데 많은 사람은 당시의 많은 사람들처럼 예수님의 신성과 구원자 되시는 사실을 온전히 고백하지 못한 채 신앙생활을 하고 예배를 드리고 있습니다. 저는 우리 모든 성도들이 예수님은 그리스도시요 하나님의 아들이라는 신앙 고백의 기초를 튼튼히 하기를 바랍니다. 그리고 그러한 깨달음의 감격 속에서 신앙생활을 하며, 그 감격 속에서 예배를 드리기를 바랍니다. 그것을 믿고 고백하는 분은 거기에 만족하지 마시고 더욱 성숙한 신앙인의 모습을 갖기를 바랍니다.

마태복음 16:13-20

사도성의 원리

예수님께서는 공생애 3년을 사시면서 많은 기적과 이적들을 행하셨습니다. 예수님께서 그렇게 많은 능력과 표적을 행하셨던 것은 그 자체에 목적이 있지 않았습니다. 예수님께서 그러한 능력과 표적들을 행하셨던 궁극적이고 최종적인 목적은 자신이 그리스도이시고 하나님의 아들이심을 드러내는 것이었습니다. 다시 말해, 예수님께서는 자신이 바로 메시야이시고 하나님이라는 고백을 이끌어내기 위해서 공생애의 대부분을 투자하셨던 것입니다.

그래서 예수님께서는 자신의 공생애가 끝나갈 무렵에 제자들에게 "너희는 나를 누구라 하느냐?" 라고 물으셨습니다. 그 때 제자들을 대표하여 베드로가 예수님께서 원하시던바 "주는 그리스도시요 살아계신 하나님의 아들입니다!" 라는 신앙고백을 합니다. 그 고백을 들으신 주님께서는 기뻐하시면서 크게 두 가지를 말씀합니다. 하나는 앞으로 세워질 새로운 공동체(교회)와 그 공동체의 설립을 위한 제자들의 역할에 관한 것이었고, 다른 하나는 그 공동체를 이루기 위해서 자신이 결정적으로 해야 할 일에 대한 것이었습니다. 마가복음에는 그 공동체를 이루기 위해서 예수님 자신이 해야 할 일에 대해서는 기록되었지만 앞으로 이루어질 공동체의 설립과 제자들의 역할에 대해서는 기록되지 않았습니다.

반석 위에 세워질 교회

앞으로 이루어질 공동체의 설립과 제자들의 역할에 대한 관한 말씀이 오늘 본문 마태복음 16:17-20절에 기록되어 있는데, 이는 마가복음에는 언급되지 않았지만 매우 중요한 말씀이라고 생각하기 때문에 지난 주와 연속선상에서 이 말씀을 같이 나누고자 합니다. 좀 딱딱하게 생각되어도 교회에 대한 아주 중요한 말씀이기 때문에 잘 들으시기 바랍니다. 18절입니다.

> 또 내가 네게 이르노니 너는 베드로라 내가 이 반석 위에 내 교회를 세우리니 음부의 권세가 이기지 못하리라.

이 말씀은 베드로가 예수님에 관한 바른 신앙의 고백을 하였을 때 예수님께서 베드로를 칭찬하신 후에 하신 말씀인데, 성경에서 가장 많은 논란이 되어온 말씀 가운데 하나입니다. 물론 오늘 본문 전체가 해석에 있어서 많은 논란이 되고 있지만 그 중 가장 크게 문제가 되는 것은 "이 반석 위에 교회를 세운다"라는 말의 의미입니다. 이 말의 해석에 있어서 가장 큰 차이를 보이는 것은 천주교와 개신교입니다.

1. 천주교의 해석

천주교의 주장을 한 마디로 하면 반석이 베드로 개인이라는 것입니다. 천주교가 그렇게 주장하는 것은 성경 원어상으로 베드로는 '페트로스'이고 반석은 '페트라'이기 때문입니다. 헬라어에서 접미어 '오에스(os)'가 붙으면 남성(그러니까 '페트로스'는 남성이다)을 뜻하고, 접미어 '에이(a)'가 붙으면 여성(그러니까 '페트라'는 여성이다)을 뜻하기 때문에 이 두 단어의 어원이 같다는 것에 근거하고 있습니다. 그러한 이유로 천주교에서는 반석이 베드로 개인을 의미하기 때문에 베드로가 앞으로 이루어질 공동체의 기초가 된다고 주장합니다. 그래서 그들은 베드로의 후계자인 교황이 무오하고 교회의 절대적인 지배권을 갖는다고 말합니다.

그러나 베드로가 교회의 유일한 기초라고 하는 말씀이나 베드로의 후계자가 무오하고 교회의 절대적인 지배권을 갖는다는 말씀은 성경 어디에도 없습니다. 뿐만 아니라, 사도행전에 나타난 초대 교회를 살펴보더라도 그러한 주장들이 전혀 근거가 없는 것임을 쉽게 알 수 있습니다. 물론 베드로가 제자들의 리더로서 중요한 역할을 한 것은 인정하지만, 오히려 베드로보다는 사도 바울이 교회의 기초를 놓는 역할을 더 많이 한 것을 알 수 있습니다. 또한 갈라디아서를 보면 복음의 본질에서 벗어난 것 때문에 바울이 베드로를 책망했던 사실이 언급되어 있습니다(갈 2:14). 이와 같이 베드로는 결코 무오하거나 교회에 절대적 권한을 가졌던 사람이 아닙니다. 그렇기 때문에 오늘 본문을 천주교에서 해석하는 것처럼 교회의 기초를 단지 베드로 개인이라고 한다거나 베드로의 후계자인 교황이 무오하고 교회의 절대적인 지배권을 갖는다고 주장하는 것은 결코 타당치 않습니다.

2. 개신교의 해석

한편 우리 개신교의 이 말씀의 해석은 크게 두 가지로 나누어집니다. 먼저 반석을 베드로가 말했던 그 신앙 고백이라고 주장하는 사람들이 있습니다. 다른 어떤 사상이나 논리도 예수님께서 의도하신 새로운 공동체의 기초가 되지 못하며 오직 베드로가 했던 그 신앙의 고백 위에 새로운 공동체를 세우시겠다는 말씀이라는 것입니다. 반면에 반석을 베드로로 대표되는 제자들 전체라고 해석하는 사람들이 있습니다. 이렇게 주장하는 사람들은 이 말씀이 베드로로 대표되는 제자들 모두가 새로운 하나님 나라의 공동체를 세우는데 기초로서 주님께 쓰임 받는다는 것을 의미한다고 주장합니다.

    이러한 두 주장은 모두 일리가 있으며 우리가 받아들일 수 있다고 생각합니다. 사도행전을 볼 때 실제로 예수님께서 하나님의 아들 되시고 그리스도가 되신다는 신앙 고백이 초대교회가 세워진 기초가 된 것은 분명합니다. 초대 교회 당시에도 오늘날과 마찬가지로 이러한 교회의 기초를 무너뜨리려는 수많은 이단 사상들의 공격이 있어 왔으며, 초대 교회 성도들은 그것에 대항하여 생명을 걸고 지켜왔습니다. 그러므로 예수님께서는 이 말씀을 통해서 새로운 공동체의 기초로서의 바른 신앙 고백을 강조하였다고 할 수 있습니다. 또한 베드로를 대표하는 열두 제자들이 새로운 하나님 백성의 공동체의 기초(시작)로서 쓰임 받는 역할을 한 것도 사도행전을 통해 볼 수 있는데, 예수님께시 이를 염두에 두시고 이 말씀을 하셨던 것으로 보아도 틀리지 않습니다. 같은 맥락에서 에베소서 2:20은 바울이 에베소 교회에 편지하면서 '너희는 사도들과 선지자들의 터 위에 세우심을 입은 자'라고 말씀하고 있습니다.

주님의 교회

    계속된 말씀에서 주님께서는 교회는 주님의 교회이고 교회를 세우는 분은 주님이심을 강조합니다. 18절에 보면 '주님의 교회'를 주님께서 세우겠다고 말씀하셨습니다. 물론 사람들이 교회가 세워지는데 중요한 역할을 하지만, 그럼에도 교회는 사람들이 세우는 것이 아닙니다. 제가 누누이 강조한 것처럼 교회를 세우시는 분도 주님이시고 교회의 주인도 주님이십니다. 목사도 교회의 주인이 아니고 교회를 개척한 사람도 교회의 주인이 아니며 오직 주님만이 교회의 주인입니다. 비록 사람들을 통하여 교회가 든든히 서가고 유지되지만 결국은 교회를 더욱 온전히 세워 가시는 것은 사람이 아니고 주님께서 하시는 일입니다. 우리가 이 두 가지 사실만 늘 명확히 인식하고 있다면 우리 교회가 바른 교회가 될 줄로 믿습니다.

따라서 본문의 18절은 예수님께서 의도하신 새로운 공동체인 교회는 예수님께 대한 바른 신앙 고백을 근거로 제자들을 통하여 교회의 주인 되시는 주님께서 직접 세우시겠다는 것을 강조하시고 있습니다(참고, 고전 3:10-11, 벧전 2:6-8, 엡 2:20).

교회의 견고성과 영원성

그러면서 주님은 음부의 권세가 이를 무너뜨리지 못할 것이라고 말씀합니다. '음부의 권세'는 대개 '죽음의 능력' 또는 '죽음'으로 이해되어 집니다. 이는 좁은 의미에서 주님께서 십자가에 돌아가시고 제자들의 순교하게 됨에도 불구하고 주님께서 의도하신 교회는 세워진다는 것을 의미합니다. 종말론적으로 보면 이 말씀은 어떤 악의 세력도 예수 그리스도로 말미암아 이루어질 새로운 공동체를 무너뜨리지 못한다는 것을 의미합니다. 다시 말해, 이 말씀은 교회의 '견고성'과 '영원성'을 말씀하는 것입니다. 실제로 교회의 주인이신 하나님께서는 이 땅에 처음 교회가 세워진 이 후 지금까지 약 2000년 동안 참으로 많은 이단 세력과 사상들이 교회를 무너뜨리려고 도전을 하였음에도 결코 무너지지 않고 더욱 굳건하게 성장 발전하도록 지켜 주셨습니다.

제자들의 역할과 사명

이제 예수님께서는 제자들의 대표가 되는 베드로에게 천국의 열쇠를 주겠다고 말씀합니다. 여기에서 천국이라는 것은 문맥에서 볼 때 앞에서 말한 교회와 같은 의미로 예수님께서 의도하신 하나님 백성의 공동체를 의미합니다. 열쇠를 준다는 것은 제자들이 주님의 대리자(종)로서 또는 위임받는 자로서의 새로운 백성의 공동체에서 중요한 역할을 감당할 것을 의미한다고 할 수 있습니다. 이때 열쇠를 가진 자로서 그들의 역할은 그들이 매면 매이고 그들이 풀면 풀린다는 것입니다. 물론 이 말도 천주교에서는 오해를 해서 교황의 권한을 강화시키는데 사용되곤 합니다. 그러나 이 말은 제자들에게 천국에 관한 모든 권한이 주어진다는 것을 의미하지 않습니다. 여기에서 매고 푸는 것은 당시에 어떤 것에 대한 '허락'과 '금함'을 의미하는 상징적인 용어입니다. 이 말의 의미를 좀 더 명확히 하기 위해서 마태복음 18:15-20을 보겠습니다. 마태복음 18:15-20은 형제가 범죄 할 때 그들이 취해야할 자세와 태도에 관한 말씀입니다. 제자들은 새로운 공동체의 거룩과 순결을 위해 교회의 대표자로서의 그들이 감당해야 할 부분이 있는 것입니다. 그들이 매고 풀 수 있다는 것은 천국에 대한 어떤 특별한 권세를 갖는다는 것을 의미하는 것이 아니라, 단지 교회 공동체의 지도자로서 '허락과 금함'의 문제를 그들이 논할 수 있다는 것을 의미합니다. 그러나 그들의 결정 역시 완전하고 영구적인 것을 의미하지 않습니다. 18:21 이하에서 만약 그들이 잘못을 인정하고 용서를 빌면 언제든지 용서하라는 말씀이 언급된 것으로 보아 그 금함도 최종적인 것이 아님을 알 수 있습니다. 한편으로 이 말씀은 그들이 열쇠를 가진 자로서 새로운 공동체를 세워 가고 확장하는데 안내자의 역할을 하는 것을 의미합니다. 실제로 그들은 구약과는 다르게 혈통적이고 민족적인 벽을 허물고 새로운 하나님의 공동체인 교회에 이방인들이 들어오는 것을 허락하였고 그 일을 위해서 최선을 다했습니다.

정리하면, 19절의 말씀은 새로운 하나님 나라의 공동체를 세움에 있어서 제자들의 지도적인 위치와 역할 그리고 사명을 언급한 것입니다. 18절이 주님께서 앞으로 이루실 새로운 공동체인 교회의 기초를 세우시는데 제자들이 사용되는 것을 말씀하고 있다면, 19절은 교회를 아름답게 유지하고 확장하는데 있어서 그들이 핵심적이고 주도적인 역할을 할 것임을 말씀합니다. 이것은 실제로 초대 교회에서 그대로 이루어 졌습니다. 제자들은 교회의 기초를 세우는데 쓰임을 받았고 그 교회를 유지하고 확장하는데 주도적인 역할을 한 것입니다.

사도성

많은 학자들이 오늘날 개신교회의 특징 가운데 하나를 '사도성'이라고 합니다. 사도성이란 한 마디로 하면 사도의 사명과 의무가 우리 모든 성도에게 있다는 것을 의미합니다. 물론 열두 사도들이 처했던 특수한 역사적 상황을 고려할 때, 지금 우리가 이어받을 수 없는 그들만의 독특한 부분이 있는 것은 분명하지만, 기본적으로 그들의 사명과 책임과 의무는 지금 우리의 사명과 책임과 의무가 된다는 것입니다. 좀 더 구체적으로 이야기하면, 주님께서 교회를 세우시는데 제자들이 기초가 되었던 것처럼 오늘날 우리도 교회가 세워지는데 기초가 되어야 한다는 것입니다. 제자들이 교회가 세상과 대항해서 싸우고 이단 사상과 대항해서 싸우면서 교회의 순수성과 거룩성을 유지하였던 것처럼 우리도 교회의 순수성과 거룩성을 유지하기 위해서 최선을 다해야 한다는 것입니다. 그리고 제자들이 하나님 나라를 확장시키기 위해서 주님으로부터 쓰임 받았던 것처럼 우리들도 하나님 나라를 확장시키기 위해서 주님께 쓰임 받도록 최선을 다해야 한다는 것입니다. 이렇게 사도들의 책임과 의무를 우리가 이어받았다는 것을 사도성이라고 합니다.

그래서 우리 교회는 그러한 부분에 최선을 다해서 노력하려고 합니다. 이에 따라 우리 교회는 앞으로 국내외를 막론하고 아직 복음이 전파되지 않는 곳에 교회가 세워지는데 초석이 되어 쓰임 받기 위해서 최선을 다하는 교회로서, 특히 청년들 가운데 그 일을 위해 헌신하는 사람이 많이 나올 수 있기를 간절히 원합니다. 또한 우리 교회는 지금도 계속 교회를 향하여 밀려오고 있는 세속화의 파도에 맞서 싸우면서 교회의 순수성과 거룩성을 유지하기 위해서 최선의 노력을 다하고, 하나님 나라 확장을 위해서 귀하게 쓰임 받기를 원합니다. 그리고 우리 교회가 주님을 알지 못하는 많은 사람들이 주님을 알아 가는 통로가 되어서 우리 교회를 통하여 구원받는 하나님의 백성의 수가 더욱 많아지기를 원합니다.

복음 전파를 위하여

이러한 우리의 사명의 일환으로 10월 9-10일에 전도 집회를 계획하고 있습니다. 그 동안 1, 2차 전도 대상자를 작정했습니다. 우리가 전도 대상자를 작정한 이유는 두 가지가 있었습니다. 먼저는 우리가 전도하고자 하는 사람들과 좋은 관계를 형성하기 위함입니다. 예수님께서 사마리아 여인에게 전도하기 위해서 의지적으로 그 곳에 가셨고 복음을 전하기 전에 먼저 그 여인과 좋은 관계를 형성한 다음에 복음을 전했습니다. 마찬가지로 우리도 우리의 전도 대상자들을 의지적으로 정하고 그들에게 효과적인 전도를 위해서 먼저 그들과 좋은 관계를 형성하기 위해서 그렇게 한 것입니다. 또한 대상자를 작정한 사람도 좋은 관계 형성을 위해서 계속 노력해야 하지만 교회에서도 함께 노력하려고 합니다. 그래서 전도 기획팀이 이미 1차 편지를 보냈고 앞으로 두 번을 더 편지를 보내려고 합니다. 그러한 다양한 접촉을 통하여 그들이 마음이 열리기를 바라는 심정에서 그렇게 한 것입니다.

우리가 전도 대상자를 작정한 또 다른 이유는 그들을 위해서 잊지 않고 기도하기 위한 것입니다. 조금 전에 보았던 마태복음 18장은 주님으로부터 권한을 부여받은 자로서 매고 푸는 일에 있어서 그들이 할 수 있는 최고의 일은 합심하여 기도하는 일임을 말씀하였습니다. 실제로 사도행전에서도 제자들이 하나님 나라의 기초를 세우고 확장하는 일에 쓰일 수 있었던 원동력이 그들의 기도였음을 우리는 쉽게 발견할 수 있습니다. 그것은 또한 사도 바울이 복음을 전하였던 원리였습니다. 골로새서 4:2-3을 보면 바울은 어려움을 당할 때만 기도하는 것이 아니라 항상 기도하기를 권면하고 특히 자신의 복음 전하는 사역을 위해 기도하기를 부탁하고 있습니다.

기도는 우리가 가지고 있는 최고의 무기입니다. 오늘 본문에 따르면 주님에 대한 바른 신앙 고백은 성령에 의해서만 가능한데, 성령께서 역사하시기 위해서 우리가 활용할 수 있는 최고의 무기가 바로 기도인 것입니다. 기도할 때 강퍅한 심령이 녹아지고 닫힌 마음들이 열릴 줄 믿습니다. 또한 기도는 은혜의 통로입니다. 하나님께서는 우리에게 은혜를 주실 때 그냥 주시지 않고 기도라는 통로를 통하여 주십니다. 이것은 성경의 법칙입니다. 왜냐하면, 기도를 통해 주님의 역사하심과 은혜를 경험할 때 우리가 주님을 인정하고 감사할 수 있기 때문입니다.

우리는 이번 전도 집회와 교회의 앞날을 위해서 기도해야 합니다. 이제 앞으로 한 달 정도 남은 기간 동안 전교인 111기도회를 하려고 합니다. 이것은 우리의 형편이 되는 대로 일주일에 한번 금식하고 한 시간 교회에서 기도하는 것입니다. 어떤 분들은 굳이 금식할 필요가 있느냐고 물으실 것이지만 우리는 금식할 때 마음의 준비가 되고 더욱 간절히 기도할 수 있습니다. 그리고 특별 기도회는 아니지만 가능하면 새벽 기도와 금요 심야기도에도 모든 성도들이 다 참여하여 함께 기도하기 바랍니다. 저는 이번 111전교인 기도회를 통하여 우리 교회 전체적으로 개인적으로 하나님의 놀라운 은혜를 경험하기 원합니다. 또한 1,2차 때 작정하지 못한 분들을 대상으로 3차 전도 대상자를 작정하려 합니다.

제출하시면 교회에서 편지도 보내고 같이 그 분들을 위해서 기도할 것입니다.

말씀을 맺겠습니다.

오늘 본문에서 주님께서는 앞으로 이루실 새로운 공동체의 설립과 제자들의 역할에 대해서 말씀하셨습니다. 그 공동체는 바른 신앙 고백의 기초 위에서 세워지고, 제자들은 그 기초를 이루는데 쓰임 받는다는 것입니다. 그리고 그 공동체가 바르게 유지되고 확장되는 데에도 제자들이 주도적이고 핵심적으로 쓰임 받을 것을 말씀하고 있습니다. 저는 우리 교회도 개인적으로나 교회 전체적으로나 예수님의 제자들처럼 하나님 나라가 세워지고 확장되는데 귀하게 쓰임 받기를 간절히 바랍니다. 또한 이 일을 위해서 우리가 가지고 있는 최고의 무기인 기도하는 일에도 우리 모든 성도들이 열정적으로 참여하기를 간절히 바랍니다.

마가복음 8:31-33

십자가로 가까이

마가복음을 예수님의 사역과 가르침의 내용에 따라 구분한다면 처음부터 8:26까지를 전반부로, 8:27부터 마지막까지를 후반부로 구분할 수 있습니다. 8:27을 기점으로 주님의 사역의 방향과 가르침의 내용이 그 전과는 많이 다르다는 것을 쉽게 알 수 있습니다. 이 때부터 예수님께서는 그 전까지 사역의 기초 위에서 당신 사역의 본질에 대해 가르치셨습니다.

베드로로 대표되는 제자들의 신앙 고백을 들으신 후에 주님께서는 두 가지를 말씀하셨습니다. 먼저는 새로운 공동체의 설립과 그 공동체와 관련한 제자들의 역할에 대한 것입니다(마 16:17-20). 예수님께서는 자신이 새로운 공동체를 세우실 것인데 제자들이 그 공동체 설립을 위해서 귀하게 쓰임 받을 것이고 또한 그 공동체에서 중요한 역할을 할 것이라고 말씀하셨습니다. 그러나 한편으로 제자들이 그 공동체의 설립과 유지와 확장을 위해서 쓰임을 받고 중요한 역할을 할 것은 분명하지만, 그 공동체의 주인이 주님이시고 궁극적으로 그 공동체를 설립하시고 유지하시고 확장시키는 분도 주님이심을 강조하셨습니다.

처음으로 십자가와 부활을 언급하심

다른 하나는 그 공동체가 세워지기 위해서 예수님 자신이 반드시 해야 할 일에 대한 것입니다. 그것이 바로 오늘 본문입니다. 31절입니다.

> 인자가 많은 고난을 받고 장로들과 대제사장들과 서기관들에게 버린바 되어 죽임을 당하고 사흘 만에 살아나야 할 것을 비로소 저희에게 가르치시되

주님께서는 처음으로 자신이 고난을 받고 당시의 종교지도자들에게 버린바 되어 죽으시고 부활하실 것을 말씀하셨습니다. 자신이 고난을 받는다는 것은 앞으로 자신이 수치와 비난과 조롱과 함께 육체적인 고난을 받을 것을 말합니다. 이때 장로들과 대제사장들과 서기관들에게 버린바 된다고 말씀했는데, 이들은 산헤드린 공회를 구성하는 이스라엘의 지도자들이었습니다. 당시 로마는 자신들의 점령지에 각 나라의 자치 정부를 허락하였는데 이스라엘에는 산헤드린 공회를 두고 있었습니다. 그 공회를 구성하는 사람들이 바로 그들이었습니다.

복음서 기자는 예수님께서 예루살렘에 도착하기 전에 자신이 죽으시고 부활하신다는 가르침을 제자들에게 두 번 더 하신 것으로 기록하고 있습니다(9:31, 10:33). 제자들의 신앙 고백 이 후 예수님께서는 자신의 사역에 있어서 가장 중요하고 핵심적인 부분을 반복적으로 제자들에게 가르치셨습니다.

뿐만 아니라 예수님께서는 죽임을 당할 것이지만 결코 죽음으로 끝나지 않고 다시 살아날 것을 말씀하셨습니다. 물론 우리말에는 확연히 드러나지 않지만 원문에는 '반드시 그렇게 해야 한다' 또는 '그렇게 하는 것이 반드시 필요하다' 는 의미의 단어가 포함되어 있습니다. 새로운 공동체의 설립을 위해서 예수님께서 사람들로부터 거부되고 고난 받으시며 죽으시고 부활하는 것이 반드시 필요하다는 말씀입니다. 정리하면, 예수님 말씀의 요점은 자신이 죽임을 당한다는 것과 죽으신 다음에 부

활하신다는 것입니다. 그런데 문맥으로 보아 이 말씀에서 주님의 강조는 부활보다는 죽으심에 있는 것 같습니다. 다시 말해, 예수님을 통한 새로운 백성의 공동체가 탄생하기 위해서는 먼저 주님께서 반드시 죽으셔야 됨을 강조한 것입니다. 이는 제자들이 예수님의 말씀을 듣고 매우 놀랐던 것과 이후에 예수님께서 제자들에게 십자가를 지라고 말씀하신 것을 보아 알 수 있습니다. 만약 예수님께서 다시 살아나실 것을 강조하였다면 제자들의 그렇게 놀라지 않았을 것이며, 또한 제자들에게 십자가를 지라고 말씀하신 것도 자신의 십자가를 강조하는 것과 연결되기 때문입니다.

베드로의 탄원

그러자 베드로가 주님을 붙들고 간하여 말씀을 드립니다. 오늘 본문에는 나와 있지 않지만 마태복음에는 베드로가 "주여 그리 마옵소서 이 일이 결코 주에게 미치지 아니하리이다" 라고 말하였습니다. 본문에서 '간하여 가로되' 라는 말의 원어에는 '분개하면서' 또는 '반발하면서' 라는 의미가 들어 있습니다. 더구나 "이 일이 결코 주에게 미치지 아니하리이다" 라는 것은 자신의 힘으로 그리고 적극적으로 그것을 막을 것이라는 의도를 말합니다. 그들에게 있어서 예수님께서 십자가를 지시고 돌아가신다는 것은 상상할 수도 없는 일이었고 또한 상상하기도 싫은 일이었습니다. 이와 같이 제자들은 예수님의 말씀에 반발하고 분개하면서 그 일이 일어나지 않도록 자신들이 최선을 다하겠다고 말하였습니다. 물론 실제로 베드로는 예수님을 잡으러 온 병사의 귀를 자르기도 하였습니다.

그러나 주님께서는 베드로의 말을 듣고 '나를 생각해 주니 참 고맙다' 라고 말하거나 그들의 충성심을 칭찬해주는 것이 아니라, 오히려 더욱 강력하게 책망하시면서 "사탄아 내 뒤로 물러가라"라고 말씀하셨습니다. 계속해서 "너희는 하나님의 일을 생각지 않고 사람의 일을 생각한다"라고 꾸짖었습니다. 하나님께서 계획하시고 이루어 가시는 일을 방해하려는 것은 사탄의 유혹이고 사탄으로부터 기인한 것이기 때문입니다.

십자가는 우리를 구원하는 유일한 방법

예수님 말씀의 핵심은 예수님께서 십자가에서 돌아가시는 것은 우리의 구원을 위해 반드시 필요한 일이라는 것입니다. 또한 이 말씀은 예수님의 십자가는 사람의 계획에 의해서 또는 우발적으로 일어날 사건이 아니라는 것도 의미합니다. 예수님의 십자가는 근본적으로 당시 종교지도자들의 시기나 유다의 탐욕이나 빌라도의 우유부단한 비겁함이 원인이 아니었습니다. 물론 그들이 사용되기는 했지만 주님의 십자가는 본질적으로 우리를 구원하시기 원하시는 하나님의 계획과 섭리와 주관하심으로 시작되고 진행되고 완성되어 진 것입니다.

사랑하는 성도 여러분! 예수님의 십자가는 스스로는 죄의 세력에서 빠져나올 수 없는 우리를 구원하기 위한 하나님의 처방(능력)으로서 계획되었습니다(고전 1:18-24). 마치 의사가 죽을 수밖에 없는 사람이 살 수 있도록 약을 처방한 것처럼, 우리를 살리기 위한 처방으로서 하나님께서 예수님의 십자가를 계획하신 것입니다. 그렇기 때문에 구약에서부터 계속해서 예수님의 십자가가 우리를 위한 하나님의 구원 방법임이 예언되었고, 또한 여러 가지 예표들을 보여주었습니다. 예를 들어, 율법에 기록된 제사 제도, 유월절, 그리고 광야의 놋뱀 등이 모두 그리스도의 십자가를 예표 하는 것입니다.

결국 십자가는 예수님께서 이 땅에 오신 궁극적인 이유요 목적이었습니다. 예수님께서 병을 고치고 마귀를 쫓아내신 것은 예수님 사역의 본질도 핵심도 아니었습니다. 왜냐하면, 그러한 것들로 우리를 구원할 수 없기 때문이었습니다. 그러한 사역들은 십자가를 위한 서론이요 준비 작업에 불과한 것입니다. 예수님께서 우리와 하나님과의 관계를 회복시키고 새로운 백성의 공동체를 설립하시기 위해서 반드시 필요한 십자가를 지시는 것이었습니다. 그것이 성육신하셔서 이 땅에 오신 목적이었습니다. 그리고 십자가 위에서 "다 이루었다!" 라고 하심으로서 이 땅에 오신 목적을 완성하셨습니다.

그러나 베드로를 포함한 모든 제자들은 그것을 깨닫지 못했습니다. 그들이 예수님을 따랐던 목적이 지극히 현실적이었기 때문입니다. 우리가 늘 보는 것이지만 이러한 제자들의 모습이 바로 우리들의 모습입니다. 오늘날도 예수님의 십자가에 대한 생각이 전혀 없이 신앙 생활하는 분들이 있습니다. 당시의 제자들처럼 오늘날 많은 사람들도 신앙생활에 있어서 최우선의 관심과 목적이 물질이나 건강 그리고 가정의 화목 등 현실적인 것에 있습니다. 물론 주님의 기적을 체험함으로 예수님을 나의 구원자로 믿고 고백할 수는 있습니다. 실제로 병 때문에, 가정의 문제 때문에, 물질 때문에 주님을 만난 사람들도 있습니다. 저도 고등학교 때 육체의 질병 때문에 주님을 알게 되었고 지금 이 자리에 있습니다. 또한 여러 가지 어려움 때문에 주님께 나아옴으로 우리의 문제가 해결되고 또한 매일의 삶 속에 하나님의 역사하심을 경험함으로 우리의 신앙이 깊어지는 것도 부인할 수 없습니다. 그러한 것을 통해서도 주님께서 자신을 우리에게 알려주십니다. 그러나 아무리 많은 놀라운 신앙적 체험을 하였다고 하여도 제자들처럼 십자가에 대한 깨달음과 감격이 없다면 온전한 신앙을 소유했다고 할 수 없습니다. 많은 체험과 기적들도 예수님께 대한 바른 신앙의 고백과 주님을 알아 가기 위한 부차적인 요소일 뿐이지 본질적인 것은 아닙니다. 오늘날 우리의 본질적인 문제는 물질이나 건강이 아니기 때문입니다. 분명 물질이나 건강이 행복한 삶을 위한 요소인 것은 분명하지만 그것이 우리에게 삶의 진정한 평안이나 행복을 주는 것이 아님을 우리는 너무나 잘 알고 있습니다.

우리의 삶에 있어서 물질이나 건강보다도 더 중요하고 깊은 문제는 바로 죄에 대한 문제입니다. 물론 아무리 죄를 지은 사람이라도 자신을 죄인이라고 하면 기분 좋아할 사람은 없습니다. 그러나 우리 모두는 죄인입니다. 우리의 죄로 인해 나타나는 가장 치명적인 결과는 하나님과의 분리입니다. 하나님과 분리된 사람은 아무리 좋은 것을 가져도 만족이 없습니다. 우리 인간은 하나님 안에서 살도록 지음을 받았기 때문에 우리가 그 안에 다시 들어갈 때 진정한 만족이 있는 것입니다. 그것은 마치 부모의 품을 떠난 아이에게 가장 필요한 것은 다시 부모의 품에 안기는 것과 같습니다. 아무리 좋은 것을 가져도 그에게는 일시적인 만족 밖에 줄 수 없습니다. 부모의 품에 안기면 아무 것이 없어도 만족과 행복을 느끼는 것입니다.

마찬가지로 죄 문제의 해결을 위한 유일한 방법은 바로 십자가입니다. 그래서 예수님께서 우리를 대신하여 십자가를 지심으로 하나님과의 관계의 회복을 위한 다리를 놓으셨습니다. 지금 우리는 예수님의 다리를 의지해서 하나님께 나아갈 수 있게 되었습니다. 이것이 십자가의 진리입니다. 제자들은 아직 이 십자가의 진리를 깨닫지 못했습니다. 그렇기 때문에 참으로 놀라운 기적을 경험하였어도 그들의 신앙은 아직 많이 부족하였던 것입니다. 십자가의 진리를 깨닫지 못할 때 나타나는 신앙의 부족함이 제자들의 삶을 통해 드러납니다. 그들은 십자가의 진리를 제대로 알지 못했기 때문에 서로 높아지려고 했고 나중에는 죽음의 위협 앞에서 다 도망 가버렸습니다. 지금까지 그들은 얼마나 놀라운 것들을 경험하였습니까? 그러나 그러한 경험들도 십자가의 진리를 깨닫지 못한 그들에게는 전혀 무익하였던 것입니다.

고린도 교회를 보십시오. 고린도 교회도 많은 은사와 역사가 있었지만 십자가에 대한 바른 깨달음이 없었기 때문에 초대 교회 가운데 가장 문제가 많은 교회가 되었습니다. 그래서 고린도 전서를 보면 그들 문제의 핵심을 알고 있던 바울은 그들이 가지고 있었던 문제의 구체적인 해결을 이야기하기에 앞서서 먼저 십자가에 대해서 길게 설명하였던 것입니다. 또한 그들이 아직 십자가의 진리를 깨닫지 못하였기 때문에 어린 아이의 신앙이라고 평가받았던 것입니다.

십자가에 대한 나의 태도는?

여러분은 지금 어떠하십니까? 지금 여러분들에게 십자가는 어떠한 의미가 있습니까? 혹시 십자가에 대하여 전혀 무감각하십니까? 주님의 십자가에 대한 깨달음과 믿음은 진정한 신앙생활의 시작이요 신앙생활의 핵심입니다. 어떠한 어려움과 고난이 닥쳐와도 흔들리지 않고 신앙생활을 하기 위해서 우리는 그리스도의 십자가에 부딪쳐야 합니다. 또한 진정 주님께서 기뻐하시는 삶의 모습을 형성하기 위해서도 주님의 십자가에 부딪쳐야 합니다. 십자가에 대한 바른 깨달음이 있다면 우리의 삶의 모습과 방향이 달라질 것입니다. 욕심 많고, 높아지려고 하며, 대접받으려고 하던 우리의 마음이 사라질 것이고, 낮아지고 겸손한 삶을 살지 않을 수 없을 것입니다.

사랑하는 성도 여러분! 십자가의 진리는 능력입니다. 우리가 그 십자가의 진리에 부딪치기만 하면 우리의 심령이 주님을 향하여 뜨겁게 될 것입니다. 십자가의 진리에 부딪치기만 하면 우리의 삶은 또한 획기적으로 변하게 될 것입니다. 우리의 심령에는 견딜 수 없는 충동이 있을 것입니다. 오늘날 성도들이 예수님을 믿으면서도 줄곧 흔들리고 삶이 변화되지 못하는 것은 이러한 십자가의 진리에 부딪치지 않았고 이 십자가의 진리에 사로잡히지 않았기 때문입니다.

그런데 이 십자가의 진리는 한 번 들었다고 온전히 깨달을 수 있는 것이 아닙니다. 그리고 예수를 오래 믿었다고 다 아는 것도 아닙니다. 또한 한 번 부딪쳤다고 그것이 계속 우리의 삶을 사로잡는 것도 아닙니다. 물을 계속 마셔야 하는 것처럼 우리의 생애가 가는 그 날까지 우리는 계속해서 십자가의 진리에 부딪쳐야 하고 계속해서 사로 잡혀야 합니다. 또한 우리는 그 십자가에 더 가까이 가고 싶은 갈증 그리고 더 깊이 알고 싶은 갈증이 우리에게 항상 있어야 합니다. 그래야만 우리가 바르고 온전하고 성숙된 신앙생활을 할 수 있게 될 줄 믿습니다.

말씀을 맺겠습니다.

오늘 본문에서 주님께서는 십자가를 지시는 것의 당연성과 필요성을 말씀하셨습니다. 십자가는 주님께서 이 땅에 오신 목적이고 우리의 구원을 위해 반드시 필요한 것이었습니다. 우리도 제자들처럼 십자가의 도를 깨닫지 못하고 십자가의 도에 부딪치지 못하면 부족한 신앙생활을 할 수밖에 없습니다. 저는 우리 모두가 십자가의 진리에 대한 온전한 깨달음과 믿음과 감격이 있기를 간절히 바랍니다.

마가복음 8:34-9:1

자기를 부인하고
자기 십자가를 지고…

예수님께서 하나님과 우리와의 관계를 회복시키기 위해서 이 땅에 오셨습니다. 죄로 말미암아 우리는 하나님과 분리되었는데, 예수님께서 하나님과 우리 사이에 다리를 놓아주시기 위해 이 땅에 오신 것입니다. 그러한 목적을 이루기 위해서 예수님께서 반드시 하셔야 할 일은 십자가를 지시는 것이었습니다. 적당한 때가 되었을 때 제자들에게 그것을 말씀하셨는데, 제자들은 예수님의 뜻을 전혀 이해하지 못했습니다. 그들은 분개하면서 예수님께서 십자가를 지시는 일이 결코 일어나지 않도록 자기들이 저지하겠다고 했습니다.

그들이 예수님의 말씀에 그렇게 반발한 것은 크게 두 가지 이유 때문이었습니다. 먼저 당시의 모든 사람들은(유대인이나 이방인이나) 십자가를 지는 것을 수치스럽고 혐오스러운 일로 생각하였기 때문입니다. 구약 성경에 나무에 달린 자를 저주받은 자라고 하였기 때문에 당시의 유대인들에게 십자가는 저주의 표시였습니다. 또한 당시에 세계를 지배하던 로마도 십자가 형벌을 가장 수치스럽고 고통스러운 형벌로 생각했기 때문에 로마 시민들에게는 십자가 형벌을 주지 않았습니다. 점령국에서도 아주 극악한 죄인들에게만 십자가 형벌을 내렸습니다. 그래서 제자들은 자기들의 스승이 그러한 형벌에 의해서 죽는다는 것을 받아들일 수 없었던 것입니다. 다음으로 예수님께서 십자가를 지시면 자신들의 꿈이 사라지기 때문입니다. 제자들은 예수님께서 놀라운 능력으로 나라를 해방하고 왕으로 앉게 되면 자신들이 출세할 수 있을 것이라는 야망을 가지고 있었습니다. 예수님께서 십자가에 지신다는 것은 예수님의 생애가 실패로 끝나는 것을 의미할 뿐만 아니라 자신들의 생애도 역시 실패로 끝난다는 것을 의미하는 것이었습니다. 예수님께서 십자가를 지시는 것이 우리를 구원하기 위한 하나님의 섭리와 계획 속에서 반드시 이루어져야 할 일이고, 구약에서도 많은 예표를 통하여 예수님께서 십자가를 지심으로 우리 인간을 구원하실 것임을 보여주셨음에도 불구하고 제자들은 그것을 이해하지 못한 채 자신들이 예수님께서 십자가를 지시는 것을 막아보겠다고 했습니다. 주님께서는 제자들에게 자신이 십자가를 지는 것을 막는 것은 사탄의 일이고 하나님의 일을 생각지 않는 것이라고 단호하게 말씀하셨습니다.

자기를 부인하고 자기 십자가를 지라

그런 후에 예수님께서는 오늘 본문에서 제자들과 우리들이 예수님을 따를 때 명심해야 할 가장 기본적이면서 중요한 것이 무엇인지 말씀하셨습니다. 그것은 먼저 자기를 부인하는 것이고 두 번째로 자기의 십자가를 지는 것입니다. 자기를 부인하고 자기 십자가를 지라는 말씀은 제자들이 가진 문제의 정곡을 찌르는 말씀이었고 그들을 또 한 번 당황케 하는 말씀이었습니다.

먼저 자기를 부인하라는 말씀은 여러 가지 의미가 있습니다. 첫째로 이 말씀은 '자기의 힘으로 무엇을 이루려는 생각을 버리라'는 의미가 있습니다. 제자들은 자기들의 힘으로 무엇을 이루어 보려고 하는 마음으로 가득 차 있었는데 주님께서 그러한 생각을 버리라고 하신 것입니다다. 둘째로 자기를 부인하라는 말씀은 '자신의 야망과 욕심을 죽이라 또는 버리라'는 의미가 있습니다. 제자들은 하나님의 이름이나 뜻을 핑계 삼아서 자기들의 야망과 욕망을 이루어 보려고 하는 마음이 가득하였는데 주님께서 그러한 자신들의 야망과 욕심을 버리라고 하신 것입니다.

다음으로 십자가를 지라는 말씀도 전혀 그들의 생각에 있지 않은 말씀이었습니다. 조금 전에 말씀드린 대로 당시에 십자가를 지는 것은 최고의 수치와 모욕적인 일로 간주되었는데, 예수님께서 자신을 따라 오려거든 십자가를 지고 따라오라고 하신 말씀은 그들의 수준에서는 생각조차도 할 수 없는 충격적인 요구였습니다. 결국 예수님께서는 제자들에게 그들이 지금까지 생각지도 못했던 것을 가장 기본적이고 중요한 것으로 요구하셨기 때문에 놀라지 않을 수 없었던 것입니다.

왜냐하면…

주님께서는 그들의 놀람과 의아해함을 아시고 35절 이하에서 그렇게 해야 될 이유를 말씀하십니다. 원문에 보면 35절, 36절, 38절에 '왜냐하면'이라는 단어가 있습니다. 35절입니다.

> (왜냐하면) 누구든지 제 목숨을 구원코자 하면 잃을 것이요 누구든지 나와 복음을 위하여 제 목숨을 잃으면 구원하리라.

여기에서 목숨은 단순히 육신의 생명을 말하는 것이 아니라 진정한 의미에서의 생명 또는 진정한 의미에서의 삶을 말합니다. 그들이 진정한 의미에서 생명을 얻기 위해서는 자기를 부인하고 십자가를 져야 한다는 것입니다. 하나님의 법칙은 얻고자 하면 잃게 되고 잃고자 하면 얻을 수 있기 때문입니다. 36-37절입니다.

> (왜냐하면) 사람이 만일 온 천하를 얻고도 제 목숨을 잃으면 무엇이 유익하리요 사람이 무엇을 주고 제 목숨을 바꾸겠느냐?

자기를 부인하고 십자가를 질 때 진정한 생명을 얻을 수 있는데 그 진정한 생명을 얻는 것이 천하를 얻는 것보다 가치 있고 귀하다는 것입니다. 38절입니다.

> (왜냐하면) 누구든지 이 음란하고 죄 많은 세대에서 나와 내 말을 부끄러워하면 인자도 아버지의 영광으로 거룩한 천사들과 함께 올 때에 그 사람을 부끄러워하리라.

예수님을 따르면서 자기를 부인하고 십자가를 지는 것이 하나님을 인정하는 것이며 그럴 때 나중에 주님께 칭찬 받는다는 것입니다. 반대로 자기를 부인하지 않거나 십자가를 지지 않으면 예수님과 예수님의 말을 부끄러워하는 것이 되는 것입니다.

이어서 예수님께서는 또 한 가지 보충설명을 하십니다. 9장 1절입니다(마태복음에서는 이 구절이 앞의 말씀과 함께 나옵니다. 마태복음의 장/절 분류가 더 옳은 것 같습니다).

> 또 저희에게 이르시되 내가 진실로 너희에게 이르노니 여기 섰는 사람 중에 죽기 전에 하나님의 나라가 권능으로 임하는 것을 볼 자들도 있느니라 하시니라.

이 말씀에 대한 여러 가지 해석이 있지만 문맥에 따라서 해석하는 것이 바람직합니다. 이 말씀을 문맥인 십자가를 지는 것과 연결해 본다면, 그들이 십자가를 질 때 하나님의 나라가 권능으로 임하는 것을 분명히 보게 될 것이고, 그렇게 하지 아니하면 하나님 나라의 능력을 경험하지 못할 것임을 말씀하는 것입니다.

이와 같이 예수님께서는 제자들에게 예수님을 따를 때 가장 기본적이고 중요한 것은 자기를 부인하고 자기 십자가를 지는 것임을 말씀하셨습니다. 그렇게 할 때 1) 진정한 생명을 얻고 2) 진정한 만족과 기쁨을 얻을 수 있고 3) 나중에 하나님께 칭찬을 받고 4) 실제로도 하나님 나라의 능력을 경험할 수 있다고 말씀하셨습니다.

어느 누구도 예외가 없다

자기를 부인하고 자기 십자가를 지라는 주님의 말씀은 오늘날 예수님을 좇는 우리에게도 가장 기본적이면서도 중요한 말씀이고, 우리가 늘 깊이 묵상해야 할 말씀입니다. 그런데 무엇보다도 먼저 알아야 할 것은 자기를 부인하고 십자가를 지는 것은 어느 특별한 사람에게만 해당되는 것이 아니라는 사실입니다. 목사에게만 해당된다거나, 좀 너 확대하여서 교회에서 여러 가지 직분을 맡고 봉사하는 사람들에게만 해당되는 것이 결코 아닙니다. 오늘 본문을 보면 '아무든지(34절)', '누구든지(35절)', '사람이(36,7절)', '누구든지(38절)' 등으로 표현되어 있습니다. 그렇기 때문에 우리 모두가 주님을 섬기고, 주님을 따를 때에 기본적으로 가장 중요한 일은 먼저 자기 자신을 부인하는 것입니다.

자기를 부인한다는 것은?

그렇다면 자기를 부인한다는 것은 무엇을 의미합니까? 그것은 우리의 힘으로 무엇을(하나님 나라를) 이루어 보겠다는 것을 버리는 것입니다. 다시 말해, 범사에 철저하게 주님을 의지하는 것입니다. 또한 자기 야망의 버리는 것입니다. 우리 주위에는 종종 하나님의 뜻이라고 하고 하나님의 일을 한다고 말하면서 자신의 명예나 자신의 이름을 높이려고 하는 경우가 있는데 그렇게 하지 말라는 것입니다. 조금 극한 예지만, 교단의 지도자들이 싸울 때에도 보면 모두 다 하나님의 뜻이라고 하면서 얼마나 자기의 실속을 챙기려 하는지 모릅니다. 물론 우리도 역시 자기 자신까지도 속이는 경우가 많습니다. 주님을 위한다고 하면서 그 속에 자신의 야망과 꿈과 목표가 숨어 있을 때가 많다는 것입니다. 그렇지만 우리가 잘 아는 죠지 뮬러는 어떤 사람이 "어떻게 그렇게 큰 능력을 행하였습니까?"라고 물었을 때 "그것은 내가 나에 대하여 죽는 날부터였습니다"라고 대답하였다고 합니다. 자신의 야망과 욕심을 버리고 자기가 무엇을 할 수 있다는 생각을 버렸을 때 주님께서는 역사하셨다는 것입니다.

실제로 우리기 신앙생활하면시 우리에게 가장 문제가 되는 것은 우리 자신임을 고백하지 않을 수 없습니다. 하나님을 기쁘시게 하는 신앙생활을 하지 못하도록 방해하는 가장 큰 적도 다른 사람이나 환경이 아닌 바로 우리 자신입니다. 그렇기 때문에 주님을 따를 때 우리에게 제일 힘들고 어려운 싸움은 바로 자기와의 싸움이라고 생각합니다. 내가 죽어야 하나님이 살아나고 내 꿈이 좌절되어야 하나님의 꿈이 이루어집니다. 내가 죽지 않으니까 주님께서 역사하시지 않습니다. 내가 죽지 않으니까 주님의 놀라운 능력을 경험할 수 없습니다. 내 속에 내가 너무 꽉 차있기 때문에 주님의 뜻이 이루어지지 않습니다. 사도 바울은 '정과 욕심을 십자가에 못박았다'고 했습니다. 또한 '이제는 내가 산 것이 아니고 내 안에 계신 주님이 사신 것이다'고 고백하였습니다. 그에게도 역시 가장 문제가 되었던 것은 역시 자기 자신이었습니다. 무엇보다도 문제는 우리 자신입니다!!

자기 십자가를 진다는 것은?

또한 주님을 섬기고 따르면서 오늘날 우리에게 가장 기본적으로 중요한 것은 십자가를 지는 것입니다. 흔히 십자가를 진다는 것을 잘못 생각하는 경향이 있습니다. 많은 사람들이 개인적으로 가정적으로 어려움이 있다거나 육체적인 병이 있으면 그것을 십자가라고 생각합니다. 그러나 그것은 성경에서 말씀하는 진정한 의미에서 십자가를 지는 것이 아닙니다. 십자가를 진다는 것은 우선적으로 하나님께서 주신 사명을 위해서 예수님께서 십자가를 지신 것처럼 하나님께서 우리에게 주신 사명을 감당하는 것을 의미합니다. 그렇기 때문에 어떤 의미에서 십자가를 진다는 것은 하나님께서 자신에게 주신 사명을 감당하기 위해서 자기 자신이 스스로 어려움을 자원하는 것을 의미합니다.

허드슨 테일러의 생애를 보면, 그는 중국의 선교사로 가는 준비 기간 동안 그곳 생활의 적응을 위해서 매일 사과 조금과 빵 한 덩어리만 먹었다고 합니다. 그래서 영양실조가 걸렸고 나중에는 악성 열병으로 고생했다고 합니다. 중국에 들어가서는 중국 사람과 같은 모습을 하기 위해서 머리를 염색하다가 실명 위기에까지 이르게 되었다고 합니다. 십자가를 진다는 것은 이런 것을 의미합니다. 하나님께서 자기에게 주어진 사명을 감당하기 위해 스스로 어려움과 고난과 희생을 자원하는 것입니다.

사랑하는 성도 여러분! 우리는 일반적으로 자기가 스스로 챙겨야 자신의 삶이 행복해진다고 생각하지만 성경은 그렇게 말씀하지 않습니다. 성경은 자신을 부인하고 십자가를 질 때 진정 행복한 삶을 누린다고 말씀합니다. 또한 그렇게 하는 것이 사람들이 보기에는 인생의 가치를 잃어버리는 것 같지만, 진정한 생명을 얻는 길이라고 말씀하고 있습니다.

우리는 세상의 명예와 부귀와 권세를 얻으면 행복해 진다고 생각하는데, 성경은 그렇게 말씀하지 않습니다. 성경은 세상 사람들이 보기에는 잘 이해되지 않을지 몰라도 우리를 부인하고 우리 각자에게 주어진 십자가를 질 때 진정 행복한 삶을 누릴 수 있다고 말씀합니다. 실제로도 죽음의 위기에서 세상의 명예와 권세와 부귀가 무슨 소용이 있겠습니까? 뿐만 아니라 성경은 자신을 부인하고 십자가를 질 때 그 결과로서 하나님의 나라가 얼마나 능력 있게 임하는가를 보게 될 것이라고 말씀합니다. 지금 우리가 주님의 나라가 권능으로 임하는 것을 보지 못하는 이유는 무엇이라고 생각합니까? 그것은 우리가 죽지 않았기 때문입니다. 희생하고 손해를 보며 주님의 일을 감당할 때 우리에게 임하는 주님의 은혜는 놀라운 것입니다.

여기에서 우리가 생각해보아야 할 것은 자기를 부인하고 자기 십자가를 지라는 말이 원어에 보면 현재형으로 쓰여 있다는 것입니다. 헬라어에서 현재형은 계속되는 동작을 의미할 때 쓰이는 어법입니다. 즉, 자기를 부인하고 자기 십자가를 지는 것은 어느 한 순간에만 행하는 것이 아니라 계속해서 하는 것입니다. 매일매일 빠짐없이 우리의 일생을 살아가면서 계속 해야 할 일인 것입니다.

이제 말씀을 맺겠습니다.

주님께서는 우리 모두가 주님을 따를 때 세상의 원리와는 다르게 자기를 부인하고 자기의 십자가를 지라고 명령하십니다. 왜냐하면 그것이 진정한 생명과 진정한 행복과 만족을 누릴 수 있는 길이며, 하나님의 능력을 경험하는 길이기 때문입니다. 그리고 그것이 주님 앞에 설 때에 칭찬 받는 일이기 때문입니다. 우리 모든 성도들이 이 가장 기본적이고 중요한 신앙인의 도리인 자기를 부인하고 자기의 십자가를 지는 신앙생활을 통하여 하나님께서 기뻐하시는 신앙생활 하시기를 바랍니다.

마가복음 9:2-13

예수님의 신비스러운 변형

　예수님께서는 공생애 3년 동안 많은 이적들을 행하시면서 하나님 나라에 대해서 가르치셨습니다. 예수님께서 비록 많은 사람들에게 이적을 행하시고 많은 사람들에게 하나님의 말씀을 가르치시긴 했지만, 예수님의 가장 큰 관심은 열두 제자들에게 있었습니다. 예수님은 그들과 함께 숙식하시면서 집중적으로 하나님의 말씀을 가르치셨습니다. 그것은 그들이 나중에 하나님 나라의 확장을 위한 주춧돌이 되어야 했기 때문입니다.

　공생애 사역이 끝날 즈음에 예수님께서는 제자들에게 "너희는 나를 누구라 하느냐?"라고 질문하신 것도 그러한 이유였습니다. 제자들은 예수님께서 '그리스도이시고 살아계신 하나님의 아들'이라고 고백하였습니다. 그들로부터 이러한 만족스러운 신앙 고백을 들으신 다음에야 비로소 주님께서는 자신이 십자가에서 돌아가시고 삼 일만에 부활하실 것을 말씀하셨습니다.

　그렇지만 제자들은 그것이 예수님의 사명이고 예수님께서 이 땅에 오신 목적이라는 것을 깨닫지 못했습니다. 그뿐 아니라 주님께서는 자신을 따르고자 하면 자기를 부인하고 자기 십자가를 져야 한다고 말씀하셨습니다. 아마 제자들은 그 말씀의 의미도 깨닫지 못하였을 것이 분명합니다. 또한 그들은 자신들에게 주어진 십자가를 질 수 있는 능력도 없었습니다.

예수님의 변형

오늘 본문의 사건은 그렇게 예수님의 십자가와 부활에 대해서 아직도 온전히 이해하지 못하고, 자신들에게 맡겨진 사명을 제대로 감당할 준비가 되어있지 않는 상황에서 일어났습니다. 2절입니다.

> 엿새 후에 예수께서 베드로와 야고보와 요한을 데리시고 따로 높은 산에 올라가셨더니 저희 앞에서 변형되사

'엿새 후에' 라는 것은 예수님께서 자신의 죽으심과 부활을 제자들에게 말씀하시고 나서부터 엿새 후 라는 말입니다. 복음서에서는 아주 드물게, 앞의 내용과 관련하여 일부러 시간을 표시하고 있습니다. 이것은 예수님께서 반드시 십자가에서 돌아가셔야 하고 부활하셔야 하는 당연성과 오늘 본문의 사건이 연관이 되어 있음을 보여줍니다. 예수님께서는 12명의 제자들 가운데 핵심 인물들이라고 할 수 있는 베드로와 야고보와 요한을 데리고 산에 올라 가셨습니다.

복음서에 보면, 예수님께서 많은 사람들에게 자신의 사역을 보이고 싶지 않거나 또는 매우 중요한 일을 하실 때에는 12제자 가운데 세 명의 제자들만 데리고 다니신 것을 알 수 있습니다. 예를 들어 회당장 야이로의 딸을 살리실 때와(막 5장) 나중에 십자가의 고난을 앞두고 겟세마네 동산에서 기도하실 때 그렇게 하셨습니다. 오늘 본문에서도 예수님께서 세 명의 제자들만 데리고 가신 것은 오늘 본문의 사건이 예수님의 생애에 있어서 특별한 의미가 있는 사건이고 중요한 사건임을 말씀합니다.

예수님께서는 산으로 올라가셨습니다. 누가복음을 참고하면, 아마 제

자들과 함께 기도하기 위해서 올라가셨던 것 같습니다. 그곳이 어느 산인지는 정확하게 모릅니다. 우리가 흔히 '변화산'이라고 부르지만 '변화산'이라는 이름을 가진 산은 이스라엘에 없습니다. 그 산의 이름을 정확하게 모르지만 예수님께서 그 산에서 변화되셨다고 해서 그렇게 부르고 있습니다. 일부 학자들은 이 산이 헬몬산이라고도 합니다. 왜냐하면 예수님께서 6일 전에 가르치셨던 가이샤랴 빌립보가 헬몬산 기슭에 있고, 또한 오늘 본문에서 높은 산이라고 말씀하는 것처럼 헬몬산도 2700m가 넘는 높은 산이었기 때문에 그렇게 주장하는 것입니다. 확실하게 단정지을 수는 없지만 저 역시 오늘 사건이 일어난 곳은 헬몬산이 아닐까 생각합니다.

산에 올라가신 그 때 주님께서는 변형되셨습니다. 누가복음에는 그곳에서 기도하시다가 예수님께서 변형되셨다고 합니다. 그 변형된 모습을 이야기 할 때 마태복음은 얼굴이 해같이 빛났다고 했고, 오늘 본문은 옷이 눈이 부실 정도로 희게 변화되었다고 말씀합니다. 그 변형의 모양이나 정도에 대해서 여러 가지 주장들이 있지만(예를 들면, 육체적인 것이냐 아니면 본질적인 것이냐) 분명한 것은 평상시와는 전혀 다른 영광스러운 모습이었습니다. 아마 예수님께서 육신을 입고 땅에 오시기 전 또는 부활하신 다음에 드러날 영광스러운 모습이었을 것입니다.

모세와 엘리야와 대화

변화되신 주님께서 모세와 엘리야와 대화를 하였습니다. 예수님과 모세와 엘리야가 어떠한 방식으로 대화를 하였는지에 대해서는 알 수 없지만, 대화의 내용은 장차 예수님께서 예루살렘에서 죽으신다는 것이었습니다(눅 9:31). 아직 예수님께서 십자가에서 죽으시는 것에 대해서 이해하지 못하고 받아들이지 못했던 제자들 앞에서 예수님께서는 십자가를 지시는 것의 당연성과 필연성에 대해서 대화를 나누셨습니다.

여기에서 우리가 우선적으로 생각해 볼 수 있는 것은 예수님께서 제자들을 데리고 산에 올라가셔서 변화되신 모습을 보여주셨던 중요한 목적 가운데 하나가 아직 예수님의 십자가에 대해서 제대로 이해하지 못했던 제자들에게 그 당연성과 필연성을 이해시키려는 데 있었다는 것입니다.

그렇다면 십자가의 당연성과 필연성을 이해시키는 과정에서 왜 모세와 엘리야가 등장하였을까요? 여러 가지 주장들이 있지만 제가 생각할 때, 모세는 이스라엘을 애굽의 속박에서 해방시킴으로 말미암아 예수님의 구원 사역을 예표로 보여주었던 사람이므로 예수님께서 십자가를 지심이 일찍이 하나님께서 이스라엘을 출애굽 시킨 것과 같은 의미와 성격을 지녔음을 보어주는 것이리고 할 수 있습니다.

한편 엘리야는 구약의 선지자의 대표적인 사람으로서 말라기에는 엘리야가 메시야가 오기 전에 와서 그의 길을 준비해야 할 사람으로 평가되어 있기 때문에 엘리야가 등장하지 않았을까 생각됩니다. 결국 모세와 엘리야의 출연은 예수님께서 십자가를 지심이 구약의 모든 율법과 예언들이 궁극적으로 지향했던 목표였다는 것을 제자들에게 확증시키기 위함이었습니다. 그리스도의 십자가는 그들이 생각했던 것처럼 예수님의 사역과 생애가 실패한 결과가 아니고, 구약의 율법과 예언의 성취로서, 그리고 하나님의 계획으로서 이해되어야 한다는 것을 제자들이 알아야 했던 것입니다.

제자들의 반응

그런데 이러한 신비스러운 광경을 본 제자들은 어떻게 반응했습니까? 5-6절입니다.

베드로가 예수께 고하되 랍비여 우리가 여기 있는 것이 좋사오니 우리가 초막 셋을 짓되 하나는 주를 위하여, 하나는 모세를 위하여, 하나는 엘리야를 위하여 하사이다 하니 이는 저희가 심히 무서워하므로 저가 무슨 말을 할는지 알지 못함이더라.

물론 '우리가'라고 한 것을 보아서 제자 세 사람의 생각을 베드로가 전한 것 같습니다. 베드로는 두 가지를 제안합니다. 하나는 '우리가 여기 있는 것이 좋다'는 것이고 다른 하나는 '초막 셋을 짓자'는 것입니다. 어떤 분들은 초막 셋을 짓자는 베드로의 제안을 손님을 접대하는 예의 차원으로 이해하며 긍정적으로 평가하기도 하는데 제가 볼 때는 그렇지 않습니다. 자기들이 거기 있는 것이 좋다는 것과 연결해 볼 때 초막 셋을 짓자고 한 이유는 아마 그들이 보았던 영광스러움을 유지하고 싶은 마음에서 비롯된 것이라고 생각됩니다. 여전히 예수님을 제대로 이해하지 못하는 제자들의 모습이라고 할 수 있습니다. 예수님께서 세 사람을 데리고 가서 그들 앞에서 영광스런 모습을 보여주신 것은 예수님께서 그들과 함께 그 곳에 머물러 있기 위해서가 아니었습니다. 예수님께서는 그들이 이 사건을 통해서 주님과 주님의 말씀을 바로 이해하고 앞으로 자원하는 마음으로, 희생을 각오하면서 각자의 십자가를 지며 살겠다고 결단하기 원했습니다. 그러나 제자들은 그 광경에 심취되어서 거기에서 머물기를 원하였던 것입니다.

이 때 구름이 와서 저희를 덮었습니다(7절). 구름이 나타난 것은 하나님께서 나타나심을 상징하는데, 구름 속에서 두 가지를 말씀하셨습니다. 먼저 '내 사랑하는 아들'이라고 말씀하셨는데, 하나님의 아들이라는 말은 곧 하나님이라는 말씀입니다. 이것은 잘못된 메시야관 때문에 예수님을 잘못 이해하고 있던 그들에게 예수님께서 메시야 되심을 다시 한 번 확인시켜주는 것입니다. 그리고 '예수님의 말씀을 들으라'고 하였습니다. 이것은 예수님께서 십자가를 지신다는 말씀을 받아들이고 인정하라는 것을 의미합니다.

　그런데 눈을 떠보니 예수님밖에 보이지 않았습니다(8절). 이제 그 영광스러운 모습이 사라지고 평소의 모습으로 바뀌신 것입니다. 예수님께서는 "아무에게도 이야기하지 말라"고 말씀하셨습니다(9절). 특별히 부활 때까지 알리지 말라고 하셨습니다. 그것은 그들이 이 사건의 본질을 잘 깨닫지 못했기 때문이었습니다. 예수님의 부활에 대해서 제대로 알지 못하는 상태에서 그들이 이 사건의 본질적인 의미를 안다는 것은 불가능하였던 것입니다. 그렇기 때문에 부활 이 후에 하나님으로서 메시야로서 믿어지고 예수님의 영광스러움이 드러나므로 이 사건이 확실히 이해되어질 때 비로소 이 사건에 대해서 이야기하라는 것입니다. 실제로 나중에 예수님께서 부활하신 다음에 베드로는 이 사건의 진정한 의미를 깨닫게 되었습니다. 베드로후서 1:16-18을 보면, 베드로는 이 사건을 이야기하면서 자신들이 그의 크신 위엄과 영광을 본 자라고 고백하고 있습니다. 예수님께서는 이 변화산 사건을 통해서 이 때까지 확연하게 드러나지 않는 예수님의 신성과 영광스러움을 부활 전에 미리 알려주고 보여주셨던 것입니다.

　그런데 제자들은 서기관들의 말을 인용해서 예수님께 묻습니다. 11절입니다.

　　이에 예수께 묻자와 가로되 어찌하여 서기관들이 엘리야가 먼저
　　와야 하리라 하나이까?

　당시에 서기관들은 예수님께서 메시야가 아닌 이유 가운데 하나가 엘리야가 먼저 오지 않았기 때문이라고 주장하였는데, 제자들이 그들의

주장에 동조한 것입니다. 예수님께서 오시기 전에 엘리야가 와야 하는 것은 맞는 것이기에 예수님께서도 서기관들의 말에 동의합니다. 그러나 예수님께서는 엘리야가 이미 왔다고 말씀합니다. 마태복음을 보면, 예수님께서 세례 요한에 대해서 이야기하면서 세례 요한이 바로 엘리야였고 그가 왔으나 사람들이 그를 알지 못하였고 지적하셨습니다. 그 때에야 제자들은 요한에 대해서 이해하게 되었다고 마태복음은 말씀합니다.

정리하면, 오늘 본문의 사건은 두 가지가 의도되었습니다. 먼저 예수님께서 십자가를 지셔야 되는 당연성과 필연성을 제자들에게 알리기 위한 것이었으며, 다음으로 부활 전에 예수님의 영광스럽고 신적인 모습을 미리 보여주시기 위한 것이었습니다.

신비스러운 경험도 필요하다

오늘 본문이 우리에게 주는 교훈은 무엇입니까? 무엇보다도 오늘 본문의 사건은 제자들 편에서 볼 때 이전의 어떤 것보다도 신비스러운 경험입니다. 그런데 왜 그러한 경험을 주셨습니까? 그것은 그러한 신비스러운 경험을 통하여 예수님께서 누구이신지 바로 알려주시고 나중에 이 경험을 통하여 제자들이 자기들의 사명을 힘 있고 능력 있게 감당토록 하기 위함이었습니다. 실제로 제자들은 비록 나중에서야 이 사건의 의미를 깨달았지만 이 사건을 통하여 예수님을 좀 더 깊이 알게 되었고 그들이 주님의 일을 하는데 힘과 능력이 되었던 것입니다.

사랑하는 성도 여러분! 우리 기독교는 신비의 종교입니다. 도를 닦아서 내가 득도하고 무아의 경지에 이르는 것이 아니고 살아 계신 하나님께서 신비스럽게 우리에게 나타나셔서 우리에게 하나님을 보여주시는 종교입니다. 물론 하나님께서 우리에게 자신을 드러내시는 방법은 다양합니다. 병을 치유하심으로 나타날 수 있고 문제의 해결을 통해서 나타나는 경우도 있지만 오늘 본문과 같이 특별한 경험을 주실 수도 있습니다.

우리가 잘 아는 '팡세'라는 책을 쓴 파스칼이라는 사람이 있습니다. 그는 유명한 과학자이며 철학자이며 문학가인데 그가 죽은 지 며칠 뒤에 그의 옷 깊은 곳에서 양피지에 쓰여진 글이 발견되었다고 합니다. 그것은 그가 죽기 8년 전인 31세가 되던 해에 아주 강력한 종교적인 체험을 하였는데 그것을 기록한 글이었다고 합니다. 그는 그 경험을 기록한 양피지를 죽기 전까지 외투를 갈아입을 때마다 비밀스럽게 안감을 떼어내서 그것을 넣고 다시 꿰매고, 옷을 바꾸어 입을 때는 그것을 꺼내어 자기의 품에 안고 다니면서 언제나 그 경험을 기억하기 원했던 것입니다. 그 글 가운데 일부를 인용하면 다음과 같습니다.

> 제목: 불 (불같이 뜨겁게 만났기 때문에 그렇게 제목을 붙인 것 같습니다)
>
> 철학자들과 학자들의 하나님이 아닌,
> 아브라함의 하나님, 이삭의 하나님, 야곱의 하나님.
> 확신 감격 기쁨 평안
> 예수 그리스도의 하나님 나의 하나님 곧 당신의 하나님
> 당신의 하나님이 나의 하나님이 되시리라.
>
> 의로우신 하나님이여 세상은 당신을 알지 못하였어도
> 나는 당신을 알았나이다.
> 기쁨, 기쁨, 기쁨 기쁨의 눈물
>
> 나는 당신의 말씀을 영원히 잊지 않으리라.

그에게 어떤 신비로운 경험이 있었는지 우리는 구체적으로는 알 수

없지만 그는 살아 계신 하나님을 신비롭게 경험하였던 것입니다. 그리고 그 경험은 그의 삶에 엄청난 변화를 주게 되었고 그는 그 경험을 평생 간직하고 싶었던 것입니다.

바울도 그러한 경험을 하였습니다. 고린도후서 12장에 보면 하나님의 놀라운 능력에 사로잡혀 하늘의 신비스러운 경험을 하게 되었습니다. 그는 자신이 몸 안에 있었는지 몸 밖에 있었는지 모르게 낙원에 이끌려가서 하나님의 신비스러움을 경험했다고 합니다. 그것은 그의 삶과 사역에 엄청난 변화를 주었고 주님의 일을 능력 있게 감당할 수 있었던 원동력 중에 하나가 되었습니다. 물론 그것을 비밀로 하였으나 12년 후에 어쩔 수 없는 상황에서 그것을 고백하기도 했습니다.

이 외에도 이런 신비스러운 경험을 하신 분들은 이루 말할 수 없습니다. 우리 기독교는 신비스러운 종교입니다. 신비스러운 경험을 하면서 하나님을 만나는 종교입니다. 파스칼의 평생 잊지 못할 경험과 바울의 신비스러운 경험을 우리도 할 수 있습니다. 그러한 경험이 바울이나 파스칼과 같이 주님을 더욱 깊고 바로 알게 하는 계기가 될 수 있고 주님을 위해서 더욱 힘 있고 능력 있게 일하는 계기가 될 수 있습니다.

기억해야 할 사항들

그러나 우리가 몇 가지 기억해야 될 것이 있습니다. 먼저 신비스러운 경험은 하나님을 바로 알고 말씀을 더 깊이 깨닫게 하는 역할을 한다는 것입니다. 오늘 본문도 제자들이 제대로 주님과 주님의 말씀을 알지 못하는 상황에서 주님과 주님의 말씀을 바로 알도록 그러한 경험을 주신 것입니다. 그러므로 신비스러운 경험이라고 하더라도 말씀을 벗어났다면 모두 잘못된 것입니다. 한때 시한부 종말론으로 유명하였던 다미 선교회의 이장림이라는 사람이 신비스러운 경험에 대해서 얼마나 많이 이야기하였습니까? 그러나 그것은 말씀을 벗어난 것이었으며 나중에 그것이 얼마나 잘못된 것인가 확연히 드러났습니다. 신비스러운 경험은 우리의 신앙을 더 강하게 해줄 수는 있지만, 그것이 우리의 신앙의 근본이 되어서는 안 되며 그러한 신비를 따라 신앙생활 해서도 안 됩니다.

더구나 신비스러운 경험은 그것이 너무 황홀하고 감격스러운 것이어서 그 자체에 빠지기도 쉽습니다. 하지만 그렇게 해서는 안 됩니다. 제자들처럼 '여기가 좋사오니'라고 해서는 안 된다는 것입니다. 우리는 보통 그것을 신비주의라고 합니다. 신비주의는 신비스러운 경험 자체가 목적이 되는 것을 말합니다. 우리 기독교는 신비의 종교임에는 분명하지만 신비주의는 아닙니다. 오늘 본문에서처럼 신비스러운 경험은 그 자체에 목적이 있지 않고 그 경험을 통하여 주님의 일을 잘 감당케 하는데 목적이 있습니다. 그렇기 때문에 우리는 신비스러운 경험을 할 수 있지만 신비스러운 경험을 한 뒤에 빨리 자기 십자가로 돌아와야 합니다. 같은 이유로 우리는 그러한 경험을 하였을 때 그것을 불필요하게 자랑해서는 안 됩니다. 바울도 12년이나 감추고 있었고 파스칼도 아무에게도 그러한 경험을 이야기하지 않았습니다. 그런데 많은 경우 그렇지 못한 것을 봅니다. 그리고 그러한 것을 자랑하는 사람들은 항상 끝이 좋지 않습니다.

또한 신비스러운 경험이 유익한 것은 분명하지만 그것을 경험하는 것을 사모해서는 안 됩니다. 그럴 때 오히려 잘못된 신앙생활로 나아갈 가능성이 많습니다. 오늘 본문에서도 세 명의 제자들에게만 그러한 경험이 주어졌습니다. 마찬가지로 신비스러운 경험은 우리 모두에게 주시지도 않고 또한 반드시 주실 필요도 없습니다. 왜냐하면 이미 우리에게 말씀이 주어졌고 그러한 신비스러운 경험 없이도 얼마든지 훌륭하게 신앙생활을 할 수 있기 때문입니다.

말씀을 맺겠습니다.

오늘 본문은 예수님께서 신비스럽게 변형되신 사건에 대해서 말씀하고 있습니다. 예수님께서는 이 사건을 통해서 제자들에게 십자가의 당연성과 필연성을 가르치기를 원하셨고, 이 사건이 앞으로 제자들이 자기들의 사명을 능력 있게 감당하는 원동력이 되기를 원하셨습니다. 신비스러운 경험 자체가 목적은 아니었습니다. 그런데 기독교는 신비스러운 종교임이 분명합니다. 우리도 제자들이 경험했던 것과 같이 신비스러운 것을 경험할 수 있습니다. 그러나 우리가 명심할 것은 신비스러운 경험 자체가 우리 신앙생활의 목적이 아니라는 사실입니다. 그것은 필요할 때 필요한 사람들에게만 하나님께서 주시는 것입니다. 그러한 신비스러운 일을 경험한 사람은 그 자체에 만족하거나 자랑하거나 하지 말고 자기 십자가를 지는 일에 최선을 다해야 할 것입니다.

마가복음 9:14-29

믿음이 요구됩니다!!

　주님께서는 자신이 이 땅에 오신 사명이 십자가에서 돌아가시는 것임을 말씀하셨습니다. 또한 십자가에 돌아가신 지 삼 일 만에 부활하실 것도 말씀하셨습니다. 한 걸음 더 나아가 제자들에게도 각자가 져야할 십자가가 있다고 하셨습니다. 그러나 제자들은 주님의 말씀을 다 이해하지 못하였습니다. 제자들이 앞으로 주님께서 죽으시고, 부활하시고, 승천하신 나음에 감당해야 할 사명을 위해서 더 많은 훈련과 준비가 필요했습니다.

　그 후에 주님께서는 세 제자를 데리고 소위 '변화산'에 올라가셨습니다. 그들 앞에서 변형되심으로 십자가의 필연성과 당위성을 확인시켜 주었고, 메시야로서 부활 이후에 드러날 영광을 미리 보여주었습니다. 주님은 제자들이 그 신비스러운 경험을 바탕으로 앞으로 그들에게 맡겨진 사명을 잘 감당하기를 원했습니다. 그렇지만 제자들은 아직 주님께서 신비스럽게 변형되신 사건의 의미를 다 깨닫지 못했습니다. 그래서 주님께서는 부활 후 주님의 영광스러움을 볼 때까지 아무에게도 말하지 말라고 했습니다.

제자들과 서기관들의 변론

　이제 산 아래로 내려왔습니다. 주님께서 산 아래로 내려왔을 때 산

아래 남아 있던 아홉 명의 제자들 주변에 많은 사람들이 모여 있었습니다. 제자들은 서기관들과 변론하고 있었습니다. 14절입니다.

> 저희가 이에 제자들에게 와서 보니 큰 무리가 둘렀고 서기관들이 더불어 변론하더니

변론의 내용에 대해서는 구체적으로 언급되어 있지 않지만, 오늘 본문의 내용으로 보아 아마 제자들이 자신들에게 찾아온 사람의 병을 고치지 못했기 때문인 것 같습니다. 당시 서기관들은 예수님을 비판하는 대표적인 세력 가운데 하나였습니다. 마가복음 3장에서 그들은 예수님에 대한 소문이 퍼졌을 때 예루살렘으로부터 예수님을 조사하기 위해 사람들을 파견되었고, 예수님께서 귀신을 내어 쫓을 때에는 귀신의 왕인 바알세불을 힘입어서 귀신을 내어 쫓는다고 모함하기도 했습니다. 계속해서 주님을 모함할 기회를 찾아왔으나 이제까지 기회를 얻지 못하였습니다. 그러나 예수님께서 안 계시는 동안 제자들이 자기들에게 찾아 온 아이의 병을 고치지 못하고 무기력한 모습을 보이자 그것을 빌미로 많은 사람들 앞에서 제자들을 공격하였던 것입니다. 아마 제자들은 그들의 공세에 어찌할 바를 몰랐을 것이라고 생각됩니다.

그렇게 논쟁이 벌어지고 있을 때 예수님이 나타나셨고 제자들에게 그 내용과 이유를 물었습니다. 그 때 무리 가운데 한 사람이 예수님께 나와 왔습니다. 그 사람은 병든 아이의 아버지입니다. 그리고 예수님께 자기 아들의 사정을 이야기합니다. 자신의 아들이 벙어리 귀신들렸다는 것입니다. 마태복음에는 그의 병이 간질병임을 말하고 있지만, 오늘 본문은 계속해서 그 아이가 가진 육체적 질병이 귀신으로 말미암은 것임을 말씀하고 있습니다 (17, 18, 20, 22, 25, 26절). 특히 25-26절을 보면 그것이 더욱 분명해집니다.

예수께서 무리의 달려 모이는 것을 보시고 그 더러운 귀신을 꾸짖어 가라사대 벙어리 되고 귀먹은 귀신아 내가 네게 명하노니 그 아이에게서 나오고 다시 들어가지 말라 하시매 귀신이 소리 지르며 아이로 심히 경련을 일으키게 하고 나가니 그 아이가 죽은 것 같이 되어 많은 사람이 말하기를 죽었다 하나

성경은 병에 걸리거나 어려움을 당하는 이유가 여러 가지임을 말씀합니다. 때로는 죄 때문이라고 하기도 하고, 때로는 특별한 이유 없이 하나님의 영광을 위해서 라고도 합니다. 오늘 본문의 간질병 환자의 병은 귀신에 의한 것이었습니다. 그래서 주님께서는 그의 상태를 회복시키실 때에 귀신을 꾸짖었던 것입니다.

여기서 우리가 알 수 있는 것은 우리의 어려움과 질병이 사탄으로부터 기인될 수 있다는 것입니다. 물론 모든 질병이나 어려움이 사탄으로부터 온 것으로 단정해서는 안 되지만 사탄이 질병과 어려움의 원인이 될 수 있음을 전적으로 부정해도 안 됩니다.

오늘날 많은 사람들은 영적인 세계를 부정하고 믿지 않습니다. 그러나 정신세계가 눈에 보이지 않아도 있는 것처럼 영적인 세계와 사탄의 세력이 존재합니다. 그래서 무당이었던 분들이 예수를 믿으면 잘 믿게 되는 것입니다. 영적인 세계가 있음을 인정할 때 우리의 신앙이 온전히 자리 잡을 수 있습니다.

그러나 악한 영은 오늘 본문에 나온 것처럼 이렇게 악하게만 활동하지 않습니다. 성경에 보면 귀신이 다양한 형태로 나타나는 것을 알 수 있습니다. 오늘 본문같이 어떤 사람을 정신적으로 힘들게 할 수도 있고, 어떤 때는 특이한 질병의 원인이 되기도 합니다. 어떤 때는 광명의 천사처럼 나타나기도 하며(고후 11:14-15), 어떤 때는 잘못된 가르침으로 미혹하기도 합니다(딤전 4:1). 그러므로 귀신은 획일적으로 나타나지는

않지만 악한 영의 세력으로서 우리를 어렵게 만들거나 우리에게 병을 주기도 하며 우리를 죄악의 길로 유혹하기도 합니다. 베드로전서에서 말씀하는 것처럼 마귀는 우는 사자와 같이 우리 믿는 사람을 삼키기 위해 열심히 찾고 다니는 것입니다.

이 간질병자의 아버지는 그러한 악한 영의 세력을 인식하였던 것 같습니다. 그래서 예수님의 소문을 듣고 찾아 왔는데 예수님께서 안 계셔서 제자들에게 자기 아이를 부탁하였지만 제자들이 그 아이의 병을 고치지 못했던 것입니다. 그러한 상황을 예수님께 말씀드렸습니다.

주님의 진단

그러한 상황을 보고 들으신 다음에 주님은 무엇이라고 말씀합니까? 19절입니다.

> 대답하여 가라사대 믿음이 없는 세대여 내가 얼마나 너희와 함께 있으며 얼마나 너희를 참으리요 그를 내게로 데려 오라 하시매

주님께서는 거기 있는 모든 사람들을 향하여 '믿음이 없는 세대' 라고 말씀하십니다. 그렇게 놀라운 표적을 보면서도 계속해서 주님을 책잡으려고 한 서기관들도 참으로 믿음이 없는 사람들이었고, 아들을 데리고 온 아버지도, 그리고 제자들도 모두 믿음이 없는 모습을 보여주고 있습니다. 주님께서는 그러한 상황에 이르게 된 것을 한 마디로 믿음이 없기 때문이라고 말씀하셨습니다. 계속해서 "얼마나 너희를 참으리요"라고 말씀하시며 그들에게 믿음에 대한 각성을 촉구하십니다. 그리고는 아이를 예수님께 데리고 오는데 귀신이 예수님을 보자 그 아이로 하여금 심히 경련을 일으킵니다. 다른 경우에는 귀신들이 먼저 주님을 알아보고 물러섰는데 이번에는 끝까지 저항을 하고 버텼던 것입니다. 주님

께서 귀신에게 나가라고 명령하시는데도 결국 그냥 나가지 않고 아이를 넘어뜨렸습니다. 보통 때와 달리 훨씬 그 상황이 어렵게 되었습니다.

이러한 것도 오늘날 우리가 자주 경험할 수 있는 일입니다. 주위에 어떤 분들을 보면, 예수님을 믿은 다음에 그 전에 경험하지 못했던 어려움을 당하는 경우가 있습니다. 그것은 세상 사람들이 말하는 것처럼 종교를 바꾸어서 그런 것이 아닙니다. 그것은 사탄의 마지막 발악입니다. 그리고 더 큰 은혜와 완전한 회복을 위한 과정인 것입니다. 우리는 그러할 때에 더욱 하나님을 의지하고 인내하면서 잘 극복해야 합니다.

나중에 제자들은 집에 돌아가서 주님께 '왜 자기들은 그러한 능력을 행하지 못했는지'를 물어봅니다. 어쩌면 당연한 질문입니다. 그들도 얼마 전까지 귀신을 쫓아내기도 하고 병자들을 고치기도 하였습니다. 6장을 보면 주님께서 그들을 훈련시킬 목적으로 파송 하였는데 '그들이 많은 병자들을 고치고 귀신도 내어 쫓았다'고 말씀합니다. 이 때는 아홉 명의 제자들이 함께 있었음에도 불구하고 귀신과 싸워서 이기지 못함으로 많은 사람들에게 부끄러움을 당하고 서기관들로부터도 도전을 받았던 것입니다.

주님께서 그 이유를 말씀하십니다. 마태복음에는 '믿음이 적은 연고'라고 하면서 "만일 너희 믿음이 겨자씨만큼만 있으면 이 산을 명하여 여기서 저기로 옮기라 하여도 옮겨질 것(마태복음 17:20)"이라고 말씀합니다. 한편 마가복음은 그들이 그렇게 무력한 모습을 보인 것을 '기도의 부족(29절)'으로 말씀합니다. 여기서 마태복음과 마가복음은 일견 다른 내용을 말씀한 것같이 보입니다. 그러나 믿음의 부족과 기도의 부족은 다른 말이 아닙니다.

제자들이 얼마 전까지만 해도 귀신을 쫓아내고 병을 고쳤는데 그 때는 믿음이 있었던 것입니다. 믿는다는 것은 여러 가지 의미가 있지만 의지한다는 말과 같은 말로 쓰일 수 있습니다. 즉 제자들은 계속 기도

함으로 하나님의 능력을 의지하였어야 했는데 그렇지 못한 것입니다. 제자들은 기도하지 않아도 자신들이 과거에 자신들이 행했던 능력을 그대로 행할 수 있을 것으로 생각했습니다. 그러나 그들은 여지없이 실패하고 말았고 자기들을 모함하는 사람들에게 수치를 당했습니다. 그렇기 때문에 주님께서는 그들의 믿음이 무기력해진 이유를 기도의 부족에서 찾았던 것입니다.

믿음이 요구된다

오늘날도 주님께서는 우리가 문제 앞에서나 세상의 도전 앞에서, 그리고 우리에게 맡기신 사명을 감당할 때에 제자들과 같은 무기력한 모습을 보이는 것을 원치 않으십니다. 주님께서는 우리 모두가 능력 있는 삶을 살기 원하시고 우리에게 주어진 사명을 잘 감당하기를 원하십니다. 그러나 오늘날 우리들은 세상을 변화시키기는커녕 세상의 유혹 앞에 굴복하고 문제 앞에서 무기력한 모습을 보임으로써 오히려 세상의 조롱거리가 되는 경우가 많습니다. 그것은 주님의 영광을 가리는 것이고, 우리를 방해하는 세력들이 우리에게 도전하는 기회를 주는 것입니다.

그러면 그렇게 무기력한 삶을 살게 되는 이유는 무엇입니까? 오늘 본문은 그것이 믿음의 부족 때문이라고 말씀합니다. 오늘 본문을 보면 크게 두 가지 믿음에 대한 것이 언급되어 있습니다. 그것은 아들을 데리고 온 아버지의 믿음과 제자들의 믿음입니다. 아버지의 믿음의 없음과 제자들의 믿음의 부족은 약간 차원이 다릅니다.

먼저 아들을 데리고 온 아버지는 과거에 놀라운 능력을 실제로 경험하지 못한 믿음이었습니다. 처음에는 기대를 가지고 왔으나 자기의 소원대로 일이 되지 않자 반신반의하는 모습을 보입니다. 그래서 무엇이라고 합니까? 22절에 보면 '무엇이든지 할 수 있거든' 이라고 합니다. 그러나 주님께서 23절에서 "믿는 자에게 능치 못함이 없다"라고 하시며 그의 문제를 지적하였을 때 그는 솔직하게 "내가 믿나이다. 나의 믿음 없는 것을 도와 주십시오" 라고 주님께 간구했습니다. 오늘날도 교회 안에 이런 기도를 드려야 될 사람이 많이 있습니다. 문제를 가지고 주님 앞에 나오면서도 온전히 신뢰하지 못하고 반신반의합니다. 이런 분들은 무엇보다도 '믿음 없는 것을 도와 달라'고 구해야 할 것입니다.

한편 제자들은 이 사람과 상황이 좀 다릅니다. 제자들은 주님의 능력을 반신반의하지는 않았습니다. 그들은 주님의 능력을 믿었고 얼마 전까지 자신들도 그러한 능력을 행했습니다. 그러나 그들은 그들에게 주어진 은혜와 은사를 계속 유지하는데 실패하였습니다. 제자들의 모습을 통하여 배울 수 있는 것은 하나님의 은혜와 능력이 한 번 우리에게 임했다고 해서 그것이 계속 우리에게 머물러 있지 않는다는 것입니다. 다시 말하면, 한 때 사역을 잘 감당하였고 한 때 하나님의 놀라운 능력을 경험하였다고 할지라도 영적으로 나태해지면 그것이 유지되지 않고 실패할 수밖에 없다는 것입니다. 그렇기 때문에 우리는 믿음을 위해서 기도해야 합니다. 기도를 통해서 우리 믿음의 부족이 온전해 질 수 있습니다. 또한 기도는 우리의 믿음을 유지하게 하고 하나님의 능력과 은혜를 계속 더욱 풍성하게 경험케 합니다.

기도의 가장 좋은 예를 보여주신 분은 우리 주님이십니다. 예수님께서는 아주 바쁘신 와중에도 새벽마다 밤마다 기도하셨습니다. 마가복음 1장에서 보여주는 것처럼 예수님은 새벽마다 한적한 곳에서 규칙적으로 기도하셨습니다. 겟세마네 동산에 기도하러 가실 때에도 습관을 좇아 기도하러 가셨다고 합니다. 그것은 밤마다 정기적으로 기도하신 것을 말씀합니다. 그것도 그저 5분 내지는 10분 기도하신 것이 아닙니다. 사람들이 한참 찾을 동안 기도하셨고 밤새도록 기도하신 것입니다. 오병이어로 놀라운 기적을 행하신 후에 사람들이 자신을 왕을 삼으려고 하실 때에도 그 유혹을 물리치시기 위해 혼자 기도하러 가셨습니다. 기도는 주님께서 자신에게 맡기신 사명을 감당하고 끝까지 능력 있게 감당케 하는 원동력이었습니다.

사랑하는 성도 여러분! 오늘날 우리에게 무엇보다도 필요한 것은 기도입니다. 문제를 극복하기 위해서, 그리고 우리에게 맡겨진 사명을 감당하기 위해서 기도가 필요합니다. 아무리 쉽게 보이는 일이라고 할지라도 기도하지 않으면 실패할 수밖에 없습니다. 우리는 세상의 죄악의 유혹을 물리치기 위해서 기도해야 합니다. 죄악의 유혹이 끊임없이 몰려오는 때에 기도하지 않으면 우리는 넘어질 수밖에 없습니다. 주님처럼 규칙적으로 기도해야 합니다. 또한 주님처럼 생명을 걸고 땀이 피가 되도록 기도해야 합니다.

말씀을 맺겠습니다.

오늘 본문은 우리 믿음과 기도의 중요성을 말씀하고 있습니다. 물론 믿음이 있다고 모든 문제가 그냥 해결되는 것은 아닙니다. 그러나 문제의 해결은 믿음을 요구합니다. 오늘날 우리가 하나님의 능력을 경험하지 못하고 무기력하게 사는 이유는 믿음이 없기 때문입니다. 우리가 믿음을 소유하기 위해서, 더욱 성숙한 믿음을 위해서 가장 중요한 것은 기도하는 것입니다. 우리는 무엇보다도 먼저 아이의 아버지처럼 믿음이 없는 것을 도와달라고 기도해야 합니다. 그리고 제자들처럼 주님의 능력을 믿고 과거에 놀라운 은혜를 체험했다고 하더라도 그 능력과 은혜를 상실하지 않기 위해서 기도해야 합니다. 우리 모든 성도들이 기도하는 삶을 살기를 원합니다.

마가복음 9:30-41

십자가의 진리가 요구하는 삶(I)

우리가 잘 아는 대로 예수님께서는 우리를 구원하기 위해서 이 땅에 오셨습니다. 그런데 모든 삶과 사역의 중심을 십자가와 부활에 두셨던 예수님과는 달리 제자들은 십자가와 부활을 제대로 이해하지 못했습니다. 그래서 예수님께서는 공생애가 끝날 무렵 제자들에게 십자가와 부활에 대해서 본격적으로 가르치셨습니다.

여기서 우리가 알아야 할 것은 예수님의 십자가가 하나님께서 우리를 구원하시기 위한 유일한 방법일 뿐 아니라 하나님의 백성으로서 우리가 살아야 할 삶의 원리까지 제시한다는 것입니다. 8장에서 예수님께서는 제자들에게 십자가와 부활을 처음 가르치시고 나서 자기를 부인하고 자기의 십자가를 지라고도 말씀하셨습니다. 십자가란 일차적으로 우리에게 주어진 사명을 의미합니다. 예수님께서 십자가를 지심으로 자신의 사명을 잘 감당한 것처럼 우리 모두도 자기를 부인하고 자신에게 맡겨진 사명을 감당해야 한다는 말씀입니다.

십자가와 부활에 대한 두 번째 가르침

예수님께서 제자들에게 십자가와 부활에 대해서 두 번째 가르치시는 장면이 오늘 본문에 언급되어 있습니다. 30-32절입니다.

그 곳을 떠나 갈릴리 가운데로 지날 새 예수께서 아무에게도 알리고자 아니하시니 이는 제자들을 가르치시며 또 인자가 사람들의 손에 넘기워 죽임을 당하고 죽은 지 삼일 만에 살아나리라는 것을 말씀하시는 연고더라 그러나 제자들은 이 말씀을 깨닫지 못하고 묻기도 무서워하더라.

이렇게 주님께서는 두 번이나 제자들에게 십자가와 부활에 대해서 가르치셨지만, 제자들은 여전히 깨닫지 못하였고, 그 말씀을 듣고 자세히 묻는 것조차 무서워하였습니다.

십자가의 진리가 요구하는 삶

1. 낮추고 섬기라

그러자 또 다시 주님께서는 33-41절에서 십자가의 진리가 요구하는 삶의 원리를 가르치셨습니다. 33절입니다.

> 가버나움에 이르러 집에 계실 쌔 제자들에게 물으시되 너희가 노중에서 서로 토론한 것이 무엇이냐 하시되

아마 오는 도중에 제자들 사이에 무슨 쟁론이 일어났던 모양입니다. 주님께서는 그들에게 서로 토론한 것이 무엇이냐고 물으셨습니다. 물론 모르셔서 물어 본 것은 아니었습니다. 그들은 대답지 못했습니다. 왜냐하면 그것은 그들이 생각하기에도 바람직하지 않는 것이었기 때문입니다.

제자들이 서로 누가 더 큰지 또는 누가 더 훌륭한지 다툰 까닭은 무엇이었겠습니까? 오늘 본문의 배경은 마가복음 9:2-29에 기록된 두 사건으로서 소위 변화산 사건과 제자들이 귀신들린 자에게서 귀신을 쫓아내지 못했던 사건입니다. 물론 본문에는 명확하게 언급되지 않았지만

서로 "누가 더 크냐?"에 대한 논쟁은 아마 변화산에 올라간 제자들과 산 아래서 귀신을 쫓아내지 못한 자들 사이의 논쟁이었으리라고 생각됩니다. 세 제자들은 말로 형언할 수 없는 신비스러운 경험을 하였고, 나머지 아홉 제자들은 귀신 들린 사람을 회복시키는데 실패하고 부끄러움을 당한 것입니다. 당연히 신비스러운 경험을 한 사람들은 자기들의 경험을 이야기하면서 우쭐한 마음으로 스스로 높이는 말을 했을 것입니다. 귀신을 쫓아내는데 실패한 사람들은 나름대로 변명을 하였을 것입니다. 어쩌면 변화산에 올라간 세 사람들끼리도 서로 누가 더 주님께 인정받은 자인지에 대한 논쟁이 있었는지도 모릅니다. 그러한 상황을 아시는 주님께서 무엇이라고 말씀하십니까? 35절입니다.

> 예수께서 앉으사 열두 제자를 불러서 이르시되 아무든지 첫째가 되고자 하면 뭇 사람의 끝이 되며 뭇 사람을 섬기는 자가 되어야 하리라 하시고

첫째가 되려고 하면 끝이 되어야 하고 섬기는 사람이 되어야 한다는 것입니다. 끝이 되어야 한다는 것은 자신을 낮추라는 말씀입니다. 그리고 낮추는데 그치지 말고 적극적이고 구체적인 행함을 통해서 섬겨야 된다는 것입니다.

오늘날도 마찬가지지만 이 말씀은 당시에도 상식적으로 이해가 되지 않는 말씀이었습니다. 더욱이 노예제도가 있었던 당시는 사회적 지위와 계급이 중요하게 여겨지던 때였습니다. 그래서 누구나 높은 자리를 차지하려고 하였습니다. 또한 사람들은 일반적으로 다른 사람에게 섬김 받는 것을 좋아합니다. 그러나 예수님께서는 높임을 받으려고 하지 말고 겸손하게 다른 사람을 섬겨야 한다고 말씀하신 것입니다.

사랑하는 성도 여러분! 세상에서 문제가 생기고 어려움이 있게 되는

중요한 요인 가운데 하나는 서로 첫째가 되려고 하고 서로 높아지려고 하기 때문입니다. 으뜸이 되고자 할 때 삶의 태도를 바르게 갖기가 쉽지 않습니다. 높아지려고 하면 이웃이 경쟁과 시기와 다툼의 대상으로 보여 집니다. 또한 으뜸이 되려는 목표를 정하게 되면 그것에 사로잡혀서 다른 것이 보이지 않습니다. 그래서 편법이 나오고 부정이 나오는 것입니다. 결국 높아지려고 하는 욕구는 공동체의 파멸을 가져오는 법입니다. 바로 그러한 파멸로 이끄는 생각들이 제자들을 사로잡고 있었습니다. 예수님의 관심은 십자가(자기희생과 섬김)임에 반해 그들의 관심은 높은 자리를 차지하는 것이었습니다. 이처럼 제자들은 주님과 정반대의 생각과 꿈을 가지고 있었습니다. 그러한 자세가 변하지 않으면 그들 가운데 문제가 생기지 않을 수 없고 또한 잎으로도 복음을 위해서 일할 수 없는 것은 불을 보듯 뻔한 일이었습니다. 그래서 주님께서는 그들에게 스스로 낮추고 섬기라고 명령하셨던 것입니다.

1) 어린 아이를 통한 가르침

주님은 어린 아이 하나를 데리고 와서 그 아이를 영접하는 것이 자신을 영접하는 것이라고 말씀하셨습니다. 37절입니다.

> 누구든지 내 이름으로 이런 어린아이 하나를 영접하면 곧 나를 영접함이요 누구든지 나를 영접하면 나를 영접함이 아니요 나를 보내신 이를 영접함이니라.

어린 아이에게는 여러 가지 특성이 있는데 여기에서 예수님께서 말씀하셨던 어린 아이의 특징은 힘이 없고 도움을 필요로 하는 존재입니다. 뿐만 아니라 당시의 사회적 상황으로 보면 어린 아이는 전쟁이나 노역에 실제적인 가치가 없는 존재였습니다. 그러므로 십자가가 요구하는 삶은 이렇듯 힘이 없고 실제적인 가치가 없는 사람을 섬기는 삶이라는 것입니다. 주님은 그렇게 힘이 없고 실제적인 가치가 없는 사람을 섬기는 것이 주님을 섬기는 것임을 말씀하셨습니다.

사랑하는 성도 여러분! 우리가 섬겨야 할 대상은 힘 있는 사람, 높은 사람이 아닙니다. 그것은 아무나 할 수 있습니다. 십자가가 요구하는 섬기는 삶은 우리 주위에 무기력하고 도움이 필요한 사람을 섬기는 삶입니다. 실제로 나에게 유익이 되지 않고 실제적인 가치가 없는 사람들을 섬기는 삶입니다. 그러니까 십자가가 요구하는 섬기는 삶은 내가 부족하거나 객관적으로 낮기 때문에 다른 사람을 섬기는 것이 아니라 나의 섬김이 필요하기 때문에 섬기는 삶입니다. 우리가 마음으로 예배하고, 열심히 찬양하고, 정성을 다해서 헌금하고, 최선을 다해서 기도하는 것도 하나님을 섬기는 한 방편입니다. 그러나 하나님을 섬기는 삶은 그것에 그치지 않습니다. 말 안 듣고 문제 있는 주일학교 아이들을 섬기는 것도 주님을 섬기는 것이고, 반항하고 무례한 중고등부 아이들을 섬기는 것도 주님을 섬기는 것이고, 신앙이 연약하고 도움이 필요한 구역 식구들과 각 전도회의 회원 한 사람 한 사람을 섬기는 것도 주님을 섬기는 것입니다. 우리가 예배와 찬양과 기도를 통해서도 하나님을 만날 수 있지만 힘이 없고 도움이 필요한 사람들과 낮고 천한 자리에서 고통받는 사람들을 섬기면서도 주님을 만날 수 있습니다.

2) 겸손함이 요구됨

오늘 본문에서는 또한 섬김이란 자신을 낮출 때에야 가능하다고 말씀합니다. 교만하거나 스스로 높이면 절대로 섬길 수 없습니다. 물론 겉으로 외형적으로 섬길 수는 있습니다. 주님께서는 그것을 기뻐하지 않습니다. 그래서 자신을 낮추는 것, 즉 겸손은 다른 사람을 섬기기 위한 선행 조건 됩니다. 그러나 겸손하기가 쉽습니까? 결코 쉽지 않습니다.

오히려 우리는 주의 은혜로 남에게 인정을 받게 되고 남보다 좀 더 나은 환경과 여건에 있을 때 교만해지기가 쉽습니다. 그럼에도 성경은 분명하게 교만은 패망의 선봉이라고 말씀합니다.

그렇다면 겸손은 언제 생깁니까? 그리고 어떻게 겸손함을 유지할 수 있습니까? 내가 겸손하겠다고 다짐한다고 해서 겸손해집니까? 결코 그렇지 않습니다. 우리는 하나님의 은혜를 깨달을 때에야 비로소 겸손해질 수 있습니다. 바울처럼 나의 나 된 것이 하나님의 은혜라는 것을 확실히 믿고 고백할 때 겸손해 질 수 있는 것입니다. 제자들은 거기에서 실패한 것입니다. 주님께서 그들에게 신비스러운 경험과 은혜를 주신 것은 나중에 복음을 위해 쓰임 받기 위해서(또는 섬기기 위해서) 주신 것이지 그것을 남에게 자랑하라고 주신 것이 아니었습니다. 그러나 그들은(아마 특별한 은혜를 받은 세 제자들은) 그것이 주님의 은혜라는 것을 인식하지 못하고 자기의 자랑이 되었던 것입니다. 하나님께서 주신 모든 은혜는 남을 위해서 섬기라고 주신 것인데 제자들은 그것을 깨닫지 못한 것입니다. 우리가 주님의 십자가의 의미를 제대로 깨달으면 우리는 기쁨으로 섬길 수 있습니다. 우리를 구원하기 위해 하나님이신 그 분이 낮아지셔서 십자가를 지신 것을 깨달으면 우리는 자신을 낮추며 겸손히 남을 섬기지 않을 수 없습니다.

사랑하는 성도 여러분! 이 세상에 다른 사람으로부터 섬김과 높임을 받는 것을 싫어하는 사람은 아무도 없습니다. 그러나 주님께서는 그렇게 살지 말고 하나님의 백성으로서 도움이 필요한 자들을 섬기라고 말씀하셨습니다. 교회에서도 목사나 장로나 집사나 권사는 서열이 아닙니다. 그것은 은사요 직분입니다. 하나님의 백성은 대접받으려는 자세를 가져서는 안 됩니다. 이제 우리 교회에서 장로 피택을 위한 투표를 하게 되겠지만, 과연 교회에서 장로가 될 자격이 있는 사람은 누구입니까? 바로 섬기는 자입니다. 겸손한 자입니다. 대접받으려고 하는 사람,

그리고 장로가 되려고 발버둥치는 사람은 결코 장로가 되어서는 안 됩니다. 우리 교회에서 장로 신임제를 실시하려고 하는 목적이 무엇이겠습니까? 여러 가지 이유가 있지만 그 가운데 하나는 장로가 되어도 끝까지 겸손하고 섬기는 자세를 잃지 않도록 하기 위한 것입니다. 물론 우리 교회 장로님들만 생각하면 그렇게 할 필요가 없지만, 한국 교회의 대부분의 풍토는 그렇지 않은 것 같습니다.

2. 자기 우월주의와 시기심을 버려라

십자가의 진리에 비추어 볼 때 또 한 가지 요구되는 삶이 있습니다. 38절입니다.

> 요한이 예수께 여짜오되 선생님 우리를 따르지 않는 어떤 자가 주의 이름으로 귀신을 내어 쫓는 것을 우리가 보고 우리를 따르지 아니하므로 금하였나이다.

아마 요한은 자신이 한 일을 잘한 것으로 생각하고 의기양양하게 주님께 말씀드렸을 것입니다. 그 때 주님의 대답은 무엇입니까? 39-40절이다.

> 예수께서 가라사대 금하지 말라 내 이름을 의탁하여 능한 일을 행하고 즉시로 나를 비방할 자가 없느니라 우리를 반대하지 않는 자는 우리를 위하는 자니라.

여기서 강조되는 것은 적대자들과의 관계가 아니라 주님을 직접 따르지 않지만 주님을 반대하지 않고 인정하면서 주님의 이름을 의지하며 사는 사람들과의 관계입니다. 이 때 제자들의 문제는 크게 두 가지라고 생각합니다. 먼저 자기 우월주의였습니다. 그들은 자신들의 능력이 예수님으로부터 받은 자기들만의 고유한 특권으로 간주하고 자기들 외에 다른 사람들이 그러한 일을 하면 안 되는 것으로 생각하였습니다. 오늘날 우리도 그러한 자기 우월주의를 늘 조심해야 합니다. 왜냐하면 이러한 자기 우월주의는 우리를 배타적이고 편협하게 만들기 때문입니다. 물론 우리는 어떠한 경우에도 포기하지 말아야 하고 양보하지 말아야 할 것이 있습니다. 그러나 불필요하게 배타적이고 편협하지는 말아야 합니다. 제가 자주 이야기 했지만, 이럴 수도 있고 저럴 수도 있는 부분조차도 자기가 만든 잣대로 너무 분명하게 한계를 지어서 그 범위 안에 들어오지 않는 것을 쉽게 정죄하는 경우가 많습니다. 또한 우리는 자기와 신앙 생활하는 스타일이 다르거나 자기와 생각이 다르다고 해서 너무 쉽게 판단하는 경향이 있습니다. 우리는 오늘 본문의 말씀처럼 주님을 반대하지 않으면 주님을 위한 자라는 주님의 말씀을 늘 기억해야 할 것입니다. 특별히 고린도전서를 보면 신앙의 자유함을 많이 강조합니다. 결혼을 할 수도 있고 안 할 수도 있다고 합니다. 심지어 우상의 제물조차도 먹을 수 있다고 합니다. 물론 우리가 추구하고 나가는 방향에 확신과 자신감을 갖는 것은 매우 중요합니다. 그러나 자기 우월주의에 빠져서 자기 것 외에는 모든 것이 '바르지 못하다' 또는 '잘못이다' 라고 판단하는 것은 잘못입니다. 그러한 편협성과 배타성은 다른 말로 하면 '한 쪽으로 치우치는 것' 입니다. 교회는 결코 치우쳐서는 안 됩니다.

저는 우리 교회가 하나님께서 기뻐하시는 방향으로 나아가기를 원합니다. 그러나 우리가 추구하는 것만 옳다고 생각하고 다른 모든 교회는 다 틀리고 잘못한다고 하면서 배척하지는 않습니다. 우리는 전파되는 것이 그리스도라면 기뻐하고 기뻐할 것이라고 했던 사도 바울의 말씀을 늘 기억해야 합니다. 바울은 복음의 본질을 어긋나는 것은 생명을 걸고 반대하였습니다. 그러나 복음의 본질 가운데 주님을 반대하지 않고 인정하면서 자기와 생각이 다른 것은 얼마든지 인정하고 용납하였던 것입니다.

오늘 본문을 통해서 볼 수 있던 제자들의 또 한 가지는 문제는 시기심이었다고 생각합니다. 오늘 본문에는 정확하게 언급되지 않았지만 이 사건을 앞의 사건과 연결시켜 보면, 앞에 언급된 사건에서 제자들은 실패하였는데 다른 사람들은 자기들이 실패한 것을 능력 있게 감당한 데 대해 그들 마음속에 시기심이 생겨서 그것을 금했던 것입니다. 우리의 좋지 못한 습관 가운데 하나는 내가 못하는 것을 남이 할 때 객관적인 기준으로 그것을 평가하기보다 자신의 이해관계나 감정에 따라 판단하여 그를 시기하거나 배척하는 것입니다. 바로 제자들이 그러한 우를 범한 것입니다. 41절은 오늘 말씀의 전체적인 결론입니다.

> 누구든지 너희를 그리스도에게 속한 자라 하여 물 한 그릇을 주면 내가 진실로 너희에게 이르노니 저가 결단코 상을 잃지 않으리라.

이웃을 위해 살아가는 삶 또는 남을 섬기는 삶은 결코 헛되지 않는다는 것입니다. 또한 비록 자기와 같지 않다고 할지라도 그것이 주님을 위한 것이라면 그것을 인정하고 적극적으로 협력할 때 그 삶이 결코 헛되지 않는다는 것입니다.

말씀을 맺겠습니다.

십자가의 진리는 단순히 이론적인 것이 아닙니다. 십자가의 진리는 실제적인 삶을 동반합니다. 십자가의 진리를 아는 사람은 자신을 높이지 않고 겸손히 도움이 필요한 사람들을 섬깁니다. 또한 우월감에 빠져서 배타적이거나 편협하지 않고 자신의 자존심을 내세우지 않습니다. 저는 우리 모든 성도들이 늘 예수님의 십자가를 생각하면서 낮아지고 섬기는 자로 살기를 원합니다. 그리고 편협하지 않고 시기하지 않는 삶을 살기를 바랍니다. 그러한 삶은 결코 헛되지 않을 것입니다.

마가복음 9:42-50

십자가의 진리가 요구하는 삶 (II)

오늘날 우리 한국 교회가 직면하고 있는 대표적인 문제 가운데 하나는 하나님께 입술로 드려지는 믿음의 고백과 이웃을 대하는 실천적 삶이 서로 일치하지 않는 것입니다. 입술로는 그럴 듯하지만, 삶에서는 예수님을 믿는 사람이 응당 보여주어야 할 모습을 전혀 보여주지 못한 채 오히려 욕을 얻어먹고, 비난을 당하고 있습니다. 그래서 복음이 전파되고 확장되는데 실제적인 방해가 되고 있습니다.

이에 대해 성경은 신앙과 삶이 결코 떨어질 수 없는 불가분의 관계에 있음을 말씀합니다. 기독교 교리에 대해서 가장 잘 설명하고 있는 로마서나 에베소서에서는 앞에서 먼저 믿음의 도리에 대해서 가르치고 뒤에서 예수님을 믿는 사람이 어떻게 살아야 할지 구체적이고 실제적인 권면을 하고 있습니다. 예수 믿는 사람은 당연히 신앙 고백에 함께 하나님의 백성으로서의 합당한 삶이 동반되어야 한다는 것입니다.

이것은 십자가의 진리에서도 드러납니다. 지난주에 말씀드린 대로 예수님께서 십자가를 지셨던 것은 우리를 구원하시기 위한 것이었지만, 예수님의 십자가는 예수님을 믿고 따르는 우리가 당연히 살아야 할 삶의 실제적인 모범도 됩니다. 그렇기 때문에 예수님께서는 자신이 십자가를 지셔야 할 것을 가르치실 때마다 십자가의 진리가 요구하는 실제적인 삶에 대해서도 교훈하셨습니다. 지난주에 이어서 오늘 본문을 통해 십자가의 진리가 요구하는 삶이 무엇인지를 살펴보기를 원합니다.

예수님께서는 두 번째로 십자가를 지심에 대해 말씀하시면서 자기를 높이지 말고 낮추어 겸손한 자세를 가지고 모든 사람을 섬기는 사람이 되어야 한다고 하셨습니다. 어린 아이와 같이 연약하고 도움이 필요한 사람, 어린 아이처럼 실질적으로 우리에게 도움이 되지 못하는 사람들의 필요를 채우는 것이 십자가의 진리가 요구하는 삶이라고 하셨습니다. 또한 자기 우월주의에 빠진 채 폐쇄적이고 배타적인 삶을 살 것이 아니라, 자기와 다르다고 할지라도 신앙의 본질이 같다면 서로 인정하고 용납하는 것이 십자가의 진리가 요구하는 삶임을 말씀하셨습니다.

다른 사람을 실족케 하지 않는 삶

계속해서 십자가의 진리가 요구하는 삶이 무엇인지를 말씀합니다. 42절입니다.

> 또 누구든지 나를 믿는 이 소자 중 하나를 실족케 하면 차라리 연자 맷돌을 그 목에 달리우고 바다에 던지움이 나으리라.

십자가의 진리가 요구하는 삶은 다른 사람을 실족케 하지 않는 삶입니다. 여기에서 '실족케 한다'는 것은 다른 사람을 시험에 들게 하고 다른 사람에게 죄를 짓게 하는 것을 말합니다. 그 대상은 누구입니까? 바로 '나를 믿는 소자'입니다. 여기에서 '나를 믿는 소자'라는 것은 아마 섬김의 대상을 말씀하실 때 대상으로 삼았던 어린 아이를 말하는 것 같습니다. 어린 아이의 특징은 사람들의 눈에 보기에 그렇게 대단치 않다는 것입니다. 이로 미루어 본다면 사람들에게 귀하게 평가받는 훌륭한 사람들은 물론이고, 사람들 눈에 보잘 것 없어 보이는 사람이라도 그 사람을 시험 들게 하거나 그 사람에게 죄를 짓게 하는 자는 연자 맷돌을 목에 걸고 바다에 던져지는 것이 더 낫다는 것입니다. 연자 맷돌은 손으로 돌리는 작은 맷돌이 아닙니다. 이것은 당시에 나귀들이 원을 그리면서 돌리는 큰 맷돌입니다. 그 연자 맷돌을 목에 달아 바다에 던져지는 형벌은 헬라나 로마 등에서 사람을 죽인 사람과 공공의 안녕 질서를 파괴한 사람을 처형하던 극악한 처형 방법 가운데 하나였다고 합니다. 역사의 기록에는 당시에 로마에 대항하던 유대인들이(민족주의자였던 열심당원들이) 실제로 그러한 형벌을 받았다고 합니다. 그렇기 때문에 예수님의 이 말씀을 들었던 제자들도 그 형벌이 얼마나 잔인한 형벌인지 이미 알고 있었습니다.

이처럼 예수님께서는 제자들에게 비록 사람들 눈에 보잘 것 없고 대단치 않는 사람들이라고 할지라도 그들을 실족시키는 것이 얼마나 심각하고 큰 죄인 지 교훈하셨습니다. 다른 각도에서 이야기하자면, 사람들에게 보잘것없이 보이는 한 영혼도 주님 앞에서 참으로 귀하다는 것입니다. 그래서 마태복음 18장에서는 이 말씀과 함께 양 100마리가 있을지라도 한 마리 양을 잃어버렸다가 찾았을 때 얼마나 기뻐할지에 대해서 말씀하셨습니다. 계속해서 "이와 같이 이 소자 중에 하나라도 잃어지는 것이 하나님의 뜻이 아니다"라고 말씀합니다. 다시 말하면, 한 영혼이라도 주님으로부터 떨어져 나갈 때 주님께서는 참으로 마음 아파하신다는 것입니다. 또한 그 죄에 대한 대가도 그 만큼 크다는 것입니다. 물론 이 말씀을 문자 그대로 받아들여서는 안 되지만, 이 말씀은 남을 실족케 한 죄에 대한 책임이 참으로 큰 것임을 보여주고 있습니다.

사랑하는 성도 여러분! 이 말씀은 오늘날 자기중심적이고 개인주의적인 삶을 사는 우리들에게 큰 도전을 줍니다. 많은 경우 우리는 남에 대한 생각과 배려 없이 살아가고 있습니다. 어느 목사님의 글을 읽은 적이 있습니다. 그 목사님이 섬기는 교회의 성도 가운데 감사 헌금을 한 사람이 있었다고 합니다. 그가 감사한 이유는 갑작스럽게 부동산이 올라서 엄청난 금전적인 이득을 보았기 때문이었습니다. 그는 평당 만 원일 때 땅을 샀는데 얼마 지나지 않아서 그것이 몇 십 배 올랐다는 것입니다. 그 때 그 목사님은 그 사람에게 "당신은 당신에게 땅을 팔고 지금 억울하여서 잠을 못 자는 사람의 입장을 생각해 보았느냐"라고 물었다고 합니다. 그러자 그 사람은 안 해보았다고 대답했답니다. 그 목사님께서는 그 사람에게 제안하기를 "땅을 판 사람은 아마 지금쯤 분통을 터트리며 괴로워하고 있을 텐데, 당신만 좋아하고 있어서는 안 된다. 그러니 얻은 이익을 반으로 나누라"라고 했다고 합니다. 그리고 "만약 그렇게 하지 않으면 하나님 앞에 드린 감사가 소용이 없다"라고 가르쳤다는 것입니다. 이는 참으로 바른 가르침입니다.

우리는 내가 잘 될 때 나의 잘 됨으로 인해 기뻐하고 감사할 줄만 알았지, 내가 잘 될 때 나의 잘 됨으로 인하여 다른 사람이 고통과 괴로움에 있을 수 있다는 것을 생각하고 고려하지 못할 때가 많습니다. 이렇게 다른 사람에 대한 배려가 점점 사라져 가고 극단적인 이기주의와 개인주의가 팽배해져 가는 이 시대에 우리는 오늘 본문의 말씀을 명심해야 합니다. 우리 옆에 계신 성도 한 사람 한 사람은 참으로 귀한 분들입니다. 설령 사람들 눈에 보기에는 신통치 않게 보이는 사람도 하나님께는 참으로 귀한 분들입니다. 그렇기 때문에 우리 주위에 사람들을 함부로 대해서도 안 되고 실족케 해서도 안 될 것입니다.

사도 바울은 오늘 본문 말씀의 핵심을 잘 이해하고 그대로 실천하는 사람이었습니다. 바울은 복음 안에서 참으로 자유한 사람이었지만 우상의 제물도 먹을 수 있다고 하였습니다. 그런데 그는 어떻게 고백합니까? 그는 만약 식물이 내 형제로 실족케 하면 나는 영원히 고기를 먹지 아니하여 내 형제를 실족치 않게 하겠다고 하였습니다(고전 8:13).

여러분 혹시 간하배(하비콘)라는 선교사님에 대해서 알고 계십니까? 그는 미국에 있을 때 하루에 담배를 두 갑씩 피웠던 사람이었습니다.

그러나 한국에 와서는 그것 때문에 성도들이 시험에 들고 실족할까봐 담배를 끊는 절제하는 삶을 살았습니다. 물론 미국으로 돌아가면 다시 두 갑씩 피웠다고 합니다. 저도 이러한 점에 대해서 늘 조심하려고 합니다. 저는 참으로 자유스러울 수 있지만 이로 인해 시험에 드는 사람이 있을까봐 늘 조심하고 주의하고 있습니다.

사랑하는 성도 여러분! 십자가 진리가 요구하는 삶은 인간의 눈으로 보기에 아무리 미천하게 보인다 할지라도 그 사람을 업신여기지 않고 실족시키지 않는 삶입니다. 물론 이 말씀은 가식적인 삶을 살아가라는 말이 아닙니다. 이 삶은 모든 사람을 진정 사랑하는 삶입니다. 한 영혼 한 영혼을 귀하게 보는 삶입니다. 또한 다른 사람이 어떻게 되든 상관하지 않는 삶이 아니라 주위의 연약하고 부족하게 보이는 한 영혼 한 영혼을 늘 돌보아주고, 그들을 배려하며, 희생하는 삶입니다.

죄의 유혹을 극복하는 삶

이제 주님은 자신의 죄에 대해서 말씀하고 있습니다. 43-48절에 또 한번 무시무시한 말씀을 합니다. 무엇이라고 하십니까?

> 손이 너를 범죄케 하면 손을 찍어버리라(43절).
> 발이 범죄하면 또 발을 찍어버리라(45절).
> 눈이 범죄케 하면 눈을 빼어버리라(47절).

물론 '찍어버리라', '빼어버리라'고 하신 말씀은 문자 그대로 받아서는 안 됩니다. 만약 문자 그대로 행해야 한다면 우리 가운데 성성할 사람이 누가 있겠습니까? 물론 교회사적으로 보면 실제로 이러한 일들을 행한 사람들이 많이 있었습니다. 우리나라에도 이러한 일들이 많이 있었다고 합니다. 그러나 잘라버린다고 결코 해결되지 않습니다. 이 말씀은 손발을 절단하는 고통, 눈을 뽑아버리는 아픔을 가지고 죄 짓는 것을 즉시 중단하라는 말씀입니다. 실제로 우리의 삶을 돌아보면 타성에 젖은 죄악들이 우리를 괴롭히는 경우가 많이 있는데, 그러한 모든 죄악 된 것들을 극복하기 위해 기도하고 절제하면서 최선의 노력을 다해야 한다는 것입니다.

또한 이 말씀은 죄의 유혹을 철저히 물리치라는 말씀입니다. 이 세상에는 우리를 유혹하는 것들이 너무 많습니다. 우리는 철저하게 자신을 지키지 않으면 쉽게 유혹에 빠질 가능성이 너무 많습니다. 그렇기 때문에 손발을 절단하는 고통과 눈을 뽑아버리는 아픔을 가지고, 우리로 범죄케 하는 것으로부터 철저하게 자신을 지켜야 하는 것입니다.

더불어 우리는 오늘 본문의 문맥에서 볼 때 우리의 죄는 우리를 파멸로 이끌기도 하지만, 다른 각도에서 보면 그것은 이웃을 실족케 하기도 한다는 것을 명심해야 합니다. 이것이 바로 오늘날 한국 기독교가 겪고 있는 위기의 원인이기도 합니다. 한 조사에 의하면 1990년부터 10년 동안에 천 만 명이 교회 밖으로 나갔다고 합니다. 그 이유는 교회가 교회로서 보여주어야 할 모습을 보여주지 못하기 때문이라는 것입니다. 어떤 사건이 터질 때마다 계속 매스컴에서 오르내리는 유명한 기독교인들 때문에 신앙이 연약한 많은 성도들이 실망하며 교회를 빠져나간다는 것입니다. 우리의 죄 때문에 다른 성도들이 시험에 드는 것은 참으로 큰 죄입니다. 자신이 행한 죄도 물론 심판을 받을 것이지만, 남을 시험에 들게 하고 다른 사람의 신앙을 떨어지게 하는 죄의 결과에 대해서도 하나님의 큰 심판이 있을 것이라고 생각합니다.

이어지는 말씀은 조금 난해한 말씀입니다. 49절입니다.

사람마다 불로서 소금 치듯 함을 받으리라.

이 말씀은 복음서에서 마가복음에만 나오는 말씀으로 지옥에 대한 설명은 아니고, 아픔과 고통을 통해 정결케 됨을 의미합니다. 불은 성경에서 여러 가지를 의미하지만 여기에서는 '고난'을 말합니다. 스스로 죄를 짓지 않기 위해서 고통을 견디는 것을 의미할 수도 있고, 일반적인 고난을 의미할 수도 있습니다. 또한 성경에서 말씀하는 소금의 특징은 부패를 막는다는 것입니다. 그러니까 마치 소금이 뿌려져서 부패가 방지되는 것처럼 고통과 아픔을 통해서 우리가 죄를 짓지 않는다는 것입니다.

화목한 삶

그러면서 35절부터 49절까지의 결론을 말씀합니다. 50절입니다.

> 소금은 좋은 것이로되 만일 소금이 그 맛을 잃으면 무엇으로 이를 짜게 하리요 너희 속에 소금을 두고 서로 화목하라 하시니라.

여기엔 두 가지의 명령이 있습니다. 첫 번째는 "너희 안에 소금을 두라"라는 말씀입니다. 이 말씀은 문맥을 통해서 보면 두 가지 의미가 있습니다. 먼저 부패하지 않도록 많은 노력을 하라는 것을 의미합니다. 다음으로 직접 소금의 역할을 감당하라는 것을 의미합니다. 이 때 스스로 부패하지 말라는 말과 다른 사람에게 소금의 역할을 감당하라는 말은 서로 연결되어 있습니다. 우리가 스스로 부패되지 않을 때, 다시 말해 죄를 짓지 않을 때 세상에서 소금의 역할을 감당할 수 있습니다. 손과 발의 절단의 아픔을 가지고 눈을 빼는 아픔을 가지고 죄를 짓지 않을 때 우리는 이 세상에 소금의 역할을 감당할 수 있는 것입니다. 그리고 화목하라고 말씀합니다. 그 이유는 무엇입니까? 근본적인 이유는 맛을 잃지 않는 소금으로 남기 위해서, 또는 소금의 역할을 감당하기 위해서 입니다. 소금의 역할을 감당하는 것은 우리의 화목의 이유임과 동시에 결과입니다. 따라서 이 썩어가는 세상이 더 이상 부패되는 것을 막는 사명을 감당하기 위해서는 우리가 먼저 화목해야 하겠고, 우리가 화목할 때 비로소 우리는 소금의 역할을 감당하며 이 세상이 부패되는 것을 막을 수 있을 것입니다.

사랑하는 성도 여러분! 교회 안에서 분쟁과 다툼이 일어나는 이유는 무엇입니까? 그것은 서로 높아지려고 하기 때문입니다. 자기 우월주의에 빠져 다른 사람들을 무시하고 업신여기기 때문입니다. 그리고 이웃을 사랑하고 생각하는 마음이 없기 때문입니다.

그렇다면 우리가 화목하기 위해서는 어떻게 해야 합니까? 우리가 스스로 낮추어서 섬기면 화목할 수 있습니다. 상대방을 인정하고 용납할 때 화목할 수 있습니다. 한 사람 한 사람을 귀하게 여길 때 화목할 수 있습니다. 제가 간절히 기도하는 것은 이런 화목한 교회가 되는 것입니다. 사랑하는 성도 여러분! 우리 서로 낮춥시다. 그래서 서로 섬깁시다. 서로 서로를 평가하고 판단하지 말고 귀하게 여기며 사랑합시다. 그러면 화목할 수 있습니다. 화목할 때 우리는 바른 교회의 모습을 보여줄 수 있고 소금의 역할을 감당할 수 있을 것입니다.

이제 말씀을 맺겠습니다.

우리 기독교는 믿음의 도리만 강조하지 않습니다. 그리고 입술의 고백만을 요구하지도 않습니다. 우리 기독교는 실천적인 삶을 요구합니다. 저는 우리 모든 성도들이 삶과 생활로 드러나는 신앙을 소유하기를 원합니다. 그리하여 참으로 도덕적으로 부패되고 타락되어 있는 이 때에 소금의 역할을 감당하기를 원합니다.

마가복음 10:1-12

결혼에 대한 성경의 가르침

마가복음 전체를 예수님의 사역의 장소에 따라 분류하면 1-9장을 한 부분으로, 그리고 10장 이하를 다른 한 부분으로 나눌 수 있습니다. 예수님의 사역은 1-9장에서는 갈릴리를 중심으로 이루어지고 10장부터 마지막까지는 예루살렘을 중심으로 이루어집니다(참고, 32절, 46절, 11:1).

이혼에 대한 질문

1절입니다.

> 예수께서 거기서 떠나 유대 지경과 요단 강 건너편으로 가시니 무리가 다시 모여 들거늘 예수께서 다시 전례대로 가르치시더니

여기에서 유대 지경은 예루살렘 근처를 말합니다. 그러므로 10장은 이제 갈릴리 사역을 정리하시고 예루살렘으로 가시는 도중에 일어난 일들을 기록한 것입니다. 예수님과 제자들이 예루살렘으로 올라가는 도중에 바리새인들이 예수님을 시험하기 위해서 이혼에 대해서 묻습니다. 2절입니다.

바리새인들이 예수께 나아와 그를 시험하여 묻되 사람이 아내를
내어버리는 것이 옳으니이까

바리새인들이 예수님께 이혼에 대해서 물었던 것은 순수하게 하나님의 뜻을 알기 위해서거나 또는 예수님의 견해를 알아보기 위해서가 아니라 단지 시험하기 위함이었습니다. 시험하기 위해서 물어보았다는 것은 예수님을 궁지에 몰아넣기 위해서 물어보았다는 것을 의미합니다. 그들은 이미 산상수훈에서 예수님께서 말씀하신 예수님의 결혼관을 알고 있었기 때문입니다.

그들이 질문했던 두 가지 이유

그들이 예수님께 이혼에 대해서 물었던 이유는 두 가지입니다. 먼저 그들은 예수님의 결혼관이 율법에 어긋난다고 생각했습니다. 당시에 율법을 해석하는데 있어서 크게 두 부류의 학파가 있었는데, 오늘날로 빗대어 말하면, 한 쪽은 자유 진영에 속하는 부류이고 다른 한 쪽은 보수 진영에 속하는 부류였습니다. 자유 진영에 속하는 학파를 '힐렐' 학파라고 하였고, 보수 진영에 속하는 학파를 '샴마이' 학파라고 했습니다. 두 학파는 이혼 문제에 대해서 서로 다른 견해를 가지고 있었습니다. 힐렐 학파에서는 이혼을 매우 쉽게 생각하였던 반면 샴마이 학파는 극단적인 잘못을 하지 않으면 이혼해서는 안 된다고 주장하였습니다. 이러한 그들의 차이점은 신명기 24:1의 해석에 근거한 것입니다. 신명기 24:1을 보면 "사람이 아내를 취하여 수치스러운 일이 그에게 있음을 발견하고 그를 기뻐하지 아니하거든 이혼 증서를 써서 주고 그를 집에서 쫓아낼 수 있다"라고 했습니다. 이 말씀에서 논쟁이 되었던 것은 바로 '수치스러운 일'이 무엇인지에 대한 것이었습니다. 힐렐 학파는 '수치스러운 일'에 해당하는 것들을 매우 폭넓게 적용했습니다. 당시의 문서

에 의하면, "힐렐의 학교에서 가르치기를 아내가 남편의 음식을 조리할 때 소금을 너무 치거나 고기를 너무 오래 굽는다면 그녀는 이혼을 당하는 것이 마땅하다고 하다"라고 할 정도였습니다. 이에 반하여 샴마이 학파는 '수치스러운 일'에 해당하는 것들을 매우 좁게 적용하였습니다. 그래서 어지간한 일이 아니면 이혼해서는 안 된다고 했습니다.

오늘 본문의 문맥을 살펴볼 때 예수님께 질문하였던 바리새인들은 아마 이혼에 대해서 자유스러운 태도를 가지고 있었던 힐렐 학파에 속한 사람들이었던 것 같습니다(참고, 4절). 이것은 마태복음을 통해서도 확인됩니다. 마태복음을 보면 순서가 바뀌어 예수님께서 먼저 오늘 본문의 6-9절의 내용을 말씀하셨을 때 그들이 신명기에 있는 말씀을 들이대면서 "모세가 이렇게 말하지 않았습니까?"라고 주님께 반박하였습니다. 즉 그들은 이미 산상수훈에서 주님께서 결혼과 이혼에 대해서 무엇을 말씀하셨는지 알고 있었고, 이혼해서는 안 된다고 하셨던 예수님의 말씀이 모세의 율법에 어긋난다고 생각했기 때문에 그것을 부각시키고자 이혼에 관해서 질문한 것입니다.

한편 그들이 예수님께 이혼에 관하여 질문했던 것은 이혼 문제가 당시에 정치적으로 민감한 문제였기 때문입니다. 지금 이 논쟁은 당시 그 지역의 왕이었던 헤롯왕이 자기 부인과 이혼하고 자기 사촌 동생의 아내를 자기의 아내로 맞이해서 살고 있었고, 세례 요한이 그것을 잘못이라고 지적함으로 참수형을 당한 때에 벌어진 것입니다. 그렇기 때문에 예수님께서도 만약 이혼에 대해서 부정적인 말을 하게 되면 세례 요한처럼 참수형을 당할 수 있었습니다. 그러므로 이혼에 대한 예수님의 말씀은 예수님과 헤롯당의 대립을 증폭시키는 결과를 초래할 수 있었기 때문에 그들이 그 문제를 가지고 예수님께 질문하였던 것입니다.

예수님의 답변

바리새인들이 질문을 하자 예수님께서는 그들의 의도를 아시고 이혼에 대해서 모세가 무엇이라고 했는가를 먼저 묻습니다. 3절입니다.

대답하여 가라사대 모세가 어떻게 너희에게 명하였느냐?

예수님께서 몰라서 질문한 것이 아닙니다. 그들이 모세의 율법에 대해서 잘못 이해하고 있었기 때문에 그들의 잘못된 이해를 바로 잡아주시려고 질문하신 것이었습니다. 그 때 그들이 무엇이라고 대답했습니까? 4절입니다.

가로되 모세는 이혼 증서를 써주어 내어버리기를 허락하였나이다.

이 대답을 보면, 이 사람들은 신명기에 있는 말씀에 근거해서 아주 당당하고 당연하게 이혼을 할 수 있다고 생각하였던 사람들임에 분명합니다. 그들은 그 말씀을 바로 이해하지 못하고 문자적으로 해석해서 쉽게 이혼을 할 수 있다고 생각하였습니다. 이혼 증서만 주면 이혼을 해도 전혀 잘못하지 않은 것처럼 생각한 것입니다. 그래서 예수님께서는 그 말씀의 본래의 의미를 설명하셨습니다. "사람의 마음의 완악함을 인하여(5절)" 그렇게 명령하셨다는 것입니다. 신명기에서 이혼 증서를 주어서 이혼을 허락했던 근본적인 이유는 여자들을 보호하기 위함이었습니다. 당시에는 여자들을 마치 노리개 감이나 노예와 같이 생각하고 자기 마음대로 여자를 바꾸는 일이 있었다고 합니다. 여자들은 집에서 쫓겨난 후에도 법적으로 한 남자의 아내로 계속 남아 있어야 되었고, 또한 결혼하게 되면 그 사람은 사회에서 소외되어 창녀 취급을 받을 수밖에 없었습니다. 그러한 상황에서 이혼 증서를 주라고 한 것은 먼저 이혼 증서를 줌으로 이혼 문제에 대해서 신중함을 기하기 위함이었습니다. 아무래도 증서를 주기 위해서는 한 번 더 생각하지 않겠습니까? 또한 이혼 증서를 줌으로 이혼당한 여자들도 거리낌 없이 재혼할 수 있는 기회를 마련해 주기 위함이었습니다. 이렇게 볼 때 모세의 명령은 이혼을 찬성하거나 조장시켰던 것이 아니라 오히려 이혼을 억제시키며 아내들이 남편의 희생물이 되지 않도록 하려는 목적이 있었습니다. 그런데 당시의 유대인들은 이 법의 원래 취지를 무시하고 오히려 이 법을 이혼의 수단과 방편으로 이용하였던 것입니다. 모든 일에 그랬던 것처럼, 그들의 문제는 율법의 본질을 무시한 채 자기들에게 유익한대로 율법을 왜곡시키면서 자기들이 율법을 잘 지키고 있는 줄로 착각한 것입니다. 그래서 예수님께서는 모세의 법이 사람의 완악함 때문에 임시적으로 그리고 차선책으로 주신 것임을 설명함으로 그 말씀의 본질을 가르치셨습니다.

이어서 예수님께서는 창세기의 말씀을 통해서 결혼의 본질을 그들에게 알려줍니다. 6절입니다.

창조 시로부터 저희를 남자와 여자로 만드셨으니

예수님께서는 먼저 하나님께서 남자와 여자로 창조하였음을 상기시킵니다. 당시에 남자들이 그렇게 쉽게 여자들을 내어버릴 수 있었던 것은 (2,4절) 여성이 열등하다는 생각 때문이었습니다. 예수님께서는 여성이 열등한 존재가 아니라 하나님께서 여성도 남성과 동등하게 창조하신 것을 강조하셨습니다. 말하자면 사회 저변에 있는 여성을 천대시하는 경향을 바로 잡고, 결혼에 있어서 여성이 불이익을 당해서는 안 된다는 것을 강조하기 위해서 하나님께서 남녀를 창조하신 것을 먼저 말씀하셨습니다. 이어서 8-9절에서 무엇이라고 말씀합니까?

그 둘이 한 몸이 될지니라 이러한즉 이제 둘이 아니요 한 몸이니 그러므로 하나님이 짝지어 주신 것을 사람이 나누지 못할지니라 하시더라.

이혼은 결코 하나님께서 기뻐하시는 일이 아님을 강조하신 것입니다. 이후에 예수님께서는 집으로 돌아와 제자들이 이 일을 다시 물었을 때(10절) 아내를 버리고 장가 드는 것을 간음이라고 말씀하십니다. 11-12절입니다.

이르시되 누구든지 그 아내를 내어 버리고 다른 데 장가 드는 자는 본처에게 간음을 행함이요 또 아내가 남편을 버리고 다른 데로 시집가면 간음을 행함이니라.

십계명에서 간음은 엄청난 큰 죄입니다. 이 말씀은 이혼이 하나님 앞에서 심각한 죄임을 말씀하신 것입니다. 당시 유대인들은 보편적으로 결혼의 구속력을 인정하지 않고 율법의 말씀을 왜곡되게 이해하여서 사소하고 하찮은 이유로 이혼하였습니다. 그리고 율법의 말씀으로 예수님을 궁지에 빠뜨리려고 했습니다. 그러나 예수님께서는 창세기의 말씀을 통해 결혼의 본질을 설명함으로 그들이 전혀 반발하지 못하도록 하셨습니다. 결혼제도는 근본적으로 창조질서에 속한 것이기 때문에 쉽게 이혼해서는 안 된다는 것입니다.

이혼에 대한 잘못된 이 시대의 가치관

당시와는 본질적인 이유와 양상은 다르지만 오늘날 우리 한국에서도 이혼율이 계속 높아지고 있고 이혼을 아주 쉽게 생각하는 경향이 있습니다. 지난주에 인터넷에서 9월에 올려진 통계청의 자료를 보니까 99년도 전체 혼인건수는 363,000건으로 하루에 평균 994쌍이 새로운 가정을 이루었다고 합니다. 반면 99년도 일 년 동안 이혼한 건수는 118,000건으로 하루 평균 323쌍이었다고 합니다. 이 통계에 의하면, 결혼한 3가정 중 평균 한 가정이 이혼한 것입니다. 그러나 결혼과 이혼을 90년도와 비교해 보면, 결혼 건수는 90년도에 비해서 약 4만 건 줄어든 데 반해 이혼 건수는 90년도에 비해 약 3배 이상 증가한 것을 볼 수 있었습니다. 예전에 10가정 중 한 가정이 이혼하던 것에 비해 9년 사이에 이혼율이 매우 크게 증가한 것입니다. 그럼에도 우리나라는 좀 양호한 편입니다. 미국은 이제 이혼에 대한 통계를 아예 내지 않기로 했다고 합니다. 결혼해서 이혼하는 쌍이 거의 70%에 육박한 나머지 이혼하지 않는 수를 세는 것이 더 빠르다는 것입니다. 뿐만 아니라 98년도에는 한국교회 미래를 준비하는 모임에서 이혼하는 문제에 대해서 조사를 했더니 믿지 않는 사람 가운데 약 43%가 이혼에 대해서 무방하다고 대답하였고, 믿는 사람들도 약 35%가 이혼할 수 있다고 대답하였다고 합니다. 이러한 통계는 오늘날 결혼과 이혼을 참으로 쉽게 생각하는 이 시대의 가치관을 단적으로 보여주고 있습니다.

이렇게 하나님을 모르는 사람뿐 아니라 하나님을 믿는 사람까지 갈수록 이혼율이 증가하고 이혼을 쉽게 생각하는 근본적인 이유가 무엇이라고 생각합니까? 저는 크게 두 가지를 생각합니다.

먼저, 이것은 자신의 행복을 위해서 하나님의 뜻을 얼마든지 거역할 수 있다는 성숙되지 못한 신앙관에서 나오는 것입니다. 성경은 아주 분명하고 단호하게 이혼은 해서는 안 되고 이혼은 죄라고 가르치고 있는데, 우리 시대의 전반적인 경향은 자신의 행복과 자기의 목표의 실현이 하나님의 뜻보다 우선합니다. 그래서 예수님을 믿는 사람조차도 이혼을 하는 것이 서로의 행복을 위해서 어쩔 수 없는 결정이라고 합니다(물론 이혼한다고 해서 행복해진다는 보장은 없습니다. 오히려 불행해질 확률이 더 높습니다). 우리는 하나님 말씀의 순종이 자기 목표 달성이나 심지어 자신의 행복보다 더욱 중요하다는 것을 분명히 알아야 합니다. 하나님 말씀의 순종이 세상의 어떤 것보다 중요하다는 것을 늘 기억한다면 이혼을 쉽게 생각할 수 없을 것입니다.

이혼의 또 다른 근본적인 이유는 개인주의 또는 이기주의적 성향 때문이라고 생각합니다. 하나님께서 이혼을 금지하신 이유 가운데 하나는 가정과 이 사회의 질서를 지키기 위한 것이었습니다. 결혼(가정)은 오늘날 사회가 지탱할 수 있는 가장 중요한 제도입니다. 만약 결혼 제도가 무너진다면 이 시대는 걷잡을 수없이 타락하게 될 것입니다. 오늘날 이 사회에 문제가 발생되는 중요한 이유 가운데 하나도 역시 가정이 온전치 못하기 때문입니다. 물론 이혼하게 되면 자신은 행복해 질 가능성이 없지 않아 있습니다. 그러나 우리의 자녀와 우리의 이웃이 피해를 봅니다. 통계청의 조사에 의하면 이혼당시 71.2%가 미성년 자녀를 둔 경우라고 합니다. 그 아이들을 누가 책임지며 그 아이들이 이 사회에서 줄지 모를 악영향은 누가 감당해야 합니까? 결국 이혼은 자녀들과 다른 사람들 그리고 이 사회 전체의 기초를 흔드는 일입니다.

복된 가정을 위하여

한편 어떤 사람들은 누가 그것을 몰라서 이혼하느냐고 할지도 모릅니다. 그래서 이 시간에 좀 더 적극적인 차원에서 이혼을 미리 예방하기 위해서, 혹시 부부간에 어려움이 있는 분들을 위해서, 한 걸음 더 나아가 주님께서 허락하신 가정에서 복된 삶을 누리기 위해서 필요한 것을 두 가지 말씀드리겠습니다. 먼저 하나님의 은혜가 필요합니다. 남남이 만나서 산다는 것은 쉽지 않습니다. 그러나 주님의 은혜가 임하면 남편은 아내가 그리고 아내는 남편이 사랑스러워지고 이해될 줄 믿습니다. 한 걸음 더 나아가 감사한 마음이 생기게 됩니다. 또한 하나님의 은혜가 임하면 우리에게 당한 어려움을 극복할 수 있을 것입니다. 그러므로 온전한 가정을 위해서 주님의 은혜를 구하십시오. 또 하나는 우리의 목표가 바로 되어야 합니다. 다시 말하면, 부부의 최대의 목표가 자녀나 물질이나 인간적인 만족과 행복에 있지 않고 두 사람이 힘을 합하여 하나님의 기뻐하시는 뜻을 이루는 것에 있어야 한다는 것입니다. 우리의 가정들이 하나님의 말씀을 최고의 권위로 생각하고, 하나님의 뜻을 이루기 위해서 최선을 다하고, 하나님의 뜻이 아닐 때 최선을 다해서 대항하는 기본적인 자세가 되어 있다면 그 가정은 점점 하나가 될 수 있고 갈수록 더욱 더 행복한 가정이 될 줄로 믿습니다.

성경에 기록된 이혼 사유

반면에 성경을 보면 두 가지 이혼 할 수 있는 사유를 말씀합니다. 마태복음을 보면 음행한 연고 외에 이혼해서는 안 된다고 말씀합니다. 이 말은 상대방이 음행했을 때는 이혼이 가능하다는 것입니다. 물론 이 말은 이혼을 하라는 말은 아닙니다. 왜냐하면, 당시에 음행은 죽을죄에 해당하는 것이었기 때문에 간음을 하게 되면 사형으로 이혼을 대신하였습니다. 결국 이 말씀은 음행이 이혼의 사유임을 강조하는 것이라기보다는 음행이 얼마나 큰 잘못인지를 대변해주고 있습니다. 오늘날도 우리의 가정을 파괴하는 가장 큰 죄는 음행입니다. 음행이 사회를 무너뜨리는 것이기 때문에 강조한 것입니다.

또한 고린도전서를 보면 안 믿는 남편이 믿는 아내에게 이혼을 요구할 때 이혼이 가능하다고 하였습니다. 물론 이것도 역시 이혼을 장려한 것은 아닙니다. 당시는 핍박과 고난의 상황이었습니다. 그러한 상황에서 이 세상의 어느 것보다 신앙을 유지하는 것이 귀중한 것이었기 때문에 그러한 말씀을 한 것입니다. 그러나 우리가 분명히 알 것은 이러한 조건도 우리의 죄성과 연약함 그리고 완악함 때문에 예외조항으로 둔 것이지 성경의 본질적인 의도는 아니라는 것입니다. 저는 개인적으로 설령 음행을 했다고 할지라도 우리는 받아주어야 하고 믿지 않아도 우리는 최선을 다해서 섬기고 사랑해야 한다고 생각합니다.

말씀을 맺겠습니다.

이 시대를 보면 참으로 암담할 때가 많이 있습니다. 그 가운데 하나가 결혼에 대한 잘못된 가치관이라고 생각합니다. 성경은 이혼은 불가하다고 말씀하고 있습니다. 저는 하나님의 은혜가 임하면 우리의 가정들이 하나님께서 기뻐하시는 가정이 되리라고 믿습니다. 그러할 때 우리도 행복하고 이 시회가 밝아지고 하나님께서도 영광을 받으실 것입니다. 우리 모든 성도들을 하나님 안에서 복된 가정을 이루시기를 바랍니다.

마가복음 10:13-16

어린 아이에게서 얻는 교훈

예수님의 사역과 우리 기독교를 이해하기 위한 중요한 개념 가운데 하나는 '하나님 나라' 입니다. 하나님 나라는 복음서(특히 마태복음)에서 '하늘나라' 또는 한자어로 '천국' 으로 표현되기도 합니다. 그것은 마태복음이 유대인을 대상으로 쓰여 진 복음서이기 때문입니다. 유대인들은 '하나님' 이라는 이름을 너무 거룩하게 여겼기 때문에 '하나님'을 감히 부르지 못하고 대신 '하늘' 이라는 말을 사용하였습니다. 그러니까 '하늘나라' 또는 '천국'은 '하나님 나라' 와 같은 말입니다.

'하나님 나라' 의 개념이 중요한 이유는 그것이 예수님 사역과 말씀의 핵심이기 때문입니다. 예수님께서 사역을 시작하시면서 처음으로 하신 말씀이 "때가 찼고 하나님 나라가 임했다"였습니다. 또한 예수님 사역의 목적도 하나님 나라를 전파하는 것이었습니다(눅 4:43). 뿐만 아니라, 부활하신 후의 예수님의 가르침의 핵심은 하나님 나라였습니다(행 1:3). 이러한 말씀들은 예수님 사역과 가르침의 핵심이 '하나님 나라' 임을 너무도 분명하게 보여줍니다. 그렇기 때문에 하나님 나라에 대한 바른 이해는 예수님의 사역과 기독교를 바로 이해하는데 중요합니다.

하나님 나라의 이해

하나님 나라에 대한 바른 이해를 위해서 우리는 두 가지를 늘 기억해야 합니다. 먼저 하나님 나라는 장소적인 개념이 아니라 통치적인 개념입니다. 다시 말하면, 하나님 나라는 어떤 장소를 의미하기보다 우선적으로 하나님의 통치와 다스림을 의미합니다. 그렇기 때문에 '하나님 나라가 임한다'는 것은 왕으로서 하나님의 통치와 다스림이 임한다는 것을 말하고 '하나님 나라에 들어간다'는 말은 하나님의 통치와 다스림에 들어간다는 것을 의미합니다. 또한 하나님 나라는 현재적 측면이 있고 미래적 측면이 있습니다. 흔히 하나님 나라 또는 천국을 우리가 죽은 다음에 가는 곳으로만 이해하는 분들이 많은데 그것은 옳지 않습니다. 왜냐하면, 하나님 나라는 현재적 측면과 미래적 측면을 모두 가지고 있기 때문입니다. 여기에서 현재적 측면이라는 것은 예수님을 통해서 이미 하나님 나라가 우리에게 임하였고 지금 우리가 누릴 수 있다는 것을 뜻합니다. 미래적 측면이라는 것은 하나님 나라가 이미 우리에게 임하였고 지금 우리가 누릴 수 있지만 미래에 완성된다는 것을 뜻합니다. 하나님 나라는 예수님께서 2000년 전에 오심으로 이미 시작되었고, 아직 완성되지는 않았습니다. 그러나 주님께서 재림하심으로 완성될 것입니다. 다른 각도에서 말씀드리면, 예수님에 의하여 사탄은 치명적인 패배를 당하였고, 하나님과 우리의 관계가 회복되었습니다. 그리고 죄로 인해 파괴되고 연약해진 부분들도 회복되어졌습니다. 물론 그것이 완전하거나 완성된 것이 아닙니다. 우리는 여전히 사탄의 영향권 아래 있기 때문에 우리를 유혹하고 괴롭히는 사탄과 싸워야 하고, 우리의 연약함이 완전히 회복되지 않았기 때문에 이 땅에 살면서 아픔과 괴로움과 죽음을 맛보아야 합니다. 하지만 주님께서 재림하시면 사탄이 완전히 파멸되어서 더 이상 우리를 괴롭히거나 유혹하지 못하게 되고, 우리의 모든 것들이 완전히 회복되어서 더 이상 죽음도 아픔도 고통도 없을 것입니다. 이것이 하나님 나라의 현재성과 미래성입니다.

하나님 나라의 경험

하나님 나라가 아직은 완전하지는 않고 완성되지는 않았지만, 이미 임하였고 지금 우리가 살면서 경험할 수 있습니다. 이렇게 하나님 나라가 임하게 되면 우리의 삶에 어떤 변화가 일어나는지 살펴보겠습니다.

먼저 하나님 나라가 임하게 되면 우리는 우리를 얽매이고 있는 것에서 해방될 수 있습니다. 예수님의 대표적인 사역 가운데 하나는 마귀를 쫓아내는 것이었습니다. 예수님께서 마귀를 쫓아내었다는 것은 문자 그대로 마귀에게서 해방된 것을 의미하기도 하지만 보다 큰 범위 안에서 이 말씀은 우리를 얽매이고 있는 것으로부터 자유케 됨을 의미합니다. 예를 들어, 명예에 사로잡혀 살고 있는 사람들은 항상 명예에 질질 끌려 다니면서 삽니다. 또한 어떤 사람들은 물질에, 어떤 사람들은 사람들의 평가와 인기에, 어떤 사람들은 학위에, 어떤 사람들은 이성에 꼼짝 못하며 끌려 다니는 삶을 살고 있습니다. 그러나 하나님의 나라가 임하고 나면 우리는 더 이상 그런 것들에 끌려 다니지 않고, 완전하지는 않더라도 그러한 것으로부터 많이 자유하며 살 수 있다는 것입니다.

다음으로 하나님 나라가 임하게 되면 우리는 연약함에서 회복됩니다. 예수님의 대표적인 사역 가운데 하나는 병자를 고치는 것이었습니다. 예수님께서 병자를 고치신 것도 물론 문자 그대로 병자가 주의 능력으로 회복된다는 것을 의미하기는 하지만 보다 큰 범위 안에서 우리가 우리의 연약함에서 회복된다는 것을 의미합니다. 예를 들어, 우리는 살아가면서 우리의 힘으로 극복할 수 없는 한계 상황을 너무나 자주 경험하게 되는데, 그것은 때로는 자녀 때문에, 때로는 물질 때문에, 때로는 육체의 질병 때문에, 그리고 기타 여러 가지 어려움 때문에 경험하는 한계 상황입니다. 그렇지만 하나님의 나라가 임하게 되면 이와 같이 우리가 극복할 수 없고 해결할 수 없었던 한계 상황과 어려움들이 극복되고 해결되는 놀라운 능력을 경험하게 됩니다.

세 번째로 하나님 나라가 임하게 되면 우리는 진정한 기쁨과 평강을 누리게 됩니다. 로마서 14:17은 "하나님의 나라는 먹는 것과 마시는 것이 아니요 오직 성령 안에서 의와 평강과 희락이라"라고 말씀합니다. 실제로 하나님 나라가 임하게 되면 물질적으로 부요해지고 자녀들이 잘되고 범사가 형통하고 육체적으로 건강해지는 것과 같이 외형적이고 물질적인 복을 경험할 수도 있습니다. 그러나 더욱 중요한 것은 어떠한 환경에서도, 다시 말하면 물질이 없고 건강하지 못하더라도 우리는 세상이 줄 수 없는 평강과 기쁨을 경험하는 것입니다(빌 4:13).

하나님 나라의 신비

하지만 성경은 이러한 하나님의 나라를 아무나 보고 경험하는 것이 아니라고 말씀합니다. 마태복음 13:10-13과 로마서 16:25-26을 보면 하나님의 나라는 '신비(mystery)'라고 합니다. 신비라는 말은 비밀이라는 말과는 다릅니다. 비밀이라는 것은 누군가가 감추고 보여주지 않아서 모르는 것이고 신비라는 것은 눈앞에 보이는데도 그 핵심과 본질을 깨닫지 못하는 것입니다. 하나님의 나라는 영의 눈이 열린 사람만 볼 수 있습니다. 그것을 경험한 사람만 귀하게 여깁니다. 그래서 마태복음 13장에는 어떤 사람이 하나님의 나라를 알고 나니까 그것이 너무 귀해서 자기의 모든 것을 다 팔아서 그것을 샀다고 하였습니다. 그 신비를 모르는 사람에게는 아무 것도 아닌 것 같지만 그것을 보고 그 가치를 아는 사람은 세상의 어느 것보다 귀하게 여기지 않을 수 없는 것입니다.

하나님 나라를 경험할 수 있는 자- 어린아이

오늘 본문은 '그렇게 신비스러운 하나님 나라, 누군가 경험하면 모든 것을 다 팔고 살 하나님 나라를 누가 경험할 수 있는가?'를 우리에게 말씀합니다. 본문을 보겠습니다. 예수님께서 갈릴리에서 예루살렘으로 가시는 도중에 사람들이 예수님의 만져 주심을 바라고 아이를 데리고 왔습니다. 13절입니다.

> 사람들이 예수의 만져 주심을 바라고 어린아이들을 데리고 오매 제자들이 꾸짖거늘

당시에는 부모들이 어린 자녀들을 랍비에게 데리고 가서 기도를 부탁하는 관습이 있었다고 합니다. 우리가 잘 아는 대로 유대인들은 자녀들에게 많은 관심을 보이는데 그들의 최고의 관심은 신앙 교육이고, 자녀들을 위해서 부모가 해줄 수 있는 최선의 것도 하나님의 은혜와 사랑이 자녀들에게 미물도록 하는 것이었습니다. 그래서 사람들은 당시에 랍비 가운데 한 사람으로 간주되었던 예수님께 자기의 아이들을 데리고 온 것입니다. 그런데 제자들은 그 사람들을 꾸짖었습니다. 오늘 본문은 그 이유를 명확하게 언급하지 않았지만 우리가 추측할 수 있는 것은 아마도 아이들을 크게 중요하지 않은 존재 또는 당장 가치가 없는 존재라고 여겼기 때문이었던 것 같습니다. 바쁘시고 일이 많으신 예수님께 그다지 중요하지 않고 당장 가치가 없는 아이를 데려옴으로 예수님의 사역에 방해가 될까봐, 아이를 데리고 온 사람들을 막으며 어찌 이런 아이들을 주님께 데리고 오느냐고 책망했던 것입니다. 그러나 예수님께서는 그러한 제자들의 태도에 대해서 분히 여기셨다고 했습니다. 14-15절입니다.

> 예수께서 보시고 분히 여겨 이르시되 어린아이들의 내게 오는 것

을 용납하고 금하지 말라 하나님의 나라가 이런 자의 것이니라 내가 진실로 너희에게 이르노니 누구든지 하나님의 나라를 어린아이와 같이 받들지 않는 자는 결단코 들어가지 못하리라 하시고

예수님께서는 기회를 잘 이용하셔서 어떤 사람이 하나님 나라에 들어가고 어떤 사람이 하나님 나라의 임재를 경험할 수 있는지 가르치셨습니다. 예수님의 관점과 제자들의 관점은 전혀 달랐습니다. 제자들은 다분히 세속적이고 인간적이었습니다. 그들은 늘 하나님의 일을 먼저 생각지 않고 사람의 일을 생각하였고, 인간적이고 세속적인 야망에 사로잡혀 있었기 때문에 당장 중요하지 않고 무가치하게 보이는 어린 아이들을 예수님과 접촉하지 못하도록 막았던 것입니다. 예수님께서 공생애를 사시면서 늘 병자들, 죄인들 그리고 사회적으로 천대받고 무가치한 사람들에게 관심을 보였음에도 불구하고 그들은 그 진리를 깨닫지 못한 것입니다. 그래서 예수님께서는 제자들의 행동에 분히 여기시면서 하나님의 나라는 이런 자들의 것이라고 말씀하셨습니다.

어린 아이의 속성

오늘 본문에서 어린 아이와 관련해서 하나님 나라에 대해서 교훈하시는 것은 문자적으로 어린 아이를 지칭하는 것이라기보다는 어린 아이의 속성을 가질 때 하나님 나라가 임한다는 것을 말씀하는 것입니다. 마태복음 18:3에서 말씀하는 것처럼 돌이켜 어린 아이와 같이 되어야만 하나님 나라에 들어가고 하나님 나라의 임재를 경험할 수 있다는 것입니다. 그렇다면 어린 아이와 같이 된다는 것은 무엇을 말씀합니까? 다시 말하면, '어린 아이의 속성'은 무엇입니까?

먼저 어린 아이는 일반적으로 순수하고 깨끗하기 때문에 어떤 것도 쉽게 잘 받아들입니다. 오늘 본문 15절에서도 어린 아이의 대표적 특징

으로 '받아들인다'는 단어를 사용했습니다. 여기에서 하나님 나라를 받아들인다는 말은 하나님의 주권 또는 하나님의 통치를 받아들인다는 말입니다. 또한 이 말씀은 하나님을 나의 주인으로 나의 왕으로 받아들인다는 말이기도 합니다. 우리 주위를 보면 자기가 주인이 되어서 신앙생활하는 분들이 많습니다. 삶의 중심에 주님이 계시는 것이 아니라 그 자신이 있습니다. 단지 하나님은 내가 주인 되는 인생에 마치 액세서리처럼 삶의 모양을 내기 위해서 또는 나를 장식하기 위해서 이용되어지는 것입니다. 나에게 유익 되고 필요하다고 생각될 때는 달고 다니지만, 나에게 손해를 주고 어려움을 준다고 생각되면 떼어버립니다. 이런 분들은 결코 하나님 나라를 경험하며 살 수 없습니다.

두 번째로 어린 아이의 특징은 의존적입니다. 여기에서 의존적이라는 말은 우리의 노력이나 능력이 필요 없다는 것을 의미하지 않습니다. 의존적이라는 것은 모든 일에 최선을 다하지만 '내가 모든 것을 할 수 있다' 또는 '나의 힘으로 할 수 있다'고 생각시 않고 매시에 주님이 도우심을 바라보며 주님을 의지하는 것을 의미합니다. 의존적인 사람의 특징은 모든 면에서 기도하는 것입니다. 왜냐하면 기도는 하나님의 도움이 필요하다는 가장 분명한 표현이고, 하나님의 절대주권을 인정하는 대표적인 표현이기 때문입니다. 또한 의존적이면 거만하지 않고 당연히 겸손해 집니다. 내가 최선을 다했어도 결국은 하나님의 은혜라고 생각하기 때문에 겸손하지 않을 수 없습니다. 다시 말해, 우리 주위에 자기 힘으로 모든 것을 하려는 사람들이 있는데, 그런 사람은 절대로 하나님 나라를 경험할 수 없는 것입니다.

세 번째로 어린 아이의 특징은 순종입니다. 어른들은 일반적으로 자기의 판단과 기준에 따라 삽니다. 그러나 모범적이고 칭찬 받는 어린 아이는 부모님 말씀에 잘 순종합니다. 다시 말하면, 하나님 나라를 경험할 수 있는 사람은 비록 손해가 된다할지라도 하나님의 말씀에 순종하고 어려움이 와도 하나님의 기뻐하심을 따라 사는 사람입니다. 아무리 열심히 기도하고 아무리 교회 봉사를 많이 하여도 말씀에 순종치 아니하면 결코 우리는 하나님 나라를 경험할 수 없을 것입니다.

사랑하는 성도 여러분! 하나님의 나라는 이미 우리에게 임하였습니다. 지금 우리는 하나님 나라를 경험할 수 있습니다. 그러나 아직 완성되지 않았기 때문에 베드로전서 5:8에서 말씀하는 것과 같이 사탄은 우는 사자처럼 두루 다니며 삼킬 자를 찾으며 하나님 나라를 경험하지 못하도록 하고 있습니다. 사탄은 자꾸 우리가 우리를 지배하며 살도록 유혹하고, 나를 의지하며 살도록 유혹합니다. 하나님의 뜻을 따라 살지 않고 나의 생각과 판단을 따라 살도록 유혹합니다. 우리는 사탄의 유혹에 넘어지고 거기에 굴복되어서는 안 됩니다. 그렇게 살아서는 하나님 나라를 경험할 수 없기 때문입니다. 그래서 성경은 사탄을 대적하고 사탄과 싸우라고 말씀하고 있습니다. 하나님 나라를 경험하기 위해서 우리는 누가 나를 지배하느냐의 싸움을 싸워야 합니다. 누구를 의지하느냐의 싸움을 싸워야 합니다. 무엇을 따라 어디에 기준을 두고 사느냐의 싸움을 싸워야 합니다. 그리하여 하나님께서 우리 자신과 우리의 가정과 우리의 교회의 주인이고 왕이 되셔야 합니다. 또한 철저히 주님을 의지해야 합니다. 때로는 나의 생각과 판단이 다를지라도 주님께 철저히 순종해야 합니다. 그러할 때 우리는 우리를 얽매던 것에서 해방되고, 우리의 연약함도 회복되며, 진정한 기쁨과 평안이 있을 것입니다. 결국, 우리가 어린 아이처럼 되는 싸움에서 승리할 때 16절에 나타난 것처럼 주님께서 우리를 품어주시고 진정한 의미에서의 복을 주실 것입니다.

이제 말씀을 맺겠습니다.

오늘 본문은 어떤 사람이 하나님 나라를 경험할 수 있는지 말씀하고 있습니다. 하나님 나라를 경험하기 위해 돈을 요구하지 않습니다. 학벌도 요구하지 않습니다. 세상의 지위도 요구하지 않습니다. 또한 교회를 오래 다닌다고 성경을 많이 안다고 하나님의 나라를 경험할 수 있는 것도 아닙니다. 하나님 나라를 경험하기 위해서는 어린 아이같이 믿음으로 순수하게 받아들이고 하나님을 의지하고 하나님께 순종해야 합니다. 저는 우리 모든 성도들이 개인적으로 그리고 가정적으로 하나님 나라를 경험하기를 간절히 바랍니다.

마가복음 10:17-27

부자 청년의 문제

　성경을 읽을 때 우리가 항상 관심을 가져야 할 것은 그 본문이 속해 있는 문맥입니다. 다시 말하면, 어떤 구절이나 단락을 바르게 이해하고 해석하기 위해서 그 구절이나 단락의 앞뒤에 있는 내용을 고려해야 한다는 것입니다. 이단들의 특징 가운데 하나는 성경을 해석할 때 본문의 앞뒤 문맥을 고려하지 않는 것입니다. 그들의 교리를 지탱해 주는 대부분의 성경 구절들을 문맥 속에서 해석해 보면 그들이 주장하는 것과 전혀 다른 뜻을 가지고 있을 때가 많습니다. 예를 들면, '배'라는 말이 어느 문장에 있을 때, 그 단어가 바다의 배를 의미하는지, 먹는 배를 의미하는지, 아니면 우리 신체의 배를 의미하는지는 그 말의 앞뒤를 보아야 정확하게 알 수 있는데, 그들은 앞뒤의 문맥을 무시하고 자기들의 주장에 맞추어서 자기들 마음대로 배라는 단어를 해석하는 것입니다.

　오늘 본문은 교회를 어느 정도 다닌 사람이라면 한 번 쯤 들어보았을 내용입니다. 오늘 본문의 21절은 극단적인 삶으로 사회적 물의를 일으키는 이단 종파 사람들이 좋아하는 말씀 가운데 하나이기도 합니다. 그들은 자기들의 종파에 소속된 사람들에게 이 말씀에 근거해서 자기의 모든 소유를 다 처분해서 교주에게 헌납하고 따르라고 요구합니다. 그러나 오늘의 본문도 앞뒤의 문맥을 따라서 해석하고 적용해야 합니다. 오늘 본문 바로 앞에서는 예수님께서 어린 아이와 같은 신앙을 가질 때 하나님 나라에 들어갈 수 있다고 말씀하셨습니다. 오늘 본문의 청년은 그 어린 아이의 신앙과 대조를 이룹니다. 복음서 기자가 이 사건을 여기에 기록한 중요한 이유는 이 청년과 앞에 있는 어린 아이를 대조하여 이 청년이 가진 문제가 무엇인지 확연하게 드러내고자 함이었습니다. 그러한 문맥의 흐름 가운데 오늘 본문의 의미를 찾아야 합니다.

23-31절에서 예수님께서는 제자들과의 대화를 통해서 예수님과 부자 청년과의 사건이 주는 교훈을 설명하고 있습니다. 23-31절은 23-27절과 28-31절의 두 부분으로 나누어질 수 있는데, 23-27절에서는 예수님께서 재물과 천국과의 관계를 말씀하면서 부자가 천국에 들어가는 것이 참으로 어렵다고 말씀합니다. 그러나 사람으로는 할 수 없지만 하나님으로 가능하다고 하시며 하나님 은혜에 대해서 강조하고 있습니다. 뒤이어 28-31절에서는 제자들에게 물질을 포함한 자기의 모든 것을 포기하게 하는 전적인 헌신을 강조하고 있습니다. 28-31절도 오늘 본문과 같이 관련지어 보아야 하겠지만 범위가 너무 많기 때문에 다음 주에 보도록 하겠습니다.

부자 청년의 질문

본문을 보겠습니다. 17절입니다.

> 예수께서 길에 나가실 새 한 사람이 달려와서 꿇어 앉아 묻자오되 선한 선생님이여 내가 무엇을 하여야 영생을 얻으리이까?

예수님께서 예루살렘으로 가는 도중에 한 사람이 주님께 나아왔습니다. 오늘 본문에는 그냥 '한 사람'이라고 하였는데, 22절에서는 재물이 많다고 하며 마태복음 19장에는 '청년'이라고 합니다. 누가복음 18장에는 관원이라고 했습니다. 그러므로 오늘 본문에서 예수님께 나아온

이 사람은 젊지만 사회적으로 높은 지위에 있었고 돈도 많은 사람이었습니다. 또한 많은 사람들에게 부러움의 대상이었고 장래가 촉망되는 유능한 사람이었습니다. 이 사람이 예수님께 나아와서 무릎을 꿇었던 것입니다. 이것은 결코 쉽지 않은 일이었습니다. 그는 사회적으로 인정받는 사람이었고, 20절에서 계명을 다 지켰다고 말하는 것으로 보아 바리새인 계통의 율법에 정통한 사람이었던 것 같습니다. 그러한 그가 사회적으로 천한 사람들과 어울리며 당시의 지도자들과 대립되는 위치에 계셨던 예수님을 인정하고, 그 앞에 나아왔을 뿐 아니라 예수님을 선하다고 하면서 예수님께 무릎을 꿇었던 것입니다. 뿐만 아니라 예수님께 무엇을 하여야 영생을 얻을 수 있는지 물어봅니다. 당시 '어떻게 영생을 얻을 수 있을까?'에 대한 것은 경건하게 살고자 하는 자들이 가졌던 최고의 관심 가운데 하나였습니다. 그래서 누가복음 10:25-37에서도 한 율법사가 예수님께 나아와 같은 질문을 했던 것을 볼 수 있습니다. 그 때 주님께서 그 유명한 선한 사마리아인의 비유를 통해서 그것을 가르치신 것은 우리가 익히 아는 사실입니다. 특히 오늘 본문에서 청년이 말하는 '영생'은 단지 죽음 이후의 삶을 의미하지 않습니다. 이 말은 '이 땅에서 진정한 가치를 가지는 삶'이라는 의미를 포함합니다. 그래서 복음서 기자들은 종종 '영생'이라는 말을 '구원' 또는 '하나님 나라에 들어감'과 같은 의미로 쓰고 있습니다. 오늘 본문 23절 이하에서도 예수님께서는 영생을 '하나님 나라'로 바꾸어서 말씀하셨습니다(하나님 나라는 현재성과 미래성을 모두 포함합니다).

아무튼 이 사람은 자신의 인생에서 무언가 부족함을 느끼고 고민과 갈급함으로 주님께 나왔습니다. 다른 사람들이 볼 때 전혀 부족할 것이 없어 보이고 부러움의 대상이었지만, 그런 부류의 사람들이 가지는 인생의 허무함이 있었던 것 같습니다. 하지만 그가 이처럼 영생에 대한 갈급함이 있었던 것은 좋았으나 영생을 얻고자 하는 그의 접근 방법은 잘못되었습니다. 그는 어떤 선한 행위를 통하여 영생을 얻을 수 있을 것처럼 생각한 것입니다. 그래서 예수님께 자신이 영생을 얻기 위해서 해야 할 선한 행위가 무엇이냐고 물었습니다. 그리고 그는 주님께서 어떤 구체적인 행함을 말씀하실 것을 기대했습니다. 어린 아이와 같이 순수하게 주님의 주권과 통치를 받아들이면 되는 것인데, 어떤 선한 행위를 통하여 영생을 얻을 수 있는 것으로 생각한 것은 젊고 돈이 많으며 능력이 있는 청년의 이미지와 잘 연결된다고 할 수 있습니다.

주님의 답변

그러자 주님께서는 간접적으로 그의 잘못된 생각을 지적하십니다. 18절입니다.

> 예수께서 이르시되 네가 어찌하여 나를 선하다 일컫느냐 하나님 한 분 외에는 선한 이가 없느니라.

주님께서는 하나님만 선한 분임을 강조합니다. 이것은 예수님의 신성을 부인하는 것이 아니라 진정한 선함이란 인간에게 없고 오직 하나님께만 있음을 강조하는 것입니다. 그러므로 이 말씀의 초점은 예수님 자신의 신성이나 죄가 없으심을 입증하거나 부인하는데 있지 않고, 부자 청년의 '선'에 대한 잘못된 이해를 깨닫게 하고 영생에 대한 바른 인식을 갖도록 도와주는데 있습니다. 그러면서 사람이 당연히 실천해야 할 의무에 대해서 말씀하십니다. 19-20절입니다.

> 네가 계명을 아나니 살인하지 말라, 간음하지 말라, 도적질하지 말라, 거짓 증거하지 말라, 속여 취하지 말라, 네 부모를 공경하라 하였느니라 여짜오되 선생님이여 이것은 내가 어려서부터 다 지키었

나이다.

우리가 잘 알고 있는 대로 이 계명들은 십계명에서 언급되고 있는 가장 중요한 계명들입니다. 그런데 예수님께서는 하나님과 관련된 계명들은 말씀하시지 않고 사람에게 관련된 계명들만 말씀하셨습니다. 그것은 그 청년이 선한 행위로 구원을 얻을 수 있을 것이라고 생각했기 때문에 그것이 잘못되었음을 가르치고자 하신 것입니다. 그러나 예수님의 의도를 깨닫지 못한 청년은 이 말이 떨어지기가 무섭게 자기 자신은 어릴 때부터 이 모든 것을 준행했다고 대답합니다. 역시 이 청년도 당시 바리새인들이 생각하였던 차원에서 자기가 율법을 다 지킨 것으로 생각한 것입니다.

부자 청년에게 부족한 것

그러자 주님께서는 그에게 한 가지가 부족하다고 말씀합니다. 21절입니다

> 예수께서 그를 보시고 사랑하사 가라사대 네게 오히려 한 가지 부족한 것이 있으니 가서 네 있는 것을 다 팔아 가난한 자들을 주라 그리하면 하늘에서 보화가 네게 있으리라 그리고 와서 나를 좇으라 하시니

여기에서 한 가지가 부족하다는 말은 말 그대로 단지 한 가지만 부족하다는 의미는 아닙니다. 부족한 부분이 많지만 그 가운데 가장 결정적이고 근본적인 잘못이 무엇인지를 지적하는 것입니다. 그러면서 좀 더 구체적으로 그가 해야 할 일을 말씀하셨습니다. 그것은 가서 소유를 팔아 그것을 가난한 사람에게 주고 와서 주님을 따르라는 것입니다.

이때 우리는 이 말을 오해해서는 안 됩니다. 이 말을 모든 성도들, 특히 부자들이 반드시 지켜야 할 일반적인 원칙으로 받아들여서는 안 됩니다. 이 말은 구원을 얻기 위해서 물질을 포기하라는 것도 의미하지도 않습니다. 더구나 이 말은 재산을 다 처분하는 것이 경건한 삶을 위한 바른 자세라는 것도 의미하지 않습니다. 예수님께서 이 말씀을 하셨던 것은 사람마다 하나님 나라를 경험하기 위해서 방해되는 것이 있는데 부자 청년의 경우에는 다른 것보다도 물질에 대한 애착, 또는 집착이 가장 치명적이고 대표적인 문제였기 때문이었습니다. 그래서 주님께서 그에게 재산을 처분하라고 명령한 것입니다. 그런데 그 청년의 반응을 어떠합니까? 22절입니다.

> 그 사람은 재물이 많은 고로 이 말씀을 인하여 슬픈 기색을 띠고 근심하며 가니라.

결국 부자 청년은 하나님과 재물 가운데 재물을 선택하였습니다. 그는 재물 때문에 삶의 회의와 인생의 한계를 경험하면서, 당시의 바리새인으로서는 보기 드물게 주님께 나올 정도로 간절함과 갈급함이 있었지만, 자신의 우상인 물질에 너무 빠져 있었기 때문에 주님의 말씀에 순종치 못하고 돌아갔습니다. 그 만큼 물질에 대한 애착과 집착이 강했던 것입니다.

하나님 나라를 경험하는 방법과 자세

그러면 오늘의 본문이 우리에게 주는 교훈은 무엇입니까? 먼저, 하나님 나라를 경험하는 방법과 자세에 관한 것입니다. 오늘 본문의 청년은 하나님 나라를 접근하는 방법과 자세에 문제가 있었습니다. 하나님 나라는 어린 아이와 같은 사람이 누릴 수 있습니다. 어린 아이와 같은 믿음의 특징은 하나님 나라를 믿음으로 받아들이는 것이고, 하나님을 의지하는 것이며, 주님의 명령에 순종하는 것입니다. 그러나 그는 하나님 나라를 믿음으로 받아들이고자 하는 기본적인 자세가 되지 않았습니다. 자신의 힘과 노력으로 하나님 나라에 들어가고자 하였던 것입니다. 그래서 헛되이 돌아가 버렸습니다.

사랑하는 성도 여러분! 오늘 본문의 청년과 같은 자세로는 절대로 하나님 나라에 들어갈 수 없습니다. 하나님의 나라는 단순히 우리의 의지나 노력이나 행함으로 들어가는 것이 아닙니다. 어린 아이처럼 순수하게 하나님의 주권과 통치를 받아들이는 믿음, 자신의 힘과 노력으로만 발버둥치는 것이 아니라 하나님을 의지하는 믿음, 그리고 하나님의 말씀에 절대적으로 순종하는 믿음으로 들어가는 것입니다.

물질과 하나님 나라의 관계

이어서 본문이 강조하는 것은 물질과 하나님 나라와의 관계입니다. 23-25절입니다.

> 예수께서 둘러보시고 제자들에게 이르시되 재물이 있는 자는 하나님의 나라에 들어가기가 심히 어렵도다 하시니 제자들이 그 말씀에 놀라는지라 예수께서 다시 대답하여 가라사대 얘들아 하나님의 나라에 들어가기가 어떻게 어려운지 약대가 바늘귀로 나가는 것이 부자가 하나님의 나라에 들어가는 것보다 쉬우니라 하신대

"낙타가 바늘귀로 나간다"라는 것은 당시에 가장 힘들고 어려운 것을 나타낼 때 쓰던 격언입니다. 이 격언을 통해 예수님께서는 물질이 하나님 나라를 경험하는데 가장 대표적인 장애물이라는 사실을 말씀하

셨습니다.

　이 말씀은 오늘날도 그대로 적용됩니다. 물론 물질을 모으는 것 자체나 물질이 많다는 자체가 죄가 되지는 않습니다. 또한 열심히 일하고, 열심히 돈을 모아서 생활이 너무 궁색하지 않게 사는 것도 좋습니다. 그러나 성경은 물질을 사랑하는 것이 일만 악의 뿌리이고 재물과 하나님을 겸하여 섬길 수 없다고 분명히 말씀합니다(마 6:24). 그럼에도 너무도 많은 사람들이, 어쩌면 우리 가운데 거의 대부분의 사람들이 물질과 하나님을 겸하여 사랑하고, 물질에 얽매이는 삶을 살면서 하나님 나라를 온전히 경험하지 못하고 있습니다.

　그러면 어떤 사람이 물질 사랑하는 사람이고 물질에 얽매이는 삶입니까? 물질 때문에 남을 속이고, 물질 때문에 편법을 쓰며, 물질 때문에 신의를 서버리는 사람은 당연히 물질에 얽매이는 사람입니다. 또한 어떤 것을 판단하고 결정하는데, 물질이 중요하게 영향을 미치는 사람도 물질에 얽매이는 사람입니다. 한 마디로 물질 때문에 하나님의 뜻을 저버리는 사람이 물질에 얽매이고, 물질을 섬기며 사랑하는 사람입니다. 물론 물질에 얽매이지 않고 자유하며 산다는 것은 결코 쉽지 않습니다. 그렇지만 그럼에도 불구하고 우리는 물질에 얽매이지 말아야 합니다. 물질보다도 하나님의 뜻을 우선으로 여겨야 하고, 물질 앞에서 비굴해지지 말아야 합니다. 이렇게 사는 것으로 인해 어려움을 겪을 수도 있겠지만, 이렇게 살 때 우리는 하나님 나라에 들어가게 되며 하나님 나라를 풍성하게 경험하게 될 줄 믿습니다.

　한 걸음 더 나아가서, 하나님 나라를 경험하기 위해 우리는 하나님께서 우리에게 주신 물질을 주님과 물질이 필요한 사람들을 위해서 바르게 써야 합니다. 어떤 분들은 물질을 쓸 줄 모르고 모으기만 하는데, 그런 사람의 삶도 역시 물질에 얽매이는 삶이고, 물질을 섬기는 삶이며, 물질을 사랑하며 사는 삶입니다. 하나님께서 우리에게 물질을 주신 것은 그것을 쓰도록 하기 위함입니다. 물론 쓰라는 하시는 것은 허랑방탕하게 소비하거나 나만을 위해 쓰라는 것은 아닙니다. 하나님께서 내게 허락하신 물질을 그것이 진정 필요한 곳에 나누는 것입니다. 다시 말해 구제와 선교에 쓰는 것입니다. 그것이 곧 물질을 하늘에 쌓는 것이고, 우리는 그 때 하나님 나라를 경험할 수 있습니다. 우리 모두가 물질을 움켜쥐고 있지 말고 선하게 쓸 줄 아는 사람이 되기를 간절히 원합니다.

하나님의 은혜로 가능

오늘 본문이 주는 세 번째 교훈은 무엇입니까? 26-27절입니다.

제자들이 심히 놀라 서로 말하되 그런즉 누가 구원을 얻을 수 있는가 하니 예수께서 저희를 보시며 가라사대 사람으로는 할 수 없으되 하나님으로는 그렇지 아니하니 하나님으로서는 다 하실 수 있느니라.

물질에 얽매이지 않고 물질을 사랑하지 않음으로 하나님 나라를 경험하는 것은 우리의 노력이나 힘만으로는 불가능하고 오직 주님의 은혜로 가능하다는 것입니다. 그러하기에 우리는 물질에 얽매이지 않고 물질을 사랑하지 않는 바른 삶을 위해서 더욱 더 주님을 의지하고 주님의 은혜를 사모해야 할 것입니다.

말씀을 맺겠습니다.

오늘 본문은 어린 아이와 속성과 대비되는 유능하고 부유한 청년이 가진 문제를 보여주고 있습니다. 특히 물질이 하나님 나라를 경험하는데 얼마나 방해가 되는지 구체적인 예를 들어 가르쳐 주고 있습니다. 오늘날도 이 청년처럼 세상에서 갈급함이 있어 예수님께 나아오지만, 잘못된 접근과 함께 주님의 요구조건에 순종하지 못한 까닭으로 하나님 나라를 경험하지 못하여 허무하게 발길을 돌리는 사람들이 많습니다. 하나님 나라를 경험하기 위해서는 바른 물질관이 요구됩니다. 그것은 우리의 힘으로 되는 것이 아니라 주의 은혜가 임할 때에야 비로소 가능한 것입니다. 저는 우리 모든 성도들이 바른 물질관을 가지고 물질을 바로 씀으로 하나님의 임재를 풍성하게 경험하기를 바랍니다.

마가복음 10:28-31

주님을 섬기고
봉사하는 바른 자세

오늘 본문은 10:17에서 시작되는 부자 청년이 예수님께 나아왔던 사건의 결론입니다. 예수님께서 예루살렘으로 올라가는 중에 한 청년이 예수님께 나아왔습니다. 그 사람은 젊지만 부유하고 사회적으로 높은 위치에 있었습니다. 그래서 주위 사람으로부터 많은 부러움을 받았습니다. 그러나 그의 마음속에는 어떤 것으로도 채울 수 없는 공허함과 갈급함이 있었기에 그는 예수님께 나아와서 어떻게 하여야 진정한 삶을 누릴 수 있는지 물어보았습니다. 이와 같이 청년이 갈급함과 간절함으로 예수님께 나아온 것은 귀한 일이었습니다. 하지만 영생과 관련하여 그의 접근 방식과 자세는 바르지 못했습니다. 하나님 나라는 어린 아이와 같이 순수하게 믿음으로 받아들여야만 경험할 수 있는데, 그는 젊고 돈도 많고 능력도 있었기 때문에 자기의 의지와 노력만으로도 하나님 나라에 들어갈 수 있다고 생각했던 것입니다. 더구나 그에게 있어서 가장 큰 문제는 물질에 관한 것이었습니다. 그는 물질에 철저하게 얽매인 삶을 살았고, 물질을 모든 것 위에 두는 삶을 살았습니다. 그래서 주님께서는 그의 문제의 핵심을 아시고 그가 가진 모든 것을 가난한 자들에게 주라고 하셨습니다. 결국 그는 근심하며 돌아갔습니다. 결코 물질을 포기할 수 없었던 것입니다. 그러한 부자 청년의 모습을 보면서 주님께서는 부자가 하나님 나라에 들어가는 것이 약대가 바늘귀로 나가는 것 보다 더 어렵다고 말씀하신 것입니다.

베드로의 자랑

그 말씀을 들은 제자들은 서로 "그러한 사람이 구원을 얻지 못한다면 누가 구원을 얻을 수 있을 것인가?"라고 하면서 의아해 했습니다. "그런 사람이 못 간다면 천국에 들어갈 사람이 없다"라고 생각한 것입니다. 제자들이 그렇게 의논하는 것을 보고 주님께서는 "사람으로는 할 수 없지만 하나님의 은혜로는 가능하다"고 말씀하셨습니다. 그 때 항상 나서기를 좋아하고 성질이 급한 베드로가 제자들의 대표로 부자 청년과 비교되는 자기들의 모습을 자랑스럽게 이야기합니다. 28절입니다.

> 베드로가 여짜와 가로되 보소서 우리가 모든 것을 버리고 주를 좇았나이다.

재물에 대한 요구를 듣고 근심하면서 떠나버린 부자 청년과는 다르게 그들은 모든 것을 버리고 주님을 좇았다는 것입니다. 실제로 그들은 "나를 좇으라"라는 예수님의 말씀에 그들의 모든 것(직업, 가족)을 뒤로하고 주님을 좇았습니다. 그들은 그러한 자기들의 모습에 대해서 주님께 칭찬을 받고 싶었던 것입니다.

주님의 답변

그 때 주님께서는 두 가지를 말씀합니다. 먼저 예수님께서는 제자들이 모든 것을 버리고 주님을 따른 것을 인정합니다. 29-30절입니다.

예수께서 가라사대 내가 진실로 너희에게 이르노니 나와 및 복음을 위하여 집이나 형제나 자매나 어미나 아비나 자식이나 전토를 버린 자는 금세에 있어 집과 형제와 자매와 모친과 자식과 전토를 백배나 받되 핍박을 겸하여 받고 내세에 영생을 받지 못할 자가 없느니라.

같은 사건이 기록되어 있는 마태복음 19장을 보면, 이 말씀을 하시기 전에 예수님께서 영광의 보좌에 앉으실 때에 그들도 열두 보좌에 앉아 이스라엘 열두 지파를 심판하리라고 말씀합니다(마 19:28). 그러니까 주님께서는 그들이 주님을 따르면서 한 일을 인정하면서 그렇게 살 때에 하나님께서 주시는 복과 은혜에 대해서 말씀하셨습니다.

두 번째로 그들을 인정하고 칭찬하는 말로 끝나지 않고 그들에게 경고를 합니다. 31절입니다.

그러나 먼저 된 자로서 나중 되고 나중 된 자로서 먼저 될 자가 많으니라.

반드시 그렇다는 것이 아니고 가능성이 많다는 것입니다.

주님을 따르는 바른 자세

이와 같이 오늘 본문은 부자 청년과의 대화의 결론으로서 예수님을 따르는 바른 자세를 우리에게 교훈하고 있습니다. 그것은 크게 두 가지입니다.

1. 하나님을 최우선 순위로

첫 번째로 주님을 따르는 사람들이 당연히 취해야 할 자세는 모든 것을 버리고 포기하는 것입니다(29-30절). 오늘 본문에 언급되어 있는 집이나 형제나 자매나 어미나 아비나 자식이나 전토는 모두 우리의 삶을 위해서 있어서도 되고 없어도 되는 것들이 아닙니다. 우리 삶에 있어서 없어서는 안 될 참으로 귀한 것들입니다. 주님께서는 이러한 것들을 모두 버리라고 말씀합니다. 부자 청년과 같이 자신이 귀하다고 생각하는 것에 집착하거나 얽매이지 말고, 자신의 가장 귀한 것이라고 할지라도 주님을 위해서 포기하는 것이 주님을 섬기는 바른 자세라는 것입니다. 물론 이 말씀은 모든 것들을 무시하라는 의미가 아닙니다. 불교에서 요구하는 것처럼 모든 것을 등지고 속세를 떠나라는 것도 아닙니다. 이 말씀의 핵심은 어떤 것도 하나님보다 우위에 두지 말라는 것이고, 이러한 것에 얽매여서 주님의 뜻을 저버리지 밀라는 것입니다. 대신 하나님과 하나님의 뜻을 따르는 것을 최우선 순위에 두라는 것입니다.

그렇다면 오늘 본문에서는 그렇게 살 때 오는 결과에 대해서 무엇을 말씀합니까? 주님과 주님의 뜻을 최우선으로 하면 핍박과 함께 금세에 백배나 받는다고 합니다. 이 때 백배라는 말은 단지 수치적으로 백배가 아니라 훨씬 더 많은 것, 생각할 수 없는 풍성함을 의미합니다. 말하자면 우리가 모든 것을 버리고 포기할 때 하나님께서 더 큰 것으로 갚아 주신다는 것입니다. 더불어 내세에 영생을 얻는다고 말씀합니다. 물론 그것과 함께 고난도 반드시 따른다고 덧붙이고 있습니다.

사랑하는 성도 여러분! 우리 대부분의 모습은 어떻습니까? 물론 우리 주위에는 신앙의 양심을 저버리지 않기 위해 눈앞에 보이는 이익들을 포기하고, 손해와 희생을 감수하면서까지 주님의 뜻을 따르며 바른 신앙을 지키시는 분들도 많습니다. 또한 주의 복음을 전하기 위해서 세상 사람들이 귀하게 생각하는 모든 것들을 뒤로하고, 죽음의 위협을 무릎 쓰며 오지로 가시는 분들도 많습니다. 그러나 냉정하게 우리 자신들의 모습을 이 말씀 앞에 비춰 보면 참으로 부끄러운 생각이 듭니다. 생명을 고사하고라도 조그마한 어려움이나 손해를 당하는 것 때문에 신앙을 저버리는 경우가 너무도 많음을 고백하지 않을 수 없습니다. 저는 우리 모든 성도들이 어떤 것도 하나님보다 우위에 두지 않고, 하나님과 하나님의 뜻을 따르는 것을 최우선 순위에 두는 삶을 살기를 간절히 바랍니다.

2. 겸손하게 그리고 사랑하고 감사하는 마음으로

두 번째로 주님을 따르는 사람들이 당연히 취해야 할 자세는 31절에 언급되어 있는 대로 "먼저 된 자가 나중 되고 나중 된 자가 먼저 될 자가 많다"라는 것을 기억하는 것입니다. 이 말은 교회 안에서 자주 사용되는 말이지만 이 말씀의 의미를 바로 알고 사용하는 사람은 그렇게 많지 않습니다. 이 말씀의 바른 이해를 위해서 마태복음 20장에 있는 소위 '포도원 비유'에 대해서 살펴볼 필요가 있습니다. 그것은 "먼저 된 자가 나중 되고 나중 된 자가 먼저 될 자가 많다"라는 말씀이 마태복음 19:30과 20:16에 두 번 나오는데 그 두 절 사이에 '포도원 비유'가 삽입되어 그 말씀의 의미를 분명히 밝히고 있기 때문입니다.

사실 이 비유는 자주 오해되고 있습니다. 먼저 이 비유는 구원에 관한 교훈이 아닙니다. 어떤 사람들은 이 비유에서 한 데나리온은 구원을 상징한다고 하면서 언제 믿어도 우리는 같은 구원을 받는다고 합니다. 그렇지만 이 비유에 나오는 한 데나리온은 일의 대가로 받은 것인데 반하여, 성경이 말씀하는 구원은 우리가 어떤 일을 해서 얻은 대가가 아니고 값없이 주시는 선물이라고 분명히 말씀합니다. 그러므로 우리는 이 비유에서 구원에 대한 이야기를 해서는 안 됩니다. 또한 이 비유는 믿는 사람들이 일한 다음에 받는 상급에 대해서 교훈하는 것도 아닙니다. 어떤 분들은 뒤에 온 사람은 앞에 온 사람보다 더욱 열심히 일했기 때문에 같은 상급을 받았다고 주장합니다. 오늘 본문 어디에도 그러한 주장을 뒷받침할 만한 증거가 없습니다. 상급은 충성과 봉사의 대가로 주는 것인데 그 충성과 봉사의 질과 내용에 따라 다르게 준다는 것이 성경의 명확한 진리이기 때문에 이 비유는 상급에 관한 교훈도 아닙니다.

이 비유가 교훈하고 있는 것은 당시에 모든 것을 버리고 주님을 좇았던 제자들이 가져야 할 바른 신앙의 자세에 대한 것입니다. 그렇다면 예수님께서는 이 비유를 통해 어떤 신앙의 자세를 교훈합니까? 그것은 크게 두 가지를 생각해 볼 수 있습니다.

먼저 이 비유는 우월감을 가지지 말고 겸손함으로 주님을 섬길 것을 교훈합니다. 이것은 이 비유를 말씀하신 계기를 살펴보면 분명해집니다. 마태복음 19:27(막 10:28)을 보면 제자들은 부자 청년도 하지 못했고 다른 사람들도 하지 못하였지만, 자기들은 주님의 말씀대로 행했다는 일종의 '우월감' 또는 '우쭐함'을 가지고 있었다는 것을 알 수 있습니다. 그래서 주님께서는 다른 사람들보다 좀 더 헌신하였기 때문에 우월감을 가지고 있는 제자들에게 더욱 겸손하게 봉사하고 섬기라고 교훈하기 위해서 이 비유를 말씀을 하신 것입니다. 비유된 말씀을 보면 처음으로 부르심을 받고 일한 사람들은 자기가 일찍 왔고 더 많은 일을 하였기 때문에, 자기들이 다른 사람들보다 더 많이 받을 것으로 생각하였습니다(10절). 그러한 우월감이 제자들에게도 있었습니다. 그러나 결국 먼저 온 사람들이 생각하고 기대했던 대로 일이 진행되지 않았던 것입니다.

그러면 그들이 우월감을 가져서는 안 되고 겸손해야만 하는 이유는 무엇입니까? 그것은 마가복음 10:27과 마태복음 19:26에서 말씀하신 대로, 제자들이 그 모든 것을 버릴 수 있었던 것은 자기들의 힘이나 노력으로 된 것이 아니었기 때문입니다. 그것은 하나님의 은혜로 된 것이었습니다. 따라서 그들은 결코 자만하거나 우월감을 가져서는 안 되고 오히려 어린 아이와 같이 더욱 주님을 의지해야 했던 것입니다.

사랑하는 성도 여러분! 오늘날 우리도 마찬가지로 내 것을 조금이라도 포기하고 남보다 더욱 열심히 그리고 많이 봉사하였다고 해서 우월감에 빠져서는 절대로 안 됩니다. 사실 우리도 남보다 더 많이 수고하고 열심히 봉사한 것 때문에 제자들처럼 우월감에 빠지기가 쉽습니다. 그러나 우리는 내가 남보다 더 많이 봉사하고 희생할 수 있었던 것은 오직 하나님의 은혜로 말미암아 되었다는 사실을 잊지 말아야 합니다. 또한 지금 귀하게 쓰임 받고 있다는 것과 다른 사람보다 더 많이 일했다는 것 때문에 그것을 다른 사람과 비교하면서 우월감에 빠지게 된다면, 결국 그 사람은 마지막 때에 주님께서 평가하실 때에 오히려 뒤떨어질 수 있음을 명심해야 합니다. 그러므로 우리가 끝까지 귀하게 쓰임을 받고 마지막에 좋은 평가를 받으려면 절대로 우월감을 갖지 말고 어린 아이와 같이 계속 하나님을 의지하면서 언제나 하나님의 은혜를 사모해야 할 것입니다.

이 비유가 주는 또 하나의 교훈은 어떤 대가를 기대하고 주님을 섬기지 말라는 것입니다. 마태복음 19:29(막 10:30)을 보면 주님께서 분명히 "주님을 위해서 모든 것을 버린 자에게 더 많은 것으로 채워주신다"라고 했습니다. 모든 것을 버리고 떠나는 사람에게 주님께서 더 많은 것으로 채워주시는 당연한 결과입니다. 그러나 우리는 미리 주님께 무엇을 받을 것으로 생각하고 일해서는 안 된다는 것을 명심해야 합니다. 마태복음 19:27을 보면 마가복음에는 나오지 않았지만, 베드로는 자신들이 희생하고 봉사한 것을 언급한 다음에 "우리가 무엇을 얻으리이까?"라고 주님께 물어봅니다. 그들은 일이 끝나기도 전에 먼저 그들의 희생과 봉사를 통해서 받을 대가를 기대한 것입니다. 이에 대해 주님께서는 그래서는 안 된다는 것을 경고하셨습니다.

실제로 비유의 내용을 보면, 처음 나온 사람은 삯을 정하고 일을 했습니다. 두 번째 사람은 명확한 액수는 정하지는 않았지만, 일에 상응한 금액을 주기로 약속하였습니다. 그 뒤의 사람은 전혀 대가에 대한 언급이 없습니다. 7절에 보면 그들은 할일이 없어 놀고 있다가 주인이 부르니까 감사해서 임금도 물어보지 않고 그냥 가서 일하였습니다. 결과는 어떠했습니까? 대가를 정한 사람은 정한 액수만 받았습니다. 그러나 삯을 정하지 않는 사람들은 생각한 것보다 더욱 풍성하게 받았던 것입니다.

우리도 마찬가지입니다. 어떤 조건을 내걸고 나와서 주님을 위해서 봉사하거나 희생하지 말아야 합니다. "이렇게 헌신할 테니 무엇을 해주십시오!", "이만큼 헌금할 테니 무엇을 이루어 주십시오" 라고 하지 말라는 것입니다. 그저 사랑하는 마음으로 감사하는 마음으로 해야 합니다. "나 같은 것이 주님을 위해서 쓰임을 받게 되니 감사합니다" 하는 겸손한 마음으로 해야 합니다. 그럴 때 주님께서 우리가 생각하는 것 이상으로 넘치게 채워주실 줄 믿습니다.

말씀을 맺겠습니다.

오늘 본문은 예수님을 섬기고 봉사하는 바른 자세가 무엇인지를 말씀하고 있습니다. 예수님을 따르는 삶은 우리의 가장 귀하게 여기는 것이라도 주님께서 원하신다면 드리는 삶입니다. 눈앞에 보이는 조그마한 희생과 어려움 때문에 주님을 뜻을 버리고 신앙의 양심을 버리지 않는 삶입니다. 어렵고 힘들더라도 믿음을 지키는 삶입니다. 더불어 예수님을 섬기는 바른 자세는 우월감을 갖지 않고 겸손하게 하나님의 은혜로 섬기는 것이며, 받을만한 것을 미리 기대하며 섬기고 봉사할 것이 아니라 그저 사랑하고 감사하는 마음으로 섬기는 것입니다. 그러한 자세를 가질 때 우리는 끝까지 귀하게 쓰임 받을 수 있을 것입니다.

마가복음 10:32-45

새로운 결단이 요구됩니다

예수님께서는 우리를 구원하기 위해 인간의 몸을 입으시고 이 땅에 오셨습니다. 그것은 오직 십자가를 지심으로 이룰 수 있었습니다. 그러므로 예수님 사역의 절정(Climax)은 당연히 십자가를 지는 것이었습니다. 그것은 구약에서 너무도 분명하게 예언되었습니다. 하지만 예수님 당시의 유대인들은 하나님의 말씀을 배우고 연구하였음에도 메시야에 대한 잘못된 생각을 가지고 있었습니다. 그들은 십자가에 달린 메시야를 기다린 것이 아니라 놀라운 능력으로 그들에게 정치적인 해방을 줄 메시야를 기다렸던 것입니다. 물론 제자들도 마찬가지였습니다. 그들은 삼 년 동안이나 주님을 따라 다녔지만 예수님께서 이 땅에 오신 진정한 목적을 이해하지 못했습니다. 그래서 주님께서는 공생애가 끝나갈 무렵 제자들에게 거듭 거듭 십자가에 대해서 말씀하셨습니다.

십자가와 부활에 대한 세 번째 말씀

오늘 본문은 십자가의 고난과 죽음을 예고한 예수님의 세 번째 말씀입니다. 첫 번째는 마가복음 8:27 이하에 기록되어 있습니다. 예수님께서 처음으로 십자가에 대해서 말씀하셨을 때 제자들은 너무도 놀랐습니다. 제자들을 대표하는 베드로가 주님께 결코 그러한 일이 일어나지 않도록 하겠다고 까지 말합니다. 그 때 주님께서는 베드로에게 "사탄아 네 뒤로 물러나라"라고 하시면서, "네가 하나님의 일을 생각지 않고 사람의 일을 생각하는도다"라고 꾸짖었습니다. 그와 함께 예수님께서는 자신이 십자가를 지신다는 것과 함께 십자가의 진리가 요구하는 삶에 대해서도 말씀하셨습니다. 그것은 무엇이었습니까? 자기를 부인하고 자기 십자가를 지고 주님을 좇는 것입니다. 예수님께서 자신의 사명을 감당키 위해서 자신을 낮추시고 십자가를 지신 것처럼, 우리 모두도 각자 자신이 감당해야 할 사명이 있음을 명심해야 합니다.

 십자가에 대한 두 번째 말씀은 9:30 이하에 언급되어 있습니다. 그 때도 제자들은 예수님께서 십자가를 지셔야 한다는 것을 깨닫지 못했고, 예수님께서 십자가에 대해서 말씀하시자 그것에 대해서 묻기조차도 무서워했습니다(9:32). 또한 제자들은 여전히 십자가의 진리가 요구하는 삶에 대해서도 깨닫지 못하고 누가 높은 지 서로 쟁론하였습니다. 그 때 예수님께서는 십자가의 진리는 섬기는 삶을 요구한다고 말씀하시면서 어린 아이에게 하는 것이 바로 주님께 하는 것이라고 말씀하셨습니다. 여기에서 어린 아이라는 것은 단순히 문자적인 의미보다는 현실적인 가치가 없고 다른 사람의 도움을 필요로 하는 사람을 상징적으로 말합니다. 즉 예수님께서는 십자가의 진리가 요구하는 삶은 높아지려고 하는 삶이 아니라 어린 아이와 같이 도움이 필요한 사람을 겸손하게 섬기는 삶임을 말씀하셨습니다.

 이제 예루살렘에 거의 가까이 오게 되자 예수님께서는 세 번째 십자가와 부활에 대해서 말씀하고 있습니다. 32-34절입니다.

> 예루살렘으로 올라가는 길에 예수께서 제자들 앞에 서서 가시는데 저희가 놀라고 좇는 자들은 두려워하더라 이에 다시 열두 제자를 데리시고 자기의 당할 일을 일러 가라사대

예수님께서 이미 십자가에 대해서 말씀하셨기 때문에 그들에게 불안과 두려움이 있었던 것 같습니다. 이 때 주님께서는 다시 한번 예루살렘에서 자신에게 일어날 일을 말씀하셨습니다. 이번에는 지난 두 번에 걸쳐 말씀하실 때보다도 훨씬 더 구체적으로 말씀하십니다. 33-34절입니다.

> 보라 우리가 예루살렘에 올라가노니 인자가 대제사장들과 서기관들에게 넘기우매 저희가 죽이기로 결안하고 이방인들에게 넘겨주겠고 그들은 능욕하며 침 뱉으며 채찍질하고 죽일 것이니 저는 삼일 만에 살아나리라 하시니라.

대제사장과 서기관은 산헤드린 공회를 구성하는 사람들입니다. 이방인들은 빌라도 총독을 비롯한 로마인들을 가리킵니다. 당시 유대인들에게는 사형 결정권이 없었기 때문에 산헤드린 공회를 거쳐서 사형에 대한 안(案)이 올라가면 로마 정부에서 파견한 총독이 최종적으로 사형 여부를 결정하였는데 예수님께서 그러한 절차를 자세히 말씀하신 것입니다.

야고보와 요한의 소원

그 때 또 야고보와 요한이 나아옵니다. 자기들의 소원이 있음을 주님께 이야기합니다. 그것이 무엇입니까? 37절입니다.

> 여짜오되 주의 영광 중에서 우리를 하나는 주의 우편에, 하나는 좌편에 앉게 하여 주옵소서!

그들은 주님께서 영광 중에 이르렀을 때, 다시 말해, 예수님께서 땅

위에서 왕국을 건설해서 다스리실 때에 한 사람을 예수님 좌편에 또 한 사람은 예수님 우편에 앉기를 원한다고 하였습니다. 그들이 다른 사람들이 보는 앞에서 그렇게 말한 것을 보면 자기들이 그러한 높은 자리에 올라갈 충분한 자격과 권리가 있다고 생각하였던 것 같습니다. 마태복음 19장에서 베드로가 "우리가 모든 것을 버리고 주를 좇았사오니 우리가 무엇을 얻으리이까?"라고 물어본 적이 있었는데 이들은 좀 더 구체적으로 요구하고 있습니다. 그 때 주님께서는 '포도원 품꾼'의 비유를 통하여 "처음 된 자가 나중 되고 나중 된 자가 처음 될 수 있다"라고 말씀하시면서 절대로 우월감을 갖지 말고 주님을 따를 것이며, 어떤 대가를 바라면서 주님을 따르지 말라고 경고하셨습니다. 그럼에도 불구하고 그들은 예수님의 말씀을 깨닫지 못하고 그 말씀과 정면으로 대치되는 요구를 하고 있는 것입니다.

주님께서는 그들을 책망하시며 "너희가 나의 마시는 잔을 마시고 나의 받는 세례를 받을 수 있는지(38절)" 물어보셨습니다. 여기에서 잔과 세례는 주님께서 받으실 고난과 희생을 의미합니다. 그들이 이 상황에서 생각해야 할 것은 상에 대한 것이 아니고 앞으로 그들에게 주어질 고난과 희생을 잘 감당하는 것임을 간접적으로 말씀하신 것입니다. 그러나 그들은 주님의 의도를 전혀 몰랐습니다. 자신들이 그것을 감당할 수 있다고 하면 자기들이 원하는 바가 이루어 질 것으로 생각하였습니다. 그래서 "그렇게 할 수 있다(39절)"라고 대답하였습니다. 그러자 주님께서는 그들이 그것을 한다고 할지라도 주님의 좌우편에 앉는 것은 주님의 주권에 의해서 결정된다고 말씀하셨습니다(40절). 결국 하나님 나라의 상급은 수고를 많이 했다고 요구할 수 있는 성질의 것이 아니라는 것입니다.

한편 그러한 대화를 듣고 있던 다른 제자들이 심히 분개하였습니다 (41절). 이것은 다른 제자들도 말로 드러내지만 않았을 뿐이지, 같은 야망과 욕심을 가지고 있었음을 보여줍니다.

하나님 나라의 원리

그 때 주님께서는 세상의 원리와 하나님 나라의 원리가 다름을 말씀합니다. 42-44절입니다.

> 예수께서 불러다가 이르시되 이방인의 소위 집권자들이 저희를 임의로 주관하고 그 대인들이 저희에게 권세를 부리는 줄을 너희가 알거니와 너희 중에는 그렇지 아니하니 너희 중에 누구든지 크고자 하는 자는 너희를 섬기는 자가 되고 너희 중에 누구든지 으뜸이 되고자 하는 자는 모든 사람의 종이 되어야 하리라.

세상의 원리는 높은 지위를 얻게 되면 당연히 다른 사람들을 지배하고 자기기 가진 권세를 충분히 활용하지만, 하나님 나라의 원리는 그와 반대라는 것입니다. 하나님 나라의 원리는 섬기고 종이 될 때 하나님께서 높여주시고 으뜸이 되게 하신다는 것입니다. 그러면서 자신이 십자가를 지시는 삶의 원리를 말씀합니다. 45절입니다.

> 인자의 온 것은 섬김을 받으려 함이 아니라 도리어 섬기려 하고 자기 목숨을 많은 사람의 대속물로 주려 함이니라.

이 구절은 많은 학자들이 마가복음의 핵심 구절이라고 주장하는 구절입니다. 이 말씀은 무엇을 말씀합니까? 예수님께서 우리를 섬기기 위해서 오셨고 우리의 죄 값을 지불하기 위해 희생이 되신 것처럼 우리도 남을 섬겨야 하고 희생해야 한다는 것입니다. 하나님이신 예수님께서 우리를 구원하시기 위해 이 땅에 오셔서 십자가를 지셨다는 십자가의 도는 우리의 구원을 위한 진리일 뿐 아니라 우리 삶의 원리임을 다시 한번 말씀하신 것입니다.

　이제 정리해 보겠습니다. 조금 전에 말씀드린 것처럼 마가복음에는 예수님께서 십자가의 지심에 대해서 언급하신 것이 세 번 기록되어 있는데 한 가지 공통점이 있습니다. 그것은 단순히 자신이 십자가를 지심만 말씀하신 것이 아니라, 십자가의 진리가 요구하는 삶에 대한 언급이 항상 동반되었다는 것입니다. 제자들은 그렇게 오랫동안 주님을 따라다니며 반복되는 주님의 가르침을 받았음에도 불구하고 여전히 당시에 유행하던 왜곡된 메시야관을 그대로 가지고 있었습니다. 또한 여전히 하나님 나라가 임하기 위해서 요구되는 것과는 전혀 다른 자기중심적이고 세상적인 욕망을 가지고 있었습니다.

　사랑하는 성도 여러분! 제자들의 모습은 바로 우리들의 모습입니다. 오늘날 우리도 예수님을 믿는다고 하면서 제자들처럼 여전히 주님께서 원하는 것과는 전혀 다른 세상의 가치관과 욕심에 사로 잡혀 있지는 않습니까? 이제 우리의 삶에 새로운 결단과 각오가 필요합니다.

십자가의 진리가 요구하는 삶

　세 번에 걸쳐서 주님께서 우리에게 요구하는 십자가의 진리에 합당한 삶은 무엇입니까? 그것은 크게 세 가지를 이야기할 수 있습니다.

　먼저 자신을 부인하는 삶입니다. 자신을 부인한다는 것은 여러 가지로 해석될 수 있지만 오늘 본문에 의하면 자기중심적이고 이기적인 삶을 살지 않는 것이고, 자기 욕심과 야망에 사로잡히지 않는 삶을 의미합니다. 9장에서 서로 누가 높은지 쟁론한 것도 그리고 오늘 본문에서 주님의 영광 중에서 최고의 자리에 앉고자 한 것도 모두 세상적이고 인간적인 야망이 그들의 중심에 있었기 때문입니다.

　신앙생활하면서 항상 가장 문제되는 것은 바로 우리 자신입니다. 어떤 분들은 부모나 남편이나 아내나 환경을 탓하기도 합니다. 그러나 가장 큰 문제는 바로 나입니다. 그렇기 때문에 우리 각자는 아직도 버리지 못하고 놓지 못하는 나의 고집, 나의 자존심, 나의 교만, 남에게 대접받고자 하는 마음, 세상에 대한 사랑, 다른 사람에게 드러내 보이고 싶은 마음을 버려야 합니다. 바울이 고백했던 것처럼 매일 매일 우리는 우리의 정과 욕심을 십자가에 못 박아야 하는 것입니다.

왜 그렇습니까? 먼저 인간적이고 세상적인 욕심과 야망에 사로잡혀 있을 때 주님께서는 역사하지 않기 때문입니다. 야고보서 4:3에서 "우리가 구하여도 받지 못함은 정욕으로 쓰려고 잘못 구함이라"라고 말씀하셨습니다. 인간적이고 세상적인 욕망과 야망이 우리를 사로잡고 있으면 늘 엉뚱한 것을 요구할 수밖에 없습니다. 그러한 욕심과 야망이 우리를 사로잡고 있을 때 우리는 하나님의 뜻을 제대로 깨달을 수도 없고 이룰 수도 없기 때문입니다.

두 번째는 섬기는 삶입니다. 9장에서 예수님께서는 어린 아이를 섬기라고 하였습니다. 조금 전에 말씀드린 것처럼 어린아이는 우리의 도움이 필요한 사람을 말합니다. 섬기는 삶은 선택이 아닙니다. 섬기는 삶은 너무도 중요하기에 주님께서는 십자가의 진리를 말씀하시면서 거듭 거듭 강조하셨습니다. 뿐만 아니라 잡히시기 바로 전 날 밤에도 제자들의 발을 씻기시면서 내가 한 것처럼 너희도 행하라고 명령하셨습니다.

사랑하는 성도 여러분! 섬기는 삶은 우리 기독교를 특징지을 수 있는 대표적인 삶의 모습입니다. 만약 우리에게 섬기는 자세가 되어 있으면 세상 사람들은 교회를 다른 눈으로 볼 것입니다. 그 때 우리는 세상의 빛과 소금의 사명을 감당할 수 있습니다. 물론 기본적으로 섬기는 자세가 되어 있으면 교회에서도 문제가 생겨날 수가 없습니다. 문제가 생기는 것은 서로 높아지려고 하고 대접받으려고 하는 것에서 비롯되기 때문입니다. 오늘 본문에서도 야고보와 요한이 높임을 받으려고 하니까 제자들은 서로에게 분노의 마음이 생겼던 것입니다.

　세 번째는 희생의 삶입니다. 주님께서는 십자가에 못 박히심으로 희생의 본을 보여주셨습니다. 사실 섬김의 삶과 희생의 삶은 너무도 밀접하게 연결되어 있습니다(참고 45절). 그러나 우리는 섬긴다고 하면서도 전혀 자신의 것을 희생하지 않으려고 합니다. 자기의 시간과 노력, 헌신의 한계를 정해놓고 그 선을 넘어가지 않으려고 합니다. 그러나 주님을 따르고 남을 섬기는 삶은 희생과 고난 없이 절대로 갈 수 없는 것입니다. 한 알의 밀알이 땅에 떨어져 썩지 않는다면 결코 열매를 맺을 수 없습니다. 그런데도 우리는 희생하지 않으면서 열매를 맺으려고 하기 일쑤입니다. 하지만 우리는 다음과 같은 격언을 명심해야 할 것입니다.

　"No Cross, No Crown. No Pain, No Gain."

말씀을 맺겠습니다.

　오늘 본문은 다시 한 번 십자가의 진리가 요구하는 삶을 말씀합니다. 우리의 삶에 대한 새로운 결단이 필요합니다. 그 시작은 자기의 부인으로부터 시작됩니다. 인간적이고 세속적인 야망을 포기해야 합니다. 그리고 우리의 도움이 필요한 분들을 위해서 섬기고 희생하기로 작정해야 합니다. 이러한 십자가의 원리에 충실한 삶을 살 때 하나님께서 우리를 높여주시고 귀하게 쓰실 것입니다.

마가복음 10:46-52

새로운 삶(진정한 삶)을 위하여

 십자가를 지시는 것은 예수님께서 이 땅에 오셨던 궁극적인 목적이었습니다. 그래서 예수님께서는 공생애를 마치실 무렵에, 우리를 구원하시기 위하여 자신이 반드시 십자가를 지셔야 한다는 것을 공개적으로 말씀하셨습니다. 예수님께서는 자신이 십자가 지실 것을 말씀하시면서 십자가의 진리가 요구하는 삶이 있음을 함께 말씀하셨습니다. 그러므로 예수님의 십자가 사건은 그 십자가를 믿음으로 구원에 이른 사람이 살아야 할 삶의 모범까지 제시하는 것입니다. 이러한 십자가의 진리가 요구하는 삶은 세 가지로 요약될 수 있습니다. 먼저 자기를 부인하는 삶입니다. 즉 자신의 욕심과 야망을 버리는 것입니다. 다음으로 나만을 위해서 사는 삶이 아니라 나의 도움이 필요한 사람을 적극적으로 섬기는 삶입니다. 마지막으로 섬기는 삶을 위해, 그리고 나에게 맡겨진 사역을 위해 희생하고 손해 볼 것을 감수하는 삶입니다.

바디매오의 외침

 이렇듯 예수님께서는 십자가의 진리를 가르치시면서 예루살렘으로 계속 올라가시다가 이제 여리고에 도착하였습니다. 46절입니다.

 저희가 여리고에 이르렀더니 예수께서 제자들과 허다한 무리와 함

께 여리고에서 나가실 때에 디매오의 아들인 소경 거지 바디매오가 길가에 앉았다가

여리고는 지금도 마찬가지지만 당시에도 무역의 중심지로서 경제적으로 부요를 누리고 있던 도시였고 또한 '장미의 도시'라 불릴 만큼 아름다운 도시였다고 합니다. 이 여리고는 예루살렘에서 북쪽으로 약 30km 정도 떨어져 있었는데 당시 북쪽에 있었던 갈릴리 지방의 사람들이 예루살렘으로 가기 위해 꼭 거쳐야 될 경유지였습니다. 한편 예수님께서 십자가에 못 박히실 때가 유대 절기로 유월절이었는데, 마치 우리나라에서 설이나 추석이면 많은 사람들이 고향을 찾는 것처럼 사방 각지의 유대인들도 절기에 맞추어 하나님께 예배를 드리기 위해 예루살렘을 찾았습니다. 그러한 많은 무리들과 함께 예수님께서도 여리고에 이르렀던 것입니다.

많은 사람들이 지나가는 길목에는 바디매오라는 소경이 길 가에 앉아서 사람들에게 구걸을 하고 있었습니다. 당시 소경은 우리가 요한복음 9장을 통해 알 수 있는 것처럼 문둥병자과 같이 하나님께 저주받은 사람으로 간주되었기 때문에 사회적으로 외면당하는 삶을 살았습니다. 뿐만 아니라 그들은 일할 수 없었기 때문에 거지로 살 수 밖에 없었습니다. 그렇기 때문에 유월절과 같은 절기는 그러한 거지들에게는 한몫 챙길 수 있는 좋은 기회였습니다. 절기에 예루살렘을 찾는 사람들의 호주머니는 두둑했고, 그들의 기분도 역시 들떠 있었기 때문입니다. 이 소경도 여느 때와 같이 삶을 연명하기 위해서 많은 사람들이 예루살렘으로 가는 길목에 앉아서 구걸하고 있었습니다.

그런데 그 때 그는 예수님께서 그곳을 지나가신다는 알았습니다. 그는 아마 그동안 많은 사람들에게 예수님께서 행하셨던 기적들의 소문을 들었던 것 같습니다. 그래서 그는 자기 삶의 최대의 문제를 해결할 수

있는 절호의 기회라고 생각하고, 다른 사람들의 눈치도 살피지 않은 채, 오직 예수님께 자기를 불쌍히 여겨달라고 크게 소리를 지릅니다. 47절입니다.

> 나사렛 예수시란 말을 듣고 소리 질러 가로되 다윗의 자손 예수여 나를 불쌍히 여기소서 하거늘

그러자 그것을 본 사람들은 그것이 예수님을 귀찮게 하는 것으로 생각하여서 그 사람에게 잠잠하라고 꾸짖었습니다. 48절입니다.

> 많은 사람이 꾸짖어 잠잠하라 하되 그가 더욱 심히 소리 질러 가로되 다윗의 자손이여 나를 불쌍히 여기소서 하는지라.

그는 그러한 사람들의 꾸짖음에도 아랑곳하지 않고 다시 한 번 크게 외쳤습니다.

주님의 응답

주님께서 처음에는 모른 척하셨는데 그가 두 번째 외치자 그를 부르셨습니다. 49절입니다.

> 예수께서 머물러 서서 저를 부르라 하시니 저희가 그 소경을 부르며 이르되 안심하고 일어나라 너를 부르신다 하매

그는 예수님께서 자기를 부르신다는 것을 들었을 때 겉옷을 내어버리고 주님께 달려갔습니다. 아마 그는 자기가 외치기는 하였어도 예수님께서 자기 같은 사람에게 관심을 보일 것이라고는 기대하지 않았던

것 같습니다. 그는 주님께서 그를 부르신 것을 알았을 때 너무도 감격되고 흥분되어서 겉옷을 내어버리고 주님께 달려갔습니다. 당시 거지에게 있어서 겉옷은 가장 소중한 재산이었습니다. 왜냐하면, 겉옷은 추위를 피할 수 있는 수단이었고 밤에는 이부자리로 사용되었기 때문입니다. 그러한 겉옷을 내동댕이치고 주님께 달려갈 정도로 그는 흥분되고 감격한 것입니다.

그 때 주님께서는 그를 세 가지 과정을 거치면서 치료해 주십니다. 먼저 그에게 구체적으로 무엇을 원하는지 물었습니다. 51절입니다.

> 예수께서 일러 가라사대 네게 무엇을 하여 주기를 원하느냐 소경이 가로되 선생님이여 보기를 원하나이다.

그는 간단하게 대답합니다. 보기를 원한다는 것입니다. 물론 주님께서 그가 무엇을 원하는지 몰라서 물으셨던 것은 아닙니다. 주님께서는 그의 구체적인 간구의 내용을 직접 듣고 역사하심으로 그의 눈을 회복시켜 주신 분이 주님이심을 분명히 하고자 했습니다.

두 번째로 그의 소원을 들으셨을 때, 마가복음에는 나오지 않았지만 마태복음에서는 그의 눈을 만지셨다고 합니다. 주님께서 그의 눈을 만지시면서 그의 눈을 회복시키신 것도 역시 주님께서 치료하셨음을 그에게 인식시키기 위한 것이었습니다. 다시 말하면, 그가 주님을 인정하기를 원하셨던 것입니다.

그리고 세 번째로 그의 믿음을 인정해 주시면서 그의 눈을 회복시켜 주셨습니다. 52절입니다.

> 예수께서 이르시되 가라 네 믿음이 너를 구원하였느니라 하시니 저가 곧 보게 되어 예수를 길에서 좇으니라.

여기에서 바디매오가 예수님이 어떤 분인가를 분명히 알고 있었다고 할 수는 없을 것입니다. 당시에 3년 간 주님을 따라 다녔던 제자들도 주님을 바로 알지 못했는데 그가 주님을 온전히 알았다는 것은 불가능한 일입니다. 그러나 예수님에 대한 정확한 지식은 없어도 주님께서 하나님의 능력을 행하실 하나님의 사람임을 그는 분명히 믿었습니다. 그러므로 용기를 가지고 예수님께 나아와 긍휼히 여겨달라고 외치면서 주님의 도움을 바랬던 것입니다. 뿐만 아니라 그는 주위의 만류에도 불구하고 계속 외쳤고 또한 예수님께서 부르실 때 즉각적으로 모든 것을 제쳐두고 나올 정도의 간절함과 사모함이 있었습니다. 그러한 모습을 보시고 주님께서는 그의 믿음으로 인정한 것입니다. 그러므로 주님께서 그의 눈을 회복시켜 주셨고 그는 주님을 따랐습니다.

이 사건의 의미

오늘 본문의 사건은 마가복음에 나오는 치유 이적 가운데 마지막으로 기록된 사건입니다. 그런데 오늘 본문의 사건을 예수님께서 소경의 눈을 뜨게 하신 단순한 기적으로만 이해되어서는 안 됩니다. 소경의 시력이 회복된 사건을 여기에 기록한 것은 크게 두 가지 이유가 있다고 생각합니다.

먼저 이 사건은 영적으로 소경이었던 제자들에게 도전이 되는 사건이었습니다. 마가복음에서 소경이 눈을 뜬 기적은 두 번 기록되었는데 8:22-26과 오늘 본문입니다. 8:22-26은 십자가에 대한 본격적인 가르침 바로 이전에, 그리고 오늘 본문은 십자가의 진리에 대한 가르침 바로 이후에 기록되었습니다. 그러므로 이 사건들은 소경의 눈이 회복되어서 보지 못했던 것들을 보게 된 것처럼, 제자들도 주님의 말씀을 바로 깨닫고 주님을 따르기 위해서, 그리고 진정 새로운 삶을 경험하기 위해서 영적인 눈의 회복이 필요함을 교훈하는 것입니다.

다음으로 오늘 본문의 사건은 바로 앞의 사건과 좋은 대조를 이루고 있습니다. 오늘 본문에서 소경에게 하신 질문과 바로 앞에서 야고보와 요한에게 한 질문과 같은 것입니다. 그것은 무엇입니까? 그것은 "내가 너희에게 또는 너에게 무엇을 해주기를 원하느냐?" 입니다. 그런데 제자들은 엉뚱한 대답을 하여 주님께 책망을 들었습니다. 하지만 이 소경은 믿음의 칭찬을 받았고, 그의 소원도 이루어졌던 것입니다. 그들의 차이는 무엇입니까? 제자들의 소원은 인간적인 욕심에 끌려 자신들이 높아지려는 것이었고 소경의 소원은 삶의 절박한 문제 앞에서 자기의 한계를 극복하고자 한 것이었습니다.

영안의 회복

오늘 본문의 사건은 앞의 사건과 대조가 되어서 '십자가를 통해 드러난 하나님의 은혜를 누릴 수 있는 사람은 누구인가?' 를 교훈합니다. 오늘 본문을 통해서 우리가 교훈 받을 수 있는 것은 크게 두 가지입니다.

하나는 오늘날 우리도 새롭고 온전한 삶을 위해서 영적인 눈의 회복이 필요하다는 것입니다. 오늘 본문에 나오는 소경은 하루 벌어 하루 먹고사는 의미 없는 삶을 살았습니다. 그저 어쩔 수 없어 사는 삶을 살았고 하루하루를 연명하는데 급급했던 삶을 살았습니다. 그러나 주님을 만나서 그의 눈이 회복된 이후에 그의 인생은 의미가 있었고 그의 삶에는 활기가 있었을 것입니다. 주님을 만난 이후의 그의 삶은 그 전과는 전혀 다른 새로운 삶을 살았을 것이 분명합니다. 우리 가운데도 영적 소경으로 있기 때문에 소경 바디매오와 같은 삶을 살고 있는 사람들이 너무도 많습니다. 그저 막연하게 마지못해서 하루하루를 살고 있을 뿐 인생의 진정한 의미를 느끼지 못하며 사는 사람들이 너무도 많은 것입니다. 좀 심하게 들릴지도 모르지만 남자들은 남자대로 직장에서, 여자들은 여자대로 가정에서 그저 다람쥐 쳇 바퀴 도는 삶을 삽니다.

엊그제 신문을 보니까 돈을 벌고 저축하는 첫 번째 이유가 자녀들(20%) 때문이고, 두 번째가 주택마련(19%)을 위해서 이고, 세 번째가 노후생활(18%)을 위해서 이고, 네 번째가 재산 증식(13%)을 위한 것이라고 합니다. 물론 자녀들을 훌륭하게 키우고 집을 마련하고 노후대책을 하고 재산을 증식하는 것이 전혀 의미가 없지는 않습니다. 그러나 그저 자식들에게 모든 의미를 두고 살고 단지 집을 마련하고 노후대책을 하고 재산을 모으기 위해서 산다는 것이 너무 허무하다고 생각지 않습니까? 만약 그렇게 산다면 우리의 인생이 너무 아깝다고 생각합니다. 아니 너무 억울하다고 생각합니다. 하지만 우리가 막연하고 의미 없는 삶을 살면서도 그것을 못 깨닫지 못하는 원인이 있습니다. 그것은 새롭고 진정한 삶에 대한 영적인 눈이 닫혀 있기 때문입니다. 문제는 교회를 안 다니는 사람들뿐만 아니라 제자들처럼 오랫동안 주님을 따르면서도 영적인 눈이 어두운 사람들이 많다는 것입니다.

사랑하는 성도 여러분! 우리에게는 영적인 눈의 회복이 필요합니다. 십자가의 진리의 깨달음이 필요합니다. 바디매오가 눈을 뜨게 된 후의 삶을 생각해 보십시오. 그는 그가 전혀 생각지 못한 세계를 경험했을 것입니다. 소경으로 있을 때 경험하지 못했던 인생의 풍요와 만족이 있었을 것입니다. 만약 우리도 주님의 은혜로 우리의 영의 눈이 뜨이게 된다면 소경이 눈이 뜨이게 되었을 때 경험하였던 기쁨과 황홀감을 경험할 수 있을 것입니다. 우리의 인생이 무의미하지 않고 황홀하도록 아름답게 보일 것입니다. 또한 우리의 삶에 흥분과 감격이 있고 생애의 새로운 꿈과 소망이 생길 것입니다.

믿음으로 주님께 나아가자

두 번째는 어떤 사람이 십자가의 은혜를 경험할 수 있고 어떤 사람이 영적인 눈의 회복을 경험할 수 있느냐는 것입니다. 한마디로 믿음으로 주님께 나아가는 사람입니다. 오늘 본문에서 주님께서는 "네 믿음이 너를 구원하였다"라고 말씀하십니다. 복음서를 읽다 보면 주님의 능력을 경험하고 새로운 삶을 경험하는 것과 믿음이 아주 밀접하게 연결되어 있음을 알게 됩니다. 마가복음 2장을 보면 중풍병자를 고치실 때도 그들의 믿음을 보시고 그를 고치셨다고 말씀하고 있습니다. 반대로 예수님께서 고향에서 능력을 행하시지 않으신 이유가 그들의 믿음의 부족 때문이라고 말씀하셨습니다. 9장에서 제자들이 간질병 환자를 고치지 못할 때에도 믿음의 부족이었음을 책망하셨습니다. 주의 은혜를 경험하고 새로운 삶을 살기 위해서 믿음으로 주님께 나아가는 것이 반드시 필요합니다.

그러면 오늘 본문의 소경 바디매오는 어떤 믿음으로 주님께 나아갔습니까? 먼저, 그의 믿음은 인생의 한계 앞에서 주님께 불쌍히 여겨달라고 간절히 부르짖음으로 주님께 나아갔습니다. 오늘 본문에서 소경은 비록 확실한 믿음의 소유자는 아니었을지라도(믿음의 내용은 부족하다 할지라도) 주님께서 그의 한계를 극복케 하실 것을 믿고 부르짖었던 것입니다. 주님의 은혜가 임하는 사람들은 이런 사람들입니다. 바디매오와 같이 인생의 한계를 느끼면서 주님께 나아가서 부르짖는 사람입니다. 주님을 다 알지 못할 수도 있습니다. 그러나 인생의 한계를 경험할 때 오늘 본문의 바디매오처럼 "주님 불쌍히 여겨주십시오! 주의 은혜로 이 한계 상황을 극복하기 원합니다! 그리고 이 한계 상황을 통하여 주님을 만나고 싶습니다!" 라고 주님께 부르짖으면 그 때 주님께서 우리의 한계를 극복케 하실 뿐 아니라 우리의 영적인 눈을 뜨게 하시고 새로운 삶을 허락하실 것입니다.

문제는 인생의 한계를 경험하면서도 주님께 부르짖지 않는다는 것입니다. 오늘 본문에 나오는 소경의 주위에도 많은 사람들이 인생의 문제를 가지고 있었을 것입니다. 그러나 그들은 믿음을 가지고 부르짖지 않았기 때문에 눈의 회복을 경험할 수 없었습니다.

다음으로, 그는 장애를 극복하면서 주님께 나아갔습니다. 그가 처한 환경은 예수님께 부르짖을 환경이 아니었습니다. 그러나 그는 환경의 장애를 극복하고 끝까지 외친 것입니다. 우리가 한계를 느끼고 주님께 나아갈 때에 반드시 따라오는 것이 있습니다. 그것은 주님께 나아가기를 방해하는 여러 가지 장애와 핑계 거리입니다. 그 때 우리에게 필요한 것은 그러한 장애와 핑계를 극복하는 것입니다. 환경에 굴복되어서 포기하거나 다른 사람의 시선에 부담을 느끼면 절대로 주의 은혜를 누릴 수 없습니다.

말씀을 맺겠습니다.

오늘 본문에서 소경 바디매오는 인생의 한계 상황에서 환경을 극복하고 믿음으로 주님께 간구함으로 삶의 새로운 장을 경험하였습니다. 우리는 우리의 인생의 한계를 경험할 때가 주님의 은혜를 경험할 수 있는 최고의 기회임을 명심해야 합니다. 우리는 한계를 경험할 때 우리는 그 문제를 가지고 주님께 낮은 자세로 나아가서 "불쌍히 여겨주십시오!"라고 부르짖어야 합니다. 주님께 나아갈 때는 어떠한 환경의 장애가 있을지라도 끝까지 포기하지 않고 주님께 부르짖어야 합니다. 그 때 주님께서 역사하셔서서 우리도 바디매오와 같이 새로운 삶과 새로운 세계를 경험할 것입니다. 우리 모두에게 이 은혜가 임하기를 바랍니다.

마가복음 11:1-11

주님이 기뻐하시는 신앙생활

마가복음을 예수님 사역의 장소에 따라 구분한다면, 1-9장에서 예수님의 주된 사역지는 갈릴리였습니다. 10장은 예수님께서 예루살렘을 올라가시는 과정을 기록하고 있습니다. 11-16장은 예루살렘에서의 예수님 공생애의 마지막 일주일 동안의 일을 기록하였습니다. 특히 11-15장은 고난 주간에 발생한 사건들을 다루고 있습니다. 그 중 예수님의 십자가와 부활이 그 중심 내용인 11-16장은 비록 예수님 공생애에서 일주일 동안 일어난 일이지만 마가복음 전체의 1/3을 차지할 정도로 상세하게 서술되어 있습니다. 이것은 예수님 사역의 핵심이 십자가와 부활임을 다시 한 번 확인시켜 줍니다.

예루살렘에 입성하시는 예수님

오늘 본문은 예수님의 예루살렘 입성을 기록하고 있습니다. 이 사건은 사복음서 모두에 기록되어 있는데, 이 사건의 중요성을 보여주는 것입니다. 1절입니다.

저희가 예루살렘에 가까이 와서 감람 산 벳바게와 베다니에 이르렀을 때에 예수께서 제자 중 둘을 보내시며 예수님께서 이제 감람산에 도착하셨습니다. 감람산은 예루살렘의 동편에 위치해 있는 예루살렘 성과 도시의 구조를 한 눈에 볼 수 있는 산으로서, 이 곳은 예수님의 고난과 죽음을 앞두고 여러 가지 중요한 일들이 일어났던 곳입니다. 예수님께서 잡히시기 전 날 밤에 기도하셨던 겟세마네 동산도 여기에 위치에 있고, 주님의 승천도 바로 이 산에서 일어났습니다. 그래서 지금도 이스라엘의 이 감람산에는 예수님의 행적들을 기념하는 곳들이 많이 있습니다. 벳바게와 베다니는 감람산 기슭에 있는 마을인데, 특히 베다니는 주님께서 마르다와 마리아의 오빠 나사로를 살리셨던 곳입니다(참고, 요 11장).

그 곳에서 주님께서는 두 제자들을 마을 건너편으로 보냅니다. 아직 사람이 타보지 않는 나귀 새끼를 끌고 오라고 하셨습니다(2절). 만약, 누가 "왜 이렇게 하느냐"라고 묻는다면 "주님께서 쓰시겠다"라고 대답하라고 하셨습니다. 제자들이 주님의 명령을 따라 가보니 하나님께서 예비하신 나귀 새끼가 있었습니다. 제자들은 나귀 새끼를 풀어서 끌고 주님께 가지고 왔습니다. 그리고 예수님께서는 그 나귀 새끼를 타시고 예루살렘에 입성합니다. 그 때 많은 사람들이 자기들의 겉옷과 종려나무 가지를 예수님께서 가시는 길 앞에 펴주었습니다. 당시에 땅에 옷과 나뭇가지를 깔아주는 것은 왕의 등극에서 행해지던 관습이었습니다(왕하 9:13). 특히, 종려나무는 보통 승리의 상징으로 여겨져 주로 왕이 지나가는 길에 펴놓거나 들고 흔들었다고 합니다. 그리고 9-10절에 보면, 사람들이 앞뒤로 예수님을 따랐다고 했습니다. 아마 그들은 예수님께서 여리고에서 소경 바디매오를 고치신 것을 본 사람들이었을 것이고 베다니에서 나사로를 살리신 것을 보거나 들었던 사람들이었을 것입니다. 그들은 새끼 나귀를 타고 예루살렘을 입성하시는 주님을 찬양하면서 환호하였습니다. 어떻게 환호합니까? 9-10절입니다.

앞에서 가고 뒤에서 따르는 자들이 소리 지르되 호산나 찬송하리로다 주의 이름으로 오시는 이여 찬송하리로다 오는 우리 조상 다윗의 나라여 가장 높은 곳에서 호산나 하더라.

'호산나'는 '구원하소서'라는 의미인데, 예수님 당시에는 마치 '할렐루야'와 같이 축제 기간에 기쁨과 환호를 표현하는 말이었습니다. 즉 예수님을 왕으로 맞아들이는 그들의 기쁨을 표시한 것입니다. '주의 이름으로 오시는 분'이라는 말은 시편118:26에서 인용한 것인데, 이 말도 역시 당시에 하나님께서 예언하신 메시야를 지칭하는 말로 사용되었다고 합니다. 또한 '다윗의 나라'라고 환호합니다. 이 말도 그들이 예수님을 다윗을 통하여 약속하셨던 그 분으로 이해한 것을 보여줍니다. 따라서 그들이 옷과 나무를 깔고 주님을 환호하는 모습이나 그들이 주님을 환호했던 내용을 보면, 그들은 예수님을 그들이 바랐던 메시야(구원자)로 인정하였음을 알 수 있습니다.

공공연히 입성하신 이유

오늘 본문에서 우리가 몇 가지 살펴볼 것이 있습니다. 먼저, 전에는 예수님께서 놀라운 능력을 행하셨을 때 그것을 비밀로 하기 원하셨고, 사람들이 자신을 왕으로 삼으시려는 것도 미리 아시고 피하셨는데, 이제는 공개적으로 왕의 모습을 하고 예루살렘에 입성하셨습니다. 뿐만 아니라, 그러한 행동을 예수님께서 주도하셨습니다. 예수님께서 직접 나귀를 데리고 오라고 하셨고 타셨던 것입니다. 그 이유는 무엇입니까? 우리가 잘 아는 것처럼 예수님께서 예루살렘에 입성하는 것은 그에게 주어진 십자가를 지시려고 가는 길이었습니다. 그것은 자신이 이 땅에 오신 진정한 이유요 목적이었습니다. 지금까지는 그것을 숨기셨는데 이제는 더 이상 감출 필요가 없었고. 오히려 공공연하게 드러내는 것이 필요했습니다. 그래서 구약에서 예언된 대로, 나귀 새끼를 타고 입성하셨습니다. 마태복음에 보면 주님께서 나귀 새끼를 타고 입성하신 것이 선지자로 하신 말씀을 이루기 위함이라고 하시면서 스가랴 9:9을 인용하고 있습니다.

> 시온의 딸아 크게 기뻐할지어다 예루살렘의 딸아 즐거이 부를지어다 보라 네 왕이 네게 임하나니 그는 공의로우며 구원을 베풀며 겸손하여서 나귀를 타나니 나귀의 작은 것 곧 나귀새끼니라.

스가랴 9-14장은 구약에서 메시야 예언의 장으로 유명한데 그 가운데 스가랴 9:9의 말씀을 예수님께서 그대로 실행하신 것입니다. 결국, 예수님께서는 의도적으로 나귀 새끼를 타고 예루살렘에 입성하심으로 자신이 십자가를 지러 가는 길이 우연히 발생한 것이 아니라 하나님의 섭리 가운데 이루어지고 있음을 보여주셨고, 자신이 구약에서 예언하였던 메시야이심을 보여주셨습니다. 또한 주도적으로 이 일을 행하신 것은 자신의 때를 아시는 주님께서 자신을 향한 하나님의 뜻을 자발적이고 적극적으로 이루어 가심을 보여주는 것입니다. 사실 당시의 종교 지도자들은 예수님을 선지자로는 여겼기 때문에 백성들이 반란을 일으킬 것을 두려워해서 유월절에는 죽이지 않으려고 했습니다(마 21:26, 26:3-5, 눅 19:47-48). 그러나 이 사건은 종교지도자들을 자극하였고, 예수님에 대한 적대감을 더욱 촉발케 하였습니다. 이 사건이 예수님께서 유월절에 십자가에 못 박히게 된 중요한 원인이 되었던 것입니다. 예수님께서는 비록 그 길이 고난과 수치와 모욕의 길이었지만 유월절 어린양으로서 자신의 사명을 감당하기 위해서 이렇게 공개적이고 적극적으로 예루살렘에 입성하신 것입니다.

어린 나귀를 타신 이유

그러면 왜 어린 나귀를 타셨습니까? 그것은 자신의 진정한 모습을 보여주시기 위함이었습니다. 예수님께서 예루살렘에 환영을 받고 들어가신 것은 자신이 왕이시고 메시야이심을 보여주는 것이었습니다. 그러나 예수님께서는 당시 용사나 왕의 개선할 때처럼 군마를 타고 칼을 높이 들고 입성하지 않고 나귀를 타신 것은 예수님께서 그들이 생각하는 것과는 다른 메시야임을 보여주셨습니다. 왕은 왕이지만 무력이나 군사력의 왕이 아니라 겸손과 평화의 왕이라는 것입니다. 스가랴 9:9에서 말씀하는 것처럼 나귀는 일반적으로 겸손과 낮아짐을 상징입니다. 그래서 사무엘하 16장을 보면 다윗도 압살롬에게 쫓기면서 나귀를 타고 도망갔습니다. 마찬가지로 예수님께서 이렇게 나귀를 타고 예루살렘에 입성한 것은 낮아지심과 섬김의 메시야적 본질을 드러내셨습니다.

우리가 잘 알고 있듯이 당시의 사람들은 메시야의 본질을 잘못 이해하였습니다. 그들이 기대했던 메시야는 이방의 세력을 멸망시키고 자기들을 정치적으로 해방시켜 줄 왕이었습니다. 그들이 예수님을 찬양하고 환영하였던 것은 예수님께서 예루살렘(다윗 성)으로 들어와서 놀라운 능력으로 자기들의 소원을 들어주실 것으로 생각했기 때문입니다. 그래서 그들은 예수님께서 나귀를 타신 의도나 하나님의 뜻을 전혀 생각지 않고 주님을 환호하였던 것입니다. 더구나 하나님께 합당치 않는 잘못된 생각으로 주님을 따랐기 때문에 나중에 예수님께서 십자가에서 못 박히실 때는 다 도망가 버렸습니다. 아니 이렇게 예수님을 환호하고 맞아들인 사람들 가운데도 예수님을 십자가에 못 박으라고 소리를 지른 사람도 있었을 것입니다. 그들의 열정과 환호는 헛된 것이었고 무의미한 것이었습니다. 그래서 요한복음 12:26을 보면 처음에는 제자들이 이 사건의 의미를 깨닫지 못하다가 나중에 주님께서 영광을 얻으신 후에 이 사건의 의미를 깨달았다고 말씀하고 있습니다.

주님께서 기뻐하시는 신앙생활

오늘 본문이 우리에게 교훈 하는 것은 진정 주님께서 기뻐하시는 신앙의 길에 관한 것입니다. 당시의 예수님을 따르면서 열정적으로 환호하는 사람들의 가장 큰 문제는 무엇이었습니까? 그것은 주님의 진정한 의도를 모르고 주님을 따랐다는 것입니다. 그들은 주님의 삶과 아주 극명한 대조를 이룹니다. 주님께서는 하나님의 뜻을 이루는 것이 생애의 목표였고 그것을 위해서 최선을 다했습니다. 그러나 그들은 자기들의 소원을 이루는 것이 주님을 따르던 목표였습니다.

오늘날도 당시이 사람들처럼 주님의 의도와는 어긋난 신앙 생활하는 분들이 많습니다. 많은 사람들에게 있어서 신앙의 최우선의 목표는 자신의 어려움이 해결되고 자신의 소원이 이루어지는 것입니다. 단순히 복 받고 모든 것이 형통하기 위해서 예수님을 믿는 것입니다. 자신의 생각과 소원이 하나님의 뜻이고, 하나님께서 기뻐하시는 것인지 깊이 생각지 않습니다. 그러나 하나님께서 기뻐하시는 신앙생활은 나의 소원이 이루어지고 내 뜻이 성취되는 것이 아닙니다. 성숙한 믿음의 사람은 나의 문제에 집착하지 않습니다. 내가 어떻게 되는 가에도 큰 관심이 없습니다. 단지 주님의 소원이 이루어지고 주님의 뜻이 이루어지기를 바라는 것입니다. 나의 소원이 이루어지지 않아도 내가 창피를 당해도 주님께서 영광 받으시고 주님께서 높임을 받으면 그것 때문에 기뻐하고 감사하는 것입니다.

주님께서 기뻐하시는 신앙생활을 위해서 우리는 두 가지를 점검해 보아야 합니다. 먼저 우리의 기도를 점검해 보아야 합니다. 많은 사람들이 열심히 기도합니다. 그러나 사람들의 기도를 보면 이기심으로 가득

합니다. 자기의 소원이 이루어지는 것이 기도의 최고의 목표입니다. 만약 자기의 소원이 이루어지지 않으면 실망하고 가차 없이 주님을 떠나는 경우가 많습니다. 그러나 우리의 기도에 있어서 가장 중요한 것은 나의 뜻과 나의 소원이 이루어지는 것이 아니고, 나를 향하신 하나님의 뜻이 이루어지는 것입니다. 그렇기 때문에 우리가 매일 매일 기도하면서 최우선적으로 관심을 가질 것은, 주기도문에서 주님께서 가르쳐 주신 것처럼, 매일 매일 우리의 삶 속에서 하나님의 뜻과 나라가 이루어지는 것이 되어야 할 것입니다.

다음으로 우리의 열심과 열정을 점검해 볼 필요가 있습니다. 당시의 사람들은 엄청난 열정으로 주님으로 환호하였습니다. 왜 그들이 그렇게 열정적으로 주님을 환호하였습니까? 주님께서 자기들의 현실적인 삶의 문제를 해결해 줄 것으로 기대했기 때문입니다.

오늘날도 엄청난 열심과 열정으로 교회를 섬기는 분들이 있습니다. 그러나 당시의 사람들처럼 주님의 의도를 모르고 인간적인 관점에서 인간적인 열심과 열정으로 주님을 섬기는 분들이 많습니다. 주님을 위한 열정이라고 하면서 자신의 이름과 자신의 만족과 목적을 위한 열정에 사로잡혀 있습니다. 그래서 자기의 만족이 이루어지지 않거나 자신의 삶에 어려움이 생기면 그 열정을 저버리는 경우를 보게 됩니다. 주님께서 기뻐하시는 열정은 하나님의 뜻을 깨닫고 그 뜻을 이루기 위한 열정입니다. 그 때 우리의 신앙이 바른 방향으로 나갈 수 있고 또한 열정도 계속 유지될 수 있습니다.

사랑하는 성도 여러분! 우리에게 주님을 향한 열심과 열정이 필요합니다. 그러나 더욱 중요한 것은 열심과 열정 그 자체보다도 우리의 열심과 열정이 주님의 뜻 안에서 주님께서 기뻐하시는 열심과 열정이 되는 것입니다.

이제 말씀을 맺겠습니다.

오늘 본문은 주님께서 예루살렘에 입성하는 장면을 기록하고 있습니다. 당시의 사람은 주님의 의도를 모른 채 잘못된 열정으로 주님을 환호하였습니다. 물론 우리는 열심히 주님을 따라야 하고 열심히 주님을 섬겨야 합니다. 또한 열심히 기도해야 합니다. 그러나 더욱 중요한 것은 주님의 뜻을 바로 알고 주님을 섬기는 것입니다. 저는 우리 모든 성도들이 주님께서 기뻐하시는 신앙생활하기를 바랍니다.

마가복음 11:12-14, 20-25

열매 맺는 신앙

마가복음 11-16장은 예수님 공생애의 마지막 일주일의 삶과 사역을 기록하고 있습니다. 안식일 후 첫 날, 오늘날로 말하면 주일에 주님께서는 예루살렘에 입성하셨습니다. 이전과는 달리 공개적으로 군중들의 환호를 받으면서 예루살렘에 입성하셨습니다. 그러나 예수님께서는 당시의 개선장군이나 왕처럼 말을 타고 입성하신 것이 아니라, 아주 독특하게 나귀 새끼를 타고 입성하셨습니다. 그것은 주님께서 구약에서 말씀하신 메시야이심을 보여주기 위한 것으로 특별히 스가랴 9:9에 있는 메시야에 대한 예언이 자신을 통해서 성취되고 있음을 보여주기 위함이었습니다. 어떤 분들이 이 사건을 두고 예수님을 환호했던 사람들처럼 우리도 환호해야 한다고 하는데 그것은 잘못된 가르침입니다. 물론 그들이 주님을 환호하는 것 자체가 잘못이라기보다 그들이 주님께서 의도하신 뜻을 전혀 모른 채 자기들의 소원과 만족을 위한 열정으로 주님을 환호하였다는 데서 잘못되었습니다. 신앙생활을 할 때 중요한 것은 우리가 얼마나 열정적으로 주님을 섬기느냐보다는 우리의 열정과 열심의 동기가 무엇이냐는 것입니다. 내 뜻이나 소원을 이루는 것보다 주님의 뜻을 이루어 가는 것입니다.

예수님께서 무화과나무를 저주하심

오늘 본문도 많은 분들이 잘못 이해하고 있는 말씀 가운데 하나입니다. 예수님께서는 지금으로 말하면 월요일에 예루살렘 성전에 가시려고 전날에 주무셨던 베다니에서 나오셨습니다. 아침을 드시지 않았던지 시장기를 느끼셨던 것 같습니다. 마침 멀리 무화과나무가 보여서 가까이 가셨습니다. 당시에는 길가에 있는 나무들의 열매는 아무나 먹을 수 있었습니다. 그러나 가까이 가서 보니 그 나무는 잎만 무성하고 열매가 전혀 없었습니다. 주님께서는 그 열매 없는 나무를 향해 "이제 영원토록 사람이 그 나무에게서 열매를 따먹지 못할 것"이라고 하면서 저주를 선포하셨습니다. 다음 날 제자들은 예수님께서 말씀하신 것처럼 그 나무가 뿌리에서부터 마른 것을 보게 되었습니다. 여기서 문제는 그 때가 아직 무화과나무의 열매가 맺히지 않을 때라는 것입니다(13절). 많은 사람들이 이 본문의 의미를 오해하고 있습니다. 심지어 어떤 사람들에게 있어서 이 본문은 기독교를 부인하게 되는 이유가 되기도 합니다. 그들은 열매를 맺는 때가 아닌데도 주님께서 열매가 없다고 저주하신 것은 건전한 상식으로는 이해할 수 없다는 것입니다. 뿐만 아니라 예수님께서 자신의 감정에 북받쳐서 절제함 없이 자신의 능력을 잘못 사용하셨다고 비난합니다. 그러나 그것은 본문의 피상적인 이해입니다.

무화과나무에 대한 이해

오늘 본문의 이해를 위해서 우리는 먼저 팔레스타인에 있는 무화과나무에 대해서 알아볼 필요가 있습니다. 팔레스타인에서 무화과나무 열매의 주 수확기는 대개 6-7월경이라고 합니다. 그런데 열매를 맺기 시작한 때는 보통 3-4월경입니다. 이 때 맺은 열매를 흔히 '푸른 열매', '이른 열매' 또는 '처음 열매'라고 부릅니다. 이 때 열리는 푸른 열매는 그렇게 맛있지는 않지만 그래도 먹을 만하였다고 합니다. 푸른 열매가 맺히기 시작한 다음에 잎이 나고 그 열매가 익어 6-7월경에 성숙한 무화과열매를 수확할 수 있다고 합니다. 그런데 예수님께서 이 곳을 지나가신 때가 유월절이니까 3월 말 또는 4월 초 정도 됩니다. 그러므로 이 나무는 성숙한 열매가 맺힐 때는 아직 멀었어도 푸른 열매 또는 이른 열매는 맺어야 했었습니다. 또한 무화과나무는 푸른 열매가 열린 뒤에 잎사귀가 나는 법인데 오늘 본문에 나오는 무화과나무는 이상하게도 열매는 없고 잎만 무성하였던 것입니다. 그렇기 때문에 오늘 본문에서 무화과나무가 저주받은 이유는 어떤 사람들이 피상적으로 이해한 것처럼 예수님께서 때가 아닌 때에 열매를 구하였다가 열매를 얻지 못하였기 때문에 그것에 대한 분풀이로 무자비하게 저주하신 것이 아닙니다. 그 무화과나무는 이른 열매를 맺어야 할 때임에도 불구하고 열매가 없었던 것입니다. 또한 그 나무는 잎사귀의 무성함으로 보아 마땅히 열매가 있어야 함에도 불구하고 비정상적으로 열매가 없었던 것입니다. 그래서 주님께서 저주를 선포하신 것입니다.

무화과나무를 저주한 사건의 의미

오늘 본문에서 우리가 생각해야 할 것은 무화과나무를 마르게 한 사건 자체가 중요하지 않다는 것입니다. 예수님께서 행하신 여러 가지 기적들은 항상 그 기적 자체보다는 그 기적의 진정한 의미 또는 교훈이 더욱 중요합니다. 예를 들어 마가복음 3장에서 예수님께서 안식일에 병자를 고치신 것도 그 병자를 고치는 것 자체가 주목적이 아니었습니다. 주님께서는 그 병자를 고침으로 안식일의 진정한 의미를 가르치고자 하셨습니다. 10장 마지막에 예수님께서 소경의 눈을 뜨게 하신 사건도 그 소경의 눈이 회복되는 것 자체보다는 영적인 소경이었던 제자들에게 깨달음을 주는 것이 그 사건의 주목적이었습니다.

오늘 본문에서 주님께서 열매 없는 무화과나무를 향하여 저주를 선포한 사건은 세 가지의 목적이 있습니다. 먼저 오늘 본문에서 예수님께서 잎사귀만 무성하고 열매가 없는 무화과나무를 저주하신 것은 예수님께서 시장하셔서 열매를 얻지 못한 것에 대한 불만 때문이 아니었습니다. 구약에서 이스라엘은 자주 포도나무나 무화과나무에 종종 비유되었는데(렘 24:1-10, 호 9:10, 미 7:1), 주님께서는 잎사귀만 무성하고 열매는 없는 무화과나무를 보셨을 때 이 무화과나무처럼 외식으로 가득 차고 전혀 열매가 없는 이스라엘을 생각하셨습니다. 그래서 그들에게 임할 심판이 어떠한 것인가를 이 무화과나무를 통해서 미리 알려주시길 원하셨습니다. 그들의 외식과 열매 없는 신앙의 또 다른 예는 무화과나무 사건의 중간에 나타나는 성전 정화 사건에서도 분명히 드러납니다. 이 성전 징화 사건에서도 성전은 웅대하였고 그 안에서 행해지는 종교적 행사들은 그럴듯하였지만, 실상 하나님께서 요구하시는 모습은 도무지 찾아볼 수 없었던 당시 유대인들의 모습을 확연하게 보여주고 있습니다.

두 번째 이 사건은 앞으로 제자들이 사명을 감당하는데 중요한 교훈을 주기 위함이었습니다. 일반적으로 나무는 천천히 죽어가고, 죽는 것도 몸통이 먼저이고 뿌리가 나중이라고 합니다. 그런데 오늘 본문의 무화과나무는 갑작스럽게 그리고 뿌리부터 마르게 되었습니다. 그러니까 주님께서는 이 나무의 사건이 주는 교훈을 제자들이 오랫동안 생생하게 기억하기를 원하셨던 것입니다.

세 번째 이 사건을 통해서 예수님께서는 자신의 가르침을 실제로 보여주시기를 원하셨습니다. 오늘 본문에서 예수님의 행동은 예수님의 가르침과 일치되는 것이었습니다. 주님께서는 공생애 동안 자주 열매가 없을 때 심판하시겠다고 말씀하셨습니다(마 7:15-16, 19-20, 요 15:2,6, 눅 13:6-9, 19:41-44). 마태복음 7:15 이하에서 예수님께서는 열매로 그 나무를 알 수 있다고 하시면서 아름다운 열매를 맺지 아니하는 나무마다 찍어 불에 던진다고 말씀하셨습니다. 또한 요한복음 15장에서 예수님께서는 유명한 포도나무의 비유를 통해 과실을 많이 맺으면 하나님께서 영광을 받으신다고 하시면서, 과실을 맺지 않는 가지는 제하여 버리고 불에 던져버린다고 말씀하셨고, 누가복음 13:6-9에서는 실과를 맺지 못한 무화과나무를 찍어 버린다고 말씀하셨습니다. 그렇기 때문에 열매가 없는 무화과나무를 저주하신 사건은 예수님의 말씀이 분명하게 이루어짐을 실감나게 보여주는 실물 교육이었습니다.

그러므로 예수님께서 열매가 없는 나무를 향하여 심판과 저주를 선포하신 사건을 우발적이고 감정적인 차원으로 보아서는 안 됩니다. 이 사건을 통해서 예수님께서는 무화과나무처럼 하나님께서 기대한 모습을 보여주지 못한 채 잎만 무성한 이스라엘의 앞날이 어떻게 될 것인가를 보여주시기를 원하셨습니다. 그리고 제자들에게 열매 없는 삶이 얼마나 비참한 결과를 가져올 것인가를 교훈하기 원하셨습니다. 또한 예수님의 거듭된 가르침이 실제로 이루어짐을 보여주신 것입니다.

열매 맺는 신앙생활

오늘 본문에 있는 사건의 교훈은 당연히 오늘날 우리에게도 그대로 적용됩니다. 겉은 화려하고 남이 보기에는 그럴듯한데 전혀 열매가 없는 신앙생활을 하면 주님께서 결코 가만히 두시지 않습니다. 따라서 그저 왔다 갔다 하는 신앙생활을 하지 말고 반드시 열매 맺는 신앙생활을 하라는 것입니다.

그렇다면 우리 신앙생활의 열매란 무엇을 의미하는지 생각해 볼 필요가 있습니다. 과실수에 있어서 열매는 과실수가 존재하는 이유입니다. 우리가 과실수를 키우는 것은 그 나무에 합당한 열매를 기대하기 때문입니다. 마찬가지로 하나님께서 우리를 많은 사람 가운데 하나님의 백성으로 부르신 것도 우리에게서 기대하시는 것이 있기 때문이고, 우리를 부르신 목적이 있기 때문입니다. 그러므로 하나님께서 우리에게서 기대하는 것 그리고 하나님께서 우리를 부르신 목적을 이루어 드리는 것이 바로 열매입니다.

우리가 맺어야 할 열매는 크게 두 가지인데 하나는 공통적인 것이고 또 하나는 개인적인 것입니다. 여기에서 공통적이라는 것은 우리 모두에게 예외 없이 동일하게 주어지는 사명을 말합니다. 그것은 구약이나 신약이나 동일하게 말씀합니다. 출애굽기 19장을 보면 하나님께서 이스라엘을 부르신 목적이 핵심적으로 잘 드러나 있는데, 그것은 이스라엘이 제사장 나라가 되고 거룩한 백성이 되는 것이었습니다. 이사야서를 보면 하나님께서 이스라엘을 부르신 목적이 이방에 빛이 되는 것이라고 말씀합니다. 그것은 신약시대에 사는 우리에게도 동일하게 원하시는 것입니다. 베드로 전서 2:9-10에 보면 우리가 제사장이 되고 거룩한 백성이 되도록 부르셨다고 하였습니다. 그러므로 한 사람도 예외 없이 우리 모두에게 공통적으로 주어진 사명은 두 가지인데, 하나는 우리가 제사장이 되어서 안 믿는 사람을 주님께 인도하는 것이고, 다른 하나는 이 세상에서 구별된 삶을 통해서 세상의 빛과 소금이 되는 것입니다. 따라서 열매를 맺는 신앙은 안 믿는 사람을 전도하는 것입니다. 이것은 어느 누구도 예외 없습니다. 우리가 예수를 믿으면서도 전도하지 못하면 그것은 열매 없는 신앙입니다. 신앙생활하면서 전도하지 못한다면 그것은 잎만 무성한 무화과나무와 같은 것입니다. 또한 열매를 맺는 신앙은 구별된 삶을 통해서 이 세상의 빛과 소금이 되는 것입니다. 이름만 대면 금방 알 수 있는 어떤 장로님은 '절대 정직'이라는 사훈을 걸고 사업을 시작하였습니다. 그냥 정직이 아니고 절대 정직입니다. 그 장로님은 절대로 세금 포탈을 하지 않고 절대 정직으로 회사를 운영하기를 원하였습니다. 처음에는 엄청난 오해를 받고 많은 세무 조사를 받았다고 합니다. 그러나 지금은 믿는 사람들에게 도전을 주고 안 믿는 사람에게까지 영향을 주는 삶을 살고 있습니다. 이것이 열매 맺는 삶입니다. 우리가 처음 어떤 일을 시작할 때 굳게 마음을 먹고 시작하지만 시간이 지나면 이 시대의 관행과 풍속에 묻혀서 살기 쉽습니다. 이 시대의 부도덕하고 부정직한 관행에 대항하면서 어려움을 겪는다 할지라도, 때로는 사람들에게 고지식하다고 비웃음을 받는다고 할지라도 주님께서 기뻐하시는 삶을 살아서 결국에는 세상의 빛과 소금이 되는 것이 열매 맺는 신앙생활인 것입니다.

그리고 개인적인 것이 있습니다. 개인적이라는 것은 우리 각자에게 특별하게 주어진 소명입니다. 우리 가운데 어느 누구도 아무 의미 없이 그리고 아무런 계획 없이 부르심을 받지 않았습니다. 하나님께서 우리 각자가 자기에게 주신 사명을 감당하므로 남에게 유익이 되기를 원하십니다. 그러니까 최선을 다해서 우리 각자를 부르신 목적에 충실한 삶을 살아서 남에게 유익이 될 때 그것은 열매 맺는 신앙생활입니다. 그런데 나태하고 때로는 인간적인 야망과 욕심에 사로잡혀서 남에게 전혀 유익되는 삶을 살지 못할 때 그것은 열매 없는 신앙생활입니다.

사랑하는 성도 여러분! 우리 가운데 신앙생활한지는 오래되었는데 전혀 열매를 맺지 못하고 무기력하게 사는 분들이 많이 있습니다. 어떤 분들은 다른 사람에게 해를 끼치지 않고 산 것을 자랑하기도 합니다. 하지만 하나님께서는 그러한 소극적인 삶의 자세를 원치 않습니다. 하나님께서는 우리가 적극적인 면에서 열매 맺는 신앙생활 하기를 원하십니다. 하나님께서는 우리 모두에게 공통적으로 전도의 열매를 맺는 삶을 살기를 원하십니다. 구별된 삶을 통해서 빛과 소금이 되고 영향력 있는 삶을 살기를 원하십니다. 그리고 우리 각자에게 개별적으로 주어진 부르심의 목적에 충실하여 남에게 유익을 주는 삶을 살기를 원하십니다.

열매 맺는 신앙생활을 위해서…

나아가 주님께서 기뻐하시는 열매를 맺기 위해서 우리에게 필요한 것이 있습니다. 그것은 먼저 하나님을 의심치 않고 믿는 것입니다. 22-23절입니다.

> 예수께서 대답하여 저희에게 이르시되 하나님을 믿으라 내가 진실로 너희에게 이르노니 누구든지 이 산더러 들리어 바다에 던지우라 하며 그 말하는 것이 이룰 줄 믿고 마음에 의심치 아니하면 그대로 되리라.

하나님의 절대능력을 인정하며 하나님을 절대적으로 의지해야 한다는 것입니다. 어떤 분들은 자기의 힘과 능력, 그리고 인간적인 방법으로 열매 맺는 삶을 살려고 발버둥치고 있습니다. 그러지 말라는 것입니다. 어떤 분들은 내가 너무도 부족한데 과연 열매를 맺을 수 있을까 하고 자신감을 갖지 못하는 분들도 있습니다. 그러한 분들은 하나님께서 역사하시면 마치 산이 옮겨지리 만큼 놀라운 일이 일어날 것이므로 하나님을 신뢰하고 의지하라는 것입니다. 그리하면 열매를 맺는 신앙생활을 할 수 있다는 것입니다. 요한복음 15장에 말씀하는 대로 열매를 맺기 위해서 나무에 꼭 붙어만 있으면 된다는 것입니다.

또한 하나님의 절대능력을 믿는 사람은 기도해야 합니다. 24절입니다.

> 그러므로 내가 너희에게 말하노니 무엇이든지 기도하고 구하는 것은 받은 줄로 믿으라 그리하면 너희에게 그대로 되리라.

하나님의 절대 능력을 인정하는 믿음이 드러나는 대표적인 것은 기도입니다. 그런데 이스라엘은 기도하지 않았습니다. 그것은 성전의 사건에서도 주님께서 분명히 강조하셨습니다. 기도하는 집에서 기도하지 않고 장사만 하였던 것입니다. 그러므로 우리 교회가 열매를 맺기 원한다면 우리 교회는 기도하는 교회가 되어야 합니다. 그리고 우리의 가정이 열매를 맺기를 원한다면 우리의 가정이 기도하는 가정이 되어야 합니다.

덧붙여 기도할 때 주의할 것은 이웃과의 관계입니다. 25절입니다.

> 서서 기도할 때에 아무에게나 혐의가 있거든 용서하라 그리하여야 하늘에 계신 너희 아버지도 너희 허물을 사하여 주시리라 하셨더라.

이웃을 용서하지 않고 적대하는 마음을 가진 채 하나님께 기도하면 하나님께서 기도를 들어주시지 않는다는 것입니다. 이웃을 용납하고 사랑하는 것은 우리가 열매를 맺는 신앙생활을 위해서 필수적인 조건입니다. 우리가 하나님의 절대능력을 인정하고 이웃을 용납하는 마음을 가지고 기도할 때 하나님께서는 우리가 열매 맺는 신앙생활을 할 수 있도록 역사하실 줄 믿습니다.

이제 말씀을 맺겠습니다.

하나님께서는 우리에게 열매 맺는 신앙생활을 원하십니다. 열매를 맺는다는 것은 하나님께서 우리에게 기대하는 삶을 이루는 것입니다. 그래서 남에게 유익이 되는 것입니다. 구체적으로 그것은 우리는 전도함으로, 구별된 삶을 통해서, 우리 각자에게 주신 사명을 최선을 다해서 감당함으로 가능합니다. 저는 우리 모든 성도들이 무의미한 신앙생활이나 자기 혼자만을 위한 신앙생활이 아니라 주님을 신뢰하고 기도함으로 의미 있는 신앙생활과 남에게 유익을 주는 열매 맺는 신앙생활을 하기를 원합니다.

마가복음 11:15-18, 27-33

성전 정화 사건의 의미와 교훈

구약의 이스라엘은 성전에 대단한 애정과 집착을 가졌습니다. 왜냐하면 성전은 그들이 믿는 하나님이 계시는 곳이었고, 그들의 신앙과 삶의 중심지였기 때문입니다. 실제로 이스라엘은 성전을 통하여 하나님의 영광과 놀라운 은혜들을 경험하였습니다. 또한 성전은 항상 이스라엘의 흥망성쇠와 운명과 함께 하였기 때문에 이스라엘 존재의 상징이기도 했습니다. 그러한 성전의 중요성과 의미 때문에 예수님께서도 공생애 동안에 늘 성전에 관심을 가지셨습니다. 공생애 마지막 주간에도 잠은 베다니에서 주무셨지만 주님의 활동을 주로 성전을 중심으로 이루어졌습니다. 예루살렘에 입성한 다음 날에도 주님께서는 성전에 가셨습니다. 그런데 이스라엘이 하나님께서 기대하셨던 열매를 맺지 못하고 실망시키는 대표적인 모습이 성전에서 벌어지고 있었습니다. 성전은 그들의 신앙과 삶의 중심지이기 때문에 성전에서의 타락은 그들의 전체적인 타락의 모습을 잘 보여준다고 할 수 있습니다.

예수님께서 성전에서 매매하는 자들의 상을 엎으심

본문을 보겠습니다. 15절입니다.

저희가 예루살렘에 들어가니라 예수께서 성전에 들어 가사 성전

안에서 매매하는 자들을 내어 쫓으시며 돈 바꾸는 자들의 상과 비
둘기파는 자들의 의자를 둘러엎으시며

여기에서 성전이란 제사를 드리는 성전 안이 아니라 성전의 마당을
의미합니다. 당시의 성전은 크게 두 부분으로 이루어졌습니다. 직접 제
사를 드릴 수 있는 장소인 좁은 의미의 성전과 이방인들도 들어갈 수
있는 넓은 의미의 성전입니다. 특별히 넓은 의미의 성전은 이방인들도
들어갈 수 있는 곳이기에 이방인의 뜰(또는 마당)이라고도 하였습니다.
오늘 본문에서 언급되는 곳은 넓은 의미의 성전을 말합니다. 그런데 예
수님께서 성전에 들어가셨을 때 거기는 거룩한 곳이 아니라 마치 물건
을 사고 파는 일로 어수선하고 복잡한 시장과 같았습니다. 주님께서는
그러한 타락한 모습을 보시고 매매하는 사람들을 쫓아내시고, 돈 바꾸
는 자들의 상과 비둘기파는 자들의 의자를 엎으셨던 것입니다.

사건의 배경

물론 당시에는 이와 같은 일이 벌어질 수밖에 없는 배경이 있었습니
다. 당시의 유대인들은 명절이 되면 사방 각지에서 예루살렘 성전으로
왔는데, 성전에서 그들이 의무적으로 해야 할 일은 두 가지였습니다. 하
나는 하나님께 모세를 통해 명한 제물과 함께 예배를 드리는 일이고,
다른 하나는 성전세를 바치는 일이었습니다. 예루살렘에 가까운 곳에서
살았던 사람들은 자신의 집에서 제물로 드릴 수 있는 소나 양을 직접
가지고 왔습니다.

그런데 멀리 소아시아에 흩어져 살았던 소위 디아스포라의 유대인들
이 교통수단도 좋지 않은 상황에서 먼 곳으로부터 제물로 바칠 짐승을
흠 없는 상태로 가져오기란 쉽지 않았습니다. 또한 당시의 풍속에 따라
20세 이상의 유대인이나 유대교로 개종한 이방인은 출애굽기 30장에

언급된 대로 반 세겔의 성전세를 바쳐야 합니다. 그런데 성전세를 바치기 위해서는 당시의 로마의 화폐나 헬라의 화폐를 유대 전통 통화인 세겔로 바꾸어야 했습니다. 그것은 로마나 헬라의 화폐에는 당시의 로마 왕이었던 시이저나 다른 이방 군주들의 얼굴이 그려져 있든지, 아니면 이방 우상들의 상징들이 그려져 있었기 때문에 그러한 돈을 하나님께서 드린다는 것은 신성모독이었기 때문입니다.

그래서 언제부터인지 정확히 알지 못하지만 멀리 살고 있었던 사람들의 편의를 위해서 감람산 지역에 비교적 크지 않은 제물시장과 돈을 바꿔주는 환전시장이 열리게 되었습니다. 처음 의도는 좋았습니다. 하지만 시간이 지나면서 규모가 확대되어서 약 AD 7년경에 안나스라는 사람이 대제사장으로 임명되었을 때 성전의 바깥마당에도 시장이 개설되었다고 합니다. 그런데 거기서 장사하는 자리는 소위 '프리미엄'이 붙었습니다.

일부 상인들은 거기에서 장사할 자리를 얻기 위해서 제사장에게 막대한 돈을 지불했으며, 상인들은 또한 제사장들의 비호아래 이방인의 뜰에서 폭리를 취하며 장사를 하였습니다. 특히 성전 바깥마당에 시장을 개설하면서부터 희생 제사를 위한 제물들이 흠이 없는가에 대한 검열이 아주 까다로워졌습니다. 집에서 가져온 대부분의 제물들은 부적격 판정을 받았기 때문에, 사람들은 여러 가지 번거로움을 피하기 위해서 성전 안에서 검인을 받은 제물들을 사서 하나님께 제물로 드렸던 것입니다.

그런데 그것은 일반적인 매매 가격보다 매우 비싼 값으로 매매되었습니다. 또한 성전세를 환전하기 위해서도 엄청난 환전료를 지불해야 했습니다. 이러한 성전 뜰에서의 매매는 상인들뿐 아니라 제사장들에게도 막대한 수입을 가져다주었기 때문에 상인들이 폭리를 취하더라도 제사장들은 그것을 묵인하였습니다. 마치 오늘날 뇌물을 받고 특혜를 주는 것과 똑같은 일이 성전에서 벌어졌던 것입니다. 더구나 당시의 문서에 의하면 장사를 하던 장소의 가로 세로가 475-300m가 될 정도로 넓었습니다. 그래서 다른 마당들과 성전 건물 일부까지 포함되어서 사고 파는 일들이 행해졌던 것입니다. 이러다 보니 자연 예루살렘 성전 안은 물건을 팔고 돈을 바꿔주는 장터로 변하고, 성전은 제사장들과 장사꾼들의 부를 축적하는 장소가 되었던 것입니다.

그것은 두 말할 필요 없이 하나님께서 기대한 모습이 전혀 아니었습니다. 그래서 주님께서 그들의 타락한 모습을 보시고 매매하는 사람들을 쫓아내었고, 돈 바꾸는 자들의 상과 비둘기파는 자들의 의자를 엎으셨던 것입니다. 또한 16절에 언급 된 것과 같이 그러한 상업적 행위를 위한 기구들이 성전 안에서 왔다 갔다 한 것도 금했습니다. 그러면서 기도하는 집을 강도의 굴혈로 만들었다고 그들을 꾸짖었습니다. 17절입니다.

> 이에 가르쳐 이르시되 기록된 바 내 집은 만민의 기도하는 집이라 칭함을 받으리라고 하지 아니하였느냐 너희는 강도의 굴혈을 만들었도다 하시매

그들은 하나님께서 임재 하셔서 인간을 친히 만나주시고 인간의 소원을 들어주셨던 곳을 강도의 소굴로 만들었던 것입니다. 그러나 그들은 자기들의 잘못을 깨닫지 못했습니다. 27절 이하에서 언급된 것처럼 오히려 그렇게 하신 주님께 따졌습니다.

> 저희가 다시 예루살렘에 들어가니라 예수께서 성전에서 걸어다니실 때에 대제사장들과 서기관들과 장로들이 나아와 가로되 무슨 권세로 이런 일을 하느뇨 누가 이런 일할 이 권세를 주었느뇨?

성전 정화 사건의 의미

그러면 오늘 본문의 성전 정화 사건의 의미와 그 사건이 우리에게 주는 교훈은 무엇입니까? 먼저 예수님께서 성전을 정결케 하신 의미 또는 목적을 살펴보겠습니다. 우선 우리는 예수님께서 단순히 감정적으로 흥분해서 또는 우발적으로 성전을 정결케 하지 않았다는 것을 알아야 합니다. 또한 이스라엘 종교적인 타락을 부분적으로 시정하거나 개혁하기 위함도 아니었습니다. 주님께서는 이 성전 정화 사건을 통해서 '주님께서 누구이신지' 그리고 '주님의 사역의 본질이 무엇인지'를 보여주기를 원하셨습니다.

복음서에는 주님의 공생애 사역에서 성전을 정화하는 사건이 두 번 기록되어 있습니다. 한 번은 요한복음 2장에 있는 것처럼 공생애 사역을 시작하면서 그렇게 하셨고 다른 한 번은 오늘 본문에 있는 대로 예수님 공생애 사역을 마치면서 그렇게 하셨습니다. 그런데 요한복음을 보면 좀 더 분명하게 성전을 정결케 하신 사건의 의미를 알 수 있습니다. 요한복음 2장에는 성전을 정결케 하시자 유대인들이 예수님께서 그런 일을 할 수 있는 자격이 있는지를 알기 위해서 표적을 구했습니다. 그 때 주님께서 "너희가 성전을 헐라 그러면 내가 사흘 동안에 일으키리라(2:19)"라고 말씀하셨습니다. 그러면서 성경은 "이것은 예수님께서 성전 된 자기의 육체를 가리켜 말씀하신 것"이라고 말씀합니다(2:21). 즉 성전을 헐라는 것은 성전 된 자신이 십자가에 돌아가실 것을 말씀하신 것이고 "삼일 만에 일으키리라"라는 것은 부활하심을 말씀하는 것입니다. 물론 이 때는 제자들도 이 말씀을 이해하지 못하였고 나중에 주님께서 부활하신 이 후에 그 의미를 알았다고 합니다.

예수님께서 성전에서 그들이 그렇게 귀하게 여겼던 성전을 헐라는 말씀까지 하시며 그렇게 과격한 모습을 보이신 것은 자신의 사역의 본질과 이 성전이 연결되어 있기 때문입니다. 다시 말해, 자신이 십자가와 부활을 통해서 새로운 시대를 여시고, 자신이 구약의 성전을 완성하시는 분임을 이 성전정결 사건을 통하여 드러내고자 하신 것입니다. 결국 예수님께서는 구약 성전의 완성으로서 자신의 사역의 의미를 보여주시기 위해서, 이 일이 신성모독으로 간주되어서 나중에 십자가에 못 박힐 중요한 이유 가운데 하나가 될 줄을 알면서도, 오해와 위험을 무릎 쓰고 공생애에서 두 번이나 성전을 정결케 하셨던 것입니다.

사랑하는 성도 여러분! 우리가 잘 아는 것처럼 구약에서의 성전은 하나님께서 임재하시는 곳으로 하나님과 화해하고 교제하며 하나님과 만날 수 있는 장소였습니다. 또한 구약의 제사 제도가 예수님의 대속 사역을 예표 하는 것처럼 구약의 성전은 나중에 메시야를 통해서 완성될 하나님 임재의 모형이있습니다. 이제 신약 시대에 사는 우리는 구약의 성전에서 경험한 하나님과의 교제, 하나님과의 만남 그리고 죄의 용서를 예수님을 통해서 경험할 수 있습니다. 구약의 이스라엘이 성전에서 경험한 하나님의 영광을 우리는 예수님 안에서 경험할 수 있습니다. 그리고 우리는 예수님 안에서 하나님께 나아갈 수 있습니다.

성전 정화 사건의 교훈- 성전 된 우리

그러면 오늘 본문이 우리에게 주는 교훈은 무엇입니까? 오늘 본문에서 우리가 핵심적으로 교훈 받을 수 있는 것은 성령을 통하여 구약의 성전의 완성인 주님을 모신 우리 개인 그리고 주의 이름으로 모인 모임 또는 공동체가 성전이라는 것입니다.

먼저, 예수님께서 성전이 되시기 때문에 주님을 모신 우리 자신이 성전이라는 사실을 기억해야 합니다. 고린도전서 3:16을 보면 "너희가 하나님의 성전인 것과 하나님의 성령이 너희 안에 거하시는 것을 알지 못하느냐" 라고 말씀하셨습니다. 성령께서 내 안에 거하시기 때문에 내 자신이 성전이라는 것입니다. 그러면서 두 가지를 요구하고 있습니다.

첫째 "하나님의 성전은 거룩하니 너희도 거룩하라"라고 명령하고 있습니다(고전 3:17). 구약에서 성전이 항상 구별되었던 것처럼 우리도 성전이기 때문에 가는 곳마다 우리의 삶 속에서 거룩함과 구별됨이 드러나야 한다는 것입니다. 그러나 우리는 우리 자신이 성전이라는 사실을 늘 잊어버리고 삽니다. 우리의 자신을 돌아보면, 우리가 세상 사람들과 전혀 구별되지 못하고 성전인 우리가 세상의 악하고 추한 것들로 심각하게 더러워져 있다는 사실을 고백하지 않을 수 없습니다.

사랑하는 성도 여러분! 세상의 모든 죄로부터 우리를 지키려는 결단이 필요합니다. 특별히 요즈음에는 인터넷을 비롯한 여러 가지 방법으로 음란한 것들이 얼마나 우리를 유혹하고 있습니까? 엊그제 신문에서는 우리나라가 아시아권에서 음란물 접속 1위라고 합니다. 그래서 음란물에 중독된 사람도 많다고 합니다. 우리는 이러한 악한 것들과 싸워서 우리 자신을 거룩하게 지켜야 합니다. 히브리서 12장에서 말씀한대로 우리를 유혹하는 세상의 추한 것들을 피 흘리기까지 대항해야 할 것입니다.

둘째 "우리의 몸으로 하나님께 영광을 돌리라" 라고 합니다 (6:19-20). 여기에서 몸은 삶을 의미합니다. 우리의 삶을 통해서 하나님께 영광을 돌려야 한다는 말씀입니다.

사랑하는 성도 여러분! 우리는 세상에 속하지 않았습니다. 그러므로 우리는 세상을 사랑하지 말아야 합니다. 물론 우리는 세상과 분리되지도 않았습니다. 그렇기 때문에 우리의 신앙이 수도원적 신앙이 되어서는 안 됩니다. 하지만 세상의 추하고 더러운 것들로 성전인 우리의 몸이 더러워졌기 때문에 우리가 삶 속에서 하나님의 임재를 전혀 경험하지 못하고 하나님의 영광도 드러나지도 않는 것입니다. 우리의 삶이 세상 사람들에게 도전이 될 뿐 아니라 우리의 삶이 하나님께 영광이 되어야 합니다. 구약에서 성전을 통해 하나님의 임재와 하나님의 역사하심이 드러나서 하나님께 영광을 돌렸던 것처럼, 성전인 나(또는 나의 삶)를 통해서 하나님의 임재가 드러나야 하고, 나(또는 나의 삶)를 통해서 하나님의 역사하심을 드러내어 하나님께 영광을 돌려야 할 것입니다.

또 하나 기억해야 할 교훈은 교회가 곧 그리스도의 몸이므로 여기 모여 있는 우리가 성전이라는 사실입니다. 우리 모두는 하나 되어 세상의 모임과는 구별된 공동체의 모습을 보여야 합니다. 구별된 공동체의 모습을 보인다는 것은 세상과 구별된 교회의 본질을 지켜간다는 것입니다. 오늘날의 교회는 예수님 당시의 성전처럼 너무도 많이 세속화되어 버렸습니다. 얼마 전 캐나다의 어느 교회당에서 동성연애자들의 결혼식이 행해졌다는 보도를 보았습니다. 동성애에 대하여 로마서에서 하나님께서 내버려두시는 악한 죄악이라고 말씀하고 있음에도 불구하고, 교회가 장소를 제공해서 결혼식을 올려주었고, 정부로부터 세계 최초로 동성연애자의 결혼을 승낙 받았다는 것입니다. 한편 네덜란드는 19세기 말과 20세기에 세계 기독교를 이끌어 갔던 많은 신학자들을 배출하였고 한 때(19세기 말 20세기 초)는 전체 인구의 95%가 기독교인이었던 나라였습니다. 그러나 네덜란드조차 작년에는 합법적으로 매춘을 허용하는 법을 제정했습니다. 또한 연말에는 역시 동성연애와 동성연애자들이 아이들을 입양하는 것을 허용했다고 합니다. 이처럼 오늘날 교회들이 세속화의 물결에 휩쓸리고 있습니다. 우리 한국도 마찬가지입니다. 어느 신학자는 한국교회가 직면하고 있는 가장 큰 문제가 세속화의 물결이라고 평가하기도 하였습니다. 기독 교회사를 살펴보면 교회가 교회 본연의 모습을 보이고 있을 때에는 언제나 부흥하였고, 세상에 커다란 영향력을 미쳤던 것을 알 수 있습니다. 반대로 교회가 세상에 순응하려다가 진정한 교회 본연의 모습을 잃어버렸을 때에는 있으나마나한 존재가 되었고, 세상에 대하여 매우 무력하였습니다. 이를 기억하면서 우리 모두는 교회가 본연의 모습을 보이도록 늘 최선을 다해야 할 것입니다. 그럴 때 우리는 모두 하나님의 임재와 역사하심을 경험할 수 있을 것입니다.

말씀을 맺겠습니다.

주님께서는 구약 성전의 완성으로서 예수님의 사역의 의미를 보여주시기 위해서 오해와 위험을 무릎 쓰고 성전을 정결케 하셨습니다. 오늘날 성전은 건물이 아니고 주님을 모신 곳입니다. 따라서 마음속에 주님을 모신 우리 모두는 성전입니다. 그리고 주의 이름으로 모인 공동체도 주님의 성전입니다. 그러므로 우리 각자 각자는 성전의 본질을 유지하기 위해서 구별된 삶을 살아야 할 것이고, 교회 전체적으로도 세상의 모임과 구별된 모습을 보여야 할 것입니다. 그럴 때 우리는 하나님의 임재와 역사하심을 경험할 수 있습니다. 이와 같은 은혜기 우리 모두와 교회 전체에 임하기를 소원합니다.

마가복음 12:1-12

악한 농부의 비유
우리는 청지기입니다

예수님의 공생애 기간 동안에 대제사장들과 서기관들과 장로들은 계속해서 예수님의 말씀과 사역에 도전하고 시비를 걸었습니다. 뿐만 아니라 그들은 예수님께서 십자가에서 못 박혀 돌아가시게 하는데 주도적인 역할을 했습니다. 마가복음 8:31에서는 예수님께서 직접 십자가에 대한 말씀을 하시면서 그들에 의해서 죽음 당할 것을 예언하셨고, 14장 이하를 읽어 보면 그들은 예수님을 체포하기 위해서 사람들을 보내었고, 예수님을 심문하여서 빌라도에게 넘겨주었습니다(막 14:43,53; 15:1). 이처럼 그들이 항상 예수님의 사역에 대하여 거부 반응을 보이다가, 결국 예수님을 십자가에 못 박게 된 주된 이유는 그들의 잘못되고 외식된 신앙의 모습을 예수님께서 언제나 분명하고 날카롭게 지적했기 때문이었습니다. 그 결과 그들은 예수님 때문에 신상에 어려움을 겪게 되었고 권위가 위축되었습니다.

좀 더 구체적으로 말씀드리겠습니다. 당시 이스라엘에는 나라의 전반적인 문제를 관장하였던 최고의 통치 기관으로서 '산헤드린 공회'가 있었는데, 그 산헤드린 공회를 구성했던 사람들이 바로 대제사장들과 서기관들과 장로들이었습니다. 물론 산헤드린 공회의 주요 역할은 이스라엘의 신앙에 관한 것이었지만, 이스라엘은 종교와 정치가 일치하는

'신정일치' 국가였기 때문에 그들은 나라의 행정과 사법에 관한 부분까지도 총괄하였습니다. 말하자면 대제사장들과 서기관들과 장로들은 당시의 종교와 정치 지도자들로서 소위 '기득권층' 이라고 할 수 있있는데, 예수님 때문에 그들의 치부가 드러났던 것입니다.

지난주에 살펴보았던 성전 정화 사건도 이와 같은 차원에서 이해됩니다. 그들은 성전에서 최고의 위치에 있었고, 성전과 관련된 모든 것에 대해서 어느 누구도 그들에게 간섭해서는 안 되는 불가침의 권한을 가지고 있었습니다. 그런데 예수님께서 그들의 고유 권한인 성전에 관한 것조차도 권위 있는 모습으로 책망하셨기 때문에 그들은 자신들의 신분과 위치에 큰 위협을 느끼게 되었습니다. 이러한 성전 정화 사건은 지금까지의 어떤 것보다도 그들에 대한 강력한 도전이었습니다. 그래서 그들은 위기의식을 느끼고, 예수님을 책잡기 위해서 예수님께 "무슨 권세로 이런 일을 하느냐?", "누가 이런 일할 권세를 주었느냐?"고 질문하였던 것입니다.

주님께서는 그들의 질문에 직접 대답하지 않고 세례 요한의 세례가 하늘로부터 왔는지 아니면 땅으로부터 왔는지 되 물어봅니다. 그 때 그들은 그 질문에 무척 당황하면서 자기들은 모르겠다고 회피하였습니다. 주님의 공생애 사역을 보면 주님께서는 항상 그들의 잘못을 그냥 지나치시지 않고 그들의 문제를 지적하시면서 책망하셨는데 여기에서도 마찬가지로 나타납니다. 이번에는 그들을 직설적으로 꾸짖지 않고 비유로서 그들의 잘못을 지적하셨습니다. 그것도 그들이 아주 이해하기 쉬운 비유로 말씀하셨습니다. 그들은 그 비유가 자신들과 관련 있음을 금방 알아차렸습니다(12절).

악한 농부의 비유

오늘 본문의 비유에서 당연히 포도원 주인은 하나님이십니다. 포도원은 전체 이스라엘이고 농부들이 바로 이스라엘의 종교 지도자들입니다. 종들은 하나님께서 이스라엘을 위해서 보내신 선지자들이고 아들은 예수님이십니다. 1절입니다.

> 예수께서 비유로 저희에게 말씀하시되 한 사람이 포도원을 만들고 산울로 두르고 즙 짜는 구유 자리를 파고 망대를 짓고 농부들에게 세로 주고 타국에 갔더니

주인은 포도를 맺기에 필요한 모든 여건을 갖춘 다음에 농부들에게 그것을 맡기고 멀리 떠났습니다. 구약시대부터 이스라엘에는 포도원이 많았는데 주인이 포도원을 직접 관리하지 않고 이렇게 소작농에게 맡겨서 포도원을 경작시키는 일이 많았다고 합니다. 그리고 정한 때에 주인은 사람을 보내서 소작농에게서 대개 소득의 1/2 이나 1/3을 주인의 몫으로 가져갔다고 합니다.

이제 때가 되어서 주인은 마땅히 받아야 할 몫을 받기 위해서 종을 보내었습니다(2절). 농부들은 주인의 종을 때리고 그냥 보냈습니다. 두 번째 종을 보내니까 처음보다 더욱 심히 때려서 상처를 내고 능욕하여 보냈습니다('능욕하였다는 것'은 '심한 수치를 주었다는 것'을 의미합니다). 세 번째 종을 보내니까 이제는 아예 그 종을 죽여 버렸습니다. 농부들은 주인이 보낸 종들을 갈수록 더욱 더 악랄하게 대하였던 것입니다. 그런데 여기에서 농부들이 한 일은 단순히 종을 박대한 것이 아닙니다. 농부들의 근본적인 문제는 주인과의 관계입니다. 그들이 종들을 박대한 것은 자신들을 신뢰하면서 자기들에게 포도원을 경작할 수 있는 특권을 주고 떠난 주인을 배반한 것이었고, 주인의 주권을 인정치

않는 것이었습니다.

　말하자면 그들은 눈앞에 보이는 물질에 대한 욕심 때문에 소작농으로서 자신들의 위치와 본문을 망각한 것입니다. 결국 포도원 주인은 자기의 아들을 보냈습니다. 주인은 농부가 종들은 거부하였지만 아들은 대우해 줄 것이라 생각했습니다. 그러나 농부들은 아들을 죽이면 그 포도원이 자기의 것이 될 줄로 생각하고 아들까지 죽였습니다. 결국 포도원 주인이 직접 와서 그 농부들을 진멸시키고 그 포도원을 다른 사람에게 주었습니다.

　이스라엘 역사를 통해서 알 수 있는 이스라엘의 가장 큰 문제는 항상 백성의 지도자들의 문제였습니다. 구약 선지서를 보면 그것이 확연하게 드러납니다. 선지자들이 심판을 선포했던 대상은 거의 대부분 이스라엘의 지도자들이었습니다. 그들은 하나님의 백성들을 잘 돌보고 하나님께서 기뻐하시는 열매를 맺어서 주인이신 하나님을 기쁘게 해드렸어야 했는데 그렇지 못했습니다. 그래서 하나님께서는 자신의 종들인 선지자들을 계속 보내셨습니다. 그러나 이스라엘의 지도자들은 자신들의 욕심을 채우기에 급급하였기에 선지자들의 메시지를 무시하면서 오히려 그들을 핍박하였습니다. 이렇게 당시 이스라엘의 지도자들이 선지자들의 말씀을 따르지 않았던 것은 단순히 선지자를 무시하거나 핍박한 것으로만 볼 수 없습니다. 그것은 하나님을 무시한 것이고 하나님을 배반한 것입니다.

　오늘 본문에 있는 포도원의 비유의 배경은 이사야 5장에 있는 포도원의 노래입니다(참고, 렘 2:21, 겔 15:1-6). 그러나 관점은 다릅니다. 이사야 5장에 있는 포도원 비유의 핵심은 하나님께서 기대하시는 열매가 없음에 대한 책망입니다. 오늘 본문에 있는 비유의 핵심은 열매가 아니라 농부들의 악한 행동입니다. 이 비유의 정죄 대상은 이스라엘의 종교 지도자들이었고 그들의 핵심적인 문제는 배은망덕이었습니다. 그들은 사리사욕 때문에 자신들의 본분을 잊어버린 것입니다.

이어서 예수님께서는 자신에 대해 말씀합니다. 10-11절입니다.

> 너희가 성경에 건축자들의 버린 돌이 모퉁이의 머릿돌이 되었나니 이것은 주로 말미암아 된 것이요 우리 눈에 기이하도다 함을 읽어 보지도 못하였느냐 하시니라.

성전의 모퉁이 돌은 성전의 위치와 방향을 결정하는 중요한 역할을 하였습니다. 그들이 주님을 대적하고 주님을 죽이겠지만 주님께서는 승리하실 것이고 새로운 하나님의 백성의 기초를 이룰 것을 말씀하셨습니다.

이와 같이 예수님께서는 이 비유를 통해 크게 두 가지를 말씀하셨습니다. 먼저는 당시 자신들의 본분을 잊어버리고 월권행위를 했던 종교 지도자들을 꾸짖었습니다. 그리고 자신이 하나님의 아들이시라는 것을 간접적으로 말씀하셨습니다.

청지기에 합당한 삶

오늘 본문이 우리에게 주는 핵심적인 교훈은 무엇입니까? 그것은 우리의 모든 부분에서 하나님의 주인 되심을 인정하고 청지지로서 우리의 본분을 기억하며 청지기에 합당한 삶을 살라는 것입니다.

1. 교회 지도자들에게 주시는 교훈

먼저 모든 부분에서 하나님의 주인 되심과 관련하여 오늘 본문이 교회의 지도자들에게 주는 교훈이 있습니다. 사실 제가 교회 지도자들을 비난하는 것은 누워서 침을 뱉는 것과 같습니다만, 한국 교회에 드러난 많은 문제점들의 일차적인 책임은 누가 무엇이라고 해도 교회의 지도자들에게 있습니다. 교회의 지도자들과 관련하여서 사람이 교회의 주인노릇을 한다는 것이 오늘날 우리 한국 교회가 가지고 있는 대표적인 문제 가운데 하나입니다. 어떤 교회는 목사가 주인이 되어서 하나님의 자리를 차지하고 있고, 어떤 교회는 장로들이 주인이 되어서 하나님의 자리를 차지하고 있습니다.

어떤 교회는 처음 그 교회를 개척한 사람들이 교회의 주인 노릇을 하고 있고, 어떤 교회는 서로 교회의 주인이 되어 주도권을 잡기 위해 싸우며 세력 다툼을 합니다. 우리 주위에는 그런 교회들이 너무나 많이 있습니다. 그러나 교회의 주인은 하나님이시며, 우리 모두는 예외 없이 하나님께서 필요에 따라서 일을 맡기신 청지기입니다. 이것을 잊어버리고 마치 스스로가 교회의 주인인 것으로 착각하기 때문에 문제가 생기는 것입니다.

결국 교회에 상처를 주면서까지 무리하게 교회를 세습시킵니다. 끝까지 놓지 않고 계속해서 영향력을 행사하려고 합니다. 자기가 아니면 안 될 것처럼 이야기합니다. 이 모든 것은 곧 청지기로서 자기의 본분을 망각한 것입니다. 주인 되신 주님의 명을 따라 고용되었으면 정해진 기간에 최선을 다해 일을 한 다음, 주인 되신 주님께 다시 모든 것을 돌려드리고 깨끗하게 그리고 미련 없이 물러가야 합니다. 물론 우리는 주인의식을 가지고 교회를 사랑하고 교회를 위해서 정해진 기간 동안 생명을 바쳐서 헌신해야 하지만, 결코 교회의 주인이 우리가 아니라는 사실을 늘 기억해야 할 것입니다. 그것을 잊어버리면 문제가 발생하지 않을 수 없습니다.

그러므로 우리 성도들은 한국 교회를 위해서 기도할 때 교회의 지도자들을 위해서 기도해야 합니다. 교회의 지도자들이 이스라엘의 지도자들처럼 자기들의 본분을 잊어버리고 자기의 위치를 벗어서 월권을 행사할 때 한국 교회의 장래가 없기 때문입니다.

2. 우리 각자에게 주시는 교훈

다음으로 오늘 본문이 우리 각자에게 주는 교훈이 있습니다. 그것은 우리의 삶의 모든 부분에서 오늘 본문에 나오는 농부처럼 본분을 망각하지 말고 우리가 청지기라는 사실을 기억하고 실천하는 삶을 살라는 것입니다.

한 때 우리나라의 베스트셀러 가운데 하나였던 "제자입니까"의 저자인 후안 까를로스 오르띠즈 목사님은 하나님의 주권을 인정하지 않고 자기가 하나님의 자리를 차지하고 있는 사람을 무신론자라고 하면서 이러한 무신론자에는 두 종류의 사람이 있다고 하였습니다. 하나는 공개적으로 하나님을 믿지 않는다고 말하는 사람입니다.

우리가 일반적으로 말하는 무신론자입니다. 다른 하나는 "하나님을 믿습니다"라고 말하지만 행동으로는 하나님의 주권을 인정하지 않는 사람이 있다고 합니다. 결국 진정 하나님을 주권과 주인 되심을 인정하고 청지기로서의 본분을 지키며 사는 사람들만이 유신론자들이고 하나님을 믿는 자들이라고 합니다. 이러한 그의 주장은 전적으로 옳다고 할 수 없지만 충분히 일리가 있습니다.

우리 주위에는 확고하게 무신론을 주장하는 사람들이 있습니다. 그들은 하나님의 주권과 권위를 전혀 인정치 않습니다. 오늘날 이와 같은 무신론의 사상은 이 시대의 전반적인 흐름입니다. 그래서 요즈음에는 창조질서를 무시한 채 인간을 복제하려고까지 합니다. 아마 몇 년 안에 인간 복제가 이루어질 것 같습니다. 이는 오늘 본문의 농부처럼 피조물로서 우리 인간의 본분을 망각하고 주인 되신 하나님의 주권과 권위를 인정치 않는 것에 근본적인 문제가 있습니다. 그들은 하나님의 권위에 도전하고 있는 것입니다.

하지만 창조주 하나님의 주인 되심과 권위를 인정치 않는 인류의 앞날은 불을 보듯 뻔합니다. 이것은 유럽의 근대사를 통해서 분명히 증명되었습니다. 저는 유럽이 지금과 같이 영적으로 윤리적으로 타락한 중요한 두 가지 이유가 있다고 생각합니다.

첫째는 성경의 권위가 상실되었기 때문입니다. 소위 자유주의 신학자들에 의해 성경이 난도질당하고 성경이 하나님의 말씀으로서 권위를 상실한 것입니다. 그래서 그들은 삶과 신앙의 절대적인 가치와 기준을 상실하게 되었던 것입니다.

둘째는 성경의 권위와 연결되어 진화론이 득세하였기 때문입니다. 19세기 말부터 소위 진화론이 전 유럽을 휩쓸었습니다. 요즈음은 그 상황이 완전히 역전되었지만 1950년까지 창조론은 전혀 기를 펴지 못했습니다. 진화론이 마치 절대적인 진리인 것처럼 인정되었습니다. 진화론의 기승은 창조주 하나님에 대한 절대적인 주권과 권위에 상처를 주었고 그것은 유럽의 기독교를 멍들게 하여서 유럽의 사회가 지금처럼 타락하게 되었다고 생각합니다. 마치 오늘의 시대에 부모의 권위가 무너지니까 가정이 무너지고 스승의 권위가 무너지니까 학교 교육이 엉망이 되는 것처럼 하나님의 권위가 상실될 때 이 시대는 혼란과 무질서에 빠질 수밖에 없음을 명확히 인식해야 할 것입니다.

또 한편으로 우리 주위에는 하나님을 믿는다고 고백하는 것과 달리 행동으로는 하나님의 주인 되심과 그 권위를 인정치 않는 사람들이 있습니다. 사실 우리 대부분도 말로는 하나님의 청지기라는 사실을 인정하고 고백하지만 행동으로는 그것을 인정하지 않는 경향이 있습니다. 우리는 우리에게 주어진 모든 것이 다 주님의 것인데도 불구하고 마치 그것이 우리의 것인 양 착각하며 살고 있습니다.

우리 자신이 하나님의 자리에 올라서서 우리에게 맡겨진 모든 것을 마음대로 결제하며 삽니다. 하지만 우리는 우리가 가진 모든 것의 주인이 아니라 단지 그것을 책임지고 있는 사람들입니다. 우리에게 주어진 시간도 우리의 것이 아닙니다. 우리에게 주어진 물질도 우리의 것이 아닙니다. 우리에게 주어진 자녀들도 우리의 것이 아닙니다.

우리는 단지 그러한 모든 것들을 관리하는 청지기일 뿐입니다. 그렇기 때문에 우리는 우리의 시간을 사용할 때 자신의 마음대로 사용하는 것이 아니라 하나님께 결제를 맡고 사용해야 합니다. 우리의 물질을 사용할 때도 먼저 하나님께 결제를 맡아야 합니다. 아무리 내가 하고 싶은 것이어도 주님께서 허락하지 않으면 하지 말아야 합니다. 내 마음에 들지 않더라도 주님께서 쓰라고 하신 곳에 우리의 시간과 물질을 사용해야 합니다. 아이들을 키울 때도 마찬가지입니다. 어떻게 하는 것이 모든 것의 주인이신 하나님께서 기뻐하시는지 하나님께 결제를 받아야 합니다. 그것이 하나님을 믿는 청지기의 삶입니다. 그렇지 않으면 오르티즈 목사님 말대로 우리도 하나님을 믿지 않는 무신론자일 수 있습니다.

이제 말씀을 맺겠습니다.

오늘 본문에서 주님께서는 자신의 본분을 망각하여 주님의 주인 되심을 인정치 않고 스스로 주인이 되려고 했던 당시의 종교지도자들을 꾸짖고 있습니다. 우리 가운데도 오늘 본문에 나오는 농부처럼 청지기라는 사실을 잊고 사는 사람들이 많습니다. 우리는 우리가 가진 모든 것이 하나님께서 우리에게 맡기신 것인데도 불구하고, 하나님의 주인 되심과 권위를 인정치 않은 채, 우리 스스로 주인 노릇을 하려고 하면서 하나님의 자리에 올라서서 우리 스스로 우리의 일들을 결제하며 살고 있습니다. 그러나 우리는 단지 우리가 청지기에 불과하다는 사실을 명심해야 합니다. 우리가 가진 모든 것은 우리의 것이 아니고 주님께서 우리에게 맡기신 것임을 기억하며 살아야 합니다. 뿐만 아니라 그것은 우리의 삶과 신앙 속에서 역시 행함으로 드러나야 할 것입니다.

마가복음 12:13-17

기독교인의 국가에 대한 태도
(참고, 롬 13:1-7)

이스라엘 민족의 신앙과 삶의 중심지였던 예루살렘 성전에서의 상업주의는 예수님 당시 이스라엘이 신앙적으로 얼마나 타락되었는지를 보여주는 대표적인 모습이었습니다. 그러한 모습을 보시고, 예수님께서는 분노하시면서 성전에서 장사하는 사람들의 상을 엎으시고 그들을 성전 밖으로 쫓아내셨습니다. 이 성전 정화 사건은 지금까지의 어떤 사건보다도 당시 종교지도자들에게 도전과 충격이 되었습니다.

그래서 그들은 예수님께 무슨 권위로 성전에서 그렇게 하였는지 물었습니다. 그 때 주님께서는 그 문제에 대해서 직접 답하지 않으시고 악한 농부의 비유로서 대답하셨습니다. 그 비유에서 예수님께서는 그들이 본분을 망각하였고, 그들이 백성의 지도자로서 책임과 의무를 다하고 있지 못하고 있음을 지적하셨습니다. 그들이 가지고 있었던 문제의 정곡을 찌르신 것이었습니다. 그러나 그들은 예수님의 말씀을 듣고 회개하려고 하지 않고 또 다시 주님을 책잡으려고 도전하였습니다.

세금 문제로 예수님을 시험함

이번에는 자기들이 직접 예수님께 나아오지 않고 다른 사람들을 보냅니다. 13절입니다.

> 저희가 예수의 말씀을 책잡으려 하여 바리새인과 헤롯당 중에서 사람을 보내매

마가복음 3:6에서 말씀하는 것처럼 바리새인과 헤롯당은 오래 전부터 예수님을 죽이기 위해서 공모하였습니다. 사실 바리새인과 헤롯당의 사람들은 사상적으로나 신앙적으로 결코 하나가 될 수 없었습니다. '바리새인'이라는 말은 '분리주의자'라는 말입니다. 그들은 그들만의 공동체를 형성하여서 집단생활을 하면서 로마의 권위를 인정치 않고 하나님을 섬겼던 사람들이었고, 헤롯당은 로마 정부에 빌붙어서 백성들을 착취하였던 사람들이었습니다.

그렇게 전혀 융화될 수 없는 부류의 사람들이 예수님을 잡기 위해서는 하나가 되었습니다. 거기에는 이유가 있었습니다. 그것은 예수님 때문에 그들의 치부가 드러났고, 그들의 기득권을 유지하는데 위협을 느꼈기 때문입니다. 이제 그들은 얄팍한 수를 써서 또 다시 예수님께 도전합니다. 14절입니다.

> 와서 가로되 선생님이여 우리가 아노니 당신은 참되시고 아무라도 꺼리는 일이 없으시니 이는 사람을 외모로 보지 않고 오직 참으로써 하나님의 도를 가르치심이니이다 가이사에게 세를 바치는 것이 가하니이까 불가하니이까?

그들은 먼저 예수님을 인정하고 칭찬합니다. 아니 어쩌면 실제로 그렇게 믿었는지도 모릅니다. 그러나 오늘 본문에 나오는 그들의 칭찬은 마음에서 우러나온 것이 아니었습니다. 그리고 예수님께 로마의 황제인 가이사에게 세를 바치는 것이 가한지 불가한지 질문합니다. 그들이 항

상 그랬던 것처럼, 이 질문도 궁금하거나 몰라서 한 것이 아니라 예수님을 궁지에 몰아넣기 위한 것이었습니다. 그들의 질문에 예수님께서 어찌하여 나를 시험하느냐고 하셨습니다(15절). 당시에 이스라엘 백성들이 로마에 세금을 내느냐 내지 않느냐의 문제는 마치 일제 강점기에 우리 기독교인들이 신사참배를 하느냐 하지 않느냐와 같은 중요한 문제였다고 합니다.

유대교 지파 가운데 특히 국수주의자들인 열심당원들은 세금 내는 것을 절대적으로 반대하였습니다. 그들에게 있어서 로마에 세금을 낸다는 것은 이스라엘이 로마의 속국임을 인정하는 것이었고, 가이사를 신으로 인정하는 것이었습니다. 그들은 오직 하나님만 주(主)가 되시기 때문에 가이사를 섬기거나 순종하지도 말아야 한다고 하면서 세금 내는 것을 반대하였습니다. 그것 때문에 그들은 데모도 할 정도였다고 합니다.

뿐만 아니라 일반 백성들도 세금 내는 것을 싫어하였습니다. 왜냐하면 당시의 세리들은 로마의 정부에 달라붙어서 백성들에게 과중하게 세금을 부과하면서 백성들을 착취하였기 때문에 백성들의 삶이 매우 어려웠습니다. 그러한 상황에서 당시에 하나님께서 보내신 선지자로 인정되었고 특히 백성들에게 인기가 있었던 예수님께서 만약 세금을 내라고 한다면 그것은 예수님을 가짜 선지자로 매도하면서 예수님을 따르는 군중들을 그에게서 멀리 떨어뜨릴 수 있는 좋은 기회가 될 수 있었습니다.

만약 반대로 세금을 내지 말라고 한다면 예수님을 반정부주의자나 또는 반란혁명의 선동자로서 로마 정부에 고소할 수 있는 근거를 얻을 수 있었습니다. 결국 어떠한 대답을 하더라도 예수님은 올무에 걸리게 되어 있었습니다. 세금을 내라고 하면 반 유대주의자가 되는 것이고 세금 내지 말라고 하면 이스라엘 백성을 선동하는 정치적인 반란자가 되었기 때문입니다.

"가이사의 것은 가이사에게, 하나님의 것은 하나님께"

예수님께서는 이러한 그들의 의도를 아시고 데나리온 하나를 가져오라고 하셨습니다. 그리고는 오늘날 누구나 익히 알고 있는 유명한 말씀을 하십니다. 17절입니다.

> 이에 예수께서 가라사대 가이사의 것은 가이사에게, 하나님의 것은 하나님께 바치라 하시니 저희가 예수께 대하여 심히 기이히 여기더라.

예수님께서는 먼저 "가이사의 것은 가이사에게"라고 말씀하심으로 황제의 권위 또는 국가의 권위를 인정하고 세금을 내는 것도 당연한 것임을 말씀하셨습니다. 그러나 그것으로 끝나지 않고 "하나님의 것은 하나님께 드리라"라고 말씀하셨습니다. 그러면 여기에서 "가이사의 것은 가이사에게, 하나님의 것은 하나님께 바치라"라는 말씀이 무엇을 의미합니까? 어떤 분들은 이 말씀에 근거해서 가이사의 것과 하나님의 것을 구분하는데 그것은 잘못된 것입니다. 이 말씀은 가이사의 것이 따로 있고 하나님의 것이 따로 있다는 것을 의미하지 않습니다. 왜냐하면, 이 세상의 모든 것이 하나님의 것이기 때문입니다.

우리 인간도, 다른 모든 피조물도 그리고 이 세상의 모든 권력과 국가도 모두 하나님께서 창조하셨거나 하나님께서 허락하심으로 주어진 것입니다. 이 말씀은 가이사의 것과 하나님의 것이 구분되었다는 것을 의미하는 것이 아니고, 궁극적으로 하나님께 모든 헌신과 충성과 순종이 이루어져야 한다는 것을 말씀하는 것이며, 가이사 조차도 하나님께 속하였음으로 모든 것의 주인이신 하나님 안에서 가이사에 대한 헌신과 충성과 순종이 이루어져야 한다는 것을 의미합니다. 이것은 곧 성경 전체의 명령과 일치하는 것입니다.

지금 우리에게는 분명히 와 닿지 않겠지만 당시에 모든 일에서 하나님의 절대적인 권위와 주권을 인정하였던 유대인에게는 이 말씀의 의미가 분명하게 와 닿았을 것입니다. 그렇기 때문에 그들은 꼼짝 못하고 기이히 여기면서 예수님을 떠났던 것입니다.

기독교인의 시민 생활과 국가와의 관계

오늘 본문과 관련해서 함께 생각해 보고 싶은 것은 우리 기독교인의 시민 생활과 국가와의 관계에 대한 것입니다. 물론 오늘 본문의 "가이사의 것은 가이사에게 그리고 하나님의 것은 하나님께 드리라"라는 예수님 말씀의 의도가 위에서 말씀드린 것처럼 일반적인 이해와는 꼭 일치하지 않지만 이 말씀을 통해서 예수님께서는 국가의 권위와 국가에 대한 의무를 인정한 것은 분명합니다. 그 부분에 대해서 좀 더 구체적으로 말씀드릴 필요가 있다고 생각합니다. 특별히 기독교인과 국가와의 관계 또는 국가에 대한 태도에 대해서 오늘의 말씀을 보충 설명하는 곳이 우리가 함께 읽었던 로마서 13:1-7의 말씀입니다. 함께 살펴보겠습니다.

국가 권력을 인정하고 존중함

1절입니다.

> 각 사람은 위에 있는 권세들에 굴복하라 권세는 하나님께 나지 않음이 없나니 모든 권세는 다 하나님의 정하신 바라.

모든 권세는 하나님께서 정하셨기 때문에 국가의 권위를 인정하고 국가의 권위에 순종하라는 것입니다. 2절을 보면 그 권세를 인정하지 않으면 심판을 자취한다고 말씀하였습니다. 3-4절에서는 국가의 존재 이유를 말씀합니다. 하나님께서 국가의 권력을 허락하신 목적이 있다는 것입니다. 먼저 3절입니다.

> 관원들은 선한 일에 대하여 두려움이 되지 않고 악한 일에 대하여 되나니 네가 권세를 두려워하지 아니 하려느냐 선을 행하라 그리 하면 그에게 칭찬을 받으리라.

정부는 악한 일에 두려움이 되기 위해서 존재한다고 합니다. 정부의 존재 이유는 악을 억제하고 범죄자들을 처벌함으로 사회질서를 유지하기 위함입니다. 만약 법이 없고 경찰이 없다고 생각해 보십시오. 그러면 이 사회는 참으로 폭력이 난무하고 무질서하게 될 것입니다. 이 사회의 질서와 평화를 위해서 국가와 권력은 존재해야 합니다. 4절입니다.

> 그는 하나님의 사자가 되어 네게 선을 이루는 자니라 그러나 네가 악을 행하거든 두려워하라 그가 공연히 칼을 가지지 아니하였으니 곧 하나님의 사자가 되어 악을 행하는 자에게 진노하심을 위하여 보응하는 자니라.

국가의 기관들이 하나님의 사자가 된다는 것입니다. 칼로서 악한 자들에게 보응하는 것이 그들의 할 일입니다. 국가는 악한 자들을 처벌하기 위해서 무력을 사용하고 형벌을 내릴 수 있습니다. 하나님께서 범죄를 억제하고 사회질서를 유지하도록 국가의 권력에게 일정한 권한까지 위임하신 것입니다. 한 마디로 하면, 국가의 권력은 사회의 질서와 평화를 위해서 하나님께서 정하신 것이기 때문에 존중하고 인정하는 것이 그리스도인의 마땅한 태도라는 것입니다. 성경은 항상 정당한 권위는 인정하고 존중하도록 가르치고 있습니다.

예를 들면, 가정에서 자녀는 부모의 권위를 인정하고 부모님께 순종하라고 했고, 아내는 남편의 권위를 인정하고 남편에게 복종하라고 했습니다. 직장에서는 상관이나 고용주의 권위를 존중하라고 했습니다. 그것도 대충하는 것이 아니라 상사나 주인에게 하는 것을 주님께 하는 것처럼 하도록 진실하게 그리고 최선을 다하라고 했습니다. 그것은 그렇게 해야만 하나님께서 허락하신 가정이나 사회의 질서를 유지하고 원활하게 움직일 수 있기 때문입니다.

우리 하나님은 질서의 하나님이라는 사실을 늘 명심해야 합니다. 역사적으로 볼 때 예수님을 믿기 때문에 하나님께서 정하신 국가의 권력이나 조직을 인정하지 않고 국가의 질서에 복종하지 않았던 무리들이 항상 있어 왔습니다.

바울 당시에도 그리스도인들 가운데 정치권력에 복종하기를 거부하는 사람들이 있었기 때문에 이 말씀을 기록한 것이 분명합니다. 역사적으로 보면 종교개혁시대에 존재했던 '재세례파'는 기존의 모든 제도와 권력을 부인했던 대표적인 집단입니다. 그들은 정부뿐 아니라 정치와 관련된 모든 것을 부인하였습니다. 그들은 세상의 법이나 재판하는 것, 그리고 경찰이나 교도소, 벌금 등의 제도도 거부하였습니다. 재세례파 중 극단적인 사람들은 지금도 모든 문명의 혜택을 거부한다고 합니다. 그들은 자녀들을 공립학교에 보내지 않고 자기들이 만든 사립학교에서 교육시키는데, 그것도 중학교까지만 교육시킨다고 합니다. 또한 일부 이단들도 국가의 권위를 무시하고 국가가 세운 법을 무시하는 경우가 있습니다. 그러나 그것은 결국 국가를 거부하는 것이 아니라 하나님을 거부하는 것이기 때문에 하나님의 심판을 받는다고 오늘 본문은 말씀하고 있습니다.

기독교인의 국가에 대한 의무

그러면 우리 기독교인의 국가에 대한 의무는 무엇입니까? 그것이 5-7절에 언급되어 있습니다. 5절입니다.

> 그러므로 굴복하지 아니할 수 없으니 노를 인하여만 할 것이 아니요 또한 양심을 인하여 할 것이라.

여기에서 '굴복한다'는 의미는 국가가 정해놓은 법을 잘 지키라는 것을 의미합니다. 그것도 억지로 벌 받지 않기 위해서 그 권위에 굴복하는 것이 아니라 양심적으로 자원하는 마음으로 법을 지켜야 한다는 것입니다. 물론 국가가 하나님의 명령을 어기도록 법을 제정할 때는 법을 따르지 말아야 합니다. 예를 들면, 베드로와 요한은 당시의 통치기관이 복음을 전하지 말라고 하였을 때 그들은 그것에 순종하지 않았습니다. 하지만 법이 하나님의 명령과 대치되지 않으면 우리 기독교인들은 어느 누구보다도 법을 잘 지켜야 합니다.

그런데 많은 그리스도인들이 세상의 법을 지키지 않고 또한 지키지 않는 것에 대해서는 크게 잘못을 느끼지 않습니다. 어떻게 해서든지 법의 감시를 피해서 불법과 편법을 자행합니다. 아마 우리나라에서 가장 많이 불법적으로 복사 책을 찍어내고, 가장 많은 불법 CD가 유포되는 곳이 우리 기독교계가 아닐까 생각합니다. 뿐만 아니라 얼마나 많은 교회가 불법으로 건물을 증축하고 수리하는지 모릅니다.

우리는 이 부분에 대해서 회개해야 합니다. 사회의 질서와 평화를 위해서 정해놓은 법을 지키지 않는 것은 하나님의 명령을 거역하는 것입니다. 그렇기 때문에 예수를 믿는 사람은 공공질서도 잘 지켜야 합니다. 새치기를 하거나 교통법규를 어겨서도 안 됩니다. 특히 다른 사람들이 본다고 법을 지키고 다른 사람들이 보지 않는다고 법을 어겨서는 안 됩니다. 다른 사람들이 법을 어긴다고 우리도 그들을 따라 법을 어겨서도 안 됩니다.

우리는 하나님 앞에서 사는 사람들이기 때문에 오늘 본문에 있는 것처럼 양심적으로 법을 지키며 살아야 합니다. 사람들이 미련하고 고지식하다고 할 만큼 우리는 철저히 법을 지키려고 노력해야 합니다. 그것이 베드로전서 2:12에서 말씀하는 것처럼 이 악한 시대에 우리의 선한 행동과 양심으로 하나님께 영광을 돌리는 일입니다. 6-7절입니다.

> 너희가 공세를 바치는 것도 이를 인함이라 저희가 하나님의 일군이 되어 바로 이 일에 항상 힘쓰느니라. 모든 자에게 줄 것을 주되 공세를 받을 자에게 공세를 바치고 국세를 받을 자에게 국세를 바치고 두려워 할 자를 두려워하며 존경할 자를 존경하라.

공공의 질서와 공공의 유익을 위해서 국가에 세금을 바치라는 것입니다. 그것이 국민으로서 국가에 대한 의무이기 때문입니다. 우리 그리스도인들은 법을 지켜야 할 뿐 아니라 국가의 의무도 반드시 수행해야 합니다. 우리나라의 가장 큰 문제는 국민들이 국가의 의무를 지키지 않고 어떻게 해서든지 빠져나가려고 하는 것에 있습니다.

권력층에 있는 대부분의 사람들과 많은 연예인들, 그리고 운동선수들이 병역을 면제받기 위해서 별의 별 수단과 방법을 동원하는 것을 우리는 신문지상을 통해 늘 볼 수 있습니다. 또한 거의 대부분에 해당하는 기업주들과 사업자들이 세금을 제대로 납부하지 않으려고 얼마나 발버둥치고 있는지 우리는 잘 알고 있습니다. 우리는 절대로 우리의 자녀들을 병역의 의무에서 제외하려고 해도 안 되고, 절대로 세금을 포탈해서도 안 됩니다.

이 외에도 우리는 적극적인 차원에서 국가를 위해서 해야 할 의무가 있습니다. 그것은 국가의 권력에도 하나님의 뜻이 이루어지도록 최선의 노력을 다하는 것입니다. 우리는 교회에서만 하나님의 뜻이 이루어지는 데 만족해서는 안 됩니다. 독재 정권이든 부패한 정권이든 신앙의 자유만 보장하면 그 이상 바랄 것이 없다고 하면 안 됩니다. 교회와 국가를 구분하는 것은 가이사의 것과 하나님의 것을 구분하는 것입니다.

우리는 국가가 하나님의 뜻을 저버리고 자기 마음대로 행할 때 그들의 잘못을 지적하고 바른 길을 제시해야 합니다. 역사상 많은 권력이 그들에게 부여된 정치의 힘을 악한 일에 사용한 일들이 많이 있습니다. 대표적인 예로서 나찌의 독일은 참으로 많은 무죄한 사람의 피를 흘렸습니다. 남아공의 백인 정부는 하나님께서 그들에게 부여하신 권력으로 오히려 인종 분리 정책을 시행함으로 많은 흑인들이 비참한 생활을 하였습니다.

우리나라에서도 군사정권 아래에서 그 권력을 쥐고 있던 자들은 자기들의 정권을 유지하기 위해서 얼마나 많은 생명과 인권을 유린하였습니까? 그렇게 하나님의 뜻을 거역하고 있는 국가 권력을 보면서 가만히 있어서는 안 됩니다. 물론 그렇다고 폭력을 사용하거나 쿠데타로 국가를 전복하라는 것이 아닙니다. 저는 화염병을 던지며 극렬하게 데모를 하는 것은 하나님의 뜻이 아니라고 생각합니다. 하지만 그러한 상황에서 교회는 항상 그러한 것들이 잘못되었다고 말할 수 있어야 하고, 교회의 입장을 표명할 때 국가의 권력은 두려움을 느낄 수 있어야 합니다.

역사적으로 볼 때 대부분의 경우 교회는 그런 힘을 상실하여 왔습니다. 오히려 그런 악한 정권의 이론적 기초를 제공하였고 동조할 때가 많았습니다. 우리 한국 교회도 마찬가지입니다. 사실 우리 한국 교회는 사회와 정부에 두려움이 될 만한 힘을 없습니다. 그 이유는 이제껏 교회가 사회의 본이 되지 않았을 뿐 아니라 법을 안 지키기로 유명하기 때문입니다. 이 부분에 대해서 한국 교회는 진심으로 회개하고 새롭게 각성해야 한다고 생각합니다.

우리가 국가를 위해서 할 수 있는 중요한 일은 기도하는 것입니다. 디모데전서 2:2에서 임금과 높은 지위에 있는 사람들을 위해 기도하라고 하였습니다. 나라를 위해 기도하는 것은 우리 그리스도인의 의무입니다. 단지 법을 어기고 국가의 의무를 다하지 않는 것만 죄가 아니고, 나라를 위해 기도하지 않는 것도 죄입니다. 사무엘 선지자가 말씀한 것처럼 우리는 나라를 위해서도 우리의 중보기도를 쉬는 죄를 범치 말아야 할 것입니다.

말씀을 맺겠습니다.

오늘 본문에서 주님께서는 우리에게 기독교인의 국가에 대한 태도에 관한 중요한 교훈을 하였습니다. 먼저 우리는 국가 권력의 권위를 인정하여 합니다. 왜냐하면 하나님께서 그것을 세우셨기 때문입니다. 그리고 국가가 세운 법을 지켜야 하고 국민으로서 의무를 다해야 합니다. 또한 국가가 바른 권력을 사용하도록 최선을 다해 경계해야 하고 기도해야 할 것입니다. 왜냐하면 그것은 신앙인에게 있어서 예배를 드리고 전도를 하는 것과 함께 지켜야할 또 하나의 의무이기 때문입니다.

마가복음 12:18-27

부활에 대한 믿음과 소망

구약 성경을 보면 이스라엘 역사를 통해 확연하게 드러나는 것이 하나있습니다. 그것은 이스라엘의 지도자들이 자기들의 사명을 제대로 감당하지 못했다는 것입니다. 악한 농부의 비유(12:1-12)에서 살펴본 대로 그들은 자기들에게 주어진 책임과 의무를 제대로 감당하지 못하고 하나님께서 자기들에게 부여하신 특권으로 실속 챙기기에 급급했습니다. 그것은 예수님 당시에도 마찬가지였습니다.

당시 이스라엘의 가장 큰 문제는 종교 지도자들이었습니다. 그들은 하나님의 뜻을 제대로 깨닫지 못하고 왜곡되게 신앙생활 하였을 뿐만 아니라 하나님의 백성들을 잘못된 길로 인도하고 있었습니다. 그래서 세례 요한은 그들을 향해서 '독사의 자식들' 또는 '회칠한 무덤'이라고 하면서 독설을 퍼붓기 까지 했습니다. 예수님께서도 공생애 기간 내내 그들과 대립하면서 그들의 잘못된 신앙과 삶을 책망하였습니다.

일반적으로 정도를 걷지 못하고 타락되어 있을 때에는 자신들의 잘못을 지적한 사람들의 책망을 듣고 반성하며 돌아오는 경우가 거의 없습니다. 오히려 자기들의 권한으로 바른 말을 하는 사람들을 제거하려는 것이 대체적인 경향입니다. 마찬가지로 당시 종교 지도자들도 자기들의 기득권을 위협하는 예수님을 공생애 초기부터 어떻게 해서든지 모함하고 궁지에 몰아넣으려고 했고 심지어는 예수님을 죽이기 위한 모사까지 꾸몄습니다. 그것은 예수님 공생애 말기에 더욱 심화되었습니다.

그들은 다양한 문제를 가지고 예수님께 도전하였는데 그 가운데 일부가 마가복음 11:27-12:34에 기록되어 있습니다. 그들은 성전 정화 사건 이후에 예수님을 '불경죄' 또는 '신성모독죄'로 고소하기 위해서 무슨 권위로 그렇게 하는지 예수님께 물어보았습니다. 그 때 주님께서는 직접적인 답변을 하지 않으시고 악한 농부의 비유로서 그들이 제대로 사명을 감당치 못하고 있음을 꾸짖었습니다. 다음에는 정치, 사회적인 문제로 예수님을 트집 잡으려고 "가이사에게 세를 바치는 것이 가한지 불가한지" 물어 보았습니다. 그 때 주님께서는 "가이사의 것은 가이사에게 하나님의 것은 하나님께 바치라"라는 유명한 말씀을 하셨습니다.

지난주에 말씀드린 대로 이 말씀은 순종과 헌신이 우선순위에 대한 말씀입니다. 곧 국가에 대한 의무는 다해야 하지만 궁극적인 순종과 헌신은 하나님께 드려야 한다는 성경 전체의 사상과 일치되는 말씀이었습니다. 그래서 그들은 꼼짝 못하고 돌아갔던 것입니다.

내세와 부활에 대한 질문

오늘 본문은 신앙의 본질인 부활에 관련하여 예수님께 도전하였던 것을 기록하고 있습니다. 18절입니다.

> 부활이 없다 하는 사두개인들이 예수께 와서 물어 가로되

부활에 대해서 질문하러 온 사람들은 사두개인들이었습니다. 사두개인들은 바리새인들과 함께 당시에 백성들의 대표적인 지도자급에 속한 무리들이었습니다. 바리새인들의 주된 역할이 율법을 보존하고 가르치는 것이었다면, 사두개인들은 제사장들로서 주로 제사를 관장하였습니다

다. 사두개인들은 당시 이스라엘의 통치기구인 산헤드린 공회에도 상당수가 참여하고 있었으므로 신앙적으로나 정치적으로 커다란 영향력을 행사하던 무리들이었습니다.

하지만 그들의 신앙과 삶은 철저하게 왜곡되어 있었습니다. 그들의 왜곡된 신앙과 삶은 세 가지로 요약될 수 있습니다. 먼저 그들은 구약성경 가운데 모세 오경만 권위 있는 것으로 믿었고 다른 부분은 인정치 않았습니다. 그것은 어쩌면 당연한 것이었습니다. 왜냐하면 제사장으로서 자기들의 신분과 권위를 가장 강력하게 주장할 수 있는 부분이 모세오경이었기 때문입니다. 다음으로 그들은 오늘 본문에서 언급한 대로 부활의 교리에 대해서 믿지 않았습니다.

사도행전 23:8을 보면 그들은 천사들과 영의 존재를 부인하였다고 합니다. 그들은 당연히 내세도 죽은 후의 심판도 보이지 않는 영적인 세계도 믿지 않았던 것입니다. 마지막으로 그들은 로마의 정부에 밀착하여서 부정직하고 비신앙적인 삶을 살았고 철지하게 세속적이고 현실 중심적인 삶을 살았습니다. 물론 그러한 삶은 부활과 내세를 믿지 않고 현세의 삶이 전부인 것으로 믿었던 그들에게 당연한 삶의 모습이었습니다.

그렇게 왜곡된 신앙생활을 하였던 그들이 예수님을 궁지에 몰아넣기 위해서 예수님께 질문을 하였습니다. 그것이 19-23절에 나와 있습니다.

> 선생님이여 모세가 우리에게 써 주기를 사람의 형이 자식이 없이 아내를 두고 죽거든 그 동생이 그 아내를 취하여 형을 위하여 후사를 세울지니라 하였나이다. 칠 형제가 있었는데 맏이 아내를 취하였다가 후사가 없이 죽고 둘째도 그 여자를 취하였다가 후사가 없이 죽고 셋째도 그렇게 하여 일곱이 다 후사가 없었고 최후에 여자도 죽었나이다. 일곱 사람이 다 그를 아내로 취하였으니 부활을 당하여 저희가 살아날 때에 그 중에 뉘 아내가 되리이까?

신명기 25장에 보면 만약 형제 가운데 한 사람이 남자 아이를 낳지 못하고 죽으면 그 형제 가운데 다른 한 사람이 그 형제의 아내를 취해서 그 가정의 가문을 이어주도록 하는 명령이 있는데 그들은 그것을 가지고 예수님께 부활에 대해서 도전하였던 것입니다. 만약 모든 형제가 다 죽으면 그 여자는 부활 때에 누구의 아내가 되느냐는 것입니다. 그러자 주님께서는 그들에게 말씀합니다. 24-27절입니다.

> 예수께서 가라사대 너희가 성경도, 하나님의 능력도 알지 못하므로 오해함이 아니냐?

엉뚱한 질문을 한 이유

그들이 신앙의 본질 문제인 내세와 부활을 믿지 못하고 그렇게 엉뚱한 질문을 할 수밖에 없었던 것은 두 가지 이유가 있는데, 하나는 말씀에 대한 무지이고, 다른 하나는 하나님 능력에 대한 무지입니다.

1. 말씀에 대한 무지

먼저 그들의 질문은 성경에 대한 그들의 무지를 드러내는 것이었습니다. 사실 그들이 인정하는 모세 오경에 기록된 아브라함과 야곱의 이야기만 보더라도 천사라든지 영에 대한 언급이 분명히 있는데 그들은 그것을 깨닫지 못하고 있었습니다. 더구나 지금 사두개인들이 인용한 신명기의 말씀은 부활과 전혀 상관없는 말씀입니다. 하나님께서 이 법을 제정하였던 것은 일차적으로 가문이 끊어지지 않도록 하기 위함이었기 때문입니다.

하지만 그것은 단순히 혈통 유지만을 위한 것이 아니었습니다. 거기에는 또 다른 두 가지 이유가 있었는데, 먼저 그것은 각 가족에게 분배된 토지를 보존하기 위함이었습니다. 이스라엘이 가나안을 정복한 후 각 가정 단위로 토지를 분배했었는데 만약 아들이 없이 남편이 죽어 그 미망인이 다른 남자에게 시집을 가게 되면 그 땅은 다른 사람의 소유로 바뀔 수밖에 없습니다. 그렇게 되면 하나님께서 분배하신 땅의 소유가 아무렇게나 바뀌다가 나중에는 토지가 일부에게 편중될 수도 있었습니다.

그래서 가족에게 분배된 토지를 보존하기 위해서 그 법을 정했던 것입니다. 또한 그 법은 남편이 사별한 후 의지할 것이 없는 미망인을 보호하기 위함이었습니다.

시편 127편에서 말씀한대로 당시에 남자 자식이 없으면 여러 모로 수치를 당할 가능성이 많기 때문에 미망인들을 보호할 필요가 있었던 것입니다. 그런데 사두개인들은 전혀 엉뚱하게도 이것을 부활과 연결시켜서 질문했습니다. 사실 신앙의 초보자들은 성경을 읽으면서 얼마든지 의문이 생길 수 있고 성경을 잘못 이해하는 경우도 있습니다. 그것은 어쩌면 당연한 것입니다. 하지만 이 질문을 한 사두개인들은 당시에 이스라엘의 신앙을 이끄는 지도자들이었습니다. 그들이 이렇게 본질에서 벗어난 질문을 한 것은 그들의 신앙이 얼마나 왜곡되었는지 확연하게 보여주는 것입니다.

또한 그들의 질문은 하나님의 능력에 대한 불신을 드러낸 것이었습니다. 모세 오경만 보더라도 하나님께서 행하신 기적으로 가득 차 있습니다. 창세기에는 하나님께서 무에서 천지를 창조하신 것이 기록되어 있고, 출애굽기에는 출애굽 과정에 하나님께서 행하신 놀라운 기적들도 기록되어 있습니다. 만약 그들이 모세 오경에 기록된 대로 하나님께서 천지를 창조하신 것을 믿고 출애굽의 과정에서 행하신 기적을 믿었다면 그들은 죽은 자를 부활시키시는 하나님의 능력을 믿었을 것입니다. 그들에게는 그러한 믿음이 전혀 없었습니다. 결국 그들은 하나님의 말씀인 성경에 대한 무지와 하나님의 능력에 대한 믿음이 없었기 때문에 그러한 질문을 할 수밖에 없었던 것입니다.

오늘날도 마찬가지입니다. 오늘날 우리도 우리 신앙에 가장 기본적이면서 중요한 것은 하나님의 말씀인 성경에 대한 바른 이해와 믿음이요 하나님의 능력에 대한 온전한 믿음입니다. 물론 우리가 믿고 싶다고 믿어지는 것도 아니고 처음부터 온전한 믿음이 생기는 것도 아닙니다. 그러나 우리는 아무리 교회를 열심히 다니고 아무리 열심히 봉사한다고 하더라도 하나님의 말씀인 성경에 대한 바른 이해와 믿음이 없고 하나님의 능력에 대한 온전한 믿음이 없다면 우리의 신앙이 결코 진전될 수 없다는 것을 명심해야 합니다. 그러므로 우리의 신앙이 성장하기 위해서 가장 우선적으로 해결되어야 할 일은 말씀과 하니님의 능력에 대한 믿음입니다.

1) 천국에 대한 설명

주님께서는 그렇게 그들의 문제를 지적하신 다음에 천국에 대해서 간단하게 설명합니다. 25절입니다.

> 사람이 죽은 자 가운데서 살아날 때에는 장가도 아니가고 시집도 아니가고 하늘에 있는 천사들과 같으니라.

천국은 이 세상과 차원이 다르다는 것입니다. 천국에서는 이 땅에서와 같이 결혼하고 아이를 낳고 사는 것이 아니라 장가도 가지 않고 시집도 안 가고 천사들과 같이 된다는 것입니다. 오늘날도 많은 사람들은 이 세상적인 관점에서 천국을 이해합니다. 어떤 분들은 천국은 영원한 기쁨이 있는 곳이라고 했는데 만약 그러한 곳이 천국이라면 심심할 것이 아니냐고 반문하기도 합니다. 그것은 이 세상의 관점에서 천국을 이해하기 때문입니다. 천국에서의 삶을 단순히 이 땅에서의 삶의 연장으로 이해해서는 안 됩니다. 그곳에서의 삶은 우리가 이 땅에서 생각지 못하는 신비를 경험하는 곳이라고 성경은 말씀합니다. 물론 천국에서도 이 땅에서 우리가 가지고 있었던 특징을 가지고 있을 것입니다. 그래서 우리는 서로 알아 볼 수 있을 것입니다. 하지만 그 몸은 예전과 다를 것입니다. 틀림없이 동일한 몸인데 영화된 몸으로 나타날 것입니다. 지상에서 가졌던 모든 결함들이 보충된 완전한 상태일 것입니다. 그것은 주님께서 주님의 부활을 통해서 보여주셨습니다.

2) 부활과 내세의 확실성

이어서 주님은 그들이 잘 알고 있는 모세 오경의 한 예를 말씀하시면서 부활의 확실성을 말씀하셨습니다. 26-27절입니다.

> 죽은 자의 살아난다는 것을 의논할진대 너희가 모세의 책 중 가시나무떨기에 관한 글에 하나님께서 모세에게 이르시되 나는 아브라함의 하나님이요 이삭의 하나님이요 야곱의 하나님이로라 하신 말씀을 읽어 보지 못하였느냐 하나님은 죽은 자의 하나님이 아니요 산 자의 하나님이시라 너희가 크게 오해하였도다 하시니라.

이 때 주님께서 출애굽기를 인용한 이유는 그들이 모세 오경을 믿었기 때문이었습니다. 만약 그렇지 않았다면 시편이나 다른 말씀들을 인용하였을 것입니다. 이 말씀은 하나님께서 아브라함, 이삭, 야곱의 하나님이라고 말씀하셨으므로 하나님께서는 죽은 자의 하나님이 아니요 산 자의 하나님이라는 것입니다. 다시 말하면, 아브라함과 이삭과 야곱이 죽은 지 오래되었지만 그들의 하나님이라고 말씀하심으로 그들이 살아 있다는 것입니다. 이 세상에서 주님 나라로 옮겨간 그들이 우리 눈에는 죽은 자와 같이 보일지 모르지만 그들은 여전히 살아있고 하나님과 꾸준한 관계 속에 있다는 것입니다.

여러분은 어떻습니까? 부활과 내세에 대한 믿음이 있습니까? 그리고 그 소망을 가지고 살고 있습니까? 하지만 오늘날도 사두개인과 같이 교회를 다니면서도 부활과 내세에 대한 믿음과 소망이 없이 다니는 분들이 많습니다. 부활과 내세에 대한 믿음과 소망이 없는 이유는 우선적으로 성경에 대한 깨달음과 믿음의 부족입니다.

사랑하는 성도 여러분! 성경은 살아계신 하나님의 말씀이고 영원한 진리입니다. 그것은 세계의 역사를 통해 증명되어 왔고 앞으로도 계속 증명될 것입니다. 또한 고고학이 발달할수록 성경은 더욱 확실히 정확무오 한 하나님의 말씀으로 인정될 것입니다. 성경은 부활이 너무도 분명한 사실이고 우리 기독교의 핵심이라고 말씀합니다. 그러하기에 부활이 없다면 우리의 믿음이 헛것이고 우리는 가장 불쌍한 자가 될 것이라고 말씀합니다. 부활이 우리가 신앙 생활하는 최고의 이유요 목적이라는 것입니다. 이처럼 성경은 너무도 분명하고 확실하게 부활과 내세를 말씀하기 때문에 우리는 믿을 수 있습니다.

2. 하나님의 능력에 대한 불신

한편 부활과 내세에 대한 믿음과 소망이 없는 또 하나의 이유는 하나님의 능력에 대한 불신입니다. 오늘날도 사두개인처럼 교회에서 열심히 봉사하고 앞장서서 일하는 것 같은데 하나님의 능력을 온전히 믿지 못하는 사람들이 있습니다. 하지만 하나님께서는 이미 예수님을 부활시키심으로 죽은 자를 부활시키시는 능력을 보여주셨습니다. 그래서 주님을 부활의 첫 열매가 되게 하셨다고 말씀합니다. 첫 열매가 맺혔다는 것은 이후 계속 열매가 맺힐 것을 보장하는 것입니다. 그렇기 때문에 우리의 부활도 보장됩니다. 더구나 아무 것도 없는 무의 상태에서 천지만물을 창조하셨다는 것을 믿는다면, 우리는 우리의 부활을 믿지 못할 이유가 아무 것도 없습니다. 그러므로 우리가 말씀을 믿고 하나님의 능력을 믿는다면 내세와 부활도 역시 믿을 수 있을 것입니다.

또한 이에서 한 걸음 더 나아가 내세와 부활에 대한 소망이 있을 때 우리의 삶은 달라지지 않을 수 없습니다. 이 땅에서 바른 삶을 살지 못하고 삶의 방향을 잃어버리는 가장 중요한 이유는 죽음에 대한 바른 이해가 없고 내세와 부활에 대한 소망이 없기 때문이라고 생각합니다. 많은 사람들은 마치 자신들이 영원히 죽지 않을 것처럼 살고 있습니다. 남이 죽는 것을 보지만 그것은 자신들과는 상관없는 일인 것처럼 생각하며 살고 있습니다. 그래서 현실에 얽매인 채 현실에 취해서 살고 있습니다. 지난 주 최고의 뉴스는 정주영씨가 이 세상을 떠난 것이었습니다. 그는 그가 가졌던 모든 것을 놓고 떠났습니다. 우리 모두도 언젠가는 우리의 모든 것을 놓고 이 땅을 떠나게 될 것입니다. 단지 차이가 있다면 순서의 차이일 뿐입니다. 우리는 오늘 밤에 "너의 생명을 거두어 가면 네가 모은 것이 뉘 것이 되겠느냐"는 주님의 음성을 들어야 합니다. 사도 바울이 조그마한 것에 집착하지 않고 그렇게 멋있고 의미 있는 삶을 살았던 이유도 늘 천국을 믿고 그것을 소망하며 살았기 때문이었습니다. 우리도 천국을 믿고 또한 늘 소망하면서 산다면 우리는 이 땅에서 멋있는 삶을 살 줄로 믿습니다.

말씀을 맺겠습니다.

오늘 본문은 내세와 부활에 대해서 우리에게 교훈하고 있습니다. 우리 가운데도 성경과 하나님의 능력에 대한 믿음의 부족 때문에 부활을 믿지 못하는 분들이 있을 것입니다. 그들에게는 믿음이 필요합니다. 또한 그 믿음이 있으나 그것을 잊어버리고 살기 때문에 이 세상에 집착하는 삶을 사는 분도 있을 줄 압니다. 그분들에게는 영광스러운 나라와 부활에 대한 간절한 소망이 필요합니다. 저는 우리 모든 성도들이 소망 영광스러운 나라와 부활을 믿고 소망함으로 이 땅에서의 삶이 의미 있고 보람된 삶이 되기를 간절히 바랍니다.

마가복음 12:28-34

첫째 되는 계명이 무엇입니까?

예수님께서 예루살렘에 입성하신 이후에 당시의 종교 지도자들은 예수님을 궁지에 몰아넣고, 예수님을 죽일만한 꼬투리를 잡기 위해서 대답하기에 아주 곤란하도록 궁색한 질문들을 하였습니다. 그들의 질문을 보면 그들이 신앙의 가장 기본적인 모습조차 갖추지 않았음을 알 수 있었습니다. 그 대표적인 사람들이 사두개인이었습니다. 그들은 신앙에 있어서 가장 중요하고 기본적인 내세와 부활에 대한 믿음도 없으면서 겉으로 보기에는 그럴듯하게 하나님을 섬기고 있었습니다.

사실 오늘날도 우리 주위에 그러한 사람들이 많은 것을 보게 됩니다. 교회를 다닌 지 오래 되었고 교회에서도 여러 직분을 갖고 있기 때문에 남들이 보기에는 그럴듯한 신앙인이라고 생각되는데 실제로 문제에 직면하게 되면 형편없는 모습을 드러내는 경우가 많습니다. 예수님께서 지적하신 것처럼 그런 분들에게 가장 우선적으로 필요한 것은 두 가지입니다. 먼저는 성경에 대한 바른 이해와 믿음이고, 다음으로는 하나님의 능력에 대한 온전한 믿음입니다. 다시 말해, 성경이 정확 무오 한 하나님의 말씀이라는 믿음과 천지를 창조하시고 생사화복을 주관하시는 하나님께서는 말씀하신 것을 반드시 이루신다는 하나님의 능력에 대한 믿음이 필요한 것입니다.

첫째 되는 계명이 무엇입니까?

사두개인들과의 대화가 끝난 다음에 서기관 한 사람이 주님께 나아왔습니다. 28절입니다.

> 서기관 중 한 사람이 저희의 변론하는 것을 듣고 예수께서 대답 잘하신 줄을 알고 나아와 묻되 모든 계명 중에 첫째가 무엇이니이까?

당시에 서기관들은 대개 바리새인들이었기 때문에 큰 범위에서 그는 바리새인이라고 할 수 있습니다. 그는 당시의 종교 지도자들과 예수님께서 서로 질문하고 대답하는 과정을 보며 애매모호하고 엉뚱한 질문들에 대해 지혜롭고 탁월하게 하나님의 뜻을 가르치시는 예수님의 말씀에 감탄하였던 것 같습니다. 특히 사두개인의 질문에 대한 예수님의 말씀을 들으면서 기분이 좋았던 것 같습니다. 왜냐하면 서기관들과 바리새인들이 예수님을 죽이기 위해서 모의하는 데는 하나가 되었어도 실상 그들의 신앙은 전혀 다른 길을 걷고 있었기 때문입니다. 사두개인들은 내세나 부활을 믿지 않았지만 바리새인들은 부활을 믿고 천사나 영의 세계를 인정하였습니다. 그 서기관도 역시 사두개인과 전혀 다른 생각을 가지고 있었는데 자신의 신앙관을 지지하시는 예수님에 대한 답변에 기분이 좋았던 것입니다. 그래서 그는 예수님께 나아와서 첫째 되는 계명이 무엇인지 물어보았습니다.

당시 유대인들은 율법을 모두 613개 조항으로 나누어 놓고, 그 중에서 248개 조항은 중요한 것으로, 나머지 365개 조항은 덜 중요한 것으로 생각하였습니다. 그러한 여러 계명들 가운데도 어느 것이 진정으로 중요한 것인지에 대해서 그들은 자주 토론하고 논쟁하였습니다. 그는 그 부분에 대해서 실제로 배우기를 원했던 것 같습니다. 그와 관련하여 주님께서는 두 가지를 말씀하셨습니다.

하나님을 사랑하라

29-30절입니다.

> 예수께서 대답하시되 첫째는 이것이니 이스라엘아 들으라 주 곧 우리 하나님은 유일한 주시라 네 마음을 다하고 목숨을 다하고 뜻을 다하고 힘을 다하여 주 너의 하나님을 사랑하라 하신 것이요.

첫째는 하나님을 사랑하는 것임을 말씀하셨습니다. 하나님을 사랑해야 한다고 하시면서 두 가지를 보충 설명합니다. 먼저는 우리가 사랑해야 할 하나님은 '유일한 주' 라는 것입니다. 이 말씀은 여러 가지 의미를 내포하고 있지만 하나님을 사랑하라는 문맥에서 보면 하나님은 우리의 사랑을 받아야 할 유일한 분임을 말씀하는 것입니다. 따라서 이 말씀은 우리가 오직 하나님만을 사랑해야 하고 어떤 것도 하나님 보다 우선되어서는 안 된다는 것을 의미하는 것입니다. 다음으로 하나님을 사랑하는데 '어떻게 사랑해야 하는가?' 를 말씀합니다. 그것은 마음을 다하고 목숨을 다하고 뜻을 다하고 힘을 다하여 사랑해야 한다는 것입니다. 구체적으로 살펴보면,

1) '마음을 다하여' 는 진심으로 사랑하라는 것을 의미합니다. 가식적으로 사랑하지 말고 깊이 있는 사랑을 하라는 것입니다.

2) '목숨을 다하여' 는 생명을 걸고 사랑하라는 것을 의미합니다. 자기에게 유익하면 사랑하고 불리하면 뒷걸음하는 것이 아니라 자기의 생명까지 걸고 사랑하라는 것입니다.

3) '뜻을 다하여' 는 의지적인 노력과 함께 사랑하라는 것을 의미합니다. 사정과 형편이 되면 사랑하고 사정이나 형편이 어려우면 그만두

는 것이 아니라 어떠한 형편에 있든지 의지적인 노력을 다해서 사랑하라는 것입니다.

4) '힘을 다하여'는 우리의 가진 모든 것을 동반하여 사랑하는 것을 의미합니다. 나의 물질, 나의 재능, 나의 능력을 모두 투자해서 사랑하라는 것입니다.

결국 이 말씀은 우리의 모든 것을 다 바치며, 최선을 다해서, 그리고 전폭적이며 전인격적으로 하나님을 사랑해야 한다는 것입니다.

이웃을 사랑하라

둘째는 무엇입니까? 31절입니다.

> 둘째는 이것이니 네 이웃을 네 몸과 같이 사랑하라 하신 것이라 이에서 더 큰 계명이 없느니라.

둘째는 이웃을 사랑하는 것임을 말씀하셨습니다. 그런데 어떻게 사랑해야 합니까? 네 몸과 같이 사랑해야 한다는 것입니다. 예수님께서는 단순히 하나님과 이웃을 사랑하라고만 말씀하지 않았습니다. 어떻게 얼마만큼 사랑해야 하는지 그 기준을 정해주시고 그 기준만큼 하나님과 이웃을 사랑해야 함을 말씀하셨습니다. 예수님의 말씀에 서기관이 어떻게 응답했습니까? 32-33절입니다.

> 서기관이 가로되 선생님이여 옳소이다 하나님은 한 분이시요 그 외에 다른 이가 없다 하신 말씀이 참이니이다 또 마음을 다하고 지혜를 다하고 힘을 다하여 하나님을 사랑하는 것과 또 이웃을 제 몸과 같이 사랑하는 것이 전체로 드리는 모든 번제물과 기타 제물보다 나으니이다.

그는 "하나님께서 한 분이다"라는 예수님의 말씀에 동감을 표시하면서 어떤 번제물보다 하나님과 이웃을 사랑하는 것이 귀하다고 대답하였습니다. 그는 예수님 말씀의 핵심을 알았던 것입니다. 당시 서기관들과 바리새인들에게서 가장 문제가 되었던 것은 그들이 마음은 없으면서 외식적으로 하나님께 기도하고 제사를 드리며 자기들이 최고의 신앙생활을 하는 것처럼 착각하는 것이었는데, 이 사람은 자기들의 신앙생활의 문제점을 깨닫고 인정하였던 것입니다. 이 사람은 이처럼 선의의 진지한 자세로 예수님께 질문했기 때문에 해결책을 찾았을 뿐 아니라 칭찬을 받게 되었습니다. 34절입니다.

> 예수께서 그 지혜 있게 대답함을 보시고 이르시되 네가 하나님의 나라에 멀지 않도다 하시니 그 후에 감히 묻는 자가 없더라.

그에게 "하나님의 나라가 멀지 않았다"라고 대답하셨습니다. 아직은 완전히 하나님 나라에 들어오지는 않았지만 다른 바리새인들보다는 훨씬 하나님 나라에 가까이 있다는 것입니다. 이렇게 말씀하시는 예수님을 보면서 더 이상 감히 묻는 자가 없었습니다. 이제 예수님과 당시의 종교 지도자들과의 논쟁이 끝나게 되었습니다.

신앙생활의 본질

우리 가운데도 신앙생활하면서 "신앙생활의 본질이 무엇일까?" 또는 "신앙생활에서 가장 중요한 계명이 무엇일까?"에 대해서 궁금해 하는 분들이 있을 것입니다. 그것에 대한 답은 한 마디로 오늘 본문에서 말씀하는 것같이 마음과 목숨과 뜻과 힘을 다하여 하나님을 사랑하는 것이고 이웃을 내 몸같이 사랑하는 것입니다. 그래서 오늘은 하나님을 사랑하고 이웃을 사랑하는 문제에 대해서 함께 생각해 보도록 하겠습니다.

하나님을 사랑한다는 것은?

하나님께서는 왜 최고의 계명으로 '하나님을 사랑하라'고 하셨습니까? 그리고 그 의미가 무엇이겠습니까? 그것은 바로 우리가 하나님을 사랑한다고 고백할 수 있을 때에야 바르고 온전하고 기쁘게 신앙생활을 할 수 있기 때문입니다.

하나님을 사랑한다고 고백하는 것은 우리의 분명한 신앙 대상을 인식하고 있다는 것을 의미합니다. 오늘 본문에서도 하나님을 사랑하라고 하시면서 사랑의 대상인 하나님이 어떤 분인지 분명히 알려주셨습니다. 사실 우리 주위에는 신앙의 대상에 대한 분명한 인식이 없이 신앙생활 하는 분들도 많이 있습니다. 어떤 분들은 '지성이면 감천이다'는 식으로 막연히 신앙생활하기도 하고, 어떤 분들은 우리 스스로가 매우 나약한 존재이기 때문에 단지 무언가에 의지하기 위해서 신앙생활을 합니다. 어떤 분들은 마음의 평안을 위해서, 어떤 분들은 정신 수양을 위해서 신앙생활하기도 합니다. 물론 그러한 부분을 전혀 무시할 수는 없겠지만 그것이 우리 신앙의 본질이 아닙니다. 우리는 하나님을 사랑한다고 고백하여 분명한 신앙의 대상으로 하나님이 계심을 인정해야 합니다.

또한 하나님을 사랑할 때 우리는 기쁨으로 최선을 다해서 주님을 섬길 수 있습니다. 사랑도 기쁨도 없이 어떤 일을 의무적으로 한다는 것은 결코 쉽지 않습니다. 신앙생활도 마찬가지입니다. 하나님을 사랑함이 없이 예배를 드리는 것은 참으로 힘든 일입니다. 하나님을 사랑함이 없이 헌금한다는 것도 쉽지 않는 일입니다. 사랑함이 없이 말씀에 순종하는 것도 참으로 힘든 일입니다. 그러나 하나님을 사랑하게 되면 헌금하고 예배하고 순종하고 주님을 위해 희생하는 것이 마냥 기쁘고 즐겁습니다. 결코 억지로 하지 않습니다. 하나님을 사랑하는 것이 우리의 신앙에서 가장 중요하기 때문에 주님께서는 베드로에게 다른 것은 아무 것도 묻지 않으시고 "네가 나를 사랑하느냐?"라고 세 번이나 반복해서 물었던 것입니다.

이웃을 사랑한다는 것은?

주님께서 말씀하신 두 번째 계명은 이웃을 사랑하는 것입니다. 어느 정도까지 사랑해야 하느냐면 네 몸과 같이 사랑하는 것입니다. 이것은 어마 어마한 명령입니다. 우리 가운데 내가 나를 귀하게 여기는 것처럼 이웃을 귀하게 여기고 나에게 쏟는 정성만큼 다른 사람에게 정성을 쏟는 분들은 별로 많지 않을 것입니다.

여기서 우리의 이웃은 누구입니까? 누가복음 10장에 보면 이웃이 누구인지 주님께서 분명히 밝혀주십니다. 역시 바리새인들이 주님께 나아와 어떻게 하여야 영생을 얻을 수 있는지 물어보자 주님께서는 오늘 본문에서와 같은 말씀을 하십니다. 다시 그들은 주님께 "누가 이웃입니까?"라고 묻습니다. 그 때 주님께서는 사마리아 사람의 비유를 말씀하십니다. 어떤 사람이 예루살렘에서 여리고로 가다가 강도를 만나서 거의 죽게 되었는데 그곳을 제사장이 지나갔으나 그를 보고도 그냥 지나갔고, 레위인도 그곳에 이르렀으나 그 사람을 피하여 갈 길을 갔지만, 역시 그 곳을 지나던 한 사마리아인은 그를 발견하고 불쌍히 여겨 돌아보았고 사랑을 베풀었습니다. 그러면서 주님은 그들에게 이 강도 만난 사람의 이웃이 누구냐고 물으셨습니다. 그들이 사마리아인이라고 대답하니까 너희도 가서 그렇게 하라고 명령하셨습니다. 이처럼 주님의 정의에 의하면, 이웃은 나를 좋아하는 사람, 나에게 유익이 되는 사람, 나와 가까운 사람을 의미하는 것이 아니라, 나와 전혀 상관이 없어도 나의 도움과 사랑이 필요한 모든 사람을 의미합니다. 같은 말씀이 산상수훈에도 있습니다. 예수님께서는 "너희를 사랑하는 사람만 사랑하면 무슨 칭찬이 있겠느냐? 너를 미워하는 사람까지 사랑해야 한다"고 말씀하셨습니다.

그러나 이웃을 내 몸처럼 사랑하는 것은 결코 쉽지 않습니다. 사실 하나님을 사랑하는 것은 좀 더 쉬운 일입니다. 왜냐하면 하나님께서는 언제나 변함없이 신실하시기 때문에 우리만 잘하려고 노력하면 됩니다. 반면에 이웃을 사랑하는 것은 상대적입니다. 때로는 오해받고 상처받으며, 때로는 좌절되기도 합니다. 그럼에도 불구하고 우리는 우리의 이웃을 사랑해야 합니다. 그것이 바로 하나님께서 요구하시는 사랑입니다.

뿐만 아니라 성경은 하나님을 사랑하는 것과 이웃을 사랑하는 것은 떨어질 수 없는 불가분의 관계에 있다고 말씀합니다. 요한일서 4:20-21을 보면 "하나님을 사랑하노라 하고 그 형제를 미워하면 거짓말하는 자"라고 했고, "그 형제를 사랑하지 않는 자는 보지 못하는 하나님을 사랑할 수 없다"라고 하였습니다. 뿐만 아니라 이웃을 사랑하는 것이 하나님을 사랑하는 것이라고 말씀합니다. 정말 우리가 하나님을 사랑한다면 이웃을 사랑하지 않을 수 없다는 것입니다.

말씀을 맺겠습니다.

오늘 본문은 우리 신앙생활의 본질이 무엇인지를 말씀하고 있습니다. 그것은 하나님을 바로 인식하여 우리의 마음과 목숨과 뜻을 다해 사랑하는 것이고, 또한 이웃을 내 몸처럼 사랑하는 것입니다. 저는 우리 모든 성도들의 신앙생활과 삶에서 이 말씀이 이루어지기를 소원합니다.

마가복음 12:35-37

예수님은 어떤 분입니까?

　예수님과 당시 종교지도자들은 예수님 공생애 기간 내내 긴장 관계에 있었습니다. 예수님께서는 계속해서 그들의 잘못을 지적하시면서 그들을 책망하셨고, 그들은 예수님을 모함하고 죽이기 위해 늘 궁리하고 모의하였습니다. 그러한 대립과 긴장은 공생애 마지막 일주일에 절정을 이루었습니다.
　예수님께서는 예루살렘에 입성하셔서 맨 먼저 성전을 정화하셨습니다. 그 사건으로 말미암아 종교 지도자들의 권위와 체면은 극도로 손상되었습니다. 그래서 그들은 여러 가지 애매모호한 질문들을 통해 예수님을 궁지에 몰아넣으려 하였습니다. 이 때 그들의 질문에 대하여 답변하신 예수님의 말씀은 당시의 사람들뿐 아니라 오늘날 우리들에게도 새로운 깨달음과 도전이 됩니다.
　먼저 예수님께서는 악한 농부의 비유를 통해서 당시의 지도자들이 책임과 의무를 다하지 못했음을 책망하셨습니다. 그 비유는 우리에게 주어진 물질과 시간과 재능과 자녀를 포함한 모든 것의 주인이 하나님이시고, 우리는 단지 그러한 것들을 관리하는 청지기라는 사실을 다시 한 번 상기시켜 주었습니다. 다음으로 세금 문제를 거론할 때에 예수님께서는 "가이사의 것은 가이사에게 하나님의 것은 하나님께"라는 유명한 답변을 하셨습니다. 그 말씀은 하나님의 뜻과 명령 안에서 사회와 국가에 대한 책임과 의무를 다하고 법을 지켜야 할 것을 교훈 합니다. 세 번째로 부활과 영생에 관한 사두개인의 질문에 예수님께서는 하나님의 말씀의 무지와 하나님의 능력에 대한 불신을 책망하셨습니다. 이 질문과 답변을 통해 우리는 이 땅에서의 삶이 전부가 아니고 우리에게 영생과 부활이 있음을 함께 배웠습니다. 그리고 영광스러운 나라를 소망하면서 의미 있는 나그네 인생을 살 것을 다짐하였습니다. 마지막으로 제일 되는 계명이 무엇이냐는 서기관의 질문에 예수님께서는 온 마음과 정성을 다해 하나님을 사랑하고 이웃을 내 몸과 같이 사랑하라고 하셨습니다. 이 말씀을 통해서 우리는 하나님과 이웃을 사랑하는 것이 우리 신앙의 본질임을 다시 한 번 확인하게 됩니다.

이와 같은 청지기 개념, 사회와 국가에 대한 책임, 영생과 부활의 소망, 그리고 하나님과 이웃의 사랑은 모두 우리 기독교에 있어서 핵심적인 위치에 있는 주제들이기 때문에 우리가 늘 기억해야 할 것입니다.

그리스도에 대한 질문

오늘 말씀은 지금까지의 종교지도자들과 예수님 사이에 있었던 논쟁의 결론에 해당하는 말씀입니다. 이번에는 이전과는 달리 예수님께서 주도권을 가지고 그들에게 질문하셨습니다. 오늘 본문의 병행구인 마태복음(22:41)을 보면, 먼저 예수님께서 바리새인들에게 "그리스도에 대해서 어떻게 생각하느냐 뉘 자손이냐?"라고 질문하십니다. 그러자 그들이 '다윗의 자손'이라고 대답합니다. 그 때 주님께서 오늘 본문에 나오는 말씀을 하십니다. 35절입니다.

> 예수께서 성전에서 가르치실 새 대답하여 가라사대 어찌하여 서기 관들이 그리스도를 다윗의 자손이라 하느뇨?

바리새인들이 그리스도가 단순히 다윗의 자손이라고 한 것에 대해서 예수님께서는 그렇지 않다고 따졌습니다. 그들이 그리스도에 대해서 잘 못 알고 있다는 것입니다. 예수님 당시의 메시야관은 크게 두 가지 면에서 잘못되어 있었습니다. 하나는 '메시야가 오셔야 될 이유 또는 목적'에 대한 것이었고, 다른 하나는 '메시야가 어떤 분이냐'에 대한 것이었습니다. 당시의 유대인들은 메시야가 오실 이유 또는 목적을 자기 민족 이스라엘의 해방과 연결하였습니다. 우리가 자주 들었듯이 그들은 소위 정치적인 메시야를 기대했습니다. 메시야가 오시면 이스라엘 민족을 로마의 압제에서 해방시켜주고 이스라엘을 만국 위에 군림하는 나라로 만들어 줄 것으로 믿었던 것입니다. 한마디로, 그들은 메시야가 오시는 이유와 목적을 편협한 민족주의 차원에서 생각하였습니다. 그러나 구약 성경은 메시야가 단지 이스라엘의 민족적 문제를 해결하실 분으로 말씀하지 않았습니다. 우리가 잘 알고 있는 이사야 53:5은 "그가 찔림은 우리의 허물을 인함이요 그가 상함은 우리의 죄악을 인함이라"라고 말씀합니다. 그는 온 인류의 죄 문제를 해결하여 하나님과 화목케 하기 위해서 오신다는 것입니다. 다음으로 그들이 가졌던 메시야에 대한 또 다른 오해는 메시야가 어떤 분이냐에 대한 것이었습니다. 그것이 오늘 본문과 관련되어 있습니다. 당시 이스라엘 사람들은 하나님께서 보내실 메시야를 단지 다윗의 자손으로만 생각하였습니다. 물론 예수님께서 다윗의 자손이라는 것은 틀리지 않습니다. 그들의 문제는 메시야를 단순히 사람으로만 생각한 것입니다. 그들은 다윗의 후손 가운데 다윗과 같이 아주 뛰어난 한 왕을 하나님께서 보내실 것으로 생각하였습니다. 그렇지만 이에 반하여 구약 성경은 메시야의 신적 기원에 대해서 자주 말씀하고 있습니다. 이렇게 메시야가 오해되는 상황에서 메시야에 대한 바른 이해는 무엇보다도 중요하였기 때문에, 주님께서는 의도적으로 메시야가 어떤 분인가를 먼저 질문한 것입니다.

그리스도(메시아)에 대한 설명

그들의 대답을 들으신 예수님께서는 구약의 말씀을 인용하여 메시야가 어떤 분인지를 설명합니다. 36-37절입니다.

> 다윗이 성령에 감동하여 친히 말하되 주께서 내 주께 이르시되 내가 네 원수를 네 발 아래 둘 때까지 내 우편에 앉았으라 하셨도다 하였느니라 다윗이 그리스도를 주라 하였은즉 어찌 그의 자손이 되겠느냐 하시더라 백성이 즐겁게 듣더라.

36절은 시편 110편의 말씀으로서 곧 성령의 감동으로 다윗이 메시야를 주라고 했다는 말씀입니다. 만약 메시야가 단순한 인간으로서 다윗의 자손이라면 다윗이 어떻게 메시야를 주라고 고백했겠느냐는 것입니다. 그것은 말이 안 된다는 것입니다. 따라서 구약에서 예언된 메시야는 단순히 사람도 아니고 다윗의 자손도 아니라는 것입니다.

예수님은 어떤 분인가?

오늘날도 당시와 마찬가지로 '예수님이 어떤 분인가?' 에 대한 것은 우리 신앙에 있어서 꼭 점검하고 넘어가야 할 핵심적인 문제입니다. 이 부분이 잘 정리되지 않으면 우리의 신앙은 그 존재의 근거를 잃어버립니다. 지난주에도 잠깐 말씀드렸지만 오늘날도 세상 사람들은 예수님을 단순히 2000년 전에 이 땅에 와서 살다가 간 한 인간으로만 생각하고 있습니다. 어떤 분들은 예수님을 훌륭한 삶을 살고 간 위대한 성인으로 생각하고, 어떤 분들은 기존의 사회 질서와 제도에 도전한 혁명가로 이해하기도 합니다.

1. 하나님입니다

진정한 신앙인이라면 오늘 본문의 예수님 말씀대로 예수님께서 단순히 인간이 아니고 하나님이심을 믿습니다. 왜냐하면 예수님의 생애를 볼 때 예수님께서 하나님이셨다는 것 외에 다른 방법으로 그의 생애를 설명할 길이 없기 때문입니다. 예수님께서는 말씀과 사역을 통해서 자신이 하나님이셨음을 보여주셨습니다. 예수님께서는 자기를 본 자는 하나님을 보았다고 하였습니다. 자신과 아버지는 하나라고 하셨습니다. 또한 요한복음 8장에서는 자신이 아브라함보다 먼저 계셨던 자라고 하셨습니다. 마가복음 2장에서 예수님께서는 하나님만이 하실 수 있는 죄의 용서를 선포하셨고 자신이 율법과 선지자의 말씀을 완성하러 오셨다고도 말씀하십니다. 이러한 예수님의 말씀과 사역을 보면 C.S. 루이스의 말처럼 예수님이 미친 자이든지 아니면 하나님이시든지 둘 중 한 가지를 선택할 수밖에 없을 것입니다. 만약 예수님께서 하나님이 아니시라면 그는 거짓말쟁이거나 정신적으로 이상한 사람인 것이지만, 그가 사기꾼도 아니고 미친 것도 아니라면 오직 한 가지 설명만이 남습니다. 그것은 그가 말씀하신 대로 하나님이십니다.

그러나 당시의 종교지도자들은 메시야를 단순히 혈통적인 다윗의 자손으로 간주하는 잘못된 메시야관을 가지고 있었기 때문에 예수님의 말씀과 사역을 보면서도 예수님을 메시야라고 생각지 않고, 오히려 신성을 모독한 참람한 자로, 귀신들린 자로, 또는 백성을 속이고 미혹케 하는 자로 생각하였던 것입니다.

다음으로 성경이 예수님께서 하나님이심을 분명히 말씀하고 있습니다. 우리가 잘 알고 있는 요한복음 1장은 태초에 말씀이 계셨고 그 말씀이 하나님과 함께 계셨으며 그 말씀은 곧 하나님이라고 선포합니다. 신약의 서신들도 마찬가지로 예수님께서 단순히 인간이 아니고 하나님이심을 선포합니다. 대표적으로 빌립보서 2장은 예수님께서 하나님과 동등한 분이심을 말씀합니다. 예수님께서 우리의 구원을 이루기 위해서 이전의 영광의 자리를 떠나 성육신하셨고 지금은 다시 완전한 영광 가운데 거하고 계심을 말씀합니다. 만약 예수님께서 하나님이 아니시고 단순한 인간이라고 한다면, 우리 기독교는 그 존재의 근거를 잃어버리고 우리의 신앙도 무의미하게 될 것입니다. 만약 예수님께서 인간 이상의 존재가 아니라면 그가 아무리 뛰어나다 할지라도 우리의 구세주가 될 수 없습니다. 그러나 예수님께서 하나님이시기 때문에 그가 우리의 유일한 구원자이시라는 사실을 조금도 의심 없이 믿고 고백할 수 있습니다. 그것을 믿을 때 또한 우리는 그의 생애에 관한 모든 것이 잘 이해되고 그의 말씀과 사역의 모든 것이 참으로 의미 있게 다가올 것입니다.

2. 하나님 우편에 계십니다

오늘 본문은 또 한 가지 다른 측면에서 예수님의 하나님 되심을 말씀하고 있습니다. 바로 다윗이 성령의 감동에 힘입어 말씀한 것입니다. 그것은 하나님께서 예수님의 원수(사탄의 세력)를 예수님의 발아래 둘 때까지 예수님을 하나님의 우편에 앉게 하신다는 것입니다. 이 말씀은 예수님의 부활과 승천, 재림에 관련되어서 자주 인용되는 말씀인데, 성령의 감동을 입은 다윗이 이미 예수님의 부활과 승천과 재림을 예언한 것입니다. 여기에서 '네 원수를 네 발 아래 둘 때까지'는 예수님께서 재림하셔서 세상을 심판할 때까지를 말씀합니다. 그리고 '내 우편에 앉았으리라'는 단순히 문자적으로 하나님 우편에 앉아 계신다는 말이 아닙니다. 우편은 영광과 권세를 의미합니다. 따라서 예수님께서 하나님 우편에 앉아 계신다는 말씀은 죽음을 이기시고 부활 승천하신 주님께서 최고의 영광과 권세를 받는 상태를 보여줍니다. 예수님께서는 하늘과 땅의 모든 권세를 가지신 분으로 성부 하나님과 동등한 위치에 계시다는 것입니다.

덧붙여 예수님께서 지금 하나님 우편에 계시면서 우리를 위해 하시는 가장 중요한 일은 무엇입니까? 그것은 하나님의 권세와 능력으로 우리를 위해 기도하시는 것입니다. 이를 알 수 있는 중요한 구절이 로마서 8:34과 히브리서 7:25입니다. 로마서 8:34을 보겠습니다.

> 누가 정죄하리요 죽으실 뿐 아니라 다시 살아나신 이는 그리스도 예수시니 그는 하나님 우편에 계신 자요 우리를 위하여 간구하시는 자시니라.

여기에서 우리를 위해서 기도하신다는 것은 크게 두 가지 의미가 있습니다. 기도하신다는 것은 우리의 진정한 필요를 채워주신다는 것입니다. 우리는 기도할 때 우리에게 진정으로 필요 없는 것, 또는 우리에게 악이 되는 것도 기도할 수 있습니다. 그럴 때 주님께서 우리의 잘못된 기도 대신에 우리의 가장 중요하고 진정한 필요를 위해서 간구해 주시고 또한 우리에게 가장 유익하고 필요하고 좋은 것으로 채워주신다는 것입니다. 다음으로 이 말씀의 문맥으로 볼 때 기도하신다는 것은 우리를 인도하신다는 것입니다. 우리는 예수님을 믿으면서도 넘어질 수 있고 죄를 지을 수 있습니다. 그 때 주님께서 우리를 그냥 놔두시거나 포기하시는 것이 아니라, 우리를 세워주시고 우리를 변호하시며 끝까지 우리를 지켜주신다는 것입니다. 37절 이하에 있는 말씀하고 있는 대로 우리를 모든 상황에서 지켜주시고 승리케 하신다는 것입니다. 그러므로 하나님과 우리 사이의 관계 회복을 위해서 십자가를 지심으로 중보자 역할을 감당하셨던 주님께서는 지금도 우리의 중보자가 되십니다. 곧 이 말씀은 예수님께서 우리와 같은 인간이 아니고 하나님이시기 때문에 지금도 살아 계시다는 것이고 또한 지금도 우리가 그 예수님을 실제로 경험할 수 있다는 것을 의미합니다. 그리고 지금도 우리가 예수님을 믿고 의지하면 우리에게 가장 필요하고 좋은 것을 채워주시고 최선의 길로 인도하신다는 것을 말씀합니다.

이제 말씀을 맺겠습니다.

예수님 당시에 많은 사람들은 예수님을 단순히 다윗의 자손으로만 생각하여 메시야로 받아들이지 않았습니다. 예수님께서는 그들의 잘못된 메시야관을 수정해 주기 위해서 오늘 본문의 말씀을 하셨습니다. 마찬가지로 오늘날도 당시의 사람들처럼 예수님을 잘못 생각한 분들이 많습니다. 여러분은 예수님을 어떤 분으로 고백합니까? 단순히 훌륭한 인간으로만 생각합니까? 아니면 하나님이시요 우리의 유일한 구원자라고 고백하십니까?

우리에게는 다른 선택이 없습니다. 만약 우리가 단순히 예수님을 훌륭한 사람으로 생각한다면 우리는 주님의 말씀과 사역을 온전히 이해할 수 없습니다. 그런데 우리가 예수님의 말씀과 사역을 통해서 보여주신 대로 예수님을 하나님으로 인정하고 예수님께서 우리의 구원자 되심을 믿고 나아오시면 지금도 예수님께서는 우리의 중보자가 되셔서 우리를 구원하시고 지키시고 인도하시는 놀라운 은혜를 경험할 수 있을 줄로 믿습니다.

마가복음 12:38-40

하나님을 섬기는 바른 자세

　예수님 당시에 바리새인들은 하나님의 말씀을 연구하고 가르치는 소위 하나님 말씀의 전문가들이었지만 메시야에 대한 잘못된 이해를 가지고 있었습니다. 그 가운데 하나가 하나님께서 약속하신 메시야를 단순히 한 인간으로만 생각하는 것이었습니다. 메시야에 대한 바른 이해는 무엇보다도 중요한 것이었기 때문에 예수님께서는 의도적으로 그 문제를 끄집어내었습니다. 그리고 시편에 있는 다윗의 예언을 들어서 메시아의 하나님 되심을 가르치셨습니다. 하나님의 말씀을 인정하고 있던 그들에게 그것이 가장 설득력 있고 효과적인 방법이었기 때문입니다.

　오늘날도 예수님의 하나님 되심에 대한 온전한 믿음 없이 교회에 다니고 있는 분들이 많습니다. 많은 이단들도 예수님의 하나님 되심을 부인하고 있습니다. 여기에서 우리가 깊이 명심해야 할 것은 만약 예수님의 하나님 되심을 부인하면 우리의 신앙은 그 근거가 무너져 버린다는 것입니다. 만약 예수님께서 하나님이 아니라면 스스로 하나님이심을 말씀하셨던 예수님은 거짓말쟁이거나 제 정신이 아닌 분으로 전락할 것입니다. 만약 예수님께서 하나님이 아니라면 예수님의 하나님 되심을 증거하고 있는 성경은 하나님의 말씀이 아니라 전혀 믿을 수 없는 책이 되고 말 것입니다. 우리에게 다른 선택은 없습니다. 예수님의 하나님 되심을 분명히 믿고 고백할 때 우리는 예수님의 생애와 말씀과 사역의 의미를 좀 더 명확하게 깨닫게 될 것이고, 예수님만이 우리의 유일한 구원자임을 확실히 고백할 수 있을 것입니다. 또한 그 예수님을 감격적으로 전할 수 있을 것입니다. 뿐만 아니라 예수님의 하나님 되심을 인정하고 그 예수님께 나아갈 때 지금도 살아 계신 예수님의 하나님 되심을 친히 경험하게 될 것입니다.

바리새인들의 실상

바리새인들의 하나님 말씀에 대한 바르지 못한 이해는 메시야가 누구인지에 대한 곡해에 국한되지 않았습니다. 그것은 그들의 전반적인 신앙생활과 삶에도 그대로 이어져 있었습니다. 사실 우리가 그동안 보아왔던 대로 그들의 신앙과 삶은 참으로 엉망이었습니다. 메시야의 잘못된 이해를 지적하신 예수님께서는 이제 그들의 신앙생활과 삶의 문제를 지적하고 있습니다. 그것이 오늘 본문의 내용입니다.

먼저 그들은 긴 옷을 입고 다녔다고 합니다. 그들은 긴 옷을 입고 다녔던 이유는 외적인 모습으로 다른 사람들과 구별하기 위함이었고, 경건하다는 것을 다른 사람들에게 과시하며 보여주기 위함이었습니다. 마태복음에 보면 그들은 긴 옷만을 입고 다닌 것이 아니라 '경문'을 넓게 하고 옷 술을 크게 했다고 합니다. '경문'이라는 것은 하나님의 말씀이 들어있는 조그마한 상자를 말합니다. 신명기 6장에 보면 하나님께서 이스라엘에게 하나님의 말씀을 손목에 메고 이마에 붙여서 그들이 하나님의 백성임을 상징적으로 드러내라고 말씀하셨습니다. 이스라엘 사람들은 그 말씀대로 성경 말씀을 조그마한 상자에 넣어서 이마와 손목에 부착하고 다녔습니다. 그 말씀이 들어있는 상자를 '경문'이라고 하는데 그들은 그것을 다른 사람보다 더 넓게 만들어서 이마와 손목에 붙이고 다녔다는 것입니다. 또한 옷 술을 크게 하고 다녔습니다.

민수기 15장을 보면, 이스라엘 백성들이 구별된 하나님의 백성으로 살기 위한 방편 가운데 하나로 옷단에 옷 술을 달도록 하였습니다. 그것을 통하여 이방인들과 구별함을 보이고 자신들은 그것을 보면서 하나님 백성으로서 구별된 삶을 살도록 자극 받기 원했습니다. 그런데 그들은 다른 사람들보다 옷 술을 크게 만들어서 옷에 붙이고 다녔습니다. 이와 같이 그들은 옷을 길게 입고 경문을 다른 사람보다 넓게 달며 옷 술을 다른 사람보다 길게 함으로써 자기들이 다른 사람들보다 더 경건하고 깊은 신앙을 가지고 있다는 것을 과시하고자 했던 것입니다.

그들은 또한 시장에서 문안 받는 것을 좋아했다고 했습니다. 즉 그들은 겉으로 구별되는 옷을 입고 쓸데없이 사람이 많이 모이는 시장을 어슬렁어슬렁 다니면서 인사 받기를 좋아했다는 것입니다. 뿐만 아니라, 회당과 잔치 집에서는 상좌와 상석을 좋아하여 예배를 드릴 때나 사회적인 모임이 있을 때는 언제나 어른 행세를 하려고 하였던 것입니다. 그리하여 억지로라도 사람들에게 인정받고 존경받고자 했습니다. 이러한 것들은 그들의 허영과 가식이 얼마나 심했는지를 확연하게 보여줍니다.

하지만 그들의 실제적인 삶은 어떠하였습니까? 그들은 과부의 재산을 삼키는 자들이었습니다. 구약에서 고아와 과부는 가난하고 사회적으로 힘이 없어서 다른 사람들의 돌봄을 받아야 하는 대표적인 사람들이었는데 오늘 본문에는 연약하고 돌봄을 받아야 될 그 사람들의 집을 빼앗았던 것입니다. 과부들에게 집은 그들의 전부였는데 그들의 집을 약탈했다는 것은 그들이 얼마나 악랄했는지를 보여주는 것입니다. 또한 그들의 종교적 행위는 어떠했습니까? 그들은 모든 사람들이 볼 수 있는 시장 한복판에서 사람들에게 보이고자 오래 동안 기도했습니다. 복음서를 보면 일주일에 두 번씩 금식하였다고 합니다. 더구나 자신들이 금식한다는 것을 보여주기 위해서 일부로 얼굴을 흉하게 하고 다녔습니다.

그 모든 것은 자신들의 종교적 행위를 남들에게 보여주고자 하는 위선적인 모습입니다.

마태복음 23장에 보면 좀 더 자세히 그리고 명확하게 오늘 본문을 보충해서 그들의 모습을 묘사하고 있습니다. 3-4절입니다.

> 그러므로 무엇이든지 저희의 말하는 바는 행하고 지키되 저희의 하는 행위는 본받지 말라 저희는 말만하고 행치 아니하며 또 무거운 짐을 묶어 사람의 어깨에 지우되 자기는 이것을 한 손가락으로도 움직이려 하지 아니하며

말만하고 실천이 전혀 없는 사람들이라는 것입니다. 그리고 23절입니다.

> 화 있을진저 외식하는 서기관들과 바리새인들이여 너희가 박하와 회향과 근채의 십일조를 드리되 율법의 더 중한 바 의와 인과 신은 버렸도다 그러나 이것도 행하고 저것도 버리지 말아야 할지니라.

율법에서 언급하지 않았던 집에서 키우는 식물까지 십일조를 드릴 정도로 그들의 종교적 행위는 최고였습니다. 그러나 그들의 삶이 전혀 뒷받침되지 않았습니다. 그들이 다른 사람들에게 사랑과 신뢰를 받지 못한 것은 당연한 결과였습니다. 이어서 25-27절입니다.

> 화 있을진저 외식하는 서기관들과 바리새인들이여 잔과 대접의 겉은 깨끗이 하되 그 안에는 탐욕과 방탕으로 가득하게 하는도다 소경된 바리새인아 너는 먼저 안을 깨끗이 하라 그리하면 겉도 깨끗하리라 화 있을진저 외식하는 서기관들과 바리새인들이여 회칠한 무덤 같으니 겉으로는 아름답게 보이나 그 안에는 죽은 사람의 뼈

와 모든 더러운 것이 가득하도다.

외형적으로는 거룩한 것 같은데 속은 탐욕과 방탕으로 가득했다는 것입니다. 그들은 겉과 속이 전혀 다른 표리부동한 사람들이었습니다. 이처럼 그들은 말만 하는 사람, 사회적 신의를 저버리고 삶이 전혀 따라주는 못한 사람, 그리고 겉과 속이 다른 사람들이었습니다. 그 결과는 어떻습니까? 13, 15절입니다.

> 화 있을진저 외식하는 서기관들과 바리새인들이여 너희는 천국 문을 사람들 앞에서 닫고 너희도 들어가지 않고 들어가려 하는 자도 들어가지 못하게 하는도다 화 있을진저 외식하는 서기관들과 바리새인들이여 너희는 교인 하나를 얻기 위해서 바다와 육지를 두루 다니다가 생기면 너희보다 배나 더 지옥의 자식이 되게 하는도다.

그들은 하나님의 백성을 말씀으로 인도해야 하는데 그러한 사명을 감당하지 못하였을 뿐 아니라 그들의 악행으로 인해 오히려 많은 사람들이 신앙에 혐오감을 일으키고 신앙에서 멀어지는 하였습니다. 한 마디로, 그들은, 16절의 말씀대로, 소경된 인도자들이었습니다. 그러한 그들의 모습을 보면서 주님께서는 그들이 받을 심판이 아주 심할 것이라고 말씀하셨고, 13절부터 계속해서 7번이나 "화 있을진저, 화 있을진저"라고 하시면서 그들에게 저주를 선포하셨습니다.

하나님을 섬기는 바른 자세

이러한 바리새인들의 모습을 보면서 우리의 모습을 점검해야 하겠습니다. 오늘 본문이 교회의 지도자들에게 주는 경고의 메시지가 있는데, 그것은 교회의 영적인 지도자들은 세속적인 명예와 지위에 관심을 갖지 말아야 한다는 것입니다. 그리고 사람들에게 그럴 듯하게 보이려고 애쓰지 말고 하나님께 인정받으려고 최선을 다해야 한다는 것입니다. 또한 하나님께서 주신 특권을 자기의 성공이나 실속을 채우기 위해서 사용치 말아야 한다는 것입니다. 영적인 지도자들이 세속적인 명예와 지위에 관심을 가질 때, 하나님께서 자기에게 주신 특권을 가지고 자기의 성공과 실속을 채우기 시작할 때 그들은 타락하게 되어 있습니다. 또한 목회자가 하나님보다 사람들을 의식하기 시작할 때부터 목회자들은 잘못된 방향으로 나가지 않을 수 없습니다.

결국 신앙의 본질을 훼손하는 결과를 가져올 것입니다. 한편 교회나 목사가 자꾸 매스컴을 타려고 할 때도 그 때부터 문제가 생기기 시작합니다. 교회나 목사는 매스컴에 자꾸 오르내리는 것을 경계해야 합니다. 오늘 말씀은 교회의 지도자들에게민 해당되지 않습니다. 우리 모두에게도 주는 교훈이 있습니다. 그것을 몇 가지만 살펴보겠습니다.

1. 언행일치의 신앙생활

먼저 오늘 본문은 말과 행동이 일치하는 신앙생활을 할 것을 교훈합니다. 바리새인들은 말을 기가 막히게 잘하였지만 행함은 없었습니다. 다른 사람들에게는 무거운 짐을 지웠지만 자기들은 손끝 하나 까딱치 않았습니다. 그들은 말만하고 행동은 전혀 따르지 않았습니다. 그것은 믿음의 삶이 아닙니다. 물론 우리의 구원은 행함으로 얻어지는 것이 아니고 믿음으로 얻어지는 것이 분명합니다. 또한 우리의 행위로 하나님께 나아갈 수 없는 것도 분명합니다.

그러나 진정한 믿음은 행함으로 드러나야 합니다. 성경은 회개에 합당한 열매를 맺으라고 말씀하고 있습니다. 행함이 없는 믿음은 가짜 믿음이고 거짓 믿음이요 죽은 믿음이라고 했습니다. 야고보서 2:18을 보면 귀신들도 하나님께서 한 분이신 것을 믿고 떠든다고 하였습니다. 우리의 믿음은 열매를 맺는 믿음, 행함이 있는 믿음이 되어야 합니다. 그런데 교회에서는 항상 말이 앞서는 분들이 있고, 항상 말로 생색내는 분들이 있습니다.

또한 어떤 분들을 보면 이론적으로는 다 알고 있는 것 같습니다. '신앙이란 무엇이다', '교회 생활은 어떻게 해야 한다', '헌금의 진정한 의미는 무엇이다' 라고 하면서 이론적으로는 대단합니다. 그러나 행동은 전혀 없는 경우가 많습니다. 성경은 우리에게 말을 많이 하지 말라고 했습니다. 말을 많이 하면 실수가 많다고 했습니다. 진정으로 하나님께서 기뻐하시는 사람 그리고 교회가 참으로 필요한 사람은, 말은 많지 않고 말로 생색을 내지는 않지만 묵묵히 최선을 다해서 섬기고 봉사하는 사람입니다. 과연 내가 행함이 있고 열매가 있는 믿음인지 아니면 말만 앞서는 믿음인지 점검해야 할 것입니다.

2. 하나님 앞에서의 신앙생활

또한 오늘 본문은 사람을 의식하지 말고 하나님 앞에서 신앙생활 할 것을 권면합니다. 바리새인들의 대표적인 문제는 외식하는 것이었습니다. 그들은 하나님께서 진정 기뻐하시는 삶이 아니라 사람들에게 보이고자 하는 삶을 살았습니다. 사람들에게 보이고 인정받으려고 별 짓을 다했습니다. 우리 주위에도 자신들의 선한 일들을 다른 사람들에게 드러내기 좋아하는 사람들이 많습니다. 불우이웃 돕기를 한다든지, 수재민을 위한 모금을 한다든지 하면 사진을 찍고 매스컴을 통해 자신의 이름을 드러내고 자신의 행동을 과시하고자 합니다.

성경은 무엇이라고 말씀합니까? 사람들에게 보이려고 선을 행치 않도록 주의하라고 하였습니다. 오른 손이 하는 일 왼손이 모르게 하라고 말씀합니다. 그렇지 아니하면 하늘에 계신 너희 아버지께 상을 얻지 못한다고 하였습니다. 기도도 골방에서 하라고 하였습니다. 금식기도를 할 때에도 사람들에게 표를 내지 말라고 하였습니다. 이러한 것은 모두 하나님 앞에서 인정받는 신앙 생활할 것을 권면 하는 것입니다.

우리의 신앙생활이 사람들의 평가나 사람에게 인정받는 것에 민감하게 되면 시험에 들지 않을 수 없습니다. 그러나 하나님 앞에서 신앙생활하고 하나님 앞에서 봉사하면 참으로 평안한 마음으로 신앙 생활할 수 있고 결단코 시험에 들지 않을 것입니다. 물론 우리는 사람들을 전혀 의식하지 않고 살아 갈 수는 없습니다. 그러나 진정 하나님의 살아 계심을 믿고 하나님께서 모든 것을 감찰하고 계신 것을 믿는 사람이라면 사람을 의식하지 않고 하나님께 인정받는 것을 신앙과 삶의 목표로 삼을 것입니다.

3. 삶으로 드러나는 신앙생활

세 번째로 오늘 본문은 우리에게 종교의식과 삶이 일치할 것을 말씀하고 있습니다. 바리새인들은 십일조도 드리고 기도도 열심히 하였지만 실제 그들의 삶은 엉망이었습니다. 다른 사람과의 신의를 저버리고 사랑이 없는 삶을 살았습니다. 과부의 집을 약탈했던 것과 같이 돈을 좋아하고 탐욕과 방탕한 삶을 살았습니다. 그러나 성경은 거듭하여 우리의 의식적인 신앙의 모습과 삶이 일치해야 할 것을 명령하고 있습니다.

우리의 삶이 올바로 되어 있지 않으면 하나님께서 우리의 모든 기도와 예배를 받지 않는다고 하였습니다. 사실 그동안 한국교회가 사회적 삶과 책임 부분을 많이 소홀히 한 것이 사실입니다. 주일성수, 십일조 생활, 공 예배 참석만을 강조한 나머지 사회에서는 거짓말하고 이웃에게 손가락질 받으면서도 교회생활만 잘하면 훌륭한 신앙인인 것처럼 인정해 주었습니다. 그러나 하나님께서는 제사보다 순종을 원하신다고 말씀하셨습니다.

호세아 6:6을 보면 하나님은 이스라엘의 타락한 사회적 삶을 보면서 자비를 원하고 제사를 원치 아니한다고 말씀하셨습니다. 우리는 신앙에 있어서 의식적인 부분을 부인할 수 없습니다. 예배하고 기도하고 헌금하는 것도 참으로 중요합니다. 그것과 함께 우리의 삶이 참으로 중요합니다. 그렇기 때문에 우리 하나님의 백성들은 직장에서 누구보다도 맡겨진 일에 신실하고 손해 보며 희생하는 삶을 살아야 합니다. 누구보다도 이웃을 사랑하며 이웃에게 인정받는 삶을 살아야 합니다. 또한 누구보다도 법을 지키는 삶을 살아야 합니다. 그 때 우리의 신앙이 빛이 날 것입니다.

4. 속사람에 관심 갖는 신앙생활

네 번째로 오늘 본문은 겉 사람보다 속사람에 대해서 관심 가질 것을 권면합니다. 바리새인들은 외적으로 그럴듯하지만 속은 외식과 불법이 가득했습니다. 그들의 관심은 외적인 것에만 있었지 속사람에 있지 않았습니다. 성경은 머리를 꾸미고 금을 차고 옷을 입는 외모로 하지 말고 마음을 단장하라고 말씀하고 있습니다. 우리도 겉으로는 그럴 듯 합니다.

그러나 속을 들여다보면 얼마나 지저분한지 모릅니다. 욕심이 가득합니다. 미움과 투기가 가득합니다. 온갖 지저분한 것들로 가득합니다. 그러나 하나님은 외모를 보시지 않으시며 속지 않으십니다. 하나님께서는 우리의 마음과 중심을 보십니다. 그렇기 때문에 무엇보다도 먼저 우리의 심령이 정결하도록 우리의 속사람이 깨끗하도록 최선을 다해야 할 것입니다.

이제 말씀을 맺겠습니다.

오늘 본문에서 주님께서는 바리새인들의 거짓되고 외식된 신앙과 삶을 지적하셨습니다. 그들은 자신들의 역할을 감당치 못했을 뿐 아니라 다른 사람도 실족케 하였기 때문에 주님께서는 그들에게 저주와 심판을 선포하셨습니다.

지금 우리들의 신앙생활과 삶은 어떻습니까? 봉사하고 섬기는 행함이 있는 믿음입니까? 사람의 평가와 인정에 연연하지 않고 하나님 앞에서 신앙생활하고 살고 있습니까? 세상 속에서 빛과 소금의 사명을 다함으로 사회적 책임과 의무를 다하십니까? 또한 겉으로는 그럴듯한 것 같지만 속에는 온갖 추한 것들이 가득한 삶이 아니라, 진정 속사람이 깨끗한 삶을 살고 있습니까? 이제 우리 자신을 점검하고 하나님께서 기뻐하시는 삶을 살기를 바랍니다.

마가복음 12:41-44

하나님께서 기뻐하시는 신앙생활

예수님께서는 종교 지도자들과의 논쟁이 있은 후에 바리새인들의 왜곡된 신앙생활과 삶의 모습을 책망했습니다. 그들의 신앙은 참으로 문제가 많았습니다. 그들은 말과 행동이 일치하지 않았으며, 자기들은 손가락 하나도 까딱하지 않으면서 다른 사람들의 어깨에는 무거운 짐을 잔뜩 지게 했습니다. 또한 사람들 앞에서는 자기들의 거짓된 경건을 드러내고자 했습니다.

뿐만 아니라 그들의 기도나 금식과 십일조와 같은 종교적 행위는 그럴듯하였지만 삶은 오히려 탐욕과 방탕으로 가득 차있었습니다. 한 마디로 그들은 위선적이고 외식적인 신앙생활을 하였습니다. 주님께서는 그러한 모습을 보면서 그들이 받을 심판이 심히 클 것을 말씀하셨습니다. 그런데 주님께서는 단지 그들을 꾸짖고 심판을 선언하는데 그치지 않았습니다. 주님께서는 그들과 대조되는 진정 하나님께서 기뻐하시는 신앙생활에 대해서 제자들에게 가르치시기를 원하셨습니다. 물론 그것을 단순히 이론적으로 가르치시는 것이 아니라 실제적인 예를 통해서 가르치시기를 원하셨습니다.

과부의 헌금

그것이 오늘 본문의 내용입니다. 41절입니다.

> 예수께서 연보 궤를 대하여 앉으사 무리의 연보 궤에 돈 넣는 것
> 을 보실 새 여러 부자는 많이 넣는데

　주님께서는 사람들이 헌금하는 것을 보기 위해서 일부러 헌금 궤 맞은편에 자리를 잡고 앉으셨습니다. 당시의 기록에 의하면 헌금 궤는 성전 입구에 놓여 있었는데 모두 13개가 있었다고 합니다. 그 헌금 궤는 놋쇠로 만들었고 모양은 마치 나팔 모양처럼 생겨서 나팔 궤라고도 하였습니다. 그런데 당시에는 지폐는 없고 동전만이 있었기 때문에 나팔 모양을 하고 있는 헌금 궤에 헌금을 하면 요란한 소리를 내면서 아래로 떨어졌다고 합니다.
　더구나 헌금을 할 때는 자기가 헌금하는 액수를 제사장들에게 소리를 내어 알려주었다고 합니다. 그래서 헌금하는 장소는 헌금을 많이 하는 부자들에게는 자기를 자랑하고 드러내는 자리가 되었고, 반대로 헌금을 적게 할 수 밖에 없는 가난한 사람들에게는 당연히 위축되고 소외감을 느낄 수밖에 없는 자리였습니다. 오늘 본문에 나오는 여러 부자들도 아마 매우 자랑스러워하면서 많은 돈을 그 헌금 궤에 넣었을 것입니다. 그들과는 대조적으로 한 가난한 과부가 두 렙돈을 넣었습니다.
　여기에서 렙돈은 당시 팔레스틴에서 통용되던 헬라의 가장 작은 화폐 단위였고, 본문에서 언급된 것처럼 로마 화폐의 최소 단위인 고드란트의 1/2에 해당하는 것이었습니다. 오늘날 이것의 가치에 대해서는 학자들 사이에 여러 가지 견해가 있습니다. 그것이 우리 돈으로 몇 백 원이었는지 몇 천 원이었는지는 몰라도 아주 적은 액수였던 것은 분명합니다. 그렇게 헌금하는 모습들을 보신 주님께서는 제자들을 불러서 이 가난한 과부가 어느 사람보다도 많은 헌금을 했다고 하시며 그 과부를 칭찬하였습니다. 왜냐하면, 다른 사람들은 모두 풍족한 가운데서 일부

분을 드렸으나 과부는 구차한 중에 자기 모든 소유, 곧 생활비 전부를 드렸기 때문이라는 것입니다.

하나님께서 기뻐하시는 신앙생활

오늘 본문이 우리에게 주는 교훈은 무엇입니까? 오늘 본문의 일차적인 교훈은 헌금에 대한 것이 아닙니다. 오늘 본문의 핵심적인 교훈은 하나님께서 기뻐하시는 바른 신앙입니다. 그것은 문맥을 통해서 확인할 수 있습니다. 오늘 본문은 바리새인들의 잘못된 신앙과 삶을 꾸짖는 문맥에 놓여 있습니다. 오늘 본문에 나오는 가난한 과부는 바리새인들의 거짓된 신앙과 위장된 헌신에 대조되는 참 신앙과 진정한 헌신의 대표적인 모습으로 등장하고 있는 것입니다.

올바른 헌금 생활의 의미

그러면 예수님께서는 바리새인의 외식하는 신앙생활과 대조되는 올바른 신앙생활을 가르치기 위해서 왜 헌금하는 모습을 택했겠습니까? 그리고 복음서 기자는 복음서의 클라이막스에 해당하는 이 중요한 부분에 왜 헌금과 관련된 사건을 기록했을까요? 그 이유는 간단합니다. 그것은 우리의 진정한 신앙생활과 진정한 헌신이 다른 어느 것보다도 물질과 깊게 연결되어 있기 때문입니다. 사실 예나 지금이나 돈은 많은 사람들의 최고의 관심사이고 애착의 대상입니다.

또한 돈은 많은 사람에게 있어서 최고의 약점인 경우가 많습니다. 사람들이 남을 속이고 심지어 죽이기까지 하며 죄를 짓는 많은 원인이 바로 돈이라는 사실은 우리가 잘 아는 바입니다. 성경의 많은 인물들도 물질 때문에 넘어졌었습니다. 아간이 물질에 대한 욕심 때문에 죄를 범했고, 가룟 유다가 주님을 변절한 이유도 탐욕 때문이라고 성경은 말하고 있습니다.

아나니아와 삽비라가 하나님께 벌을 받았던 이유도 물질 때문이었습니다. 그렇기 때문에 성경은 돈을 사랑함이 일만 악의 뿌리라고 하였고 재물과 하나님을 겸하여 섬기지 못한다고 분명히 말씀하였습니다. 돈을 사랑하면서 하나님도 함께 사랑할 수 없으며, 우리는 항상 돈이나 하나님 중에 하나를 택해야 한다는 것입니다. 그래서 요한 웨슬레는 돈지갑이 회개하기 전까지 사람들의 회개를 믿기 어렵다고 말하였습니다. 물질에 대한 가치관의 전환 없이는 바른 신앙이 어렵고 물질에 대한 온전한 드림 없이는 온전한 헌신이 이루어졌다고 말할 수 없다는 것입니다.

결국 물질은 우리의 신앙과 삶의 모습을 드러내는 척도이고 우리의 신앙을 점검할 수 있는 좋은 방편이 되기 때문에 예수님께서는 바리새인들과 대조되는 온전한 신앙생활, 하나님께서 기뻐하시는 신앙생활의 대표적인 예로서 가난한 과부가 헌금하는 것을 제시한 것입니다.

이렇듯 헌금 생활은 신앙생활에 있어서 가장 중요한 부분 가운데 하나입니다. 그런데 오늘날 헌금 이야기를 하면 알레르기 반응을 일으키는 사람들이 있습니다. 그것은 잘못된 것입니다. 존 칼빈 목사님이 이야기 한 것처럼, 문제는 헌금에 대해서 너무 많이 이야기하는 것이 아니고 헌금에 대한 바른 가르침을 하지 않은 것입니다. 헌금에 대해서 바르게 가르치는 것은 참으로 중요합니다. 그동안 한국 교회는 헌금에 대해 잘못 가르쳐 왔습니다. 그래서 많은 사람들이 헌금에 대해서 오해하고 있습니다. 심지어 어떤 분들은 헌금을 '뇌물'로 이해하고 있습니다. 그들은 하나님께 죄를 지어도 헌금하면 하나님께서 그 뇌물을 받으시고 우리에게 내릴 진노를 내리지 않을 것으로 생각합니다.

구약의 이스라엘이 그랬고 예수님 시대에 이스라엘이 그랬습니다. 그러나 우리가 헌금한다고 하나님의 진노와 벌에서 해방되는 것이 아닙니다. 하나님의 진노에서 해방되는 길은 예수님의 십자가를 믿음으로 붙들고 철저하게 회개하는 것 외에 다른 길이 없습니다. 또 어떤 분들은 헌금을 소원을 이루기 위해서 반드시 필요한 요소라고 생각하고 있습니다. 참으로 많은 분들이 우리의 토속 신앙의 영향을 받아서 물질을 드리면서 소원을 빌어야 소원이 이루어 질 것으로 생각합니다.

마치 헌금을 돼지 머리를 놓고 복을 비는 것과 같이 생각합니다. 그러다보니 어떤 교회는 송구영신 예배 때 소원 예물을 드리기도 하고, 어떤 교회는 소원이 있는 사람에게 일천 번제를 드리라고 요구하기도 합니다. 그러나 성경에는 예수님께서 물질을 받고 어떤 사람의 소원을 이루어주셨던 경우가 한 번도 없었습니다. 오직 예수님께서는 믿음만을 항상 요구하셨습니다. 우리의 소원을 이루기 위해서 하나님께서 요구하시는 것은 물질이 아니고 온전한 믿음입니다. 그러므로 물질을 통하여 우리의 소원을 이루겠다는 생각은 전혀 하지 마시기 바랍니다.

사랑하는 성도 여러분! 헌금은 우리가 하나님을 믿고 하나님을 사랑하는 우리의 마음을 드러내는 대표적인 수단이요 방편입니다. 물질을 드림으로 하나님께서 베풀어주신 은혜와 사랑을 인정하며 감사를 가장 분명하게 표현할 수 있습니다. 그렇기 때문에 물질의 드림으로 표현되지 않는 신앙은 온전한 신앙이 아닙니다. 그리고 물질이 동반되지 않는 헌신은 진정한 헌신이 아닙니다. 또한 물질 부분에 정직하지 못한 것이 있다면 그것은 성숙한 신앙인이 아닙니다. 십일조도 같은 원리입니다. 오늘 십일조에 대해서 다 말씀드릴 수 없지만 십일조의 기본 개념은 우리의 모든 소득이 하나님께로부터 온 것임을 인정하고 감사하는 것입니다. 또한 십일조를 드리는 것은 하나님의 절대주권에 대한 믿음과 사랑의 표현인 것입니다.

하나님께 받으시는 헌금

헌금에 대한 가르침은 이것이 다가 아닙니다. 오늘 본문은 우리에게 헌금에 대한 중요한 가르침을 합니다.

먼저 오늘 본문은 우리가 헌금할 때 하나님의 관심은 우리가 무엇을 얼마나 많이 드리느냐에 있지 않고 어떻게 드리느냐에 있음을 교훈 합니다. 주님은 가난한 과부의 두 렙돈의 헌금을 칭찬하였습니다. 사실 이 여인은 가난한 과부였고 극히 적은 물질을 헌금하였기 때문에 누구도 관심을 기울여 주지 않았는데, 주님께서는 그 여인에게 관심을 보여주었고 그 여인을 칭찬하였던 것입니다. 왜냐하면 많은 부자들은 많은 것 가운데서 적당히 드렸고 사람들에게 과시하기 위해서 헌금을 하였지만 그 여인은 가난함 가운데서도 주님을 사랑하는 마음과 온전한 믿음으로 예물을 드렸기 때문입니다. 주님은 그녀의 중심과 그녀가 헌금하는 동기를 보신 것입니다.

그래서 그녀를 보고 많은 헌금을 하였다고 평가한 것입니다. 그러나 이것은 적게 드리면서 마음만 드리면 된다는 말은 아닙니다. 이 말은 하나님께서 모든 사람에게 동등하게 물질을 요구하지 않는다는 것입니다. 외적인 부유함이나 비천함이 하나님께서 인정하는데 조금도 영향을 미치지 않습니다. 부자라고 유리하고 가난한 사람이라고 불리한 것이 아닙니다. 마음과 동기가 중요한 것입니다. 우리 모두는 동등한 조건에서 하나님 앞에서 우리의 물질로 우리의 신앙과 사랑을 표현할 수 있습니다.

그러므로 헌금을 많이 했다고 자랑하고 헌금을 적게 했다고 의기소침할 필요가 없습니다. 중요한 것은 헌금하는 동기이고 우리의 마음입니다. 단지 하나님께서 허락하신 물질로 최선을 다하는 것이 필요합니다. 이 말씀이 어떤 분에게는 위로가 될 것이고 어떤 분들에게는 새로운 결단을 요구할 것입니다.

다음으로 오늘 본문이 교훈 하는 것은 주님께서는 사람을 의식하지 말고 하나님 앞에서 헌금하기를 바란다는 것입니다. 오늘 본문에서 사실 이 여인이 두 렙돈을 헌금하는 것은 쉽지 않은 일이었습니다. 당시의 종교 지도자들은 돈을 좋아하는 사람들이었고 다른 사람들은 많은 헌금을 하는데 적은 액수로 헌금하는 것은 굉장한 용기가 필요한 일입니다. 그러나 그녀는 사람의 눈치를 보지 않고 비록 적지만 전부를 하나님 앞에 드렸습니다. 바리새인들과는 아주 대조되는 신앙생활이었습니다. 하지만 주님의 관심과 시선은 오직 과부의 두 렙돈에 쏠렸던 것입니다. 왜냐하면, 그녀는 사람에게 보이려고 헌금한 것이 아니기 때문입니다.

주님께서는 기도, 금식, 구제 등을 은밀하게 하나님 앞에서 하라고 하셨습니다. 그래서 기도도 골방에서 하라고 하였고, 금식도 사람에게 외모로 티를 내지 말라고 하였고, 구제도 오른손이 한 일을 왼손이 모르게 하라고 하였습니다. 헌금도 마찬가지입니다. 사람에게 자랑하고 사람에게 보이려고 하고 사람 앞에서 드러내려고 하는 헌금은 하나님의 눈에는 보이지 않습니다. 은밀한 가운데 하나님 앞에서 드려지는 헌금을 하나님께서 귀하게 여기시고 받으시는 것입니다.

말씀을 맺겠습니다.

오늘 본문에 등장하는 가난한 과부는 하나님께서 기뻐하시는 신앙생활의 모델입니다. 그 여인은 바리새인들과 같이 말만 하는 신앙생활을 하지 않았습니다. 그 여인은 사람들에게 그럴듯하게 드러내고자 하지도 않았습니다. 그것은 그녀가 주님께 드리는 물질 속에 드러나 있었습니다. 우리도 우리의 신앙과 삶을 점검하기 위해서 물질의 문제 앞에 서야 합니다. 뿐만 아니라 우리의 하나님에 대한 믿음과 사랑은 물질로 표현되어야 합니다.

그런데 하나님께서 보시는 것은 액수가 아닙니다. 하나님께서는 우리의 환경과 상황에서 최선을 다하기를 원하십니다. 하나님은 우리의 중심을 보시고 우리의 동기를 보십니다. 그리고 사람 앞에서 자랑하고 드러내려고 하지 말고 하나님 앞에서 헌금하기를 원하십니다. 아무쪼록 저는 우리 모든 성도들이 물질 부분에 있어서 온전하여서 하나님께서 기뻐하시는 신앙생활을 하시기를 바랍니다.

마가복음 13:1-13

마지막 때에 대한 교훈 (I)
복음과 고난

예수님께서는 나귀 새끼를 타시고 군중들의 환호를 받으며 예루살렘에 입성하셨습니다. 예루살렘에 입성하신 후에 가장 먼저 열매 없는 무화과나무를 저주하신 사건을 통해서 하나님께서 기대하셨던 열매를 맺지 못하는 이스라엘에게 임할 심판을 미리 보여주셨습니다.

다음으로 예루살렘 성전을 정결케 하셨습니다. 이 성전 정화 사건은 이스라엘이 얼마나 타락하였는지를 대표적으로 보여주는 사건입니다. 이 사건들이 11장에 기록되어 있습니다. 그러므로 11장은 이스라엘의 죄악으로 인한 하나님의 심판에 대한 말씀이라고 할 수 있습니다. 12장은 예수님과 당시의 종교 지도자들과의 논쟁이 기록되어 있습니다. 예수님께서는 그런 논쟁의 과정을 통해 우리 신앙생활에 있어서 핵심적인 문제들을 교훈하셨습니다. 예를 들어, 지난주에 보았던 가난한 한 과부가 두 렙돈을 헌금하는 모습을 통해서 하나님께서 기뻐하시는 신앙생활이 어떤 것인지를 가르쳐 주셨습니다. 그러므로 12장은 진정한 신앙생활에 대한 것입니다.

이제 우리가 앞으로 보게 될 13장은 마지막 때에 관한 것이 기록되어 있습니다. 예수님께서는 마지막 때의 징조와 시기에 관한 것을 언급하면서 마지막 때를 사는 우리의 올바른 신앙과 삶의 자세에 대해서 말쓸하십니다. 그 후 14장부터 예수님께서 잡혀가셔서 십자가에 못 박히시는 것과 예수님의 부활이 언급되어 있습니다. 따라서 마가복음 13장은 예수님께서 십자가를 지시기 전의 마지막 가르침에 해당합니다. 예수님께서 공생애의 삶을 마무리하면서 마지막으로 자신의 다시 오심과 관련된 교훈을 하시는 것은 어쩌면 너무도 당연한 일이라고 할 수 있습니다.

예루살렘 성전의 멸망 선포

이제 본문을 보겠습니다. 1절입니다.

> 예수께서 성전에서 나가실 때에 제자 중 하나가 가로되 선생님이여 보소서 이 돌들이 어떠하며 이 건물들이 어떠하니이까?

우리말에는 확연하게 드러나지 않지만 1절은 감탄문 형식으로 되어 있습니다. 제자 중 하나가 성전을 보면서 "성전의 돌들과 성전의 건물이 얼마나 훌륭한지요!" 하면서 성전의 웅장함과 아름다움에 대해서 감탄의 말을 예수님께 한 것입니다. 여기서 예수님과 제자들이 보고 있는 성전은 소위 3차 성전을 말합니다. 우리가 잘 아는 대로 첫 번째 성전은 솔로몬 성전인데 이것은 이스라엘이 바벨론에 포로로 잡혀갈 때 불에 탔습니다. 두 번째 성전은 이스라엘이 바벨론에서 해방되었을 때 스룹바벨의 지도하에 건축되었던 것입니다. 그런데 두 번째 성전은 포로 귀환 후 어려운 형편에서 건축되었기 때문에 외형이 그럴듯하지 못했습니다. 그 후 헤롯왕이 이스라엘을 지배하면서 많은 이스라엘 사람들의 저항을 받게 되자 BC 19년에 두 번째로 성전을 개축하기 시작하였는데 약 80년의 세월에 걸쳐 AD 60년경에 완공되었다고 합니다. 예수님 당시에는 그 개축 공사가 마무리 단계에 있었습니다. 이렇게 헤롯왕에 의해서 개축된 성전의 웅장함과 아름다움은 말로 형언할 수 없었다고 합니다.

역사가 요셉푸스에 의하면 이 성전이 얼마나 아름답고 웅장하였는지 사람이 아무리 아름다운 것을 보았다고 해도 성전을 보지 않았다면 그는 진정 아름다운 것을 보았다고 할 수 없다고 할 정도였습니다. 그 성전은 모든 면이 거대한 금으로 도금되어 있어서 태양이 떠오르면 너무도 강렬한 빛을 내었기 때문에 그 성전을 직접 볼 수 없었다고 합니다. 금으로 도금되지 않는 부분은 가장 순수한 흰색으로 도색하였기 때문에 멀리서 보면 마치 눈으로 덮인 산과 같았다고 합니다. 또한 그 성전에 있는 몇몇 돌들은 길이가 약 10m, 높이가 2.3m, 그리고 폭이 약 2.7m 이었다고 합니다. 한 마디로, 성전은 로마시대의 가장 위대한 경이로움 가운데 하나였습니다.

하지만 이렇게 외형적으로 웅장하고 아름다운 성전을 보시면서 주님께서는 계속 안타까워하셨습니다. 그것은 복음서에 여러 차례 기록되어 있습니다. 예수님께서는 무화과나무에 대한 저주와 성전 정화 사건을 통해서 우회적으로 예루살렘 성전의 멸망을 예고하셨습니다. 누가복음을 보면 성전을 정화하시기 전에 예수님께서 예루살렘 성을 보시고 안타까운 마음으로 우셨다고 합니다.

마태복음을 보면 제자들이 예수님께서 성전의 아름다움을 말하기 전에 "예루살렘아, 예루살렘아" 하시면서 탄식하셨다고 말씀하고 있습니다. 예수님께서는 이스라엘의 죄악 때문에 예루살렘과 예루살렘 성전이 멸망될 것을 보시면서 마음이 찢어질듯하게 안타까워하셨던 것입니다. 그러한 예수님의 모습을 보면서 제자들은 어느 정도 예루살렘 성전의 파멸을 예상할 수 있었습니다. 그러나 그들의 대단한 자랑과 긍지였고 참으로 화려하였던 예루살렘 성전이 멸망한다는 것은 어쩌면 상상하기도 싫은 끔찍한 일이었습니다. 그래서 예루살렘 성전이 보존되기를 바라는 마음에서 그들은 예수님께 그 성전의 아름다움을 경탄하는 말을 하였던 것입니다. 그 때 예수님께서 충격적인 말씀을 하셨습니다. 2절입니다.

> 예수께서 이르시되 네가 이 큰 건물들을 보느냐 돌 하나도 돌 위에 남지 않고 다 무너뜨려지리라 하시니라.

예수님께서는 그 성전의 외적인 훌륭함에 대해서는 아무 말씀도 안 하시고 예루살렘 성전의 완전한 멸망을 선포하셨습니다.

시기에 대한 물음과 답변

조용히 있을 때 제자들이 예수님께 언제, 그리고 어떤 징조와 함께 그 일이 일어날 것인지에 대해서 물었습니다. 3-4절입니다.

> 예수께서 감람산에서 성전을 마주 대하여 앉으셨을 때에 베드로와 야고보와 요한과 안드레가 종용히 묻자오되 우리에게 이르소서 어느 때에 이런 일이 있겠사오며 이 모든 일이 이루려 할 때에 무슨 징조가 있사오리이까?

마태복음을 보면 제자들이 주님께 "어느 때에 성전이 파괴되겠으며 세상의 끝 날에는 어떤 징조가 일어나겠는가?"라고 물었다고 합니다. 이렇게 질문한 것은 그들이 예루살렘 성전의 파괴를 시대의 종말과 연결시켰기 때문입니다. 물론 그것은 잘못된 생각이었습니다. 그러나 주님께서는 그들의 잘못을 꾸짖지 않으시고 5절에서부터 13장 마지막 절까지 그들의 질문에 대해 답변하셨습니다. 여기에서 예수님 말씀의 핵심은 크게 두 가지였습니다. 하나는 이 세상의 마지막이 있으며, 그 때 주님께서 재림하신다는 것이었고, 다른 하나는 주님의 재림을 믿는 사람의 삶의 자세였습니다.

마지막 때 또는 주님의 재림에 대한 예수님의 말씀에서 특징적인 것은 마지막 때에 대한 말씀이 가까운 미래에 이루어질 예루살렘 성전의 파멸과 관련되어 있다는 것입니다. 조금 어려운 이야기지만 먼 미래에 대한 것이 가깝게 이루어질 것과 연결되어 있는 것을 신학적으로 '예언의 이중적 성취'라고 합니다. 이것은 성경에 있는 예언의 중요한 특징 가운데 하나입니다.

예를 들어, 구약의 선지서들이 메시야에 대한 예언을 할 때 그것을 가까운 미래에 이루어질 역사적 상황과 연결시키고 있습니다. 좀 더 구체적으로 이사야 7장과 9장은 대표적인 메시야 탄생의 예언들이 있는데, 당시 그 예언들은 주변국들의 침입과 속박으로부터 이스라엘이 구원될 것과 밀접하게 연결되어 있습니다. 이렇게 먼 미래의 일을 가까운 미래에 일어날 역사적 상황과 연결시키는 대표적인 이유는 가까운 미래의 사건이 이루어진 것을 보며 먼 미래의 사건도 분명히 성취될 것임을 믿도록 하기 위함입니다.

주님의 재림도 마찬가지입니다. 당시에 예루살렘 성전이 가까운 미래에 파괴될 것이라고 생각한 사람은 아무도 없었습니다. 그러나 주님의 말씀대로 예루살렘 성전은 파괴되었습니다. 그러니까 예수님께서는 예루살렘 성전의 파괴를 주님 재림의 예표로서 사용하심으로써 예루살렘 성전의 파괴를 보면 주님의 재림도 확실히 이루어질 것임을 믿을 수밖에 없도록 의도하셨던 것입니다. 특히 오늘 본문 1-13절을 보면, 어디까지가 예루살렘 성전에 대한 것이고, 어디까지가 예수님의 재림에 대한 것인지 확연히 구별되지 않습니다. 또한 어디까지가 제자들에 대한 것이고, 어디까지가 오늘날 우리들과 관계되어 있는 것인지도 명확하지 않습니다. 그래서 오늘 말씀의 5-8절에 있는 징조들은 예루살렘 성전의 파멸에도 적용되고 예수님의 재림에도 적용됩니다. 또한 9-13절에 있는 삶의 자세에 대한 말씀도 제자들에게도 적용되고 오늘날 우리에게도 적용되는 것입니다.

예루살렘의 멸망과 마지막 때의 징조

그러면 예루살렘의 멸망과 마지막 때의 징조가 무엇입니까? 먼저 거짓 메시야의 미혹입니다. 5-6절입니다.

> 예수께서 이르시되 너희가 사람의 미혹을 받지 않도록 주의하라 많은 사람이 내 이름으로 와서 이르되 내가 그로라 하여 많은 사람을 미혹케 하리라.

이는 한 마디로 하면 신앙의 유혹입니다. 그리고 전쟁의 발발과 지진과 기근 등의 자연 재해입니다. 7-8절입니다.

> 난리와 난리 소문을 들을 때에 두려워 말라 이런 일이 있어야 하되 끝은 아직 아니니라 민족이 민족을, 나라가 나라를 대적하여 일어나겠고 처처에 지진이 있으며 기근이 있으리니 이는 재난의 시작이니라.

이러한 전쟁의 발발과 자연 재해는 단지 시작에 불과하다고 합니다. 마지막으로 요구되는 것이 있는데 그것은 9절 이하에서 언급되는 대로 복음 때문에 겪게 되는 성도의 고난과 핍박입니다.

이상의 사건들은 일차적으로 예루살렘 성전의 멸망 때에 일어났습니다. 기록에 의하면, 예수님 승천 이후에 라오디게아에는 처참한 지진이 있었고 베수비우스 화산이 분화되어 폼페이를 매몰하였으며 로마에는 처참한 기근이 있었다고 합니다. 우리가 잘 아는 것처럼 제자들도 많은 고난과 핍박을 받았습니다. 예루살렘 성전은 AD 70년에 로마의 장군 디도에 의해서 흔적도 없이 파괴되었습니다. 예수님의 말씀이 그대로 이루어진 것입니다. 그러나 이 예수님의 예언은 그것으로 끝나지 않았습니다. 예루살렘 성전의 멸망은 단지 예표에 불과하였고 최종적인 성취를 기다리고 있습니다. 그것은 바로 세상의 종말과 주님의 재림입니다.

오늘날도 거짓 선지자들의 미혹과 전쟁과 지진과 기근이 계속 일어나고 있습니다. 우리 주위에 얼마나 많은 이단들이 있습니까? 이 이단에 대한 문제는 다음 주에 말씀드리겠습니다. 전쟁은 어떠합니까? 기록된 인류 역사의 약 3500년 동안에 전쟁이 일어나지 않은 연수는 겨우 268년이라고 합니다. 평균적으로 매년 2.6회의 전쟁이 발발하였다고 합니다.

뿐만 아니라 1, 2차 세계대전을 거치면서는 정말 지구의 종말이 오는 것 같지 않았겠습니까? 지진은 어떠합니까? 믿을만한 통계에 의하면 지난 20세기에는 약 2만 번의 지진이 일어났다고 합니다. 기근은 어떠합니까? 지금도 약 8억의 사람들은 기근에 허덕이고 있고 6천만 명 정도가 심각한 기아상태에 있다고 합니다. 이러한 모든 것들은 예수님께서 말씀하신 대로 이 땅에 마지막 심판이 오고 있다는 징조들입니다. 그래서 하나님도 성경도 모르는 사람들조차 지구의 종말을 이야기하고 있는 것이 오늘의 현실입니다.

오늘날 많은 사람들은 마치 당시의 사람들이 예루살렘 성전의 파괴를 생각지도 못했던 것처럼 이 세상의 심판이나 주님의 재림을 믿지 않고 살아가고 있습니다. 하지만 예수님의 재림과 이 세상의 심판은 앞으로 이루어질 성경의 최고의 예언임과 동시에 최고의 약속입니다. 학자들에 따라 약간씩 다를 수 있지만, 신약 성경에만 주님의 재림이 약 300여 회 약속되어 있습니다. 그것은 신약 성경에서 약 25구절 가운데 한 구절이 주님의 재림을 다루고 있다는 것을 의미합니다. 우리는 예수님 당시의 사람들이 예루살렘 성전의 파괴를 상상하지도 못했으나 그것이 역사 가운데 분명히 성취되었던 것처럼, 주님의 재림의 약속도 성취될 것을 믿습니다. 또한 하나님께서 구약성경을 통해서 예수님의 초림을 약속하셨고 약속하신 대로 성취되었던 것처럼, 우리는 약속하신 것을 성취하시는 하나님을 믿기 때문에 주님의 재림을 믿습니다. 아멘 입니까?

그러므로 성경은 우리에게 주님의 재림의 소망을 가지고 살아가라고 합니다. 재림을 믿는다는 것은 여러 가지를 내포하고 있습니다. 그것은 주님께서 살아 계심을 의미합니다. 그것은 이 세상이 주님께서 정하신 목표를 향해 가는데 있어서 그 역사를 우리 주님께서 주관하신다는 것을 의미합니다. 또한 그것은 우리의 삶의 마지막에 심판이 있음을 말씀합니다. 물론 이 심판은 단순히 징계만을 의미하지 않습니다.

심판은 잘한 사람에게는 상을 주고 못한 사람에게는 벌을 준다는 것을 의미합니다. 이 재림에 대한 분명한 믿음과 소망이 있다면 우리의 삶은 달라지지 않을 수 없습니다. 이로 말미암아 어떤 분들은 위로와 격려를 받을 것이고, 어떤 분들은 새롭게 근신하며 결단할 것입니다. 지금 우리에게 재림에 대한 신앙이 없기 때문에 우리의 신앙이 힘이 없고 박력이 없는 것입니다. 또한 성경을 믿고 재림을 믿으면서도 그 소망이 강렬하지 않고 아주 희미하게 있는 분들도 있을 것입니다. 저는 우리 모두가 주님의 재림을 분명히 믿고 간절히 소망하는 삶을 살기를 간절히 바랍니다.

주님의 재림을 믿는 사람들의 삶

13장의 또 하나의 큰 줄기는 주님의 재림을 확신하며 사는 사람들의 삶에 대한 것입니다. 오늘 본문은 거짓 선지자의 미혹과 전쟁과 지진과 기근이 마지막이 아니고 복음이 만국에 전파되어야 주님께서 재림하신 다는 것을 말씀합니다. 그 복음은 그냥 쉽게 전파되는 것이 아니고 고난과 핍박 속에서 전파된다고 합니다. 9절입니다.

> 너희는 스스로 조심하라 사람들이 너희를 공회에 넘겨주겠고 너희를 회당에서 매질하겠으며 나를 인하여 너희가 관장들과 임금들 앞에 서리니 이는 저희에게 증거 되려 함이라.

이어서 11절은 고난을 당할 때 놀라지 말라고 말씀합니다. 왜냐하면 주님께서 함께 하시고 성령께서 도와주시기 때문입니다. 12절과 13절에서는 좀 더 구체적으로 복음을 전파할 때 가족들을 포함한 많은 사람들에게 미움을 받을 것을 말씀합니다. 그리고 끝까지 견디라고 말씀합니다.

예수님의 말씀대로 기독교 역사를 보면, 복음의 확장을 이룰 때는 항상 엄청난 고난과 핍박이 있어 왔던 것을 알 수 있습니다. 먼저 초대교회가 그렇습니다. 예수님 승천 이후 콘스탄틴 대제가 기독교를 공인하기 전까지 약 300년 간 초대 교회 성도들은 엄청난 핍박을 받았습니다. 그들은 사자나 개에 물려서 갈기갈기 찢겨서 죽기도 하고 불에 타면서 안 믿는 사람들의 오락거리가 되면서 죽기도 하고 카타쿰이라는 지하 동굴에서 햇볕을 보지 못하여 눈이 멀기도 하였습니다.

지금도 유럽 여행을 하면서 가장 감동적인 유적지는 카타쿰이라고 하지 않습니까? 우리나라에 복음이 들어올 때도 마찬가지였습니다. 일제 말엽의 믿는 사람들에 대한 핍박은 안이숙 여사나 주기철 목사님의 수기를 보면 쉽게 알 수 있습니다. 그러한 핍박과 박해는 사실 오늘날도 계속되고 있습니다. 지금도 회교권과 공산주의 나라에서는 성도들이 예수를 믿고 예수를 전하는 것 때문에 어려움을 당하고 있는데, 오늘 본문에 나와 있는 것처럼 감옥에 갇히기도 하고, 구타를 당하며 심지어 살해당하기까지 합니다.

또한 12절 말씀처럼 예수를 믿는 것 때문에 가족들로부터 버림을 당하기도 하고, 13절 말씀처럼 죽는 사람도 있으며, 거의 폐인이 된 사람도 있습니다. 사회적으로 불이익을 당하고 소외되어서 능력은 있지만 2등 국민으로 취급되는 사람이 있고, 결국 자기 나라에서 도망쳐 나와 낯선 외국에서 고달픈 삶을 사는 사람들이 있습니다. 통계에 의하면 지금도 60여 국에서 그리스도인이라는 이유 때문에 약간의 어려움에 있는 사람들이 약 6억 명 정도이고, 정부의 심한 간섭과 방해와 훼방을 당하는 크리스천의 수가 2억 2천 5백만 명이나 된다고 합니다.

그리고 그렇게 핍박을 받은 나머지 거의 폐인이 되다시피 한 사람들도 있고 1996년 현재 순교자도 연평균 십육만 명 정도 된다고 합니다. 하지만 이들은 그러한 고난을 받고 죽어가면서도 끝까지 찬송하며 기뻐하면서 죽는다고 합니다. 왜냐하면 영광스러운 나라와 재림에 대한 소망이 있기 때문입니다.

우리 가운데도 예수님 때문에 어려움을 당하고 핍박을 당하는 분들이 있을 줄 압니다. 하지만 많은 분들은 너무 편하게 예수를 믿고 있습니다. 그러면서도 감사하지 않고 오히려 조금만 힘들고 어려워도 불평하고 짜증을 부립니다. 또한 많은 사람들이 조그마한 희생과 손해도 감당치 않으려고 뒤로 슬슬 빠지고, 단지 자기의 신앙을 겨우 유지하는 데만 급급해 하고 있습니다.

사랑하는 성도 여러분! 우리가 정말 주님의 재림을 믿는다면 우리는 이제 어떻게 살아야 합니까? 우리에게 새로운 마음의 결단이 필요합니다.

말씀을 맺겠습니다.

오늘 주님께서는 마지막 때에 대한 교훈을 하셨습니다. 우리는 이 교훈을 통해서 이 시대의 마지막이 있음을 명심해야 합니다. 설령 우리가 사는 이 시대에 역사의 마지막은 오지 않더라도 우리 개인의 마지막이 있음을 명심해야 합니다. 그렇다면 마지막을 준비하는 가장 바른 자세는 무엇입니까? 바로 복음과 주의 일에 관심을 갖는 것입니다. 또한 그 복음을 전하고 주님을 위해 일할 때, 우리는 주님의 재림을 확신하고 간절히 소망하며 어떠한 고난과 역경이 있더라도 절대로 좌절하거나 굴복하지 말고 끝까지 싸워서 이기는 자가 되어야 할 것입니다.

마가복음 13:14-23

마지막 때의 교훈 (II)
미혹에 삼가 주의하라

　설교를 준비하는 동안 마가복음 13장을 설교하는 것이 결코 쉽지 않음을 알게 되었습니다. 특히 성경에 기록된 장래 일어날 일들에 대한 예언의 말씀들이 대개 그런 것처럼, 오늘 본문도 애매모호한 부분이 많습니다. 학자들 사이에 본문의 해석과 적용에 있어서 의견이 일치하지 않는 부분도 많습니다. 또한 본문의 이해를 위해서 때로는 자세한 신학적 설명이 필요한 것도 있는데, 그러한 것들을 다 설명하면 설교가 너무 지루할 수 있습니다. 본문 말씀의 구체적인 적용도 쉽지 않았습니다. 그래서 많이 고민하면서 설교 준비를 하였습니다.

　마가복음 13장은 크게 두 가지를 우리에게 말씀하고 있습니다. 하나는 2000년 전에 이 땅에 오셔서 죽으시고, 부활하시고, 승천하신 예수님께서 다시 오신다는 것입니다. 그 때가 역사의 마지막 때입니다. 다른 하나는 주님의 재림을 믿는 우리의 삶의 자세에 대한 것입니다. 지난주에는 주님의 재림을 기다리는 우리의 삶의 자세 가운데 하나인 고난을 각오하는 삶, 그리고 고난을 끝까지 견디며 극복하는 삶에 대해서 말씀드렸습니다. 복음이 땅 끝까지 전파되어야 주님께서 다시 오시는데 복음이 전파되기 위해서 고난과 핍박 그리고 때로는 순교까지도 요구된다는 것입니다.

교회를 다니는 사람들 가운데서도 주님의 재림을 막연하게 생각하거나 믿지 못하는 분들이 많습니다. 만약 우리가 성경을 하나님의 말씀으로 믿고 예수님의 십자가와 부활을 믿는다면, 주님의 재림도 역시 조금의 의심도 없이 믿을 수 있을 수 있으며 믿어야 할 것입니다. 한 번도 약속을 어기신 적이 없으신 하나님께서 신약 성경에서만 300번 이상 예수님께서 다시 오실 것을 말씀하셨고 예수님께서도 승천하시면서 다시 오신다고 분명히 말씀하셨음을 기억해야 합니다.

한 걸음 더 나아가 하나님의 백성들은 주님의 재림을 단순히 믿는 정도에 그치면 안 됩니다. 주님의 재림을 믿는다면 주님의 재림을 기다리고 사모하면서 살아야 합니다. 그러할 때 우리는 열정적으로 복음을 전하며 살 것이고, 복음을 전하면서 받는 고난과 핍박을 견디며 극복할 수 있을 깃입니다.

멸망의 가증한 것이 서지 못할 곳에 설 때

오늘 본문에도 주님의 재림이 이루어질 때의 징조와 우리의 삶의 자세에 대해서 말씀하고 있습니다. 14절입니다.

> 멸망의 가증한 것이 서지 못할 곳에 선 것을 보거든 (읽는 자는 깨달을진저) 그 때에 유대에 있는 자들은 산으로 도망할지어다.

주님의 재림이 이루어 질 때 징조 가운데 하나는 멸망의 가증한 것이 서지 못할 곳에 선다는 것입니다. 이 말씀의 해석에 대해서 여러 가지 의견들이 있습니다. 마태복음을 보면 이 말씀을 "멸망의 가증한 것이 거룩한 곳에 선 것을 보거든"이라고 표현했습니다. 따라서 이 말씀은 '멸망의 가증한 것이 성전에 선 것을 보거든' 이라고 해석하는 것이 바람직합니다.

그러면 여기에서 멸망의 가증한 것이 성전에 선다는 것은 무엇을 의미합니까? 이 말씀은 다니엘서에서 인용한 말씀으로서 실제로 이스라엘 역사에서 이루어졌습니다. 기원전 168년에 시리아의 안디오커스라는 사람이 이스라엘을 정복한 다음에 성전의 번제단 위에다 헬라의 제우스신의 제단을 만들고 유대인들이 혐오하는 돼지를 제물로 바침으로 유대주의를 자기들의 종교로 바꾸려는 사건이 일어났습니다. 마치 일본이 우리를 점령한 뒤 일본의 종교와 정신을 강요한 것처럼 그는 하나님 대신에 자기 나라의 종교와 정신(헬라주의)을 강요하였습니다. 그것이 바로 멸망의 가증한 것이 성전에 선 것이었습니다.

예수님 승천 이후에는 로마가 성전 안에 신상을 세우려고 시도하였고, 또한 이스라엘은 로마의 정책에 대한 복종을 강요당했습니다. 아마도 예수님께서 이스라엘 성전이 로마에 의해 정복당할 것을 염두에 두고 말씀하신 것이라고 생각됩니다. 그래서 누가복음에는 이 말을 "예루살렘이 군대들에게 에워싸이는 것을 보거든"이라고 하였습니다. 결국, 이 말씀은 하나님을 섬겨야 할 자리에 우상이 들어섬으로 하나님이 우상으로 대체되거나 하나님의 이름이 무시되는 것을 의미합니다.

또한 그 때에는 대 환란이 일어난다고 하였습니다. 19절입니다.

> 이는 그 날들은 환난의 날이 되겠음이라 하나님의 창조하신 창조부터 지금까지 이 환난이 없었고 후에도 없으리라.

이 말씀은 AD 70년 로마와 이스라엘의 전쟁에 의해서 일차적으로 성취되었습니다. 지난주에 말씀드린 대로 AD 70년에 예루살렘과 예루살렘 성전은 로마에 의해서 철저히 파괴되었고 이스라엘은 민족이 형성된 이래로 최고의 환란을 겪었습니다. 기록에 의하면 그 때 죽은 사람만 약 110만 명 정도 되었다고 합니다.

심판 때 성도들의 자세

이어서 주님은 그 때에 유대에 있는 자들은 산으로 도망하라고 하였습니다. 대 환란을 통한 하나님의 심판을 면하기 위해 안전한 곳으로 도피하라는 말씀입니다. 이 역시 기록에 의하면 예수님의 말씀대로 로마가 예루살렘을 무너뜨릴 때 유대를 떠나 예수님께서 공생애 기간에 전도 여행을 하셨던 데가볼리(데카폴리스)의 펠라 지방으로 피신한 그리스도인들은 그들의 목숨을 구했다고 합니다. 이 말씀도 일차적으로 로마에 의한 예루살렘 성전의 멸망 때 그대로 실현되었습니다. 그런데 하나님의 심판을 피할 때 그들이 알아야 할 몇 가지 주의 사항을 15-18절에서 말씀합니다. 15절입니다.

> 지붕 위에 있는 자는 내려가지도 말고 집에 있는 무엇을 가지러 들어가지도 말며

일반적으로 이스라엘에서 지붕은 기도와 휴식의 장소입니다. 그런데 그 곳에 있다가 집으로 내려가지 말고 집에 있는 무엇을 가지러 들어가지 말라는 것입니다. 이것은 집 안에 있는 재산에 미련을 갖지 말고 피하라는 것입니다. 소돔과 고모라가 멸망하기 전에 뒤에 것에 미련을 두다가 멸망되었던 롯의 사위들처럼 되지 말라는 것입니다. 16절입니다.

> 밭에 있는 자는 겉옷을 가지러 뒤로 돌이키지 말지어다.

이스라엘은 일교차가 심하기 때문에 밤에 긴 옷은 필수적이었습니다. 그런데 일하는 사람은 당연히 간편한 복장을 해야 하는데, 밭에서 일하던 사람이 겉옷을 가지러 가지 말라는 것은 삶에 있어서 가장 요긴한 것조차도 포기하고 하나님의 심판을 피하라는 것입니다. 그리고 17

절입니다.

그 날에는 아이 밴 자들과 젖 먹이는 자들에게 화가 있으리로다.

이 말씀은 아이를 낳는 것이 나쁘다거나 아이를 낳지 말라는 의미가 아닙니다. 전쟁에서 임산부가 해산하는 것이 쉽지 않고, 또한 젖 먹는 아이들이 가장 많은 피해를 보게 되어 있습니다. 젖 먹는 아이가 먹을 것이 없어서 죽는 일이 비일비재하고, 임산부와 젖 먹는 아이가 있으면 피난을 가는데 어려움이 따릅니다. 17절의 말씀은 피할 때의 상황에 대한 언급입니다. 그리고 기도할 것이 있습니다. 18절입니다.

이 일이 겨울에 나지 않도록 기도하라.

팔레스타인에서 겨울은 우기입니다. 비가 많이 오면 아무래도 피난하기가 쉽지 않습니다. 그러니까 하나님께서 심판할 때의 환경에 대해서 기도하라는 것입니다.

이처럼 15-18절에서는 하나님께서 이스라엘을 심판할 때 그 심판의 자리를 급히 피해야 할 긴박함에 대해서, 그리고 안전하게 피난하기 위한 환경에 대해서 그들이 알아야 할 것들을 말씀하고 있습니다. 그러나 주님께서 그 날을 감하신다고 말씀합니다. 20절입니다.

만일 주께서 그 날들을 감하지 아니 하셨더면 모든 육체가 구원을 얻지 못할 것이어늘 자기의 택하신 백성을 위하여 그 날들을 감하셨느니라.

실제로 로마의 침입 때 하나님께서 이스라엘의 여러 가지 환경의 변화를 주셔서 그 환란이 많이 감소되었다고 합니다. 하나님께서 로마와의 전쟁 기간을 짧게 하셨고 또한 이스라엘이 전쟁에 쉽게 패하게 하셨던 것입니다.

거짓 그리스도들과 거짓 선지자들의 유혹

그 때 또 한 가지 일어날 일이 있습니다. 21-22절입니다.

> 그 때에 사람이 너희에게 말하되 보라 그리스도가 여기 있다, 보라 저기 있다 하여도 믿지 말라 거짓 그리스도들과 거짓 선지자들이 일어나서 이적과 기사를 행하여 할 수만 있으면 택하신 백성을 미혹케 하려 하리라.

그 때 거짓 그리스도와 거짓 선지자가 일어난다고 합니다. 그들은 많은 기적과 표적을 행하면서 환란을 넘기기 위해서 자기들에게 피하라고 성도들을 미혹할 것이라고 합니다. 그 때 그러한 것들에 속지 말라는 것입니다. 지난주에 말씀드린 것처럼 오늘 본문에서도 이렇듯 예수님께서는 재림을 직접적으로 말씀하시지 않고 예루살렘의 멸망과 연관시켜서 말씀하고 있습니다.

믿음의 도를 굳게 잡아라

그러면 오늘 본문이 우리에게 교훈 하시는 것은 무엇입니까?
먼저는 마지막 때의 특징 가운데 하나는 멸망의 가증한 것이 하나님의 자리를 차지하는 것입니다. 그것이 마지막 때가 가까울수록 심화될 것입니다. 그러나 하나님의 백성들은 그 자리를 피해야 합니다. 실제로 오늘날 많은 사람들이 하나님 자리에 멸망을 가져다 줄 가증한 것들을 놓고 하나님 대신에 그러한 것들을 의지하고 있습니다.

그래서 하나님의 이름이 무시되고 있습니다. 예를 들어, 오늘날 교회를 다니는 많은 사람들이 교회의 직분을 가지고 있으면서도 하나님을 의지하지 않고 무당들을 찾아가서 점을 보고 사주궁합을 봅니다(우리나라에 지금 무당이 50만 이라고 합니다. 80년에는 2만 명이었는데 그동안 기하급수적으로 증가하였습니다). 또한 많은 사람들은 물질이나 명예나 쾌락을 하나님 자리에 올려놓고 있습니다. 물론 우리 기독교는 가난을 미덕이라고 하지 않습니다. 재산을 모으는 것도 나쁘다고 말하지 않습니다.

크리스천으로서 세상에서 명예롭게 사는 것도 귀한 것입니다. 취미 생활을 하면서 즐겁게 사는 것도 바람직합니다. 그러나 그러한 것들이 하나님 자리를 차지하고 그것에 이끌리어 산다면 그러한 것들은 우리에게 멸망을 가져다주는 가증한 것이 될 것입니다. 그렇기 때문에 우리는 우리를 멸망시키는 가증한 것들이 우리 안에서 하나님 자리를 차지하지 못하도록 해야 합니다. 그것이 하나님의 심판을 피하는 길이고 그것이 진정 행복한 삶을 사는 길입니다.

다음으로, 마지막 때의 징조 가운데 하나는 가짜 그리스도와 가짜 선지자들이 하나님의 백성들을 미혹한다는 것입니다. 마지막이 가까울 수록 그것이 심화될 것입니다. 우리는 그러한 유혹에 넘어가지 말아야 합니다. 오늘날 얼마나 많은 가짜 예수가 등장하고 얼마나 많은 가짜 예언자가 등장했는지 모릅니다. 몰몬교, 안식교, 여호와의 증인, 통일교 등이 대표적인 이단입니다. 정확한 통계는 아니지만 세계에서 가짜 예수가 가장 많은 나라가 우리나라라고 합니다.

그들에게서 여러 가지 능력이 나타나기도 합니다. 그들에게도 놀라울 만한 논리와 지식이 있습니다. 오늘날 지식이 없는 사람만 그들에게 넘어가는 것이 아니고 대학생들이나 지식층의 사람들도 많이 미혹되고 있습니다.

가짜 예언자들도 있습니다. 가짜 예언자들이 하는 일은 두 가지입니다. 하나는 마치 점쟁이 같이 미래 일을 예언합니다. 때로는 그들의 예언이 맞을 수도 있습니다. 그들은 그러한 표적들로 성도들을 유혹하고 있으며, 많은 성도들이 그런 곳을 찾아다니고 있습니다. 왜 그런지 아십니까? 그것은 오늘날 많은 성도들에게 하나님에 대한 절대적인 믿음이 없기 때문입니다. 역사와 생사화복을 주관하시는 하나님을 신뢰한다면 결코 그러한 것에 관심을 갖지 않습니다. 가짜 예언자들이 하는 다른 하나는 하나님의 뜻이 아닌 것을 하나님의 뜻이라고 합니다.

그래서 하나님의 백성을 미혹하고 혼란스럽게 합니다. 오늘날 가짜 선지자들이 일으키는 대표적인 문제는 혼합주의입니다. 천주교는 이미 그 길을 걷고 있습니다. 5월 초에는 교황 요한 바오로 II세가 시리아에 있는 이슬람 사원에서 양 종교의 화해를 위해서, 그리고 예수님의 사랑을 실천하기 위해서 합동 미사를 집전하였다고 합니다. 그것은 예수님께서 가르치신 이웃 사랑이 아니라 하나님을 배신하는 배교에 해당하는 것입니다. 천주교만 그런 것이 아닙니다. 우리 개신교에도 이미 기독교의 본질이 아닌 이단 사상들과 자유주의적 신학이 침투하였습니다. 많은 교회들이 비진리와 타협하고 있으면서도 그것을 알지 못하고 있습니다. 왜냐하면 그런 것들은 이 시대의 정서에 맞기 때문입니다. 그래서 어떤 학자는 21세기의 최고의 문제는 신앙의 혼합주의라고 말하기도 하였습니다.

결국 21세기는 지나간 어느 때보다도 훨씬 믿음을 지키기가 어려운 시대가 될 것입니다. 한편에서는 복음의 전파와 확산이 계속될 것이고, 다른 한편에서는 타락과 미혹과 배교가 증가할 것입니다. 복음을 위한 우리의 사역은 고난과 어려움을 요구할 것이고 가짜들이 달콤하게 우리를 유혹할 것입니다. 우리는 쉬운 선택을 할 가능성이 많습니다. 고난을 당하면 피하고 달콤하게 미혹하는 것에는 따라가기 쉽다는 것입니다.

그렇기 때문에 우리는 깨어 근신하고 말씀에 굳게 서서 말씀의 잣대로 모든 것을 판단해서 흔들리지 말고 신앙의 도리를 지켜야 할 것입니다.

말씀을 맺겠습니다.

말세의 특징 가운데 하나는 멸망의 가증한 것이 하나님의 자리를 차지하는 것이고, 거짓 그리스도와 거짓 예언자가 믿는 자를 유혹하는 것입니다. 그렇기 때문에 우리는 주의하여서 어떤 것도 우리 안에서 하나님의 자리를 차지하지 못하도록 해야 합니다. 또한 우리는 기적과 표적으로 우리를 유혹하는 이단과 거짓 선지자의 미혹에 빠지지 않아야 합니다. 그리하여 하나님께서 원하시는 믿음의 길을 당당하고 담대하게 걸어야 할 것입니다.

마가복음 13:24-37

마지막 때에 대한 교훈 (III)
깨어 있어라

마가복음 13장을 통해서 우리는 계속해서 마지막 때에 대해서 살펴보고 있습니다. 오늘은 그 세 번째입니다. 그런데 우리가 알아야 할 것은 '마지막'이라는 말이 단순히 끝을 의미하지는 않는다는 것입니다. '마지막'의 개념은 크게 두 가지 각도에서 생각해 볼 수 있습니다. 먼저 마지막은 진정한 의미에서의 '시작'을 의미합니다. 마치 학교의 졸업이 끝이 아니고 진정한 의미에서 시작인 것처럼 예수님께서 말씀하신 마지막은 진정한 의미에서의 시작이요 출발입니다. 또한 마지막은 '목적'을 의미합니다. 즉, 어떤 목표가 성취되는 결과로서 마지막을 이해할 수 있습니다. 그래서 헬라어의 'τελος'라는 말은 '목적'이라는 의미로도 쓰이고 '마지막'이라는 의미로도 쓰입니다. 결국, 목적과 마지막은 같은 개념인 것입니다. 그렇기 때문에 역사의 마지막에 주님께서 재림하시면 그것은 진정한 의미에서 시작이면서 또한 역사와 우주에 대한 주님의 계획과 목적이 완성되는 것이기도 합니다.

좀 더 풀어서 설명하면 이렇습니다. 하나님께서는 지금 우리가 경험하는 것과 같이 힘들고 어렵게 살도록 우주와 인간을 창조하시지 않았습니다. 하나님께서는 우리가 하나님과 교제하면서 즐겁게 행복하게 살기 원하셨습니다. 하지만 우리는 죄 때문에 하나님과 분리되었고, 그 결과로 힘들고 어려운 삶을 살게 되었습니다. 그리고 결국에는 죽음을 맞이하게 되었습니다. 그것은 마치 물고기가 물 밖으로 나오면 삶의 어려움을 느끼다가 죽는 것과 같은 이치입니다. 그래서 하나님께서는 창조 때 의도하셨던 창조의 질서를 회복하기 원하셨습니다.

완전한 회복을 향하여

이제 하나님께서 계획하신 때가 되었을 때, 예수님을 보내심으로 우리를 향한 하나님의 계획은 일차적으로 성취되었습니다. 이제 우리가 예수님을 믿고 예수님 안에 들어오면 우리는 진정한 의미에서의 삶의 의미를 찾게 되고 주님 안에서 참 평안과 기쁨과 행복을 누릴 수 있습니다. 그러나 예수님의 첫 번째 오심을 통해서는 하나님의 창조 질서가 완전히 회복되지는 않았습니다. 주님 안에서 우리는 하나님과 교제하고 주님 안에서 인생의 진정한 의미를 찾을 수 있기는 하지만 우리는 여전히 이 땅에 살면서 고난과 아픔과 괴로움과 슬픔을 경험해야 하고 급기야는 죽음을 맛보아야 합니다. 하나님께서 의도하신 창조 질서의 완전한 회복은 역사의 마지막에 주님께서 다시 오심으로 완성됩니다. 그 때는 우리에게 더 이상 아픔이나 슬픔이나 괴로움이나 죽음은 없을 것이고 온 우주에 더 이상 약육강식이나 적자생존의 원리가 적용되지 않을 것입니다. 그리고 그 때는 이사야 11장에서 말씀하신 것처럼 이리와 어린 양이 함께 뛰 놀며, 어린이가 독사 굴에 손을 넣어도 해를 당하지 않을 것입니다.

그렇기 때문에 우리 하나님을 믿는 사람들은 역사를 보는 시각이 하나님을 믿지 않는 사람들과 같지 않습니다. 우리는 결코 역사를 비관적으로 보지 않습니다. 아무 의미 없이 흘러가는 사건들의 연속으로도 보지 않습니다. 또한 단순히 순환적으로 반복되는 것으로도 보지 않습니다. 우리는 역사를 하나님께서 정하신 목표를 향하여 나아가는 것으로, 그리고 하나님의 목적을 이루는 과정으로 믿습니다.

역사의 흐름은 나선과 같다고 할 수 있습니다. 나선이란 무엇입니까? 반복되는 것 같지만 어느 정점을 향해 나아가는 것입니다. 말하자면 역사는 반복되는 것과 같이 보이지만 목표를 향하여 나아가고 있는 것입니다. 결국, 역사가 진행된다는 것은 하나님 창조 질서의 온전한 회복을 향하여 나아가고 있는 것이라고 말할 수 있습니다.

이렇게 주님의 재림이나 역사의 마지막 때에 대한 주제를 다루는 것을 신학에서는 '종말론'이라고 합니다. 종말론에 관한 주제는 매우 중요한 주제임에는 틀림없지만 또한 난해한 주제이기도 합니다. 그래서 종말론에 관한 많은 잘못된 가르침이 있는 것이 오늘의 현실입니다. 그러다보니 잘못된 종말론을 따르면서 가정이 파탄되고 사회의 물의를 일으키는 경우가 종종 있습니다.

그런 의미에서 마가복음 13장은 참으로 중요하다고 할 수 있습니다. 물론 마가복음 13장이 마지막 때에 대한 모든 것을 자세하게 교훈하지는 않지만 우리가 기본적으로 알아야 할 사실들은 언급하고 있기 때문입니다. 마가복음 13장에 말씀하는 것은 크게 두 가지입니다. 하나는 마지막 때의 징조들에 대한 것이고, 다른 하나는 마지막 때를 사는 우리의 자세에 대한 것입니다. 1-13절에서는 복음이 모든 나라에 끝까지 전파될 때 마지막 때가 온다고 하였습니다. 이 복음이 전파되는 과정에서 우리가 가져야 할 바른 삶의 자세는 고난을 각오하고 견디고 극복하는 것입니다. 14-23절에서는 마지막 때의 징조로서 이전에 경험하지 못했던 큰 환란과 거짓 그리스도와 거짓 선지자들의 미혹이 있을 것을 말씀합니다. 그러한 때에 우리가 가져야 할 바른 삶의 자세는 결코 그들의 유혹에 빠지지 않도록 삼가 주의하고 우리의 믿음을 굳게 지키는 것입니다.

우주적인 혼란과 천재지변

오늘 본문도 같은 구조로 되어 있습니다. 먼저 말세의 징조에 대해서 언급하고 있습니다. 그 징조는 무엇입니까? 24-25절입니다.

그 때에 그 환난 후 해가 어두워지며 달이 빛을 내지 아니하며 별들이 하늘에서 떨어지며 하늘에 있는 권능들이 흔들리리라.

이 말씀을 문자적으로 해석할 것인가 아니면 상징적으로 해석할 것인가에 대해서 학자들의 견해가 일치하지는 않습니다. 다시 말해, 문자 그대로 해가 어두워지고 달이 그 빛을 내지 못하고 별들이 하늘에서 떨어지고 우주를 지배하고 유지하는 큰 힘에 변동이 일어나서 질서가 무너지고 큰 혼란이 올 것이라고 말하는 사람도 있고(여기에서 하늘에 있는 권능이라는 것은 우주를 지배하고 유지하는 어떤 힘을 말하는 것입니다), 이 말씀을 상징적으로 해석해서 개괄적인 면에서 우주적인 혼란을 의미한다고 주장하는 사람도 있습니다. 어떤 주장을 취하든지 분명한 것은 마지막 때의 징조 가운데 하나로 우주적인 혼란이나 천재지변이 있다는 것입니다.

이어서 26절에서는 그 때에 주님께서 모든 사람들이 볼 수 있도록 구름을 타고 큰 권능으로 오셔서 택하신 백성들을 모은다고 말씀합니다. 28절 이하는 결론의 말씀입니다. 28-29절입니다.

무화과나무의 비유를 배우라 그 가지가 연하여지고 잎사귀를 내면 여름이 가까운 줄을 아나니 이와 같이 너희가 이런 일이 나는 것을 보거든 인자가 가까이 곧 문 앞에 이른 줄을 알라.

마치 무화과나무가 잎사귀를 내면 여름이 가까운 것을 아는 것처럼 이러한 징조들이 일어나면 주님께서 다시 오심이 가까운 것을 알라는 것입니다. 30-31절에서는 예수님께서 말씀하신 일이 분명히 이루어질 것을 말씀합니다.

> 내가 진실로 너희에게 말하노니 이 세대가 지나가기 전에 이 일이 다 이루리라 천지는 없어지겠으나 내 말은 없어지지 아니하리라.

그러나 주님께서 언제 오실 지는 아무도 모른다고 합니다. 32절입니다.

> 그러나 그 날과 그 때는 아무도 모르나니 하늘에 있는 천사들도 아들도 모르고 아버지만 아시느니라.

주님께서 재림하시는 날은 성부 하나님의 절대 주권에 속한다는 것입니다. 마태복음을 보면 주님의 재림의 또 하나의 특징으로 도적같이 오신다고 말씀하고 있습니다(살전 5:2, 벧후 5:2, 계 3:3).

깨어 있으라

계속해서 마지막 때를 사는 우리에게 필요한 삶의 자세를 말씀합니다. 그것은 무엇입니까? 한 마디로 "깨어 있으라" 라는 것입니다. 오늘 본문에서 네 번이나 "깨어 있으라" 라고 말씀하고 있습니다(33, 34, 35, 37절). 주님의 재림이 분명하지만 그 때를 알지 못하기 때문에 우리가 할 일은 깨어 있어야 한다는 것입니다. 저는 "깨어 있으라" 라는 말이 두 가지 의미를 가지고 있다고 생각합니다.

먼저, "깨어 있으라"는 주님의 재림을 인식하고 주님의 재림을 소망하는 삶을 살라는 것을 의미합니다. 주님의 재림이 분명히 있을 것이기 때문에 그것을 인식하면서 살고 한 걸음 더 나아가 주님의 재림을 소망하며 살라는 것입니다.

사랑하는 성도 여러분! 오늘 본문에서는 천지가 없어지더라도 주님께서 말씀하신 것은 실현될 것이라고 말씀합니다. 성경 전체에 걸쳐서 300번 이상 그리스도의 재림에 대해서 언급하고 있고, 신약 성경은 요한 2서와 3서라는 두 개의 짧은 서신을 제외하고는 모든 성경에서 주님의 재림을 언급하고 있습니다. 주님의 재림이 얼마나 확실한 일인지는 신약 성경의 마지막을 보아도 알 수 있습니다.

신약성경의 마지막에서 주님께서 모든 말씀을 하신 다음에 "내가 진실로 속히 오리라"라고 말씀하시고, 사도 요한은 "아멘, 주 예수여 오시옵소서"라고 기도합니다. 이러한 사실들은 우리가 주님의 재림을 인식하면서 살아야 하고 또한 얼마나 간절히 소망하면서 살아야 하는지를 말씀합니다. 그런데 안 믿는 사람은 말할 것도 없고 교회를 다니고 하나님을 믿는다고 하면서도 주님의 다시 오심을 실감하며 사는 분들은 많지 않는 것 같습니다.

설령 이론적으로 믿고 입술로는 고백을 한다 할지라도 그것을 간절히 소망하며 사는 분들은 그렇게 많지 않다는 것입니다. 우리는 주님의 재림의 약속은 우리 기독교 신앙의 중심이고 최고의 약속이기 때문에 재림에 대한 믿음과 간절한 소망이 없다면 다른 부분이 아무리 뛰어나다 할지라도 그 믿음은 온전한 믿음이 아닌 것을 명심해야 합니다. 그렇기 때문에 저는 주님의 재림을 믿고 얼마나 소망하느냐는 문제는 우리의 신앙의 수준을 평가할 수 있는 가장 중요한 척도요 성숙한 신앙생활을 하는 기준이라고 생각합니다.

또한 생각해 보십시오. 이 시대는 얼마나 악하며 얼마나 살기가 힘듭니까? 주님께서 곧 재림하신다면 얼마나 좋겠습니까? 매일 매일 우리는 우리의 한계를 뼈저리게 경험하며 살고 있습니다. 그렇기 때문에 주님의 재림을 믿는 사람이 주님의 재림을 소망하지 않는 것이 이상합니다. 그 때에는 모든 악이 제거되고 우리의 한계가 극복되며 진정한 삶과 행복이 있을 것이기 때문에 우리도 사도 요한과 같이 늘 "아멘 주 예수여 오시옵소서!" 라고 기도하지 않을 수 없는 것입니다.

다음으로 "깨어 있으라"라는 말씀은 우리가 해야 할 일에 최선을 다하면서 주님의 재림을 준비하는 삶을 살라는 것을 의미합니다. 오늘 본문 34절에서는 각자에게 권한을 주어 자기가 해야 할 일을 맡겼다고 합니다. 36절에서는 자는 것을 보지 않도록 하라고 말씀합니다. 이 말씀의 의미를 좀 더 확실하게 알기 위해서 우리는 마태복음 25장을 보아야 합니다. 마태복음 25장에 보면 24장에서 마지막 때의 징조들과 자세들을 언급한 후에 세 비유로서 우리의 삶의 자세를 교훈하고 있습니다. 그것은 소위 '열 처녀 비유', '달란트 비유', 그리고 '양과 염소의 비유' 입니다.

먼저 열 처녀 비유는 나태하지 말고 늘 준비하는 삶을 살 것을 권면합니다. 달란트 비유는 자기에게 주신 능력을 가지고 최선을 다하면서 살 것을 권면합니다. 양과 염소의 비유는 '얼마나 준비하고 살았느냐' 또는 '얼마나 최선을 다하는 삶을 살았느냐'에 따른 분명한 평가가 있을 것을 말씀합니다. 이 세 비유가 공통적으로 권면하는 것은 주님께서 재림하실 때 우리에 대한 평가가 반드시 있을 것이기 때문에 최선을 다하라는 것입니다.

이러한 주님의 재림을 준비하는 삶은 마치 시험을 준비하는 학생이나 어떤 평가를 앞둔 사람들을 생각하면 쉽게 이해될 수 있습니다. 좋은 점수와 평가를 받기 위해 준비하는 사람들은 어떻게 합니까? 그들은 자기가 하고 싶은 것 다하고 살지 않습니다. 시험과 관련되지 않는 일들을 절제하고 오직 시험을 위해서 집중하는 것입니다.

그런데 요즈음의 사람들은 어떻습니까? 마태복음에 보면 주님의 재림의 때가 노아의 때와 비슷하다고 합니다. 노아 시대에 사람들은 먹고 마시는 일에만 전념하며 홍수가 나서 저희를 멸하기까지 깨닫지 못하면서 살았다고 합니다. 요즈음에도 당시처럼 대부분의 사람들이 무엇을 먹을까, 무엇을 마실까, 무엇을 입을까에 최대의 관심이 있습니다. 그러면서도 그것이 잘못인지 깨닫지 못하고 있습니다. 물론 먹고 마시는 것 자체가 나쁜 것은 아닙니다. 그러나 그것은 본질적인 것을 위해 필요한 것이지 그 자체가 목적이 아닙니다. 그러니까 그것에만 몰두하고 있는 것은 문제입니다.

하지만 노아는 어떻게 살았습니까? 그는 하나님께서 심판이 언제 시작될 것인기를 가르쳐 주시지 않았는데도 깨어 있어서 자기에게 맡기신 일을 최선을 다하면서 준비하는 삶을 살았습니다. 우리도 노아처럼 살아야 합니다. 게으르고 나태하지 않으며, 육체의 욕구가 이끄는 대로 살지 말고 모든 일에 절제하면서, 우리 각자에게 맡기신 일-본질적인 일-에 최선을 다하며 주님의 재림과 주님의 평가에 준비하는 삶을 살아야 합니다.

또한 좋은 평가를 위해서 준비하는 사람은 일을 뒤로 미루지 않습니다. 특히 그것이 언제일지 모른다면 더욱 그렇습니다. 우리 가운데 많은 사람들은 뒤로 미루기를 좋아합니다. 우리는 마귀가 제일 좋아하는 단어는 '내일'이라는 단어라는 것을 기억해야 합니다. 한치 앞을 내다보지 못하는 것이 우리 인생입니다. 주님께서 내일 오실지 아니면 우리가 내일 주님 앞에 서게 될 지 아무도 모릅니다. 주님께서 우리가 내일로 미루지 않도록 하시기 위해서 일부러 재림에 대해서 알려주지 않았습니다.

이제 말씀을 맺겠습니다.

오늘도 마지막 날에 대한 교훈을 살펴보았습니다. 주님께서 다시 오시는 것은 분명합니다. 그것이 언제인지는 아무도 모릅니다. 그렇기 때문에 우리는 깨어있는 삶을 살아야 합니다. 다시 말하면, 그 날을 소망하며 우리에게 맡기신 일을 절제하며 근신하여 뒤로 미루지 말고 최선을 다해 일하는 준비된 삶을 살아야 합니다.

여러분의 삶을 어떻습니까? 비본질적인 것에 너무도 바쁘고 그것에만 집중하여서 본질적인 것 진정 우리가 힘써서 해야 할 일을 잊어버린 채 살아가고 있지는 않습니까? 이 번 한 주는 우리 자신을 깊이 생각하고 우리의 삶을 돌아보시는 삶을 사시기 바랍니다.

마가복음 14:1-9

예수님이 기뻐하시는 헌신

　마가복음 11-16장은 예수님 공생애 마지막 일주일 동안의 일을 기록하고 있습니다. 주님께서는 안식일 다음날, 즉 오늘날의 주일에 나귀 새끼를 타고 예루살렘에 입성하셨습니다. 월요일에는 무화과나무를 저주하셨고, 성전을 정결케 하셨습니다(막 11:12-19).
　화요일에는 성전 정화 사건을 계기로 당시의 종교 지도자들과 예수님이 권위 문제, 납세 문제, 부활에 관한 문제 그리고 첫 번째 계명에 대한 문제에 대해서 논쟁합니다. 또한 제자들에게 마지막 날에 대한 교훈을 하십니다(막 11:20-13:37). 그 후 수요일에서 금요일 새벽까지의 일이 14장에 기록되어 있는데, 이제 예수님께서 십자가를 지실 때가 점점 가까워지고 있습니다.
　오늘 본문 1-2절에는 당시의 종교지도자들이 예수님을 죽이기 위한 방책을 찾는 것이 기록되어 있고, 다음 주에 보게 될 10-11절에서는 가룟 유다가 그들과 협조해서 예수님을 그들에게 넘겨줄 기회를 찾고 있음이 기록되어 있습니다.

한 여인이 주님께 향유를 부음

　이러한 문맥의 흐름 가운데 한 사건이 기록되어 있습니다. 그것은 우리가 잘 알고 있는 대로, 한 여인이 주님께 향유를 붓는 사건입니다

(3-9절). 그런데 복음서마다 한 여인이 나아와 주님께 향유를 붓는 사건이 기록되어 있습니다. 일반적으로 학자들은 그 가운데 마태복음, 마가복음, 요한복음에 기록된 것은 같은 사건이고, 누가복음에 기록된 것은 다른 사건이라고 이야기합니다. 그래서 다른 복음서들의 도움을 받으면 오늘 본문의 사건을 좀 더 명확하게 이해할 수 있을 것입니다.

먼저, 이 일이 일어난 때입니다. 마가복음과 마태복음에서 이 사건은 수요일에 발생한 사건들 속에 기록되어 있지만 이 사건이 일어난 명확한 때에 대해서는 언급이 없습니다. 그런데 요한복음 12장은 이 사건은 유월절 엿새 전의 일이라고 기록하고 있습니다. 그렇다면 오늘 본문의 사건은 예수님께서 예루살렘에 입성하기 전날 일어난 사건입니다.

오늘 본문의 사건이 일어난 장소는 '베다니'라는 지역의 시몬의 집입니다(3절). '베다니'라는 지역은 예루실렘에서 약 3Km 떨어진 곳인데 죽었다가 살아난 나사로와 그의 누이인 마리다와 마리아의 고향입니다. 예수님을 초청한 사람을 문둥이 시몬이라고 합니다. 물론 그가 예수님을 초청할 당시에는 문둥이가 아니었지만, 아마 한 때에 문둥이였기 때문에 그를 문둥이 시몬이라고 한 것 같습니다. 당시의 문둥이는 사회 생활에 제약을 받기 때문에, 만약 그 때 그가 문둥이였다면 이렇게 사람을 초대할 수는 없었습니다. 아마 그는 과거에 문둥병자였지만 주님의 능력으로 치유를 받고 주님에 은혜가 감사해서 주님을 대접하고자 자기 집으로 초대한 것 같습니다.

그렇지만 오늘 사건의 주인공은 한 여인이었습니다. 오늘 본문에는 그녀의 이름이 언급되지 않았지만 요한복음을 보면 그 여인의 이름이 나사로의 동생 마리아라고 말씀하고 있습니다. 그녀가 한 일은 무엇입니까? 그녀는 식사를 하시는 예수님께 매우 값진 향유 한 옥합을 가지고 나아왔습니다. 그리고 옥합을 깨트려서 그 향유를 예수님께 부었습니다. 그 향유는 '나드 향유'라고 합니다. 이 나드 향유는 히말라야 산맥에는 자라는 나드의 뿌리와 잎에서 뽑은 향유입니다. 그 향유는 가격이 삼백 데나리온 이상 할 정도로 당시에 아주 비싸고 귀한 것이었습니다. 데나리온은 당시의 하루 품삯이었기 때문에 요즈음으로 하면 삼백 일을 벌어야 하니까 그 향유의 가격은 일 년의 연봉쯤 되는 아주 비싼 것이었습니다. 오늘 본문은 그 귀한 향유를 예수님의 머리에 부었다고 말씀하는데, 요한복음에서는 마리아가 발에 부어서 머리털로 예수님의 발을 씻었다고 합니다. 아마 마리아는 향유를 예수님의 머리와 발에 부었던 것 같습니다.

제자들의 반응

그 때 제자들의 반응은 어떠했습니까? 4-5절입니다.

> 어떤 사람들이 분 내어 서로 말하되 무슨 의사로 이 향유를 허비하였는가 이 향유를 삼백 데나리온 이상에 팔아 가난한 자들에게 줄 수 있었겠도다 하며 그 여자를 책망하는지라.

그것을 본 제자들은 화가 났습니다. 그들은 그 향유를 팔아서 가난한 사람에게나 줄 것이지 왜 낭비하느냐고 하면서 그 여인을 책망하였습니다. 요한복음을 보면 가룟 유다가 제자들 가운데 가장 강하게 불만을 표시했는데, 그 이유는 돈이 탐났기 때문이라고 말씀합니다.

주님의 반응

그런데 주님의 반응은 어떠했습니까? 6-9절입니다.

> 예수께서 가라사대 가만 두어라 너희가 어찌하여 저를 괴롭게 하느냐 저가 내게 좋은 일을 하였느니라 가난한 자들은 항상 너희와

함께 있으니 아무 때라도 원하는 대로 도울 수 있거니와 나는 너희와 항상 함께 있지 아니하리라 저가 힘을 다하여 내 몸에 향유를 부어 내 장사를 미리 준비하였느니라 내가 진실로 너희에게 이르노니 온 천하에 어디서든지 복음이 전파되는 곳에는 이 여자의 행한 일도 말하여 저를 기념하리라 하시니라.

주님께서는 그 여인이 좋은 일을 했다고 칭찬하였습니다. 가난한 자들은 항상 있지만 자신은 곧 떠날 것인데 그녀는 힘을 다하여 자신의 장례를 준비했다고 하셨습니다. 또한 그 여인이 행한 일은 너무 귀하기 때문에 복음이 전파되는 곳에 이 여자의 행한 일이 증거 되고 기념되어야 한다고 말씀하였습니다.

이 사건의 의미

그러면 오늘 본문을 좀 더 세밀하게 살펴보면서 우리의 신앙과 삶의 교훈을 삼고자 합니다. 처음에 말씀드린 대로 시간적 순서로 보면 오늘 본문의 사건은 예수님께서 예루살렘에 입성하기 전, 즉 10장 마지막으로 옮겨져야 합니다. 그런데 복음서 기자는 왜 이 사건을 여기에 기록하였습니까?

이 사건이 여기에 놓인 이유를 알기 위해서 우리는 이 사건의 문맥을 살펴보아야 합니다. 이 사건은 당시 종교 지도자들이 예수님을 살해하려는 음모(1-2절)와 유다의 반역 의도가 언급된 것(10-11절) 사이에 기록되어 있습니다. 주님의 죽으심과 관련하여 당시 종교 지도자들이 추악한 음모를 꾸미고, 가룟 유다가 배신을 도모하는 상황입니다. 그러한 상황에서 그 여인의 행동은 그들과 전적으로 대조를 이루고 있습니다. 12장에서 당시의 종교 지도자들과 대조되는 신앙을 보여주기 위해 한 과부의 두 렙돈 헌금하는 것을 기록한 것과 같이, 예수님을 죽이려고 하고 배반하는 사람들과 대조되는 진정한 신앙인의 모습, 또는 진정한 헌신의 모습을 보여주기 위해서 이 사건을 이 곳에 기록한 것입니다.

진정한 헌신

그러면 오늘 본문에서 우리에게 요구하시는 헌신은 어떤 것입니까? 먼저, 진정한 헌신은 어려울 때 하는 헌신입니다. 앞에서 살펴본 대로 오늘 본문의 문맥은 이 때가 참으로 어려운 상황임을 말씀하고 있습니다. 당시의 상황은 종교 지도자들의 음모가 점점 가증 되어 가고 있을 때였고, 제자들의 배신과 인간적인 욕구가 팽배할 때였습니다. 그러한 상황에서 자신의 가장 귀한 것을 드린 그녀의 행동은 진정한 헌신의 본이 됩니다. 아무리 어려운 상황이라고 할지라도 그 여인처럼 우리의 가장 귀한 것을 드릴 수 있어야 한다는 것입니다.

사랑하는 성도 여러분! 다른 사람도 다 할 수 있는 편안하고 문제없는 상황에서 헌신하는 것은 어렵지 않습니다. 그리고 그것은 헌신의 진면목이 아닙니다. 진정한 헌신은 다른 사람이 감히 하지 못하는 어려운 상황에서 다른 사람이 하기 싫어하는 부분을 감당하는 것입니다. 항상 우리의 진면목은 보통 때 드러나는 것이 아니고 어려운 상황에서나 드러나는 법입니다. 예를 들어, 자기가 손해를 보더라도 위기에 몰려도 거짓말을 안 하는 사람이 진정 진실한 사람입니다. 헌신도 마찬가지입니다. 어려울 때 헌신하는 사람이 진정 헌신하는 사람인 것입니다.

다음으로, 진정한 헌신은 헌신 그 자체가 기쁨이요 목적인 헌신입니다. 그녀에게 있어서 삼백 데나리온이나 되는 향유는 참으로 귀한 것이었습니다. 더구나 오늘 본문을 보면 힘대로 하였다고 했습니다. 그렇다면 아마 그것은 그녀의 거의 전 재산이었을 것입니다. 그런데도 그녀는 그것을 기쁨으로 드렸습니다. 또한 그 일을 통한 어떤 결과를 바라거나 사람들의 칭찬을 기대한 것도 아닙니다. 단지 드리는 것 자체가 기쁨이었고 그 자체가 목적이었습니다. 그래서 주님은 그녀의 헌신이 복음이 전파되는 모든 곳에 전파되어야 한다고 칭찬하였던 것입니다.

오늘날 교회도 자본주의의 영향을 받아서 얼마를 투자하면 반드시 그만큼의 눈에 보이는 결과가 있어야 된다고 생각하는 분들이 많습니다. 그것은 잘못된 생각입니다. 당장 눈앞에 가시적인 효과가 없을지라도 그것이 주님의 뜻이고 주님께서 기뻐하는 일이라고 생각되면 눈앞에 보이는 결과에 상관없이 헌신 그 자체가 목적이 되는 헌신을 해야 합니다. 개인적으로도 마찬가지 입니다. 헌신하고자 할 때 어떤 것이 하나님의 뜻이냐를 먼저 생각해야지 어떤 것이 당장에 더 좋은 결과를 가져올 것이냐를 먼저 생각하면 잘못 결정할 가능성이 많습니다. 그런 차원에서 목회자가 인본주의나 세속주의와 타협하지 않고 성경을 바르게 가르치는 것도 헌신이라고 할 수 있고, 또한 성도들이 직장에서 당장 눈앞에 있는 이익과 타협하지 않고 하나님의 뜻대로 사는 것도 헌신이라고 할 수 있는 것입니다.

그러면 그녀가 그렇게 헌신할 수 있었던 이유는 무엇입니까? 오늘 본문에는 명확하게 언급되지 않았지만 그녀가 그렇게 할 수 있었던 것은 주님을 향한 믿음과 감사와 사랑이 있었기 때문이었습니다. 그런 마음이 없으면 도저히 그렇게 할 수 없었습니다. 또한 그랬기 때문에 늘 우리의 중심을 보시는 주님께서 그녀의 행동을 좋은 일로 평가하신 것입니다.

이것은 우리의 일상사에서도 마찬가지 아닙니까? 우리는 부모님과 자녀들을 사랑합니다. 그렇기 때문에 그들이 어려움을 당할 때 뒤로 물러서지 않습니다. 자원해서 함께 어려움을 감당합니다. 마찬가지입니다. 어렵고 힘든 상황임에도 불구하고 슬슬 뒤로 빼는 사람들은 주님과 교회에 온전한 믿음과 사랑이 없는 사람들입니다. 교회에서도 우리에게 어려운 일이 있을 때면 부탁할만한 사람이 있습니다. 그런 분들은 힘들고 어렵더라도 기쁨과 자원함으로 맡겨진 일을 감당합니다. 그러나 어떤 분들은 좀 어렵고 힘든 일을 부탁하게 되면 자신이 할 수 있음에도 이런 저런 핑계를 대면서 피하곤 합니다. 다시 말해 주님과 교회에 대한 진정한 믿음과 사랑이 있을 때에만, 어려울 때도 헌신할 수 있고 헌신 자체가 기쁨이 되는 헌신을 할 수 있는 것입니다. 저는 우리 모든 성도들이 그러한 사람들이 되기를 바랍니다.

마지막으로 하나님께서 무엇보다도 귀중히 여기는 헌신은 주님의 죽으심에 대한 헌신입니다. 제자들이 가지고 있었던 합리적인 생각은 그 여인이 가지고 있었던 것을 팔아서 가난한 사람에게 주는 것입니다. 제자들은 그 여인의 행동을 이해하지 못하고 그것을 낭비라고 생각하였습니다. 그러나 주님께서는 주님의 죽음을 예비한 그 여인의 행동을 귀하게 여기고 칭찬하셨습니다. 왜냐하면 주님의 죽으심에 대한 헌신이 단순한 사회적인 책임이나 구제보다도 귀하기 때문이었습니다.

오늘날도 그런 예가 있습니다. 예를 들어 의사나 학자들이 선교사로 나가는 경우입니다. 사람들은 종종 그것이 지혜롭지 못한 일이라고 판단하기도 하고, 특히 가족들이 이해하지 못하는 경우가 많습니다. 현재 위치에서 열심히 일해서 선교지로 돈을 보낼 수도 있고, 그 자체가 사회에 공헌하는 일이기도 하기 때문에 왜 꼭 그렇게 해야만 되느냐고 반문합니다. 그러나 그러한 문제는 다른 사람이 조언은 할 수 있지만, 직접 옳고 그름을 판단할 일은 아니라고 생각합니다. 마찬가지로 오늘 본문의 여인에게도 그렇게 하고 싶은 간절함과 열정이 있었기에 사람들이 보기에는 지혜롭지 못하고 낭비라고 생각되었지만 그렇게 한 것입니다. 우리의 헌신이 논리적이고 합리적인 생각에 의해서만 평가되어서는 안 됩니다. 또한 객관적인 실용 가치만을 가지고 판단되어서도 안 됩니다.

다른 사람은 그 의미를 깨달을 수 없더라도, 본인과 주님께는 의미가 있을 수 있습니다. 그러므로 성령의 강권이 있으면 어쩔 수 없이 해야 합니다.

뿐만 아니라 복음을 위해서 주님의 죽으심을 위해서 전적으로 헌신하는 것이 이 세상의 어떤 것보다도 귀한 것입니다. 개인적으로나 교회적으로도 마찬가지입니다. 예수님의 죽음을 위한, 즉 복음의 확장을 위한 헌신과 투자보다도 귀한 것이 없습니다. 하나님께서 우리를 부르신 최고의 목적은 바로 복음을 전파하기 위함입니다. 물론 사회적 책임도 귀한 것이지만 그것은 다른 기관과 다른 사람에 의해서도 가능합니다. 그러나 주님의 죽으심을 전하는 것은 오직 교회와 성도만이 할 수 있습니다. 그래서 그것이 무엇보다도 귀한 것입니다.

사랑하는 성도 여러분! 하나님은 헌신된 사람을 필요로 합니다. 오늘 본문의 여인처럼 주님을 사랑함으로 가장 값진 것을 주님을 위해서 드리는 헌신의 사람이 필요하다는 말씀입니다. 왜냐하면 하나님께서는 헌신된 사람들 통하여 일을 하시기 때문입니다. 역사 이래 하나님의 일은 헌신된 소수에 의해서 움직였습니다. 아놀드 토인비도 "역사는 평범한 대중에 의해서가 아니라 헌신된 소수에 의해서 진행된다"라고 하였습니다.

뿐만 아니라 우리의 진정한 기쁨과 만족은 헌신할 때 있습니다. 여러분, 아무 대가를 바라지 않고 드리면서 얻게 되는 기쁨을 아십니까? 아무 대가도 생각지 않고 하나님을 위해서 헌신할 때 오는 행복감을 아십니까? 저는 우리 모든 성도들이 진정한 헌신으로 인한 기쁨과 행복을 경험하기를 바랍니다.

말씀을 맺겠습니다.

오늘 본문은 우리에게 진정한 헌신이 무엇인지 말씀하고 있습니다.

진정한 헌신은 무엇입니까? 어려운 상황에서 하는 헌신이 진정한 헌신입니다. 헌신 그 자체가 목적이 되는 헌신이 진정한 헌신입니다. 또한 최고의 헌신은 주님의 죽으심에 대한 헌신입니다. 우리 모두에게도 마리아와 같은 헌신이 있기를 바랍니다.

마가복음 14:10-11

가롯 유다의 배신의 의미와 교훈

　예수님 당시에는 이스라엘을 다스리던 여러 분파의 지도자들이 있었는데 그 가운데 대표적인 지도자들이 바리새인, 사두개인, 그리고 헤롯당이었습니다. 그 분파들은 각각 다른 사상과 다른 신앙을 가졌기 때문에 늘 대립하고 있었지만, 예수님을 죽이려고 하는 것에는 한 마음이 되었습니다.

　마가복음 3:6을 보면 아직 예수님의 사역 초기였음에도 불구하고 바리새인과 헤롯당원들이 예수님을 죽이기 위한 모의를 하였다고 하였습니다. 바리새인들은 이스라엘의 신앙을 지키고자 했던 보수주의자들이었고, 헤롯당원들은 로마에 빌붙어서 자기들의 신앙과 양심을 저버렸던 기회주의자들이었기 때문에 결코 그들은 하나가 될 수 없었지만 예수님을 죽이기 위해서는 함께 모의하였던 것입니다. 마태복음 16:1을 보면 바리새인들과 사두개인들이 함께 예수님을 시험하기 위해서 예루살렘에서 내려왔다고 합니다. 마가복음 12장에도 바리새인들과 사두개인들이 의기투합해서 여러 가지 민감한 문제를 가지고 예수님께 질문하였던 것을 볼 수 있습니다. 바리새인과 헤롯당이 하나가 될 수 없었던 것같이 바리새인과 사두개인도 종교적인 입장의 차이 때문에 도저히 하나가 될 수 없는 사이였음에도 불구하고 예수님을 죽이는 데는 하나가 되었던 것입니다.

그들이 예수님을 죽이려고 했던 이유는 크게 두 가지입니다. 하나는 예수님께서 그들이 가지고 있는 문제의 핵심을 지적함으로 그들의 자존심이 상했기 때문입니다. 다른 하나는 예수님의 가르침이 그들의 가르침과는 달리 권위가 있었고, 또한 사람들의 마음을 움직이는 능력이 있어서 자기들의 위치에 위협을 느꼈기 때문입니다. 그러나 그들은 그들의 생각을 행동으로 쉽게 옮길 수 없었습니다. 왜냐하면 예수님을 따르는 무리들이 너무나 많아서 만약 예수님에게 해를 가하면 그들이 동요를 일으키고 또한 그것으로 인해서 오히려 그들이 불이익을 당할 가능성이 많았기 때문입니다. 그런데 예루살렘에서의 예수님과 말씀과 사역은 그들이 예수님을 죽이기 위한 참으로 좋은 빌미를 제공하였습니다. 물론 그 때도 역시 백성들의 소동이 두려워서 그 일의 집행을 뒤로 미루지 않을 수 없었습니다. 왜냐하면 그 때는 유월절이었기 때문입니다. 그 때에 예수님이 주 활동 지역이었던 갈릴리에서도 많은 사람들이 왔을 것이고, 그 외 지역에서도 예수님을 추종하는 무리가 예루살렘에 모였을 것이기 때문에 그들은 예수님을 따르는 무리들은 두려워서 감히 예수님을 죽일 엄두가 나지 않았던 것입니다. 그런데 그들의 계획을 실행할 수 있는 좋은 협력자가 생겼습니다. 그 사람이 오늘 본문에 나오는 가룟 유다입니다.

가룟 유다의 배신

성경을 주의 깊게 읽는 분이라면 가룟 유다가 주님을 배반한 사건을 읽으면서 이해되지 않는 부분이 있어서 한 번쯤은 고개를 갸우뚱했을 것입니다. 물론 오늘 논란이 되는 모든 문제를 다 자세하게 언급할 수 없지만 가능한 범위 내에서 가룟 유다의 배신 사건의 의미와 교훈을 살펴보도록 하겠습니다(모든 복음서에는 가룟 유다가 주님을 배신했던 사건을 그렇게 길게 기록하지는 않았습니다. 오늘 본문인 마가복음에도 간단히 두 절로 그 사건을 기록하고 있습니다.).

먼저, 가룟 유다가 주님을 배반하였던 이유 또는 동기는 무엇입니까? 가룟 유다가 주님을 배반하였던 이유 또는 동기에 대해서 복음서들은 약간 다른 각도에서 말씀하고 있습니다. 마태와 마가는 예수님의 발에 향유를 부은 사건을 유다의 배신 사건 전에 기록하면서 유다의 배신을 물질적 탐욕과 연결시키고 있습니다. 이렇듯 복음서를 통해서 우리는 그가 물질에 아주 집착한 사람임을 알 수 있습니다. 어떤 곳에서는 그를 도둑이라고까지 평하였습니다. 그가 물질 때문에 주님을 배반했다는 것은 틀린 이야기는 아니겠지만 근본적인 원인은 아닙니다. 어떤 분들은 가룟 유다가 정치적인 야망 때문에 예수님을 따랐는데 예수님께서 십자가에 돌아가실 것이 확실해지자 좌절감 때문에 주님을 배반하였다고도 합니다. 물론 그것도 전혀 틀린 이야기는 아닙니다. 하지만 누가복음 22장에 보면 가룟 유다에게 사탄이 들어가니 그가 대제사장을 찾아가서 예수님을 팔 생각을 했다고 했습니다. 즉 가룟 유다가 주님을 배반한 것이 표면적으로는 돈이나 야망과 연결될 수 있겠지만 그 근본적인 동기는 사탄임을 말씀하고 있습니다. 물질이나 야망은 사탄이 이용한 제2의 원인이라고 할 수 있습니다.

그러면 가룟 유다가 사탄의 꾐에 빠져서 배신한 결과는 무엇입니까? 결론적으로 이야기하면 그것은 하나님의 뜻과 예정을 이루는 것이었습니다. 우리가 잘 아는 대로 예수님의 십자가는 우리의 구원을 이루기 위한 필연적인 과정입니다. 예수님의 십자가는 이미 구약에서 수없이 많이 예언되었으며 예수님께서도 직접 십자가를 지실 것을 거듭 거듭 말씀하셨습니다. 그러므로 예수님께서 십자가를 지시는 것은 하나님의 예정된 뜻이었는데 사탄이 이러한 주님의 뜻을 이루는 도구가 된 것입니다. 사도행전 4:28에 보면 당시의 백성의 지도자들과 가룟 유다가 행한 것은 하나님의 예정하신 뜻을 이루는 것이었다고 말씀합니다(참고, 행 2:23).

이와 같이 우리는 하나님께서는 사람들의 헌신과 선을 사용하셔서 하나님의 목적과 뜻을 이루시기도 하시지만, 때때로 악을 사용하셔서도 하나님의 목적과 뜻을 이루신다는 것을 알 수 있습니다. 가룟 유다의 경우 말고도 하나님께서 악을 사용하여서 하나님의 뜻을 이루는 대표적인 예가 우리가 잘 알고 있는 요셉입니다. 창세기 50:20을 보면 요셉은 "당신들은 나를 해하려고 하였으나 하나님은 그것을 선으로 바꾸셨나이다"라고 고백하고 있습니다. 즉 그 형제들이 요셉을 죽이려고 하는 악을 행했지만 하나님께서는 그 악을 이용하여서 하나님의 뜻과 계획을 이루셨다는 것입니다. 예수님의 경우도 마찬가지입니다. 사탄은 예수님의 사역을 방해하려고 하였으나 하나님께서는 그것을 통하여 하나님의 뜻을 이루셨습니다. 결국 유다의 배반 행위는 하나님께서 악을 선으로 바꾸신 것이고 악을 이용하여서 하나님의 뜻을 이루신 사건이었습니다. 천지를 창조하시고 역사를 주관하시는 하나님께서 우리의 모든 것을 사용하여서 하나님의 예정하신 뜻과 목적을 이루어 가시는 것입니다.

또한 가룟 유다의 배반과 관련하여서 우리가 생각할 수 있는 것은 하나님께서는 하나님의 뜻을 이루시기 위해서 때때로 사람들의 마음을 강퍅하게 하는 경우도 있다는 것입니다. 대표적인 예를 들면, 이스라엘이 출애굽 할 때 하나님께서는 바로의 마음을 강퍅케 하셨습니다. 또한 이스라엘이 가나안을 정복할 때도 하나님께서 그 곳 사람들을 강퍅케 하셨습니다. 가룟 유다도 그러한 경우에 해당될 수 있습니다.

사실 하나님의 뜻을 이루어 가는 과정에서 하나님의 섭리와 예정이 어디까지인지 그리고 인간의 의지와 죄에 대한 책임이 어디까지인지에 관한 것은 결코 쉽지 않은 신학적인 문제입니다. 그것은 우리의 논리로 명확히 설명할 수 없는 문제이기도 합니다. 그래서 유명한 조직신학자인 루이스 벌콥은 "하나님과 죄와의 관계에 관한 문제는 비밀로 남아 있다"라고 하였습니다. 우리는 이 부분에서 창조주와 피조물의 차이를 인정해야 합니다. 이 문제 뿐 아니라 우리의 신앙과 삶의 여러 부분에서 그러할 부분이 있습니다. 그것이 로마서 9:14-23에 잘 언급되어 있는데, 그 핵심은 피조물로서 인간은 하나님의 절대주권을 인정해야 한다는 것입니다. 어찌 토기가 토기장이에게 불평하고 이의를 제기할 수 있느냐는 것입니다. 그래서 우리는 때때로 "하나님! 모든 것을 이해할 수는 없지만 그러나 하나님을 신뢰합니다"라고 고백할 수밖에 없습니다.

그러나 여기서 한 가지 말씀드릴 수 있는 것은, 사람들이 사탄에게 이용되었던 이유가 그들이 가지고 있었던 악함 때문이었다는 것입니다. 바로는 하나님의 백성을 핍박한 죄가 있었습니다. 가나안의 거민들도 이미 그들의 죄가 가득 찼습니다. 하나님께서 그들의 죄가 찰 때까지 두고 보셨던 것입니다. 예수님 당시에 백성의 지도자들도 쓸데없는 자존심과 시기가 가득하였고 가롯 유다도 돈과 야망이 그의 마음에 자리를 잡고 있었습니다. 요셉의 경우도 그의 형들이 그를 시기하여 팔았습니다. 사탄은 이렇게 그들의 악함과 약함을 이용한 것입니다. 그래서 야고보서 1:14에서 '오직 각 사람이 시험을 받는 것은 자기 욕심에 끌려 미혹됨'이라고 말씀하였습니다. 성경이 우리에게 분명히 말씀하는 것은 '우리에게 자유의지가 있다' 는 것입니다. 운명론이나 결정론은 성경의 가르침이 아닙니다. 오히려 성경은 항상 행한 악에 대한 책임을 물으신다고 했습니다. 유다의 경우도 마찬가지입니다. 마가복음 14:21에서는 "인자는 기록한 대로 가거니와 인자를 파는 사람은 화가 임하리로다. 차라리 나지 않았으면 좋을 뻔하였다"고 예수님께서 말씀하셨습니다. 결국 사람이 행한 악에 대한 책임이 분명히 있다는 것입니다. 다시 한 번 정리하자면 유다의 배반은 유다의 탐욕과 야망을 이용한 사탄의 계략이었습니다. 물론 하나님께서는 그것을 선으로 바꾸셔서 하나님의 예정하신 뜻을 이루셨습니다. 그러나 악을 행한 사람의 책임은 면제될 수 없습니다.

가룟 유다의 배신이 주는 교훈

그러면 오늘 본문이 우리에게 주는 교훈은 무엇입니까? 먼저 우리는 사탄의 유혹에 넘어가지 않도록 깨어 근신해야 합니다. 유다가 주님을 배반한 근본적인 원인은 사탄이었습니다. 우리에게 죄를 짓게 하는 것은 겉으로는 여러 가지 형태로(권력, 시기심, 자존심, 돈… 등) 나타나지만 우리로 죄를 짓게 하는 근본적인 원인은 사탄입니다. 사탄은 우는 사자와 같이 먹을 것을 찾으러 다닌다고 하였습니다. 성경에서는 우리의 싸움이 혈과 육의 싸움이 아니고 공중의 권세 잡은 악한 영과의 싸움이라고 말씀하였습니다. 그런데 우리를 넘어뜨리려고 늘 유혹하고 있는 사탄은 어떤 부분을 집중적으로 공략합니까? 그것은 우리의 가장 약한 부분입니다. 가룟 유다의 약점은 야망과 물질에 대한 욕심이었습니다. 그래서 사탄이 그것을 이용한 것입니다. 예수님 당시의 종교 지도자들의 약점은 불필요한 자존심과 시기심이었습니다. 요셉의 형들의 문제도 그들의 시기심이었습니다. 사탄은 그것을 이용하는 것입니다. 사탄은 우리의 가장 약한 부분을 교묘히 파고 들어와서 그것을 우리를 넘어뜨리는 방편으로 이용합니다. 그러면서 그것을 합리화시키고 정당화시키면서 우리의 판단을 흐리게 합니다. 그러니까 우리가 깨어 근신하지 않으면 넘어질 수밖에 없는 것입니다.

다음으로 하나님께서 우리의 모든 것을 합력하여 선을 이루심을 믿어야 합니다. 요셉의 형제들이나 유다가 악을 행하였지만 하나님께서는 악을 사용하셔서 선을 이루셨습니다. 사탄의 세력이 하나님의 일을 방해하려고 하였지만 하나님께서는 그것을 하나님의 뜻을 이루어 가는 디딤돌로 만드신 것입니다. 하나님께서는 결코 손해를 보는 분이 아닙니다. 아무리 마귀가 발악을 하여도 결정적인 것은 하나님께서 허락하심이 없이 이루어지지 않습니다. 욥의 경우를 보십시오. 욥이 사탄의 많은 공격을 받았지만 하나님께서 결정적인 것은 허락지 않았습니다. 마태복음 10:29-31을 보면 참새 한 마리도 하나님의 허락 없이 떨어지지 않는다고 하였습니다. 우리는 하나님의 주권과 모든 것을 합력하여 선을 이루시는 하나님의 섭리를 믿어야 합니다.

더불어 우리가 하나님의 섭리를 믿는다면 다음과 같은 두 가지 자세가 필요합니다. 먼저 우리가 하나님 앞에서 바로 서 있다고 믿는다면, 어떠한 도전이나 어려움이 있다고 할지라도 염려하지 말아야 하고 담대하며 당당해야 합니다. 왜냐하면 하나님께서는 모든 것을 합력하여 선을 이루시기 때문입니다. 그래서 저는 교회 문제에 대해서 때때로 담대합니다. 내외적으로 많은 악한 세력들이 교회를 공격하여도 그들이 하나님의 교회를 결코 무너뜨릴 수 없기 때문이고 오히려 그것을 통해서 하나님의 뜻이 더욱 가속화되어 이루어질 것이기 때문입니다. 합력하여 선을 이루시는 하나님을 분명히 믿으면 우리는 담대할 수 있습니다.

그리고 우리는 어떤 일을 당한다 할지라도 그것에 우리를 향한 하나님의 섭리가 있음을 믿고 감사해야 합니다. 언젠가 이랜드 박성수 사장의 이야기를 본 적이 있습니다. 그는 우리나라 최고의 대학을 졸업했습니다. 그리고 열심히 주님을 섬기는 학생이었습니다. 그런데 그가 대학을 졸업할 즈음에 갑자기 몸에 이상이 생겼습니다. 병원에서 진단을 해보니 근육 무력증이었습니다. 그 병은 치료하기 불가능한 병이었습니다. 이제 진정한 의미에서 인생을 시작하는 단계이고 예수를 잘 믿는 학생이었는데 눈앞이 캄캄하였습니다. 그런데 그는 하나님께 기도하면서 기운이 조금만 있으면 책을 읽기 시작했습니다. 그러면서 5년을 보냈습니다. 그에게 5년의 세월은 참으로 긴 세월이었습니다. 그러던 어느 날 갑자기 하나님의 기적적인 역사로 그 병이 나았다는 것입니다. 그리고 나중에 그가 이렇게 고백하고 있습니다.

하나님께서 왜 나에게 이런 불필요한 것처럼 보이는 상황을 주셨을까 생각해 보았습니다. 그런데 하나님께서는 나를 준비시키셨습니다. 5년 동안 신앙의 준비와 독서를 통해 광범위한 지식을 습득케 하셨습니다. 질병도 하나님의 귀한 은혜인 것을 깨닫고 있습니다. 장애물은 하나님의 뜻 안에서 훌륭한 기회가 됩니다.

우리는 아무리 어렵고 힘든 상황에서도 그 속에 하나님의 섭리가 있음을 믿어야 합니다. 물론 우리는 하나님의 섭리를 다 알 수 없습니다. 그러나 한 가지 확신할 수 있는 것은 하나님을 사랑하는 자는 모든 것이 합력 하여 선을 이룬다는 것입니다.

오늘 본문이 주는 세 번째 교훈은 우리가 하는 모든 일에 우리의 책임이 있다는 것입니다. 가룟 유다는 사탄의 꾐에 빠졌고 그것이 하나님의 뜻을 이루는 계기가 되었지만 성경은 그를 항상 예수를 판 자로, 마귀의 자식으로, 멸망의 아들로 기록하고 있습니다. 더구나 나지 않았으면 좋을 사람으로 기록하고 있습니다. 물론 하나님께서 강퍅케 하실 자가 있는 것은 분명합니다. 그러나 그것은 극히 일부분입니다. 그리고 그것은 우리가 관여할 바가 아닙니다. 우리는 우리의 범위 밖에 있는 하나님의 주권에 관하여 신경 쓸 필요가 없으며 우리의 해야 할 일을 하면 됩니다. 다만 우리의 한 일에 대해서는 책임을 질 각오로 살아야 합니다. 하나님께서 우리의 모든 것을 호리도 남김없이 평가하신다고 하였습니다. 아무리 캄캄한 곳에서 행한 것이라도 하나님께서 그것을 백주에 드러내신다고 하였습니다. 하나님께서는 분명히 목사로서 저의 말과 행동과 행한 모든 일에 대한 책임을 물으실 것입니다. 여러분의 말과 행동과 행한 모든 일에 대한 책임도 물으실 것입니다. 그것을 명심하고 살아야 합니다. 만약 우리가 우리의 모든 일에 전적으로 책임질 각오로 살아간다면, 우리는 좀 더 신중하고 진지하게 살아갈 수가 있을 것입니다.

말씀을 맺겠습니다.

가룟 유다 사건은 우리에게 여러 가지 교훈을 줍니다. 우리는 우리의 약점을 파고드는 사탄의 유혹이 있음을 명심하고 사탄의 유혹에 빠지지 않도록 깨어 근신해야 합니다. 우리가 경험하는 모든 일에서- 설령 그것이 악한 것이라고 할지라도- 합력하여 선을 이루시는 하나님의 섭리를 믿어야 합니다. 그리고 하나님께서 우리의 모든 것을 평가하실 것을 분명히 인식하고 책임 있는 삶을 살아야 할 것입니다. 저는 우리 모든 성도들이 유다와 같은 사람이 되지 않고 하나님의 사람으로 쓰임 받기를 간절히 소원합니다.

마가복음 14:12-26

최후의 만찬

예수님께서는 공생애 3년을 사시면서 참으로 많은 일들을 하셨고 많은 말씀들을 하셨으나 복음서는 그것을 다 기록하지 않고 그 가운데 극히 일부분만을 기록하였습니다. 그래서 사도 요한은 만약 3년 동안 예수님께서 행하신 모든 일들과 모든 말씀들을 낱낱이 다 기록했다면 이 세상이라도 그 책을 다 보관하지 못했을 것이라고 하였습니다(요 21:25). 또한 복음서는 예수님의 공생애 가운데 소위 수난 주간에 해당하는 마지막 일주일의 삶을 집중해서 기록하였습니다. 마가복음만 보더라도 전체 16장 가운데서 11장 이후에서 예수님의 마지막 일주일에 행하신 일들을 기록하고 있습니다. 요한복음도 전체가 21장인데 11장 이후부터 마지막 일주일의 사역과 삶을 기록하고 있습니다. 마가복음은 1/3 이상, 요한복음은 반 이상을 예수님 공생애의 마지막 일주일에 할애한 것입니다.

이렇게 복음서 기자들이 예수님의 공생애 가운데 마지막 일주일의 삶에 집중하는 이유가 있습니다. 그것은 마지막 일주일에 예수님의 공생애 사역의 핵심이 담겨져 있기 때문입니다. 그 마지막 일주일 동안의 핵심은 십자가와 부활 사건입니다. 그렇기 때문에 복음서는 예수님의 십자가와 부활에 초점을 맞추고 그 전체가 진행되고 있다고 해도 전혀 틀린 이야기가 아닙니다. 그것은 지극히 당연한 결론입니다. 왜냐하면 예수님께서 이 땅에 오셨던 목적이 십자가를 통한 우리의 구원이었기 때문입니다. 또한 예수님의 십자가가 우리의 구원방법이었고 예수님께서 하나님이시며 우리의 구원자이시라는 것을 확인시켜 주는 사건이 부활이기 때문입니다.

최후의 만찬

오늘 본문은 예수님과 제자들의 최후의 만찬을 기록하고 있습니다. 이를 통해서 십자가의 의미를 다시 한 번 생각해 보겠습니다. 본문을 보겠습니다. 12절입니다.

> 무교절의 첫날 곧 유월절 양 잡는 날에 제자들이 예수께 여짜오되 우리가 어디로 가서 선생님으로 유월절을 잡수시게 예비하기를 원하시나이까 하매

최후의 만찬은 무교절의 첫 날 즉 유월절 양 잡는 날에 행해졌습니다. 유월절과 무교절은 이스라엘이 지켰던 3대 절기 가운데 하나입니다. 유월절과 무교절에 관한 것은 출애굽기 12장에 자세히 언급되어 있는데 간단히 설명하자면 이렇습니다. 유월절은 유대인의 월력으로 니산월 14일(우리의 월력으로는 3-4월경에 해당하는 시기)에 지키는 절기입니다. 이 절기는 하나님께서 이스라엘을 애굽의 압제로부터 해방시키시고 구원하신 것을 기억하고 감사하는 절기였습니다. 특별히 이 때는 양과 누룩 없는 떡과 쓴 나물만을 먹었습니다. 그리고 유월절 다음 날인 15일부터 21일까지는 무교절로 지켰습니다. 이 절기에 반드시 지켜야 될 일은 가정에 누룩을 두지 않고 누룩 없는 떡만을 먹어야 하는 것이었습니다. 그것을 지켜야 하는 두 가지 이유가 있습니다. 먼저는 이스라엘 백성이 애굽에서 당한 고생을 기억하기 위함이었습니다. 누룩이 없는 떡

은 매우 맛이 없는데, 절기에 이렇게 맛없는 떡을 먹으면서 그들이 당한 고난을 기억하고자 했던 것입니다. 그래서 이 때 먹는 떡을 고난의 떡이라고 하였습니다. 또 한 가지 이유는 하나님 백성으로서 성결한 생활을 다짐하기 위해서 누룩이 없는 떡을 먹었습니다. 신약 성경을 보면, 누룩은 종종 위선(눅 12:1) 또는 죄악(고전 5:8)을 상징하고 있는 것을 볼 수 있는데, 그들은 누룩 없는 떡을 먹으면서 그들의 삶을 돌아보고 새로운 삶을 다짐했던 것입니다. 그러므로 유월절과 무교절은 하나님께서 베푸신 구원의 은혜에 감사하고 그 은혜에 합당한 삶을 살기로 각오하고 다짐하는 절기라고 할 수 있습니다. 그런데 이 두 명절은 연속되는 절기였기 때문에 대개 하나의 절기로 간주되어서 지켜왔습니다. 그래서 오늘 본문에서 "무교절의 첫 날 곧 유월절의 양 잡는 날에"라고 한 것입니다.

　유월절에 행하는 대표적인 관습 가운데 하나는 식구들이 함께 또는 제자들이 자신들의 스승과 함께 음식을 먹는 것이었습니다. 그 관습에 따라 제자들은 예수님께 유월절을 어떻게 준비할 것인가를 물었습니다. 그 때 주님께서는 구체적으로 어떻게 유월절을 준비할 것인가를 알려줍니다. 예루살렘 성내에 들어가면 물 한 동이 지고 가는 사람을 만날 것인데 그에게 말하면 그가 다락방으로 인도하고 모든 것을 준비해 준다는 것입니다. 그래서 제자 둘(누가복음에 보면 베드로와 요한이라고 했습니다)이 나갔는데, 그들은 주님께서 말씀하신 사람을 쉽게 만날 수 있었습니다. 날이 저물었을 때 그들은 준비되었던 다락방으로 들어갔습니다. 당시의 다락방은 우리가 생각하는 것처럼 작은 방이 아닙니다. 이스라엘에서 다락방은 비교적 사람들의 방해를 덜 받으면서 토의하고 교제하고 기도하는 장소였습니다. 요한복음 13-17장에 보면, 주님께서 유월절 만찬을 하시면서 제자들의 발을 씻기시고 성령에 대해서 가르치시면서 그들이 하나가 되도록 기도하신 것이 기록되어 있는데 이러한 일들도 바로 이 다락방에서 하셨던 것입니다.

주님께서는 제자들과 함께 식사를 하시면서 두 가지를 말씀하셨습니다. 하나는 제자 중 하나가 자신을 판다는 것입니다. 구체적으로 유다라고 지적하지는 않았습니다. 제자들은 근심하면서 주님께 "주여 내니이까?"라고 질문하였습니다. 그들이 그렇게 질문했던 것은 예수님의 죽으심 자체를 염려했기 때문은 아니었습니다. 누가복음을 보면 이 때까지도 제자들은 여전히 누가 크고 누가 높은 자리에 앉을까에 대한 다툼을 하고 있었습니다. 만약 예수님께 신실치 못한 자로 낙인이 찍히게 되면, 예수님께서 메시야가 될 때 자기들이 핵심적인 자리에서 배제되지는 않을까 하는 근심이 있었기 때문이었습니다. 다른 하나는 비록 당시 종교지도자들과 가룟 유다가 합세해서 자신을 죽을 것인데, 그것은 구약에서 예언한 하나님 말씀의 성취라는 것입니다. 그것이 21절에 언급되어 있습니다.

> 인자는 자기에게 대하여 기록된 대로 가거니와 인자를 파는 그 사람에게는 화가 있으리로다 그 사람은 차라리 나지 아니하였더면 제게 좋을 뻔하였느니라 하시니라.

사실 제자들은 예수님의 죽으심에 대해서 전혀 생각지 않았지만, 만약 예수님께서 돌아가신다면 그것은 사람들에 의한 억울한 죽음이나 우발적으로 일어날 수 있는 사건으로 생각하였습니다. 그래서 어떻게 해서든지 자기들이 예수님을 지키려고 했습니다. 예수님께서는 그와 같이 자신의 죽음에 오해하고 있는 제자들의 잘못된 생각을 바로 잡아주었던 것입니다.

그 후 예수님은 유월절 예식을 제자들과 함께 거행합니다. 당시 유월절 식사에는 가장이나 모임에서 최고로 높은 사람이 식사 예식을 주관하는데, 먼저 하나님께 감사의 기도를 드리고 가족들이나 아랫사람들에게 떡과 포도주를 나누어주었습니다. 예수님께서도 이스라엘의 전통대로 행하셨습니다. 그러나 예수님께서는 그 의식에 새로운 의미를 부여하셨습니다. 먼저 예수님께서는 떡을 제자들에게 주시면서 그 떡을 고난의 떡이라고 하시지 않고 그것을 자기 몸이라 하셨습니다. 잔을 주시면서는 그것은 자신이 많은 사람들을 위해서 흘리는 언약의 피라고 하셨습니다. 또한 무엇이라고 말씀합니까? 25절입니다.

> 진실로 너희에게 이르노니 내가 포도나무에서 난 것을 하나님 나라에서 새 것으로 마시는 날까지 다시 마시지 아니하리라 하시니라.

이 때까지도 예수님의 죽으심을 심각하게 생각지 않았던 제자들에게 주님께서는 이 밤의 식사가 그들과의 고별 식사임을 분명하게 말씀하신 것입니다. 오늘 본문에서 주님께서 제자들에게 가르치고자 했던 핵심적인 것은 무엇입니까? 먼저는 공생애 기간 동안에 계속해서 가르치셨지만 자신이 죽기 하루 전조차도 자신의 죽으심을 깨닫지 못하고 여전히 세속적 야망과 욕심에 사로 잡혀 있었던 제자들에게 자신의 죽으심에 대한 것을 분명히 가르치셨습니다. 그리고 그 죽음이 단순히 인간들에 의한 우발적인 것이 아니라 하나님의 계획과 섭리에 의해서 이루어질 것임을 말씀하셨습니다. 뿐만 아니라 예수님께서는 유월절 의식을 자신의 죽으심과 연결시키시고, 자신의 죽음을 계기로 하나님의 백성들이 지켜야 할 새로운 의식을 제정하셨습니다. 이것도 역시 예수님 죽음의 의미에 대한 가르침입니다. 물론 당시에 제자들은 예수님의 말씀과 의도를 제대로 이해하지 못하였지만 나중에 그 의미를 깨달았습니다.

십자가의 진리에 대한 반응들

그러면 오늘 본문이 우리에게 주는 교훈은 무엇입니까? 그것은 십자가의 진리에 대한 깨달음과 도전입니다. 거듭 거듭 말씀드린 대로 예수님의 사역과 삶의 핵심은 십자가에 있습니다. 그래서 오늘 본문에서도 예수님께서는 다른 것을 말씀하지 않고 예수님의 죽으심을 기념하고 지키라고 하신 것입니다. 예수님의 십자가가 우리의 믿음의 중심에 와야 한다는 것입니다.

오늘날 교회 안에는 십자가에 대한 몇 가지 반응이 있습니다. 먼저, 십자가에 대한 믿음 없이 그리고 십자가에 진정한 의미를 알지 못한 채 교회를 다니는 사람이 있습니다. 그러나 우리가 아무리 열심히 교회에 출석하고 교회를 위해서 봉사할지라도 예수님의 십자가를 믿지 않으면 그 사람은 구원을 받을 수 없습니다. 왜냐하면 십자가는 하나님께서 우리에게 제시하신 유일한 구원방법이기 때문입니다. 만약 우리 가운데 그런 분들이 있다면 그런 분들은 이를 반드시 명심해야 합니다. 하나님께서는 이미 그것을 구약에서 예표로 보여주셨습니다. 대표적인 것으로 두 가지를 들 수 있습니다. 그것은 먼저 유월절 어린양입니다. 하나님께서 애굽을 심판하실 때 하나님의 백성들에게 어린 양을 잡아 문설주에 바르라고 하셨습니다. 사실 어떻게 보면 양을 잡아 문설주에 바르는 것이 아무 것도 아닌 것 같지만, 하나님께서는 그 방법을 통해서 하나님의 백성을 구원하시길 원하셨습니다. 이스라엘이 믿음으로 그 하나님의 구원 방법을 받아들이고 양을 잡아 문설주에 발랐을 때 그들은 심판에서 구원받았습니다. 오늘 본문은 예수님께서 유월절 어린양이심을 말씀합니다. 그래서 예수님께서는 이스라엘 명절 가운데 유월절에 십자가에 못 박히셨습니다. 또 하나는 광야에서 모세가 든 놋 뱀입니다. 이스라엘 백성들이 광야를 지날 때 이스라엘이 불평하고 원망하자 하나님께서 불뱀으로 이스라엘 백성을 물게 하셨습니다. 뱀에게 물려서 죽어가게 된 그들은 하나님께 회개합니다. 그 때 하나님께서 내리신 처방이 무엇입니까? 놋 뱀을 장대에 달아 높이 들게 하고 그것을 쳐다보게 한 것입니다. 놋 뱀을 쳐다보는 것이 아무 것도 아닌 것 같지만, 하나님은 그것을 통해서 그의 백성을 구원코자 하였습니다. 믿음으로 그 처방을 받아들이고 놋 뱀을 쳐다 본 사람들은 모두 구원을 받았지만, 그것을 우습게 여기고 쳐다보지 않는 사람은 모두다 광야에서 죽게 되었습니다. 모세가 든 놋 뱀은 하나님의 처방이었습니다. 그래서 요한복음 3:14-15에서 "모세가 광야에서 뱀을 든 것같이 인자도 들려야 하리니 이는 저를 믿는 자마다 영생을 얻게 하려 하심이니라" 라고 하셨습니다. 예수님께서 곧 광야에서 모세가 든 놋 뱀이라는 것입니다.

십자가는 하나님께서 우리를 구원하시는 방법입니다. 우리에게 요구되는 것은 십자가를 하나님께서 우리를 구원하시는 방법으로 받아들이는 믿음입니다. 그렇기 때문에 십자가에 대한 믿음이 없으면 절대로 구원받을 수 없습니다.

우리에게 십자가에 대한 온전한 이해와 믿음이 있을 때 우리의 삶이 온전해지고, 또한 어떠한 경우에도 흔들리지 않으며 우리의 믿음을 지킬 수 있습니다. 물론 우리의 신앙에 있어서 여러 가지 하나님의 능력을 체험하는 것도 필요하고 중요합니다. 그러나 십자가에 대한 믿음이 없다면 그것은 사상누각입니다. 제자들을 보십시오. 주님의 십자가에 대한 바른 믿음을 갖지 못했을 때 그들이 아무리 큰 능력을 경험하였어도 위기의 상황에서 다들 도망하였습니다. 십자가에 근거되지 않은 열심 봉사는 언제 무너질지 모릅니다. 우리에게는 십자가에 대한 믿음이 필요합니다.

한편 교회 안에는 십자가에 대한 믿음은 있지만 십자가의 능력을 경험하지 못하신 분들도 있습니다. 주님께서는 단순히 믿는 차원에 머무르지 말고 우리의 삶 속에서 십자가의 능력을 경험하기를 원하십니다. 유월절 어린 양으로서 자신의 죽음을 미리 아신 주님께서 요한복음에서 자주 자신의 몸과 피에 대해서 말씀하셨습니다. 요한복음 6:54-55에서 "내 살을 먹고 내 피를 마시는 자는 영생을 가졌고 마지막 날에 내가 그를 다시 살리리니 내 살은 참된 양식이요 내 피는 참된 음료로다" 라고 하셨습니다. 여기에서 먹고 마신다는 것은 경험한다는 것입니다. 그리고 주님의 살이 참된 양식이고 피가 참된 음료라는 것은 십자가의 사건의 경험이 우리의 신앙생활을 위해서 절대적으로 필요하다는 것입니다. 마치 음식이 우리에게 활력을 주고 능력이 되는 것처럼 그 십자가의 사건이 우리의 신앙과 삶의 진정한 활력과 능력의 근원(영양분)이 된다는 것입니다. 계속해서 56절에 "내 살을 먹고 내 피를 마시는 자는 내 안에 거하고 나도 그 안에 거하나니" 라고 했습니다. 십자가의 능력을 경험할 때 주님의 은혜가 우리에게 머물고, 그 때 우리가 주님의 말씀대로 살 수 있다는 것입니다. 또한 그 때 우리는 결코 주리거나 목마르지 않습니다. 요한복음 6:35입니다.

내가 곧 생명의 떡이니 내게 오는 자는 결코 주리지 않을 터이요
나를 믿는 자는 영원히 목마르지 아니하리라.

우리는 단지 십자가를 믿는 정도에 그쳐서는 안 되고 십자가의 능력을 우리의 신앙생활에서 경험해야 합니다. 그 때 활력 있는 신앙생활을 할 수 있습니다.

마지막으로 교회 안에는 십자가를 유일한 구원의 방법으로 믿었고, 십자가의 능력을 경험하고 감격했지만 지금은 그 능력과 감격을 잃어버린 분들이 계십니다. 하지만 십자가 은혜의 체험은 결코 단회적이어서는 안 됩니다. 우리의 평생을 사는 동안 그것이 계속적으로 우리의 신

앙과 삶을 지배해야 합니다. 누가복음과 고린도전서를 보면 떡과 잔을 계속 마심으로 주님을 기념하라고 했습니다. 그것은 마치 유월절 어린 양의 피로 구원을 받은 이스라엘이 유월절을 지킴으로 그 구원의 사건을 기억하고 그 사건이 계속해서 그들의 신앙과 삶을 지배하기를 원하셨던 것과 같은 이치입니다. 주님께서도 주님의 몸과 피를 마시는 의식을 계속함으로 십자가에 대한 감격과 적용이 평생토록 계속해서 이어지기를 원하십니다. 십자가의 감사와 감격이 우리에게 늘 있어야 합니다. 만약 그렇지 않다면 그것은 문제입니다.

말씀을 맺겠습니다.

예수님께서는 십자가의 죽으심을 하루 앞두고 제자들과 함께 유월절 예식을 거행하였습니다. 형식적으로는 전통을 따랐지만 자기의 죽으심과 연결하여 그 의식에 새로운 의미를 부여하셨습니다. 그리고 그것을 기념하라고 하셨습니다. 이것은 우리의 신앙의 핵심이 십자가에 대한 믿음과 감사와 감격이어야 함을 말씀합니다. 십자가에 대한 믿음이 있을 때 그 때가 온전한 믿음입니다. 그러나 믿는 데만 그쳐서는 안 됩니다. 우리의 삶 속에 그 십자가의 능력을 경험해야 합니다. 그것도 일시적으로 경험하는 것이 아니라 계속해서 경험하고 계속해서 감사하고 감격해야 한다는 것입니다. 우리 성도들에게 십자가에 믿음과 감사와 감격이 늘 계속되기를 간절히 바랍니다.

마가복음 14:26-31, 66-72

시험을 이기는 신앙생활

예수님께서는 십자가에 못 박히기 전 날 밤에 제자들과 함께 유월절 의식을 행하셨습니다. 형식과 순서는 유월절 전통을 따랐지만, 그 의식을 자신의 십자가 지심과 연결함으로 그 의식에 새로운 의미를 부여하셨습니다. 그리고 성찬 예식을 제정하여 주님께서 다시 오실 때까지 그것을 지키라고 하였습니다. 이렇게 주님께서 유월절 의식과 연결하여 자신의 죽으심을 설명하고 성찬예식을 제정하셔서 지키라고 한 것은 이유가 있습니다. 먼저 주님께서 유월절 의식과 연결하여 자신의 죽으심을 설명하신 것은 그것이 십자가의 의미를 효과적으로 설명할 수 있는 방법이었기 때문입니다. 유월절 어린양이 하나님의 백성을 구원하는 방법이었던 것처럼 예수님의 십자가도 하나님의 백성을 구원하는 하나님의 구원 방법이라는 것입니다. 다음으로 주님께서 성찬예식을 제정하셔서 지키라고 한 것은 기독교의 핵심이 예수님의 십자가이기 때문입니다. 성경은 십자가의 진리에 대한 믿음이 없다면 그것은 헛된 믿음이고, 십자가에 대한 감사와 감격이 없다면 그것은 온전치 못하고 성숙하지 못한 믿음이라고 말씀하고 있습니다. 결국 우리의 신앙생활은 십자가의 진리에 대한 믿음과 감사와 감격이 늘 유지되어야 하기 때문에 주님께서 성찬예식을 제정하고 그것을 지키라고 하였던 것입니다.

베드로의 배반에 대한 주님의 예고

이제 유월절과 연결하여 십자가를 설명하시고 성찬 예식을 제정하신 주님께서 제자들과 관련하여서 앞으로 일어날 몇 가지 일들을 말씀합니다. 27절입니다.

> 예수께서 제자들에게 이르시되 너희가 다 나를 버리리라 이는 기록 된 바 내가 목자를 치리니 양들이 흩어지리라 하였느니라.

이 말씀은 구약의 스가랴 13:7을 인용한 것인데, 주님께서 십자가를 지실 때 그들이 주님을 배반하고 도망한다는 것입니다. 이어서 28절입니다.

> 그러나 내가 살아난 후에 너희보다 먼저 갈릴리로 가리라.

28절에는 두 가지 예언이 기록되어 있습니다. 하나는 자신이 부활하신다는 것이고 다른 하나는 그들보다 먼저 갈릴리로 가신다는 것입니다. 여기에서 헬라말로 '간다($προαγω$)'는 것은 목자가 양떼를 앞서서 인도할 때 사용하는 단어입니다. 그러므로 그들이 도망할지라도 예수님께서 주도적으로 그들을 다시 모으시고 그들의 신앙을 회복시키신다는 의미입니다. 그 때 베드로가 예수님의 말씀을 듣고 반응합니다. 29절입니다.

> 베드로가 여짜오되 다 버릴지라도 나는 그렇지 않겠나이다.

베드로는 자신과 다른 사람들을 분리하면서 주님께 대한 그의 절대적인 헌신을 다짐하였습니다. 그러자 주님께서 무엇이라고 답변합니까?

30절입니다.

> 예수께서 가라사대 내가 진실로 네게 이르노니 오늘 이 밤 닭이 두 번 울기 전에 네가 세 번 나를 부인하리라.

주님께서는 구체적으로 그가 배반할 것에 대해서 말씀하셨습니다. 당시에 히브리인들은 밤에 닭이 세 번 우는 것으로 생각하고 첫 번째 닭이 우는 시간을 12시 30분, 두 번째 우는 시간을 1시 30분, 그리고 세 번째 우는 것을 2시 30분으로 간주하였습니다. 그러므로 '닭이 두 번 울기 전'이라는 것은 1시 30분 전을 의미합니다. 또한 세 번 부인한다는 것은 단순히 숫자적인 의미보다는 철저히 주님을 배반한다는 것을 의미합니다. 하지만 베드로는 주와 함께 죽을지언정 주를 부인하지 않겠다고 합니다. 그리고 모든 제자들도 같은 말을 하였습니다(31절).

그런데 결과는 어떠했습니까? 예수님의 말씀은 그대로 이루어졌습니다. 베드로를 제외한 모든 제자들은 예수님께서 잡혀가실 때 이미 도망해 버렸습니다. 그나마 베드로는 멀찍이 주님을 따라갑니다(54절). 그러나 주님께서 대제사장 앞에서 심문을 받을 때 어떠했습니까? 베드로는 아래 뜰에 있었는데 여종 하나가 와서 베드로가 예수님과 함께 있었음을 말하니까 그는 모른다고 합니다. 그리고 그 자리를 떠나 앞뜰로 피신을 합니다. 하지만 그 여종은 다른 사람들에게 베드로가 분명히 그 당이라고 합니다. 그 때 베드로는 두 번째로 예수님을 부인하였습니다. 그리고 세 번째로 그의 곁에 있는 사람들이 그를 갈릴리 사람이라고 하니까 이번에는 저주하고 맹세까지 하면서 주님을 부인하였습니다. 그런데 그 때쯤에 닭이 두 번째 울었습니다. 그러자 이때서야 비로소 베드로는 주님의 말씀을 기억하고 울었습니다.

시험의 성격

오늘 본문의 이야기는 교회를 다니는 사람들은 대개 알고 있는 말씀인데, 다시 한 번 이 말씀이 주는 교훈을 생각하고자 합니다. 먼저 오늘 본문에서 베드로가 경험하였던 시험의 성격에 대해서 살펴보도록 하겠습니다. 우선 베드로가 주님을 부인했던 상황은 큰 위기의 상황은 아니었습니다. 베드로가 심한 고문을 당했거나 순교할 만한 상황에서 예수님을 부인한 것이 아닙니다. 또한 베드로가 빌라도 총독이나 가야바 대제사장과 같이 권세가 있는 사람들 앞에서 주님을 부인한 것도 아닙니다. 만약 그랬더라면 어느 정도 동정을 받을 수 있었습니다. 베드로는 고난을 받고 어려움을 받을 가능성이 희박한 하찮은 여종으로부터 받은 질문에 그런 엄청난 죄를 짓고 만 것입니다. 다음으로 그가 주님을 부인했던 것은 의도적이거나 계획적인 것이 아니었습니다. 그가 주님을 부인한 것은 본능적이었고 즉흥적이었습니다. 사실 베드로는 인간적으로 보면 의리 있는 사람이었다고 생각합니다. 또한 그가 오늘 본문에 주님을 버리지 않겠다고 하는 각오와 결단은 진심이었다고 생각합니다. 그의 즉흥적이고 드러내고자 하는 성격에 문제가 없는 것은 아니었지만 그는 올바른 신앙 고백을 했던 사람이고 8장에도 주님을 위해 모든 것을 하겠다고 결단했던 사람이었습니다. 그렇지만 그는 위기가 닥치자 눈앞에 닥쳐올지도 모르는 피해가 두려워 본능적으로 주님을 부인하였던 것입니다. 많은 사람들이 위기가 닥치거나 조금 손해를 볼 것 같으면 자신도 모르게 본능적이고 즉흥적으로 거짓말을 하는 경우가 있는데 아마 베드로도 그랬던 것 같습니다.

시험의 원인

그렇다면 베드로가 시험에 들었던 원인은 무엇이었습니까? 그것은 두 가지입니다. 먼저 그를 넘어지게 한 것은 사탄이었습니다. 누가복음 22:31은 주님께서 베드로에게 "시몬아 시몬아 사탄이 밀 까부르듯 하려고 너희들을 청구하였다"라고 말씀합니다. 사탄이 베드로와 제자들을 시험 들게 하려고 적극적으로 달려든 것입니다. 사탄은 늘 베드로를 시험에 들게 하는 원인이었습니다. 이 때만 그랬던 것이 아닙니다. 마가복음 8장에도 보면 주님께서 십자가를 말씀하실 때에 그는 그렇게 되지 않기를 간절히 요구했습니다. 그 때 주님께서 그에게 "사탄아 내 뒤로 물러가라"고 하면서 "네가 하나님이 일을 생각지 않고 사람의 일을 생각하는구나"라고 책망하였습니다. 항상 베드로를 넘어지게 하고 시험 들게 하였던 근본적인 원인은 사탄이었습니다. 또 한 가지 그가 시험에 든 원인은 그의 영적인 무지와 나태함이었습니다. 오늘 본문 31절에서 그는 "주와 함께 죽을지언정"이라고 하였습니다. 이것은 주님의 죽으심을 가정해서 한 말이라기보다는 주님의 죽으심을 생각지 못하고 한 말입니다. 이것은 영적인 무지입니다. 8장에서도 마찬가지입니다. 그가 엉뚱한 이야기를 해서 주님의 책망을 들었던 이유도 바로 영적인 무지 때문이었습니다. 그는 3년 동안이나 주님을 따라 다녔지만 주님의 사역의 본질을 제대로 이해하지 못했던 것입니다. 더구나 32-42절에 말씀한대로 그는 기도도 게을리 하였습니다. 결국 그는 영적인 눈이 어두웠고 나태했기 때문에 사탄의 시험을 극복하지 못하고 주님을 배반하였던 것입니다.

베드로에 대한 주님의 태도

여기서 눈여겨볼 것은 그러한 베드로를 대하시는 주님의 태도입니다. 오늘 본문 29절에서 주님께서는 그들이 비록 넘어지고 시험에 들어도 그것을 그냥 놔두시는 것이 아니라 마치 목자와 같이 그들을 다시 모으시고 회복시키실 것을 말씀하셨습니다. 누가복음에는 "사탄이 비록 너를 넘어지게 할 것이지만 내가 너를 위하여 믿음이 떨어지지 않기를 기도하였기 때문에 너는 돌이킨 후에 -다시 말하면 잘못을 회개한 후에 - 형제를 굳게 하라"라고 말씀하십니다. 주님께서는 그가 결정적으로 실수하고 잘못하였어도 그를 회복시키시고 다시 기회를 주셨던 것입니다.

시험을 이기는 신앙생활

그러면 오늘 본문이 우리에게 주는 교훈은 무엇입니까? 오늘 본문이 우리에게 주는 핵심적인 교훈은 우리 모두가 다 약하고 무력하다는 것입니다. 베드로만 주님을 배반하고 주님을 실망시켰습니까? 아닙니다. 우리 모두도 베드로와 같은 잘못을 합니다. 베드로의 모습은 바로 우리의 모습입니다. 뿐만 아니라 베드로의 처음 각오와 다짐은 결코 거짓이 아니었습니다. 그는 그 각오와 결심이 계속 지속될 줄 알았고, 또한 그렇게 비참하게 연약한 모습을 보일 것은 생각지도 않았을 것입니다. 그런데도 그는 참으로 무기력하고 비겁한 모습을 보인 것입니다.

우리도 마찬가지입니다. 아무리 잘 훈련되어 있고 의지적인 사람이라고 할지라도 인간은 누구든지 실수와 절망을 경험하게 됩니다. 우리는 늘 "이렇게 살아보리라", "절대로 이것을 하지 않으리라"라고 하면서 마음으로 굳게 각오하고 다짐하지만 작심삼일일 경우가 많습니다. 또한 극히 사소한 일로 인하여 때로는 의도적이고 계획적으로, 때로는 본능적이고 즉흥적으로 넘어질 때가 한두 번이 아닙니다. 물론 그러면서 '나는 과연 이 정도 밖에 되지 않는가?', '내가 이렇게 나약한 존재인가?' 라고 하면서 자기 자신에 대해서 깊은 절망을 느끼면서 자신을 한탄할 때가 많습니다.

그렇다면 어떻게 베드로와 같이 연약하고 무력한 우리들이 주님을 실망시키지 않고 모든 시험에서 승리하는 삶을 살 수 있겠습니까? 그것은 바로 주님을 의지하는 것입니다. 주님을 의지하는 것 외에 다른 길이 없습니다. 물론 우리의 의지와 결단도 무시해서는 안 되지만 그것만 가지고 안 됩니다. 우리가 늘 넘어지는 근본적인 이유는 사탄이 우리를 공격하기 때문인데, 사탄이 들어올 때 우리가 패배하는 이유가 바로 우리의 능력과 우리의 의지만으로 싸우려고 하기 때문입니다. 우리의 힘과 능력으로 싸울 때 우리는 백전백패할 수밖에 없습니다. 우리는 도저히 사탄을 이길 수 없습니다. 그러므로 우리가 시험에 들지 않으려면 무엇보다도 우리는 약하고 무력한 존재임을 인정하고 주님을 의지해야 하는 것입니다.

그런데 주님만을 철저히 의지하기 위해 반드시 필요한 과정이 있습니다. 그것은 철저한 실패를 경험하는 것입니다. 오늘 본문에서 제자들이 주님을 배반하여서 이렇게 자신들의 연약함을 깨닫게 하셨던 것은 어쩌면 그들이 앞으로 주님의 일을 하기 위한 당연한 순서였는지도 모릅니다. 그래서 주님께서는 누가복음에서 말씀한 대로 제자들을 시험하려는 사탄의 청구를 허락하셨습니다. 주님께서는 제자들이 철저히 자신들의 한계와 무능을 경험하게 한 다음에 그들을 사용하신 것입니다.

우리에게도 실패의 경험이 필요합니다. 우리가 생각하고 계획한대로 일들이 되어 지지 않는 것들을 경험해야 합니다. 혹시 우리 가운데 모든 일에 자신 있는 사람이 있습니까? 지금도 자신의 의지와 노력만으로 무엇을 이루려는 분들이 있습니까? 그렇다면 빨리 자신을 내려놓으시기 바랍니다. 하나님께서는 철저히 우리를 부인시키신 다음에 쓰십니다. 우리가 무언 할 수 있다고 했을 때 우리는 실패할 수밖에 없습니다. 그러나 우리가 약할 그 때에 우리는 강할 수 있습니다. 우리의 무력함과 무능함을 철저히 인정할 때 그 때부터 주님께서 역사 하십니다.
고린도후서 12:9-10에서 바울은 다음과 같이 고백합니다.

> 내게 이르시기를 내 은혜가 네게 족하도다 이는 내 능력이 약한데서 온전하여 짐이라 하신지라 이러므로 도리어 크게 기뻐함으로 나의 여러 약한 것들에 대하여 자랑하리니 이는 그리스도의 능력으로 내게 머물게 하려함이라 그러므로 내가 그리스도를 위하여 약한 것들과 능욕과 궁핍과 핍박과 곤란을 기뻐하노니 이는 내가 약할 그 때에 곧 강함이니라(참고, 고후 4:7).

하나님께서는 바울을 철저하게 약하게 하셨습니다. 그리고 주님을 의지하게 하셨습니다. 하나님께서는 바울에게 자신이 약할 때가 가장 강한 때라는 것을 알게 하셨습니다. 저도 이 말씀을 늘 경험하며 삽니다. 제가 할 수 있다고 하였을 때 늘 실수하고 제대로 감당하지 못한 것을 경험합니다. 그러나 나의 부족과 무능을 경험하면서 주님을 인정하고 철저히 주님을 의지할 때 주님께서 모든 일에 함께 하시는 것을 경험합니다. 그래서 갈수록 주님만 더욱 의지하지 않을 수 없게 하십니다.

사랑하는 성도 여러분! 우리가 모든 시험에서 승리하려면 항상 우리 자신을 부인하고 철저하게 주님을 의지해야 합니다. 우리의 신앙이 성숙해 질수록 나타나는 자세 가운데 하나는 자기를 부인하고 주님을 인정하는 것입니다. 그리고 주님을 더욱 의지하게 됩니다. 우리의 문제는 항상 우리 자신에게 있습니다. 그렇기 때문에 우리가 우선적으로 싸워야하고 끝까지 싸워야 할 것은 바로 내 자신과의 싸움입니다. 내가 안에서 자꾸 자꾸 내가 일어나지 않도록 해야 하고 또한 나를 인정하지 않아야 합니다. 그리고 전적으로 주님을 인정하고 주님을 의지하는 태도가 우리의 삶 속에서 습관화되어야 합니다. 그렇게 될 때 우리는 강해지고, 시험을 극복하며 승리하는 삶을 살 수 있기 때문입니다.

마지막으로 한 가지 기억할 것이 있습니다. 그것은 우리의 실수와 잘못에 너무 집착해서는 안 된다는 것입니다. 주님께서는 베드로에게 나중에 돌이킨 후에 형제를 굳게 하라고 하셨습니다. 즉 주님께서는 베드로가 실패에 너무 집착하지 말고 그 실패를 교훈 삼아 남은 생애를 더욱 효과적으로 살기를 원하셨습니다. 실제로 베드로는 그렇게 살았습니다. 베드로의 실수는 평생에 그에게 교훈이 되었던 것입니다.

우리는 실수할 수 있습니다. 또한 우리가 늘 실수하지만 주님께서는 늘 회복의 길을 열어 놓으십니다. 따라서 우리는 우리의 실수와 실패 앞에서 너무 좌절하지 말아야 합니다. 오히려 그것을 우리의 삶의 교훈으로 삼아야 하고 우리의 실패를 더욱 효과적이고 능력 있는 삶을 위한 출발점으로 삼아야 할 것입니다. 물론 같은 실수와 잘못을 계속 반복해서는 안 되겠지만, 우리의 실수와 잘못은 더욱 성숙한 신앙과 삶을 위한 계기가 될 수 있음을 늘 기억해야 할 것입니다.

말씀을 맺겠습니다.

오늘 본문은 자신만만하게 큰 소리를 쳤지만 철저하게 실패와 좌절을 경험한 베드로의 모습을 보여주고 있습니다. 이런 베드로의 모습이 바로 우리의 모습입니다. 우리도 작심삼일일 경우도 많고 사소한 일에도 넘어질 때가 많습니다. 자기 자신에 대해서 장담할 수 있는 사람은 없습니다.

이렇게 우리에게 닥쳐오는 모든 시험을 이기기 위해서 우리에게 필요한 것은 무엇입니까? 무엇보다도 먼저 우리의 무력함과 연약함을 인정하는 것입니다. 우리의 의지와 각오와 결단도 필요하지만 그것만으로 되지 않는다는 것을 알아야 합니다. 그리고 철저하게 주님을 인정하고 주님을 의지해야 합니다. 그 때 우리는 시험을 이기는 신앙생활을 할 수 있을 것입니다.

마가복음 14:32-42

기도의 모범이 되신 예수님

　예수님께서 이 땅에 오신 것은 우리를 구원하셔서 하나님과 우리의 관계를 회복하는 것이었습니다. 그것은 오직 십자가에서 죽으심으로만 이루어질 수 있었습니다. 예수님께서는 그 십자가 사건을 공생애 사역의 초기부터 암암리에 말씀하셨다가, 공생애가 끝나갈 무렵에는 공개적으로 자주 말씀하셨습니다. 잡히시기 전 날 밤에도 제자들과 함께 유월절 만찬을 하시면서 자신이 십자가를 지시는 사건의 의미를 유월절과 연결하셔서 설명하셨습니다. 또한 십자가의 은혜로 구원받은 하나님의 백성들이 십자가의 사건을 계속 기억하며 감사하도록 성찬 예식을 제정하셨습니다. 그러면서 한 가지 덧붙여서 주님께서 십자가를 지실 때 제자들이 주님을 부인하고 배반할 것이라고 말씀하셨습니다. 물론 제자들이 주님을 배반하고 도망한다는 것은 예언적인 측면도 있기는 하지만, 그들의 신앙의 모습을 볼 때 어쩌면 그것은 당연한 결과였습니다. 그들은 주님께서 잡히시기 전 날에도 그들을 부르신 주님의 의도를 모르고 여전히 서로 더 높은 자리를 차지하려는 것에만 관심이 있었습니다. 그러한 신앙의 모습으로도 그들이 취할 태도를 충분히 예측할 수 있었습니다. 이러한 그들 신앙의 연약함과 부족함은 오늘 본문에서도 확연하게 드러납니다.

슬픔과 번민 속에서 기도하시는 주님

　주님께서는 잡히시기 바로 전에 감람산의 '겟세마네'라는 곳에 기도하시러 가셨습니다. 겟세마네는 문자적으로 '기름을 짜는 기계'라는 말입니다. 아마 이 이름을 보아서 주님께서 기도하신 곳이 감람기름을 짜는 기계가 있었던 곳이라고 추측됩니다. 주님께서는 자주 그러셨던 것처럼 제자들 가운데 베드로와 야고보와 요한만을 데리고 기도하러 가셨습니다. 그런데 기도하러 가셨던 주님은 큰 놀라움과 슬픔과 번민을 토로하셨습니다. 33-34절입니다.

> 베드로와 야고보와 요한을 데리고 가실 새 심히 놀라시며 슬퍼하사 말씀하시되 내 마음이 심히 고민하여 죽게 되었으니 너희는 여기 머물러 깨어 있으라 하시고

　여기에서 우리가 알아야 할 것은 주님께서 놀라고 슬퍼하고 번민한 것은 단순히 십자가를 지는 것 자체에 대한 두려움이라든지, 또는 십자가를 지실 때 올 육체적 고통 때문이 아니었다는 것입니다. 십자가 지심을 앞두고 예수님께서 슬퍼하고 번민한 이유는 예수님께서 십자가를 지시는 의미와 연결시켜야 합니다. 예수님께서 십자가를 지시는 것은 인류의 죄를 담당키 위함이었습니다. 또한 십자가의 사건은 인류의 죄에 대한 하나님의 진노와 저주를 쏟아 붓는 사건이었습니다. 그러므로 인류의 모든 죄의 진노와 저주를 십자가에 쏟아 부으시고 십자가를 통해서 우리 인간을 구원하시고자 했던 하나님의 섭리를 아시는 예수님께서는 십자가를 지심으로 그에게 올 죄의 형벌의 무게와 함께 자기에게 임할 하나님의 진노와 저주를 아주 크게 느끼셨던 것입니다. 그것이 예수님께서 그렇게 슬퍼하고 번민하셨던 이유였습니다. 또한 예수님께서 십자가에 못 박혀 돌아가실 때 "하나님 어찌하여 나를 버리셨나이까?"

라고 말씀하셨는데 그것도 같은 차원에서 해석되어야 합니다. 예수님께서는 자신이 지신 십자가에 하나님의 저주와 진노가 쏟아질 때 실제로 하나님과의 분리를 경험하셨던 것입니다. 이 부분은 나중에 좀 더 설명하도록 하겠습니다.

그렇게 번민하시면서 주님께서는 제자들에게 깨어 있으라고 말씀하셨습니다. 여기에서 '깨어 있으라'는 말씀은 예수님께서 기도하실 동안에 같이 기도하라는 말씀입니다. 그리고 자신은 조금 더 나아가셨습니다. 누가복음 22:41을 보시면 예수님과 제자들은 돌 던질 만큼의 거리에 있었다고 합니다. 보통 돌을 던질 거리는 30-40m 정도로 추정됩니다. 30-40m의 거리라면 적막한 밤에는 소리를 충분히 분간할 수 있는 거리이며, 또한 예수님께서 큰 소리로 기도하셨기 때문에 제자들이 예수님의 기도의 내용을 알아들을 수 있었습니다. 그러므로 복음서에도 주님의 기도의 내용이 기록되어 있는 것입니다.

예수님께서는 땅에 엎드리어 기도하였습니다. 대체로 유대인들은 서서 기도하는 습관이 있었는데 땅에 엎드려서 기도한 것은 참으로 간절한 기도를 의미합니다. 마치 엘리야가 바알과 아세라를 섬기는 자들과 대항해서 기도할 때 머리를 두 무릎 사이에 넣고 기도한 것처럼 예수님께서도 생명을 걸고 간절히 기도하셨습니다. 오늘 본문은 기록되지 않았지만 누가복음에는 땀이 핏방울처럼 보일 정도로 예수님께서는 생명을 걸고 간절히 하나님께서 기도를 하셨다고 말씀합니다. 그러면서 이때가 자기를 지나가기를 원했습니다. 주님께서는 자신이 감당해야 할 십자가의 형벌이 자신에게서 지나가기를 원하셨던 것입니다.

기도의 내용

36절에 그의 기도의 내용이 좀 더 자세하게 언급되어 있습니다.

> 가라사대 아바 아버지여 아버지께는 모든 것이 가능하오니 이 잔을 내게서 옮기시옵소서 그러나 나의 원대로 마옵시고 아버지의 원대로 하옵소서 하시고

여기에서 '아바'는 아람어인데 우리말로 하면 아빠라는 말입니다. 그리고 헬라어의 '파테르(아버지)'란 말을 첨가하였습니다. 여기에서 같은 의미의 말을 반복한 것은 특별한 의미가 있다기보다는 이방인들이 아람어인 '아바'라는 말의 의미를 이해하도록 첨부된 것으로 생각됩니다.

　예수님의 기도는 세 가지 면에서 기도의 모범이 됩니다. 먼저 예수님께서는 "아바 아버지여"라고 하시면서 기도의 대상이 누구인지를 보여주셨습니다. 우리는 막연하게 기도해서는 안 됩니다. 우리의 기도의 대상은 천지를 창조하시고 역사를 주관하시는 유일하신 하나님입니다. 많은 분들이 기도를 하면서 기도의 대상을 인식하지 못하고 막연하게 기도하는 경향이 있는데 우리는 기도의 대상인 하나님을 반드시 인식하며 기도해야 합니다. 다음으로 예수님께서는 믿음의 고백을 합니다. 오늘 본문에 보면 하나님께는 모든 것이 가능하다는 것을 고백합니다. 기도의 가장 중요한 요소 가운데 하나는 믿음입니다. 우리는 우리의 기도의 대상을 인식하면서 기도해야 할 뿐 아니라 모든 것을 이루실 수 있는 하나님에 대한 믿음으로 기도해야 합니다. 물론 여기에서 믿음이라는 것은 우리가 기도하는 모든 것을 무조건 다 응답하실 것을 믿는 믿음을 의미하지는 않습니다. 우리의 기도는 때로는 거부될 수도 있고, 응답이 늦어질 수도 있습니다. 그러나 믿음이 있는 자는 우리의 기도가 때로는 거부되어도 그 속에 하나님의 뜻과 섭리가 있음을 믿는 것입니다. 때로는 응답이 늦어져도 하나님의 뜻 안에서 모든 것이 가장 적당

할 때에 가장 좋은 것으로 주실 것을 믿는 것입니다. 따라서 하나님의 전능하심과 절대주권을 믿고 기도하는 것이 믿음의 기도라고 할 수 있을 것입니다. 세 번째로 예수님 기도의 핵심 내용은 하나님의 뜻을 이루는 것이었습니다. 조금 있다가 말씀드리겠지만, 기도에 있어서 가장 기본적이면서 중요한 것은 나의 뜻, 나의 욕심, 나의 야망을 이루는 것이 아니라 하나님의 뜻을 이루는 것입니다.

주님과 대조되는 제자들의 모습

그렇게 기도하신 후에 제자들에게 돌아와 보니 제자들은 자고 있었습니다. 주님께서는 제자들에게 "깨어 기도하라 마음은 원이로되 육신이 약하다"고 하셨습니다. '마음은 원이로되 육신이 약하다'는 말은 교회에서 자주 쓰는 말인데 오늘 본문에서는 두 가지 의미를 가지고 있습니다. 먼저 이 말은 그들이 피곤하였음을 의미합니다(40절). 또한 누가복음에 의하면 이 말은 제자들이 슬픔을 극복하지 못함을 의미합니다. 그들은 끝까지 주님을 따르겠다고 약속한 자들입니다. 베드로는 다른 사람은 다 주님을 버려도 자신은 버리지 않겠다고 하였습니다. 또한 야고보와 요한도 예수님의 모든 고난에 동참하겠다고 하였습니다(막 10:39). 그들도 아마 주님의 명령을 좇아서 기도하고 싶었을 것입니다. 그러나 한 편으로는 육체적으로 피곤하고, 다른 한 편으로는 주님께서 번민하고 고통 하는 것을 보면서, 어쩌면 주님께서 죽을지도 모른다는 슬픔이 그들로 하여금 기도를 하지 못하게 하였다는 것입니다. 그것을 주님께서는 '마음은 원이로되 육신이 약하여 기도하지 못한다'라고 평가한 것입니다.

이제 주님께서는 기도 후에 당당하게 십자가를 지시기 위해서 나아갑니다. 지금까지 죽음에 대한 많은 고민이 있어 왔으나 세 번에 걸친

기도의 능력으로 그 결정적인 순간을 극복할 수 있는 힘을 얻었던 것입니다.

오늘 본문에는 주님과 제자들의 대조되는 두 모습이 나옵니다. 자신에게 맡겨진 사명을 감당하기 위해서 기도하는 주님의 모습과 깨어 기도하지 못하였던 제자들의 모습입니다. 주님의 생애에서 가운데 중요한 특징 가운데 하나는 시종일관 기도하는 것입니다. 예수님께서는 40일 금식기도 하심으로 공생애를 시작하였습니다. 마가복음 1:35에서는 예수님께서 사역을 하면서 바쁜 일과 중에서도 매일 새벽마다 습관을 좇아 기도하였다고 말씀합니다. 오병이어의 기적을 행하셨을 때에도 밤에 혼자서 따로 기도하였습니다(막 6:46).

다시 말해, 사역의 결정적인 순간마다 예수님께서는 기도하신 것입니다. 그리고 이제 그의 생애의 가장 결정적인 순간에도 기도하셨습니다. 누가복음에 보면 주님께서 겟세마네 동산에서 밤에 기도하신 것도 습관을 좇아서 기도하신 것이라고 합니다. 물론 제자들도 기도해야 할 줄은 알았습니다. 그래서 예수님을 따라다니면서 "우리에게 기도를 가르쳐 주옵소서"라고 요구하기도 하였습니다. 그들은 기도에 대해서 배웠고, 기도를 해야 할 것도 알았지만, 육신이 약하여서 실제로 기도하지는 못했습니다.

저는 제자들의 모습이 우리들 대부분의 모습이라고 생각됩니다. 우리도 기도해야 될 줄은 압니다. 또한 기도에 대해서 이야기하라고 하면 여러 가지를 말할 수 있습니다. 그러나 실제로 기도하는 사람은 그렇게 많지 않습니다. 물론 때로는 제자들처럼 너무 바쁘고 힘들어서 기도하지 못할 수도 있습니다. 때로는 우리에게 오는 고통과 슬픔이 너무 커서 좌절됨으로 기도하지 못하기도 합니다.

기도해야 할 이유

그러나 우리는 기도해야 합니다. 왜 입니까? 오늘 본문은 두 가지를 우리에게 말씀하고 있습니다. 먼저 주님께서는 제자들에게 시험에 들지 않도록 깨어 기도하라고 하셨습니다. 여기에서 시험에 들지 않는다는 것은 신앙에 실패를 경험하지 않기 위해서라는 말입니다. 우리가 신앙생활을 하면서 이 세상에는 우리를 넘어뜨리려고 유혹하는 것들이 너무 많다는 것을 수시로 경험합니다. 악은 다양한 모습으로 우리가 믿음의 실패를 경험하도록 유혹합니다.

그렇지만 우리는 우리의 의지와 노력은 한계가 있다는 사실을 알게 됩니다. 제자들도 항상 자신만만하였습니다. 그러나 그들은 결국 넘어지고 말았습니다. 신앙생활은 자신감이나 의지만으로 되는 것이 아닙니다. 깨어 기도하지 않으면 우리는 조그마한 유혹이나 어려움 앞에서도 쉽게 무너질 수밖에 없습니다. 그러나 우리가 깨어 기도하면 하나님께서는 결정적인 위기와 유혹을 극복할 수 있는 능력과 지혜와 힘을 주십니다. 그렇기 때문에 우리는 유혹을 극복하고 신앙의 실패를 경험하지 않기 위해서라도 항상 깨어 기도해야 합니다.

또한 오늘 본문을 보면 주님께서는 하나님의 뜻을 이루기 위해서 기도하셨습니다. 시험을 이기는 기도가 외적인 유혹을 극복하기 위한 기도라고 한다면, 하나님의 뜻을 이루는 기도는 자신과의 싸움에서 승리하기 위한 기도라고 할 수 있습니다. 빌립보서 2장에는 하나님께서 우리에게 자기의 기쁘신 뜻을 두고 행하신다고 하였습니다. 하나님께서 우리 모두를 향한 뜻과 섭리가 있고 우리에게 요구하시는 일이 있습니다. 그것을 이루어 가는데 방해하는 것 가운데 하나가 주님의 뜻과 요구에 배치되는 나의 계획과 나의 뜻과 나의 욕심입니다. 오늘 본문에서는 예수님께서도 하나님의 뜻을 알았습니다. 그러나 인간적인 면에서 그것을 피하고 싶었습니다. '하나님 아버지! 제가 꼭 이것을 해야 합니까?' 하였습니다. 하나님의 뜻을 이루기 위해서 자기 자신과 싸움의 기도를 하셔야만 했습니다. 바울도 마찬가지였습니다. 바울은 주님의 뜻을 이루기 위해서, 그리고 하나님께서 그에게 요구하시는 일들을 감당하기 위해서 날마다 죽는다고 하였습니다. 또한 자기 몸을 쳐서 복종시킨다고 하였습니다.

물론 우리를 향하신 하나님의 뜻과 계획과 요구를 분명히 아는 것은 쉽지 않습니다. 그런데 하나님의 뜻을 안다고 할지라도 그 뜻을 이루어 드리면서 사는 것은 훨씬 더 어렵습니다. 우리는 하나님의 뜻을 알면서도 그것이 힘들고 어려워서 그것을 피하고 싶을 때가 많습니다. 하지만 기도하면 주님께서 그러하셨던 것처럼 우리도 힘을 얻습니다.

또한 주님처럼 하나님께서 뜻하신 일들, 하나님께서 우리에게 요구하시는 일들을 기쁘고 즐겁게 감당할 수 있을 것입니다. 그러므로 우리는 우리에게 향하신 하나님의 뜻을 이루어드리고, 하나님께서 우리에게 요구하시는 것들을 감당하기 위해서 기도해야 합니다. 기도를 통해서 우리는 이기적인 신앙을 극복할 수 있고 주님의 뜻과 배치되는 나의 소원과 욕망을 주님의 뜻 앞에 굴복시킬 수 있습니다.

어떻게 기도할 것인가?

그렇다면 우리는 어떻게 기도해야 합니까? 바로 주님처럼 기도해야 합니다. 주님은 어떻게 기도하셨습니까?

먼저, 습관을 좇아서 기도하셨습니다. 사실 우리들 가운데 기도가 매일 매일 삶의 일부로 확실히 자리 잡은 분들은 그렇게 많지 않습니다. 기도하고 싶으면 기도하고 마음에 없으면 기도하지 않습니다. 시간이 있으면 기도하고 시간이 없으면 기도하지 않습니다. 그러나 기도 생활에서 가장 중요한 것 중에 하나는 시간을 정해서 규칙적으로 기도하는 것입니다. 우리를 넘어뜨리려는 언제나 유혹은 계속됩니다. 그러므로 우리는 한시라도 마음을 놓을 수 없습니다. 어려울 때는 어려움이 우리를 유혹합니다. 편할 때는 편함이 우리를 유혹합니다. 또한 자꾸 자꾸 솟아오르는 우리의 뜻과 야망이 우리를 사로잡으려고 합니다. 규칙적으로 습관을 좇아서 기도하지 않으면 그러한 유혹과 시험을 극복할 수 없습니다. 뿐만 아니라 평상시 기도의 훈련이 잘되어 있는 사람들이 어렵고 힘들 때도 더욱 간절히 기도합니다. 그러나 평상시 기도의 훈련이 되어 있지 않는 사람은 정말 기도해야 할 때에도 마음은 원이로되 육신이 약하여 기도하지 못하는 경우가 많습니다. 우리에게 규칙적으로 습관적으로 기도하는 훈련이 필요합니다.

다음으로, 주님은 간절한 마음으로 사생결단의 기도를 드렸습니다. 주님은 공생애를 시작하실 때에도 40일 간의 금식기도를 하셨습니다. 그것은 사생결단의 각오가 없으면 할 수 없는 것입니다. 오늘 본문에도 주님께서는 얼굴을 땅에 대고 몸부림치며 기도하였고, 땀방울이 핏방울이 되도록 생명을 걸고 기도를 하였습니다. 이처럼 우리도 기도할 때 간절한 마음이 필요합니다. 몸부림치며 생명을 건 기도를 해야 합니다. 매일 규칙적으로 습관을 좇아 기도할 때는 형식적인 기도를 하기 쉽고, 간단하게 대충 기도하기 쉽습니다. 그러나 우리는 나 자신을 위해서 우리의 가정을 위해서, 교회를 위해서, 우리의 이웃을 위해서 그리고 이 나라와 민족을 위해서 간절히 생명을 걸고 기도해야 할 것입니다.

말씀을 맺겠습니다.

오늘 본문은 기도에 대해서 교훈합니다. 먼저 오늘 본문에서 제자들의 기도의 부족은 그들의 신앙의 부족을 보여주는 것입니다. 그러나 사도행전에서는 그들이 전혀 다른 신앙의 모습을 보입니다. 변화된 그들은 위기를 당할 때마다 하나님께 간절히 기도합니다. 기도로서 그 위기를 극복하였던 것입니다. 기도는 우리의 신앙의 상태를 점검할 있고 우리의 앞날의 모습을 예측하게 하는 바로미터(barometer)입니다.

주님께서는 우리에게 기도의 모범을 보여주셨습니다. 주님과 같이 기도할 때 우리는 유혹을 물리칠 수 있습니다. 기도할 때 십자가를 지는 용기가 생기고, 하나님의 뜻과 요구를 이루는 담대함과 능력을 얻게 됩니다. 저는 우리 성도들이 주님처럼 규칙적으로 기도하며 늘 생명을 건 간절한 기도를 드리기를 원합니다. 그래서 늘 승리하고 하나님의 뜻을 이루어드리는 성도들이 되기를 간절히 바랍니다.

마가복음 14:43-52

하나님의 뜻을 이루기 위해서

십자가에 못 박히시기 전 주님은 많은 고민과 갈등을 하셨습니다. 왜냐하면, 십자가 위에 쏟아 부어질 죄에 대한 하나님의 진노와 저주가 너무 무겁게 느껴졌기 때문입니다. 가능하다면 자신이 감당해야 할 진노와 저주의 잔을 피하기를 원했습니다. 그러나 궁극적으로는 자신을 향한 하나님의 뜻이 이루어지기를 구했습니다. 그렇게 주님께서는 땀방울이 핏방울이 되는 생명을 건 간절한 기도를 한 후에 힘과 능력과 용기를 얻었습니다. 이제 담대하고 적극적으로 자신을 향하신 하나님의 뜻이요 자신이 이 땅에 오신 목적인 십자가를 지시기 위해서 나아갔습니다.

가증스러운 유다의 모습

오늘 본문은 예수님께서 기도하신 다음의 상황을 설명하고 있습니다. 43절입니다.

> 말씀하실 때에 곧 열둘 중의 하나인 유다가 왔는데 대제사장들과 서기관들과 장로들에게서 파송된 무리가 검과 몽치를 가지고 그와 함께 하였더라.

제자들과 말씀하시는 중에 가룟 유다가 서기관들과 제사장들 그리고 장로들이 보낸 사람들과 함께 왔습니다. 그냥 온 것이 아니라 검과 몽치(몽둥이)를 가지고 왔습니다. 미리 유다는 군사들에게 자기가 입을 맞추는 사람이 예수님인 것을 알려 주었습니다. 아마 자기와 함께 온 군사들 가운데 예수님을 알지 못하는 자들이 있었던 것 같습니다. 심지어 예수님을 체포해서 데리고 갈 때 단단히 결박하라고 미리 주의까지 주었습니다. 아마 예수님께서 능력을 행하셔서 그들의 결박을 풀어 버릴까봐 염려되었던 것 같습니다. 유다가 예수님께 나아왔습니다. 45절입니다.

이에 와서 곧 예수께 나아와 랍비여 하고 입을 맞추니

여기에서 유다의 가증스럽고 뻔뻔한 이중적인 모습이 나옵니다. 그는 이미 주님을 배반하였고 군사들과 함께 예수님을 체포하러 온 사람입니다. 그런 그가 주님을 랍비라고 부릅니다. 당시에 랍비라는 말은 함부로 부르는 말이 아니었습니다. 랍비라는 말은 자기의 참 스승에게 진정으로 존경하는 마음으로 부르는 호칭입니다. 그는 아주 천연덕스럽게 자기가 배반하였을 뿐 아니라 팔아넘기려고 한 주님을 랍비라고 부르면서 다가갔습니다. 그리고 예수님의 입을 맞춥니다. 여기에서 입을 맞춘다는 말은 우리말에는 그 의미가 확연하게 드러나지는 않지만 단순히 입을 맞추는 것이 아닙니다. 원어를 보면 이 말은 '열렬하게 입을 맞추다' 또는 '애정을 가지고 입을 맞추다' 라는 의미를 가지고 있습니다. 말하자면 주님을 배반하고 팔려고 하는 사람이 존경하고 사랑하는 사람에게 가지는 태도로 주님께 나아갔던 것입니다. 참으로 인간이 보여줄 수 있는 최고의 뻔뻔스럽고 가증스러운 모습을 유다는 보여주었습니다.

주님의 대응

이에 주님께서 무엇이라고 말씀하십니까? 오늘 본문에는 나와 있지 않지만 마태복음에 보면 "친구여 네가 무엇을 하려고 왔는지 행하라"고 말씀하십니다. 주님께서는 그의 속마음을 알고 계셨고 그가 무엇을 하려고 하는지도 이미 알고 계셨습니다. 만약 우리들 같았으면 따귀를 때리면서 호되게 꾸짖든지 아니면 너무도 어이가 없고 분통이 터져서 할 말을 잃어버렸을 것인데, 주님께서는 그러한 철면피의 모습을 하고 자신에게 나아온 사람을 "친구여 네가 무엇을 하려고 왔는지 행하라"라고 하시면서 아주 차분하고 넉넉한 마음으로 대하셨습니다. 유다가 주님께 입을 맞추자 약속된 대로 군인들이 나와서 예수님을 잡았습니다. 그 때 주님의 곁에 있던 제자 중 하나가(요한복음에 보면 그 사람이 베드로라고 말씀하고 있습니다) 아주 충동적이고 감정적으로 검을 뽑아서 군인의(요한복음에는 그 사람의 이름을 '말고' 라고 합니다) 귀를 잘라 버립니다. 누가복음에서는 주님께서 베드로에게 "이것까지 참아야 한다"고 책망하듯이 말씀하셨습니다. 마태복음에 보면 검을 다시 넣으라고 하시면서 "검을 쓰는 자는 검으로 망한다"고 말씀하셨습니다. 인간적이고, 감정적이고, 충동적으로 대응해서는 안 되고 참아야 된다는 것입니다. 자신도 힘이 부족해서 가만히 있는 것이 아니라는 것입니다. 마태복음에서는 주님께서 당장 많은 천사들을 불러서 이 일을 얼마든지 막을 수 있지만 그렇게 하지 않는다고 말씀하시고 있습니다. 그 이유가 무엇입니까? 49절에 기록되어 있습니다.

> 내가 날마다 너희와 함께 성전에 있어서 가르쳤으되 너희가 나를 잡지 아니하였도다 그러나 이는 성경을 이루려 함이니라 하시더라.

이 모든 상황에서 인간적으로 대응하지 않고 순순히 잡혀가는 것은 하나님의 말씀을 이루고, 하나님의 계획과 섭리를 이루는 것이기 때문이라고 말씀하셨습니다. 계속해서 말씀하십니다. 48절입니다.

> 예수께서 무리에게 말씀하여 가라사대 너희가 강도를 잡는 것같이 검과 몽치를 가지고 나를 잡으러 나왔느냐?

그들이 생각하는 것처럼 도망가지 않는다는 것입니다. 그런데 예수님께서 잡혀가는 모습을 보자 제자들이 모두 도망하였습니다. 50절입니다.

> 제자들이 다 예수를 버리고 도망하니라.

51절과 52절을 보면 한 청년도 따라오다가 벗은 몸으로 도망하고 맙니다. 제자들과 주님의 모습은 이처럼 아주 대조적입니다. 물론 하나님이신 예수님과 제자들을 단순 비교할 수는 없지만, 오늘 본문에서 주님과 제자들의 행동을 비교하고 그 원인을 살펴보는 것은 유익하리라고 생각합니다.

먼저 유다의 모습은 어떻습니까? 그는 십자가를 지시려고 한 주님을 보면서 자신이 기대하였던 소망이 사라졌다고 생각했습니다. 그래서 참으로 후안무치하고 파렴치한 모습을 보여주면서 주님을 배반하였습니다. 나머지 제자들은 어떠합니까? 그들은 매우 호언장담하였습니다. 그러나 결국 자신들에게 닥쳐올 고난과 역경이 두려워서 도망쳐 버렸습니다. 주님께서는 어떠하셨습니까? 처음에는 심한 고민과 갈등이 있었지만 나중에는 아주 당당하고 담대한 모습으로 자신의 사명을 감당하고 하나님의 뜻을 이루어 가셨습니다.

그러면 주님과 제자들이 이렇게 극명하게 대조적인 모습을 보이는 이유는 무엇입니까? 그 이유는 49절 하반 절에 말씀한대로 주님께서는 자신을 향한 하나님의 뜻과 섭리와 계획을 아셨지만, 제자들은 지금까지 살펴본 것처럼 예수님을 향하신 하나님의 뜻과 섭리와 계획을 알지 못했고, 하나님의 뜻이나 섭리와는 상관없이 자기의 유익을 좇아 주님을 따랐기 때문입니다. 즉 제자들과 예수님의 행동의 근본적인 차이는 하나님의 뜻과 계획을 아느냐 모르느냐에 있었던 것입니다.

하나님의 뜻을 이루기 위해서

오늘 본문이 우리에게 주는 교훈은 크게 두 가지라고 생각합니다. 먼저 우리가 제자들처럼 비겁하게 행동하지 않고 예수님처럼 당당하고 담대하게 행동하려면 우리를 향하신 하나님의 뜻과 계획을 알고 또한 그것을 이루기 위해 굳게 결단하고 각오해야 합니다.

사랑하는 성도 여러분! 왜 성도들이 하나님을 섬기면서도 자주 흔들리고 자주 주님을 실망시키는지 아십니까? 주님께 봉사하면서도 왜 신실함을 보이지 못하는 줄 아십니까? 많은 경우 자신을 향한 하나님의 뜻과 계획과 섭리를 명확히 알지 못하고 그저 막연하게 또는 자신의 관점에서 자기의 유익을 따라 신앙생활하기 때문입니다. 하나님께서는 우리 가운데 어느 누구도 그저 막연하게 아무런 계획도 없이 부르시지 않았습니다. 하나님께서 우리를 부르실 때는 분명히 어떤 뜻과 목적을 가지고 부르셨습니다. 그러나 안타깝게도 우리 주위에는 주님께서 부르신 뜻과 목적을 분명히 알지 못한 채, 그저 막연히 신앙생활을 하고, 그저 막연하게 봉사하는 사람들이 참으로 많습니다. 자신을 향한 하나님의 부르심의 이유와 목적이 무엇인지 분명히 깨닫게 될 때 우리는 신앙생활의 진정한 의미를 찾을 수 있으며, 또한 그 때 우리는 어떻게 모든 일에 처신해야 될지를 분명히 알게 될 줄 믿습니다.

사도행전 20:23-24을 보면 바울은 하나님께서 그를 부르신 목적을 분명히 알았습니다. 그렇기 때문에 그는 모든 상황에서 어떻게 처신하여야 할 줄도 분명히 알았습니다. 그러므로 우리 가운데 아직까지도 하나님께서 왜 나를 부르셨는지에 대한 분명한 깨달음이 없는 분들은 무엇보다도 당장 이 문제부터 해결해야 합니다. 제가 생각할 때 지혜 있는 사람, 세월을 아끼는 사람, 효과적으로 인생을 사는 사람은 자기를 향하신 그리고 자기를 통하여 이루기를 원하시는 하나님의 뜻과 계획을 깨닫는 사람인 줄 믿습니다.

그러나 하나님의 뜻을 아는 것만으로는 부족합니다. 하나님의 뜻을 알았으면 그 뜻을 이루고자 하는 의지와 결단과 각오가 필요합니다. 그것을 이루기 위해 모든 관심과 초점과 역량을 모아야 합니다. 그 때 우리는 지혜롭게 그리고 능력 있게 우리를 부르신 목적을 이루어드릴 수 있습니다.

주님께서도 분명히 당신을 향하신 하나님의 뜻을 알았지만, 당신 안에 하나님의 뜻에 반대되는 당신의 원함이 있음도 알았습니다. 그것 때문에 갈등하고 고민도 하셨습니다. 그런데 기도를 통해 힘을 얻고 되었고, 또한 기도를 통해 하나님의 뜻을 이루고자 하는 의지와 담대함도 생겼습니다. 그 후에 자신을 배반하고 도망하는 주변의 환경 속에서도 조금도 동요되지 않고 하나님의 섭리와 뜻을 이루기 위해서 당당하게 나아가셨습니다. 바울도 마찬가지입니다. 바울도 자기에게 향하신 하나님의 계획과 뜻이 무엇인지 분명히 알았습니다. 또한 그에게도 그 뜻을 이루고자 하는 강한 의지와 결단이 있었습니다. 그래서 그는 죽음이 기다리고 있을지라도 자신이 가야할 길을 담대하게 갔던 것입니다.

그렇지만 우리를 향한 하나님의 뜻을 한 번 깨닫고 결단하는 것만으로 되지 않는다는 것을 기억해야 합니다. 우리의 생애를 마칠 때까지 계속 되새김되어야 합니다. 왜냐하면, 우리는 우리도 모르는 사이에 우리에게 주신 사명을 잊어버리고 또한 의지도 약해지기 때문입니다. 어떤 분들은 자기 사명서를 작성하여(하나님께서 자기를 부르신 목적과 계획을 작성하여) 아침마다 그것을 읽고 하루를 시작한다고 합니다. 좋은 습관이라고 생각합니다. 그렇게 우리의 사명을 늘 기억하며 살 때 우리는 매일의 삶을 의미 있고 보람되며 바른 삶을 살 수 있을 것입니다.

다음으로 하나님의 뜻을 알고 결단한 다음에 우리에게 필요한 것은 넉넉한 마음과 끝까지 참는 인내심입니다. 주님께서는 하나님의 뜻과 계획을 아는 자가 어떻게 살아야 하는가를 보여주셨습니다. 사실 유다의 모습을 보면서 참는 것은 쉽지 않은 일이었습니다. 우리를 가장 슬프게 하는 것 가운데 하나는 자기와 가까운 사람이 배신하거나 이중적인 모습을 보일 때입니다. 유다는 주님을 배신하였고 간사함의 극치를 보여 주었습니다. 인간적으로 보면 참을 수 없는 일이고 분통이 터지는 일입니다. 주님께서는 전혀 동요됨 없이 차분하고 넉넉한 마음으로 유다에게 대하셨습니다. 그런데 베드로는 어떻습니까? 그는 인간적이고 충동적이며 감정적으로 대처하였습니다. 아마 베드로는 순간적으로 그것이 주님을 위한 것이라고 생각하였을지 모릅니다. 하지만 주님께서는 군인들이 폭력을 사용하여 주님을 잡으러 왔다고 해서 같이 폭력으로 맞서지 말기를 당부하셨습니다. 주님께서 인간적으로 대응할 줄 몰라서, 또는 힘이 없어서 그렇게 말씀하신 것이 아닙니다. 자신을 향하신 하나님의 뜻과 계획과 섭리를 이루기 위해서 그것까지라도 참아야 했던 것입니다.

우리도 마찬가지입니다. 우리도 주님처럼 살아야 합니다. 먼저 주님의 뜻을 이루기 위해서 넉넉한 마음이 필요합니다. 그리고 주님의 뜻을 이루기 위해서 감정적이고 인간적이고 충동적으로 대처하지 말아야 합니다. 하나님의 뜻을 이루는 과정에는 항상 많은 장애와 어려움들이 발생합니다. 인간적인 아픔과 배신을 경험할 수 있습니다. 우리와 함께 가던 사람들이 너무 힘들어서 탈락할 수도 있습니다. 어떤 사람들은 칼과 뭉치를 가지고 우리를 해치려고 할지도 모릅니다. 그런 방해나 섭섭함을 접하게 될 때 우리는 그러한 것들을 인간적인 감정과 성급하고 순간적인 행동으로 대항해서는 안 됩니다. 주님께서 베드로에게 말씀하신 것처럼 가장 극한 상황 앞에서도 우리는 참아야 합니다. 우리가 힘이 없어서 참는 것이 아니고 그들에게 어떻게 대응해야할 지 몰라서 참는 것도 아닙니다. 참는 것이 하나님의 뜻을 이루는 것이기 때문에 참아야 하는 것입니다.

물론 주님께서도 불의를 행하는 사람들을 보시면 때로는 화도 내시고 저주를 선포하셨습니다. 성경은 잘못을 엄히 꾸짖으라고 말씀하기도 합니다. 그렇기 때문에 우리가 주님의 뜻을 이루기 위해서 그렇게 해야 할 때도 분명히 있습니다. 그렇지만 많은 경우에 우리는 하나님의 뜻을 이루기 위해서 참아야 하고 견디어야 합니다. 우리를 배신하고 우리를 모함하고 괴롭히는 사람들에게조차도 넉넉한 마음으로 대할 수 있어야 합니다. 물론 쉽지는 않습니다. 많은 사람들이 배신을 당하면서 화병에 걸리기도 합니다. 억울한 일을 당하면서 정신적인 어려움에 처하기도 합니다. 그러나 우리 하나님의 백성들은 그러한 부분조차도 극복해야 합니다. 어떻게 극복할 수 있습니까? 먼저 하나님께 초점을 맞추면 넉넉한 마음이 생깁니다. 하나님의 섭리하심을 믿고 하나님께서 알아서 판단하고 평가하실 것을 믿으면 우리도 주님처럼 그렇게 넉넉한 마음을 가질 수 있습니다. 다윗을 보십시오. 그는 하나님의 섭리를 믿었기 때문에 죽음의 위기에서도 맞대응하지 않았습니다. 우리가 할 일은 오직 사랑하는 것입니다. 다음으로 기도하는 것이 필요합니다. 기도할 때 우리도 주님처럼 힘을 얻습니다. 모든 사람을 넉넉하게 대할 수 있고 충동적이고 인간적으로 대하지 않게 됩니다. 저도 신앙생활을 하면서, 목회를 하면서 참지 못할 많은 일들을 경험하였습니다. 도저히 신앙인이라고 할 수 없는 사람들을 가끔 만나게 됩니다. 그래서 참을 수 없는 경우를 종종 접하게 됩니다. 그러다보면 실제로 인간적인 대응을 하고픈 생각이 들 때도 있습니다. 그럴 때마다 하나님을 생각하고 하나님의 섭리를 생각합니다. 그리고 주님께 무릎을 꿇습니다. 그러면 인간적으로 반응하지 않고 그들을 받아줄 수 있는 넉넉한 마음이 생겼던 것을 여러 번 경험하였습니다. 저는 우리 모든 성도들이 도저히 참을 수 없다고 생각될 때도 "이것까지 참으라"라고 하신 주님의 말씀을 기억할 수 있기를 바랍니다.

이제 말씀을 맺겠습니다.

오늘 본문에서 주님께서는 하나님의 뜻을 아셨고 그것을 감당하고자 하는 의지가 있으셨기에 참으로 넉넉하고 당당하게 행하셨고 하나님의 뜻을 이루어 드렸습니다. 우리 모두에게도 우리에게 향하신 하나님의 뜻이 있습니다. 우리에게 가장 먼저 필요한 것은 그 하나님의 뜻을 깨닫는 것입니다. 그리고 그것을 이루고자 각오와 결단하는 것입니다. 또한 그것을 이루기 위해서 인간적이고 충동적으로 대항하지 말고 넉넉하고 참음으로 대해야 할 것입니다. 그러면 우리의 생애를 통해 이루시고자 하는 하나님의 뜻을 이룰 수 있을 것입니다.

마가복음 14:53-65

애매히 고난을 당할 때

　주님과 제자들은 거듭 거듭 상반된 행동을 하였습니다. 주님께서는 생명을 걸고 간절히 기도한 후, 하나님께서 주시는 힘과 능력으로 아주 당당하게 십자가를 지시기 위해서 나아가셨던 반면, 유다는 삼년 간 함께 지냈던 예수님을 참으로 가증한 방법과 모습으로 배반하였고, 다른 제자들은 예수님께서 잡혀가시자 겁에 질려서 모두 도망했습니다.
　주님과 제자들이 크게 상반된 모습을 보여주었던 중요한 이유 가운데 하나는 예수님을 향하신 하나님의 뜻과 계획을 아는 것과 모르는 것의 차이였습니다. 주님께서는 자신을 향한 하나님의 뜻을 분명히 알았습니다. 그렇기 때문에 하나님의 뜻을 이루기 위해서 생명을 걸고 간절히 기도하였고, 감정적이고 충동적으로 대응을 하지 않았습니다. 제자들은 예수님을 향한 하나님의 뜻과 계획을 알지 못했습니다. 그래서 그들은 당연히 기도해야 할 시간에 나태한 모습을 보였고, 위기의 순간을 인간적인 방법으로 대응하다가 결국은 도망하였던 것입니다.
　신앙생활하면서 우리에게 무엇보다도 필요한 것은 우리를 통하여 이루기 원하시는 하나님의 계획과 뜻을 분명히 그리고 확실히 아는 것입니다. 그 때 우리에게 주어진 사명을 부여잡고 간절히 기도할 수 있고, 우리에게 닥쳐오는 모든 일을 주님께서 기뻐하시는 방법으로 대처할 수 있습니다.

불법 재판

오늘 본문은 주님께서 잡혀가셔서 재판을 받는 과정을 기록하고 있습니다. 53절입니다.

저희가 예수를 끌고 대제사장에게로 가니 대제사장들과 장로들과 서기관들이 다 모이더라.

그들은 이제 주님을 대제사장에게로 끌고 갔습니다. 당시에 대제사장은 가야바라는 사람이었는데, 그는 산헤드린 공회의 의장이었습니다. 11장의 성전 정화 사건에 대해서 말씀드릴 때 언급한 적이 있는데, 이 가야바는 상업적인 목적을 위해서 성전 안에서 제물 판매를 제도화시킨 안나스라는 사람의 사위입니다. 안나스는 대제사장직에서 공식적으로 물러나기는 했지만 여전히 실권을 쥐고 있었기 때문에, 자기 대신 자기 사위를 산헤드린 공회의 의장에 앉히고 막후에서 영향력을 발휘하였던 것입니다. 그래서 요한복음에는 예수님을 가야바에게로 데리고 가기 전에 먼저 예비 심문을 위해서 안나스에게 데리고 가서 안나스의 허락을 받은 다음에 가야바에게 데리고 간 것으로 기록되어 있습니다. 산헤드린 공의회는 이스라엘의 종교와 정치의 책임을 지고 있던 최고 의결기관이었는데 이 기관이 그렇게 움직여지는 것을 보면 당시의 이스라엘의 종교와 정치가 얼마나 타락했는지를 쉽게 알 수 있습니다. 그렇게 타락하여 자기들의 역할과 사명을 다하지 못하던 이스라엘의 지도자들은 예수님의 사역과 말씀으로 인해 자기들의 권위에 손상을 입고, 자기들의 가식적이고 외식적인 신앙생활이 드러났기 때문에 예수님 공생애 내내 예수님을 괴롭히고 예수님을 죽일 궁리를 찾았습니다. 그런데 유다가 그들에게 와서 예수님을 팔아넘기겠다고 하자 그것이 좋은 기회라고 생각하고 사람들을 파송하였습니다. 그리고는 예수님께서 잡혀 오기만을 간절히 기다렸던 것 같습니다. 그것은 그 때가 밤인데도 불구하고 예수님께서 잡혀 오니까 대제사장들과 장로들과 서기관들이 대제사장의 집에 쉽게 모일 수 있었던 것으로 확인될 수 있습니다.

그렇지만 산헤드린 공회가 이 때에 이렇게 모인 것은 완전한 불법이었습니다. 당시의 기록에 의하면 원래 산헤드린 공회는 해가 지고 난 후에 모여서 회의를 하거나 어떤 결정을 내릴 수 없었습니다(그래서 누가복음에 보면, 해가 뜨고 난 후에 공식적으로 결정한 것을 알 수 있습니다). 그리고 유월절과 같은 명절 전날에는 모일 수 없었습니다. 또한 당시에는 성전의 성소에서 재판하도록 되어 있었는데 가야바의 사택에서 모인 것도 불법이었습니다. 결국 그들은 예수님을 죽이기 위해서 철저히 불법을 자행했던 것입니다.

그들은 예수님을 죽이기 위해서 거짓 증인들도 동원하였습니다. 55-56절입니다.

> 대제사장들과 온 공회가 예수를 죽이려고 그를 칠 증거를 찾되 얻지 못하니 이는 예수를 쳐서 거짓 증거 하는 자가 많으나 그 증거가 서로 합하지 못함이라.

모세의 율법에 의하면 두 명 이상의 일치된 증거가 있어야 죄인에 대한 유죄 판결을 내릴 수 있었습니다. 그래서 그들은 거짓 증인들을 동원한 것 같습니다. 하지만 예수님에 대해서 많은 거짓 증언들이 서로 일치되지 않았습니다. 어떤 사람들이 성전과 관련해서 예수님을 고발하였습니다. 57-59절입니다.

> 어떤 사람들이 일어나 예수를 쳐서 거짓 증거 하여 가로되 우리가

그의 말을 들으니 손으로 지은 이 성전을 내가 헐고 손으로 짓지 아니한 다른 성전을 사흘에 지으리라 하더라 하되 오히려 그 증거도 서로 합하지 않더라.

그들은 예수님께서 "성전을 헐고 다른 성전을 짓겠다"라고 말씀하셨다고 고발했습니다. 그것은 틀린 것입니다. 요한복음 2:19을 보면 주님께서는 "너희가 이 성전을 헐라. 그러면 내가 사흘 동안에 일으키리라"라고 말씀하셨지 주님 자신이 성전을 헐겠다고 결코 말씀하시지 않았습니다.

주님의 반응

한편 그들의 거짓 증거에 대한 주님의 반응은 어떻습니까? 60-61절 상(上)입니다.

대제사장이 가운데 일어서서 예수에게 물어 가로되 너는 아무 대답도 없느냐 이 사람들의 너를 치는 증거가 어떠하냐 하되 잠잠하고 아무 대답도 아니하시거늘

주님께서는 자신을 불법과 거짓 증언으로 죽이려는 유대 종교 지도자들과 거짓 증인들 앞에서 아무 말씀도 안 하셨습니다(참고, 사 53:7). 거짓 증거와 거짓 증인들 앞에서 변론하거나 변증할 필요가 없다고 느끼신 것입니다. 주님께서 아무 말씀도 안 하시자 대제사장이 예수님께 물어봅니다. 61(下)-62절입니다.

대제사장이 다시 물어 가로되 네가 찬송 받을 자의 아들 그리스도냐 예수께서 이르시되 내가 그니라 인자가 권능자의 우편에 앉은 것과 하늘 구름을 타고 오는 것을 너희가 보리라 하시니

찬송 받을 자는 하나님을 말씀합니다. 주님께서는 자신이 하나님이시요 그리스도임을 밝히셨습니다. 그리고 한 걸음 더 나아가서 자신이 하나님의 우편에 앉으실 것과 나중에 구름을 타고 다시 오실 것을 말씀하셨습니다. 이것은 주님 자신에 대한 변명이 아닙니다. 주님께서 자신을 메시야로 인정하는 것은 자기 자신에 관한 것이라기보다는 진리에 관한 것이었습니다. 자기에 대한 모함과 거짓 증거에는 아무 말씀도 안 하셨지만 진리에 대해서는 분명히 말씀하신 것입니다. 주님께서는 당시 종교 지도자들이 이미 결론을 정해놓고 일을 시작하였고 그들에게서 정의롭고 양심 있는 판단이 불가능한 것을 아셨기 때문에 거짓 증언들에 대해서는 침묵하셨지만 진리에 관한 문제는 분명히 말씀하신 것입니다. 그 때 대제사장은 예수님을 신성모독죄로 사형을 선고했습니다. 64절입니다.

> 그 참람한 말을 너희가 들었도다 너희는 어떻게 생각하느뇨 하니 저희가 다 예수를 사형에 해당한 자로 정죄하고

이제 많은 사람들은 침을 뱉으며 주먹으로 치며 손바닥으로 치며 주님을 욕보였습니다. 65절입니다.

> 혹은 그에게 침을 뱉으며 그의 얼굴을 가리우고 주먹으로 치며 가로되 선지자 노릇을 하라 하고 하속들은 손바닥으로 치더라.

오늘 본문은 주님께서 불법으로 소집된 재판에서 거짓 증인들과 거짓 증언 앞에서 억울하게 죄인으로 취급되고, 사형 언도 받으시고, 사람들에게 멸시와 모욕을 받으신 것을 기록하고 있습니다.

애매히 고난을 받을 때

　그러면 오늘 본문이 우리에게 주는 교훈은 무엇입니까? 먼저 하나님을 뜻을 이루는 과정에서 우리도 부당한 대우를 받을 수 있다는 것입니다. 아니 당연히 받습니다. 그것도 하나님을 잘 믿는 것처럼 보이는 사람들로부터 받습니다. 그동안 한국 교회는 예수를 믿으면, 하나님의 뜻을 이루어 드리면 무조건 형통하고 잘된다고 가르쳐왔습니다. 물론 예수님을 믿고 하나님의 뜻을 이루어 드리면 우리는 하나님께서 역사하시는 기적을 체험하기도 하고, 건강이 회복되기도 하며, 해결되지 않는 문제들과 불가능하게 보이는 일들이 해결되는 것을 경험하기도 합니다. 그것은 당연한 것입니다. 그러나 그것만 강조해서는 안 됩니다. 그것은 성경에서 말씀하는 온전한 복음이 아닙니다.

　성경이 우리에게 분명히 말씀하는 것은 예수님을 믿으면 당연히 따라오는 것이 있는데 그것은 하나님의 뜻을 이루어 드리는 과정에서 억울하고 부당한 대우를 받으며 고난을 받는다는 것입니다. 베드로전서 2:18절 이하입니다.

　　사환들아 범사에 두려워함으로 주인들에게 순복하되 선하고 관용하는 자들에게만 아니라 또한 까다로운 자들에게도 그리하라 애매히 고난을 받아도 하나님을 생각함으로 슬픔을 참으면 이는 아름다우나 죄가 있어 매를 맞고 참으면 무슨 칭찬이 있으리요 오직 선을 행함으로 고난을 받고 참으면 이는 하나님 앞에 아름다우니라 이를 위하여 너희가 부르심을 입었으니 그리스도도 너희를 위하여 고난을 받으사 너희에게 본을 끼쳐 그 자취를 따라오게 하려 하셨느니라.

　오히려 부당한 대우와 고난을 받도록 주님께서 우리를 부르셨다는 것입니다. 주님께서는 그러한 애매한 고난의 본이 되셨다는 것입니다.

또한 디모데후서 3:12을 보면 "무릇 주 안에서 경건하게 살고자 하면 핍박을 받는다"라고 말씀합니다. 성경은 분명히 복음은 부당한 대우나 애매한 고난을 동반한다고 말씀하고 있습니다. 나아가 성경에 기록된 위대한 신앙의 사람들은 대개 하나님의 뜻을 이루기 위해서 부당한 대우를 받았고 애매히 고난을 받았던 것을 알 수 있습니다. 요셉이 그랬고, 다윗이 그랬습니다. 바울이 그랬고, 초대교회 성도들이 그랬고, 우리의 신앙의 선배들이 그랬습니다.

그러면 왜 하나님을 믿는 사람이 부당한 대우를 받고 애매한 고난을 받습니까? 먼저는 하나님의 뜻을 제대로 알지 못하는 사람들이 있기 때문입니다. 당시의 지도자들은 하나님의 뜻을 알지 못했습니다. 그들은 자기들이 하나님을 가장 잘 믿고 있다고 생각하였고, 자기들의 생각이 하나님의 뜻이라고 생각했습니다. 그들은 자기 잘난 맛에 살고 있는 사람들이었습니다. 그런 사람들의 특징은 결론부터 정해놓고 무엇을 시작합니다. 그들은 다른 사람들의 말을 들으려고 하지도 않고 자기들의 주장에 동조하지 않는 사람들에게 무조건 어려움을 주는 것입니다.

다음으로 시기와 질투 때문입니다. 그것은 당시의 지도자들이 주님을 괴롭히고 죽인 이유 가운데 하나였습니다. 당시의 종교 지도자들은 예수님께 많은 사람들이 몰려가서 자기들이 설자리가 없었기 때문에 예수님을 시기하고 질투하지 않을 수 없었습니다. 예수님만 그런 것이 아닙니다. 성경의 인물들도 같은 경험을 했습니다. 요셉이 어려움을 당했던 것도, 사울이 다윗을 죽이려고 한 것도 시기와 질투 때문이었습니다. 시기와 질투는 다른 사람을 부당하게 대우하는 이유입니다.

오늘날 우리도 마찬가지입니다. 어떤 분들은 주님 일을 열심히 하다가 억울하고 부당한 대우를 받으면 교회 안에서 이럴 수 있느냐고 원망합니다. 그것은 결코 이상한 일이 아닙니다. 오늘날 교회 안에도 가짜들이 있습니다. 또한 자기의 착각 속에 사로 잡혀 있는 사람들도 있습니다. 그리고 시기와 질투가 있는 분들도 있습니다. 그렇기 때문에 부당한 대우를 받고 애매한 고난을 받는 것이 어쩌면 당연한 것입니다. 우리는 예수님을 믿으면서 교회 안에서 부당하게 대우를 받거나 애매한 고난을 당할 때 그것을 이상하게 생각하지 말고 당연하게 생각해야 합니다.

오늘날 현대 교회의 문제와 위기는 부당한 대우와 고난을 각오하는 크리스천들이 그렇게 많지 않다는 것입니다. 많은 성도들이 하나님의 뜻을 이루려고 하는 각오와 의지가 있으면 무조건 잘되고 형통할 것으로 생각합니다. 그래서 조그만 부당하게 대우를 받거나 조금만 어려워도 쉽게 포기하고 시험에 듭니다. 더구나 그런 것을 경험한 다음에는 적당하게 거리를 두며 신앙생활을 하기도 합니다. 물론 부당한 대우를 좋아하고 애매히 고난을 받는 것을 좋아하는 사람은 한 사람도 없습니다. 그러니 우리는 하나님의 뜻을 이루기 위해서 부당한 대우를 받을 것을 각오하고 애매한 고난을 각오하면서 예수를 믿어야 합니다. 그러할 때 우리는 온전히 주님을 섬기고 봉사할 수 있습니다. 그렇기 않으면 예수님을 믿을 수 없고 주님을 위해서 일하고 이웃을 위해서 섬길 수도 없습니다.

그러면 부당한 대우를 받고 애매히 고난을 받을 때 우리의 자세는 어떠해야 합니까? 먼저 하나님께 맡기고 묵묵히 가야합니다. 주님께서는 고난당하시고 억울한 일을 당하시면서도 불필요하게 변명하지 않고 침묵하셨습니다. 대개 오해받고 억울한 일을 당할 때, 우리 몸 가운데 가장 먼저 활동하는 부분이 입이라고 생각합니다. 그러나 우리는 절대로 입으로 죄를 짓지 말고 묵묵히 참고 나아가야 합니다. 왜 그렇습니까? 주님께서 아시고 주님께서 판단하시기 때문입니다. 예수님께서도 공의로 심판하시는 자에게 부탁하였다고 하였습니다. 하나님께서 다 아신다는 것은 우리에게 놀라운 위로와 힘이 됩니다. 주님을 신뢰하면 우리는 묵묵히 하나님의 뜻을 이루어 드릴 수 있을 것입니다.

다음으로 입을 열어야 할 때가 있습니다. 그것은 진리에 관한 것입니다. 오늘 본문에서 예수님 자신을 메시야로 인정하는 것은 자기 자신에 관한 것이라기보다는 진리에 관한 것이기에 그 부분에서는 주님께서 침묵하지 않았습니다. 우리는 자신에 관한 것은 구차하게 변명하지 않아야 합니다. 그러나 진리만은 분명히 선포해야 합니다. 구약에서 선지자들은 바른 말을 하였습니다. 우리도 이 시대를 보면서, 교회를 보면서 바른 말은 해야 합니다. 바른 말을 해야 할 때도 참는 것은 옳은 자세가 아닙니다. 그것은 비겁입니다.

마지막으로 우리는 부당한 대우를 받고 애매히 고난을 받을 때 오히려 한 걸음 더 나아가 기뻐해야 합니다. 마태복음 5:11에서 예수님께서는 "너희를 욕하고 핍박하고 거짓으로 모든 악한 말을 할 때에 너희에게 복이 있나니 기뻐하고 즐거워하라"라고 말씀하였습니다(참고, 요 15:19-20). 예수님을 믿는 특권 가운데 하나는 어려움 가운데서 기뻐하는 것입니다. 빌립보서에 보면 바울은 복음을 전하다가 부당한 대우를 받았고 애매히 핍박을 받고 감옥에 들어갔습니다. 그러한 상황에서 그는 주님 때문에 받는 고난을 진정으로 기뻐하였습니다. 뿐만 아니라 감옥밖에 있는 사람들에게도 기뻐하라고 하였습니다. 우리는 억울하게 고난을 받으면서도 기뻐할 수 있습니다. 왜냐하면 그것이 예수님을 바로 믿는다는 표시이고, 그것이 또한 하늘에서 상이 크다는 표시이기 때문입니다.

말씀을 맺겠습니다.

주님께서는 하나님의 뜻을 이루기 위해서 부당한 대우를 받고 애매히 고난을 받았습니다. 또한 성경은 주님 때문에 고난을 받는 것이 당연하다고 말씀합니다. 그렇기 때문에 우리도 주님처럼 하나님의 뜻을 이루기 위해서 고난을 각오해야 합니다. 고난을 당할 때 입술로 죄를 짓지 말고 묵묵히 나아가야 합니다. 그러할 때 우리의 생애를 통해서 하나님의 뜻을 이루어 드리고 주님의 칭찬과 상을 받을 것입니다.

마가복음 15:1-15

성공으로부터의 자유

이스라엘의 정치와 종교에 있어서 중요한 문제를 의결하고 결정하였던 기관인 산헤드린 공회는 가룟 유다와 결탁하여 예수님을 잡아들이고, 모이지 말아야 할 때와 장소에서 불법으로 예수님을 재판하였습니다. 또한 이미 정해 놓은 결론에 따라서 예수님에게 신성 모독죄라는 죄명을 뒤집어 씌워서-속된 말로 하면, 예수님에 관한 건을 날치기로 통과시켜서- 예수님을 사형하기로 가결하였습니다.

빌라도에게 넘겨짐

이제 주님은 대제사장 가야바의 손에서 로마 총독이었던 빌라도의 손으로 넘어갔습니다. 1절입니다.

> 새벽에 대제사장들이 즉시 장로들과 서기관들 곧 온 공회로 더불어 의논하고 예수를 결박하여 끌고 가서 빌라도에게 넘겨주니

여기에서 우리는 당시 유대의 정치 구조에 대해서 알 필요가 있습니다. 우리가 잘 아는 것처럼, 당시의 이스라엘은 '팍스 로마나(Pax Romana: 로마에 의한 평화)'라는 구호 아래 세계를 정복하고 지배하였던 로마의 식민지였습니다. 당시 로마는 자기들이 정복한 나라들을

보다 효과적으로 다스리기 위해서 식민지에 따라서 그 지역에 맞는 정책을 썼을 뿐 아니라, 각 지역에 상당한 자치권을 허용하였습니다. 이스라엘에는 자기 나라에서 총독을 파견하여 총괄적으로 관할하면서도 왕도 세우고(예수님 당시에 이스라엘의 왕은 헤롯이었습니다), 산헤드린 공회도 허락하여서 이스라엘에게 자치권과 여러 가지 권한을 주었습니다. 그런데 사형을 최종적으로 결정할 수 있는 권한은 주지 않았습니다. 따라서 산헤드린 공회가 예수님에게 사형을 선고하였지만 당시 로마의 총독이었던 빌라도에게 데리고 가서 빌라도로부터 최종적인 인허를 받아야만 사형을 집행할 수 있었습니다.

오늘 본문에는 자세히 나오지 않았지만 누가복음(23:2)에 보면 그들이 예수님을 빌라도에게 데리고 갔을 때 고소한 내용은 세 가지입니다.

1) 예수님께서 민간을 선동하여서 반란을 일으키려고 했다는 것입니다.

2) 예수님께서 로마의 황제에게 세금을 바치지 말라고 했다는 것입니다.

3) 자칭 왕이라고 했다는 것입니다.

그들이 고소한 내용을 보면 그들은 자기들이 결론 내렸던 '신성 모독죄'가 아니라 로마에 대한 '반란음모죄'로(즉 정치범으로) 예수님을 고소했습니다. 예수님의 죄를 종교적인 것에서 정치적인 것으로 바꾸어서 로마법에 저촉되도록 한 것입니다. (당시 로마는 이스라엘이 독특한 종교적 특성을 지니고 있는 나라라고 생각하였기 때문에 가능한 한 종교적인 자유를 허락하였고 크게 간섭하지 않았습니다. 단지 데모를 일으킨다든지 세금을 안 낸다든지 하는 정치적인 문제는 결코 용납하지 않았습니다. 그래서 정치범으로 고발하는 것이 예수님을 죽이는데 효과적이었습니다.)

이들의 고소에 주님께서는 유대인의 왕이란 것만 대답하였습니다.

물론 그들의 질문의 의도와 예수님의 답변의 의도는 달랐습니다. 그들은 정치적인 면에서 물었지만 예수님께서는 영적인 면에서 이스라엘의 진정한 왕이심을 말씀하신 것입니다. 예수님은 산헤드린 공회에서와 마찬가지로 오직 진리에 관한 것만 대답하셨습니다. 나머지 거짓 고소들은 대답할 가치가 없었기 때문에 역시 침묵을 지키셨습니다. 빌라도는 그러한 예수님의 모습을 이상하게 생각했고(5절, 마 27:14), 예수님에게 아무런 죄가 없음도 알았습니다.

빌라도의 조치

10절입니다(참고, 마 27:18).

이는 저가 대제사장들이 시기로 예수를 넘겨 준 줄 앎이러라.

빌라도는 그들이 저이를 알고 있었기 때문에 예수님을 살리기 위해서 여러 가지 조치를 취합니다. 복음서 전체를 보면, 빌라도는 네 가지의 조치를 취하였습니다.

먼저, 요한복음 18:31을 보면, 빌라도는 이스라엘 지도자들에게 이것은 종교적인 문제이기 때문에 너희들이 알아서 하라고 합니다. 이에 대해 이스라엘을 지도자들은 예수님에 관한 문제는 정치적인 문제이기 때문에 당신이 처리해 주어야 한다고 하면서 반대합니다.

다음 단계로 누가복음에서는 빌라도는 자신이 책임을 회피하기 위해서 당시에 이스라엘의 분봉 왕이었던 헤롯에게로 예수님을 보냈다고 말씀합니다. 왜냐하면 예수님에 관한 문제는 이스라엘 자국의 문제이고 종교적인 문제이기에 스스로 해결하라는 것입니다. 그러나 헤롯은 대제사장들과 서기관들의 고소에 설득되어서 다시 예수님을 빌라도에게 보냅니다.

　세 번째로 예수님께서 헤롯으로부터 다시 돌아오자 빌라도는 예수님을 궁 안으로 개인적으로 불러들여서 질문하였습니다. 또한 종교 지도자들을 불러 모아서 예수님에게서 죄를 발견하지 못하였으니까 단지 태형만으로 그를 석방시키자고 권면합니다(눅 23:16). 그들이 이 역시 반대합니다.

　마지막으로 당시에는 명절에 한 사람의 죄인을 놓아주는 풍속이 있었기 때문에 그 풍속을 이용해서 예수님을 석방시키려고 하였습니다. 그는 당시에 정치범이었던 바라바(7절)와 함께 예수님을 데리고 와서 누구를 석방할 것인지 모여 있던 백성들에게 물었습니다. 유대 지도자들은 군중들을 선동하여 그들은 바라바를 내어보내라고 합니다(11절). 결국 마대복음(27:14)에 보면 빌라도는 예수님 사건 때문에 민란이 일어나려는 것을 보고 어쩔 수 없이 예수님을 사형에 처하도록 결정합니다. 그 후에 예수님은 채찍질을 당하고 십자가에 못 박히도록 넘겨졌습니다. 이 때 빌라도는 손을 씻고 자신은 이 문제와는 관계가 없다고 하면서 무책임하게 자신의 무죄를 선언합니다.

최종 책임자로서의 빌라도

　이렇듯 이제까지 예수님께서 십자형으로 결정되는 과정에서 여러 사람들이 관여한 것을 알 수 있습니다. 먼저, 오늘 본문에는 나오지 않지만 가룟 유다가 있습니다. 그는 자기가 따르던 스승에게서 소망이 없어지자 파렴치한 보습으로 스승을 팔아 넘겼습니다. 그리고 세 부류의 사람이 등장합니다. 먼저는 종교 지도자들입니다. 지난주에 본대로 그들은 시기와 질투로 무고히 예수님을 없애려고 하였고 또한 자신의 뜻을 이루기 위해서 거짓 증거로 예수님을 고소하였습니다. 또 다른 부류는 오늘 본문에 등장하는 군중들입니다. 아마 그들 가운데는 예수님께서 예루살렘에 입성할 때 환호했던 사람들도 분명 있었을 것입니다. 그들은 그렇게 열렬히 환호하였던 때와는 대조적으로 이번에는 불법의 지도자들에 의해 충동질 받아서 소리 지르며 예수님을 죽이는데 일조 하였습니다. 마지막으로 또 한 사람이 있는데, 바로 빌라도 입니다. 흥미롭게도 우리가 매주 고백하는 사도 신경에는, 예수님을 죽였던 주범으로 가룟 유다나 유대 종교 지도자들이나 군중들을 지목하지 않고 빌라도를 지목하였습니다. 어떻게 보면 빌라도는 억울한 사람입니다. 그는 최선을 다해서 예수님을 석방하려고 했습니다. 실제로 빌라도보다는 가룟 유다나 당시 종교 지도자들이 훨씬 더 큰 책임이 있는 것 같습니다. 그러나 공식적으로 빌라도가 예수님을 죽인 사람으로 인정된 것에는 두 가지 이유가 있다고 생각합니다. 먼저는 예수님 죽음의 역사성 때문일 것입니다. 당시의 역사적 자료는 빌라도가 26-36년까지 유대 총독이었다는 것을 확증합니다. 어느 사람보다도 빌라도는 역사적으로 확인된 인물이기 때문에 예수님의 고난과 십자가의 역사성을 강조하기 위해서 예수님을 죽인 주범으로 빌라도가 올라간 것입니다. 두 번째로 빌라도는 예수님의 사형을 공식적이고 최종적으로 결정한 인물입니다. 그래서 그가 예수님을 죽인 대표적인 인물로 올라간 것 같습니다.

성공 지향적 인물, 빌라도

오늘 본문에 등장하는 빌라도의 인물 됨됨이를 살펴보면 우리의 삶에 대한 귀한 교훈을 얻습니다. 당시 기록을 보면 빌라도는 정치적 욕망이 큰 사람이었다고 합니다. 출세욕이 대단하여서 보통 5년 정도 총독을 하는데 그는 10년이나 총독을 하였습니다. 그래서 학자들은 그가 성공 지향적 인물이요 기회주의자였다고 평가합니다. 그는 자신의 자리를 유지하고 더 크게 성공하는 것을 인생의 최고 목적으로 삼았습니다. 빌라도의 성공 지향적이고 기회주의적인 인물 됨됨이는 오늘 본문에서도 확연하게 드러납니다. 두 가지입니다. 먼저 그는 분명 예수님에게서 죄를 발견하지 못했고 고소한 사람들의 음모도 알았습니다. 하지만 그는 군중들의 폭동이 두려웠습니다. 만약에 폭동이 일어나면 자신은 무능한 총독으로 낙인이 찍히게 되고 그의 출세가도에 막대한 지장이 생길 것으로 생각했던 것입니다. 그래서 그는 자신의 직권으로 얼마든지 예수님을 놓아 줄 수 있었지만, 그렇게 하지 않았습니다. 15절에도 보면, 빌라도는 무리에게 만족을 주고자 예수님의 사형을 결정했다고 합니다. 결국 그는 자신의 성공에 지장이 되지 않도록 사람들의 눈치를 보고 기회주의적인 결정을 하게 된 것입니다. 다음으로 요한복음 19:12을 보면, 유대 종교지도자들은 그에게 "만약 당신이 정치범인 예수님을 그대로 석방하면 당신은 가이사의 충신이 아니라"고 빌라도를 위협하였다고 합니다. 즉 그는 자신이 정치범인 예수님을 석방하면 종교 지도자들이 자신이 로마 황제인 가이사(시이저)의 충신이 아니라고 말할 것이 염려되었던 것입니다. 그가 가이사의 충신이 아니라는 것은 그의 앞날을 위해서 참으로 치명적인 평가요 어쩌면 그것은 그의 정치적 생명을 위협하는 요인이었습니다. 그는 그러한 평가가 무서웠습니다. 그래서 양심을 속이면서까지 자신이 전혀 죄를 발견치 못한 주님을 죽이는 주범이 된 것입니다.

　결국 그는 예수님의 무죄를 알았고 예수님을 극형에 처하지 않도록 최선의 노력을 다하긴 했지만 결국 자신의 정치적 성공이 인생의 최고 목적이었기에 진실과 양심을 외면하고 예수님에게 사형을 선고하지 않을 수 없었습니다.

성공으로부터의 자유

저는 이 빌라도의 모습이 오늘날 우리들의 모습이 아닌가하는 생각을 합니다. 오늘날 참으로 많은 사람들이 성공에 노예가 되어서 살고 있는 것 같습니다. 특히 우리나라 사람들은 성공이라는 말을 너무 좋아합니다. 책 제목도 성공이라는 말이 들어가면 잘 팔린다고 합니다. 저는 이 사회가 이렇게 부패되고 사람들이 양심을 속이고 기회주의적인 삶을 사는 이유 가운데 하나가 바로 '성공 병' 때문이라고 생각합니다. 물론 성공이라는 것 자체는 얼마든지 좋은 의미로 사용될 수도 있습니다. 문제는 병에 걸리는 것입니다. 병이라는 말은 그것에 집착한다는 것입니다. 성공 병에 걸린 사람들은 오직 성공에만 관심이 있고 성공을 이루기 위해서 수단과 방법을 가리지 않습니다. 어떤 사람들은 대통령 병에 걸렸습니다. 어떤 사람들은 국회의원 병에 걸렸습니다. 어떤 사람들은 명예 병에 걸렸습니다. 어떤 사람들은 재물 병에 걸렸습니다. 어떤 사람들은 자녀 병에 걸렸습니다. 모든 것은 다 귀하고 좋은 것일 수 있습니다. 문제는 병에 걸리는 것입니다.

최선을 다하는 삶을 살아서 다른 사람에 인정을 받고 또한 공정하고 정당하게 평가를 받아서 자신이 속해 있는 곳에서 지도자적인 위치에 오르는 것은 참으로 귀한 일입니다. 할 수만 있다면 자기와 관련된 분야에서 공헌을 하고 선두적인 위치에 오르도록 최선을 다해야 할 것입니다. 그러나 성공 병에는 걸리지 말아야 합니다.

그러면 신앙인으로서 성공 병에 걸리지 않고 성공에 노예가 되지 않는다는 것은 무엇을 의미합니까? 그것은 바르게 산다는 것을 의미합니다. 좀 더 풀어서 설명하면 하나님 말씀대로 산다는 것이고 양심에 따라 산다는 것을 의미합니다.

사랑하는 성도 여러분! 우리는 능력의 부족으로 다른 사람에게 인정받지 못할 수 있습니다. 또한 세상 사람들이 말하는 성공적인 삶을 살지 못할 수도 있습니다. 그러나 우리는 아무리 부족하여도 바르게 살

수는 있습니다. 우리는 잘하는 것도 중요하지만 우선적으로 바르게 사는 것을 목표해야 합니다. 잘하려고만 하면 문제가 생기지 않을 수 없기 때문입니다. 그런데 우리가 성공 병에 걸리지 않으려면, 다른 사람과 비교하지 말아야 합니다. 내게 주어진 은사와 능력 안에서 최선을 다하는 삶을 살아야 할 것입니다. 다른 사람과 비교하면 우리도 모르는 사이에 어떤 것에 불필요하게 집착하는 병이 생길 수 있습니다. 뿐만 아니라 성공병에 걸리지 않고 바르게 살려고 할 때 우리는 스트레스를 받지 않고 살 수 있습니다. 우리가 스트레스를 받는 이유 가운데 하나는 성공 병 때문입니다. 다른 사람과 비교하기 때문입니다. 저 역시 나중에 나이가 들면, 바르게 말씀대로, 그리고 양심대로 산 사람으로 평가받기를 원합니다. 비록 최선을 다했지만 저의 능력이 부족하여서 세상 사람들이 말하는 성공히는 삶을 살지 못하였고 사람들이 보기에 그럴듯한 인생을 살지 못하였다고 할지라도 전혀 후회함이나 안타까움은 없을 것입니다. 바르게 하나님의 말씀대로, 양심대로 살았다면 그것만으로도 저는 참으로 기뻐하고 감사할 것입니다.

교회도 마찬가지입니다. 오늘날 교회가 세상 사람들로부터 지탄을 받고 교회가 제 역할을 감당하지 못하는 이유 가운데 하나도 소위 성공 지향적인 목회를 하기 때문입니다. 성공 지향적으로 교회가 나아가기 때문에 수단과 방법을 가리지 않습니다. 하나님의 뜻인지 아닌지는 크게 상관이 없습니다. 우리 교회는 바른 교회가 되기를 원합니다. 다른 교회에 비해서 부족한 부분이 있을지도 모릅니다. 크게 두드러지지 않을 수도 있습니다. 그러나 하나님의 말씀에 따라서 모든 것이 움직여지는 교회가 되기를 원합니다. 저는 능력이 부족해서 세상 사람들이 말하는 성공적인 목회를 못할 수도 있지만, 바르게 할 수는 있다고 생각합니다.

자녀 교육도 마찬가지라고 생각합니다. 저는 요즈음에 자녀 교육의 문제는 아이들을 무조건 잘 키우려고 하기 때문에 발생한다고 생각합니다. 아이들을 잘 키우려고만, 다시 말해 성공시키려고만 하면 문제가 생기지 않을 수 없습니다. 자녀들을 잘 키우는 것도 중요하지만 그것보다 훨씬 더 중요한 것은 바르게 키우는 것입니다.

말씀을 맺겠습니다.

빌라도는 성공에 얽매인 삶을 살았습니다. 그래서 그는 소신 있게 행동하지 못하고 사람들의 눈치를 살피며 기회주의적인 삶을 살았던 것입니다. 세상 사람들이 성공과 사람들의 평가에서 자유할 때 우리는 의미 있고 보람된 삶을 살 수 있고 하나님께서 기뻐하시는 삶을 살 수 있을 것입니다.

마가복음 15:16-32

수치와 모욕 속에 십자가를 지신 예수님

이스라엘 지도자들은 시기심 때문에 예수님을 빌라도에게 고소했습니다. 당시 이스라엘을 포함한 시리아 지방을 총괄하였던 총독 빌라도는 예수님에게서 전혀 죄를 발견하지 못하였고 고소한 사람들의 시기와 음모를 뻔히 알았으며 자신의 직권으로 예수님을 석방할 수 있었음에도 불구하고, 민중들을 의식하여 그들을 만족시키고자 예수님께 사형을 선고하였습니다. 빌라노가 그렇게 밖에 할 수 없었던 가장 중요한 이유는 자신의 성공 때문이었습니다. 예수님을 석방하면 민란이 일어나고, 민란이 일어나면 자신이 무능한 사람으로 낙인이 찍히게 될 가능성이 많았습니다. 더구나 만약 정치범으로 고소된 예수님을 석방하면 시이저(가이사)에게 불충한 신하로 간주될 것이 염려되었습니다. 결국 그는 자신의 성공을 위해서 소신 있는 재판을 하지 못했고 기회주의적인 모습을 보였던 것입니다.

수치와 모욕을 당하신 예수님

이제 예수님에게 십자가 형벌을 통한 사형이 결정되었습니다. 당시에 죄인을 십자가에 못 박기 전에 한 일이 있었는데, 그것은 죄인을 채찍질하는 것이었습니다. 그 채찍질은 형식적으로 대충 때린 것이 아니었습니다. 그것은 그 때 사용한 채찍을 보아도 알 수 있습니다. 그 때 사용한 채찍은 가죽 끈에 납덩이나 날카로운 뼈나 못을 단 것이었습니다. 그래서 한 번 칠 때마다 살점이 떨어지고 혈관을 터지게 하는 극심한 고통을 주었고 어떤 때는 채찍만으로 사람이 죽는 경우가 있었다고 합니다. 예수님께서도 그러한 채찍질을 당하셨습니다. 그렇게 끔찍한 채찍질을 당하신 다음에 주님께서는 모든 사람들 앞에서 조롱과 모욕을 받으셨습니다. 군병들은 예수님을 채찍질한 다음에 브라이도리온(총독의 관저)으로 끌고 갔습니다. 그들은 예수님의 옷을 벗기고 자색 옷을 입혔습니다. 자색 옷은 당시에 왕족들만 입을 수 있는 옷이었는데 아마 헤롯이나 빌라도가 입다가 버린 옷을 예수님에게 입혔던 것 같습니다. 이렇게 왕들이 입었던 자색 옷을 예수님께 입힌 것은 예수님께서 유대인의 왕이라고 했던 것을 조롱하기 위함이었습니다. 그리고 가시 면류관을 씌웠습니다. 당시의 황제들은 위엄을 나타내기 위해서 면류관을 썼는데 역시 예수님께서 유대인의 왕이라고 했던 것을 조롱하기 위해서 왕권을 상징하는 가시 면류관을 만들어 예수님께 씌웠던 것입니다. 예우를 갖추어서 "유대인의 왕이여 평안할지어다"라고 말하였습니다. 우리말 번역이 명확치 않는데 이 말은 "시이저 만세", "빌라도 만세"라는 말처럼 "예수님 만세"라는 말입니다. 참으로 빈정대는 말이었습니다. 그들은 꿇어 엎드려 머리를 치며 침을 뱉었습니다. 그들이 할 수 있는 모든 것을 동원해서 예수님을 조롱하고 모욕한 것입니다. 희롱을 다한 후에 다시 예수님의 원래 옷을 입히고 십자가에 못 박으려고 예수님을 끌고 갔습니다. 당시의 십자가는 약 20kg 정도 되었는데 예수님께서 밤새 재판을 받으시고, 채찍에 맞으셨기 때문에 지쳐서 더 이상 십자가를 지고 걸을 수 없었던 것 같습니다. 군병들은 구레네 사람인 시몬을 강제로 징발해서 예수님의 십자가를 대신 지게하고 골고다까지 끌고 갔습니다. 그들은 골고다라는 곳에서 예수님을 십자가에 못 박기 전에 몰약을 탄 포도주를 예수님께 주었습니다. 몰약은 복숭아과에 속하는 과일에서 추출해낸 일종의 마취제였습니다. 주님께서는 그것을 맛보시고 거절하였습니다. 왜냐하면 마취제를 통하여 자신이 경험해야 할 고통을 경감시키기를 원치 않았기 때문입니다. 당시에는 사형 집행자들이 죄수의 옷을 제비뽑아 나누어 가지는 것이 관습이 있었는데, 그 관습대로 군병들은 예수님을 십자가에 못 박고 예수님의 옷을 제비뽑아 나누어 가졌습니다. 요한복음(19:23-24)에는 네 사람이 제비를 뽑아 옷을 나누어 가졌다고 말씀하고 있습니다. 그 후 삼시(오늘날의 아홉시입니다)에 예수님을 십자가에 못 박았습니다. 지나가는 사람들과(29-30절) 대제사장과 서기관들 뿐 아니라 함께 십자가에 못 박힌 사람들까지 합세하여 예수님을 조롱하고 온갖 수치와 모욕을 주었습니다(31-32절).

결국 예수님께서는 억울하게 누명을 쓰고 사형을 선고받았을 뿐만 아니라, 심한 채찍에 맞으셨고, 군병들, 지나가는 사람들, 대제사장과 서기관들, 그리고 함께 십자기에 못 박힌 자들로부터도 수치와 모욕을 받으신 것입니다.

십자가에 대한 의문

지금까지 몇 주 동안 우리는 예수님의 사형이 결정되고 예수님께서 십자가에 달리시는 과정을 살펴보았습니다. 그것은 극한 수치와 모욕의 과정이었지만, 그것이 우리를 구원하는 길이고 그것이 하나님의 뜻을 이루는 것이었습니다. 그러면 여기에서 우리가 한 가지를 질문을 할 수 있을 것입니다. "왜 예수님께서 우리를 구원하기 위해서 그런 고난과 수치와 모욕을 당하시면서 십자가에 못 박혀 죽으셔야 했는가?"라는 것입니다. 당시의 사람들은 십자가에서의 죽음을 하나님의 징계요, 저주로 생각하였습니다. 그들은 예수님께서도 큰 죄를 범하여서 하나님께 저주를 받은 것으로 생각하였습니다. 또한 모든 부류의 사람들이 십자가에 달리신 예수님을 모욕하고 조롱하였습니다. 뿐만 아니라 초대 교회 성도들이 이 십자가의 진리를 전했을 때에도 많은 사람들은 십자가의 진리를 받아들이지 않았습니다. 당시에 십자가의 진리를 믿지 않고 반대하며 핍박했던 사람들은 크게 두 부류였습니다. 먼저 당시의 헬라 철학을 따랐던 사람들입니다. 그들은 예수님의 십자가가 하나님의 구원 방법이라는 것을 미련하게 생각하였습니다. 왜냐하면 자신들의 지식이나 논리로는 십자가의 진리가 이해되지 않았기 때문입니다. 다음으로 유대인들입니다. 그들에게 십자가의 진리는 예수님을 메시야로 받아들이는데 오히려 걸림돌이 되었습니다. 왜냐하면 자기들이 대망하였던 메시야는 그러한 메시야가 아니었을 뿐 아니라 십자가는 저주의 상징이었기 때문입니다. 그래서 그 십사가의 진리를 전하는 사람들을 잡아 죽이면서 엄청난 핍박을 가했던 것입니다.

   십자가의 진리에 대한 의문은 오늘날도 마찬가지입니다. 오늘날도 많은 사람들이 십자가의 진리를 바로 알지 못하고 신앙생활하고 있습니다. 어떤 사람들은 '십자가 외에는 우리를 구원할 다른 방법은 없었을까?' 또는 '왜 우리가 십자가를 믿음으로만 구원받을 수 있을까?' 라고 질문하기도 합니다. 또한 예수님 당시와 마찬가지로 지식과 논리적으로 십자가의 진리에 접근하는 분들에게는 십자가의 진리가 미련하거나 우습게 생각되기도 합니다.

십자가는 유일한 구원방법이요 가장 지혜로운 방법

   그러면 왜 예수님께서 우리를 구원하기 위해서 저주의 상징이요 우리 인간의 논리로 잘 이해되지 않는 십자가를 지셔야 했습니까? 한 마디로 하면, 그것은 예수님께서 십자가를 지시는 것이 하나님께서 우리를 구원하실 수 있는 유일한 방법이었고 또한 가장 지혜로운 방법이었기 때문입니다.

십자가의 진리와 관련해서 우리가 먼저 생각해야 할 것이 있습니다. 그것은 예수님께서 십자가를 지셨던 것은 우연한 사건이 아니라는 것입니다. 빌라도의 우유부단이나 당시 종교 지도자들의 시기나 유다의 탐욕도 근본적인 원인이 아니었습니다. 물론 이들의 잘못과 책임도 전혀 무시되어서는 안 되지만 예수님의 십자가는 하나님의 계획과 섭리 속에서 계획되고 진행되고 완성된 것입니다. 정확히 이야기하면, 예수님께서는 죽임을 당하신 것이 아니라 우리를 구원하시기 원하시는 하나님의 뜻과 섭리를 이루기 위해서 예수님께서 자발적으로 죽으신 것입니다. 하나님께서는 구약의 제사제도와 여러 사건들을 통해서 예수님의 십자가를 미리 보여주셨습니다. 대표적인 것들은 모세 오경에 있는 제사제도와 유월절 사건과 광야의 놋뱀 사건입니다. 뿐만 아니라, 적당한 때가 되었을 때 예수님께서는 자신의 사명이 십자가를 지시는 것임을 말씀하셨고 또한 자신의 죽으심의 의미와 목적을 분명히 설명하셨습니다.

여러분! 예수님의 죽으심은 결코 우연한 사건이 아닙니다. 또한 사람들에 의해서 애매히 죽으신 것도 아닙니다. 예수님의 죽으심은 하나님의 섭리와 계획 속에서 이루어진 것입니다.

그러면 어떻게 십자가가 우리를 구원하기 위한 유일한 방법이며 하나님의 최고의 지혜의 사건이겠습니까? 그것은 예수님의 십자가만이 1) 우리에 대한 하나님의 사랑과 2) 하나님의 자기만족과 3) 죄 문제의 근본적인 해결을 동시에 충족할 수 있는 유일한 방법이기 때문입니다. 다른 어떤 방법으로도 이 세 가지를 동시에 만족시킬 수 없습니다. 오직 예수님의 십자가로만 가능합니다. 그래서 하나님께서 이 방법을 계획하시고 진행하시고 완성하신 것입니다. 좀 더 구체적으로 보겠습니다.

먼저 하나님은 우리를 사랑하십니다(요 3:16). 왜냐하면, 하나님께서는 우리를 창조하셨기 때문입니다. 또한 우리를 사랑하시기 때문에 우리와 교제하기를 원하시고 우리에게 가장 좋은 것을 주시기를 원하십니다.

다음으로 스스로 존재하시고 어느 것에도 간섭받지 않으시는 하나님께서는 스스로 가지고 계시는 법칙이 몇 가지 있습니다. 첫째, 하나님께서는 거룩한 분이시기 때문에 죄와는 절대로 같이 하실 수 없습니다. 그런데 죄가 우리와 하나님 사이를 분리시켰습니다. 결국, 우리를 사랑하시는 하나님께서 우리와 함께 하시기를 원하시고 우리에게 좋은 것으로 채워주시기를 원하시는데 우리의 죄 때문에 함께 하시지 못하시는 것입니다. 둘째, 하나님께서는 죄에 대해서 분명한 진노와 형벌을 부여하신다는 것입니다. 하나님께서는 죄를 그냥 용서하시지 않습니다. 이것이 하니님께서 정하신 원칙입니다. 그러니까 죄를 지은 사람에게는 반드시 형벌이 따르며, 죄를 용서받기 위해서는 무언가가 지불되어야 합니다. 이것은 구약의 제사제도를 볼 때 확연하게 드러납니다. 하나님께서는 우리를 사랑하시지만 죄를 그냥 용서하실 수 없으신 것입니다. 그래서 우리 인간의 죄에 대한 진노와 형벌이 있어야 했습니다.

마지막으로 하나님께서는 우리의 죄 문제를 근본적으로 해결하기를 원하셨습니다. 그런데 죄로 인해서 하나님과 우리의 사이를 분리시켰던 근원이 사탄입니다. 그 사탄을 누르고 죄 문제를 해결할 수 있는 분은 하나님 외에 아무도 없습니다. 마치 물에 빠진 사람을 구하기 위해서는 물과 싸워서 이길 수 있는 사람이 외부에서 뛰어 들어와야 되는 것처럼 사탄의 세력에 눌러서 죄 문제를 해결하지 못한 사람을 구할 수 있는 길은 하나님이신 예수님께서 이 땅에 오시는 것 외에 다른 방법이 없었습니다.

그러므로 하나님의 자기 법칙과 사랑을 조화시키고 죄 문제의 근본을 해결할 수 있는 유일한 방법이 바로 예수님을 이 땅에 보내셔서 십자가를 지게 하는 것이었습니다. 뿐만 아니라 그것은 우리를 구원하시기 위한 하나님의 최고의 지혜였던 것입니다. 이와 같이 하나님께서 우리의 죄 문제를 근본적으로 해결하기 위해서 그리스도의 십자가를 계획하시고 진행하시고 완성시키신 것입니다. 뿐만 아니라 사람들이 그리스도의 십자가 사건을 오해할 것도 이미 예언하셨습니다. 이사야 53:4입니다(참고, 막 10:33-34).

> 그는 실로 우리의 질고를 지고 우리의 슬픔을 당하였거늘 우리는 생각하기를 그는 징벌을 받아서 하나님에게 맞으며 고난을 당한다 하였노라.

예수님께서는 죄 때문에 우리가 받아야 할 모욕과 수치와 저주와 죽음을 당하시고 우리의 죄의 문제를 완전히 해결하기 위해서 십자가에 못 박히셨습니다. 그것이 하나님의 뜻을 이루는 길이고 그것이 우리를 사랑하시는 길이기에 채찍과 저주와 조롱에도 아랑곳하지 않으시고 자원해서 그 길을 가신 것입니다.

사랑하는 성도 여러분! 성경은 십자가는 우리를 구원하기 위한 유일한 방법이요 하나님의 최고의 지혜라고 선포하고 있습니다. 그렇기 때문에 우리가 구원을 받고 우리가 하나님 앞에 나아가서 하나님의 놀라운 은혜를 받아 누릴 수 있는 길은 오직 십자가의 진리를 믿음으로 받아들이는 것입니다. 다른 방법이 없습니다.

뿐만 아니라 우리가 어떻게 예수님처럼 고난을 극복하면서 신앙 생활할 수 있습니까? 주님을 따르는 길이 힘들고 어려운데 어떻게 그 길을 기쁨으로 갈 수 있습니까? 또한 어떻게 사람들로부터 당하는 수치와 모욕을 조금도 개의치 않고 묵묵히 주님의 뜻을 이루어 갈 수 있습니까? 그것은 십자가에 나타난 하나님의 섭리와 사랑과 은혜를 깨달을 때

가능합니다. 예수님께서 나의 죄를 위해서 대신 희생하시고, 고난당하시고, 조롱당하시고, 죽임을 당하셔서 구원의 길을 허락하신 십자가의 진리를 확실히 깨닫고, 십자가의 진리에 감격하고 감사하는 사람들은 삶의 자세와 태도가 바뀌지 않을 수 없습니다. 그러한 사람들이 고난과 역경을 기쁨으로 극복할 수 있는 것은 너무도 당연한 것입니다.

말씀을 맺겠습니다.

예수님의 죽으심은 궁극적으로 하나님의 섭리와 계획 속에서 이루어진 것입니다. 또한 십자가는 하나님께서는 우리를 구원하기 위한 유일한 방법이고 최고의 지혜로운 방법이었습니다. 그래서 예수님께서는 하나님의 뜻을 이루기 위해서 고난과 모욕과 수치를 낭하시면서 까지 자원함으로 십자가를 지신 것입니다. 이 십자가의 진리를 깨달을 때 우리는 온전하고 성숙된 신앙생활을 할 수 있고, 고난을 자원할 수 있으며, 주님의 뜻을 이루기 위해서라면 모욕과 수치까지도 기쁨으로 감당할 수 있을 것입니다.

마가복음 15:33-41

예수님 죽음의 의미

　예수님께서 이 땅에 오신 목적은 우리를 죄의 세력에서 구원하시는 것이었습니다. 그런데 죄의 세력에서 우리를 구원하시는 방법은 당시에 저주의 상징이었던 십자가에서 죽으시는 것이었습니다. 예수님께서는 그 목적을 이루시기 위해서 많은 사람들로부터 수치와 모욕을 당하시면서 십자가에 못 박히셨습니다. 종종 어떤 분들은 '예수님께서 우리를 구원하시기 위해서 왜 꼭 십자가에 못 박히셔야 했는가?' 또는 '이 방법 외에 다른 방법으로 우리를 구원할 수 있지 않았을까?' 하고 생각하기도 합니다. 하지만 예수님의 십자가는 하나님께서 우리를 구원하시기 위한 유일한 방법이요 하나님의 최고의 지혜입니다.

　또한 어떤 분들은 예수님의 십자가를 우연히 발생한 사건으로 생각하려고 합니다. 그러나 예수님의 십자가는 우연히 사람들의 시기나 고소에 의해서 이루어진 것이 아니고 하나님의 섭리와 계획 속에서 이루어진 것입니다. 하나님께서는 구약을 통해 계속해서 예수님께서 십자가를 지실 것을 예표로 보여주셨고, 선지자들의 입을 빌어서 예언하였습니다. 예수님께서도 거듭 거듭 자신이 십자가에서 죽으실 것을 말씀하셨습니다. 예수님의 십자가는 결코 우연히 그리고 우발적으로 발생한 사건이 아니라 하나님의 온전하고 철저한 계획과 섭리 가운데 이루어진 것입니다.

십자가에 달리신 예수님

오늘 본문은 예수님께서 십자가에 못 박혀 죽으실 때의 상황을 기록하고 있습니다. 물론 예수님께서 십자가에서 돌아가실 때의 모든 상황과 모든 말씀을 다 기록한 것은 아닙니다. 오늘은 단지 본문에 기록된 대로 예수님께서 죽으실 때 나타난 몇 가지 특이한 일들을 통해서 예수님의 죽으심의 의미를 살펴보기 원합니다. 먼저, 예수님께서 십자가에 못 박히자 온 땅이 어두워졌습니다. 33절입니다.

> 제 육 시가 되매 온 땅에 어두움이 임하여 제 구 시까지 계속하더니

육시는 지금 우리 시간으로 정오를 말하고, 구시는 오후 3시를 말합니다. 예수님께서 지금 우리 시간으로 오전 아홉시에 십자가에 매달리셨는데 12시부터 오후 3시까지 세 시간 동안 땅에 어두움이 있었습니다. 온 땅에 어두움이 있었다고 하지만 사실 그 어두움의 범위가 어떠했는지 우리는 잘 알지 못합니다. 다른 복음서들도 간단하게 어둠이 있었다고만 말씀하고 있습니다. 많은 학자들에 따르면 여기에서 온 땅이 온 우주를 의미하기보다는 예루살렘 또는 유대 지방의 온 땅을 의미한다고 합니다. 그러나 분명한 것은 이 어두움이 자연적 현상으로 우연히 발생한 것이 아니라 하나님께서 특별히 간섭하신 하나님의 섭리에 의한 어두움이었다는 것입니다. 그러면 왜 예수님께서 십자가에 못 박히셨을 때에 하나님께서 특별히 세 시간 동안이나 땅에 어두움이 있게 하셨겠습니까? 그것은 십자가의 의미를 분명히 하기 위함입니다. 대개 구약에서 어두움은 '심판의 전조 또는 징조'를 의미합니다(참고, 출애굽 사건, 암 8:9-11). 따라서 하나님께서는 예수님께서 십자가에서 못 박히셨을 때 어두움을 땅에 임하게 함으로 십자가의 사건이 죄에 대한 하나님의

심판의 사건임을 분명히 하신 것입니다.

그리고 주님께서는 크게 소리를 질렀습니다. 34절입니다.

> 제 구 시에 예수께서 크게 소리 지르시되 엘리 엘리 라마 사박다니 하시니 이를 번역하면 나의 하나님, 나의 하나님 어찌하여 나를 버리셨나이까 하는 뜻이라.

우리가 잘 아는 대로 예수님께서는 십자가 위에서 일곱 말씀을 하셨습니다. 그것을 흔히 '가상 칠언'이라고 하는데 그 가운데 오늘 본문에 나오는 "나의 하나님 나의 하나님 어찌하여 나를 버리셨나이까?" 라는 말씀은 오해할 가능성이 많고 그 해석에 있어서 논란이 있습니다. 이 말씀을 피상적으로 보면 마치 하나님께서 예수님 자신을 버리신 것처럼 느껴졌기 때문에, 또는 예수님의 육체적 고통이 너무 심해서 예수님께서 하나님을 원망하고 불평하는 말씀처럼 보이고, 예수님의 불신앙을 드러내는 것처럼 보입니다. 결코 그렇지 않습니다. 이 말씀은 예수님께서 십자가에서 죽으시는 순간에 실제로 하나님과 분리되는 경험을 하셨던 것을 의미합니다. 이 부분에 대해서 좀 더 설명이 필요합니다.

우리가 잘 아는 것처럼, 예수님께서는 십자가를 지심으로 우리의 죄악을 담당하셨습니다. 하나님께서는 우리에게 부어져야 할 죄에 대한 하나님의 진노와 저주와 심판을 십자가 위에 계신 예수님께 쏟아 부으셨습니다(벧전 2:24, 고후 5:21). 하나님께서 십자가에서 우리의 죄를 지신 예수님께 우리의 모든 죄에 대한 진노와 책임을 쏟아 붓는 순간, 예수님은 하나님의 아들이기보다는 죄를 위한 대속 제물이었습니다. 그리고 대속 제물로서 희생되어지는 순간 하나님께서는 예수님을 철저히 외면하셨습니다. 그 때 예수님은 하나님과 실제로 분리되는 경험을 하시면서 오늘 본문에 있는 대로 "나의 하나님 나의 하나님 어찌하여 나를 버리셨나이까?" 하는 외침을 하였던 것입니다. 그렇지만 이 분리는 하나님과 예수님의 영원한 분리가 아니라 순간적인 분리였습니다. 그것은 그 다음의 말씀으로 확인될 수 있습니다. 37절입니다.

예수께서 큰 소리를 지르시고 운명하시다.

여기에서 큰 소리는 막연히 고함이나 비명을 외치는 소리가 아니라, 아마 가상 칠언 가운데 6, 7번째 외침으로 '다 이루었다'와 '내 영혼을 아버지께 부탁합니다'라는 말씀이었을 것입니다. 주님께서는 하나님의 죄의 진노가 자신에게 내려지는 순간 하나님과 분리의 경험을 하셨으나 그 후에 자신이 감당해야 할 사명을 다 이루었음을 아셨습니다. 그래서 '다 이루었다'고 하시고 '내 영혼을 아버지께 부탁합니다'라고 하시면서 운명하셨습니다.

그 순간 성소의 휘장이 위에서 아래로 찢어졌습니다. 구약에서 성소는 하나님께서 자신을 계시하시고 하나님의 백성들을 만나주시는 곳이었습니다. 그런데 성소는 휘장으로 막아놓아서 아무나 함부로 들어갈 수 없었고 오직 제사장들만 들어갈 수 있었습니다. 또한 성소 안에 또 하나의 휘장으로 막아놓은 지성소가 있었는데, 그 지성소에는 대제사장들만 일 년에 한 번씩 들어갈 수 있었습니다. 즉 당시의 성소에는 두 개의 휘장이 있었는데 하나는 성소로 들어가는 입구에 있었고, 다른 하나는 성소 전체와 지성소를 구분하기 위해서 있었습니다. 오늘 본문에서 언급하는 휘장이 성소의 입구에 있는 휘장인지 아니면 지성소의 입구에 있는 휘장인지 정확히 알 수는 없습니다. 하지만 성소나 지성소가 모두 제한된 사람들만 들어갈 수 있었는데, 예수님의 죽음의 사건으로 말미암아 그 제한을 폐지시키고 우리 모두가 자유롭게 하나님께 나아가 하나님을 만날 수 있는 길을 열어 주셨다는 것을 이 일을 통해 분명히 보여주셨습니다.

두 가지 반응

이 사건을 보면서 반응하는 두 부류의 사람들이 있었습니다. 한 부류는 35-36절에 있는 것처럼 그러한 특이한 일을 보면서도 여전히 예수님을 비웃는 사람들입니다. 다른 한 부류는 39절에 있는 것처럼 그러한 특이한 일을 보면서도 십자가 사건의 의미를 깨닫는 사람입니다. 39절입니다.

> 예수를 향하여 섰던 백부장이 그렇게 운명하심을 보고 가로되 이 사람은 진실로 하나님의 아들이었도다 하더라.

백부장은 이 특이한 사건들을 보면서 예수님께서 하나님의 아들이었음을 고백합니다. 또한 그 장면을 끝까지 지켜보던 자들도 있었습니다. 40-41절입니다.

> 멀리서 바라보는 여자들도 있는데 그 중에 막달라 마리아와 또 작은 야고보와 요셉의 어머니 마리아와 또 살로메가 있었으니 이들은 예수께서 갈릴리에 계실 때에 좇아 섬기던 자요 또 이 외에도 예수와 함께 예루살렘에 올라온 여자가 많이 있었더라.

죄 문제를 해결하기 위해…

이러한 예수님의 십자가의 죽음이 우리에게 주는 의미는 무엇입니까? 무엇보다도 예수님의 십자가의 죽으심은 우리의 죄가 얼마나 심각한 문제인지 보여줍니다. 오늘 본문에서 주님께서 십자가에 못 박혀 돌아가실 때 어두움이 있었고, 예수님께서 희생 제물로 돌아가시는 순간에는 하나님과 분리되는 경험을 하시면서 "나의 하나님 나의 하나님 어찌하여 나를 버리셨나이까"라고 외치셨던 장면은 우리의 죄 문제가 얼마나 심각하고, 하나님께서 죄를 얼마나 철저하게 다스리시고 징계하시는 분이신가를 분명하게 보여줍니다.

물론 그러한 하나님의 성품이 십자가 사건에만 나타난 것이 아닙니다. 성경을 보면 하나님께서는 항상 죄에 대한 책임을 물으시고 죄에 대한 대가를 반드시 요구하신 것을 볼 수 있습니다. 아간의 죄로 인해 이스라엘 전체가 어려움을 당했고 그는 죽어야 했습니다. 다윗도 죄를 지은 후 얼마나 많은 고난을 경험하였습니까? 또한 초대 예루살렘 교회의 아나니아와 삽비라는 죄를 지음으로 죽음을 당했습니다.

사랑하는 성도 여러분! 죄는 하나님 앞에서 심각한 문제입니다. 하나님께서는 결코 죄에 대해서 관대하신 분이 아닙니다. 따라서 우리의 죄 문제가 해결되지 않으면 절대로 하나님의 은혜와 복을 누릴 수 없습니다. 뿐만 아니라 죄에 대한 징계가 있습니다. 그렇기 때문에 우리의 죄 문제는 반드시 해결되어야 합니다. 우리가 해결해야 할 죄 문제는 크게 두 가지가 있습니다. 하나는 근본적인 것입니다. 이것을 우리는 흔히 '원죄'라고 하는데 그것은 예수님을 믿음으로 해결됩니다. 죄의 세력 때문에 하나님과 분리된 우리의 근본적인 문제는 오직 예수 그리스도의 십자가를 믿음으로 해결되는 것입니다. 그것 외에 다른 방법이 없습니다. 그렇지 않으면 영원한 벌만이 우리를 기다리고 있습니다. 다음으로, 예수를 믿은 다음에 매일 매일의 생활에서 짓는 죄가 있습니다. 그것은 예수님의 십자가의 공로를 의지하고 매일 매일의 회개를 통해서 용서받아야 합니다. 물론 우리가 살면서 죄를 짓는다고 해서 우리의 구원이 상실되는 것은 아닙니다. 그러나 만약 우리의 죄 문제가 해결되지 않는다면 하나님의 풍성한 은혜를 경험할 수 없습니다. 하나님께서는 우리의 죄의 문제가 해결되지 않으면, 우리의 예배도, 기도도 받지 않으신다고 합니다. 그러므로 우리는 매일 매일 생활에서 짓는 죄 문제를 그 때 그 때 해결해야 합니다.

그러면 어떻게 죄 문제의 해결하고 하나님의 은혜를 경험할 수 있습니까? 사실 우리는 주님께서 다시 오실 때까지 죄를 짓지 않을 수 없습니다. 하지만 우리의 죄의 문제가 해결되는 방법이 있습니다. 먼저 자백하는 것입니다. 자백한다는 말은 자기의 죄를 깨닫고 인정한다는 것을 의미합니다. 많은 사람들이 입술로, 눈으로, 생각으로 죄를 지으면서도 그것을 심각하게 죄라고 생각지 않습니다. 다른 사람들도 똑같은 것을 행하기 때문에 죄에 대해서 민감하지 못하고, 죄를 너무 가볍게 생각합니다. 그래서는 안 됩니다. 우리는 아주 사소한 죄라도 죄에 대해서 심각하게 생각하고, 그 죄 문제에 대해서 민감해야 합니다. 저는 신앙이 성숙한 징표 가운데 하나가 죄에 대해 민감한 것이라고 생각합니다. 우리는 죄에 대해서 민감해야 하고, 죄를 지을 때마다 십자기의 공로를 의지하며 하나님께 철저히 자백해야 할 것입니다.

다음으로 죄를 인정하고 자백하는 것과 함께 우리의 삶이 바꾸어져야 합니다. 말만 해서는 안 된다는 것입니다. 회개라는 것은 삶의 방향을 바꾸는 것입니다. 많은 사람들이 잘못인 줄 알면서도, 그리고 자백은 하면서도 반복해서 죄를 짓습니다. 그 이유를 따져보면 크게 두 부류가 있습니다. 하나는 만성적으로 습관이 되었기 때문에 끊기 어려운 것이고, 또 하나는 삶의 자세나 태도를 바꾸면 손해가 되고 불이익을 당하기 때문에 놓기 어려운 것입니다. 우리는 개가 토한 것을 다시 먹는 것과 같은 잘못을 범하지 말아야 합니다. 하나님을 의지하고 믿음으로 그러한 부분들을 정리해야 합니다. 그러면 하나님께서 참으로 함께 하시고 도와주시는 것들을 경험할 수 있을 것입니다.

세 번째로 우리는 형제의 죄를 용서해 주어야 합니다. 우리가 진정

하나님 앞에서 우리의 죄 문제를 해결하기 원한다면 먼저 형제의 죄를 용서해 주어야 합니다. 물론 우리가 형제의 죄를 용서하기 때문에 주님께서 우리의 죄를 용서해 주는 것은 아닙니다. 그렇지만 분명한 것은 우리가 형제의 죄를 용서하지 않으면 주님께서도 우리의 죄를 용서치 않으십니다. 그러면 얼마나 용서해야 합니까? 주님께서는 일흔 번씩 일곱 번이라고 말씀합니다. 그것은 곧 무한대를 말씀합니다. 주님께서는 우리를 무한대로 용서하십니다. 따라서 우리도 형제의 죄를 무한대로 용서해야 합니다.

마지막으로 죄 짓지 않기 위해서 깨어 근신해야 하고, 죄와 싸워야 합니다. 마귀는 주님께서 다시 오실 때까지 계속해서 다양한 방법으로 우리를 공격할 것입니다. 우리 가운데 죄의 세력인 마귀를 이길 수 있는 사람은 한 사람도 없습니다. 기도와 말씀으로 무장하고 하나님을 의지하지 않으면 죄를 짓지 않을 수 없습니다. 그러므로 우리가 하나님의 더 큰 은혜와 사랑을 경험하기 위해서는 죄와 피 흘리기까지 생명을 걸고 싸워야 합니다. 그러면 주께서 도와주시고, 주님의 도우심과 은혜로 우리는 죄를 이길 수 있을 것입니다.

말씀을 맺겠습니다.

오늘 본문은 예수님의 죽으심을 통해서 죄의 문제가 얼마나 심각한 것인지를 보여주셨습니다. 우리의 신앙생활에서 죄 문제의 해결은 그 어떤 것보다 우리의 우선순위에 있어야 합니다. 그렇기 때문에 우리는 우리의 죄를 자백하고, 할 수 있는 대로 같은 죄를 반복해서 짓지 말아야 합니다. 그리고 형제의 잘못을 용서해야 하고, 죄와는 생명을 걸고 싸워야 합니다. 그 때 우리는 하나님께서 예비하신 놀라운 은혜를 경험할 것입니다.

마가복음 15:42-47

진정한 신앙인의 모습

　예수님의 십자가의 죽으심은 사람들의 모략에 의한 것이 아니었습니다. 예수님의 죽으심은 우리를 구원하시기 위한 하나님의 섭리와 계획 속에서 진행되어진 것이었습니다. 이 세상에 어떻게 죽을 것인지 예언된 다음에 태어난 사람은 없습니다. 예수님께서는 어떻게 죽으실 것인지 구약에서 수십 번 예언되었고, 예언된 대로 죽으셨습니다. 또한 자신이 어떻게 죽을지 분명히 아는 사람은 아무도 없지만, 예수님께서는 자신이 어떻게 죽으실지 미리 말씀하셨고, 말씀하신 그대로 돌아가셨습니다. 그러므로 예수님의 죽으심은 우리를 구원하시기 위한 하나님의 섭리와 계획에 의한 것임이 분명합니다. 그것은 주님께서 십자가에서 돌아가실 때 발생한 특별한 일들을 통해서도 확인되었습니다.

　예수님께서 십자가에 못 박히셨을 때에 세 시간 동안이나 온 땅에 어두움이 있었습니다. 그것은 십자가 사건이 우리의 죄에 대한 심판인 것을 보여주는 것입니다. 또한 성전의 휘장이 위에서 아래로 갈라졌습니다. 그것은 예수님의 십자가가 모든 사람이 아무 제한 없이 하나님께 나아갈 수 있는 새로운 길을 열어주시는 사건임을 확인시켜 준 것입니다. 그리고 하나님의 죄에 대한 철저한 진노와 심판 때문에 예수님께서는 하나님과 실제로 분리되는 경험을 하면서 십자가 위에서 "나의 하나님 나의 하나님 어찌하여 나를 버리셨나이까?" 하셨습니다. 그 후에

"다 이루었다"라고 말씀하시면서 운명하셨습니다. 이러한 예수님의 죽으심을 보고 나타나는 반응은 달랐습니다. 예수님께서 십자가에 달리셨을 때에 초자연적인 현상이 동반되었지만, 그래도 많은 사람은 여전히 예수님을 비웃었습니다. 이러한 것은 오늘날도 마찬가지입니다. 요즈음에도 여러 가지 기적들이 나타나는 것을 보면서도 그것을 우습게 여기고 '우연이겠지' 라고 하면서 믿지 못하는 사람들이 많이 있습니다. 또한 예수님의 죽으심을 본 몇몇의 사람들은 그렇게 특이한 예수님의 죽으심의 과정을 지켜보면서 예수님께서 하나님의 아들 되심을 인정하지 않을 수 없었습니다. 그 중 한 사람이 백부장입니다. 오늘 본문에 나오는 사람도 같은 반응을 보였습니다.

예수님의 장례와 아리마대 사람 요셉

오늘 본문은 돌아가신 예수님의 장례에 대한 것입니다. 42절입니다.

이 날은 예비일 곧 안식일 전날이므로 저물었을 때에

주님께서 십자가에 달리신 날은 요즈음으로 하면 금요일이었습니다. 이스라엘 사람들은 시체를 밤새 달아 놓은 것은 그 땅을 더럽히는 것이라고 생각했기 때문에 관례적으로 해지기 전에 시체를 매장하였습니다(참고, 신 21:23). 또한 안식일에 시체를 나무에 달아 놓는 것은 더더욱 불경한 일로 간주되었기 때문에, 유대 종교 지도자들이 그 날에 십자가에서 죽은 사람들의 다리를 꺾어 시체를 치워달라고 요구하였습니다(요 19장). 그래서 그들은 그 날 예수님과 함께 십자가에 매달려 죽은 사람들의 다리를 꺾어 숨을 거두게 하였습니다. 예수님께서는 이미 운명하셨기 때문에 다리를 꺾을 필요가 없었습니다. 그 때 아리마대 사람 요섭이 담대하게 빌라도에게 가서 예수님의 시체를 달라고 합니다. 43절입니다.

> 아리마대 사람 요셉이 와서 당돌히 빌라도에게 들어가 예수의 시체를 달라 하니 이 사람은 존귀한 공회원이요 하나님의 나라를 기다리는 자라.

요셉이라는 이름을 가진 사람이 많기 때문에 그의 출신지를 앞에 붙여서 아리마대 사람 요셉이라고 하였습니다. 그는 당돌히 빌라도에게 나아가 예수님의 시체를 달라고 하였습니다. 그런데 요셉은 존귀한 공회원이었다고 합니다. 그것은 그가 사회적으로 높은 위치에 있었던 사람임을 말하는 것입니다. 마태복음에서는 그가 부자였다고 합니다. 그러니까 그는 부자였고 사회적으로 높은 지위에 있었던 사람이었습니다. 또한 마태복음에서 제자였다고 한 것을 보아서 그는 예수님께서 십자가에 못 박히시기 전에도 예수님을 믿고 따랐던 사람이었습니다. 그렇지만 요한복음에 보면 그는 유대인들이 두려워서 공개적으로 주님을 따르지 못하고, 몰래 주님을 따랐다고 합니다.

그러나 이번에는 아주 당당하게 빌라도에게 나아가서 예수님의 시체를 달라고 하였습니다. 그가 그렇게 담대할 수 있었던 것은 예수님의 죽으심을 본 다음에 예수님께서 메시야이심을 확신하였기 때문인 것 같습니다. 그 때 빌라도는 예수님께서 죽으심을 확인한 후에 예수님의 시신을 요셉에게 넘겨주었습니다. 요셉은 예수님을 세마포로 싸서 무덤에 안장하였습니다. 마태복음에 보면 그 무덤은 자신이 쓰려고 미리 준비해 둔 무덤이었다고 합니다. 또한 요한복음에 보면 예수님을 안장하는 과정에서 니고데모라는 사람이 당시에 왕들을 장례 할 때 쓰는 귀한 향료를 준비해서 예수님의 장례를 도왔다고 말씀하고 있습니다. 우리가 잘 아는 대로 니고데모 역시 당시에 높은 지위에 있던 사람이었는데, 그도 역시 과거에는 사람들이 두려워서 밤이 되어서야 몰래 예수님을 찾아와서 중생이 무엇인지 물었던 사람입니다. 그도 예수님께서 십자가에서 돌아가시는 과정을 보면서 예수님께서 메시야임을 확신하게 되었던 것 같습니다. 그래서 귀한 향을 가지고 와서 예수님께 부으면서 예수님의 장례를 도왔던 것입니다.

진정한 신앙인의 모습

오늘 본문에 나오는 아리마대 사람 요셉은 우리에게 그렇게 많이 알려진 성경의 인물은 아닙니다. 그러나 예수님의 장례와 관련하여서 그의 이름이 사복음서 모두에서 비록 길지는 않지만 언급되고 있습니다. 그것은 그가 예수님의 장례를 주관하면서 보여준 신앙의 모습이 여러모로 귀하고 본이 될 만하기 때문이라고 생각합니다.

그러면 그는 어떤 신앙의 모습을 보여주었습니까? 먼저 그는 희생과 손해를 각오하면서 용기 있게 자신의 신앙을 드러내 보이는 신앙이었습니다. 그가 그렇게 드러내놓고 당당하게 예수님의 장례를 치르는 것은 여러 가지 면에서 결코 쉽지 않는 일이었습니다. 우선 그는 산헤드린 공회의 회원이었습니다. 산헤드린 공회는 예수님을 죽이기로 결의한 기관입니다. 자기가 속한 기관의 결정에 거슬려서 드러내놓고 그것도 정성을 다해서 예수님의 장례를 치루는 것은 자기의 지위를 박탈당하거나 최소한 요즈음에 많이 쓰는 말로 하면 왕따를 당할 일이었습니다. 그는 그것에 개의치 않았습니다. 종교적으로도 당시에 십자가에 매어 달린 사람은 저주의 상징으로 여겨졌고 시체를 접촉하는 것은 율법적으로 부정하게 간주되었는데도(레 22:4) 그가 예수님의 장례를 치루는 것, 그것도 안식일 전날에 시체에 손을 댄다는 것은 의식적인 면에서 부정한 사람으로 간주될 일이었습니다. 또한 로마의 입장에서 보면 예수님은 정치적인 반역죄로 죽임을 당했는데 반역죄를 범한 사람을 예우하면서 장례를 치루는 것은 사회적으로도 부당한 대우를 받을 가능성이 아주 높은, 한마디로 자신의 무덤을 파는 것과 같은 일이었습니다. 그러나 그는 그러한 자신에게 닥쳐 올 모든 비난과 불이익과 위험을 각오하면서 예수님의 장례를 치뤘습니다. 그것은 대단한 용기와 희생의 결단이었습니다. 여기에 요셉의 신앙의 아름다운 모습이 있는 것입니다.

사실 요즈음에 교회를 다니면서도 세상에 나가서 자신이 예수님을 믿는 것을 떳떳이 밝히지 못하는 사람들이 참으로 많습니다. 식사할 때 기도하지 못하는 사람들이 많다고 합니다. 주일날 놀러 가자고 하면, 혹시 주위 사람들의 비난이나 따돌림을 당할까봐 예배도 빼먹고 놀러 가는 사람들도 많습니다. 또한 하나님께 합당치 않고 하나님께서 기뻐하시지 않는 일을 부탁 받거나 요구 당해도 자신이 예수님을 믿는 사람임을 분명히 드러내지 못하고 거기에 휩쓸리는 사람들도 참으로 많습니다. 물론 크리스천인 것을 밝히면 하나님께 영광이 되지 않기 때문에 스스로 예수님을 믿는 것을 밝히지 말아야 할 사람들이 있습니다. 또한 불필요하게 자신이 예수님을 믿는 것을 드러내고 그것을 이용해서는 안 됩니다. 국회의원 선거 때에 보면 자신의 목표 달성을 위해서 자신이 기독교인 것처럼 하는 사람들이 있습니다. 그러나 국회에 가서도 자신의 신앙을 분명히 드러내고 믿음의 모습을 보이는 사람들은 그렇게 많지 않습니다. 물론 지난번 옷 로비 사건에서 보았던 것처럼 자신의 입장을 유리하게 하기 위해서 예수님을 이용해서도 안 됩니다. 하지만 하나님께서는 우리가 어디에서나 예수님을 믿는 사람인 것을 분명히 드러내며 살기를 원하십니다.

우리가 또 한 가지 깊이 생각해 보아야 할 것은 보통 때나 좋은 환경에서는 자신이 신앙인임을 드러내지만 자신에게 치명적인 손해나 불이익이 당할 가능성이 많은 상황에서는 담대하게 믿음을 드러내는 사람이 그렇게 많지 않다는 것입니다. 짐승 가운데 '자라' 라는 것이 있습니다. 자라는 평상시에는 목을 내어놓고 다니다가 자기에게 불리하면 목을 집어 넣어버립니다. 카멜레온이라는 파충류도 온도나 환경에 따라서 수시로 색깔을 바꾸며 산다고 합니다. 성도들 가운데 자라나 카멜레온과 같은 신앙인들도 많이 있습니다. 수시로 상황에 따라서 자기의 모습을 바꾸는 분들입니다. 우리는 결코 그런 신앙인이 되어서는 안 됩니다.

사랑하는 성도 여러분! 진정한 신앙은 어떤 것입니까? 진정한 신앙은 예배당 안에서 드러난 것이 아니라 예배당 밖에서 드러납니다. 진정한 신앙인의 모습은 편하고 좋은 일이 있을 때 드러나는 것이 아니라, 오늘 본문의 아리마대 사람 요셉처럼 결정적으로 손해와 희생의 가능성이 많은 상황에서 드러납니다. 예루살렘 초대교회나 우리나라의 일제강점기에 우리의 신앙의 선배들은 죽음을 맞이하면서도 분명히 자신의 신앙을 드러내었습니다. 그 때 하나님께서 놀랍게 역사하시는 것을 경험하였습니다. 우리 교회 안에도 그런 분들이 있는 것을 종종 봅니다. 하나님께서 그런 분들을 그냥 놔두시지 않습니다. 여러분 그렇게 살아보십시오. 그 때 하나님께서 우리와 함께 하시고 도와주시는 것을 경험할 것입니다. 우리는 사람들 앞에서 주님과 주님의 말을 부끄러워하면 주님께서도 하나님 앞에서 우리를 부끄러워한다고 하신 말씀을 늘 기억해야 합니다.

다음으로 요셉은 자신의 가장 귀한 것을 주님을 위해서 내어놓는 신앙이었습니다. 오늘 본문에 보면 그가 예수님을 안장하였던 곳은 자신을 위해서 준비하였던 장소였습니다. 그곳은 자신에게 참으로 귀한 것이 아닐 수 없습니다. 그는 사회적 지위가 높고 부자였기 때문에 자기를 위해 최고의 것으로 준비하였음은 두말할 나위가 없습니다. 그는 자기를 위해서 준비한 좋은 것을 나중에 자신이 쓰려고 놔둔 채 다른 것을 사서 주님을 장사한 것이 아닙니다. 그는 자신을 위해서 준비한 자신에게 참으로 귀하고 좋은 것을 주님을 위해서 내어드린 것입니다. 여러분, 진정한 신앙은 자기의 가장 귀한 것을 주님을 위해서 내어놓는 신앙입니다. 하지만 우리들은 하나님께 드리는 것에 얼마나 인색한지 모릅니다. 저는 우리가 하나님께 드릴 수 있는 가장 귀한 것은 시간과 물질이라고 생각합니다. 많은 분들이 자기 할 것 다하고 시간이 남으면 주님을 섬기고, 자기 쓸 것 다 쓰고 나서 남은 것으로 하나님을 섬기려고 합니다. 절대로 희생하며 손해 보며 신앙생활을 하지 않으려고 합니다. 진정한 신앙인은 자기가 쓰고 남을 것을 주님을 위해서 드리는 것이 아니라 가장 귀하고 중요한 것을 드린 요셉처럼 내가 쓰지 않고 주님께 드리는 사람입니다.

구약 성경을 보면 하나님께서는 항상 가장 귀한 것을 하나님께 드리라고 하셨고, 또한 하나님께서 그것을 기쁘게 받으신다고 말씀하셨습니다. 이는 하나님께서 무엇이 부족해서 그런 것이 아닙니다. 하나님께서 가장 귀한 것을 요구하신 것은 그렇게 하는 것이 하나님의 은혜를 받은 백성으로 합당한 모습이기 때문입니다. 우리 모두는 하나님께 우리의 가장 귀한 것을 드리는 성도가 되어야 할 줄 믿습니다.

그러면 요셉이 그러한 진정한 신앙의 모습을 보여줄 수 있었던 이유는 무엇입니까? 그도 처음에는 예수님을 따라 다니긴 했지만 유대인들이 두려워서 자신의 신앙을 드러내지 못하고 비밀스럽게 예수님을 따라 다녔습니다. 그러던 그가 십자가에서 돌아가시는 주님을 직접 보면서 (아마 그는 공회원이었기에 예수님의 죽으심을 가까이서 볼 수 있었다고 생각합니다) 결정적으로 예수님의 메시야 되심을 확신하게 되었던 것 같습니다(니고데모도 마찬가지입니다). 그는 예수님께서 십자가에서 죽으심을 통하여 예수님의 메시야이심을 확인하고 그것에 감격되어서 모든 불이익과 희생을 각오하면서 당당하게 주님의 장례를 주도적으로 담당했던 것입니다. 또한 그가 그렇게 할 수 있었던 것은 진심으로 하나님 나라를 소망하였기 때문입니다. 그는 단순히 예수님의 죽음이 너무도 처참해서 시신이라도 치워드려야겠다는 동정에서 장례를 치르고 자신의 무덤을 내 드린 것이 아닙니다. 오늘 본문에 보면 그는 하나님 나라를 소망하였다고 말씀하고 있습니다. 하나님 나라를 소망하였기에 그는 세상의 모든 가치 위에 신앙을 두었고, 모든 불이익을 감수하면서까지 자기의 가장 귀한 것을 주님께 내어 드릴 수 있었던 것입니다.

오늘날 우리에게도 이 두 가지가 필요합니다. 저는 바울이 모든 것을 배설물로 여기고 그의 생명조차도 아끼지 않으면서 주님을 위해서 일할 수 있었던 것은 아리마대 사람 요셉이 보여주었던 신앙이 있었기 때문이라고 생각합니다. 그것은 바로 십자가에 대한 감격입니다. 그는 십자가에 나타난 하나님의 섭리와 사랑을 깨달았습니다. 또한 하나님 나라에 대한 확실하고 간절한 소망이 있었습니다. 그는 늘 이 땅에 사는 것보다 하나님 나라에서 주님께 함께 사는 것을 더욱 소망하며 살았습니다. 그와 같이 사도 바울은 십자가에 나타난 하나님의 섭리와 사랑을 깨달았고, 그 십자가의 감격이 있었으며, 또한 하나님 나라에 대한 분명한 믿음과 간절한 소망이 있었기에 자신의 모든 것을 희생하며 삶 전체를 드리는 삶을 살았던 것입니다.

사랑하는 성도 여러분! 우리의 신앙을 불이익을 감수하며 담대하게 드러내고 주님을 위해 희생하는 것은 억지로 할 수 없습니다. 그렇게 살기 위해서 무엇보다도 우리는 십자가의 주님을 만나야 합니다. 그리고 그 속에 있는 하나님의 섭리와 사랑을 경험해야 합니다. 그 때 우리는 모든 것을 뒤로하고 희생과 손해를 각오하면서 드러내는 신앙생활을 하지 않을 수 없고 그 때 자기의 가장 귀한 것을 드리지 않을 수 없는 것입니다. 또한 하나님 나라를 믿고 소망해야 합니다. 하나님 나라를 믿고 소망한다는 것은 나그네 인생이 끝나면 주님 앞에 설 것을 믿고 소망한다는 말입니다. 우리의 나그네 길 인생이 끝나고 우리가 주님 앞에 서게 될 때 주님께서 우리의 모든 것을 평가한다는 것을 믿으면 우리도 어려움과 손해가 와도 믿음을 지킬 수 있습니다. 그리고 우리의 가장 귀한 것을 드릴 수 있습니다.

이제 말씀을 맺겠습니다.

오늘 본문은 아리마대 사람 요셉을 통해서 진정한 신앙의 모습이 어떠한지를 보여주었습니다. 진정한 신앙은 손해와 희생이 있어도 자신의 신앙을 드러내는 신앙입니다. 또한 진정한 신앙은 자기의 가장 귀한 것을 드리는 신앙입니다. 그런 신앙을 소유하기 위해서는 십자가에 대한 감격이 필요하고, 하나님 나라에 대한 소망이 필요합니다. 저는 우리 모든 성도들이 십자가의 진리를 발견하고, 하나님 나라의 소망을 가지면서 나그네 인생을 진정한 신앙인으로 살기 바랍니다.

마가복음 16:1-13

부활하신 예수님을 만납시다

　예수님께서는 기회가 있을 때마다 자신이 고난을 받고 수치를 당하면서 십자가에서 돌아가실 것을 말씀하셨습니다. 또한 그것이 우리를 위한 대속의 길이요 구원의 길임을 말씀하셨습니다(10:45). 그리고는 그 말씀대로 십자가에서 돌아가셨습니다. 제자들은 예수님의 죽음에 대한 가르침을 계속 받았음에도 불구하고 십자가의 의미를 제대로 알지 못하여 십자가에서 못 박힌 주님을 보면서 도망하였습니다.
　하지만 예수님께서 십자가에 못 박히실 때 일어났던 특별한 일들을 보면서 변화된 사람들이 있었습니다. 그 가운데 대표적인 사람이 바로 아리마대 사람 요셉이었습니다. 그는 그 전에는 소극적으로 남몰래 주님을 따랐지만 주님께서 십자가에 못 박히실 때 나타난 특별한 일들을 보면서 십자가의 의미를 알게 되었고 예수님께서 메시야이신 것을 확신하게 되었습니다. 자신이 누리고 있었던 사회적 특권과 지위를 잃어버릴 가능성이 높았음에도 불구하고 주도적으로 예수님의 장례를 치르는 용기 있는 신앙인의 모습을 보여주었습니다. 또한 하나님 나라를 소망하였기에 자기를 위해 준비해 두었던 귀하고 좋은 매장지조차 주님을 위해서 내어놓았습니다.

부활하신 주님을 만난 사람들

주님의 삶과 사역은 십자가에서 죽으심으로 끝나지 않았습니다. 주님께서는 십자가 사건을 말씀하시면서 늘 삼일 만에 부활하실 것도 말씀하셨습니다. 마가복음에 보면 세 번 주님께서 십자가를 지실 것을 말씀하셨는데, 그 때마다 분명하게 부활하심도 말씀하셨던 것입니다(8:31, 9:31, 10:33-34). 말씀하신 대로 주님께서는 삼일 만에 부활하셨습니다. 그렇지만 제자들과 예수님을 따랐던 사람들은 십자가에 대한 말씀을 제대로 이해하지 못했기 때문에 부활에 대한 말씀도 제대로 깨닫지 못하였습니다. 그것이 오늘 본문에 잘 드러나 있습니다. 이제 본문을 보겠습니다. 1절입니다.

> 안식일이 지나매 막달라 마리아와 야고보의 어머니 마리아와 또 살로메가 가서 예수께 바르기 위하여 향품을 사다 두었다가

신약 성경을 보면 마리아라는 이름의 여자들이 많이 등장하는데 오늘 본문에 언급되는 여인들은 갈릴리에서부터 주님을 따랐던 자들입니다(15:40-41). 그들은 또한 예수님께서 십자가에 못 박히셨을 때도 도망하지 않고 그것을 지켜보았고, 예수님께서 묻히신 것을 확인하였던 사람들입니다(15:47). 그들은 다음날 아침 일찍이 예수님의 무덤에 가기 위해서 밤에 향료를 사두었습니다. 이스라엘은 토요일 해가 지는 순간에 안식일이 끝납니다. 그 때부터 물건을 사고 팔 수 있었습니다. 그래서 여인들은 예수님께 바르기 위한 향품을 밤에 사두었던 것입니다. 그들은 예수님의 시신에 향품을 바르기 위해서 안식 후 첫날, 오늘날로 말하면 주일에 예수님의 무덤을 찾았습니다. 문제는 무덤을 열만한 아무런 대책이 없었다는 것입니다. 3절입니다.

서로 말하되 누가 우리를 위하여 무덤 문에서 돌을 굴려 주리요 하더니

무덤은 보통 평지보다 낮은 위치에 있었기 때문에 여인들의 힘으로는 무덤을 막아 놓은 돌을 옮기는 것이 불가능하였습니다. 또한 마태복음을 보면 대제사장들이 빌라도에게 시체의 도난을 우려하여 군사들을 배치하도록 요구하여서 군인들이 무덤을 지키고 있었는데, 그들은 그것도 모른 채 막연히 슬픔과 예수님을 사랑하는 마음으로 무덤을 찾아갔던 것입니다. 우리도 종종 슬픔이 너무 크면 구체적인 계획 없이 어떤 일을 하는 경우가 있는데 아마 그들도 그랬던 것 같습니다. 그런데 그들이 무덤에 도착했을 때는 돌이 이미 굴러서 무덤이 열려있었습니다. 마태복음을 보면 지진이 나며 천사가 돌을 굴렸다고 합니다.

부활하신 예수님의 몸은 아주 자유스러운 몸이었습니다. 나중에 보면 주님은 문을 닫고 여는 일없이 제자들에게 홀연히 나타나시고, 홀연히 어디로 가셨습니다. 그러니까 굳이 무덤 문이 열릴 필요가 없었습니다. 무덤 문이 열린 것은 주님께서 말씀하신 대로 죽음에서 다시 살아나신 것을 제자들에게 확실히 하기 위한 하나의 증표였던 것입니다. 그들은 무덤에 들어갔는데 청년의 모습을 한 천사가 있었습니다. 5절입니다.

무덤에 들어가서 흰옷을 입은 한 청년이 우편에 앉은 것을 보고 놀라매

그 천사는 주님께서 전에 제자들에게 하셨던 말씀을 그들에게 전해줍니다. 6-7절입니다.

청년이 이르되 놀라지 말라 너희가 십자가에 못 박히신 나사렛 예수를 찾는구나 그가 살아나셨고 여기 계시지 아니하니라 보라 그를 두었던 곳이니라 가서 그의 제자들과 베드로에게 이르기를 예

수께서 너희보다 먼저 갈릴리로 가시나니 전에 너희에게 말씀하신 대로 너희가 거기서 뵈오리라 하라 하는지라.

그 천사의 말을 들은 결과가 어떠했습니까? 8절입니다.

여자들이 심히 놀라 떨며 나와 무덤에서 도망하고 무서워하여 아무에게 아무 말도 하지 못하더라.

주님의 부활의 소식을 접한 여인들은 심히 놀라 떨었습니다. 그들은 아무 말도 못하였습니다. 왜냐하면 예수님의 부활은 그들의 상상을 초월한 예상 밖의 일이었기 때문입니다. 오늘 본문의 여인들은 십자가에 대한 하나님의 뜻과 섭리를 다 알고, 예수님께서 부활하실 것을 믿음으로 기대하면서 예수님의 무덤을 찾아간 것이 아닙니다. 그들은 아마 사랑하고 존경하는 사람에게 조의를 표하는 심정으로, 말하자면 그동안 쌓였던 '정' 때문에, 또는 그들이 예수님께서 살아 계실 때 예수님께 받은 은혜가 너무 컸기 때문에 이제 마지막으로 예수님의 시체에 향유를 바르고 다시 갈릴리로 돌아가리라고 하면서 무덤을 찾아갔던 것입니다. 아마 그들은 말할 수 없는 슬픔과 허탈감을 가지고 무덤에 찾아갔을 것이 분명합니다. 하지만 그들은 실제로 부활하신 주님을 만났습니다. 9절입니다.

예수께서 안식 후 첫날 이른 아침에 살아나신 후 전에 일곱 귀신을 쫓아내어 주신 막달라 마리아에게 먼저 보이시니

이제 그들은 제자들에게 가서 그것을 알려주었습니다. 마태복음을 보면 그들이 처음에는 두려워 떨었지만, 주님을 만난 다음에는 기쁨으로 뛰어가서 제자들에게 알렸다고 했습니다. 그러나 그 말을 들은 사람

들은 그것을 믿지 않았습니다. 10-11절입니다.

> 마리아가 가서 예수와 함께 하던 사람들의 슬퍼하며 울고 있는 중에 이 일을 고하매 그들은 예수의 살으셨다는 것과 마리아에게 보이셨다는 것을 듣고도 믿지 아니하니라.

누가복음 24장에 보면 엠마오로 가던 두 제자들에게 주님께서 나타나신 것을 자세하게 기록하고 있는데, 12-13절은 그것을 간단하게 요약하고 있습니다. 그들도 역시 처음에는 믿지 못했고 예수님을 알아보지 못했습니다. 그러나 성령께서 역사하심으로 부활을 믿고 기쁨으로 다시 예루살렘에 돌아와서 다른 사람들에게 예수님의 부활을 전했지만 그들도 역시 믿지 않았습니다. 12-13절입니다.

> 그 후에 저희 중 두 사람이 걸어서 시골로 갈 때에 예수께서 다른 모양으로 저희에게 나타나시니 두 사람이 가서 남은 제자들에게 고하였으되 역시 믿지 아니하니라.

오늘 본문은 예수님께서 부활에 대해서 여러 번 말씀하셨음에도 불구하고 예수님을 따랐던 모든 사람들이 예수님의 부활을 전혀 기대하지 않았으며, 심지어 예수님의 부활을 보았다고 증거 하는 데도 아무도 믿지 않았다고 말씀합니다. 그렇기 때문에 그들이 낙심과 좌절과 슬픔 속에서 십자가를 맞이할 수밖에 없었고 또한 뿔뿔이 흩어져 자기의 길로 갈 수밖에 없었던 것은 너무도 당연한 결과입니다.

부활하신 주님을 만납시다

오늘 본문에서 우리가 교훈 받을 것은 분명합니다. 오늘날도 당시의 제자들과 예수님을 따랐던 사람들처럼 교회는 다니면서도 아직도 부활하신 주님을 만나지 못한 분들이 있습니다. 우리 가운데도 많이 계시리라고 생각합니다. 주님의 부활하심과 관련하여 우리가 알아야 할 것이 있습니다.

1. 주님의 부활은 역사적 사실이다

먼저 우리가 믿든지 안 믿든지 주님의 부활은 너무도 분명한 역사적 사실이라는 것입니다. 예수님의 부활의 역사적 사실은 여러 가지로 증명될 수 있습니다. 예수님의 부활이 확실한 것은 예수님의 부활은 그렇게 비겁하고 용기 없던 제자들이 변화되었다는 것에서 드러납니다. 부활하신 주님을 만난 다음에 그들은 그 전과는 전혀 다른 사람들이 되었습니다. 만약 그들이 그리스도의 부활을 경험하지 못하였다면 그런 삶을 살 수 없었습니다. 그러나 그들은 예수님의 부활을 직접 보았기 때문에 화형을 당하고, 맹수의 밥이 되어도, 그것을 조금도 두려워하지 않고 신앙을 지키고 주님의 부활을 전했습니다. 어떤 사람들은 제자들이 주님의 부활을 꾸며내었다고 이야기하기도 합니다. 그러나 여러분 생각해 보십시오. 만약 그들이 꾸며낸 이야기라면 그렇게 담대하게 전하고 그것 때문에 목숨을 바칠 수 있었겠습니까? 또한 거짓을 진실인 체 하는 것은 한 두 사람이라면 가능하겠지만, 기독교가 인정되기까지 300년 동안이나 그렇게 많은 사람들이 생명을 걸고 예수님의 부활을 전했는데, 이것은 부활이 분명한 역사적 사실이 아니며 그들이 그것을 경험하지 못하였다면 결코 불가능한 일입니다. 또한 기독교 2000년의 역사 가운데 많은 사람들이 그리스도의 부활이 역사적 사실인지 조사해 보았습니다. 어떤 사람은 긍정적이고 방어적인 자세로 부활의 역사성을 조사했습니다. 어떤 사람들은 부정적이고 비판적인 자세로 부활의 역사성을 조사했습니다. 그러나 객관적으로 예수님의 부활을 조사한 분들은 그리스도께서 부활하신 역사적 사실 앞에 무릎을 꿇지 않을 수 없었습니다. 어떤 유명한 역사학자는 그리스도의 부활만큼 분명한 역사적 사실이 없다고 하였습니다. 어떤 법학자는 지금까지 많은 재판을 보았지만 그리스도의 부활만큼 분명한 증거가 있는 사건은 없다고 하였습니다. 우리가 믿든지 안 믿든지 주님의 부활은 분명한 역사적 사실입니다.

2. 부활하신 주님을 만날 때…

다음으로 예수님의 부활에 대한 믿음과 부활하신 주님과의 만남은 우리의 신앙을 분명하게 하고 우리의 신앙을 견고하게 합니다. 먼저 예수님의 부활을 믿을 때 예수님의 십자가의 의미가 분명해집니다. 제자들은 부활하신 주님을 만나면서 십자가의 의미가 분명해졌습니다. 물론 십자가 없는 부활도 큰 의미가 없지만, 만약에 부활이 없었다면 십자가는 무의미합니다. 예수님의 부활이 믿어지면 우리는 십자가에 나타난 하나님의 섭리와 사랑을 더욱 분명히 알게 되고 십자가에 감격할 수 있습니다.

또한 예수님의 부활을 믿을 때 우리는 예수님께서 어떤 분인가를 확실히 알 수 있습니다. 얼마 있지 않으면 성탄절입니다. 많은 사람들은 예수님께서 이 땅에 살다가 가신 역사적 인물인 것은 인정하지만 예수님이 하나님이시고 우리의 구원자가 되신다는 것은 동의하지 않습니다. 주님의 부활을 믿을 때 그 문제는 쉽게 해결될 수 있습니다. 예수님의 부활은 예수님께서 하나님이시고 우리의 구원자가 되시는 것을 확인시켜 준 사건이었기 때문에, 우리가 예수님의 부활을 믿을 때 예수님께 대한 분명한 신앙 고백을 할 수 있습니다. 결국 예수님의 부활을 믿으면 먼저 우리의 신앙이 분명해집니다. 신앙생활이란 막연히 교회에 다니고 예배에 참석하는 것이 아닙니다. 진정한 신앙생활은 십자가의 진리 앞에 무릎을 꿇을 때 그리고 부활하신 주님을 만날 때 비로소 시작되는 것입니다. 우리도 오늘 본문의 여인들처럼 복음의 확신 없이 인간적인 신실함과 사람들과의 정 때문에 신앙 생활할 수가 있습니다. 그러나 부활신앙이 없으면 극한 상황에서 우리의 인격적인 신실함으로 우리의 신앙을 유지할 수 없으며, 또한 아무리 기적을 많이 체험해도 그것은 소용이 없습니다. 제자들이 얼마나 많은 기적을 체험하였습니까? 그러나 부활신앙이 없었기 때문에 그들은 신앙을 유지할 수 없었던 것입니다. 예수님의 부활을 믿고 부활하신 주님을 만나면 우리를 어떠한 상황에서도 흔들리지 않는 견고한 신앙을 유지할 수 있을 것입니다.

그리고 예수님의 부활을 믿고 부활하신 주님을 만나면 우리의 신앙과 삶에 활기가 있습니다. 고린도전서 15장에 보면 주님은 부활의 첫 열매라고 하였습니다. 첫 열매라는 것은 다음에도 같은 열매가 맺힐 것을 보증하는 것입니다. 예수님의 부활은 우리 모두에게 영원한 생명이 있고, 나아가 우리도 나중에 부활할 것이라는 살아 있는 소망을 줍니다(벧전 1:3). 그리고 그 산 소망은 우리의 신앙과 삶에 진정한 기쁨과 생동감을 주는 것입니다.

우리가 잘 아는 이야기입니다만, 심리학자들이 실험을 하였습니다. 쥐를 잡아서 독 안에 넣은 다음에 밀폐시킵니다. 빛이 전혀 들어가지 않게 뚜껑을 달아 놓으면 그 안에 있는 쥐는 3분 안에 죽는다고 합니다. 왜냐하면 그 쥐는 밖으로 나가려는 희망을 포기하였기 때문입니다. 그러나 똑같은 쥐인데도 독 안에 넣고 뚜껑을 달을 때 빛을 조금 들어가게 한다면 36시간이나 산다고 합니다. 그것은 바로 소망이 있기 때문입니다. 우리도 그러한 상황을 자주 경험합니다. 살아가면서 좌절되고 낙심되는 일들이 얼마나 많습니까? 부활의 신앙과 산 소망이 없을 때에 우리는 좌절되고 낙심되는 일들 앞에서 무력감과 허탈감과 허무감을 경험하지 않을 수 없습니다. 그래서 많은 분들이 스스로 목숨을 끊기도 합니다. 그러나 오늘 본문의 여인들과 제자들이 부활하신 주님을 만났을 때 진정한 삶과 신앙의 회복이 있었던 것처럼, 우리에게도 진정 살아있는 소망이 있을 때 상심되고 낙심되는 일을 당하더라도 거기에 굴복되지 않고 무력감과 허탈감과 허무감을 극복할 수 있을 것입니다. 그리고 늘 기쁨과 생동감 있는 삶을 살게 될 것입니다.

뿐만 아니라 부활의 신앙이 있을 때 우리는 진정한 헌신이 가능합니다. 인간적인 열심과 헌신은 한계가 있습니다. 우리도 언제 어떻게 제자들처럼 우리의 소망과 바람이 무너져 모든 것을 버리고 떠날지 모릅니다. 그렇지만 부활을 믿으면 제자들이 그랬던 것처럼 철저한 헌신을 가능하게 합니다. 특별히 제자들은 오순절 성령의 강림을 통하여 부활의 주님을 만난 감격이 뜨거워졌을 때부터 그들의 삶은 완전히 바꾸어졌습니다. 그때부터는 제자들에게 세상의 성공과 명예는 더 이상 중요하지 않게 되었습니다. 또한 죽음을 두려워하지 않고 예수님의 주 되심과 메시야 되심을 담대하게 전하게 되었습니다. 진정한 헌신이 가능하였던 것입니다.

이처럼 부활의 신앙이 있을 때 우리의 삶이 변화되지 않을 수 없습니다. 분명 기독교는 도덕이나 윤리의 종교가 아닙니다. 기독교는 단순히 '착하게 살아라', '나쁜 짓 하지 말아라', '정의롭게 살아라' 만을 강조하는 종교가 아니라는 것입니다. 도덕이나 윤리만을 위한다면 반드시 신앙생활 할 필요가 없습니다. 기독교는 예수님이 죽었다가 살아난 것을 믿는 종교입니다. 또한 그 주님께서 부활의 첫 열매가 되셔서 우리도 부활할 것을 믿는 종교입니다. 그렇기 때문에 부활을 믿는 사람은 정직하게 되어 있습니다. 부활을 믿는 사람은 불의와 타협하지 않게 되어 있습니다. 부활을 믿는 사람은 권력과 재물, 그리고 어떤 세력에도 굴복하지 않고 살게 됩니다. 자연스럽게 윤리적이고 도덕적이며 정의롭게 살 수 있게 되어 있습니다. 만약 그렇지 않다면 그는 부활과 영생의 소망이 있는 사람이 아닙니다.

이제 말씀을 맺겠습니다.

오늘 본문은 주님의 부활에 대한 것입니다. 주님께서 그렇게 분명하게 가르치셨음에도 불구하고, 부활에 대한 믿음이 없었기 때문에 그들은 다들 도망하였고 허탈감에 빠질 수밖에 없었습니다. 그러나 부활하신 주님을 만난 다음에 그들의 신앙과 삶은 변화되었습니다. 주님의 부활은 분명한 역사적 사실입니다. 우리는 부활의 주님을 만나야 합니다. 그때 우리의 신앙이 견고해 집니다. 또한 그 믿음과 만남이 우리의 삶을 계속해서 지배해야 합니다. 그래야만 어떤 경우에도 흔들리지 않습니다. 뿐만 아니라 영광스러운 부활을 소망할 때 우리는 주님께 온전히 헌신할 수 있고 우리의 매일의 삶도 바뀌지 않을 수 없을 것입니다. 부활하신 주님을 만난 기쁨과 감격이 우리 모두에게 있기를 바랍니다.

마가복음 16:14-20

부활하신 예수님을
만난 사람들은

　예수님께서는 자신이 말씀하신 대로 십자가에 못 박히시고 삼일 만에 부활하셨습니다. 제자들은 예수님께서 말씀하신 십자가와 부활의 의미를 잘 알지 못했기 때문에 예수님께서 십자가에 못 박히자 도망하였습니다. 그들은 예수님께서 부활하실 것을 생각지도 못했습니다. 뿐만 아니라 다른 사람들이 부활하신 주님을 보고 만났다고 하여도 믿지 않았습니다. 그것을 보면 그들이 얼마나 헛되이 주님을 따랐는지 알 수 있습니다.
　오늘날도 제자들과 예수님을 따랐던 사람들처럼 십자가나 부활과는 상관없이 신앙생활하며 교회를 섬기는 분들이 많습니다. 우리는 진정한 신앙생활은 십자가와 부활의 의미를 바로 알고, 십자가에 돌아가시고 부활하신 주님을 인격적으로 만날 때부터 시작된다는 사실을 기억해야 합니다. 십자가의 진리에 감격하고 부활의 소망이 있을 때 우리는 모든 고난과 어려움을 극복할 수 있습니다. 그때 진정한 헌신이 가능하고, 우리의 삶도 주님께 합당한 모습으로 변할 수 있습니다. 신앙생활에서 무엇보다도 중요하고 무엇보다도 먼저 해결해야 할 것은 십자가와 부활에 대한 온전한 깨달음과 믿음입니다.

부활하신 주님의 말씀

오늘 본문은 부활 이후에 주님께서 제자들에게 하신 말씀이 기록되어 있습니다. 주님께서는 부활하신 주님을 만난 사람들이 해야 하고 당연히 경험하는 일들이 무엇인지를 말씀하셨습니다.

1. 주님의 책망
먼저, 주님께서는 제자들을 책망합니다. 14절입니다.

> 그 후에 열한 제자가 음식 먹을 때에 예수께서 저희에게 나타나사 저희의 믿음 없는 것과 마음이 완악한 것을 꾸짖으시니 이는 자기의 살아난 것을 본 자들의 말을 믿지 아니함일러라

주님께서는 그동안 그렇게 열심히 말씀으로 가르치고 여러 증거들을 보여주었음에도 불구하고 주님의 부활을 믿지 않았던 그들의 믿음 없음과 마음의 완악함을 책망하셨습니다.

2. 주님의 명령
그들이 해야 할 일을 말씀하십니다. 15절입니다.

> 또 가라사대 너희는 온 천하에 다니며 만민에게 복음을 전파하라.

복음을 전하라는 것입니다. 우리가 자주 복음이라는 말을 사용하는데 복음에 대한 정확한 개념을 잘 모르는 분들이 있는 것 같습니다. 복음은 한마디로 하면 예수님을 말합니다. 그러므로 복음을 전하라는 것은 예수 그리스도를 전하라는 것입니다. 그러면 복음의 핵심 내용은 무엇입니까? 십자가와 부활입니다. 예수님께서 십자가를 통해 우리에게

구원의 길을 허락하시고 삼일 만에 부활하심으로 우리에게 살아있고 영원한 소망을 주신 것이 복음의 내용입니다. 그리고 복음을 전해야 할 범위와 대상은 온 천하요 만민입니다. 계속해서 주님께서는 복음을 전해야 될 이유에 대해서 말씀합니다. 16절입니다.

> 믿고 세례를 받는 사람은 구원을 얻을 것이요 믿지 않는 사람은 정죄를 받으리라.

우리가 복음을 전해야 할 이유는 영원한 구원과 영원한 멸망이 예수님을 믿느냐 안 믿느냐에 달려 있기 때문입니다.

3. 주님의 약속

그러면서 복음을 전하는 사람에게 나타나는 표적을 말씀합니다. 17-18절입니다.

> 믿는 자들에게는 이런 표적이 따르리니 곧 저희가 내 이름으로 귀신을 쫓아내며 새 방언을 말하며 뱀을 집으며 무슨 독을 마실지라도 해를 받지 아니하며 병든 사람에게 손을 얹은즉 나으리라 하시더라.

예수님께서는 복음을 전하는 자들에게 따르는 표적을 다섯 가지로 말씀하고 있습니다. 먼저 귀신을 쫓아낸다고 합니다. 많은 분들은 귀신을 정신적으로 이상한 일을 하게 하는 존재로만 생각합니다. 또한 귀신을 쫓아낸다고 할 때는 비정상적인 정신 상태를 온전하게 회복시키는 것으로만 생각합니다. 그것은 잘못된 생각입니다. 물론 그런 경우도 있지만 그렇게 많지 않습니다. 그것은 간첩의 예를 들면 쉽게 이해 될 수 있습니다. 저희들이 초등학교 다닐 때 간첩을 그리라고 하면 검은 안경을 쓰고 괴팍한 인상을 한 사람을 그렸습니다. 그러나 간첩은 그런 모습이 전혀 아닙니다. 그렇게 생각하면 한 명의 간첩도 잡을 수 없습니다. 간첩들은 우리보다 더 우리나라 사정을 잘 알고 있으며, 외모로는 전혀 그들을 구별할 수 없습니다. 귀신도 마찬가지입니다. 대부분 귀신은 광명의 천사로 가장하여 나타나서 우리를 유혹합니다. 그러므로 성경에서 귀신을 쫓아낸다는 것의 기본적인 의미는 아름답고 그럴듯한 모습으로 나타나서 죄를 짓게 하는 죄의 세력을 주님의 능력으로 쫓아내는 것을 말하고, 우리가 얽매였던 세상의 것에서 해방되는 것을 의미합니다.

다음으로 새 방언을 말한다고 합니다. 방언에 대한 논란은 많습니다. 방언에 대해서 다 말씀드릴 수 없지만 일반적으로 학자들은 방언을 두 종류로 이야기합니다. 하나는 오순절에 성령의 강림과 함께 임했던 방언입니다. 이것은 언어가 통하지 않는 사람들에게 복음을 전할 때 통역이 필요 없이 자기들의 언어로 들을 수 있게 하는 실제적인 외국어입니다. 또 한 가지는 하나님께 기도할 때 은밀하고 깊게 기도할 수 있는 언어입니다. 우리는 흔히 하나님과의 기도만을 방언이라고 하는데 그렇지 않습니다. 특히 오늘 본문에서 새 방언이라는 것은 복음을 전하는 능력으로서 외국어를 말한 것 같습니다. 얼마 전에 책을 보니까 어떤 미국인 선교사 부부가 아르헨티나에 가서 선교하다가 어느 날 방언의 은사를 받아서 그 전에는 통역을 통해서 설교를 하였는데 그 은사를 경험한 때부터는 자유스럽게 스페인어를 본국어처럼 사용했다는 글을 보았습니다. 초대교회만 방언의 은사가 있는 것이 아니고 오늘날도 그 은사는 계속되고 있습니다.

그리고 뱀을 집으며 독을 마실지라도 해를 받지 않는다고 하였습니다. 하나님께서는 창조질서를 중요하게 여기십니다. 창조질서는 뱀에게 물리면 생명에 치명상을 입게 되어 있고 독을 마시면 죽게 되어 있습니다. 그러므로 특별한 이유 없이 또는 일부러 시험하기 위해서 뱀에 물리면 치명적이 될 수 있고, 독을 마시면 죽게 되어 있습니다. 하지만 오늘 본문의 말씀은 복음을 전파하거나 믿음의 생활에서 도저히 어찌할 수 없는 경우에 초자연적인 하나님의 보호와 도우심을 경험하는 것을 말씀합니다. 실제로 사도행전 28장에 보면 바울이 멜리데라는 섬에서 무서운 독사에게 물렸습니다. 그 섬의 토인들이 즉시 바울이 죽을 것으로 생각했지만 바울은 아무 해도 받지 않았습니다. 그 일로 인해 바울의 일행이 토인들로부터 큰 도움을 받게 되었고 전도의 문이 열리게 되었습니다. 하나님의 뜻대로 사는 자 그리고 복음을 전파하는 자가 하나님께 특별한 보호를 경험하는 것입니다.

마지막으로 손을 얹은 즉 아픈 사람들이 낫는다고 합니다. 이것은 오늘날도 너무도 자주 일어나는 일이기 때문에 설명이 필요 없을 줄 압니다. 이 모든 표적들은 복음을 전하기 위해서 또는 좀 더 효과적으로 복음을 전하기 위해서 주시는 능력들입니다. 이것은 20절에 확인되고 있습니다.

> 제자들이 나가 두루 전파할 새 주께서 함께 역사하사 그 따르는 표적으로 말씀을 확실히 증거하시니라.

기독교는 체험의 종교다

그러면 오늘 본문이 우리에게 말씀하는 것은 무엇입니까? 그것은 주님의 부활을 경험한 사람은 부활하신 주님을 전파해야 한다는 것입니다. 주님의 부활만큼 놀라운 일이 어디 있습니까? 우리가 이것을 진정으로 믿는다면 이 놀라운 사실들을 다른 사람에게 전하지 않을 수 없습니다. 또한 오늘 본문은 예수님을 믿어서 구원을 얻은 자에게는 표적 또는 기적이 당연히 따르게 되어 있다는 것을 말씀합니다. 믿으면 죽어서 천국에만 가는 것이 아니라, 이 땅에 살면서 살아 계신 하나님의 신비스럽고 놀라운 능력을 경험한다는 것입니다.

여러분, 성경을 보십시오. 성경은 하나님께서 우리 믿음의 조상들에게 행하신 기적들로 가득 채워져 있습니다. 아브라함을 보십시오. 그는 생리적으로 불가능한 상황에서 아이를 낳았습니다. 이스라엘이 출애굽하여 광야 생활할 때는 어떠했습니까? 그들은 홍해를 건넜고 광야에서 만나와 메추라기를 먹을 수 있었습니다. 그리고 예수님께서는 죽은 자를 살리셨고 오병이어로 오천 명을 먹이셨습니다. 초대 교회의 성도들은 어떠했습니까? 앉은뱅이를 일으켰습니다. 감옥에 갇혔다가도 감옥 문이 열리는 것을 경험하기도 하였습니다. 이처럼 성경은 우리 믿음의 조상들이 경험한 기적들을 기록한 책이라고도 할 수 있을 것입니다. 우리들도 믿으면 그런 표적들을 경험할 수 있는 것입니다. 믿습니까?

종종 어떤 분들은 이러한 표적들이 이제는 더 이상 일어나지 않는다고 주장하기도 합니다. 예수님께서는 그렇게 놀라운 능력을 행하셨지만 기적과 이적은 성경 시대로 끝난 것이고, 오늘날에는 이적이 더 이상 필요하지 않다는 것입니다. 그러나 성경은 우리에게 그렇게 말씀하지 않습니다. 성경은 하나님께서는 어제나 오늘이나 영원토록 동일하신 하나님이라고 말씀합니다. 또한 요한복음 14장에 보면 나를 믿는 자는 내가 행한 것보다 더 큰 일을 할 것이라고 말씀하셨습니다. 뿐만 아니라 지금도 실제로 그리스도 안에서 우리의 이성과 지성으로 이해할 수 없는 놀라운 기적과 능력들이 일어나고 있습니다.

흔히 우리 기독교는 기적을 체험하는 종교라고 이야기합니다. 기독교는 말만 번지르르하게 늘어놓는 종교가 아니라 실제로 하나님께서 능력을 경험할 수 있는 종교입니다. 우리 교회의 표어 가운데 하나는 '복음의 능력을 경험하는 교회' 입니다. 복음은 능력입니다. 우리는 매일의 삶 속에서 복음의 능력을 경험해야 할 것입니다. 물론 기적이나 표적을 경험하는 것이 성숙한 신앙인이 되는 절대 조건이나 기준이 되는 것은 아닙니다. 많은 기적을 행하거나 경험하면서도 성숙한 신앙인이 아닌 사람들이 많이 있습니다. 그러나 오늘날 예수님을 믿으면서도 지금도 살아 계시는 하나님의 역사를 순간순간 경험하지 못한다는 것도 문제가 있는 신앙입니다. 물론 우리 주위에는 열심히 기도해도, 그리고 만약 하나님께서 이루어주신다면 영광을 받으실 만한 일인데도 이루어지지 않는 일들이 많이 있습니다. 하나님의 뜻을 알 수 없는 경우도 또한 있습니다. 하지만 우리 주위에 믿음 안에서 불가능한 일들이 해결되거나 아이를 갖지 못한 분들이 아이를 갖게 되거나 불치의 병들이 치료되는 역사가 참으로 많이 일어나고 있는 것도 분명합니다. 그러한 것들은 과학시대에 살고 있는 우리의 상식으로는 설명될 수 없습니다. 저도 개인적으로 병원에서 치료받지 못한 여러 가지 병들을 주님의 능력으로 치료받은 경험이 있습니다. 하나님께서는 예수 그리스도를 죽음에서 부활시키셨는데 무엇이 불가능하겠습니까?

어떤 기적을 체험할 수 있는가?

그러면 믿는 자가 어떤 기적을 체험할 수 있습니까? 크게 세 가지를 말씀드릴 수 있습니다. 먼저 우리는 마귀에게 해방되는 것을 경험할 수 있습니다. 앞에서 말씀드린 것처럼, 마귀에게 해방되는 것의 가장 일반적인 의미는 얽매인 것에서 해방되는 것입니다. 다시 말해, 삶의 변화입니다. 담배를 끊지 못하고, 알코올을 끊지 못하고, 손을 잘라도 놀음을 끊지 못했던 일들이 끊어지게 됩니다. 물질과 명예에서 자유를 얻습니다. 따라서 힘으로 되지 못하고 능으로 되지 못했던 일들이 가능하게 됩니다. 저는 삶이 변화되는 것이 예수님을 믿는 사람들이 경험할 수 있는 최고의 기적이라고 생각합니다.

다음으로 우리는 어찌할 수 없는 상황에서 하나님의 도우심과 보호하심과 인도하심을 경험합니다. 본문에 보면 뱀을 집으며 독을 마실지라도 해를 받지 않는다고 하였습니다. 우리는 예수 그리스도 안에서 불치의 병에서 치료를 받고 도저히 해결 될 수 없는 일들이 해결되는 것을 경험합니다. 때로는 자동차 사고를 당해도 보호를 받습니다. 뿐만 아니라 우리를 통해서도 복음의 능력이 나타나기도 합니다. 본문에 보면, 새 방언을 하고 손을 얹은즉 병이 낫는다고 하였습니다. 복음을 전했는데 놀라운 능력이 나타나며 나를 통해서 복음이 확장되는 것을 경험한다는 것입니다. 하지만 안타깝게도 갈수록 이러한 기적들이 일어나는 빈도수가 줄어든다는 것입니다. 제가 판단할 때 그러한 현상의 가장 중요한 원인은 믿음의 부족인 것 같습니다. 성경은 우리가 기적을 경험하기 위해서 가장 필요한 것이 믿음이라고 말씀합니다. 물론 믿음이 없는 사람에게도 하나님께서 믿음을 주시기 위해서 강권적으로 역사 하시는 경우도 있습니다. 복음서를 보면 예수님께서도 믿음이 없지만 그들에게 믿음을 주기 위해서 능력을 행하신 경우가 없지 않아 있습니다. 그러나 성경은 말씀하기를 믿음이 없으면 받을 생각을 말라고 하였고, 믿음이 있으면 산이 옮겨진다고 하였습니다. 예수님께서도 많은 사람들에게 놀라운 능력을 행하시면서 그들의 믿음이 그러한 능력을 경험하게 하였다고 말씀하였습니다. 기적을 체험하기 위해서 우선적으로 우리에게 필요한 것은 하나님께서 살아 계시고 전능하셔서서 모든 것을 행하실 수 있음을 믿는 믿음인 것입니다. 또한 기적을 체험하기 위해서 필요한 것은 무엇입니까? 기도입니다. 요한복음 12:13에서 "너희가 내 이름으로 무엇이든지 구하면 내가 시행하리라" 라고 하였습니다. 믿음이 있는 자가 기도할 때 기적적인 일들을 체험합니다. 우리가 신앙생활이나 일상생활에서 한계 상황을 경험하며 좌절을 경험할 때가 한 두 번이 아닙니다. 그 때 우리가 할 수 있는 것이 무엇입니까? 전능하시고 기적으로 역사하시는 하나님께 기도하는 것입니다. 왜냐하면, 기도는 하나님께서 기적적으로 우리의 모든 것을 해결해 주시는 통로이기 때문입니다. 물론 기도해도 이루어주지 않을 수도 있습니다. 그러나 우리의 기도대로 이루어주지 않는 것은 우리가 다 알 수 없는 우리를 위한 하나님의 더 큰 계획과 뜻이 있기 때문입니다. 그렇기 때문에 우리는 우리의 기도대로 이루어주지 않아도 낙심하거나 좌절하지 않고 감사할 수 있습니다. 하지만 분명한 것은 기도할 때 우리는 하나님의 놀라운 능력과 기적을 경험한다는 것입니다.

마지막으로 봉사하며 전도할 때 기적을 체험합니다. 하나님께서 우리에게 기적을 주시는 것은 기적 자체에 목적이 있거나 사람들을 드러내기 위함이 아닙니다. 하나님께서는 기적들을 통하여 하나님의 뜻이 이루어지고 복음이 더욱 확장되기를 원합니다. 그렇기 때문에 원리적으로 나태하게 신앙 생활하는 사람들은 기적적인 일들을 경험할 수 없습니다. 주님을 위해서 봉사하며 전도하는 사람들이 기적을 경험할 수 있는 것은 당연합니다. 실제로 지금도 복음이 전파되는 곳에서는 성경에 있는 놀라운 표적과 기적이 일어나는 것을 자주 볼 수 있습니다. 그러므로 기적을 많이 경험하려면 기도하면서 열심히 봉사하고 전도하는 일에 최선을 다해야 합니다.

말씀을 맺겠습니다.

오늘 본문은 부활을 경험한 사람들이 해야 할 태도와 당연히 경험할 일이 무엇인지 말씀하고 있습니다. 우리가 진정 부활을 믿는다면 부활하신 주님을 전하지 않을 수 없습니다. 또한 우리가 부활하신 주님을 믿는다면 살아계셔서 역사하시는 놀라운 하나님의 능력과 우리의 이성이나 과학이 설명할 수 없는 기적적인 일들을 경험할 수 있습니다. 저는 우리 모든 성도들이 우리의 일상적인 삶과 전도와 봉사 속에서 복음의 능력을 경험하고, 그것을 통하여 하나님께 영광을 돌리는 기적적인 삶을 살기를 바랍니다.

마가복음 10:45

마가복음을 마치면서
신앙의 본질은 무엇인가?

그동안 70여 회에 걸쳐서 마가복음을 강해하였는데 오늘은 그 마지막 시간입니다. 무엇보다도 복음의 본질과 핵심을 드러내주는 복음서 강해를 마치게 된 것을 감사하게 생각합니다. 또한 그동안 말씀을 준비하고 선포하면서, 먼저 저 자신이 많은 도전과 깨달음과 결단의 시간들을 갖게 되었던 것도 감사하게 생각합니다. 하지만 하나님의 말씀을 맡은 목사요 설교자로서 하나님의 말씀을 좀 더 능력 있고 풍성하게 전하지 못했다는 아쉬움이 남기도 합니다. 오늘은 마가복음 전체의 핵심 내용을 정리하면서 주님께서 우리에게 주시는 교훈을 생각하고자 합니다.

마가복음을 읽을 때마다 늘 명심해야 할 것은 무엇보다도 마가복음이 기록된 이유와 목적입니다. 그것이 1:1에 나와 있습니다.

하나님의 아들 예수 그리스도 복음의 시작이라.

원문을 보면 마가복음 1:1에는 동사가 없습니다. 마가복음 1:1을 좀 더 원어에 충실하게 번역해 보면, "복음의 새로운 시대를 여신 하나님의 아들 예수 그리스도"라고 할 수 있습니다. 따라서 마가복음 1:1은 마가복음을 구성하는 한 구절이라기보다는 마가복음 전체의 주제나 제목으로 이해하는 것이 옳다고 생각합니다. 그렇다면, 마가복음의 주제는 '예수님의 하나님의 아들 되심, 그리고 예수님의 그리스도 되심'입니다. 이 주제 속에는 마가복음의 저술 목적도 함께 담겨 있습니다. 다른 복음서들과 마찬가지로(참고, 요 20:31) 마가복음의 기록 목적도 예수님의 삶과 말씀과 사역을 통해서 예수님께서 하나님의 아들이시고 그리스도이신 것을 드러내고 증거 하는 것입니다. 그렇기 때문에 마가복음에 기록된 예수님의 삶과 사역과 말씀이 예수님께서 하나님이시고 구원자이심을 드러내고 증명하기 위해서 기록되었다는 사실을 늘 기억하며 읽을 때, 예수님의 삶과 사역과 말씀의 의미를 제대로 파악할 수 있고, 우리의 삶에 바르게 적용할 수 있습니다.

또한 마가복음을 읽을 때마다 기억해야 할 것은 복음서, 곧 예수님의 핵심 메시지에 관한 것입니다. 그것은 1:15에 있습니다.

> 가라사대 때가 찼고 하나님 나라가 가까왔으니 회개하고 복음을 믿으라 하시더라.

예수님의 핵심 메시지는 '하나님 나라'였습니다. 예수님께서는 공생애 사역을 시작하시면서 가장 먼저 하나님 나라가 임하였음을 선포하였습니다. 누가복음 4:43을 보면 예수님께서 하나님 나라의 복음을 전하기 위해서 이 땅에 오셨다고 하였습니다. 또한 예수님께서는 자주 비유로 하나님 나라에 대해서 가르치셨습니다. 그러므로 우리가 복음서 또는 예수님의 사역을 잘 이해하기 위해서는 하나님 나라에 대한 바른 이해가 필요합니다. 특히 예수님의 말씀과 사역을 하나님 나라와 연결할 때 그것을 좀 더 분명하게 이해할 수 있습니다.

마가복음을 읽으면서 우리가 기억해야 할 또 다른 한 가지는 예수님의 삶을 통해 주신 교훈입니다. 예수님께서는 우리를 구원하시기 위해서 이 땅에 오셨습니다. 그 사명을 위해서 예수님께서는 하나님이신 자신의 신분과 특권을 포기하셨습니다. 뿐만 아니라 우리를 구원하는 하나님의 뜻을 이루는 과정에서 수치와 고난과 모욕을 당하시면서도 묵묵히 자신이 지셔야 할 십자가를 지셨습니다. 그리고 부활하셔서 우리의 구원자임이 확인되었습니다.

또한 우리는 우리를 구원하기 위해서 낮아지시고, 사명을 감당하기 위해서 십자가를 지신 예수님의 섬김의 삶은 우리가 따라야 할 삶의 모범이 됨을 기억해야 합니다. 오늘 우리가 읽었던 본문도 제자들에게 마땅한 삶을 가르치기 위한 본으로서 자신의 삶을 말씀하신 것입니다. 우리는 복음서를 읽으면서 예수님께서 보여주신 삶의 모습을 본받아야 할 것입니다.

이제 마가복음의 핵심 내용들을 보면서 우리가 교훈 받아야 할 것들을 좀 더 구체적으로 살펴보겠습니다. 먼저 온전한 신앙생활을 위해서는 바른 신앙고백이 필요하고 바른 신앙의 동기와 목표가 필요합니다. 예수님에 대한 바른 신앙 고백이 없이 신앙 생활하는 것은 사상누각과 같이 언제 무너질지 모르는 것입니다. 예수님을 따랐던 군중들은 바른 신앙 고백 없이 예수님을 능력을 행하시는 선지자 정도로 생각했고 그들의 삶의 필요를 채우는 분으로 생각했습니다. 그래서 그들은 나중에 다 도망하였습니다. 이것은 오늘날도 자주 보는 현상입니다. 그렇게 열심히 신앙 생활하는 것 같고 봉사하는 것 같은데 어느 날 갑자기 믿음을 저버리고 믿음의 길을 떠나는 사람들이 있습니다. 왜 그런지 아십니까? 그것은 예수님에 대한 온전하고 바른 신앙의 고백이 없었기 때문입니다.

또한 신앙의 바른 동기와 목표가 필요합니다. 제자들은 신앙의 고백이 있었지만 그들은 예수님을 따르는 동기와 목표에 문제가 있었습니다. 그들의 동기와 목표는 주님을 통해서 높아지는 것이었습니다. 예수님은 자기들의 영광을 성취하기 위한 하나의 방편일 뿐이었습니다. 그런 신앙이었기 때문에 그들은 예수님께서 십자가를 지시는 어려움을 당하자 낙심하며 좌절하였고, 주님을 배반하면서 부인하였던 것입니다.

목회도 잘못된 동기와 목표를 가지고 할 수 있고, 교회의 봉사도 인간적인 목표를 가지고 할 수 있습니다. 그런데 바른 동기와 목표를 가지고 신앙 생활하는지 그렇지 않는지는 어려움을 당하면 곧 드러납니다. 바른 신앙의 동기와 목표를 가지고 있으면 어려움을 당해도 오히려 감사하고 어려움을 잘 극복하지만, 동기와 목표가 잘못되면 어려움 앞에서 좌절하고 쉽게 어려움을 극복하지 못하기 때문입니다. 이와 같이 우리가 온전한 신앙생활을 하고 어떠한 상황에서도 좌절하지 않고 감사함으로 우리의 믿음의 자리를 신실하게 지키기 위해서는 무엇보다도 필요한 것이 바른 신앙의 고백이요 바른 신앙의 동기요 목적입니다.

다음으로 회개하고 복음을 믿는 신앙이 요구됩니다. 이미 예수님을 통해서 하나님의 나라가 우리에게 임하였습니다. 그 하나님의 나라의 능력을 경험하기 위해서 우리에게 요구되는 것은 '회개' 하고 '복음을 믿는 것' 입니다. 그러면 회개는 무엇을 의미합니까? 우리가 잘 아는 것처럼 여기에서 회개는 눈물을 흘리면서 말로만 죄를 고백하는 것을 의미하지 않습니다. 물론 그러한 과정도 필요하지만 회개라는 것은 방향을 바꾸는 것입니다. 입술로는 아무리 나의 잘못을 하나님께 고백하여도 삶의 변화가 없으면 그것은 온전한 회개가 아닙니다. 그러므로 회개한다는 것은 직장에서, 가정에서 사회생활을 하며 나의 삶 속에 변화의 열매를 맺는 것을 말합니다. 그리고 하나님 나라와 관련하여서 복음을 받아들인다는 것은 단순히 예수님을 믿는 것 뿐 아니라 하나님의 통치와 다스림을 받아들이는 것입니다. 쉽게 말하면, 내가 나의 주인이 되어서 내 마음대로 사는 것이 아니라 내가 나의 주인 되는 것을 포기하고 주님을 나의 삶의 주인으로 인정하는 것입니다. 그리하여 주님의 뜻과 상반되는 나의 생각과 뜻과 소원을 포기하고 철저히 주님의 말씀에 순종하며 철저히 주님의 뜻을 이루는 삶을 사는 것입니다.

주님께서는 우리가 신앙 생활할 때에 하나님 나라의 놀라운 능력과 표적을 경험하기 원하십니다. 그것을 위해서 우리에게 요구되는 것이 바로 삶의 방향을 바꾸는 것이고 나를 포기하여 주님을 나의 삶의 주인으로 받아들이는 것입니다.

마지막으로 주님의 삶을 배워야 합니다. 그것은 크게 두 가지입니다. 무엇보다도 주님의 삶을 통해서 우리가 본받아야 할 것은 낮아지고 섬기는 삶입니다. 오늘날 우리 주위에도 충분히 남에게 대접받을 지위를 버리고 예수님처럼 스스로 낮아져서 남을 섬기는 분들이 많이 있습니다. 선교사로 오지에 가거나, 자신의 모든 것을 포기하고 자기의 도움이 필요한 곳으로 가는 분들이 많습니다. 그렇지만 우리 대부분은 그렇지 않습니다. 우리는 주님을 위해서 일하면서도 높아지려고 하고 남에게 대접받기를 원합니다. 사람들이 나를 인정해주지 않고 대접해주지 않으면 섭섭해 하고 때로는 화를 내기도 합니다. 그러나 주님께서 요구하시는 진정한 신앙인의 삶은 낮아지고 섬기는 삶임을 기억해야 합니다.

또한 주님은 자기의 십자가를 지기 위해서 수치와 모욕과 고난을 하면서도 묵묵히 그 사명을 완성하는 삶을 사셨습니다. 실제로 고난이 없이, 어려움이 없이, 다른 사람의 오해를 받지 않고 주님의 일을 감당할 수는 없습니다. 주님의 일을 할 때 우리는 수치와 고난과 오해를 각오해야 합니다. 그리고 어려움과 오해가 있을 때마다 주님을 생각하면서 하나님께서 우리에게 맡기신 사명을 묵묵히 감당해야 합니다. 물론 주님께서 맡기신 사명을 감당할 때 사람들의 칭찬과 대접을 받는 경우도 있습니다. 그러나 우리는 그것을 미리 기대하면서 사명을 감당해서는 안 됩니다. 주님을 따르는 길이 고난을 각오하는 길임을 우리는 늘 기억해야 합니다.

말씀을 맺겠습니다.

오늘은 마가복음의 핵심 내용을 살펴보았습니다. 그것을 저는 세 가지로 말씀드렸습니다. 먼저 마가복음의 기록 목적입니다. 그것은 예수님께서 하나님이시고 메시야이심을 드러내고 증명하는 것입니다. 그리고 예수님의 핵심 메시지는 하나님 나라입니다. 마지막으로 마가복음은 우리 삶의 모범으로 예수님의 모습을 보여주고 있습니다.

저는 우리 모든 성도들이 바른 신앙의 동기와 목적으로 신앙생활하기를 바랍니다. 그리고 우리 삶의 방향을 바꾸고 주님을 주인의 자리에 내어드림으로 하나님 나라를 경험하기를 바랍니다. 그리하여 주님의 삶을 본받아 낮아지며, 고난과 수치와 모욕을 각오하면서 우리에게 주어진 십자가를 감당하며 살기를 바랍니다.